国家统计局贸易外经统计司 编

Compiled by
Department of Trade and External Economic Relations Statistics,
National Bureau of Statistics of China

2019

中国贸易外经统计年鉴

CHINA TRADE AND EXTERNAL ECONOMIC STATISTICAL YEARBOOK

中国统计出版社
China Statistics Press

图书在版编目（CIP）数据

中国贸易外经统计年鉴. 2019：汉英对照 / 国家统计局贸易外经统计司编. -- 北京 ：中国统计出版社，2019.11
ISBN 978-7-5037-9049-2

Ⅰ. ①中… Ⅱ. ①国… Ⅲ. ①对外贸易－统计资料－中国－2019－年鉴－汉、英 Ⅳ. ①F752-54

中国版本图书馆 CIP 数据核字(2019)第 247826 号

中国贸易外经统计年鉴-2019
2019 China Trade and External Economic Statistical Yearbook

作　　者/国家统计局贸易外经统计司
责任编辑/许立舫　丁小珊
封面设计/李雪燕
出版发行/中国统计出版社
通信地址/北京市丰台区西三环南路甲 6 号　邮政编码/100073
电　　话/邮购（010）63376909　书店（010）68783171
网　　址/http://www.zgtjcbs.com/
印　　刷/河北鑫兆源印刷有限公司
经　　销/新华书店
开　　本/880mm×1230mm　1/16
字　　数/1418 千字
印　　张/45.5
版　　别/2019 年 11 月第 1 版
版　　次/2019 年 11 月第 1 次印刷
定　　价/420.00 元

如有印装差错，由本社发行部调换。

《中国贸易外经统计年鉴－2019》
编辑委员会

2019 CHINA TRADE AND EXTERNAL ECONOMIC STATISTICAL YEARBOOK

Editorial Staff

Editor-in-Chief: Lin Tao

Associate Editor-in-Chief: Ye Jingyi Liu Jinzhong

Editorial Staff: (in order of the number of strokes of the Chinese character of the surname)

Wan Ping Wang Yuexiang Shen Junli Fu Yuan Fu Jiaqi

Liu Yang Liu Ying Liu Xuling Liu Xiaoyan

Tang Weiwei Yan Xianpu Li Dan Li Min

Zhang Min Chen Qunlin Luo Weihua Hu Chunlin

Yao Hu Yuan Yan Xia Huan

Executive Editor: Xu Lifang Ding Xiaoshan

English Translator: She Jingxiong

编者说明

一、《中国贸易外经统计年鉴—2019》是一部全面反映中国国内贸易、对外经济贸易和旅游业发展情况的资料性年刊。本年鉴收录了2018年中国国内消费品市场、批发和零售业、住宿和餐饮业、国际收支、对外贸易、利用外资、对外投资与经济合作和国内、国际旅游的主要统计数据，以及分省、自治区、直辖市和一些重要历史年份的相关统计数据。

二、本年鉴正文内容分为9个部分：1.综合篇；2.消费品市场篇；3.批发和零售业篇；4.住宿和餐饮业篇；5.国际收支篇；6.对外贸易篇；7.利用外资篇；8.对外投资与经济合作篇；9.旅游篇。为便于读者使用，本年鉴对所用略语和主要统计指标的含义、统计范围和统计方法作了简要说明。

三、本年鉴中所涉及的全国性统计数据,均未包括香港、澳门特别行政区和台湾省数据。

四、本年鉴所列对外经济贸易和旅游统计资料由国家统计局贸易外经司根据商务部、海关总署、国家外汇管理局、公安部、文化和旅游部、国家市场监督管理总局等部门的资料加工整理，由于各部门职能不同，统计口径、范围和方法亦有所不同，因此书中有些数据可能不一致，使用统计数据时请参看附录。

五、本篇资料中行业分类按《国民经济行业分类》(GB/T 4754-2017)标准划分；企业规模划分按《统计上大中小微型企业划分办法(2017)》标准执行。

六、本年鉴表中所使用的度量衡单位，均为国际统一标准计量单位。

七、年鉴表中的“空格”表示该项统计指标数据不足本表最小单位数、不详或无该项数据；“#”表示其中的主要项；“*”或“①”表示本表下有注释。

八、年鉴中没有标明年份的表均为2018年的数据。

PREFACE

I.*2019 China Trade and External Economic Statistical Yearbook* reflects the situation of China in the development of the domestic and foreign trade, the external economic transactions and the tourism synthetically. The yearbook covers the main data of the domestic trade, balance of payments, foreign trade, utilization of foreign capital, overseas direct investment and economic cooperation, and tourism of China in 2018, and embodies the data from national level and all the provinces, autonomous regions and municipalities. It also lists the time series relative data of important indicators by years.

II.The yearbook contains the following 9 chapters: 1.Integration; 2.Consumer Goods Market; 3.Wholsale and Retail Trades; 4.Hotels and Catering Services; 5. Balance of Payments; 6. Foreign Trade; 7. Utilization of Foreign Capital; 8.Overseas Direct Investment and Economic Cooperation; 9.Tourism. In addition, Explanatory Notes on Main Statistical Indicators are provided at the end of book.

III.The national data in the book do not include that of Hongkong Special Administrative Region, Macao Special Administrative Region and Taiwan Province.

IV.The major sources of data except that in the domestic trade are the regular statistical reporting forms provided by the relevant departments such as the Ministry of Commerce, the General Administration of Customs, the State Administration of Foreign Exchange, the Ministry of Public Security, the Ministry of Culture and Tourism, the State Administration for Market Regulation. The book is edited by the Department of Trade and External Economic Relation Statistics of the National Bureau of Statistics. Since the functions of departments mentioned above are different, the requirement, the scope, the calculating specification and the method of statistics are not in the same, and some of the figures may not be in conformity. Readers who want to use the data please consult the explanatory note.

V.Data by branch of industry in this chapter are based on the *National Industrial Classification of all Economic Activities* (GB/T 4754-2017), and data by size of enterprise are based on the 2017's *standards of Enterprises by size*.

VI.The units of measurement used in this yearbook are internationally standard measurement units.

VII.Notations used in the yearbook: (blank space) indicates that the figure is not large enough to be measured with the smallest unit in the table, or data are unknown or are not available; " # " indicates a major breakdown of the total; and " * " or " ① " indicates footnotes at the end of the table.

VIII.Some tables of the yearbook do not indicate the year, which means the data of the tables belong to 2018.

目　录

CONTENTS

第 1 篇　综合

Integration

第 2 篇　消费品市场

Consumer Goods Market

第3篇 批发和零售业

Wholesale and Retail Trades

第 4 篇 住宿和餐饮业
Hotels and Catering Services

第 5 篇　国际收支
Balance of Payments

第 6 篇　对外贸易
Foreign Trade

第 7 篇 利用外资

Utilization of Foreign Capital

第 8 篇 对外投资与经济合作

Overseas Direct Investment and Economic Cooperation

第9篇 旅游
Tourism

附 录
APPENDIX

综　合

INTEGRATION

第 1 篇

1-1 国内生产总值指数

Indices of Gross Domestic Product

(不变价,上年=100；Constant Price, Preceding Year=100)

年 份 Year	国民总收入 Gross National Income	国内生产总值 Gross Domestic Product	第一产业 Primary Industry	第二产业 Secondary Industry	第三产业 Tertiary Industry	#批发与零售业 Wholesale and Retail Trades	人均国内生产总值 Per Capita GDP
1978	111.7	111.7	104.1	115.0	113.8	123.1	110.2
1979	107.6	107.6	106.1	108.2	107.9	108.7	106.1
1980	107.8	107.8	98.5	113.6	106.0	98.1	106.5
1981	105.2	105.2	107.0	101.9	110.4	129.5	103.9
1982	109.2	109.1	111.5	105.6	113.0	99.3	107.5
1983	111.1	110.9	108.3	110.4	115.2	121.2	109.3
1984	115.3	115.2	112.9	114.5	119.3	124.7	113.7
1985	113.2	113.5	101.8	118.6	118.2	133.5	111.9
1986	108.5	108.8	103.3	110.2	112.0	109.4	107.2
1987	111.5	111.6	104.7	113.7	114.4	114.7	109.8
1988	111.3	111.3	102.5	114.5	113.2	111.8	109.5
1989	104.2	104.1	103.1	103.8	105.4	89.3	102.5
1990	104.1	103.8	107.3	103.2	102.3	94.7	102.3
1991	109.1	109.2	102.4	113.9	108.9	105.2	107.7
1992	114.1	114.2	104.7	121.2	112.4	110.5	112.8
1993	113.7	114.0	104.7	119.9	112.2	108.6	112.7
1994	113.1	113.1	104.0	118.4	111.1	108.2	111.8
1995	109.3	110.9	105.0	113.9	109.8	108.2	109.7
1996	110.1	110.0	105.0	112.1	109.2	107.6	108.8
1997	109.6	109.2	103.4	110.5	110.4	108.8	108.1
1998	107.3	107.8	103.4	108.9	108.4	106.5	106.8
1999	107.9	107.6	102.7	108.2	109.2	108.7	106.7
2000	108.6	108.4	102.3	109.4	109.7	109.4	107.6
2001	108.1	108.3	102.6	108.4	110.2	109.1	107.5
2002	109.5	109.1	102.7	109.8	110.5	108.8	108.4
2003	110.5	110.0	102.4	112.7	109.5	109.9	109.3
2004	110.5	110.1	106.1	111.1	110.1	106.6	109.4
2005	110.9	111.3	105.1	112.1	112.3	113.0	110.7
2006	113.3	112.7	104.8	113.4	114.1	119.5	112.1
2007	114.7	114.2	103.5	115.0	116.1	120.2	113.6
2008	110.1	109.6	105.2	109.8	110.5	115.9	109.1
2009	108.4	109.2	104.0	110.1	109.5	111.9	108.7
2010	110.3	110.6	104.3	112.7	109.7	114.6	110.1
2011	108.9	109.5	104.2	110.6	109.5	112.5	109.0
2012	108.5	107.7	104.5	108.2	108.0	110.3	107.2
2013	107.1	107.7	103.8	107.9	108.3	110.5	107.2
2014	108.3	107.3	104.1	107.3	107.8	109.7	106.7
2015	106.4	106.9	103.9	106.2	108.2	106.1	106.4
2016	106.7	106.7	103.3	106.1	107.8	107.1	106.2
2017	107.1	106.8	104.0	105.9	107.9	107.4	106.2
2018	106.3	106.6	103.5	105.8	107.6	106.2	106.1

1-2 国内生产总值构成
Composition of Gross Domestic Product

(按当年价格计算, Current Price)

年 份 Year	国内生产总值 Gross Domestic Product (%)	第一产业 Primary Industry	第二产业 Secondary Industry	第三产业 Tertiary Industry	#批发与零售业 Wholesale and Retail Trades
1978	100	27.9	47.6	24.5	6.6
1979	100	30.9	46.8	22.3	4.9
1980	100	29.9	47.9	22.2	4.3
1981	100	31.6	45.8	22.6	4.7
1982	100	33.0	44.5	22.5	3.2
1983	100	32.8	44.1	23.1	3.3
1984	100	31.8	42.8	25.5	5.0
1985	100	28.1	42.6	29.3	8.9
1986	100	26.8	43.4	29.8	8.3
1987	100	26.5	43.2	30.3	8.8
1988	100	25.4	43.4	31.2	9.8
1989	100	24.7	42.4	32.9	9.0
1990	100	26.7	40.9	32.4	6.8
1991	100	24.2	41.4	34.5	8.4
1992	100	21.4	43.0	35.6	8.9
1993	100	19.4	46.1	34.5	7.9
1994	100	19.5	46.1	34.4	7.8
1995	100	19.7	46.7	33.7	7.8
1996	100	19.4	47.0	33.6	7.8
1997	100	18.0	47.0	35.0	8.0
1998	100	17.2	45.7	37.1	8.1
1999	100	16.1	45.3	38.6	8.3
2000	100	14.7	45.4	39.8	8.2
2001	100	14.1	44.7	41.3	8.3
2002	100	13.4	44.3	42.3	8.3
2003	100	12.4	45.5	42.1	8.2
2004	100	13.0	45.8	41.2	7.7
2005	100	11.7	46.9	41.4	7.5
2006	100	10.7	47.4	41.9	7.6
2007	100	10.4	46.7	42.9	7.8
2008	100	9.9	46.8	42.9	8.3
2009	100	9.9	45.7	44.4	8.4
2010	100	9.6	46.2	44.2	8.8
2011	100	9.4	46.4	44.2	8.9
2012	100	9.4	45.3	45.3	9.2
2013	100	9.3	44.0	46.7	9.5
2014	100	9.1	43.1	47.8	9.7
2015	100	8.8	40.9	50.2	9.6
2016	100	8.1	40.1	51.8	9.6
2017	100	7.6	40.5	51.9	9.5
2018	100	7.2	40.7	52.2	9.4

1–3 三次产业贡献率

Share of the Contributions of the Three Strata of Industry to the Increase of GDP

(按不变价格计算, Data in this table are calculated at constant prices)

年 份 Year	国内生产总值 Gross Domestic Product (%)	第一产业 Primary Industry	第二产业 Secondary Industry	第三产业 Tertiary Industry
1990	100	40.5	39.6	19.9
1991	100	6.8	61.1	32.2
1992	100	8.2	63.2	28.7
1993	100	7.6	64.4	28.0
1994	100	6.3	66.3	27.4
1995	100	8.7	62.8	28.5
1996	100	9.3	62.2	28.5
1997	100	6.5	59.0	34.5
1998	100	7.2	59.7	33.0
1999	100	5.7	56.8	37.5
2000	100	4.2	59.5	36.3
2001	100	4.7	46.2	49.1
2002	100	4.2	49.2	46.6
2003	100	3.1	57.9	39.0
2004	100	7.4	51.7	40.9
2005	100	5.3	50.3	44.4
2006	100	4.4	49.5	46.1
2007	100	2.7	49.9	47.4
2008	100	5.3	48.4	46.3
2009	100	4.1	51.9	44.0
2010	100	3.6	57.2	39.2
2011	100	4.2	52.0	43.8
2012	100	5.2	49.9	44.9
2013	100	4.3	48.5	47.2
2014	100	4.7	47.8	47.5
2015	100	4.6	42.4	52.9
2016	100	4.1	38.2	57.7
2017	100	4.8	35.7	59.6
2018	100	4.2	36.1	59.7

注：产业贡献率指各产业增加值增量与GDP增量之比。

Note: Share of the three industries refers to the proportion of the increment of every industrial value added to the increment of GDP.

1-4 三大需求对国内生产总值增长的贡献率和拉动
Share and Contribution of the Three Components of GDP by Expenditure Approach to the Growth of GDP

(按不变价格计算, Data in value terms in this table are calculated at constant prices)

年 份 Year	最终消费支出 Final Consumption Expenditure		资本形成总额 Gross Capital Formation		货物和服务净出口 Net Exports of Goods and Services	
	贡献率 Share (%)	拉动(百分点) Contribution (percentage points)	贡献率 Share (%)	拉动(百分点) Contribution (percentage points)	贡献率 Share (%)	拉动(百分点) Contribution (percentage points)
1978	39.4	4.6	66.0	7.6	-5.4	-0.6
1979	85.1	6.4	18.1	1.4	-3.2	-0.2
1980	77.5	6.1	20.7	1.6	1.8	0.2
1981	88.7	4.6	-1.1	-0.1	12.4	0.6
1982	56.4	5.1	23.0	2.1	20.6	1.8
1983	75.6	8.1	32.4	3.5	-8.0	-0.8
1984	69.4	10.6	41.2	6.3	-10.6	-1.7
1985	71.1	9.6	79.9	10.8	-51.0	-6.9
1986	50.4	4.5	15.5	1.4	34.1	3.0
1987	41.0	4.8	26.4	3.1	32.6	3.8
1988	43.2	4.9	55.9	6.3	0.9	0.1
1989	94.4	4.0	-19.0	-0.8	24.6	1.0
1990	81.0	3.2	-54.2	-2.1	73.2	2.8
1991	60.9	5.7	37.4	3.5	1.7	0.1
1992	56.4	8.0	52.7	7.5	-9.1	-1.2
1993	59.4	8.3	54.1	7.5	-13.5	-1.9
1994	33.8	4.4	36.1	4.7	30.1	4.0
1995	46.1	5.1	46.7	5.1	7.2	
1996	62.0	6.2	34.2	3.4	3.8	0.8
1997	42.8	3.9	14.5	1.3	42.7	0.3
1998	64.9	5.1	28.5	2.2	6.6	4.0
1999	89.0	6.8	20.8	1.6	-9.8	0.5
2000	78.9	6.6	21.6	1.8	-0.5	-0.8
2001	48.6	4.0	64.3	5.3	-12.9	
2002	57.3	5.2	37.9	3.4	4.8	-1.0
2003	35.8	3.6	69.6	7.0	-5.4	0.5
2004	43.0	4.3	61.3	6.2	-4.3	-0.6
2005	55.0	6.2	32.3	3.7	12.7	-0.4
2006	42.4	5.4	42.3	5.4	15.3	1.4
2007	45.8	6.5	43.4	6.2	10.8	1.9
2008	45.0	4.3	52.3	5.0	2.7	1.5
2009	56.8	5.2	86.0	7.9	-42.8	0.3
2010	46.3	4.9	65.2	6.9	-11.5	-3.9
2011	61.9	5.9	46.2	4.4	-8.1	-0.8
2012	54.9	4.3	43.4	3.4	1.7	0.2
2013	47.0	3.6	55.3	4.3	-2.3	-0.1
2014	48.8	3.6	46.9	3.4	4.3	0.3
2015	59.7	4.1	41.6	2.9	-1.3	-0.1
2016	66.5	4.5	43.1	2.9	-9.6	-0.7
2017	57.6	3.9	33.8	2.3	8.6	0.6
2018	76.2	5.0	32.4	2.2	-8.6	-0.6

注：1.三大需求指支出法国内生产总值的三大构成项目，即最终消费支出、资本形成总额、货物和服务净出口。
2.贡献率指三大需求增量与支出法国内生产总值增量之比。
3.拉动指国内生产总值增长速度与三大需求贡献率的乘积。

Note: a) Three components of GDP by expenditure approach are final consumption expenditure, gross capital formation and net exports of goods and services.
b) Contribution share of the three components refers to the proportion of the increment of the each component of GDP to the increment of GDP.
c) Contribution of the three components refers to the growth rate of GDP multiplies the constribution share of the three components.

1-5 人口数及构成
Population and Its Composition

单位：万人
Unit: 10 000 persons

年 份 Year	年底人口数 Total Population (year-end)	按性别分 by Sex				按城乡分 by Residence			
		男 Male		女 Female		城 镇 Urban		乡 村 Rural	
		人口数 Population	比重(%) Structure	人口数 Population	比重(%) Structure	人口数 Population	比重(%) Structure	人口数 Population	比重(%) Structure
1978	96259	49567	51.49	46692	48.51	17245	17.92	79014	82.08
1980	98705	50785	51.45	47920	48.55	19140	19.39	79565	80.61
1985	105851	54725	51.7	51126	48.3	25094	23.71	80757	76.29
1989	112704	58099	51.55	54605	48.45	29540	26.21	83164	73.79
1990	114333	58904	51.52	55429	48.48	30195	26.41	84138	73.59
1991	115823	59466	51.34	56357	48.66	31203	26.94	84620	73.06
1992	117171	59811	51.05	57360	48.95	32175	27.46	84996	72.54
1993	118517	60472	51.02	58045	48.98	33173	27.99	85344	72.01
1994	119850	61246	51.1	58604	48.9	34169	28.51	85681	71.49
1995	121121	61808	51.03	59313	48.97	35174	29.04	85947	70.96
1996	122389	62200	50.82	60189	49.18	37304	30.48	85085	69.52
1997	123626	63131	51.07	60495	48.93	39449	31.91	84177	68.09
1998	124761	63940	51.25	60821	48.75	41608	33.35	83153	66.65
1999	125786	64692	51.43	61094	48.57	43748	34.78	82038	65.22
2000	126743	65437	51.63	61306	48.37	45906	36.22	80837	63.78
2001	127627	65672	51.46	61955	48.54	48064	37.66	79563	62.34
2002	128453	66115	51.47	62338	48.53	50212	39.09	78241	60.91
2003	129227	66556	51.50	62671	48.50	52376	40.53	76851	59.47
2004	129988	66976	51.52	63012	48.48	54283	41.76	75705	58.24
2005	130756	67375	51.53	63381	48.47	56212	42.99	74544	57.01
2006	131448	67728	51.52	63720	48.48	58288	44.34	73160	55.66
2007	132129	68048	51.50	64081	48.50	60633	45.89	71496	54.11
2008	132802	68357	51.47	64445	48.53	62403	46.99	70339	53.01
2009	133450	68647	51.44	64803	48.56	64512	48.34	68938	51.66
2010	134091	68748	51.30	65343	48.70	66978	49.90	67113	50.10
2011	134735	69068	51.30	65667	48.70	69079	51.30	65656	48.70
2012	135404	69395	51.30	66009	48.70	71182	52.60	64222	47.40
2013	136072	69728	51.24	66344	48.76	73111	53.70	62961	46.30
2014	136782	70079	51.23	66703	48.77	74916	54.77	61866	45.23
2015	137462	70414	51.22	67048	48.78	77116	56.10	60346	43.90
2016	138271	70815	51.21	67456	48.79	79298	57.35	58973	42.65
2017	139008	71137	51.17	67871	48.83	81347	58.52	57661	41.48
2018	139538	71351	51.13	68187	48.87	83137	59.58	56401	40.42

1-6 居民消费价格指数和商品零售价格指数
Consumer Price Indices and Retail Price Indices

(上年价格=100，Preceding Year=100)

年 份 Year	居民消费价格指数 Consumer Price Index	城 市 Urban Areas	农 村 Rural Areas	商品零售价格指数 Retail Price Index
1978	100.7	100.7		100.7
1979	101.9	101.9		102.0
1980	107.5	107.5		106.0
1981	102.5	102.5		102.4
1982	102.0	102.0		101.9
1983	102.0	102.0		101.5
1984	102.7	102.7		102.8
1985	109.3	111.9	107.6	108.8
1986	106.5	107.0	106.1	106.0
1987	107.3	108.8	106.2	107.3
1988	118.8	120.7	117.5	118.5
1989	118.0	116.3	119.3	117.8
1990	103.1	101.3	104.5	102.1
1991	103.4	105.1	102.3	102.9
1992	106.4	108.6	104.7	105.4
1993	114.7	116.1	113.7	113.2
1994	124.1	125.0	123.4	121.7
1995	117.1	116.8	117.5	114.8
1996	108.3	108.8	107.9	106.1
1997	102.8	103.1	102.5	100.8
1998	99.2	99.4	99.0	97.4
1999	98.6	98.7	98.5	97.0
2000	100.4	100.8	99.9	98.5
2001	100.7	100.7	100.8	99.2
2002	99.2	99.0	99.6	98.7
2003	101.2	100.9	101.6	99.9
2004	103.9	103.3	104.8	102.8
2005	101.8	101.6	102.2	100.8
2006	101.5	101.5	101.5	101.0
2007	104.8	104.5	105.4	103.8
2008	105.9	105.6	106.5	105.9
2009	99.3	99.1	99.7	98.8
2010	103.3	103.2	103.6	103.1
2011	105.4	105.3	105.8	104.9
2012	102.6	102.7	102.5	102.0
2013	102.6	102.6	102.8	101.4
2014	102.0	102.1	101.8	101.0
2015	101.4	102.1	101.5	100.1
2016	102.0	102.1	101.9	100.7
2017	101.6	101.7	101.3	101.1
2018	102.1	102.1	102.1	101.9

1-7 居民人均可支配收入与支出
National Average Disposable Income and Expenditure

单位：元
unit：yuan

项　目	Item	2016年	2017年	2018年
全年可支配收入	**Annual Disposable Income**	**23821.0**	**25973.8**	**28228.0**
工资性收入	Income of Wages and Salaries	13455.2	14620.3	15829.0
经营净收入	Net Business Income	4217.7	4501.8	4852.4
财产净收入	Income from Properties	1889.0	2107.4	2378.5
转移性收入	Income from Transfer	4259.1	4744.3	5168.1
消费支出	**Consumption Expenditure**	**17110.7**	**18322.1**	**19853.1**
食品烟酒	Food,Tobacco and Liquor	5151.0	5373.6	5631.1
衣着	Clothing	1202.7	1237.6	1288.9
居住	Residence	3746.4	4106.9	4646.6
生活用品及服务	Household Facilities, Articles and Services	1043.7	1120.7	1222.7
交通通信	Transport and Communications	2337.8	2498.9	2675.4
教育文化娱乐	Education, Culture and Recreation	1915.3	2086.2	2225.7
医疗保健	Health Care and Medical Services	1307.5	1451.2	1685.2
其他用品及服务	Miscellaneous Goods and Services	406.3	447.0	477.5

1-8 城镇居民人均可支配收入与支出
Average Disposable Income and Expenditure of Urban

单位：元
unit：yuan

项　目	Item	2016年	2017年	2018年
全年可支配收入	**Annual Disposable Income**	**33616.2**	**36396.2**	**39250.8**
工资性收入	Income of Wages and Salaries	20665.0	22200.9	23792.2
经营净收入	Net Business Income	3770.1	4064.7	4442.6
财产净收入	Income from Properties	3271.3	3606.9	4027.7
转移性收入	Income from Transfer	5909.8	6523.6	6988.3
消费支出	**Consumption Expenditure**	**23078.9**	**24445.0**	**26112.3**
食品烟酒	Food,Tobacco and Liquor	6762.4	7001.0	7239.0
衣着	Clothing	1739.0	1757.9	1808.2
居住	Residence	5113.7	5564.0	6255.0
生活用品及服务	Household Facilities, Articles and Services	1426.8	1525.0	1629.4
交通通信	Transport and Communications	3173.9	3321.5	3473.5
教育文化娱乐	Education, Culture and Recreation	2637.6	2846.6	2974.1
医疗保健	Health Care and Medical Services	1630.8	1777.4	2045.7
其他用品及服务	Miscellaneous Goods and Services	594.7	651.5	687.4

1-9 农村居民人均可支配收入与支出

Average Disposable Income and Expenditure of Rural

单位：元
unit：yuan

项　目	Item	2016年	2017年	2018年
全年可支配收入	**Annual Disposable Income**	**12363.4**	**13432.4**	**14617.0**
工资性收入	Income of Wages and Salaries	5021.8	5498.4	5996.1
经营净收入	Net Business Income	4741.3	5027.8	5358.4
财产净收入	Net Income from Property	272.1	303.0	342.1
转移净收入	Net Income from Transfers	2328.2	2603.2	2920.5
消费支出	**Expends on Consumption**	**101290.8**	**10954.5**	**12124.3**
食品烟酒	Food, Tobacco and Liquor	3266.1	3415.4	3645.6
衣着	Clothing	575.4	611.6	647.7
居住	Residence	2147.1	2353.5	2660.6
生活用品及服务	Household Facilities, Articles and Services	595.7	634.0	720.5
交通通信	Transport and Communications	1359.9	1509.1	1690.0
教育文化娱乐	Education, Culture and Recreation	1070.3	1171.3	1301.6
医疗保健	Health Care and Medical Services	929.2	1058.7	1240.1
其他用品及服务	Miscellaneous Goods and Services	186.0	200.9	218.3

消费品市场

CONSUMER GOODS MARKET

第2篇

2-1 历年社会消费品零售总额
Total Retail Sales of Consumer Goods

年 份 Year	社会消费品零售总额(亿元) Total Retail Sales of Consumer Goods (100 million yuan)	比上年增长(%) Increase Over the Previous Year (%)
1952	276.8	
1963	604.5	0.1
1964	638.2	5.6
1965	670.3	5.0
1966	732.8	9.3
1967	770.5	5.1
1968	737.3	-4.3
1969	801.5	8.7
1970	858.0	7.0
1971	929.2	8.3
1972	1023.3	10.1
1973	1106.7	8.2
1974	1163.6	5.1
1975	1271.1	9.2
1976	1339.4	5.4
1977	1432.8	7.0
1978	1558.6	8.8
1979	1800.0	15.5
1980	2140.0	18.9
1981	2350.0	9.8
1982	2570.0	9.4
1983	2849.4	10.9
1984	3376.4	18.5
1985	4305.0	27.5
1986	4950.0	15.0
1987	5820.0	17.6
1988	7440.0	27.8
1989	8101.4	8.9
1990	8300.1	2.5
1991	9415.6	13.4
1992	10993.7	16.8
1993	14270.4	29.8
1994	18622.9	30.5
1995	23613.8	26.8
1996	28360.2	20.1
1997	31252.9	10.2
1998	33378.1	6.8
1999	35647.9	6.8
2000	39105.7	9.7
2001	43055.4	10.1
2002	48135.9	11.8
2003	52516.3	9.1
2004	59501.0	13.3
2005	68352.6	14.9
2006	79145.2	15.8
2007	93571.6	18.2
2008	114830.1	22.7
2009	133048.2	15.9
2010	158008.0	18.8
2011	187205.8	18.5
2012	214432.7	14.5
2013	242842.8	13.2
2014	271896.1	12.0
2015	300930.8	10.7
2016	332316.3	10.4
2017	366261.6	10.2
2018	380986.9	9.0

注：2018年增速计算使用的上年社会消费品零售总额根据第三次全国农业普查结果及有关制度规定进行了修订，增速按照可比口径计算。

Note: The last year's data used in calculating the growth rate of total retail sales of consumer goods in 2018 were revised according to the results of the Third National Agricultural Censns and the relevant regulations, and the growth rate was calculated at comparable coverage.

2-2 各地区社会消费品零售总额
Total Retail Sales of Consumer Goods by Region

单位：亿元

Unit：100 million yuan

地　区	Region	2013	2014	2015	2016	2017	2018
北　京	Beijing	8872.1	9638.0	10338.0	11005.1	11575.4	11747.7
天　津	Tianjin	4470.4	4738.7	5257.3	5635.8	5729.7	5533.0
河　北	Hebei	10516.7	11820.5	12990.7	14364.7	15907.6	16537.1
山　西	Shanxi	5139.3	5717.9	6033.7	6480.5	6918.1	7338.5
内蒙古	Inner Mongolia	5114.2	5657.6	6107.7	6700.8	7160.2	7311.1
辽　宁	Liaoning	10581.4	11857.0	12787.2	13414.1	13807.2	14142.8
吉　林	Jilin	5426.4	6080.9	6651.9	7310.4	7855.8	7520.4
黑龙江	Heilongjiang	6251.2	7015.3	7640.2	8402.5	9099.2	9317.4
上　海	Shanghai	8557.0	9303.5	10131.5	10946.6	11830.3	12668.7
江　苏	Jiangsu	20878.2	23458.1	25876.8	28707.1	31737.4	33230.4
浙　江	Zhejiang	15970.8	17835.3	19784.7	21970.8	24308.5	25007.9
安　徽	Anhui	7044.7	7957.0	8908.0	10000.2	11192.6	12100.1
福　建	Fujian	8275.3	9346.7	10505.9	11674.5	13013.0	14317.4
江　西	Jiangxi	4696.1	5292.6	5925.5	6634.6	7448.1	7566.4
山　东	Shandong	22294.8	25111.5	27761.4	30645.8	33649.0	33605.0
河　南	Henan	12426.6	14005.0	15740.4	17618.4	19666.8	20594.7
湖　北	Hubei	11035.9	12449.3	14003.2	15649.2	17394.1	18333.6
湖　南	Hunan	9509.5	10723.5	12024.0	13436.5	14854.9	15638.3
广　东	Guangdong	25453.9	28471.1	31517.6	34739.1	38200.1	39501.1
广　西	Guangxi	5133.1	5772.8	6348.1	7027.3	7813.0	8291.6
海　南	Hainan	1090.9	1224.5	1325.1	1453.7	1618.8	1717.1
重　庆	Chongqing	5055.8	5710.7	6424.0	7271.4	8067.7	7977.0
四　川	Sichuan	11001.0	12393.0	13877.7	15601.9	17480.5	18254.5
贵　州	Guizhou	2601.2	2936.9	3283.0	3709.0	4154.0	3971.2
云　南	Yunnan	4112.6	4632.9	5103.2	5722.9	6423.1	6826.0
西　藏	Tibet	322.2	364.5	408.5	459.4	523.3	597.6
陕　西	Shaanxi	5245.0	5918.7	6578.1	7367.6	8236.4	8938.3
甘　肃	Gansu	2368.8	2668.3	2907.2	3184.4	3426.6	3428.3
青　海	Qinghai	549.6	620.8	691.0	767.3	839.0	835.6
宁　夏	Ningxia	668.5	737.2	789.6	850.1	930.4	935.8
新　疆	Xinjiang	2179.5	2436.5	2606.0	2825.9	3044.6	3187.0

注：2018年增速计算使用的上年社会消费品零售总额根据第三次全国农业普查结果及有关制度规定进行了修订，增速按照可比口径计算。

Note: The last year's data used in calculating the growth rate of total retail sales of consumer goods in 2018 were revised according to the results of the Third National Agricultural Censns and the relevant regulations,and the growth rate was calculated at comparable coverage.

2-3 各地区社会消费品零售总额构成

Total Retail Sales of Consumer Goods by Region

单位：亿元

Unit：100 million yuan

地　区	Region	社会消费品零售总额 Total Retail Sales of Consumer Goods	城镇 City	城区 Urban	镇区 Town	乡村 Village
全　国	**National Total**	**380986.9**	**325636.9**	**250190.0**	**75446.9**	**55350.0**
北　京	Beijing	11747.7	11467.6	10397.3	1070.3	280.1
天　津	Tianjin	5533.0	5325.0	4425.3	899.7	208.0
河　北	Hebei	16537.1	12659.8	7982.1	4677.7	3877.3
山　西	Shanxi	7338.5	5956.6	4237.1	1719.5	1381.9
内蒙古	Inner Mongolia	7311.1	6401.5	4866.3	1535.2	909.6
辽　宁	Liaoning	14142.8	12376.4	10850.7	1525.7	1766.4
吉　林	Jilin	7520.4	6680.2	5765.8	914.4	840.2
黑龙江	Heilongjiang	9317.4	8105.3	6878.6	1226.7	1212.1
上　海	Shanghai	12668.7	12093.9	11833.3	260.7	574.8
江　苏	Jiangsu	33230.4	29600.3	22994.2	6606.1	3630.1
浙　江	Zhejiang	25007.9	20666.7	15830.4	4836.3	4341.2
安　徽	Anhui	12100.1	9731.9	6665.9	3066.0	2368.2
福　建	Fujian	14317.4	12915.4	9233.8	3681.6	1402.0
江　西	Jiangxi	7566.4	6399.7	3693.1	2706.6	1166.7
山　东	Shandong	33605.0	26719.7	20702.9	6016.8	6885.3
河　南	Henan	20594.7	16629.0	11787.4	4841.6	3965.7
湖　北	Hubei	18333.6	15373.4	12271.5	3101.9	2960.2
湖　南	Hunan	15638.3	14124.9	9067.7	5057.2	1513.4
广　东	Guangdong	39501.1	34514.1	30377.3	4136.8	4987.0
广　西	Guangxi	8291.6	7240.8	4600.4	2640.4	1050.8
海　南	Hainan	1717.1	1425.2	1146.0	279.2	291.9
重　庆	Chongqing	7977.0	7555.6	5286.2	2269.4	421.4
四　川	Sichuan	18254.5	14390.1	10312.1	4078.0	3864.4
贵　州	Guizhou	3971.2	3480.8	2759.8	721.0	490.4
云　南	Yunnan	6826.0	5878.4	4221.5	1656.8	947.6
西　藏	Tibet	597.6	501.4	366.1	135.2	96.2
陕　西	Shaanxi	8938.3	7866.1	5764.1	2102.0	1072.2
甘　肃	Gansu	3428.3	2778.2	2182.1	596.1	650.1
青　海	Qinghai	835.6	669.3	414.8	254.5	166.3
宁　夏	Ningxia	935.8	854.3	566.1	288.2	81.5
新　疆	Xinjiang	3187.0	2882.3	2332.1	550.2	304.7

2-4 分地区网上零售额(2018年)
Online Retail Sales by Region (2018)

地 区	Region	网上零售额(亿元) Online Retail Sales (100 million yuan)	增 长 (%) Growth Rate (%)	其中：实物商品网上零售额(亿元) Online Retail Sales in Goods (100 million yuan)	增 长 (%) Growth Rate (%)
全 国	**National Total**	**90065.0**	**23.9**	**70198.2**	**25.4**
北 京	Beijing	7294.1	10.3	5211.9	11.6
天 津	Tianjin	1261.4	25.4	948.3	23.9
河 北	Hebei	2018.4	34.3	1685.3	33.7
山 西	Shanxi	532.0	44.2	255.3	29.3
内蒙古	Inner Mongolia	371.0	37.3	154.4	66.1
辽 宁	Liaoning	1146.7	28.9	857.5	28.7
吉 林	Jilin	449.1	39.6	211.5	43.9
黑龙江	Heilongjiang	546.7	41.8	267.5	50.9
上 海	Shanghai	8786.5	11.3	7105.2	9.5
江 苏	Jiangsu	9242.3	25.5	7696.7	30.0
浙 江	Zhejiang	14384.7	18.9	11089.1	24.3
安 徽	Anhui	2015.9	33.4	1623.7	32.9
福 建	Fujian	4114.1	31.4	3515.2	33.2
江 西	Jiangxi	1233.3	49.6	1002.1	52.5
山 东	Shandong	3513.6	31.7	2849.3	29.0
河 南	Henan	1889.6	31.3	1373.0	32.5
湖 北	Hubei	2533.5	23.5	1963.6	33.9
湖 南	Hunan	1624.0	43.3	1030.9	33.5
广 东	Guangdong	18921.8	25.1	16383.1	26.5
广 西	Guangxi	732.4	33.6	370.0	33.9
海 南	Hainan	350.1	28.6	95.1	9.2
重 庆	Chongqing	1030.9	32.4	561.6	34.4
四 川	Sichuan	2671.7	31.1	2009.0	33.6
贵 州	Guizhou	453.4	33.8	229.9	31.8
云 南	Yunnan	632.3	49.4	344.7	52.6
西 藏	Tibet	41.6	46.1	18.2	63.5
陕 西	Shaanxi	962.5	35.9	656.8	38.2
甘 肃	Gansu	288.6	12.0	85.7	41.5
青 海	Qinghai	51.5	61.3	19.0	100.6
宁 夏	Ningxia	85.4	40.5	38.4	47.7
新 疆	Xinjiang	159.7	44.8	118.7	41.6
不分地区	Not Classified by Region	726.4	-	427.7	-

2-5 亿元以上商品交易市场基本情况
Basic Statistics on Commodity Exchange Markets of Transaction Value over 100 Million Yuan

市场	Market	市场数量（个）Number of Markets (unit)	摊位数（个）Number of Booths (unit)	营业面积（万平方米）Operating Area (10 000 sq.m)	成交额（亿元）Turnover (100 million yuan)	批发 Wholesale	零售 Retail
总计	**Total**	**4296**	**3178423**	**29190.6**	**109373.3**	**95323.2**	**14050.1**
综合市场	**Integrated Markets**	**1254**	**1183218**	**8054.9**	**26056.3**	**22090.4**	**3965.9**
生产资料综合市场	Production Comprehensive Markets	43	55271	783.7	1369.7	1307.5	62.2
工业消费品综合市场	Industrial Consumable Comprehensive Markets	237	394672	2472.9	7248.0	6237.9	1010.1
农产品综合市场	Farm Produce Comprehensive Markets	648	389193	2573.1	12300.6	10424.3	1876.4
其他综合市场	Other Comprehensive Markets	326	344082	2225.2	5138.0	4120.8	1017.2
专业市场	**Special Markets**	**3042**	**1995205**	**21135.8**	**83317.0**	**73232.9**	**10084.2**
生产资料市场	Production Markets	549	263071	5939.9	30249.4	29951.2	298.2
农业生产用具市场	Agricultural Production Equipment Markets	14	4703	165.7	244.0	244.0	
农用生产资料市场	Agricultural Production Markets	17	3309	48.5	115.8	115.8	
煤炭市场	Coal and Charcoal Markets	4	3318	198.3	285.8	285.8	
木材市场	Wood Markets	35	12232	433.8	628.6	628.6	
建材市场	Building Material Markets	204	111232	2406.4	2021.0	1722.8	298.2
化工材料及制品市场	Chemical Materials and Products Markets	26	17082	200.7	4287.9	4287.9	
金属材料市场	Metal Materials Markets	171	71624	1952.5	19838.4	19838.4	
机械设备市场	Mechanical Equipments Markets	46	24314	289.2	874.0	874.0	
其他生产资料市场	Others	32	15257	244.8	1954.1	1954.1	
农产品市场	Farm Produce Markets	853	469951	4000.2	18327.3	17308.7	1018.6
粮油市场	Grain and Oil Markets	85	20534	318.5	1707.1	1684.7	22.4
肉禽蛋市场	Meat, Poultry and Eggs Markets	101	40328	302.8	1544.6	1317.9	226.7
水产品市场	Aquatic Products Markets	134	65341	471.2	3738.0	3577.7	160.3
蔬菜市场	Vegetables Markets	244	169181	1539.5	3972.3	3846.0	126.4
干鲜果品市场	Dried and Fresh Melons and Fruits Markets	113	62156	618.1	3820.9	3798.3	22.6
棉麻土畜、烟叶市场	Cotton, Local & Livestock Products, and Tobacco Markets	11	17419	121.7	470.8	465.8	5.0
其他农产品市场	Others	165	94992	628.4	3073.5	2618.2	455.3
食品、饮料及烟酒市场	Food, Beverages, Tobacco and Liquor Markets	104	49913	356.3	1200.4	1100.2	100.2
食品饮料市场	Food and Beverages Markets	26	14209	68.0	275.0	238.5	36.5
茶叶市场	Tea Markets	32	12706	132.4	296.9	269.6	27.3
烟酒市场	Tobacco and Liquor Markets	9	2653	25.7	107.1	103.7	3.4
其他食品饮料及烟酒市场	Others	37	20345	130.2	521.4	488.4	33.0

2–5 续表 Continued

市　　场	Market	市场数量(个) Number of Markets (unit)	摊位数(个) Number of Booths (unit)	营业面积(万平方米) Operating Area (10 000 sq.m)	成交额(亿元) Turnover (100 million yuan)	批　发 Wholesale Value	零　售 Retail Value
纺织、服装、鞋帽市场	**Textiles, Clothing, Shoes and Hats Markets**	**455**	**626179**	**3389.7**	**15429.5**	**14458.6**	**970.8**
布料及纺织品市场	Cloth and Textiles Markets	60	101411	993.8	6850.5	6805.1	45.4
服装市场	Clothing Markets	286	387457	1884.9	6004.5	5300.4	704.0
鞋帽市场	Shoes and Hats Markets	36	23536	127.2	615.1	608.1	7.0
其他纺织服装鞋帽市场	Others	73	113775	383.7	1959.4	1745.0	214.4
日用品及文化用品市场	Daily Use Articles and Cultural Goods Markets	77	58119	343.3	1922.9	1855.0	67.9
小商品市场	Merchandise Markets	34	28227	123.4	656.0	635.6	20.4
箱包市场	Luggage Markets	5	9388	69.5	700.4	700.4	
玩具市场	Toys Markets	4	1459	33.0	25.8	25.8	
文具市场	Stationary Markets	2	640	7.3	6.8	6.8	
图书、报刊杂志市场	Books, Newspapers and Magazines Markets	5	1130	6.0	34.8	17.6	17.2
音像制品及电子出版物市场	Video Products and E-journal Markets	2	427	1.8	6.1		6.1
体育用品市场	Sports Markets	1	275	1.3	1.9	1.9	
其他日用品及文化用品市场	Others	24	16573	101.0	491.0	466.9	24.1
黄金、珠宝、玉器等首饰市场	Gold, Jeweller, Jade Markets	23	15937	254.9	758.4	716.1	42.4
电器、通讯器材、电子设备市场	Electrical Appliances, Communication Appliances and Electronical Appliances Markets	107	47824	305.2	780.3	419.8	360.5
家电市场	Household Appliances Markets	30	10438	144.5	271.6	224.5	47.1
通讯器材市场	Communication Appliances Markets	17	9200	32.2	104.9	78.1	26.9
照相、摄像器材市场	Cameras and Video Equipments Markets	2	407	1.6	6.4	2.9	3.6
计算机及辅助设备市场	Computer and Auxillary Equipments Markets	51	23716	111.9	327.4	54.0	273.3
其他电器、通讯器材、电子设备市场	Others	7	4063	15.0	70.0	60.4	9.6
医药、医疗用品及器材市场	Medicine, Medical Materials and Medical Instruments Markets	21	50577	299.0	1518.4	1457.2	61.2
中药材市场	Chinese Medicine Markets	21	50577	299.0	1518.4	1457.2	61.2
其他医药、医疗用品及器材市场	Others						
家具、五金及装饰材料市场	Furniture, Hardware and Decoration Materials Markets	532	280395	4349.5	5644.8	3401.6	2243.2
家具市场	Furniture Markets	169	79650	1693.7	1806.3	994.4	811.9
装饰材料市场	Decoration Materials Markets	213	104308	1591.5	1945.3	1070.4	874.9
灯具市场	Lamps Markets	14	6652	104.3	246.7	202.6	44.1
厨具、盥洗设备市场	Kitchen Utensils, Washing Equipments Markets	6	3245	34.6	27.3	24.7	2.5
五金材料市场	Hardware Materials Markets	68	47009	418.6	968.5	897.0	71.5
其他装修市场	Others	62	39531	506.8	650.7	212.5	438.2
汽车、摩托车及零配件市场	Cars, Motorcycles and Spare Parts Markets	246	77078	1449.5	6080.3	1390.8	4689.5
汽车市场	Cars Markets	181	46881	1152.5	5217.2	637.5	4579.7
摩托车市场	Motocycles Markets	7	3092	22.8	38.5	26.0	12.5
机动车零配件市场	Vehicle Spare Parts Markts	58	27105	274.2	824.5	727.3	97.2
花、鸟、鱼、虫市场	Flower, Bird, Fish and Insects Markets	25	21358	173.1	669.2	611.6	57.6
花卉市场	Flower Markets	19	19685	164.4	642.5	605.9	36.6
鸟市场	Bird Markets						
观赏鱼市场	Fish Markets						
其他花鸟鱼虫市场	Others	6	1673	8.7	26.7	5.7	21.0
旧货市场	Second Hand Markets	9	5297	18.7	25.3	4.6	20.6
古玩、古董、字画市场	Antiques,Calligraphy and Painting Markets	1	305	1.3	1.0		1.0
邮票、硬币市场	Stamps and Coins Markets						
其他旧货市场	Others	8	4992	17.4	24.3	4.6	19.6
其他专业市场	Others	41	29506	256.7	710.9	557.5	153.4

2–6 亿元以上商品交易市场摊位分类情况
Classification of Commodity Exchange Markets of Transaction Value over 100 Million Yuan

单位：亿元
Unit：100 million yuan

类别	Classification	摊位数（个）Number of Booths (unit)	成交额（亿元）Turnover (100 million yuan)	批发 Wholesale	零售 Retail
总计	**Total**	**3178423**	**109373.3**	**95323.2**	**14050.1**
粮油、食品类	Grain and Oil, Food	906755	31681.4	28416.1	3265.4
#粮油类	Grain and Oil	78914	3939.7	3619.1	320.5
肉禽蛋类	Meat, Poultry and Eggs	123759	4112.6	3225.6	887.0
水产品类	Aquatic Products	130903	6354.5	5603.7	750.8
蔬菜类	Vegetables	318809	7420.1	6767.6	652.5
干鲜果品类	Dried and Fresh Melons and Fruits	162092	7904.3	7598.6	305.7
饮料类	Beverages	44135	1045.6	932.4	113.2
烟酒类	Tobacco and Liquor	33345	990.6	836.8	153.7
服装鞋帽、针、纺织品类	Clothing, Shoes, Hats and Textiles	853132	18049.4	16577.2	1472.2
服装类	Clothing	525777	7427.7	6377.9	1049.8
鞋帽类	Footwear and Hats	119776	1772.1	1535.8	236.3
针、纺织品类	Knitwear and Textiles	207579	8849.7	8663.5	186.2
化妆品类	Cosmetics	29313	299.3	230.7	68.6
金银珠宝类	Gold, Silver and Jewellery	27642	1028.6	951.6	77.0
日用品类	Articles for Daily Use	159734	3213.8	2881.5	332.3
五金、电料类	Hardware & Electrical Materials	113981	2399.7	2142.5	257.2
体育、娱乐用品类	Sports & Recreational Articles	12066	167.5	137.0	30.5
#照相器材类	Photographic Equipment	902	23.2	10.4	12.8
书报杂志类	Newspapers and Magazines	3257	73.0	56.5	16.4
电子出版物及音像制品类	E-journal and Video Products	4415	64.1	45.7	18.4
家用电器和音像器材类	Household Appliances and Video Equipments	31135	683.8	554.5	129.3
中西药品类	Traditional Chinese and Western Medicines	34698	1520.1	1444.3	75.8
#西药类	Western Medicine	1783	49.8	42.1	7.6
中草药及中成药类	Traditional Chinese	31401	1435.6	1372.3	63.3
文化办公用品类	Cultural and Official Goods	50098	867.2	600.6	266.6
#计算机及其配套产品	Computer and Corollary Equipment	24147	338.1	121.0	217.1
家具类	Furniture	113180	2469.5	1439.4	1030.1
通讯器材类	Communication Appliances	19377	357.6	281.4	76.2
煤炭及制品类	Coal and Related Products	3448	402.2	400.1	2.1
木材及制品类	Wood and Wooden Products	22547	814.6	758.1	56.5
石油及制品类	Petroleum and Related Products	2330	1786.5	1785.5	1.0
化工材料及制品类	Raw Chemical Materials and Related Products	23096	4398.7	4389.7	9.0
#化肥类	Fertilizer	2462	74.6	71.2	3.4
金属材料类	Metal Materials	84322	20078.9	20004.5	74.3
建筑及装潢材料类	Building and Decoration Materials	274837	5100.6	3674.0	1426.6
机电产品及设备类	Mechanical & Electrical Products	50715	1674.5	1646.8	27.8
#农机类	Agricultural Machinery	5310	269.6	264.5	5.1
汽车类	Automobile	74970	6244.3	1563.3	4681.0
种子饲料类	Seed and Feedstuff	5792	93.1	86.4	6.6
棉麻类	Cotton and Hemp	3221	340.4	336.3	4.0
其他类	Others	196882	3528.4	3150.2	378.2

2-7 各地区亿元以上商品交易市场基本情况
Basic Statistics on Commodity Exchange Markets of Transaction Value over 100 Million Yuan by Region

年 份 Year	地 区 Region	市场数量（个）Number of Markets (unit)	摊位数（个）Number of Booths (unit)	营业面积（万平方米）Operating Area (10 000 sq.m)	成交额（亿元）Turnover (100 million yuan)	批 发 Wholesale	零 售 Retail
2000		3087	2115115	8261.6	16358.9	11648.0	4710.9
2001		3273	2200662	9397.3	17719.1	12562.5	5156.5
2002		3258	2190814	10313.2	19840.0	15450.9	4389.2
2003		3265	2148866	10984.0	21514.5	16832.6	4681.9
2004		3365	2229818	12477.5	26102.7	21116.9	4985.8
2005		3323	2248803	13140.8	30020.9	24544.2	5476.7
2006		3876	2527987	18072.3	37137.5	29679.9	7457.5
2007		4121	2681630	19814.6	44085.1	35871.5	8213.6
2008		4567	2839070	21225.2	52458.0	43120.0	9337.9
2009		4687	2994781	23230.3	57963.8	48308.2	9655.5
2010		4940	3193365	24832.3	72703.5	60954.9	11748.6
2011		5075	3334787	26234.5	82017.3	69390.8	12626.5
2012		5194	3494122	27899.4	93023.8	80141.8	12882.0
2013		5089	3488170	28868.3	98365.1	84628.3	13736.8
2014		5023	3534757	29567.9	100309.9	86323.7	13986.2
2015		4952	3468638	30065.7	100133.8	85836.9	14296.8
2016		4861	3457899	30023.4	102139.7	87859.3	14280.4
2017		4617	3347936	29691.8	108247.6	93996.9	14250.7
2018		4296	3178423	29190.6	109373.3	95323.2	14050.1
北 京	Beijing	94	67919	608.7	3934.9	2864.8	1070.0
天 津	Tianjin	43	28233	307.9	1178.0	1124.6	53.4
河 北	Hebei	200	242828	2307.2	5848.3	5574.3	274.0
山 西	Shanxi	31	25251	253.2	619.5	586.3	33.2
内蒙古	Inner Mongolia	55	37361	536.8	684.3	506.2	178.1
辽 宁	Liaoning	174	159195	860.5	3955.0	3331.8	623.2
吉 林	Jilin	46	40800	374.1	398.6	204.5	194.0
黑龙江	Heilongjiang	61	40908	330.5	999.3	716.6	282.7
上 海	Shanghai	127	52589	442.9	9483.2	8898.3	584.9
江 苏	Jiangsu	469	338172	3615.6	20730.0	18804.7	1925.4
浙 江	Zhejiang	703	432187	3177.8	17960.4	15165.9	2794.5
安 徽	Anhui	124	122370	1272.7	3023.0	2683.8	339.1
福 建	Fujian	114	44578	320.5	1561.0	1241.8	319.2
江 西	Jiangxi	105	96172	754.8	2083.1	1799.4	283.7
山 东	Shandong	418	304850	3384.3	8538.5	7939.0	599.5
河 南	Henan	138	112228	1254.3	3280.8	2865.0	415.7
湖 北	Hubei	129	72517	679.2	2080.6	1460.2	620.4
湖 南	Hunan	309	181972	1129.7	4030.9	3113.6	917.3
广 东	Guangdong	303	187212	1801.5	5310.0	4651.4	658.5
广 西	Guangxi	78	73335	375.8	1196.0	999.1	196.9
海 南	Hainan	4	2405	107.1	36.8	19.2	17.6
重 庆	Chongqing	141	95190	769.4	3596.6	3163.0	433.6
四 川	Sichuan	112	127893	1220.4	2980.7	2779.9	200.8
贵 州	Guizhou	58	49952	568.9	1362.2	1137.9	224.3
云 南	Yunnan	32	49513	203.5	422.1	337.4	84.8
西 藏	Tibet	3	2836	3.5	27.0	21.3	5.6
陕 西	Shaanxi	55	36792	405.0	1177.6	798.5	379.1
甘 肃	Gansu	27	27268	224.6	332.0	238.2	93.8
青 海	Qinghai	9	6565	61.7	58.5	46.0	12.5
宁 夏	Ningxia	37	26023	458.8	338.7	307.3	31.4
新 疆	Xinjiang	97	93309	1379.9	2146.1	1943.2	202.9

批发和零售业

WHOLESALE AND RETAIL TRADES

第3篇

3-1-1 限额以上批发和零售业企业基本情况

Basic Conditions of Enterprises above Designated Size of Wholesale and Retail Trades

项　目	Item	法人单位数（个）Number of Corporation Enterprises (unit)	年末从业人数（人）Employed Persons at Year-end (person)
总　计	**Total**	**211515**	**11845236**
一、批发业	**Wholesale Trade**	**113696**	**5268895**
#国有控股	State-controlled Enterprises	8290	1133298
(一)按登记注册类型分	**by Type of Registration**		
1.内资企业	**Domestic Funded Enterprises**	**108261**	**4409376**
国有企业	State-owned Enterprises	1495	279628
集体企业	Collective-owned Enterprises	343	16289
股份合作企业	Cooperative Enterprises	109	3345
联营企业	Joint Ownership Enterprises	12	1072
国有联营企业	State Joint Ownership Enterprises	NA	458
集体联营企业	Collective Joint Ownership Enterprises	5	360
国有与集体联营企业	Joint State-collective Enterprises	NA	243
其他联营企业	Other Joint Ownership Enterprises	NA	11
有限责任公司	Limited Liability Corporations	27384	1581365
国有独资公司	State Sole Funded Corporations	1739	173477
其他有限责任公司	Other Limited Liability Corporations	25645	1407888
股份有限公司	Share-holding Corporations Ltd.	2136	428157
私营企业	Private Enterprises	76261	2077631
私营独资企业	Private-funded Enterprises	466	8321
私营合伙企业	Private Partnership Enterprises	51	1188
私营有限责任公司	Private Limited Liability Corporations	74525	2002176
私营股份有限公司	Private Share-holding Corporations Ltd.	1219	65946
其他企业	Other Enterprises	521	21889
2.港、澳、台商投资企业	**Enterprises with Funds from Hongkong, Macao and Taiwan**	**2416**	**411319**
合资经营企业	Joint-venture Enterprises	346	30008
合作经营企业	Cooperative Enterprises	13	1741
独资经营企业	Enterprises with Sole Investment	1977	363734
投资股份有限公司	Share-holding Corporations Ltd. with Investment	49	8059
其他港澳台商投资企业	Other Enterprises with Funds from Hongkong, Macao and Taiwan	31	7777
3.外商投资企业	**Foreign Funded Enterprises**	**3019**	**448200**
中外合资经营企业	Joint-venture Enterprises	460	59801
中外合作经营企业	Cooperative Enterprises	14	1060
外资企业	Enterprises with Sole Foreign Investment	2422	363930
外商投资股份有限公司	Share-holding Corporations Ltd. with Foreign Investment	55	10616
其他外商投资企业	Other Foreign Funded Enterprises	68	12793

注：NA表示小于或等于3(下表同)。
Note: NA refers to less than or equal to three. The same applies to the tables following.

项　目	Item	法人单位数（个）Number of Corporation Enterprises (unit)	年末从业人数（人）Employed Persons at Year-end (person)
(二)按国民经济行业分	**by Sector**		
农、林、牧、渔产品批发	Wholesale of Agricultural, Forestry, Livestock and Fishery Products	4841	175814
食品、饮料及烟草制品批发	Wholesale of Food, Beverages and Tobaccos	11691	1016619
米、面制品及食用油批发	Wholesale of Rice, Flour and Edible Oil	1878	111230
肉、禽、蛋、奶及水产品批发	Wholesale of Meal, Fowls, Eggs, Milk and Aquatic Products	1884	108765
酒、饮料及茶叶批发	Wholesale of Wine, Beverages and Teas	2487	239501
烟草制品批发	Wholesale of Tobaccos	510	252425
纺织、服装及家庭用品批发	Wholesale of Textiles, Wearing Apparel and Household Articles	14753	934578
服装批发	Wholesale of Garments	3048	312477
鞋帽批发	Wholesale of Shoes and Hats	1017	69501
日用家电批发	Wholesale of Household Electrical Appliances	1477	113958
文化、体育用品及器材批发	Wholesale of Culture, Sports Appliances and Equipments	3559	207489
文具用品批发	Wholesale of Stationeries	1245	34778
体育用品及器材批发	Wholesale of Sports Appliances and Equipments	226	13734
图书批发	Wholesale of Books	339	46246
医药及医疗器材批发	Wholesale of Medicines and Medical Appliances	9053	760685
西药批发	Wholesale of Western Medicine	3979	432861
中药批发	Wholesale of Chinese Traditional Medicine	1728	162008
矿产品、建材及化工产品批发	Wholesale of Mineral Products, Building Materials and Chemical Products	46212	1193228
煤炭及制品批发	Wholesale of Coal and Related Products	4721	133925
石油及制品批发	Wholesale of Petroleum and Related Products	5055	340468
金属及金属矿批发	Wholesale of Metal Materials	14696	252873
建材批发	Wholesale of Building Materials	7333	165616
化肥批发	Wholesale of Chemical Fertilizer	1490	52268
农药批发	Wholesale of Pesticides	343	15997
机械设备、五金产品及电子产品批发	Wholesale of Machinery, Hardware and Electronic Products	19473	843577
汽车及零配件批发	Wholesale of Motor Vehicles and Their Parts	3662	150669
计算机、软件及辅助设备批发	Wholesale of Computer, Software and Assistant Appliances	1661	74538
通讯设备批发	Wholesale of Communication Equipments	1093	88602
贸易经纪与代理	Trade Broker and Agency	1139	32512
其他批发业	Other Wholesale Industries	2975	104393

3-1-1 续表 2 Continued 2

项 目	Item	法人单位数（个） Number of Corporation Enterprises (unit)	年末从业人数（人） Employed Persons at Year-end (person)	年末零售营业面积（平方米） Business Area of Retail Trade at Year-end (sq.m)
二、零售业	**Retail Trade**	**97819**	**6576341**	**337647782**
#国有控股	State-controlled Enterprises	4865	807760	62827046
（一）按登记注册类型分	**by Type of Registration**			
1.内资企业	**Domestic Funded Enterprises**	**95563**	**5677521**	**298749617**
国有企业	State-owned Enterprises	839	63163	3220099
集体企业	Collective-owned Enterprises	1002	41378	2265043
股份合作企业	Cooperative Enterprises	248	10119	432572
联营企业	Joint Ownership Enterprises	88	2293	165589
国有联营企业	State Joint Ownership Enterprises	16	234	22241
集体联营企业	Collective Joint Ownership Enterprises	24	1108	50078
国有与集体联营企业	Joint State-collective Enterprises	24	440	43036
其他联营企业	Other Joint Ownership Enterprises	24	511	50234
有限责任公司	Limited Liability Corporations	26321	2237001	117439456
国有独资公司	State Sole Funded Corporations	838	81455	4628609
其他有限责任公司	Other Limited Liability Corporations	25483	2155546	112810847
股份有限公司	Share-holding Corporations Ltd.	2118	573968	49948398
私营企业	Private Enterprises	64537	2734993	124958999
私营独资企业	Private-funded Enterprises	4881	85296	5850503
私营合伙企业	Private Partnership Enterprises	534	9222	672356
私营有限责任公司	Private Limited Liability Corporations	57845	2519349	113437015
私营股份有限公司	Private Share-holding Corporations Ltd.	1277	121126	4999125
其他企业	Other Enterprises	410	14606	319461
2.港、澳、台商投资企业	**Enterprises with Funds from Hongkong, Macao and Taiwan**	**1328**	**468325**	**18241155**
合资经营企业	Joint-venture Enterprises	265	89436	4395292
合作经营企业	Cooperative Enterprises	27	4561	179424
独资经营企业	Enterprises with Sole Investment	963	360024	13011548
投资股份有限公司	Share-holding Corporations Ltd. with Investment	41	8181	327531
其他港澳台商投资企业	Other Enterprises with Funds from Hongkong, Macao and Taiwan	32	6123	327360
3.外商投资企业	**Foreign Funded Enterprises**	**928**	**430495**	**20657010**
中外合资经营企业	Joint-venture Enterprises	221	134884	6077593
中外合作经营企业	Cooperative Enterprises	15	7999	375538
外资企业	Enterprises with Sole Foreign Investment	586	250723	11728040
外商投资股份有限公司	Share-holding Corporations Ltd. with Foreign Investment	44	19535	1556356
其他外商投资企业	Other Foreign Funded Enterprises	62	17354	919483

3-1-1 续表 3 Continued 3

项　目	Item	法人单位数（个）Number of Corporation Enterprises (unit)	年末从业人数（人）Employed Persons at Year-end (person)	年末零售营业面积（平方米）Business Area of Retail Trade at Year-end (sq.m)
（二）按国民经济行业分	**by Sector**			
综合零售	Integrated Retail	12418	2196318	139364297
百货零售	Retail of General Merchandise	5910	913307	81940751
超级市场零售	Retail of Supermarkets	5269	1177373	53504148
食品、饮料及烟草制品专门零售	Special Retail of Food, Beverages and Tobaccos	8728	370083	9731829
粮油零售	Retail of Cereal and Oil	949	29807	1430656
肉、禽、蛋、奶及水产品零售	Retail of Meat, Poultry, Eggs, Milk and Aquatic Products	1352	64606	1595953
酒、饮料及茶叶零售	Retail of Wine, Beverages and Teas	2694	71749	1864561
烟草制品零售	Retail of Tobaccos	311	15243	261080
纺织、服装及日用品专门零售	Special Retail of Textiles, Garments and Daily Consumer Articles	5127	578254	16846008
服装零售	Retail of Garments	2497	371289	12817517
文化、体育用品及器材专门零售	Special Retail of Culture, Sports Appliances and Equipments	4311	243135	7352199
体育用品及器材零售	Retail of Sports Appliances and Equipments	204	17205	561676
图书、报刊零售	Retail of Books, Newspapers and Magazines	1180	112573	3527440
医药及医疗器材专门零售	Special Retail of Medicines and Medical Appliances	4746	608088	12220600
西药零售	Retail of Western Medicines	3791	553993	11018877
汽车、摩托车、零配件和燃料及其他动力销售	Retail of Motor Vehicles, Motorcycles, Parts, Fuel and Other Powers	38391	1701595	111679413
汽车新车零售	Retail of New Motor Vehicles	27755	1285963	68406138
机动车燃油零售	Retail of Fuel Oil of Motor Vehicles	7692	341075	38286773
家用电器及电子产品专门零售	Special Retail of Household Electric Appliances and Electronic Products	11074	439352	20206636
日用家电设备零售	Retail of Household Electric Appliances	4209	177320	11911267
计算机、软件及辅助设备零售	Retail of Computer, Software and Assistant Appliances	2800	82746	963918
通信设备零售	Retail of Communication Equipments	1348	74757	1184736
五金、家具及室内装饰材料专门零售	Special Retail of Hardware, Furniture and Interior Decoration Materials	5688	155931	12864285
货摊、无店铺及其他零售	Stalls, Non-shop and Other Retails	7336	283585	7382515
互联网零售	Retail on the Internet	4872	200519	2682590
（三）按零售业态分	**by Mode of Business Operation**			
有店铺零售	Store-based Retailing	85999	6103850	324395125
超市	Supermarket	8115	562627	15598741
大型超市	Hypermarket	2231	1140916	70400902
百货店	Department Store	5579	852239	63387592
专业店	Speciality Store	30659	1689346	81827540
专卖店	Exclusive Shop	32837	1776879	75183078
无店铺零售	Non-Store Selling	14782	717289	21893501

3-1-2 各地区限额以上批发业企业基本情况

Basic Conditions of Enterprises above Designated Size of Wholesale Trade by Region

地 区	Region	批发业 Wholesale Trade		#国有控股 State-controlled Enterprises	
		法人单位数 (个) Number of Corporation Enterprises (unit)	年末从业人数 (人) Employed Persons at Year-end (person)	法人单位数 (个) Number of Corporation Enterprises (unit)	年末从业人数 (人) Employed Persons at Year-end (person)
全 国	**National Total**	**113696**	**5268895**	**8290**	**1133298**
北 京	Beijing	5123	423972	811	112253
天 津	Tianjin	4083	155399	399	19937
河 北	Hebei	1566	94653	151	27188
山 西	Shanxi	1122	76681	247	36342
内蒙古	Inner Mongolia	784	35792	102	15515
辽 宁	Liaoning	2632	84574	223	29275
吉 林	Jilin	797	38029	76	14056
黑龙江	Heilongjiang	568	36484	112	22633
上 海	Shanghai	5159	506410	523	61397
江 苏	Jiangsu	13717	459142	660	61646
浙 江	Zhejiang	13795	419663	479	47065
安 徽	Anhui	2434	118638	210	31924
福 建	Fujian	7156	223297	400	43419
江 西	Jiangxi	1348	94107	139	36069
山 东	Shandong	8308	325784	356	71050
河 南	Henan	3778	192606	294	49648
湖 北	Hubei	3241	205023	236	54081
湖 南	Hunan	2529	122447	173	32211
广 东	Guangdong	22639	947949	879	121819
广 西	Guangxi	1538	76559	204	26553
海 南	Hainan	228	19398	27	2539
重 庆	Chongqing	2289	103311	242	20484
四 川	Sichuan	2545	153857	272	38216
贵 州	Guizhou	1232	65559	186	34542
云 南	Yunnan	1270	80511	163	30993
西 藏	Tibet	26	4071	13	1067
陕 西	Shaanxi	1351	84950	207	38023
甘 肃	Gansu	636	33584	95	10494
青 海	Qinghai	130	8289	31	3623
宁 夏	Ningxia	186	11406	33	6202
新 疆	Xinjiang	1486	66750	347	33034

3-1-3 各地区限额以上批发业企业基本情况(按登记注册类型分)

Basic Conditions of Enterprises above Designated Size of Wholesale Trade by Region and Type of Registration

地 区	Region	内资企业 Domestic Funded Enterprises		国有企业 State-owned Enterprises	
		法人单位数(个) Number of Corporation Enterprises (unit)	年末从业人数(人) Employed Persons at Year-end (person)	法人单位数(个) Number of Corporation Enterprises (unit)	年末从业人数(人) Employed Persons at Year-end (person)
全 国	**National Total**	**108261**	**4409376**	**1495**	**279628**
北 京	Beijing	4679	291515	67	5701
天 津	Tianjin	3844	82053	24	2235
河 北	Hebei	1555	91306	38	10756
山 西	Shanxi	1115	74671	39	8238
内蒙古	Inner Mongolia	783	35788	32	6399
辽 宁	Liaoning	2551	78654	37	9917
吉 林	Jilin	795	37684	18	4534
黑龙江	Heilongjiang	564	36334	31	5653
上 海	Shanghai	3416	193508	28	1576
江 苏	Jiangsu	13256	396679	190	15311
浙 江	Zhejiang	13477	393757	28	8934
安 徽	Anhui	2412	111840	36	10375
福 建	Fujian	6947	204804	57	12536
江 西	Jiangxi	1340	93087	46	11645
山 东	Shandong	8194	319602	67	3591
河 南	Henan	3768	192321	84	28129
湖 北	Hubei	3193	183885	59	14700
湖 南	Hunan	2516	119118	47	17723
广 东	Guangdong	21053	786406	171	8412
广 西	Guangxi	1529	76399	41	8657
海 南	Hainan	223	18994	8	1371
重 庆	Chongqing	2266	97619	52	6374
四 川	Sichuan	2522	151194	66	15235
贵 州	Guizhou	1224	64376	32	19426
云 南	Yunnan	1260	78675	31	16067
西 藏	Tibet	24	2960	8	763
陕 西	Shaanxi	1328	78025	55	12486
甘 肃	Gansu	634	33360	22	4109
青 海	Qinghai	128	7564	10	1095
宁 夏	Ningxia	186	11406	10	1435
新 疆	Xinjiang	1479	65792	61	6245

3-1-3 续表 1 Continued 1

地区	Region	集体企业 Collective-owned Enterprises 法人单位数(个) Number of Corporation Enterprises (unit)	集体企业 Collective-owned Enterprises 年末从业人数(人) Employed Persons at Year-end (person)	股份合作企业 Cooperative Enterprises 法人单位数(个) Number of Corporation Enterprises (unit)	股份合作企业 Cooperative Enterprises 年末从业人数(人) Employed Persons at Year-end (person)
全国	**National Total**	**343**	**16289**	**109**	**3345**
北京	Beijing	12	425	21	514
天津	Tianjin	6	92	5	93
河北	Hebei	7	602	NA	28
山西	Shanxi	22	2539		
内蒙古	Inner Mongolia	NA	42		
辽宁	Liaoning	5	378	NA	66
吉林	Jilin	NA	11		
黑龙江	Heilongjiang	4	348		
上海	Shanghai	4	129	NA	51
江苏	Jiangsu	35	909	NA	211
浙江	Zhejiang	10	441	17	410
安徽	Anhui	5	387	NA	50
福建	Fujian	25	614	NA	33
江西	Jiangxi	7	130	NA	28
山东	Shandong	34	2614	6	142
河南	Henan	16	671	NA	145
湖北	Hubei	13	558	NA	130
湖南	Hunan	5	202		
广东	Guangdong	48	1763	26	594
广西	Guangxi	14	1191	NA	29
海南	Hainan				
重庆	Chongqing	6	295	7	233
四川	Sichuan	10	572	NA	196
贵州	Guizhou	14	357	NA	170
云南	Yunnan	11	323	NA	48
西藏	Tibet				
陕西	Shaanxi	15	453	NA	92
甘肃	Gansu	NA	26	NA	77
青海	Qinghai	NA	26	NA	5
宁夏	Ningxia				
新疆	Xinjiang	8	191		

3-1-3 续表 2 Continued 2

地 区	Region	联营企业 Joint Ownership Enterprises 法人单位数(个) Number of Corporation Enterprises (unit)	联营企业 Joint Ownership Enterprises 年末从业人数(人) Employed Persons at Year-end (person)	有限责任公司 Limited Liability Corporations 法人单位数(个) Number of Corporation Enterprises (unit)	有限责任公司 Limited Liability Corporations 年末从业人数(人) Employed Persons at Year-end (person)
全 国	**National Total**	**12**	**1072**	**27384**	**1581365**
北 京	Beijing	NA	13	1753	155813
天 津	Tianjin			1074	32392
河 北	Hebei			377	27134
山 西	Shanxi			306	36005
内蒙古	Inner Mongolia			309	18362
辽 宁	Liaoning			686	27345
吉 林	Jilin			285	15185
黑龙江	Heilongjiang			219	13609
上 海	Shanghai	NA	237	1041	82076
江 苏	Jiangsu			2021	127980
浙 江	Zhejiang			2067	95707
安 徽	Anhui	NA	17	894	44373
福 建	Fujian			1334	54249
江 西	Jiangxi			509	47183
山 东	Shandong	NA	53	1575	105082
河 南	Henan			1447	81818
湖 北	Hubei	NA	225	1076	61895
湖 南	Hunan			464	29500
广 东	Guangdong	6	527	5845	264329
广 西	Guangxi			417	29730
海 南	Hainan			161	13710
重 庆	Chongqing			581	33923
四 川	Sichuan			821	63507
贵 州	Guizhou			357	17681
云 南	Yunnan			372	21224
西 藏	Tibet			9	1367
陕 西	Shaanxi			588	33439
甘 肃	Gansu			227	11844
青 海	Qinghai			52	2706
宁 夏	Ningxia			42	2213
新 疆	Xinjiang			475	29984

3-1-3 续表 3 Continued 3

地 区	Region	股份有限公司 Share-holding Corporations Ltd. 法人单位数(个) Number of Corporation Enterprises (unit)	股份有限公司 Share-holding Corporations Ltd. 年末从业人数(人) Employed Persons at Year-end (person)	私营企业 Private Enterprises 法人单位数(个) Number of Corporation Enterprises (unit)	私营企业 Private Enterprises 年末从业人数(人) Employed Persons at Year-end (person)
全 国	**National Total**	**2136**	**428157**	**76261**	**2077631**
北 京	Beijing	119	22405	2704	106637
天 津	Tianjin	60	2615	2675	44626
河 北	Hebei	28	13121	1098	39267
山 西	Shanxi	13	2848	733	24995
内蒙古	Inner Mongolia	22	1373	418	9612
辽 宁	Liaoning	63	7944	1747	32813
吉 林	Jilin	32	3609	459	14345
黑龙江	Heilongjiang	34	9960	276	6764
上 海	Shanghai	96	23492	2243	85947
江 苏	Jiangsu	184	29297	10629	213653
浙 江	Zhejiang	189	33573	11134	254364
安 徽	Anhui	63	11709	1399	44315
福 建	Fujian	66	13034	5460	124207
江 西	Jiangxi	52	7203	720	26783
山 东	Shandong	142	39522	6340	168031
河 南	Henan	95	10084	2113	71021
湖 北	Hubei	95	45772	1895	58041
湖 南	Hunan	62	4321	1926	66788
广 东	Guangdong	349	80605	14584	429209
广 西	Guangxi	38	6750	1005	29061
海 南	Hainan	11	1003	42	2898
重 庆	Chongqing	46	4227	1563	52010
四 川	Sichuan	63	12629	1536	57890
贵 州	Guizhou	23	7204	796	19527
云 南	Yunnan	58	7710	773	32917
西 藏	Tibet			7	830
陕 西	Shaanxi	46	10208	585	19907
甘 肃	Gansu	22	3054	356	14228
青 海	Qinghai	6	1972	58	1760
宁 夏	Ningxia	11	3846	123	3912
新 疆	Xinjiang	48	7067	864	21273

3-1-3 续表 4 Continued 4

地 区	Region	港、澳、台商投资企业 Enterprises with Funds from Hongkong, Macao and Taiwan		外商投资企业 Foreign Funded Enterprises	
		法人单位数 (个) Number of Corporation Enterprises (unit)	年末从业人数 (人) Employed Persons at Year-end (person)	法人单位数 (个) Number of Corporation Enterprises (unit)	年末从业人数 (人) Employed Persons at Year-end (person)
全 国	**National Total**	**2416**	**411319**	**3019**	**448200**
北 京	Beijing	150	50849	294	81608
天 津	Tianjin	89	61583	150	11763
河 北	Hebei	4	143	7	3204
山 西	Shanxi	5	1707	NA	303
内蒙古	Inner Mongolia	NA	4		
辽 宁	Liaoning	21	2269	60	3651
吉 林	Jilin			NA	345
黑龙江	Heilongjiang			4	150
上 海	Shanghai	562	109438	1181	203464
江 苏	Jiangsu	193	20922	268	41541
浙 江	Zhejiang	147	15154	171	10752
安 徽	Anhui	8	2554	14	4244
福 建	Fujian	126	9929	83	8564
江 西	Jiangxi	4	229	4	791
山 东	Shandong	40	3449	74	2733
河 南	Henan	5	173	5	112
湖 北	Hubei	24	11351	24	9787
湖 南	Hunan	4	2878	9	451
广 东	Guangdong	986	106310	600	55233
广 西	Guangxi	5	60	4	100
海 南	Hainan	NA	331	NA	73
重 庆	Chongqing	9	3629	14	2063
四 川	Sichuan	8	1309	15	1354
贵 州	Guizhou	5	692	NA	491
云 南	Yunnan	4	915	6	921
西 藏	Tibet	NA	1111		
陕 西	Shaanxi	5	2892	18	4033
甘 肃	Gansu	NA	158	NA	66
青 海	Qinghai	NA	665	NA	60
宁 夏	Ningxia				
新 疆	Xinjiang	4	615	NA	343

3-1-4 各地区限额以上批发业企业基本情况(按国民经济行业分)

Basic Conditions of Enterprises above Designated Size of Wholesale Trade by Region and Sector

地区	Region	农、林、牧、渔产品批发 Wholesale of Agricultural, Forestry,Livestock and Fishery Products		食品、饮料及烟草制品批发 Wholesale of Food, Beverages and Tobaccos	
		法人单位数(个) Number of Corporation Enterprises (unit)	年末从业人数(人) Employed Persons at Year-end (person)	法人单位数(个) Number of Corporation Enterprises (unit)	年末从业人数(人) Employed Persons at Year-end (person)
全国	**National Total**	**4841**	**175814**	**11691**	**1016619**
北京	Beijing	113	5976	505	58358
天津	Tianjin	99	1658	271	13576
河北	Hebei	108	3246	143	17112
山西	Shanxi	37	3022	131	14445
内蒙古	Inner Mongolia	102	3343	69	8071
辽宁	Liaoning	199	3518	222	16186
吉林	Jilin	134	5643	93	7617
黑龙江	Heilongjiang	94	5627	76	7594
上海	Shanghai	77	2660	437	67761
江苏	Jiangsu	599	20124	909	58816
浙江	Zhejiang	172	4545	762	66256
安徽	Anhui	189	6856	441	35028
福建	Fujian	236	5367	881	52459
江西	Jiangxi	73	5661	190	18754
山东	Shandong	529	13366	873	65004
河南	Henan	394	16368	429	45983
湖北	Hubei	262	9422	550	53782
湖南	Hunan	164	7968	342	36986
广东	Guangdong	434	18358	2037	163183
广西	Guangxi	88	2507	218	18776
海南	Hainan	8	95	24	2984
重庆	Chongqing	67	2768	393	26422
四川	Sichuan	87	3496	600	51818
贵州	Guizhou	25	552	190	27705
云南	Yunnan	106	3590	235	31622
西藏	Tibet			9	895
陕西	Shaanxi	56	1746	316	24672
甘肃	Gansu	35	693	125	10835
青海	Qinghai	4	133	27	2177
宁夏	Ningxia	8	163	24	2294
新疆	Xinjiang	342	17343	169	9448

3-1-4 续表 1 Continued 1

地 区	Region	纺织、服装及家庭用品批发 Wholesale of Textiles, Wearing Apparel and Household Articles		文化、体育用品及器材批发 Wholesale of Culture, Sports Appliances and Equipments	
		法人单位数 (个) Number of Corporation Enterprises (unit)	年末从业人数 (人) Employed Persons at Year-end (person)	法人单位数 (个) Number of Corporation Enterprises (unit)	年末从业人数 (人) Employed Persons at Year-end (person)
全 国	**National Total**	**14753**	**934578**	**3559**	**207489**
北 京	Beijing	455	77286	257	34287
天 津	Tianjin	208	72462	85	3216
河 北	Hebei	78	4360	38	1889
山 西	Shanxi	33	5216	28	961
内 蒙 古	Inner Mongolia	10	802	7	271
辽 宁	Liaoning	157	8351	46	2568
吉 林	Jilin	35	1153	13	993
黑 龙 江	Heilongjiang	21	1206	9	593
上 海	Shanghai	709	137436	177	16478
江 苏	Jiangsu	1986	109511	347	14843
浙 江	Zhejiang	4103	133915	592	16436
安 徽	Anhui	198	13722	64	2728
福 建	Fujian	1693	51726	214	5899
江 西	Jiangxi	93	3409	19	545
山 东	Shandong	536	31773	212	15225
河 南	Henan	217	15721	104	5747
湖 北	Hubei	195	15592	69	7169
湖 南	Hunan	185	10023	150	4280
广 东	Guangdong	3270	203184	939	57908
广 西	Guangxi	114	6027	24	849
海 南	Hainan	10	1152	4	570
重 庆	Chongqing	91	7664	31	4991
四 川	Sichuan	147	8305	36	1778
贵 州	Guizhou	39	2004	15	880
云 南	Yunnan	55	2112	23	2501
西 藏	Tibet			NA	90
陕 西	Shaanxi	38	5865	31	1802
甘 肃	Gansu	22	1679	15	847
青 海	Qinghai	NA	76	NA	348
宁 夏	Ningxia	NA	111	NA	130
新 疆	Xinjiang	49	2735	6	667

3-1-4 续表 2 Continued 2

地区	Region	医药及医疗器材批发 Wholesale of Medicines and Medical Appliances		矿产品、建材及化工产品批发 Wholesale of Mineral Products, Building Material and Chemical Products	
		法人单位数 (个) Number of Corporation Enterprises (unit)	年末从业人数 (人) Employed Persons at Year-end (person)	法人单位数 (个) Number of Corporation Enterprises (unit)	年末从业人数 (人) Employed Persons at Year-end (person)
全　国	**National Total**	**9053**	**760685**	**46212**	**1193228**
北　京	Beijing	728	52094	1309	64131
天　津	Tianjin	148	8398	2259	31514
河　北	Hebei	251	20829	709	30664
山　西	Shanxi	123	12646	596	34107
内蒙古	Inner Mongolia	88	5574	422	15186
辽　宁	Liaoning	249	14352	1263	27006
吉　林	Jilin	174	10395	164	7206
黑龙江	Heilongjiang	92	4429	173	13785
上　海	Shanghai	267	63748	1943	67560
江　苏	Jiangsu	516	70273	6835	111862
浙　江	Zhejiang	465	36744	5404	93709
安　徽	Anhui	313	22627	743	18845
福　建	Fujian	369	17179	2614	59783
江　西	Jiangxi	272	30824	434	24876
山　东	Shandong	486	47021	4191	103775
河　南	Henan	352	33492	1585	48694
湖　北	Hubei	532	54599	1058	46543
湖　南	Hunan	300	25145	919	21240
广　东	Guangdong	1575	94463	8176	177396
广　西	Guangxi	170	12835	665	25697
海　南	Hainan	71	11038	86	2301
重　庆	Chongqing	285	17121	990	24328
四　川	Sichuan	527	37024	842	31819
贵　州	Guizhou	149	10055	685	19506
云　南	Yunnan	135	15098	567	19876
西　藏	Tibet	8	2563	NA	166
陕　西	Shaanxi	162	12961	557	31579
甘　肃	Gansu	105	7615	255	8051
青　海	Qinghai	21	1422	60	3697
宁　夏	Ningxia	24	2065	92	5626
新　疆	Xinjiang	96	6056	614	22700

3-1-4 续表 3 Continued 3

地　区	Region	机械设备、五金产品及电子产品批发 Wholesale of Machinery, Hardware and Electronic Products		贸易经纪与代理 Trade Broker and Agency		其他批发业 Other Wholesale Industries	
		法人单位数(个) Number of Corporation Enterprises (unit)	年末从业人数(人) Employed Persons at Year-end (person)	法人单位数(个) Number of Corporation Enterprises (unit)	年末从业人数(人) Employed Persons at Year-end (person)	法人单位数(个) Number of Corporation Enterprises (unit)	年末从业人数(人) Employed Persons at Year-end (person)
全　国	**National Total**	**19473**	**843577**	**1139**	**32512**	**2975**	**104393**
北　京	Beijing	1628	122819	41	3147	87	5874
天　津	Tianjin	807	19159	57	1961	149	3455
河　北	Hebei	207	15483	9	224	23	846
山　西	Shanxi	155	5588	NA	8	18	688
内蒙古	Inner Mongolia	81	2382			5	163
辽　宁	Liaoning	421	9706	16	1931	59	956
吉　林	Jilin	169	4406	NA	20	14	596
黑龙江	Heilongjiang	85	2790	9	101	9	359
上　海	Shanghai	1339	139439	91	2974	119	8354
江　苏	Jiangsu	1981	61135	163	3000	381	9578
浙　江	Zhejiang	1985	60614	85	1666	227	5778
安　徽	Anhui	368	15088	14	216	104	3528
福　建	Fujian	857	25412	46	1593	246	3879
江　西	Jiangxi	182	8284	29	495	56	1259
山　东	Shandong	1219	43209	47	809	215	5602
河　南	Henan	554	21523	10	286	133	4792
湖　北	Hubei	494	15982	6	99	75	1835
湖　南	Hunan	374	11681	5	102	90	5022
广　东	Guangdong	5013	188935	478	12996	717	31526
广　西	Guangxi	224	8020	NA	8	34	1840
海　南	Hainan	21	1219	NA	4	NA	35
重　庆	Chongqing	353	17379	7	298	72	2340
四　川	Sichuan	256	17455	NA	142	48	2020
贵　州	Guizhou	111	3486	NA	4	16	1367
云　南	Yunnan	121	4532	NA	82	25	1098
西　藏	Tibet	5	320	NA	37		
陕　西	Shaanxi	163	5329	6	236	22	760
甘　肃	Gansu	72	3675			7	189
青　海	Qinghai	13	431	NA	5		
宁　夏	Ningxia	27	842			6	175
新　疆	Xinjiang	188	7254	7	68	15	479

3-1-5 各地区限额以上零售业企业基本情况
Basic Conditions of Enterprises above Designated Size of Retail Trade by Region

地区	Region	零售业 Retail Trade		#国有控股 State-controlled Enterprises	
		法人单位数（个） Number of Corporation Enterprises (unit)	年末从业人数（人） Employed Persons at Year-end (person)	法人单位数（个） Number of Corporation Enterprises (unit)	年末从业人数（人） Employed Persons at Year-end (person)
全　国	**National Total**	**97819**	**6576341**	**4865**	**807760**
北　京	Beijing	1862	297344	333	60835
天　津	Tianjin	877	77900	159	17867
河　北	Hebei	2432	242965	96	19322
山　西	Shanxi	1996	141734	163	27382
内蒙古	Inner Mongolia	1094	76745	63	16298
辽　宁	Liaoning	2144	166613	126	31850
吉　林	Jilin	1531	87492	80	13150
黑龙江	Heilongjiang	1113	88799	102	9637
上　海	Shanghai	1924	365852	366	47472
江　苏	Jiangsu	8585	514100	262	37126
浙　江	Zhejiang	5808	381283	462	38859
安　徽	Anhui	5000	255570	125	22650
福　建	Fujian	6410	271097	194	22785
江　西	Jiangxi	3134	148933	72	12988
山　东	Shandong	7404	499907	210	48479
河　南	Henan	6012	365318	258	32538
湖　北	Hubei	4904	325998	192	63343
湖　南	Hunan	5883	293885	122	26408
广　东	Guangdong	8224	675995	420	87832
广　西	Guangxi	2402	129146	172	14056
海　南	Hainan	206	26028	20	6967
重　庆	Chongqing	3203	198651	117	44380
四　川	Sichuan	4385	309161	136	31015
贵　州	Guizhou	2451	104969	119	12446
云　南	Yunnan	2311	141355	111	15393
西　藏	Tibet	90	5871	15	2050
陕　西	Shaanxi	4032	219167	213	21732
甘　肃	Gansu	941	59345	46	7555
青　海	Qinghai	237	18970	19	4861
宁　夏	Ningxia	267	25875	20	1022
新　疆	Xinjiang	957	60273	72	9462

3-1-6 各地区限额以上零售业企业基本情况(按登记注册类型分)

Basic Conditions of Enterprises above Designated Size of Retail Trade by Region and Type of Registration

地 区	Region	内资企业 Domestic Funded Enterprises		国有企业 State-owned Enterprises	
		法人单位数(个) Number of Corporation Enterprises (unit)	年末从业人数(人) Employed Persons at Year-end (person)	法人单位数(个) Number of Corporation Enterprises (unit)	年末从业人数(人) Employed Persons at Year-end (person)
全 国	**National Total**	**95563**	**5677521**	**839**	**63163**
北 京	Beijing	1740	241920	58	6067
天 津	Tianjin	825	61429	21	1234
河 北	Hebei	2419	234890	20	811
山 西	Shanxi	1984	138936	40	1667
内蒙古	Inner Mongolia	1084	75223	5	333
辽 宁	Liaoning	2064	145095	32	1233
吉 林	Jilin	1509	83647	6	459
黑龙江	Heilongjiang	1085	82586	29	2096
上 海	Shanghai	1623	169957	31	1599
江 苏	Jiangsu	8349	411472	37	2778
浙 江	Zhejiang	5620	335324	22	723
安 徽	Anhui	4949	238552	12	1538
福 建	Fujian	6268	224452	16	796
江 西	Jiangxi	3105	139887	19	1083
山 东	Shandong	7285	465611	32	5315
河 南	Henan	5980	351867	73	6416
湖 北	Hubei	4850	303309	78	3786
湖 南	Hunan	5843	271755	46	4415
广 东	Guangdong	7835	522345	55	4528
广 西	Guangxi	2357	118262	28	1514
海 南	Hainan	198	23688	NA	127
重 庆	Chongqing	3154	185596	5	117
四 川	Sichuan	4300	269810	33	1188
贵 州	Guizhou	2425	100228	27	2532
云 南	Yunnan	2278	127540	14	1238
西 藏	Tibet	89	5863	6	440
陕 西	Shaanxi	3967	187729	55	5981
甘 肃	Gansu	935	57788	10	728
青 海	Qinghai	234	18574	NA	350
宁 夏	Ningxia	263	25362	5	135
新 疆	Xinjiang	946	58824	18	1936

3-1-6 续表 1 Continued 1

地 区	Region	集体企业 Collective-owned Enterprises 法人单位数(个) Number of Corporation Enterprises (unit)	集体企业 Collective-owned Enterprises 年末从业人数(人) Employed Persons at Year-end (person)	股份合作企业 Cooperative Enterprises 法人单位数(个) Number of Corporation Enterprises (unit)	股份合作企业 Cooperative Enterprises 年末从业人数(人) Employed Persons at Year-end (person)
全 国	**National Total**	**1002**	**41378**	**248**	**10119**
北 京	Beijing	41	1437	23	779
天 津	Tianjin	25	363	6	151
河 北	Hebei	44	1610	14	1674
山 西	Shanxi	68	2311	NA	36
内蒙古	Inner Mongolia	5	131	NA	18
辽 宁	Liaoning	24	1070	7	106
吉 林	Jilin	6	110	5	1918
黑龙江	Heilongjiang	14	879	9	416
上 海	Shanghai	14	949	10	196
江 苏	Jiangsu	84	2699	10	144
浙 江	Zhejiang	29	1172	46	1173
安 徽	Anhui	23	632	8	203
福 建	Fujian	66	1855	NA	25
江 西	Jiangxi	6	252	4	114
山 东	Shandong	94	4611	18	609
河 南	Henan	46	1344	NA	55
湖 北	Hubei	70	8649	7	289
湖 南	Hunan	37	2749	4	183
广 东	Guangdong	136	3775	22	262
广 西	Guangxi	11	268	NA	31
海 南	Hainan	NA	32		
重 庆	Chongqing	8	822	11	397
四 川	Sichuan	24	405	14	431
贵 州	Guizhou	9	80	NA	191
云 南	Yunnan	22	490	18	604
西 藏	Tibet				
陕 西	Shaanxi	82	2326	NA	35
甘 肃	Gansu	10	280	NA	79
青 海	Qinghai				
宁 夏	Ningxia	NA	12		
新 疆	Xinjiang	NA	65		

3-1-6 续表 2 Continued 2

地 区	Region	联营企业 Joint Ownership Enterprises 法人单位数(个) Number of Corporation Enterprises (unit)	联营企业 Joint Ownership Enterprises 年末从业人数(人) Employed Persons at Year-end (person)	有限责任公司 Limited Liability Corporations 法人单位数(个) Number of Corporation Enterprises (unit)	有限责任公司 Limited Liability Corporations 年末从业人数(人) Employed Persons at Year-end (person)
全 国	**National Total**	**88**	**2293**	**26321**	**2237001**
北 京	Beijing	NA	3	786	135404
天 津	Tianjin	NA	25	359	36487
河 北	Hebei			608	80395
山 西	Shanxi	NA	20	342	40305
内蒙古	Inner Mongolia			413	33187
辽 宁	Liaoning	NA	70	646	64435
吉 林	Jilin			569	37059
黑龙江	Heilongjiang	5	536	451	41559
上 海	Shanghai	18	291	678	84994
江 苏	Jiangsu	4	29	1564	132687
浙 江	Zhejiang	10	153	1392	118067
安 徽	Anhui	NA	51	1462	97752
福 建	Fujian	NA	34	1202	65017
江 西	Jiangxi			917	55976
山 东	Shandong	NA	70	1652	176135
河 南	Henan	NA	38	2093	154967
湖 北	Hubei	NA	342	1325	116157
湖 南	Hunan	NA	56	774	55692
广 东	Guangdong	18	348	2934	233817
广 西	Guangxi			621	44827
海 南	Hainan			154	19205
重 庆	Chongqing	NA	27	580	60523
四 川	Sichuan	5	115	1140	104348
贵 州	Guizhou	NA	16	500	37295
云 南	Yunnan	NA	24	684	48048
西 藏	Tibet			43	2494
陕 西	Shaanxi	NA	5	1624	97450
甘 肃	Gansu	NA	8	363	28905
青 海	Qinghai			72	7242
宁 夏	Ningxia			83	10427
新 疆	Xinjiang	NA	32	290	16145

3-1-6 续表 3 Continued 3

地区	Region	股份有限公司 Share-holding Corporations Ltd. 法人单位数(个) Number of Corporation Enterprises (unit)	股份有限公司 Share-holding Corporations Ltd. 年末从业人数(人) Employed Persons at Year-end (person)	私营企业 Private Enterprises 法人单位数(个) Number of Corporation Enterprises (unit)	私营企业 Private Enterprises 年末从业人数(人) Employed Persons at Year-end (person)
全国	**National Total**	**2118**	**573968**	**64537**	**2734993**
北京	Beijing	38	34004	792	64219
天津	Tianjin	18	4447	392	18717
河北	Hebei	41	20981	1689	129374
山西	Shanxi	44	9032	1484	85505
内蒙古	Inner Mongolia	45	11604	613	29819
辽宁	Liaoning	59	20582	1283	57416
吉林	Jilin	48	14775	871	29247
黑龙江	Heilongjiang	57	8991	517	28045
上海	Shanghai	54	10383	818	71545
江苏	Jiangsu	172	27281	6301	237923
浙江	Zhejiang	104	21834	3980	191687
安徽	Anhui	84	18471	3342	119421
福建	Fujian	61	8679	4914	147562
江西	Jiangxi	61	9268	2088	72728
山东	Shandong	188	62036	5263	215963
河南	Henan	160	32355	3601	156616
湖北	Hubei	100	49870	3248	123278
湖南	Hunan	160	51091	4811	157187
广东	Guangdong	155	40499	4508	239068
广西	Guangxi	52	8904	1642	62694
海南	Hainan	10	2342	30	1982
重庆	Chongqing	50	33519	2498	90191
四川	Sichuan	81	29653	2995	133453
贵州	Guizhou	36	5221	1850	54893
云南	Yunnan	61	4251	1458	72460
西藏	Tibet	10	933	30	1996
陕西	Shaanxi	95	8199	2086	72830
甘肃	Gansu	37	6026	503	21508
青海	Qinghai	10	4103	148	6866
宁夏	Ningxia	7	3417	167	11371
新疆	Xinjiang	20	11217	615	29429

3-1-6 续表 4 Continued 4

地区	Region	港、澳、台商投资企业 Enterprises with Funds from Hongkong, Macao and Taiwan 法人单位数(个) Number of Corporation Enterprises (unit)	港、澳、台商投资企业 年末从业人数(人) Employed Persons at Year-end (person)	外商投资企业 Foreign Funded Enterprises 法人单位数(个) Number of Corporation Enterprises (unit)	外商投资企业 年末从业人数(人) Employed Persons at Year-end (person)
全国	**National Total**	**1328**	**468325**	**928**	**430495**
北京	Beijing	64	19864	58	35560
天津	Tianjin	28	10346	24	6125
河北	Hebei	6	1507	7	6568
山西	Shanxi	7	2045	5	753
内蒙古	Inner Mongolia	8	1358	NA	164
辽宁	Liaoning	50	11716	30	9802
吉林	Jilin	14	3206	8	639
黑龙江	Heilongjiang	21	4804	7	1409
上海	Shanghai	175	91172	126	104723
江苏	Jiangsu	136	65065	100	37563
浙江	Zhejiang	100	23441	88	22518
安徽	Anhui	42	14013	9	3005
福建	Fujian	81	20911	61	25734
江西	Jiangxi	18	5236	11	3810
山东	Shandong	72	25368	47	8928
河南	Henan	20	11768	12	1683
湖北	Hubei	33	10628	21	12061
湖南	Hunan	23	15158	17	6972
广东	Guangdong	237	70711	152	82939
广西	Guangxi	35	7247	10	3637
海南	Hainan	5	981	NA	1359
重庆	Chongqing	27	6646	22	6409
四川	Sichuan	43	15996	42	23355
贵州	Guizhou	16	2921	10	1820
云南	Yunnan	20	5041	13	8774
西藏	Tibet			NA	8
陕西	Shaanxi	32	19027	33	12411
甘肃	Gansu	4	809	NA	748
青海	Qinghai	NA	396		
宁夏	Ningxia	NA	430	NA	83
新疆	Xinjiang	5	514	6	935

3-1-7 各地区限额以上零售业企业基本情况(按国民经济行业分)
Basic Conditions of Enterprises above Designated Size of Retail Trade by Region and Sector

地区	Region	综合零售 Integrated Retail		食品、饮料及烟草制品专门零售 Special Retail of Food, Beverages and Tobaccos	
		法人单位数(个) Number of Corporation Enterprises (unit)	年末从业人数(人) Employed Persons at Year-end (person)	法人单位数(个) Number of Corporation Enterprises (unit)	年末从业人数(人) Employed Persons at Year-end (person)
全国	**National Total**	**12418**	**2196318**	**8728**	**370083**
北京	Beijing	191	100742	89	16625
天津	Tianjin	77	23207	54	3997
河北	Hebei	433	128639	93	2854
山西	Shanxi	360	42851	146	7587
内蒙古	Inner Mongolia	118	22704	43	1740
辽宁	Liaoning	255	66132	98	4513
吉林	Jilin	169	26117	121	6950
黑龙江	Heilongjiang	194	40831	42	1993
上海	Shanghai	225	85716	124	22627
江苏	Jiangsu	737	172375	923	35215
浙江	Zhejiang	472	99931	348	12470
安徽	Anhui	868	95873	581	18537
福建	Fujian	591	71475	1119	34406
江西	Jiangxi	344	48347	329	13367
山东	Shandong	920	191158	632	19431
河南	Henan	876	125299	389	20030
湖北	Hubei	818	145636	534	22923
湖南	Hunan	690	101130	475	20271
广东	Guangdong	730	169894	426	37243
广西	Guangxi	347	43607	189	5212
海南	Hainan	64	11951	7	388
重庆	Chongqing	370	72079	377	12412
四川	Sichuan	660	108618	373	14424
贵州	Guizhou	306	31133	234	5477
云南	Yunnan	399	36215	349	11135
西藏	Tibet	19	2180	4	174
陕西	Shaanxi	823	81821	490	12907
甘肃	Gansu	184	19953	89	3322
青海	Qinghai	36	4978	20	478
宁夏	Ningxia	36	11039	11	549
新疆	Xinjiang	106	14687	19	826

3-1-7 续表 1 Continued 1

地 区	Region	纺织、服装及日用品专门零售 Special Retail of Textiles, Garments and Daily Consumer Articles		文化、体育用品及器材专门零售 Special Retail of Culture, Sports Appliances and Equipments	
		法人单位数 (个) Number of Corporation Enterprises (unit)	年末从业人数 (人) Employed Persons at Year-end (person)	法人单位数 (个) Number of Corporation Enterprises (unit)	年末从业人数 (人) Employed Persons at Year-end (person)
全 国	**National Total**	**5127**	**578254**	**4311**	**243135**
北 京	Beijing	164	30464	119	14188
天 津	Tianjin	55	8611	48	1918
河 北	Hebei	95	7543	67	8092
山 西	Shanxi	110	12086	59	3620
内蒙古	Inner Mongolia	48	2936	39	2132
辽 宁	Liaoning	133	7057	87	4795
吉 林	Jilin	62	3072	79	2757
黑龙江	Heilongjiang	59	6607	74	3154
上 海	Shanghai	304	152874	114	17277
江 苏	Jiangsu	545	34691	544	22458
浙 江	Zhejiang	289	39095	225	11905
安 徽	Anhui	224	10355	192	6967
福 建	Fujian	393	21768	243	6038
江 西	Jiangxi	130	5632	71	7322
山 东	Shandong	386	33621	337	18308
河 南	Henan	266	12541	342	20413
湖 北	Hubei	255	17073	200	7381
湖 南	Hunan	256	12386	227	15609
广 东	Guangdong	577	89213	367	21176
广 西	Guangxi	77	3190	127	4784
海 南	Hainan	6	861	16	698
重 庆	Chongqing	186	18586	88	7679
四 川	Sichuan	165	20179	135	13076
贵 州	Guizhou	32	2774	76	2085
云 南	Yunnan	61	4609	126	5877
西 藏	Tibet	NA	121	4	64
陕 西	Shaanxi	168	12278	222	9207
甘 肃	Gansu	33	2257	28	634
青 海	Qinghai	8	1135	7	458
宁 夏	Ningxia	8	1908	18	621
新 疆	Xinjiang	29	2731	30	2442

3-1-7 续表 2 Continued 2

地区	Region	医药及医疗器材专门零售 Special Retail of Medicines and Medical Appliances		汽车、摩托车、零配件和燃料及其他动力销售 Retail of Motor Vehicles, Motorcycles, Parts, Fuel and Other Powers	
		法人单位数(个) Number of Corporation Enterprises (unit)	年末从业人数(人) Employed Persons at Year-end (person)	法人单位数(个) Number of Corporation Enterprises (unit)	年末从业人数(人) Employed Persons at Year-end (person)
全国	**National Total**	**4746**	**608088**	**38391**	**1701595**
北京	Beijing	100	10247	740	57811
天津	Tianjin	31	3036	488	28269
河北	Hebei	148	23892	1161	55472
山西	Shanxi	114	17005	860	43894
内蒙古	Inner Mongolia	84	8838	613	31408
辽宁	Liaoning	151	29493	1041	42483
吉林	Jilin	114	13248	647	26828
黑龙江	Heilongjiang	98	12332	480	16538
上海	Shanghai	123	12976	721	43659
江苏	Jiangsu	440	43545	3181	131753
浙江	Zhejiang	301	30367	2562	121115
安徽	Anhui	200	22781	1439	58479
福建	Fujian	170	15041	1466	62288
江西	Jiangxi	117	13018	1190	38854
山东	Shandong	384	53226	3067	123942
河南	Henan	270	31792	2286	100573
湖北	Hubei	226	22028	1437	63347
湖南	Hunan	220	27434	2500	77423
广东	Guangdong	360	63965	3845	207908
广西	Guangxi	122	18093	972	36551
海南	Hainan	6	1750	75	8389
重庆	Chongqing	133	15712	1086	46191
四川	Sichuan	228	26949	1902	88435
贵州	Guizhou	110	12268	1327	42540
云南	Yunnan	93	29524	925	43362
西藏	Tibet	4	172	47	2693
陕西	Shaanxi	240	25499	1146	47092
甘肃	Gansu	59	10262	376	17552
青海	Qinghai	14	1386	125	9024
宁夏	Ningxia	32	2779	132	6296
新疆	Xinjiang	54	9430	554	21426

3-1-7 续表 3 Continued 3

地区	Region	家用电器及电子产品专门零售 Special Retail of Household Electric Appliances and Electronic Products		五金、家具及室内装饰材料专门零售 Special Retail of Hardware, Furniture and Interior Decoration Materials		货摊、无店铺及其他零售业 Stall, Non-shop and Other Retails	
		法人单位数（个） Number of Corporation Enterprises (unit)	年末从业人数（人） Employed Persons at Year-end (person)	法人单位数（个） Number of Corporation Enterprises (unit)	年末从业人数（人） Employed Persons at Year-end (person)	法人单位数（个） Number of Corporation Enterprises (unit)	年末从业人数（人） Employed Persons at Year-end (person)
全　国	**National Total**	**11074**	**439352**	**5688**	**155931**	**7336**	**283585**
北　京	Beijing	208	37963	55	8623	196	20681
天　津	Tianjin	54	3095	30	1266	40	4501
河　北	Hebei	336	13643	49	1462	50	1368
山　西	Shanxi	187	5758	74	1946	86	6987
内蒙古	Inner Mongolia	108	5065	24	929	17	993
辽　宁	Liaoning	232	7798	64	1777	83	2565
吉　林	Jilin	161	5348	95	1547	83	1625
黑龙江	Heilongjiang	93	4963	28	1355	45	1026
上　海	Shanghai	103	10999	78	5336	132	14388
江　苏	Jiangsu	1041	42615	610	12178	564	19270
浙　江	Zhejiang	572	26461	201	5446	838	34493
安　徽	Anhui	623	17843	288	5695	585	19040
福　建	Fujian	595	16824	579	10364	1254	32893
江　西	Jiangxi	420	11290	219	3959	314	7144
山　东	Shandong	788	29843	554	17342	336	13036
河　南	Henan	889	28648	360	12208	334	13814
湖　北	Hubei	702	25974	357	11304	375	10332
湖　南	Hunan	631	18475	367	7221	517	13936
广　东	Guangdong	899	40368	504	14998	516	31230
广　西	Guangxi	375	11779	87	1310	106	4620
海　南	Hainan	23	1697	4	178	5	116
重　庆	Chongqing	411	14647	364	6045	188	5300
四　川	Sichuan	553	22238	183	4947	186	10295
贵　州	Guizhou	236	5853	76	805	54	2034
云　南	Yunnan	202	7574	92	1623	64	1436
西　藏	Tibet	8	448			NA	19
陕　西	Shaanxi	377	12675	288	10258	278	7430
甘　肃	Gansu	93	2987	35	1231	44	1147
青　海	Qinghai	13	803	NA	157	11	551
宁　夏	Ningxia	22	2153	NA	215	5	315
新　疆	Xinjiang	119	3525	17	4206	29	1000

3-2-1 限额以上批发和零售业企业商品购、销、存情况

项　目	Item	商品购进额 Total Purchases Value	#进 口 Imports
总　计	**Total**	**6165514179**	**451213125**
一、批发业	**Wholesale Trade**	**5161115942**	**422191612**
#国有控股	State-controlled Enterprises	1967591833	132850972
(一)按登记注册类型分	**by Type of Registration**		
1.内资企业	**Domestic Funded Enterprises**	**4410093701**	**231764853**
国有企业	State-owned Enterprises	132248846	2120905
集体企业	Collective-owned Enterprises	6170379	582763
股份合作企业	Cooperative Enterprises	3243162	205090
联营企业	Joint Ownership Enterprises	252518	8085
国有联营企业	State Joint Ownership Enterprises	30009	
集体联营企业	Collective Joint Ownership Enterprises	165357	
国有与集体联营企业	Joint State-collective Enterprises	46641	8085
其他联营企业	Other Joint Ownership Enterprises	10511	
有限责任公司	Limited Liability Corporations	2214887525	143711072
国有独资公司	State Sole Funded Corporations	371656706	24451048
其他有限责任公司	Other Limited Liability Corporations	1843230819	119260024
股份有限公司	Share-holding Corporations Ltd.	469796928	28028086
私营企业	Private Enterprises	1580459988	57104885
私营独资企业	Private-funded Enterprises	3300255	27225
私营合伙企业	Private Partnership Enterprises	388682	
私营有限责任公司	Private Limited Liability Corporations	1541238834	55496074
私营股份有限公司	Private Share-holding Corporations Ltd.	35532217	1581587
其他企业	Other Enterprises	3034355	3967
2.港、澳、台商投资企业	**Enterprises with Funds from Hongkong, Macao and Taiwan**	**232250054**	**36691862**
合资经营企业	Joint-venture Enterprises	39439674	3033894
合作经营企业	Cooperative Enterprises	2162519	4393
独资经营企业	Enterprises with Sole Investment	184999115	31758930
投资股份有限公司	Share-holding Corporations Ltd. with Investment	3536454	1651727
其他港澳台商投资企业	Other Enterprises with Funds from Hongkong, Macao and Taiwan	2112292	242918
3.外商投资企业	**Foreign Funded Enterprises**	**518772188**	**153734897**
中外合资经营企业	Joint-venture Enterprises	162705450	10004299
中外合作经营企业	Cooperative Enterprises	415042	146817
外资企业	Enterprises with Sole Foreign Investment	311491742	140755692
外商投资股份有限公司	Share-holding Corporations Ltd. with Foreign Investment	4086630	753540
其他外商投资企业	Other Foreign Funded Enterprises	40073324	2074548

注：部分数据合计数由于单位取舍不同而产生的计算误差，未做机械调整(下表同)。

Total Purchases, Sales and Inventory of Enterprises above Designated Size of Wholesale and Retail Trades

单位：万元

Unit: 10 000 yuan

商品销售额 Total Sales Value	#出 口 Exports	期末商品库存额 Inventory (year-end)
6911621492	**262386083**	**421171848**
5661742400	**261579854**	**312020886**
2111080967	60727097	114446868
4783859861	**204324734**	**251997600**
185283216	2352979	16527747
7209447	128064	337935
3325406	3531	110233
291382	8336	35279
45693		4162
191110		6114
43736	8336	24115
10843		888
2376983457	94023264	122809158
399605555	10394896	18446369
1977377902	83628368	104362789
467995592	15946692	31350546
1739034854	91850072	80673289
3840374	18267	219377
516527		11875
1695701771	89846363	78152005
38976183	1985442	2290032
3736506	11798	153414
266392479	**6128334**	**23592860**
42948752	380782	2881762
2358385	1249	28992
214441411	5671585	20189597
4250070	50425	398658
2393861	24293	93851
611490060	**51126786**	**36430426**
183629309	6713290	6639663
511561	41601	17026
380144963	44249002	28642652
5242494	83183	380625
41961732	39710	750461

Note: Statistical discrepancies on totals figures due to rounding are not adjusted. The same applies to the tables following.

项 目	Item	商品购进额 Total Purchases Value	#进 口 Imports
(二)按国民经济行业分	by Sector		
农、林、牧、渔产品批发	Wholesale of Agricultural, Forestry, Livestock and Fishery Products	97296824	13448061
食品、饮料及烟草制品批发	Wholesale of Food, Beverages and Tobaccos	378803261	15403239
米、面制品及食用油批发	Wholesale of Rice, Flour and Edible Oil	69298529	5942851
肉、禽、蛋、奶及水产品批发	Wholesale of Meal, Fowls, Eggs and Aquatic Products	27485059	2963333
酒、饮料及茶叶批发	Wholesale of Wine, Beverages and Teas	61735200	1359254
烟草制品批发	Wholesales of Tobaccos	130364121	593183
纺织、服装及家庭用品批发	Wholesale of Textiles, Wearing Apparel and Household Articles	410373545	24026944
服装批发	Wholesale of Garments	70427958	6086866
鞋帽批发	Wholesale of Shoes and Hats	17557696	1043109
日用家电批发	Wholesale of Household Electrical Appliances	116477462	1287237
文化、体育用品及器材批发	Wholesale of Culture, Sports Appliances and Equipments	108821951	7388911
文具用品批发	Wholesale of Stationeries	26559120	1693486
体育用品及器材批发	Wholesale of Sports Appliances and Equipments	9015965	296431
图书批发	Wholesale of Books	8120321	133902
医药及医疗器材批发	Wholesale of Medicines and Medical Appliances	256974116	21687995
西药批发	Wholesale of Western Medicines	164699280	5708673
中药批发	Wholesale of Chinese Traditional Medicines	41028075	1784974
矿产品、建材及化工产品批发	Wholesale of Mineral Products, Building Materials and Chemical Products	3022710280	175088833
煤炭及制品批发	Wholesale of Coal and Related Products	309740314	9090391
石油及制品批发	Wholesale of Petroleum and Related Products	750312264	45970348
金属及金属矿批发	Wholesale of Metal Materials	1294635600	70156738
建材批发	Wholesale of Building Materials	156347485	8125990
化肥批发	Wholesale of Chemical Fertilizer	47636230	2204359
农药批发	Wholesale of Pesticides	4364830	121364
机械设备、五金产品及电子产品批发	Wholesale of Machinery, Hardware and Electronic Products	771778411	150778124
汽车及零配件批发	Wholesale of Motor Vehicles and Their Parts	299530354	46937272
计算机、软件及辅助设备批发	Wholesale of Computer, Software and Assistant Appliances	70682766	14670482
通讯设备批发	Wholesale of Communication Equipments	87657643	4215307
贸易经纪与代理	Trade Broker and Agency	41217521	9502774
其他批发	Other Wholesale Industries	73140032	4866729

3-2-1 Continued 1

单位：万元
Unit: 10 000 yuan

商品销售额 Total Sales Value	#出口 Exports	期末商品库存额 Inventory (year-end)
107548698	1667922	19380836
478013532	9004980	37257054
70351733	2186335	11779673
32211238	1376802	2103186
84988300	564865	6388646
183639135	1642409	10358737
469477825	78039599	42987323
87471629	28184626	8372796
22780103	7662076	1763090
117371976	2688239	10899133
114314196	6430060	12420070
29262388	1298762	1609350
11199325	839849	795918
9372153	50931	1644668
298564309	3188195	29529779
187361896	1880293	17689078
48914564	262327	4776316
3181509581	59630386	110322056
333683488	1885095	9208532
766555874	8036447	28317260
1353706201	23074800	44394425
176530553	5705284	6559919
48241839	800916	3970507
5045917	1095188	471889
876234037	84607725	52280157
346844884	9283466	19950973
76117668	11215372	4932024
94599209	5774051	4904423
48190025	13464223	1910818
87890198	5546766	5932793

项 目	Item	商品购进额 Total Purchases Value	#进 口 Imports
二、零售业	**Retail Trade**	**1004398237**	**29021513**
#国有控股	State-controlled Enterprises	178426183	3450174
(一)按登记注册类型分	**by Type of Registration**		
1.内资企业	**Domestic Funded Enterprises**	**883422722**	**21581863**
国有企业	State-owned Enterprises	7722869	246091
集体企业	Collective-owned Enterprises	4782705	14381
股份合作企业	Cooperative Enterprises	1026144	1611
联营企业	Joint Ownership Enterprises	864226	34241
国有联营企业	State Joint Ownership Enterprises	101612	
集体联营企业	Collective Joint Ownership Enterprises	485975	34241
国有与集体联营企业	Joint State-collective Enterprises	164272	
其他联营企业	Other Joint Ownership Enterprises	112367	
有限责任公司	Limited Liability Corporations	393226195	11139138
国有独资公司	State Sole Funded Corporations	16606006	660433
其他有限责任公司	Other Limited Liability Corporations	376620189	10478705
股份有限公司	Share-holding Corporations Ltd.	110145630	1085833
私营企业	Private Enterprises	364748990	9058415
私营独资企业	Private-funded Enterprises	9005381	17147
私营合伙企业	Private Partnership Enterprises	959684	6491
私营有限责任公司	Private Limited Liability Corporations	344343843	8742117
私营股份有限公司	Private Share-holding Corporations Ltd.	10440083	292660
其他企业	Other Enterprises	905962	2153
2.港、澳、台商投资企业	**Enterprises with Funds from Hongkong, Macao and Taiwan**	**60229207**	**4058353**
合资经营企业	Joint-venture Enterprises	13401376	964356
合作经营企业	Cooperative Enterprises	776256	
独资经营企业	Enterprises with Sole Investment	43949406	2741668
投资股份有限公司	Share-holding Corporations Ltd. with Investment	1282666	351872
其他港澳台商投资企业	Other Enterprises with Funds from Hongkong, Macao and Taiwan	819503	458
3.外商投资企业	**Foreign Funded Enterprises**	**60746308**	**3381297**
中外合资经营企业	Joint-venture Enterprises	23849009	1301465
中外合作经营企业	Cooperative Enterprises	1099194	
外资企业	Enterprises with Sole Foreign Investment	30499195	1979631
外商投资股份有限公司	Share-holding Corporations Ltd. with Foreign Investment	3771862	18079
其他外商投资企业	Other Foreign Funded Enterprises	1527049	82121

单位：万元
Unit: 10 000 yuan

商品销售额 Total Sales Value	#出口 Exports	期末商品库存额 Inventory (year-end)
1249879092	**806229**	**109150962**
249892723	56077	15609845
1085321214	**797140**	**95804263**
12297244	5676	801852
5653516		325161
1253655		87506
1011685		13768
123092		1636
531887		8000
200019		1731
156688		2402
475961784	346062	41864722
21266556	8251	1604087
454695228	337812	40260636
154968289	29852	9195555
432991670	415427	43470718
10852385		568097
1147030		50237
408026529	315379	41354799
12965726	100048	1497586
1183371	122	44979
77238532	**4216**	**7561774**
16699024	621	1706489
881656		51441
57124162	3595	5512757
1525117		220765
1008574		70322
87319347	**4873**	**5784925**
34370963	1317	1722752
1314387		70131
43544778	3556	3617728
4386215		227392
3703004		146922

项　　目	Item	商品购进额 Total Purchases Value	#进　口 Imports
(二)按国民经济行业分	**by Sector**		
综合零售	Integrated Retail	179391195	1911505
百货零售	Retail of General Merchandise	89154816	1648341
超级市场零售	Retail of Supermarkets	82856964	175019
食品、饮料及烟草制品专门零售	Special Retail of Food, Beverages and Tobaccos	30955036	477006
粮油零售	Retail of Cereal and Oil	2989520	7648
肉、禽、蛋、奶及水产品零售	Retail of Meat, Poultry, Eggs, Milk and Aquatic Products	4880433	133365
酒、饮料及茶叶零售	Retail of Wine, Beverages and Teas	9489065	45429
烟草制品零售	Retail of Tobaccos	1679788	127083
纺织、服装及日用品专门零售	Special Retail of Textiles, Garments and Daily Consumer Articles	40256471	2849182
服装零售	Retail of Garments	23239119	1781229
文化、体育用品及器材专门零售	Special Retail of Culture, Sports Appliances and Equipments	26180781	1295720
体育用品及器材零售	Retail of Sports Appliances and Equipments	1853165	7163
图书、报刊零售	Retail of Books, Newspaper and Magazines	10707150	552803
医药及医疗器材专门零售	Special Retail of Medicines and Medical Appliances	40181866	175822
西药零售	Retail of Western Medicines	36311607	104431
汽车、摩托车、零配件和燃料及其他动力销售	Retail of Motor Vehicles, Motorcycles, Parts, Fuel and Other Powers	486655120	20569241
汽车新车零售	Retail of New Motor Vehicles	358021654	20237453
机动车燃油零售	Retail of Fuel Oil of Motor Vehicles	113691277	140345
家用电器及电子产品专门零售	Special Retail of Household Electric Appliances and Electronic Products	84641351	483384
日用家电设备零售	Retail of Household Electric Appliances	34185584	76730
计算机、软件及辅助设备零售	Retail of Computer, Software and Assistant Appliances	22370102	269974
通信设备零售	Retail of Communication Equipments	11057064	54088
五金、家具及室内装饰材料专门零售	Special Retail of Hardware, Furniture and Interior Decoration Materials	20478224	310808
货摊、无店铺及其他零售	Stall, Non-shop and Other Retails	95658194	948846
互联网零售	Retail on the Internet	86451265	792530
(三)按零售业态分	**by Mode of Business Operation**		
有店铺零售	Store-based Retailing	861103095	26469222
超市	Supermarket	31481036	243726
大型超市	Hypermarket	94245594	218824
百货店	Department Store	80157403	1652477
专业店	Speciality Store	277390780	6130398
专卖店	Exclusive Shop	346083841	17760404
无店铺零售	Non-Store Selling	174441642	4366760

3-2-1 Continued 3

单位：万元
Unit: 10 000 yuan

商品销售额 Total Sales Value	#出口 Exports	期末商品库存额 Inventory (year-end)
233440508	64391	18168366
128434350	8503	8247962
96122008	55826	8932539
40384594	26996	3195815
3485844	3754	365379
6102570	1123	281440
11872030	2964	1279845
2110866		416968
60971629	112695	9797332
37375653	34649	6208046
33293665	37995	7293485
2820201	558	536844
12235889	17121	2550157
48373676	843	6393675
43257354	50	5791419
587394575	40908	49727063
395656785	33957	44275482
173933312	2793	3991026
97480986	278891	7569910
40003293	8496	3416964
24838850	83044	1620201
13020675	178540	1008387
27578940	27211	1884351
120960519	216299	5120965
109084644	212024	4473518
1070842114	304916	97959267
38300702	5177	3929572
113662407	58772	9420563
116160170	2655	9053283
349431024	127904	28621028
404060896	140162	46182411
219711412	604061	15230839

3-2-2 各地区限额以上批发业企业商品购、销、存情况
Total Purchases, Sales and Inventory of Enterprises above Designated Size of Wholesale Trade by Region

单位：万元

Unit: 10 000 yuan

地 区	Region	商品购进额 Total Purchases Value	#进 口 Imports	商品销售额 Total Sales Value	#出 口 Exports	期末商品库存额 Inventory (year-end)
全 国	**National Total**	**5161115942**	**422191612**	**5661742400**	**261579854**	**312020886**
北 京	Beijing	535648882	95371743	572750173	22303411	49439837
天 津	Tianjin	249127283	14593581	259763322	5962906	15433930
河 北	Hebei	61511907	852972	71860687	1048431	3482987
山 西	Shanxi	79230908	378985	88373434	536037	3131709
内蒙古	Inner Mongolia	29961889	2002474	36769402	845912	3092755
辽 宁	Liaoning	141597326	3874030	153775781	2765407	6980656
吉 林	Jilin	19237716	86578	20159407	49494	3008476
黑龙江	Heilongjiang	31412625	10433641	34359236	143868	2762372
上 海	Shanghai	836797505	126216364	923617721	44546879	58089994
江 苏	Jiangsu	512685955	28322767	554287487	34743107	24806243
浙 江	Zhejiang	518750448	28267917	563623485	48828784	20630415
安 徽	Anhui	76478045	5098411	86806750	2375133	5259355
福 建	Fujian	241854006	24396382	273632526	16336122	10944627
江 西	Jiangxi	27931530	307655	37485710	1136976	2126539
山 东	Shandong	244092599	6767833	271610753	12307867	11833038
河 南	Henan	81577157	1007550	92201262	1228453	6068646
湖 北	Hubei	123793281	495789	138526078	3665906	6765845
湖 南	Hunan	59094296	724016	62293727	970216	3909222
广 东	Guangdong	710999476	54950904	776528772	44159425	43149467
广 西	Guangxi	59507268	942928	65132023	1833175	3079754
海 南	Hainan	11464348	241406	12958286	76293	728745
重 庆	Chongqing	86751438	3875732	96765028	2661924	3493703
四 川	Sichuan	89600215	1580274	95225299	1475005	5165669
贵 州	Guizhou	28430091	182851	38997904	771073	2319279
云 南	Yunnan	71538431	2246276	80587232	2558473	5083541
西 藏	Tibet	830212	59	1170489		154386
陕 西	Shaanxi	92473839	7009997	101534423	7296310	2319359
甘 肃	Gansu	40717396	146083	44511866	243518	2056714
青 海	Qinghai	6100459	9497	7247664	17585	228496
宁 夏	Ningxia	14127073	86752	14408191	17671	587396
新 疆	Xinjiang	77792339	1720163	84778281	674492	5887731

3-2-2 续表　Continued

国有控股　　　　　　　　　　　　　　　　　　　　　　　　单位：万元

State-controlled Enterprises　　　　　　　　　　　　　　　　Unit: 10 000 yuan

地　区	Region	商品购进额 Total Purchases Value	#进口 Imports	商品销售额 Total Sales Value	#出口 Exports	期末商品库存额 Inventory (year-end)
全　国	**National Total**	**1967591833**	**132850972**	**2111080967**	**60727097**	**114446868**
北　京	Beijing	299515677	46299914	313201959	17808474	26365083
天　津	Tianjin	110233858	6449018	107092073	2469457	8376832
河　北	Hebei	23676439	680065	27827336	107553	1132313
山　西	Shanxi	54564469	341557	60092421	2517	1525607
内蒙古	Inner Mongolia	17126847	1249242	21151577	788815	1990446
辽　宁	Liaoning	78406042	2037581	83843567	1027493	3583040
吉　林	Jilin	13034711	3691	12384695	5406	2267247
黑龙江	Heilongjiang	22051238	9817026	24536841	8939	2113861
上　海	Shanghai	272987048	9308306	294836139	6884159	11206554
江　苏	Jiangsu	91079602	5491647	98863281	8099794	5202053
浙　江	Zhejiang	124054878	7913351	123876386	5855552	5913653
安　徽	Anhui	29759755	1739578	32891415	1303633	2290813
福　建	Fujian	97338259	18689721	111338445	4025204	5178867
江　西	Jiangxi	12271797	92864	17747428	153347	995163
山　东	Shandong	61141700	1085015	66853866	1048540	3115462
河　南	Henan	36444168	381775	40287688	591097	3070189
湖　北	Hubei	56958600	119779	63196672	232197	2702168
湖　南	Hunan	22747983	278302	20999784	146698	2089515
广　东	Guangdong	216375125	13702550	219942183	5799264	8919776
广　西	Guangxi	33409523	668085	36139859	16623	1401928
海　南	Hainan	5291875	24214	5871849		261252
重　庆	Chongqing	25901230	2600940	30482998	1446968	1059998
四　川	Sichuan	38302964	553438	43860280	468401	2165295
贵　州	Guizhou	16736311	111574	24904326	685480	1577474
云　南	Yunnan	53411100	1562540	60757198	981163	3505678
西　藏	Tibet	588142		774288		131500
陕　西	Shaanxi	52272438	499533	57486016	469848	1060563
甘　肃	Gansu	31478729	14230	34233434	27455	1321609
青　海	Qinghai	4607220	5	4968263	38	113066
宁　夏	Ningxia	6834970	36451	6915438	673	327245
新　疆	Xinjiang	58989134	1098980	63723260	272308	3482618

3-2-3 各地区限额以上批发业企业商品购、销、存情况（按登记注册类型分）

Total Purchases, Sales and Inventory of Enterprises above Designated Size of Wholesale Trade by Region and Type of Registration

内资企业　　　　单位：万元

Domestic Funded Enterprises　　　　Unit: 10 000 yuan

地　区	Region	商品购进额 Total Purchases Value	#进口 Imports	商品销售额 Total Sales Value	#出口 Exports	期末商品库存额 Inventory (year-end)
全　国	**National Total**	**4410093701**	**231764853**	**4783859861**	**204324734**	**251997600**
北　京	Beijing	392673222	56132596	413542866	20034866	35756290
天　津	Tianjin	199421049	9299385	204427040	4813959	12344115
河　北	Hebei	58398602	847220	68167912	1048431	3389950
山　西	Shanxi	78518975	65840	87605688	536037	2969999
内蒙古	Inner Mongolia	29879084	2002474	36677543	845912	3092755
辽　宁	Liaoning	139427064	3486509	151244468	2530281	6834676
吉　林	Jilin	17015874	86578	18176938	49494	2983920
黑龙江	Heilongjiang	28951954	10433641	31833032	143868	2761391
上　海	Shanghai	515959055	14095112	537743583	12296220	29182384
江　苏	Jiangsu	458283256	18205509	491478375	26933924	21925817
浙　江	Zhejiang	486358247	26706887	524906271	47575862	19742377
安　徽	Anhui	67614328	2803725	76849310	2366595	4707474
福　建	Fujian	228645328	23421015	258615771	15943275	10144421
江　西	Jiangxi	27382382	296497	36887985	891356	2112069
山　东	Shandong	239577182	6527563	265416776	10996914	11304519
河　南	Henan	81421504	1007177	91988254	1171675	6067202
湖　北	Hubei	110300128	376855	122395221	3643144	6191706
湖　南	Hunan	56632458	570261	59401172	695820	3875226
广　东	Guangdong	631886875	44112363	682627809	41125341	36157365
广　西	Guangxi	59238301	888230	64848626	1775835	3067900
海　南	Hainan	11434439	233878	12895523	76293	671106
重　庆	Chongqing	82676320	3708194	92208351	2242611	3432496
四　川	Sichuan	87248058	1379269	92476402	1475005	4929707
贵　州	Guizhou	28053683	182851	38583387	771073	2314849
云　南	Yunnan	70829523	2217210	79790276	2552356	4969639
西　藏	Tibet	697716	59	941431		149439
陕　西	Shaanxi	83198122	715462	91565134	835322	2189344
甘　肃	Gansu	40693045	146083	44480417	243518	2056426
青　海	Qinghai	5915682	9497	7059806	17585	228434
宁　夏	Ningxia	14127073	86752	14408191	17671	587396
新　疆	Xinjiang	77635174	1720163	84616305	674492	5857206

3-2-3 续表 1 Continued 1

国有企业
State-owned Enterprises

单位：万元
Unit: 10 000 yuan

地 区	Region	商品购进额 Total Purchases Value	#进 口 Imports	商品销售额 Total Sales Value	#出 口 Exports	期末商品库存额 Inventory (year-end)
全 国	**National Total**	**132248846**	**2120905**	**185283216**	**2352979**	**16527747**
北 京	Beijing	11164339	1426995	12033871	302384	812052
天 津	Tianjin	2698687	1100	3143532	6971	285154
河 北	Hebei	4318362	322	6047597	26220	354640
山 西	Shanxi	2820799		3930152		217997
内 蒙 古	Inner Mongolia	2142855	95	3642645		1164521
辽 宁	Liaoning	2791169	18368	4566054	158892	361520
吉 林	Jilin	1832547	3691	2405461		778082
黑 龙 江	Heilongjiang	4780826	96	5811784	106	401845
上 海	Shanghai	2219669	42711	2337442	26881	134081
江 苏	Jiangsu	9176314	2201	12352663	77275	785634
浙 江	Zhejiang	6902099	34667	10850334	101198	474626
安 徽	Anhui	3814283	23723	6757661	46501	436778
福 建	Fujian	4908683	29778	7007353	959466	253956
江 西	Jiangxi	3357234		5175489	13243	341749
山 东	Shandong	977258	197	999499	4889	189814
河 南	Henan	6888025	1486	10535282		2069011
湖 北	Hubei	5220981	152	7995762	98	297223
湖 南	Hunan	6168432	33083	9409086	20249	567247
广 东	Guangdong	3981637	205722	4781692	216523	985605
广 西	Guangxi	3240966	310	5306388		294487
海 南	Hainan	2361791		2844350		159929
重 庆	Chongqing	4869277	253	8203485	233375	195863
四 川	Sichuan	6055718	2811	9245896	95561	946891
贵 州	Guizhou	4972557		7628102		890117
云 南	Yunnan	7673015	25	11836780	25539	2070416
西 藏	Tibet	516790		687353		109409
陕 西	Shaanxi	6579157		8114315	34706	201820
甘 肃	Gansu	2131378	89	2855973	2605	197838
青 海	Qinghai	966076	5	1164742		37062
宁 夏	Ningxia	575143		769874		17279
新 疆	Xinjiang	6142779	293025	6842597	298	495104

3-2-3 续表 2 Continued 2

集体企业
Collective-owned Enterprises

单位：万元
Unit: 10 000 yuan

地区	Region	商品购进额 Total Purchases Value	#进口 Imports	商品销售额 Total Sales Value	#出口 Exports	期末商品库存额 Inventory (year-end)
全国	**National Total**	**6170379**	**582763**	**7209447**	**128064**	**337935**
北京	Beijing	661016	514515	674671		18425
天津	Tianjin	31614		31873		1224
河北	Hebei	63629		74472		10205
山西	Shanxi	167871		783731		30307
内蒙古	Inner Mongolia	46440		51730		264
辽宁	Liaoning	243090		258405		13154
吉林	Jilin	2154		2272		90
黑龙江	Heilongjiang	32518		32360		616
上海	Shanghai	30372	192	34694		7888
江苏	Jiangsu	933891	58804	950304	29429	22901
浙江	Zhejiang	64534		72120	1775	10339
安徽	Anhui	54841		56189		1442
福建	Fujian	265821		287776	80325	34433
江西	Jiangxi	32546		35397		2411
山东	Shandong	1122688		1208163		25873
河南	Henan	559044		602742		4134
湖北	Hubei	129000		134322		7344
湖南	Hunan	120750		154173		9426
广东	Guangdong	444410		486222	12918	32265
广西	Guangxi	135264		152730		8850
海南	Hainan					
重庆	Chongqing	110299		114562		8131
四川	Sichuan	540968		631151		20664
贵州	Guizhou	77889		77330		9082
云南	Yunnan	93219	9251	102523	3617	14758
西藏	Tibet					
陕西	Shaanxi	129484		144864		6867
甘肃	Gansu	14852		14260		4116
青海	Qinghai	2862		3578		343
宁夏	Ningxia					
新疆	Xinjiang	59313		36834		32386

3-2-3 续表 3　Continued 3

股份合作企业　　　　单位：万元

Cooperative Enterprises　　　　Unit: 10 000 yuan

地　区	Region	商品购进额 Total Purchases Value	#进口 Imports	商品销售额 Total Sales Value	#出口 Exports	期末商品库存额 Inventory (year-end)
全　国	**National Total**	**3243162**	**205090**	**3325406**	**3531**	**110233**
北　京	Beijing	167895	3366	183335	3531	17675
天　津	Tianjin	14581		16477		1145
河　北	Hebei	8039		8940		86
山　西	Shanxi					
内蒙古	Inner Mongolia					
辽　宁	Liaoning	25903		25428		2593
吉　林	Jilin					
黑龙江	Heilongjiang					
上　海	Shanghai	22455	4325	24008		784
江　苏	Jiangsu	2011205	191406	2008407		22529
浙　江	Zhejiang	123377		136855		11466
安　徽	Anhui	51365		41909		10093
福　建	Fujian	3054		3132		
江　西	Jiangxi	2900		3279		1847
山　东	Shandong	35511	3201	38132		2832
河　南	Henan	6735		6736		115
湖　北	Hubei	8774		9862		592
湖　南	Hunan					
广　东	Guangdong	139102	2791	155673		9748
广　西	Guangxi	28021		29029		50
海　南	Hainan					
重　庆	Chongqing	395326		411466		18792
四　川	Sichuan	15601		19685		1122
贵　州	Guizhou	123572		144182		
云　南	Yunnan	2643		4100		1451
西　藏	Tibet					
陕　西	Shaanxi	30048		29846		230
甘　肃	Gansu	25084		22776		7025
青　海	Qinghai	1972		2151		58
宁　夏	Ningxia					
新　疆	Xinjiang					

3-2-3 续表 4 Continued 4

联营企业 单位：万元

Joint Ownership Enterprises Unit: 10 000 yuan

地 区	Region	商品购进额 Total Purchases Value	#进口 Imports	商品销售额 Total Sales Value	#出口 Exports	期末商品库存额 Inventory (year-end)
全 国	**National Total**	**252518**	**8085**	**291382**	**8336**	**35279**
北 京	Beijing	14191	8085	14591	8336	1818
天 津	Tianjin					
河 北	Hebei					
山 西	Shanxi					
内蒙古	Inner Mongolia					
辽 宁	Liaoning					
吉 林	Jilin					
黑龙江	Heilongjiang					
上 海	Shanghai	32758		30423		21141
江 苏	Jiangsu					
浙 江	Zhejiang					
安 徽	Anhui	6220		6219		173
福 建	Fujian					
江 西	Jiangxi					
山 东	Shandong			20150		
河 南	Henan					
湖 北	Hubei	2432		6583		399
湖 南	Hunan					
广 东	Guangdong	196916		213417		11748
广 西	Guangxi					
海 南	Hainan					
重 庆	Chongqing					
四 川	Sichuan					
贵 州	Guizhou					
云 南	Yunnan					
西 藏	Tibet					
陕 西	Shaanxi					
甘 肃	Gansu					
青 海	Qinghai					
宁 夏	Ningxia					
新 疆	Xinjiang					

3-2-3 续表 5 Continued 5

有限责任公司
Limited Liability Corporations

单位：万元
Unit: 10 000 yuan

地区	Region	商品购进额 Total Purchases Value	#进口 Imports	商品销售额 Total Sales Value	#出口 Exports	期末商品库存额 Inventory (year-end)
全国	**National Total**	**2214887525**	**143711072**	**2376983457**	**94023264**	**122809158**
北京	Beijing	298816422	48687638	313268748	17913772	27795259
天津	Tianjin	114578226	6878571	113104906	1996816	8807460
河北	Hebei	28871323	757174	32080023	192487	1372770
山西	Shanxi	55449502	43454	60551030	9305	1517396
内蒙古	Inner Mongolia	17155865	1438515	20778892	802330	1215755
辽宁	Liaoning	48149940	2651792	51018711	1428954	2806244
吉林	Jilin	7624987	69935	9528484	25453	1677709
黑龙江	Heilongjiang	19000915	9959358	18935670	34250	1815142
上海	Shanghai	300249795	8305207	310566383	7481604	12206948
江苏	Jiangsu	164955354	13532121	178651959	14275515	8766722
浙江	Zhejiang	184977793	11502374	197681259	13894758	7922717
安徽	Anhui	39253639	1183367	43548727	878118	2248444
福建	Fujian	81719273	6723975	94874944	3904622	4159217
江西	Jiangxi	14849880	227433	17737982	606988	973161
山东	Shandong	118850908	2151466	126092743	5939498	4987436
河南	Henan	48083149	959602	52477910	822177	1840602
湖北	Hubei	61028893	246571	66629182	3255452	2922269
湖南	Hunan	17942478	249397	20226952	343142	1741331
广东	Guangdong	295834551	19775577	324027405	15691306	15157352
广西	Guangxi	38869439	755944	40530226	204548	1448093
海南	Hainan	7869375	156842	8578923	25416	420590
重庆	Chongqing	35930657	3201075	39099761	1143408	1372261
四川	Sichuan	48367196	1173409	52067799	876673	2413293
贵州	Guizhou	14628184	57987	20818398	394897	888863
云南	Yunnan	41900069	1625786	43378076	1125733	1637642
西藏	Tibet	103084		164765		24562
陕西	Shaanxi	51059319	565662	55447041	425286	1237317
甘肃	Gansu	14590291	14142	16182503	60446	410543
青海	Qinghai	3656170		4342586		118829
宁夏	Ningxia	2409178	1448	2498015	673	141088
新疆	Xinjiang	38111670	815251	42093454	269638	2762143

3-2-3 续表 6 Continued 6

股份有限公司
Share-holding Corporations Ltd.

单位：万元
Unit: 10 000 yuan

地区	Region	商品购进额 Total Purchases Value	#进口 Imports	商品销售额 Total Sales Value	#出口 Exports	期末商品库存额 Inventory (year-end)
全国	**National Total**	**469796928**	**28028086**	**467995592**	**15946692**	**31350546**
北京	Beijing	25244561	2534530	26457349	551552	2348717
天津	Tianjin	4954366	247813	5241580	1100045	261623
河北	Hebei	1664059	12129	2072378	70669	73176
山西	Shanxi	3287118		3672360	422282	108593
内蒙古	Inner Mongolia	4311667	41667	4557199	5000	194033
辽宁	Liaoning	50418487	81647	52813362	13300	1277224
吉林	Jilin	4537182	700	2203521		195552
黑龙江	Heilongjiang	1633823	12364	3034045	50	180118
上海	Shanghai	20817505	980836	23082344	511671	7977226
江苏	Jiangsu	47629010	1121402	45116426	1409745	3225524
浙江	Zhejiang	43473174	3627212	39209470	2825443	1743773
安徽	Anhui	8518602	1303104	7888497	974164	787843
福建	Fujian	41695153	13927717	43033484	2274725	2140981
江西	Jiangxi	2164060		4805470	9153	320111
山东	Shandong	12591377	970180	15603623	314918	1003598
河南	Henan	6818962		6483208	33935	495069
湖北	Hubei	21931633		22139685	36602	1795048
湖南	Hunan	8005584	904	1974969	17237	382444
广东	Guangdong	76364454	2590046	69529868	4471069	3129657
广西	Guangxi	2729548	433	3139978	19869	277695
海南	Hainan	699375	38473	779695	17392	49094
重庆	Chongqing	3288313	291938	3254449	232256	154968
四川	Sichuan	4788393	245	5392249	8969	242815
贵州	Guizhou	1708291	61792	1820116	310474	102474
云南	Yunnan	9892221	7285	11717140	8278	269771
西藏	Tibet					
陕西	Shaanxi	16027344	23924	16817346	259488	230953
甘肃	Gansu	17975937		18863215		994005
青海	Qinghai	478620		617089	38	36967
宁夏	Ningxia	5155391	36451	4960468		240463
新疆	Xinjiang	20992717	115294	21715008	48368	1111035

3-2-3 续表 7 Continued 7

私营企业 单位：万元

Private Enterprises Unit: 10 000 yuan

地 区	Region	商品购进额 Total Purchases Value	#进 口 Imports	商品销售额 Total Sales Value	#出 口 Exports	期末商品库存额 Inventory (year-end)
全 国	**National Total**	**1580459988**	**57104885**	**1739034854**	**91850072**	**80673289**
北 京	Beijing	56595785	2957466	60900739	1255292	4762334
天 津	Tianjin	77143575	2171902	82888671	1710127	2987509
河 北	Hebei	23464999	77595	27868355	759054	1570172
山 西	Shanxi	16774236	22386	18647999	104449	1095492
内蒙古	Inner Mongolia	6222257	522197	7647077	38582	518182
辽 宁	Liaoning	37744271	734703	42500600	929136	2373069
吉 林	Jilin	3019005	12252	4037200	24041	332487
黑龙江	Heilongjiang	3503871	461824	4019173	109463	363670
上 海	Shanghai	192586502	4761840	201668290	4276063	8834317
江 苏	Jiangsu	232204211	3299574	250868417	11133918	9039729
浙 江	Zhejiang	250708842	11542634	276673499	30752556	9556849
安 徽	Anhui	15774536	293531	18394358	467811	1218240
福 建	Fujian	99995603	2739545	113345275	8724137	3553891
江 西	Jiangxi	6965574	69064	9119250	261971	472129
山 东	Shandong	105930773	3402518	121371023	4737609	5091999
河 南	Henan	19010578	46089	21819650	315563	1656551
湖 北	Hubei	21606999	130132	24964269	347371	1157487
湖 南	Hunan	24340728	286877	27578512	315192	1173133
广 东	Guangdong	254830655	21538227	283323208	20733525	16830382
广 西	Guangxi	14192454	131543	15637871	1551418	1038615
海 南	Hainan	501219	38563	689878	33485	41288
重 庆	Chongqing	38046137	214928	41078381	633572	1681191
四 川	Sichuan	27403159	202803	25032081	493802	1302064
贵 州	Guizhou	6540032	63073	8091542	65703	424302
云 南	Yunnan	11160306	574863	12620123	1389189	974498
西 藏	Tibet	77841	59	89313		15467
陕 西	Shaanxi	9215805	121909	10806406	115841	498615
甘 肃	Gansu	5948702	131852	6534671	180468	442585
青 海	Qinghai	809981	9492	929660	17547	35175
宁 夏	Ningxia	5987361	48853	6179835	16998	188567
新 疆	Xinjiang	12153992	496593	13709526	356188	1443301

3-2-3 续表 8 Continued 8

其他企业 单位：万元

Other Enterprises Unit: 10 000 yuan

地 区	Region	商品购进额 Total Purchases Value	#进口 Imports	商品销售额 Total Sales Value	#出口 Exports	期末商品库存额 Inventory (year-end)
全 国	**National Total**	**3034355**	**3967**	**3736506**	**11798**	**153414**
北 京	Beijing	9013		9562		10
天 津	Tianjin					
河 北	Hebei	8190		16148		8900
山 西	Shanxi	19448		20415		214
内蒙古	Inner Mongolia					
辽 宁	Liaoning	54205		61907		872
吉 林	Jilin					
黑龙江	Heilongjiang					
上 海	Shanghai					
江 苏	Jiangsu	1373271		1530198	8043	62779
浙 江	Zhejiang	108428		282736	133	22608
安 徽	Anhui	140842		155748		4462
福 建	Fujian	57739		63807		1944
江 西	Jiangxi	10189		11118		661
山 东	Shandong	68668		83443		2967
河 南	Henan	55011		62726		1721
湖 北	Hubei	371416		515555	3622	11345
湖 南	Hunan	54485		57479		1646
广 东	Guangdong	95151		110324		609
广 西	Guangxi	42609		52406		111
海 南	Hainan	2678		2676		206
重 庆	Chongqing	36311		46247		1291
四 川	Sichuan	77023		87541		2859
贵 州	Guizhou	3159		3716		11
云 南	Yunnan	108050		131534		1103
西 藏	Tibet					
陕 西	Shaanxi	156965	3967	205316		13543
甘 肃	Gansu	6801		7019		315
青 海	Qinghai					
宁 夏	Ningxia					
新 疆	Xinjiang	174703		218887		13237

3-2-3 续表 9 Continued 9

港、澳、台商投资企业 单位：万元

Enterprises with Funds from Hongkong, Macao and Taiwan Unit: 10 000 yuan

地区	Region	商品购进额 Total Purchases Value	#进口 Imports	商品销售额 Total Sales Value	#出口 Exports	期末商品库存额 Inventory (year-end)
全国	**National Total**	**232250054**	**36691862**	**266392479**	**6128334**	**23592860**
北京	Beijing	63781884	4153044	65818405	145037	5496879
天津	Tianjin	8914086	1341584	11164988	566776	1980333
河北	Hebei	141075		173009		3686
山西	Shanxi	680630	298104	727765		157507
内蒙古	Inner Mongolia	82805		91860		
辽宁	Liaoning	570459	10864	759574	25701	42089
吉林	Jilin					
黑龙江	Heilongjiang					
上海	Shanghai	76974875	20880379	93206584	2326964	8684856
江苏	Jiangsu	17274450	672207	20054629	366324	1076904
浙江	Zhejiang	5579399	401858	6677077	617674	414138
安徽	Anhui	5592122	2294687	5635931	63	247690
福建	Fujian	5619584	370973	6332685	164655	411192
江西	Jiangxi	135944		136255	9383	12413
山东	Shandong	3083369	100663	4553761	1043204	422031
河南	Henan	20705		69997	45892	923
湖北	Hubei	5269587	9914	6336381	3803	145152
湖南	Hunan	243418	152908	373272		33424
广东	Guangdong	32472601	5603479	37673941	756159	4091957
广西	Guangxi	223238	52653	232579	56700	1807
海南	Hainan	22381		47889		49419
重庆	Chongqing	2266470	135666	2575276		31046
四川	Sichuan	1970425	200950	2224059		217572
贵州	Guizhou	323021		350813		1446
云南	Yunnan	425540	11929	447737		6462
西藏	Tibet	132497		229059		4948
陕西	Shaanxi	108345		161507		32530
甘肃	Gansu	16585		21108		1
青海	Qinghai	184297		183118		61
宁夏	Ningxia					
新疆	Xinjiang	140262		133222		26394

3-2-3 续表 10 Continued 10

外商投资企业
Foreign Funded Enterprises

单位：万元
Unit: 10 000 yuan

地 区	Region	商品购进额 Total Purchases Value	#进口 Imports	商品销售额 Total Sales Value	#出口 Exports	期末商品库存额 Inventory (year-end)
全 国	**National Total**	**518772188**	**153734897**	**611490060**	**51126786**	**36430426**
北 京	Beijing	79193776	35086103	93388902	2123507	8186667
天 津	Tianjin	40792148	3952612	44171294	582171	1109481
河 北	Hebei	2972230	5752	3519767		89351
山 西	Shanxi	31304	15041	39981		4203
内蒙古	Inner Mongolia					
辽 宁	Liaoning	1599803	376658	1771739	209425	103890
吉 林	Jilin	2221842		1982469		24556
黑龙江	Heilongjiang	2460671		2526205		981
上 海	Shanghai	243863575	91240873	292667553	29923695	20222755
江 苏	Jiangsu	37128249	9445051	42754484	7442858	1803522
浙 江	Zhejiang	26812803	1159172	32040137	635248	473899
安 徽	Anhui	3271595		4321510	8476	304190
福 建	Fujian	7589095	604395	8684069	228192	389014
江 西	Jiangxi	413203	11158	461470	236237	2058
山 东	Shandong	1432047	139607	1640216	267749	106488
河 南	Henan	134948	373	143011	10886	522
湖 北	Hubei	8223566	109020	9794476	18959	428987
湖 南	Hunan	2218420	847	2519283	274396	572
广 东	Guangdong	46639999	5235062	56227022	2277925	2900144
广 西	Guangxi	45730	2045	50818	641	10048
海 南	Hainan	7528	7528	14875		8220
重 庆	Chongqing	1808648	31873	1981401	419313	30161
四 川	Sichuan	381732	55	524838		18390
贵 州	Guizhou	53387		63704		2984
云 南	Yunnan	283369	17137	349219	6117	107440
西 藏	Tibet					
陕 西	Shaanxi	9167373	6294535	9807782	6460989	97486
甘 肃	Gansu	7767		10342		288
青 海	Qinghai	480		4741		1
宁 夏	Ningxia					
新 疆	Xinjiang	16902		28754		4131

3-2-4 各地区限额以上批发业企业商品购、销、存情况（按国民经济行业分）

Total Purchases, Sales and Inventory of Enterprises above Designated Size of Wholesale Trade by Region and Sector

农、林、牧、渔产品批发
Wholesale of Agricultural, Forestry, Livestock and Fishery Products

单位：万元
Unit: 10 000 yuan

地　区	Region	商品购进额 Total Purchases Value	#进口 Imports	商品销售额 Total Sales Value	#出口 Exports	期末商品库存额 Inventory (year-end)
全　国	**National Total**	**97296826**	**13448063**	**107548700**	**1667921**	**19380839**
北　京	Beijing	17228829	5018027	17556413	303567	1524240
天　津	Tianjin	1682622	257260	1933248	25202	623235
河　北	Hebei	1741353	660	1816565	3738	215552
山　西	Shanxi	268764		307071	3036	176363
内蒙古	Inner Mongolia	816397	4276	1680896	44480	1479621
辽　宁	Liaoning	4674742	38332	5235286	47834	796388
吉　林	Jilin	1920316	43	2765278	7330	1897363
黑龙江	Heilongjiang	2476068	2753	2801124	15328	1025779
上　海	Shanghai	7914901	1876071	8320439	35936	717361
江　苏	Jiangsu	13006461	3641518	13608014	134210	1186147
浙　江	Zhejiang	2367347	186253	2697832	210894	364390
安　徽	Anhui	1148167	17673	1286714	21764	389108
福　建	Fujian	3168152	428855	3451758	56226	571115
江　西	Jiangxi	604565		689043	41383	168429
山　东	Shandong	5143978	208444	5593355	216222	738838
河　南	Henan	2802361	239239	3043738	56391	1822554
湖　北	Hubei	2910166	7976	4164352	24317	693865
湖　南	Hunan	1521534	43774	1927386	37568	203536
广　东	Guangdong	9564004	1116022	9979207	243071	1203385
广　西	Guangxi	1325343	104524	1395972	76818	191758
海　南	Hainan	431543	433	431791		12834
重　庆	Chongqing	836688	1011	898914	4697	50640
四　川	Sichuan	1543849		1692331	1539	146105
贵　州	Guizhou	126462	7999	133864		15472
云　南	Yunnan	504676	42540	625260	21084	105652
西　藏	Tibet					
陕　西	Shaanxi	444605		591364	18871	37488
甘　肃	Gansu	223973	16831	261468	11431	22398
青　海	Qinghai	154347		185499		7149
宁　夏	Ningxia	95522		105127		13011
新　疆	Xinjiang	10649091	187549	12369391	4984	2981063

食品、饮料及烟草制品批发
Wholesale of Food, Beverages and Tobaccos

单位：万元
Unit: 10 000 yuan

地 区	Region	商品购进额 Total Purchases Value	#进 口 Imports	商品销售额 Total Sales Value	#出 口 Exports	期末商品库存额 Inventory (year-end)
全 国	**National Total**	**378803261**	**15403239**	**478013532**	**9004980**	**37257054**
北 京	Beijing	27978475	2557906	31971649	568599	5288827
天 津	Tianjin	9098678	1206089	12074335	488426	866887
河 北	Hebei	5304414	5785	7448578	34693	463877
山 西	Shanxi	4474963		6049199		654520
内 蒙 古	Inner Mongolia	2708785	95	3739938	5924	208598
辽 宁	Liaoning	5093167	129923	7233556	242136	646288
吉 林	Jilin	2649803	3691	3432036		244263
黑 龙 江	Heilongjiang	3015725	20443	4471055		552638
上 海	Shanghai	46646264	5005905	55550494	1271828	4009182
江 苏	Jiangsu	22434155	842308	29191629	324010	1606777
浙 江	Zhejiang	25010647	449981	31999997	583123	1916448
安 徽	Anhui	9452272	706108	14214148	280978	969816
福 建	Fujian	22039061	982697	26285693	1372045	1324043
江 西	Jiangxi	4447832	7304	6822577	39286	426318
山 东	Shandong	24040086	531725	24004282	618636	1418946
河 南	Henan	9322420	20228	13883208	88634	772367
湖 北	Hubei	14113233	26288	18720616	52064	817583
湖 南	Hunan	9896829	47474	13915224	23362	1250941
广 东	Guangdong	51641832	2498458	63978346	1339378	5408649
广 西	Guangxi	9854592	32718	12010198	407476	453499
海 南	Hainan	2606747	9902	3153853	95	199928
重 庆	Chongqing	10620469	70129	14433500	248704	478873
四 川	Sichuan	19047616	27915	18939693	47558	1881334
贵 州	Guizhou	9026312		16763980	75573	1447952
云 南	Yunnan	12283435	126486	16899106	686505	2525854
西 藏	Tibet	553720	59	745909		116479
陕 西	Shaanxi	6343953	79240	8748134	31093	410902
甘 肃	Gansu	2344698	4088	3262353	43516	294418
青 海	Qinghai	1093738	5	1344290		53528
宁 夏	Ningxia	1105827	3551	1374076		66859
新 疆	Xinjiang	4553513	6740	5351879	131340	480461

3-2-4 续表 2 Continued 2

纺织、服装及家庭用品批发 单位：万元

Wholesale of Textiles, Wearing Apparel and Household Articles Unit: 10 000 yuan

地 区	Region	商品购进额 Total Purchases Value	#进口 Imports	商品销售额 Total Sales Value	#出口 Exports	期末商品库存额 Inventory (year-end)
全 国	**National Total**	**410373545**	**24026944**	**469477825**	**78039599**	**42987323**
北 京	Beijing	58324379	3211486	59788031	640537	6473547
天 津	Tianjin	10562269	245335	11943580	1099969	1261530
河 北	Hebei	2104705	16677	2419159	165279	304286
山 西	Shanxi	1876044		2000223	422282	128532
内蒙古	Inner Mongolia	249444		306376		101168
辽 宁	Liaoning	2189880	266621	2616504	674920	263374
吉 林	Jilin	224457		259636	5406	36811
黑龙江	Heilongjiang	259157		319670	12728	34105
上 海	Shanghai	42303748	9509387	60892701	7289162	13775505
江 苏	Jiangsu	86848443	2814732	94799435	12136812	6652631
浙 江	Zhejiang	67441016	3719277	75691885	26169646	3185442
安 徽	Anhui	8168384	381555	9585055	982614	617886
福 建	Fujian	32673146	836065	39241694	8867244	1272780
江 西	Jiangxi	1309984	12161	1467443	119474	111725
山 东	Shandong	19074871	687944	18917041	4908820	905755
河 南	Henan	4242997	508	4455916	131589	410796
湖 北	Hubei	3882386	66408	4775637	243019	323812
湖 南	Hunan	2710257	12729	2898996	350186	260572
广 东	Guangdong	46277718	2138950	55722294	12546125	4963003
广 西	Guangxi	1548268	9646	1777414	347703	240782
海 南	Hainan	595100		594527	4095	77483
重 庆	Chongqing	11910898	56183	12640926	4153	888775
四 川	Sichuan	2339246	8124	2565200	364948	227949
贵 州	Guizhou	352452	21113	400228	24558	46445
云 南	Yunnan	980949	4267	1048018	293665	80980
西 藏	Tibet					
陕 西	Shaanxi	1188954	7775	1409643	163442	172085
甘 肃	Gansu	207574		232443		61504
青 海	Qinghai	28282		31122	17547	2176
宁 夏	Ningxia	36912		72724		16135
新 疆	Xinjiang	461625		604305	53677	89749

3-2-4 续表 3 Continued 3

文化、体育用品及器材批发
Wholesale of Culture, Sports Appliances and Equipments

单位：万元
Unit: 10 000 yuan

地 区	Region	商品购进额 Total Purchases Value	#进 口 Imports	商品销售额 Total Sales Value	#出 口 Exports	期末商品库存额 Inventory (year-end)
全 国	**National Total**	**108821951**	**7388911**	**114314196**	**6430060**	**12420070**
北 京	Beijing	17287640	1450595	19120121	120031	2391096
天 津	Tianjin	2086937	36794	2499154	346465	185861
河 北	Hebei	715320	6835	941647	11819	55217
山 西	Shanxi	571963		666044	20062	104698
内蒙古	Inner Mongolia	95695		96868		13517
辽 宁	Liaoning	543349	6509	688026	30145	83039
吉 林	Jilin	105821		134143		30822
黑龙江	Heilongjiang	114570		115579		9168
上 海	Shanghai	22103702	2392663	16496458	300536	1828190
江 苏	Jiangsu	6071227	56887	6861035	608782	484230
浙 江	Zhejiang	10216926	461382	11559750	2422031	821313
安 徽	Anhui	3218320	978010	3419402	386523	590843
福 建	Fujian	4202381	270223	4730107	538385	128735
江 西	Jiangxi	274016		343057		12153
山 东	Shandong	5587688	106149	6279075	265732	495584
河 南	Henan	1745548	11845	1677950	13673	187586
湖 北	Hubei	3056502	19367	3545489	2055	177594
湖 南	Hunan	1403748	468	1583933	74094	114385
广 东	Guangdong	22579918	1151363	25908253	819193	3785454
广 西	Guangxi	364649		427579	18530	39355
海 南	Hainan	128093		113362	2936	39319
重 庆	Chongqing	947206		1151760		128376
四 川	Sichuan	2865195	438006	2957481	444240	170823
贵 州	Guizhou	234308		255123		31534
云 南	Yunnan	1191462	1816	1318466		327907
西 藏	Tibet	15989		14119		4002
陕 西	Shaanxi	679460		729393	4827	67045
甘 肃	Gansu	268206		355095		68113
青 海	Qinghai	29645		39455		11842
宁 夏	Ningxia	26040		27917		6533
新 疆	Xinjiang	90430		258355		25737

3-2-4 续表 4 Continued 4

医药及医疗器材批发 单位：万元

Wholesale of Medicines and Medical Appliances Unit: 10 000 yuan

地区	Region	商品购进额 Total Purchases Value	#进口 Imports	商品销售额 Total Sales Value	#出口 Exports	期末商品库存额 Inventory (year-end)
全国	**National Total**	**256974116**	**21687995**	**298564309**	**3188195**	**29529779**
北京	Beijing	26069177	8014650	25913280	420984	3677380
天津	Tianjin	4739206	109326	5555400	63204	365589
河北	Hebei	7569335	29729	9077884	39346	790437
山西	Shanxi	3483575	531	4102330		356622
内蒙古	Inner Mongolia	1319402	59274	1623388		183943
辽宁	Liaoning	6203659	67981	7045392	13943	698909
吉林	Jilin	2596907	4776	3387087	13359	272620
黑龙江	Heilongjiang	1303286	2597	1543221		147138
上海	Shanghai	26084402	9200395	34017344	735663	4546861
江苏	Jiangsu	20264837	1308664	24013480	335218	2462434
浙江	Zhejiang	16479927	467781	18881414	669081	1701524
安徽	Anhui	9669284	35077	11527536	9685	792375
福建	Fujian	5667240	177900	6543489	16198	560078
江西	Jiangxi	5200970	5343	7161435	71460	437324
山东	Shandong	14942290	39163	17295165	33566	1543308
河南	Henan	11512249	77465	13522137	918	916477
湖北	Hubei	18713216	74505	20371337	85657	2036875
湖南	Hunan	7405589	6320	8542472	51572	674182
广东	Guangdong	31853242	1527607	36871095	541762	3667042
广西	Guangxi	3283854	11767	3964977	1430	351938
海南	Hainan	1097252	144255	1529259	949	171596
重庆	Chongqing	5073109	105658	6129637	38694	473700
四川	Sichuan	9972944	140190	11278071	26304	969309
贵州	Guizhou	2716572	31272	3240787		275066
云南	Yunnan	4827044	3273	5250885	12823	552089
西藏	Tibet	202739		358734		16918
陕西	Shaanxi	4667134	5745	5201631	5887	400499
甘肃	Gansu	1781725	299	2007925		198548
青海	Qinghai	209955		300563		26551
宁夏	Ningxia	513053	36451	566659	494	59205
新疆	Xinjiang	1550941		1740294		203241

3-2-4 续表 5 Continued 5

矿产品、建材及化工产品批发 单位：万元

Wholesale of Mineral Products, Building Materials and Chemical Products Unit: 10 000 yuan

地　区	Region	商品购进额 Total Purchases Value	#进口 Imports	商品销售额 Total Sales Value	#出口 Exports	期末商品库存额 Inventory (year-end)
全　国	**National Total**	**3022710280**	**175088833**	**3181509581**	**59630386**	**110322056**
北　京	Beijing	243898974	39515510	252157402	11410641	15533430
天　津	Tianjin	188169336	6271699	189125716	2156303	9710517
河　北	Hebei	40364381	741981	46000145	288261	1356853
山　西	Shanxi	62898660	362792	69306326	72418	1489596
内蒙古	Inner Mongolia	23779799	1907766	28135777	771065	976138
辽　宁	Liaoning	116370234	2793803	123416569	1353017	3477522
吉　林	Jilin	8766976	35870	6654156	807	359573
黑龙江	Heilongjiang	21177187	10282393	21778077	89192	859416
上　海	Shanghai	478681178	21922859	504681492	5166225	16499708
江　苏	Jiangsu	293992842	9829992	307545032	7392591	8967251
浙　江	Zhejiang	330354614	20767675	344703839	9012176	9958504
安　徽	Anhui	29474224	399844	30154503	144731	1139142
福　建	Fujian	151649412	20417832	167995043	3024448	5721245
江　西	Jiangxi	9998003	112463	14182628	170294	691921
山　东	Shandong	152293463	4252068	171028066	3195980	5269055
河　南	Henan	39292430	562857	41722831	207090	1297682
湖　北	Hubei	66302674	78701	70382794	189337	1926367
湖　南	Hunan	26538532	410070	22280379	315533	928575
广　东	Guangdong	372938856	22097221	380580836	7473930	14453795
广　西	Guangxi	39312181	773441	41227665	190238	1370616
海　南	Hainan	5793975	75592	6219379	50584	195328
重　庆	Chongqing	37607025	2793896	39625543	874234	920969
四　川	Sichuan	44921592	774599	47697928	415621	1097398
贵　州	Guizhou	14148789	114940	16071933	595992	386942
云　南	Yunnan	44405948	1603453	47759142	380277	1073354
西　藏	Tibet	24164		21154		4904
陕　西	Shaanxi	72145693	4642079	77500686	4360882	1064414
甘　肃	Gansu	34654490	28155	36527087	52885	1308179
青　海	Qinghai	4058089	9492	4797277		115752
宁　夏	Ningxia	11798705	340	11649069	17178	377441
新　疆	Xinjiang	56897854	1509450	60581106	258454	1790470

3-2-4 续表 6 Continued 6

机械设备、五金产品及电子产品批发 单位：万元

Wholesale of Machinery, Hardware and Electronic Products Unit: 10 000 yuan

地 区	Region	商品购进额 Total Purchases Value	#进口 Imports	商品销售额 Total Sales Value	#出口 Exports	期末商品库存额 Inventory (year-end)
全 国	**National Total**	**771778411**	**150778124**	**876234037**	**84607725**	**52280157**
北 京	Beijing	135519160	33772618	155904872	5157149	12662490
天 津	Tianjin	24880453	5933725	27093171	879577	2052900
河 北	Hebei	2945413	49866	3299658	402360	283990
山 西	Shanxi	5448571	15662	5699476	11112	217962
内蒙古	Inner Mongolia	966997	31064	1140305	24443	127647
辽 宁	Liaoning	5285679	482191	6152948	381510	752370
吉 林	Jilin	2917914	42198	3459366	22506	160953
黑龙江	Heilongjiang	2855131	34173	3053297	8497	85176
上 海	Shanghai	204817213	74502357	233311732	28400629	15852609
江 苏	Jiangsu	58111333	8926131	64703308	12107680	2987699
浙 江	Zhejiang	55903143	1846049	64374160	8853823	2206965
安 徽	Anhui	11978876	2326303	12773821	490956	615693
福 建	Fujian	15895181	1145105	17747411	1145105	1193493
江 西	Jiangxi	5169802	132642	5680301	550242	204250
山 东	Shandong	17213224	719167	20182420	2802022	1196782
河 南	Henan	11049035	95407	11930878	694551	609622
湖 北	Hubei	14002930	218226	15396611	3029340	761529
湖 南	Hunan	7900517	35667	9157144	81662	414507
广 东	Guangdong	144054568	17043038	165211791	13421431	7680610
广 西	Guangxi	2878663	10513	3310080	783449	261518
海 南	Hainan	443904	5328	495864	11549	32214
重 庆	Chongqing	18034210	742744	20027441	1475850	426495
四 川	Sichuan	8091776	169612	9233665	152395	625267
贵 州	Guizhou	1535176	7528	1688007	67284	99062
云 南	Yunnan	1857664	118386	1939056	633608	157064
西 藏	Tibet	33579		30549		12083
陕 西	Shaanxi	6572979	2261036	6861841	2676602	149200
甘 肃	Gansu	1215447	96034	1838197	130797	101622
青 海	Qinghai	522310		544702		7405
宁 夏	Ningxia	217930	1448	273666		39510
新 疆	Xinjiang	3459634	13907	3718296	211596	301471

3-2-4 续表 7 Continued 7

贸易经纪与代理 单位：万元

Trade Broker and Agency Unit: 10 000 yuan

地 区	Region	商品购进额 Total Purchases Value	#进口 Imports	商品销售额 Total Sales Value	#出口 Exports	期末商品库存额 Inventory (year-end)
全 国	**National Total**	**41217521**	**9502774**	**48190025**	**13464223**	**1910818**
北 京	Beijing	4542270	831681	4947160	2598569	178520
天 津	Tianjin	1737957	150359	2163619	679906	121128
河 北	Hebei	99354	1438	106154	81734	1012
山 西	Shanxi	6581		7127	7127	148
内蒙古	Inner Mongolia					
辽 宁	Liaoning	228338	27009	291614	10535	42338
吉 林	Jilin	939		1128		20
黑龙江	Heilongjiang	50225	12535	98316	15919	38813
上 海	Shanghai	3596521	626846	4277486	921654	229518
江 苏	Jiangsu	4442067	741716	5089025	1287569	166512
浙 江	Zhejiang	1047524	121739	1351376	731431	24803
安 徽	Anhui	320438	253841	363996	53466	62862
福 建	Fujian	1708009	61025	2032956	852276	73958
江 西	Jiangxi	381702	37731	392617	96792	5788
山 东	Shandong	1661588	30237	1859604	167552	88900
河 南	Henan	111836		113755	25044	640
湖 北	Hubei	56674	4024	73218	25670	1320
湖 南	Hunan	54143	3218	69583	2015	1460
广 东	Guangdong	20537003	6457917	24271136	5806287	726052
广 西	Guangxi	5292		7614	4130	
海 南	Hainan					
重 庆	Chongqing	387058	106111	376598	15592	100329
四 川	Sichuan	35078	11952	40127	22401	7635
贵 州	Guizhou	2561		7668	7668	29
云 南	Yunnan	24742	9275	24281	2608	17970
西 藏	Tibet	21		26		
陕 西	Shaanxi	158964	14121	197622	34706	12837
甘 肃	Gansu					
青 海	Qinghai	4094		4756	38	4094
宁 夏	Ningxia					
新 疆	Xinjiang	16542		21466	13537	4134

其他批发业
Other Wholesale Industries

单位：万元
Unit: 10 000 yuan

地区	Region	商品购进额 Total Purchases Value	#进口 Imports	商品销售额 Total Sales Value	#出口 Exports	期末商品库存额 Inventory (year-end)
全国	**National Total**	**73140032**	**4866729**	**87890198**	**5546766**	**5932793**
北京	Beijing	4799977	999271	5391245	1083333	1710307
天津	Tianjin	6169826	382993	7375098	223854	246282
河北	Hebei	667632		750899	21201	11764
山西	Shanxi	201787		235638		3268
内蒙古	Inner Mongolia	25371		45853		2124
辽宁	Liaoning	1008279	61662	1095886	11367	220428
吉林	Jilin	54583		66577	85	6052
黑龙江	Heilongjiang	161277	78746	178898	2204	10139
上海	Shanghai	4649575	1179881	6069574	425247	631060
江苏	Jiangsu	7514590	160819	8476529	416235	292562
浙江	Zhejiang	9929303	247780	12363231	176580	451026
安徽	Anhui	3048078		3481574	4416	81630
福建	Fujian	4851424	76680	5604376	464195	99181
江西	Jiangxi	544656	11	746609	48045	68631
山东	Shandong	4135413	192938	6451744	99339	175870
河南	Henan	1498280		1850849	10563	50922
湖北	Hubei	755500	295	1096024	14448	26901
湖南	Hunan	1663148	164297	1918610	34222	61065
广东	Guangdong	11552336	920329	14005814	1968248	1261478
广西	Guangxi	934426	318	1010524	3401	170289
海南	Hainan	367736	5896	420252	6085	42
重庆	Chongqing	1334775		1480710		25545
四川	Sichuan	782919	9878	820803		39850
贵州	Guizhou	287459		436313		16777
云南	Yunnan	5462511	336779	5723018	527904	242672
西藏	Tibet					
陕西	Shaanxi	272097		294108		4890
甘肃	Gansu	21284	677	27298	4890	1932
青海	Qinghai					
宁夏	Ningxia	333084	44963	338954		8703
新疆	Xinjiang	112710	2518	133190	904	11405

3-2-5 各地区限额以上零售业企业商品购、销、存情况
Total Purchases, Sales and Inventory of Enterprises above Designated Size of Retail Trade by Region

单位：万元
Unit: 10 000 yuan

地　区	Region	商品购进额 Total Purchases Value	#进口 Imports	商品销售额 Total Sales Value	#出口 Exports	期末商品库存额 Inventory (year-end)
全　国	**National Total**	**1004398237**	**29021513**	**1249879092**	**806229**	**109150962**
北　京	Beijing	78460193	2798862	86510531	15182	6931709
天　津	Tianjin	19537221	794727	21922044	345	1912848
河　北	Hebei	24720578	470963	29894745		3354228
山　西	Shanxi	14978622	159283	20559455	3982	1855993
内蒙古	Inner Mongolia	10333914	150934	12911858	1835	1280133
辽　宁	Liaoning	24524743	849218	30563503	26753	2516897
吉　林	Jilin	11492083	102295	15957987	100	1667955
黑龙江	Heilongjiang	11275603	188712	15891336	1	1166550
上　海	Shanghai	63723676	4360260	81552340	9103	8900692
江　苏	Jiangsu	98569896	2179793	117371117	29913	9145232
浙　江	Zhejiang	71692315	3388346	91891841	30594	8081615
安　徽	Anhui	35584916	653957	43202298	38997	6963342
福　建	Fujian	48786943	926853	63751167	130559	3602132
江　西	Jiangxi	16363323	216841	21011936	12472	2004805
山　东	Shandong	64935759	927666	77171006	21952	7777914
河　南	Henan	32934574	405023	45175439	5764	3899251
湖　北	Hubei	48423046	653516	64091467	13485	4171439
湖　南	Hunan	35758268	832033	47731204	11320	3482057
广　东	Guangdong	106409853	4873925	134031087	268751	12145567
广　西	Guangxi	15248004	197397	17895205	4978	1700648
海　南	Hainan	5227856	252847	6410708		573067
重　庆	Chongqing	27965103	712475	33499394	114583	2056838
四　川	Sichuan	52987479	1271276	61043210	580	4271360
贵　州	Guizhou	15285947	340108	20626326	997	1755767
云　南	Yunnan	16563573	392586	22680008	55104	2103244
西　藏	Tibet	1643919	17974	1746044	2	189359
陕　西	Shaanxi	28841411	363137	38329013	3182	2692273
甘　肃	Gansu	7558857	156586	8691465	5410	790232
青　海	Qinghai	2201183	40857	3249586	12	319806
宁　夏	Ningxia	2767921	15330	3062806		379254
新　疆	Xinjiang	9601459	327731	11452968	274	1458754

3-2-5 续表 Continued

国有控股 单位：万元

State-controlled Enterprises Unit: 10 000 yuan

地　区	Region	商品购进额 Total Purchases Value	#进口 Imports	商品销售额 Total Sales Value	#出口 Exports	期末商品库存额 Inventory (year-end)
全　国	**National Total**	**178426183**	**3450174**	**249892723**	**56077**	**15609845**
北　京	Beijing	19305701	1273216	21448693	14376	1842683
天　津	Tianjin	5352974	29396	5759361		450349
河　北	Hebei	4070611	52777	4979752		456650
山　西	Shanxi	3061950		5649627		229206
内蒙古	Inner Mongolia	3952550		5036445		142709
辽　宁	Liaoning	4856086	5802	6273989		166821
吉　林	Jilin	3332989		5903617		341146
黑龙江	Heilongjiang	2300639	2293	2667125	1	157368
上　海	Shanghai	11611021	715813	13504672	3663	1742177
江　苏	Jiangsu	12670521	65434	17114701	2301	1412696
浙　江	Zhejiang	9501170	240344	18492914	125	747614
安　徽	Anhui	6164653	25407	8154181		1047462
福　建	Fujian	5462188	38056	10324193	2820	535822
江　西	Jiangxi	1887818	20801	2852346		341307
山　东	Shandong	8129010	82045	10986160	149	646597
河　南	Henan	4262216	12619	7253644		316793
湖　北	Hubei	12049099	26228	15529577	315	853507
湖　南	Hunan	3823634	9345	9790135		255196
广　东	Guangdong	15667066	535389	24022777	490	1163532
广　西	Guangxi	1620770		1969306		136748
海　南	Hainan	2560976	120926	3176292		323673
重　庆	Chongqing	7194324	156771	9872660	24560	387576
四　川	Sichuan	10970612	6640	12615436		608284
贵　州	Guizhou	4243603	4606	7083857	997	215966
云　南	Yunnan	2750714	341	6156447		227772
西　藏	Tibet	1177129		1192684		82453
陕　西	Shaanxi	4045969	2083	4332045	1000	286798
甘　肃	Gansu	2345519	23274	2943580	5280	95958
青　海	Qinghai	790528		1384766		95115
宁　夏	Ningxia	188863	569	191187		8079
新　疆	Xinjiang	3075279		3230554		291788

3-2-6 各地区限额以上零售业企业商品购、销、存情况（按登记注册类型分）

Total Purchases, Sales and Inventory of Enterprises above Designated Size of Retail Trade by Region and Type of Registration

内资企业

Domestic Funded Enterprises

地区	Region	商品购进额 Total Purchases Value	#进口 Imports	商品销售额 Total Sales Value	#出口 Exports	期末商品库存额 Inventory (year-end)
全国	**National Total**	**883422722**	**21581863**	**1085321214**	**797140**	**95804263**
北京	Beijing	66590591	2197438	71816616	15182	5895934
天津	Tianjin	16921844	754134	18855311		1680033
河北	Hebei	23405848	470963	28412545		3258008
山西	Shanxi	14656616	159283	20176648	3982	1825352
内蒙古	Inner Mongolia	10170378	113319	12688926	1835	1256233
辽宁	Liaoning	22159163	677839	27572294	25253	2291697
吉林	Jilin	11224389	101361	15359673	100	1632693
黑龙江	Heilongjiang	10695417	169498	14402685	1	1096045
上海	Shanghai	41697985	714081	48370361	5286	4556536
江苏	Jiangsu	83716847	1955771	98025291	29250	8046655
浙江	Zhejiang	62508726	2503585	79996222	30319	7133357
安徽	Anhui	33806123	638588	40670094	38997	6708076
福建	Fujian	43999005	861553	54353149	130559	3170971
江西	Jiangxi	15473177	216321	19985992	12472	1939533
山东	Shandong	61485822	871371	72775881	21412	7303527
河南	Henan	31178040	405023	42129507	5764	3728419
湖北	Hubei	44523715	626121	59187709	13485	3981545
湖南	Hunan	34287523	664141	44817902	11291	3339717
广东	Guangdong	86376533	3776089	109465823	266990	10176936
广西	Guangxi	14033214	145477	16407706	4978	1600900
海南	Hainan	5012327	236071	6085812		558104
重庆	Chongqing	24818889	671866	30489974	114583	1890690
四川	Sichuan	48367300	1133983	55502917	580	3879452
贵州	Guizhou	14683826	340108	19818369	997	1696100
云南	Yunnan	14662078	340333	20471655	54945	1888034
西藏	Tibet	1642505	17974	1741968	2	189179
陕西	Shaanxi	23822275	284311	30103575	3182	2216853
甘肃	Gansu	7470410	156586	8463720	5410	776200
青海	Qinghai	2135847	40857	3182417	12	313780
宁夏	Ningxia	2697460	15330	2957669		367795
新疆	Xinjiang	9198847	322488	11032802	274	1405910

3-2-6 续表 1 Continued 1

国有企业
State-owned Enterprises

单位：万元
Unit: 10 000 yuan

地 区	Region	商品购进额 Total Purchases Value	#进口 Imports	商品销售额 Total Sales Value	#出口 Exports	期末商品库存额 Inventory (year-end)
全 国	**National Total**	**7722869**	**246091**	**12297244**	**5676**	**801852**
北 京	Beijing	910658	202503	1054224	4360	125734
天 津	Tianjin	64782		97031		29941
河 北	Hebei	38681		56542		2174
山 西	Shanxi	193071		454520		18171
内蒙古	Inner Mongolia	27968		36460		2710
辽 宁	Liaoning	285119		299050		9758
吉 林	Jilin	123730		121921		8184
黑龙江	Heilongjiang	156118	1	170133	1	26449
上 海	Shanghai	210213	41219	266618	1000	58827
江 苏	Jiangsu	488471	1177	567554		37180
浙 江	Zhejiang	94270		103568		7504
安 徽	Anhui	162344		197623		8332
福 建	Fujian	92044		107682		2493
江 西	Jiangxi	70133		87282		12779
山 东	Shandong	674252		700389		37647
河 南	Henan	524960		1116942		39749
湖 北	Hubei	562159		856490	315	21487
湖 南	Hunan	245358		1056759		12760
广 东	Guangdong	193303	7	645993		51198
广 西	Guangxi	115882		138488		9647
海 南	Hainan	10972		9551		1654
重 庆	Chongqing	18002		24714		1161
四 川	Sichuan	78859		90016		6361
贵 州	Guizhou	813765	968	1845650		33113
云 南	Yunnan	112037	216	614414		25437
西 藏	Tibet	178644		181912		25388
陕 西	Shaanxi	908824		969867		96877
甘 肃	Gansu	52083		54536		5503
青 海	Qinghai	96514		139810		1499
宁 夏	Ningxia	12315		12441		1776
新 疆	Xinjiang	207342		219065		80359

3-2-6 续表 2 Continued 2

集体企业 单位：万元

Collective-owned Enterprises Unit: 10 000 yuan

地 区	Region	商品购进额 Total Purchases Value	#进口 Imports	商品销售额 Total Sales Value	#出口 Exports	期末商品库存额 Inventory (year-end)
全 国	**National Total**	**4782705**	**14381**	**5653516**		**325161**
北 京	Beijing	261702		294318		19592
天 津	Tianjin	64075		107530		5618
河 北	Hebei	119682		152482		9382
山 西	Shanxi	230560	5990	282302		17352
内蒙古	Inner Mongolia	121021		138978		6125
辽 宁	Liaoning	79549		87431		4399
吉 林	Jilin	13467		14689		344
黑龙江	Heilongjiang	43442		48555		6171
上 海	Shanghai	54644	1074	73443		10372
江 苏	Jiangsu	587324		657448		18437
浙 江	Zhejiang	125165	6337	147101		8621
安 徽	Anhui	52301		57658		6833
福 建	Fujian	328247		395213		8669
江 西	Jiangxi	38365		47731		4649
山 东	Shandong	231669		255312		21427
河 南	Henan	58870		66572		9198
湖 北	Hubei	915272	102	1075983		94492
湖 南	Hunan	221612		274846		7273
广 东	Guangdong	499297	54	594972		33454
广 西	Guangxi	35472		34786		7808
海 南	Hainan	3174		4017		221
重 庆	Chongqing	38140		49801		1517
四 川	Sichuan	69901		95776		2077
贵 州	Guizhou	28790		35713		1171
云 南	Yunnan	110163		118952		3531
西 藏	Tibet					
陕 西	Shaanxi	424587	825	511647		13946
甘 肃	Gansu	16450		17407		1836
青 海	Qinghai					
宁 夏	Ningxia	1199		1648		20
新 疆	Xinjiang	8566		11208		629

3-2-6 续表 3 Continued 3

股份合作企业

Cooperative Enterprises

单位：万元

Unit: 10 000 yuan

地 区	Region	商品购进额 Total Purchases Value	#进 口 Imports	商品销售额 Total Sales Value	#出 口 Exports	期末商品库存额 Inventory (year-end)
全 国	**National Total**	**1026144**	**1611**	**1253655**		**87506**
北 京	Beijing	214645		247871		19720
天 津	Tianjin	19028		27763		657
河 北	Hebei	24971	64	25695		3535
山 西	Shanxi	9383		11074		261
内蒙古	Inner Mongolia	3142		3521		30
辽 宁	Liaoning	20922		25109		522
吉 林	Jilin	8016		48661		6482
黑龙江	Heilongjiang	29548		29999		4973
上 海	Shanghai	25665		31403		757
江 苏	Jiangsu	13425		15111		523
浙 江	Zhejiang	184605		221991		13226
安 徽	Anhui	10559		12547		2810
福 建	Fujian	3887		4220		95
江 西	Jiangxi	15311		23251		597
山 东	Shandong	83743		87232		10795
河 南	Henan	3457		3413		46
湖 北	Hubei	15788		27047		799
湖 南	Hunan	5282	1547	14784		800
广 东	Guangdong	39090		45275		4407
广 西	Guangxi	1337		1859		1
海 南	Hainan					
重 庆	Chongqing	31491		34330		2304
四 川	Sichuan	60810		70902		1632
贵 州	Guizhou	30805		31184		2685
云 南	Yunnan	157405		192653		8797
西 藏	Tibet					
陕 西	Shaanxi	11532		14423		126
甘 肃	Gansu	2297		2335		926
青 海	Qinghai					
宁 夏	Ningxia					
新 疆	Xinjiang					

3-2-6 续表 4 Continued 4

联营企业 单位：万元

Joint Ownership Enterprises Unit: 10 000 yuan

地区	Region	商品购进额 Total Purchases Value	#进口 Imports	商品销售额 Total Sales Value	#出口 Exports	期末商品库存额 Inventory (year-end)
全国	**National Total**	**864226**	**34241**	**1011685**		**13768**
北京	Beijing	7		3125		
天津	Tianjin	15044		18200		392
河北	Hebei					
山西	Shanxi	484		538		35
内蒙古	Inner Mongolia					
辽宁	Liaoning	14351		18553		120
吉林	Jilin					
黑龙江	Heilongjiang	61656		68140		4324
上海	Shanghai	126537		151741		1316
江苏	Jiangsu	13301		15198		125
浙江	Zhejiang	72574		88475		724
安徽	Anhui	5879		7014		34
福建	Fujian	1860		2323		83
江西	Jiangxi					
山东	Shandong	3865		4818		200
河南	Henan	892		1316		110
湖北	Hubei	403311		428812		3124
湖南	Hunan	8832		9198		119
广东	Guangdong	74137		119231		2380
广西	Guangxi					
海南	Hainan					
重庆	Chongqing	5703		7474		37
四川	Sichuan	10828		11705		229
贵州	Guizhou	34241	34241	43615		178
云南	Yunnan	782		774		110
西藏	Tibet					
陕西	Shaanxi			1514		12
甘肃	Gansu	4435		4418		49
青海	Qinghai					
宁夏	Ningxia					
新疆	Xinjiang	5509		5505		68

3-2-6 续表 5 Continued 5

有限责任公司
Limited Liability Corporations

单位：万元
Unit: 10 000 yuan

地 区	Region	商品购进额 Total Purchases Value	#进口 Imports	商品销售额 Total Sales Value	#出口 Exports	期末商品库存额 Inventory (year-end)
全 国	**National Total**	**393226195**	**11139138**	**475961784**	**346062**	**41864722**
北 京	Beijing	45931232	1406620	48837106	10714	3349044
天 津	Tianjin	10742885	160178	11911442		981385
河 北	Hebei	9706549	300877	11841252		1066543
山 西	Shanxi	3473951	71681	4913388		460304
内蒙古	Inner Mongolia	3693852	45183	4914123	1835	540998
辽 宁	Liaoning	7376542	391262	9963413	13540	916398
吉 林	Jilin	4446405	56018	5540177	100	711415
黑龙江	Heilongjiang	4980926	79012	6688635		525070
上 海	Shanghai	22444171	451040	24894173	2042	2006037
江 苏	Jiangsu	29519150	881604	35853212	67	2892086
浙 江	Zhejiang	26680973	1083774	32567725	7422	2565589
安 徽	Anhui	15238127	411495	18128384	23479	4095472
福 建	Fujian	14552734	240619	17545973	14922	1115844
江 西	Jiangxi	7336299	97032	9576208	138	726526
山 东	Shandong	26469214	397677	30465075	813	3256545
河 南	Henan	15034450	263301	20172787	2713	1884519
湖 北	Hubei	18769864	331376	26573277	9875	1718202
湖 南	Hunan	8142364	265557	9639677	328	779050
广 东	Guangdong	44146537	2185715	55131159	194443	4619774
广 西	Guangxi	6061860	61944	7097728	2022	656057
海 南	Hainan	3439472	193770	4262307		494637
重 庆	Chongqing	9410440	185357	10686841	784	772456
四 川	Sichuan	20737710	860441	24383508	491	1891179
贵 州	Guizhou	6261454	207033	8181674	997	635619
云 南	Yunnan	6807770	198956	9997225	53058	792687
西 藏	Tibet	667547	17951	722828		100918
陕 西	Shaanxi	11941757	147108	15599999	1000	1260554
甘 肃	Gansu	3609214	103278	3606330	5280	348720
青 海	Qinghai	992371	7428	1192563		192278
宁 夏	Ningxia	1066449	9974	1126925		101826
新 疆	Xinjiang	3543925	25879	3946671		406991

3-2-6 续表 6 Continued 6

股份有限公司 单位：万元

Share-holding Corporations Ltd. Unit: 10 000 yuan

地 区	Region	商品购进额 Total Purchases Value	#进口 Imports	商品销售额 Total Sales Value	#出口 Exports	期末商品库存额 Inventory (year-end)
全 国	**National Total**	**110145630**	**1085833**	**154968289**	**29852**	**9195555**
北 京	Beijing	8269509	99597	9375210	18	605271
天 津	Tianjin	1006261	330	1022152		159341
河 北	Hebei	3471662	12904	4007014		339753
山 西	Shanxi	1805921		3585167		108147
内蒙古	Inner Mongolia	2816162		3608056		98396
辽 宁	Liaoning	4119594	50763	5340929		114480
吉 林	Jilin	3335870	1100	5678337		407546
黑龙江	Heilongjiang	2390720	15358	3401550		129375
上 海	Shanghai	4317862	1719	4900993		737989
江 苏	Jiangsu	10413985	80509	12550823	2968	553670
浙 江	Zhejiang	3506562	78087	9437919		432008
安 徽	Anhui	3729389	18901	5356205		903539
福 建	Fujian	1806544	51100	2518992		68378
江 西	Jiangxi	794810	27841	1052976		379476
山 东	Shandong	10342146	55409	13256893		787034
河 南	Henan	3691533	551	5579674		291551
湖 北	Hubei	8864471	40985	11245052		701611
湖 南	Hunan	4192842		8623864		434934
广 东	Guangdong	7393297	125873	13061077	2307	509631
广 西	Guangxi	2014078		2248179		156818
海 南	Hainan	1423205		1629911		42103
重 庆	Chongqing	4401118	137944	6840475	24560	181424
四 川	Sichuan	7213352	4207	7725052		411379
贵 州	Guizhou	1439718		2670615		76593
云 南	Yunnan	1089224	2341	1926660		60756
西 藏	Tibet	573680		592572		26037
陕 西	Shaanxi	934492	1285	1320987		69759
甘 肃	Gansu	1976612	17301	2333432		169266
青 海	Qinghai	387256		959354		13797
宁 夏	Ningxia	466291	12	494414		33464
新 疆	Xinjiang	1957464	261716	2623757		192028

3-2-6 续表 7 Continued 7

私营企业 单位：万元

Private Enterprises Unit: 10 000 yuan

地 区	Region	商品购进额 Total Purchases Value	#进 口 Imports	商品销售额 Total Sales Value	#出 口 Exports	期末商品库存额 Inventory (year-end)
全 国	**National Total**	**364748990**	**9058415**	**432991670**	**415427**	**43470718**
北 京	Beijing	11001554	488718	12002777	91	1776572
天 津	Tianjin	5009769	593627	5671193		502701
河 北	Hebei	10041730	157118	12326611		1836586
山 西	Shanxi	8936830	81612	10921981	3982	1220814
内蒙古	Inner Mongolia	3503953	68136	3981995		606032
辽 宁	Liaoning	10248908	235813	11821573	11713	1245386
吉 林	Jilin	3295633	44242	3953580		497996
黑龙江	Heilongjiang	3031218	75127	3992096		399263
上 海	Shanghai	14518893	219028	18051990	2243	1741237
江 苏	Jiangsu	42170363	990329	47694714	26093	4524487
浙 江	Zhejiang	31814170	1335388	37386680	22898	4104676
安 徽	Anhui	14570175	208191	16859987	15518	1689047
福 建	Fujian	27187154	569835	33747356	115638	1974135
江 西	Jiangxi	7211091	91447	9183163	12333	814471
山 东	Shandong	23624139	418285	27938264	20599	3188630
河 南	Henan	11861232	141171	15185067	3051	1502265
湖 北	Hubei	14933323	253659	18904288	3295	1440379
湖 南	Hunan	21447302	397037	25166787	10963	2104218
广 东	Guangdong	34025212	1464439	39861627	70241	4955887
广 西	Guangxi	5803301	83534	6885130	2957	770427
海 南	Hainan	135505	42301	180026		19490
重 庆	Chongqing	10913995	348564	12846340	89239	931791
四 川	Sichuan	20165450	269335	23089455	89	1565882
贵 州	Guizhou	6075052	97866	7009918		946740
云 南	Yunnan	6356030	138821	7585126	1887	994254
西 藏	Tibet	222634	23	244657	2	36836
陕 西	Shaanxi	9561756	135093	11632565	2181	773579
甘 肃	Gansu	1797866	36007	2428591	130	246685
青 海	Qinghai	657506	33429	889294	12	103705
宁 夏	Ningxia	1151205	5344	1322241		230710
新 疆	Xinjiang	3476041	34893	4226597	274	725836

3-2-6 续表 8 Continued 8

其他企业
Other Enterprises

单位：万元
Unit: 10 000 yuan

地 区	Region	商品购进额 Total Purchases Value	#进口 Imports	商品销售额 Total Sales Value	#出口 Exports	期末商品库存额 Inventory (year-end)
全 国	**National Total**	**905962**	**2153**	**1183371**	**122**	**44979**
北 京	Beijing	1285		1985		
天 津	Tianjin					
河 北	Hebei	2573		2949		34
山 西	Shanxi	6416		7680		268
内蒙古	Inner Mongolia	4279		5792		1943
辽 宁	Liaoning	14180		16236		634
吉 林	Jilin	1268		2308		727
黑龙江	Heilongjiang	1788		3578		419
上 海	Shanghai					
江 苏	Jiangsu	510828	2153	671231	122	20146
浙 江	Zhejiang	30408		42762		1010
安 徽	Anhui	37349		50677		2009
福 建	Fujian	26534		31391		1274
江 西	Jiangxi	7168		15382		1035
山 东	Shandong	56795		67898		1249
河 南	Henan	2647		3736		982
湖 北	Hubei	59527		76760		1451
湖 南	Hunan	23931		31987		563
广 东	Guangdong	5661		6490		204
广 西	Guangxi	1283		1535		142
海 南	Hainan					
重 庆	Chongqing					
四 川	Sichuan	30392		36504		714
贵 州	Guizhou					
云 南	Yunnan	28667		35851		2462
西 藏	Tibet					
陕 西	Shaanxi	39328		52572		2001
甘 肃	Gansu	11455		16671		3214
青 海	Qinghai	2200		1397		2500
宁 夏	Ningxia					
新 疆	Xinjiang					

3-2-6 续表 9 Continued 9

港、澳、台商投资企业 单位：万元

Enterprises with Funds from Hong Kong, Macao and Taiwan Unit: 10 000 yuan

地 区	Region	商品购进额 Total Purchases Value	#进 口 Imports	商品销售额 Total Sales Value	#出 口 Exports	期末商品库存额 Inventory (year-end)
全 国	**National Total**	**60229205**	**4058353**	**77238532**	**4216**	**7561774**
北 京	Beijing	3723492	173623	4390596		420823
天 津	Tianjin	1285980	9101	1589174		114574
河 北	Hebei	171378		221792		18135
山 西	Shanxi	251191		309580		21640
内蒙古	Inner Mongolia	141280	27666	197989		21893
辽 宁	Liaoning	1377536	95661	1887217	1500	125217
吉 林	Jilin	117029		399381		13423
黑龙江	Heilongjiang	421120	19214	535052		48205
上 海	Shanghai	11548643	1885134	16553715	1349	2426383
江 苏	Jiangsu	8323523	170135	9769893		530791
浙 江	Zhejiang	4744455	376661	6210363		633722
安 徽	Anhui	1526970	15369	2216072		219553
福 建	Fujian	1901863	52347	2583493		209939
江 西	Jiangxi	569785	520	631432		23809
山 东	Shandong	2482014	1318	3128889	540	397386
河 南	Henan	1471406		2455800		136243
湖 北	Hubei	1513312	128	2152651		97662
湖 南	Hunan	991252	163418	1128826		94878
广 东	Guangdong	9432935	766399	11334122	667	1058652
广 西	Guangxi	997659	43817	1228655		66351
海 南	Hainan	104271	16776	195636		7125
重 庆	Chongqing	1386631	20274	980479		112748
四 川	Sichuan	1586003	90096	1965811		174323
贵 州	Guizhou	270210		430860		25021
云 南	Yunnan	1061592	51873	1235017	159	120626
西 藏	Tibet					
陕 西	Shaanxi	2431288	78826	2974997		388901
甘 肃	Gansu	48342		142267		4946
青 海	Qinghai	65336		67168		6026
宁 夏	Ningxia	65345		97728		11457
新 疆	Xinjiang	217364		223878		31320

3-2-6 续表 10 Continued 10

外商投资企业 单位：万元

Foreign Funded Enterprises Unit: 10 000 yuan

地 区	Region	商品购进额 Total Purchases Value	#进口 Imports	商品销售额 Total Sales Value	#出口 Exports	期末商品库存额 Inventory (year-end)
全 国	**National Total**	**60746308**	**3381297**	**87319347**	**4873**	**5784925**
北 京	Beijing	8146110	427801	10303319		614952
天 津	Tianjin	1329397	31493	1477559	345	118240
河 北	Hebei	1143353		1260409		78086
山 西	Shanxi	70814		73226		9002
内蒙古	Inner Mongolia	22257	9950	24943		2006
辽 宁	Liaoning	988044	75718	1103992		99984
吉 林	Jilin	150664	935	198933		21840
黑龙江	Heilongjiang	159065		953599		22300
上 海	Shanghai	10477048	1761045	16628265	2468	1917774
江 苏	Jiangsu	6529526	53887	9575934	663	567786
浙 江	Zhejiang	4439134	508100	5685256	275	314536
安 徽	Anhui	251823		316132		35713
福 建	Fujian	2886076	12953	6814524		221222
江 西	Jiangxi	320360		394512		41463
山 东	Shandong	967923	54978	1266236		77001
河 南	Henan	285128		590132		34588
湖 北	Hubei	2386018	27267	2751107		92231
湖 南	Hunan	479494	4474	1784476	29	47461
广 东	Guangdong	10600385	331437	13231142	1093	909980
广 西	Guangxi	217131	8103	258844		33397
海 南	Hainan	111258		129260		7839
重 庆	Chongqing	1759582	20336	2028941		53399
四 川	Sichuan	3034175	47197	3574482		217585
贵 州	Guizhou	331911		377096		34646
云 南	Yunnan	839903	380	973335		94584
西 藏	Tibet	1414		4076		181
陕 西	Shaanxi	2587848		5250441		86519
甘 肃	Gansu	40104		85477		9086
青 海	Qinghai					
宁 夏	Ningxia	5116		7409		1
新 疆	Xinjiang	185247	5244	196288		21523

3-2-7 各地区限额以上零售业企业商品购、销、存情况（按国民经济行业分）

Total Purchases, Sales and Inventory of Enterprises above Designated Size of Retail Trade by Region and Sector

综合零售 单位：万元

Integrated Retail Unit: 10 000 yuan

地区	Region	商品购进额 Total Purchases Value	#进口 Imports	商品销售额 Total Sales Value	#出口 Exports	期末商品库存额 Inventory (year-end)
全国	**National Total**	**179391195**	**1911505**	**233440508**	**64391**	**18168366**
北京	Beijing	11308174	529297	13772220		799881
天津	Tianjin	1903166	2610	2317974		229908
河北	Hebei	6621503	5339	8534116		1053143
山西	Shanxi	2341376	7774	3380867		334553
内蒙古	Inner Mongolia	947749	246	1618809		106752
辽宁	Liaoning	3285401	8159	6471412	1500	412174
吉林	Jilin	3256188	355	6112548	100	427308
黑龙江	Heilongjiang	2691498	2494	4802496		191381
上海	Shanghai	10321054	691932	13725616	2042	1231732
江苏	Jiangsu	18512541	34954	22939856		1246908
浙江	Zhejiang	9787874	33954	12897937	40	862519
安徽	Anhui	7767890	35989	9788265		2278621
福建	Fujian	6640754	69813	7994856		390456
江西	Jiangxi	2640704	1153	3548404	38	357441
山东	Shandong	15329744	62811	18847160	689	1608775
河南	Henan	5322164	1514	7881182		571855
湖北	Hubei	15621784	18686	19387540		1233182
湖南	Hunan	6481083	8627	7860029	328	663536
广东	Guangdong	15758720	167842	18731140	393	1290599
广西	Guangxi	2327673	780	3180889		237465
海南	Hainan	1336402	122677	1910265		328849
重庆	Chongqing	5592109	14840	8154650	784	367067
四川	Sichuan	8326405	13637	10111776		675376
贵州	Guizhou	1717210	56338	2431458		158507
云南	Yunnan	2660692	5651	3217811	53052	319438
西藏	Tibet	58641	23	109022	2	45612
陕西	Shaanxi	6426017	606	8808730		457442
甘肃	Gansu	1898696	9963	1384448	5410	101380
青海	Qinghai	360785	3401	519184	12	28696
宁夏	Ningxia	889787		994925		55286
新疆	Xinjiang	1257412	40	2004924		102526

3-2-7 续表 1 Continued 1

食品、饮料及烟草制品专门零售
Special Retail of Food, Beverages and Tobaccos

单位：万元
Unit: 10 000 yuan

地 区	Region	商品购进额 Total Purchases Value	#进口 Imports	商品销售额 Total Sales Value	#出口 Exports	期末商品库存额 Inventory (year-end)
全 国	**National Total**	**30955036**	**477006**	**40384594**	**26996**	**3195815**
北 京	Beijing	744554	263	1067478	63	110020
天 津	Tianjin	242247	7702	321506		34696
河 北	Hebei	127728	1948	185685		21437
山 西	Shanxi	759998		858797	3970	58639
内蒙古	Inner Mongolia	112396	278	243783	1835	194537
辽 宁	Liaoning	463131	20250	544409	1436	65059
吉 林	Jilin	260897	1558	321106		46437
黑龙江	Heilongjiang	108547	137	132175		25993
上 海	Shanghai	1054135	30538	1523682	331	96224
江 苏	Jiangsu	3506679	42514	4197271	929	291737
浙 江	Zhejiang	1292795	21017	1819465		152780
安 徽	Anhui	1413059	1047	1721923	3300	141389
福 建	Fujian	4288999	46457	5302344	1054	247077
江 西	Jiangxi	753077	5070	1037630		67363
山 东	Shandong	1554404	33235	1990144	2780	142415
河 南	Henan	796872	1511	1034581	553	112657
湖 北	Hubei	4181660	42129	4910480	3464	212035
湖 南	Hunan	1587311	39298	1987854	111	120078
广 东	Guangdong	2083311	123438	3941268	730	425516
广 西	Guangxi	292122	1930	375018	1009	52091
海 南	Hainan	27504	300	31082		7851
重 庆	Chongqing	906718	5817	1218952	4068	54758
四 川	Sichuan	1395066	10959	1742609		154689
贵 州	Guizhou	480393	34189	665835		82504
云 南	Yunnan	1037723	2097	1303820	1362	113293
西 藏	Tibet	44073		57387		5423
陕 西	Shaanxi	1158390	3291	1503103		91576
甘 肃	Gansu	156767		209036		29524
青 海	Qinghai	22629		30737		4379
宁 夏	Ningxia	27489	34	40505		10345
新 疆	Xinjiang	74365		64932		23291

3-2-7 续表 2 Continued 2

纺织、服装及日用品专门零售
Special Retail of Textiles, Garments and Daily Consumer Articles

单位：万元
Unit: 10 000 yuan

地区	Region	商品购进额 Total Purchases Value	#进口 Imports	商品销售额 Total Sales Value	#出口 Exports	期末商品库存额 Inventory (year-end)
全国	**National Total**	**40256471**	**2849182**	**60971629**	**112695**	**9797332**
北京	Beijing	2414397	103069	3672934	92	573893
天津	Tianjin	683813		1043710		105335
河北	Hebei	343263	64	474281		63703
山西	Shanxi	728752	2827	1156067		139843
内蒙古	Inner Mongolia	230107		328253		38157
辽宁	Liaoning	613551	51114	872074	1594	185991
吉林	Jilin	202369	935	284310		61415
黑龙江	Heilongjiang	288969		523389		48509
上海	Shanghai	11612332	2315078	19575084	2182	3483722
江苏	Jiangsu	3773603	26419	4810525	7256	603099
浙江	Zhejiang	2660073	88656	3946504	11744	739138
安徽	Anhui	759230	11	1055739	10830	133559
福建	Fujian	2577642	12745	3737372	38325	186054
江西	Jiangxi	322204	490	439502	6	40568
山东	Shandong	1780263	27092	2457151	1992	479653
河南	Henan	601418	1225	889619	850	76064
湖北	Hubei	1223842	19246	1598688	530	214922
湖南	Hunan	823609	5252	1082864		142054
广东	Guangdong	4474745	167347	7209595	37134	1666447
广西	Guangxi	196969	3902	264156		36154
海南	Hainan	25691	2	40637		11708
重庆	Chongqing	1024808		1339551		168790
四川	Sichuan	1085201	10264	1584539		261935
贵州	Guizhou	141048		187137		45040
云南	Yunnan	288772	174	496461	159	79638
西藏	Tibet	49174		60369		3643
陕西	Shaanxi	874497	3721	1217427		146593
甘肃	Gansu	130345	9549	179433		21816
青海	Qinghai	57081		74172		14193
宁夏	Ningxia	25679		34331		9763
新疆	Xinjiang	243026		335757		15929

文化、体育用品及器材专门零售 单位：万元

Special Retail of Culture, Sports Appliances and Equipments Unit: 10 000 yuan

地 区	Region	商品购进额 Total Purchases Value	#进 口 Imports	商品销售额 Total Sales Value	#出 口 Exports	期末商品库存额 Inventory (year-end)
全 国	**National Total**	**26180781**	**1295720**	**33293665**	**37995**	**7293485**
北 京	Beijing	3546632	585118	4299501	14284	1091683
天 津	Tianjin	125950	1698	170373		69183
河 北	Hebei	406432		521867		66333
山 西	Shanxi	277380	1067	329670		84798
内蒙古	Inner Mongolia	137086		181393		50637
辽 宁	Liaoning	407889		579792	728	77081
吉 林	Jilin	179616		174404		70981
黑龙江	Heilongjiang	177449	1	261097	1	71507
上 海	Shanghai	2074535	562399	3097100	2366	763430
江 苏	Jiangsu	3945051	8771	4545797	5751	1356877
浙 江	Zhejiang	1303838	63317	1471549	125	439869
安 徽	Anhui	840975	4	1139791	591	166366
福 建	Fujian	1862300	880	2545595	6708	195308
江 西	Jiangxi	993983	27999	1075573	30	93879
山 东	Shandong	1177711	1406	1469686	4173	274549
河 南	Henan	978299	6524	1494056	1167	146929
湖 北	Hubei	672336	11497	925998		171689
湖 南	Hunan	907434	96	1315164	51	181088
广 东	Guangdong	1642596	16246	2181489	492	758017
广 西	Guangxi	383359		450512		85374
海 南	Hainan	25701		34576		3666
重 庆	Chongqing	772039	108	868826		119116
四 川	Sichuan	1211233	504	1323332		218442
贵 州	Guizhou	222045	1736	247444		27948
云 南	Yunnan	498116	3534	624192	531	112602
西 藏	Tibet	8189		8886		678
陕 西	Shaanxi	1084777	2248	1444882	1000	310859
甘 肃	Gansu	28235		197583		131511
青 海	Qinghai	8760		13024		2418
宁 夏	Ningxia	40511	569	43422		28950
新 疆	Xinjiang	240324		257090		121716

3-2-7 续表 4 Continued 4

医药及医疗器材专门零售 单位：万元

Special Retail of Medicines and Medical Appliances Unit: 10 000 yuan

地 区	Region	商品购进额 Total Purchases Value	#进 口 Imports	商品销售额 Total Sales Value	#出 口 Exports	期末商品库存额 Inventory (year-end)
全 国	**National Total**	**40181866**	**175822**	**48373676**	**843**	**6393675**
北 京	Beijing	2998404	46813	3186795		288525
天 津	Tianjin	238582	715	279633	345	32789
河 北	Hebei	888372	3991	1151025		174732
山 西	Shanxi	557235		741336		106058
内蒙古	Inner Mongolia	368326	220	467099		95921
辽 宁	Liaoning	1267579		1738031		274209
吉 林	Jilin	454504	1090	633301		119488
黑龙江	Heilongjiang	1298798	1448	1601494		194353
上 海	Shanghai	2233367	1242	2797982		194622
江 苏	Jiangsu	2937304	2490	3642960		463206
浙 江	Zhejiang	2264372	8342	2644934		375200
安 徽	Anhui	1020720	200	1365143		173438
福 建	Fujian	1000285	2	1250431		115302
江 西	Jiangxi	537620		709429		119854
山 东	Shandong	5874694	73134	6067245	50	895897
河 南	Henan	1289503	4810	1697074		193801
湖 北	Hubei	1153026	93	1663979		176163
湖 南	Hunan	1322082	1151	1574567		151117
广 东	Guangdong	3390621	14203	4314754		749988
广 西	Guangxi	2107596		2529559	448	232077
海 南	Hainan	45729		67265		14480
重 庆	Chongqing	968466	2343	1166238		114983
四 川	Sichuan	1212242	9869	1576715		177418
贵 州	Guizhou	672873	52	599659		247307
云 南	Yunnan	980849		1396008		193749
西 藏	Tibet	5343		14274		3490
陕 西	Shaanxi	1255494	1267	1478203		169695
甘 肃	Gansu	341475	2336	472322		67602
青 海	Qinghai	41769		75166		12760
宁 夏	Ningxia	97475	12	104753		21789
新 疆	Xinjiang	1357160		1366301		243665

3-2-7 续表 5 Continued 5

汽车、摩托车、零配件和燃料及其他动力销售 单位：万元

Retail of Motor Vehicles, Motorcycles, Parts, Fuel and Other Powers Unit: 10 000 yuan

地 区	Region	商品购进额 Total Purchases Value	#进 口 Imports	商品销售额 Total Sales Value	#出 口 Exports	期末商品库存额 Inventory (year-end)
全 国	**National Total**	**486655120**	**20569241**	**587394575**	**40908**	**49727063**
北 京	Beijing	25559452	1338123	26045142	677	2359239
天 津	Tianjin	11203867	737120	12015397		1099818
河 北	Hebei	14017623	458315	16139610		1757488
山 西	Shanxi	8586416	146614	11653899	12	992095
内蒙古	Inner Mongolia	7755529	141325	9116866		689593
辽 宁	Liaoning	13903135	769028	15231890	5549	1169005
吉 林	Jilin	6191475	91180	7378198		620950
黑龙江	Heilongjiang	5457339	184633	7074389		550609
上 海	Shanghai	19635411	699686	20734299	1710	2404919
江 苏	Jiangsu	46766712	2034103	54170974	6530	4258846
浙 江	Zhejiang	41091936	2942090	52555450		3864498
安 徽	Anhui	16861578	589525	19645196	45	3333397
福 建	Fujian	18417423	690518	25626937		1426681
江 西	Jiangxi	8141702	162851	10451258		959910
山 东	Shandong	29116846	716125	34604941		3086814
河 南	Henan	19377333	387603	25522516	485	2255879
湖 北	Hubei	16823518	525287	21304606	8625	1748212
湖 南	Hunan	19535919	746655	27609324	2	1943272
广 东	Guangdong	56195350	4071167	69814784	9975	5789132
广 西	Guangxi	8351394	188161	9180417	2022	918332
海 南	Hainan	3014009	129868	3503912		174902
重 庆	Chongqing	13753692	324961	15009926	4280	956221
四 川	Sichuan	29107554	1202196	32656835		2289331
贵 州	Guizhou	10646780	247793	14450940	997	1069688
云 南	Yunnan	9908472	380895	14218017		1145557
西 藏	Tibet	1435343	17951	1448459		120125
陕 西	Shaanxi	12559959	343720	14520621		1189162
甘 肃	Gansu	4531898	94608	5522554		395606
青 海	Qinghai	1574636	37455	2297380		204377
宁 夏	Ningxia	1372910	14716	1494894		215676
新 疆	Xinjiang	5759907	154968	6394945		737730

家用电器及电子产品专门零售 单位：万元
Special Retail of Household Electric Appliances and Electronic Products Unit: 10 000 yuan

地 区	Region	商品购进额 Total Purchases Value	#进口 Imports	商品销售额 Total Sales Value	#出口 Exports	期末商品库存额 Inventory (year-end)
全 国	**National Total**	**84641351**	**483384**	**97480986**	**278891**	**7569910**
北 京	Beijing	20844757	65843	21915897		1048004
天 津	Tianjin	1034744		936765		280397
河 北	Hebei	1219453	343	1596985		193220
山 西	Shanxi	671323	1001	1077389		92397
内蒙古	Inner Mongolia	671661	8866	799080		89336
辽 宁	Liaoning	1573762	543	1826141		141451
吉 林	Jilin	702415	4178	669155		271467
黑龙江	Heilongjiang	767381		915339		63371
上 海	Shanghai	3528836	20687	4992750	86	220978
江 苏	Jiangsu	7635568	7069	8925490	269	592187
浙 江	Zhejiang	3591010	10952	4048499	4879	407064
安 徽	Anhui	2800420	2046	3274278	91	229325
福 建	Fujian	3151298	1890	3725937	232	226132
江 西	Jiangxi	1381057	7388	1648148		116608
山 东	Shandong	4600337	7952	5021255	928	795343
河 南	Henan	2791071	854	3626243	634	387663
湖 北	Hubei	4792299	25681	5373429	720	260914
湖 南	Hunan	2615424	18512	3173638	7461	150753
广 东	Guangdong	7556928	90440	8781154	182337	858809
广 西	Guangxi	1294715	507	1515593		120703
海 南	Hainan	323793		349231		25969
重 庆	Chongqing	2602663	142650	3004311	80891	149871
四 川	Sichuan	3722165	20698	4122232	89	291716
贵 州	Guizhou	812414		1022537		56088
云 南	Yunnan	922790		1073618		109049
西 藏	Tibet	42495		46790		6635
陕 西	Shaanxi	1903961	4662	2650877		211264
甘 肃	Gansu	339178	40130	434586		28495
青 海	Qinghai	67783		139032		45027
宁 夏	Ningxia	305761		303386		35136
新 疆	Xinjiang	373891	493	491220	274	64540

3-2-7 续表 7 Continued 7

五金、家具及室内装饰材料专门零售 单位：万元

Special Retail of Hardware, Furniture and Interior Decoration Materials Unit: 10 000 yuan

地区	Region	商品购进额 Total Purchases Value	#进口 Imports	商品销售额 Total Sales Value	#出口 Exports	期末商品库存额 Inventory (year-end)
全国	**National Total**	**20478224**	**310808**	**27578940**	**27211**	**1884351**
北京	Beijing	635962	29994	1045916		140465
天津	Tianjin	364782	948	498704		29645
河北	Hebei	107840	963	142081		18144
山西	Shanxi	613358		782383		24717
内蒙古	Inner Mongolia	25844		50983		4255
辽宁	Liaoning	202916		247012	498	28807
吉林	Jilin	92764	1978	176991		22748
黑龙江	Heilongjiang	144664		195984		11029
上海	Shanghai	561965	7362	991668	280	90129
江苏	Jiangsu	2464373	7716	3336781	4614	118497
浙江	Zhejiang	994210	12379	1236604		85744
安徽	Anhui	824908	8836	1057102	1734	53376
福建	Fujian	3529435	22072	4083402		273266
江西	Jiangxi	314851	8476	450642	38	30322
山东	Shandong	1220872	2126	1606541	11341	143295
河南	Henan	544006	60	773763	2013	53070
湖北	Hubei	1330825	2975	1959461		78321
湖南	Hunan	1041180	2448	1290209	29	50746
广东	Guangdong	1388189	25612	2258744	3994	274049
广西	Guangxi	95084	1	128523		10187
海南	Hainan	6735		12039		3843
重庆	Chongqing	836824	2170	1029094		53252
四川	Sichuan	808972		934229	491	36703
贵州	Guizhou	75970		97516		8074
云南	Yunnan	146026	180	188319		23269
西藏	Tibet					
陕西	Shaanxi	1847237	2282	2350808	2181	64920
甘肃	Gansu	36509		158950		5083
青海	Qinghai	768		14618		
宁夏	Ningxia	3253		38592		1754
新疆	Xinjiang	217902	172231	441283		146641

3-2-7 续表 8 Continued 8

货摊、无店铺及其他零售业
Stalls, Non-shop and Other Retails

单位：万元
Unit: 10 000 yuan

地 区	Region	商品购进额 Total Purchases Value	#进 口 Imports	商品销售额 Total Sales Value	#出 口 Exports	期末商品库存额 Inventory (year-end)
全 国	**National Total**	**95658194**	**948846**	**120960519**	**216299**	**5120965**
北 京	Beijing	10407862	100344	11504648	66	519999
天 津	Tianjin	3740070	43935	4337983		31079
河 北	Hebei	988365		1149095		6028
山 西	Shanxi	442784		579047		22894
内蒙古	Inner Mongolia	85216		105592		10944
辽 宁	Liaoning	2807379	124	3052743	15449	163120
吉 林	Jilin	151854	1022	207975		27163
黑龙江	Heilongjiang	340959		384973		9798
上 海	Shanghai	12702043	31337	14114158	107	414935
江 苏	Jiangsu	9028065	15756	10801463	4564	213875
浙 江	Zhejiang	8706207	207639	11270899	13806	1154803
安 徽	Anhui	3296135	16300	4154860	22405	453870
福 建	Fujian	7318808	82475	9484293	84240	541856
江 西	Jiangxi	1278124	3413	1651350	12360	218859
山 东	Shandong	4280888	3784	5106883		351175
河 南	Henan	1233908	922	2256404	62	101333
湖 北	Hubei	2623755	7923	6967287	146	76001
湖 南	Hunan	1444227	9993	1837555	3339	79415
广 东	Guangdong	13919392	197630	16798159	33697	333010
广 西	Guangxi	199092	2116	270539	1500	8265
海 南	Hainan	422293		461699		1798
重 庆	Chongqing	1507785	219586	1707848	24560	72780
四 川	Sichuan	6118641	3150	6990942		165749
贵 州	Guizhou	517214		923802		60611
云 南	Yunnan	120132	56	161762		6649
西 藏	Tibet	661		857		3754
陕 西	Shaanxi	1731080	1341	4354363		50761
甘 肃	Gansu	95753		132553		9215
青 海	Qinghai	66972		86274		7956
宁 夏	Ningxia	5056		7998		554
新 疆	Xinjiang	77470		96516		2717

3-3-1 限额以上批发和零售业企业年末资产负债

项　目	Item	流动资产合计 Total Current Assets	#存货 Stock	固定资产原价 Original Value of Fixed Assets
总　计	**Total**	**2390798469**	**389741887**	**265287271**
一、批发业	**Wholesale Trade**	**1957965488**	**293817708**	**141214960**
#国有控股	State-controlled Enterprises	675954049	114036223	66870732
(一)按登记注册类型分	**by Type of Registration**			
1.内资企业	**Domestic Funded Enterprises**	**1646529918**	**237891800**	**124668278**
国有企业	State-owned Enterprises	71703003	17413684	14023055
集体企业	Collective-owned Enterprises	2607835	310022	525572
股份合作企业	Cooperative Enterprises	630973	91360	75775
联营企业	Joint Ownership Enterprises	189656	103362	19183
国有联营企业	State Joint Ownership Enterprises	21342	5343	3522
集体联营企业	Collective Joint Ownership Enterprises	35078	6299	15123
国有与集体联营企业	Joint State-collective Enterprises	127169	90955	410
其他联营企业	Other Joint Ownership Enterprises	6067	765	127
有限责任公司	Limited Liability Corporations	853331206	119874274	52533930
国有独资公司	State Sole Funded Corporations	149723740	21476709	13883912
其他有限责任公司	Other Limited Liability Corporations	703607466	98397564	38650019
股份有限公司	Share-holding Corporations Ltd.	164677923	24862847	20724806
私营企业	Private Enterprises	552838555	75116476	36453432
私营独资企业	Private-funded Enterprises	853098	177190	162111
私营合伙企业	Private Partnership Enterprises	99247	22143	15295
私营有限责任公司	Private Limited Liability Corporations	538454789	72375034	34626855
私营股份有限公司	Private Share-holding Corporations Ltd.	13431421	2542110	1649171
其他企业	Other Enterprises	550767	119775	312525
2.港、澳、台商投资企业	**Enterprises with Funds from Hongkong, Macao and Taiwan**	**127768937**	**22787524**	**6167081**
合资经营企业	Joint-venture Enterprises	22133303	3366908	949793
合作经营企业	Cooperative Enterprises	855328	24476	19118
独资经营企业	Enterprises with Sole Investment	101371128	18904781	4906011
投资股份有限公司	Share-holding Corporations Ltd. with Investment	2159027	389750	194282
其他港澳台商投资企业	Other Enterprises with Funds from Hongkong, Macao and Taiwan	1250151	101610	97876
3.外商投资企业	**Foreign Funded Enterprises**	**183666633**	**33138384**	**10379601**
中外合资经营企业	Joint-venture Enterprises	34293341	6116896	2109068
中外合作经营企业	Cooperative Enterprises	252881	17141	30567
外资企业	Enterprises with Sole Foreign Investment	141666496	25862969	6738825
外商投资股份有限公司	Share-holding Corporations Ltd. with Foreign Investment	1793846	295888	393850
其他外商投资企业	Other Foreign Funded Enterprises	5660070	845490	1107291

注：限额以上批发和零售业企业中，因包含了部分视同法人单位，财务指标数据存在资产≠负责+所有者权益的问题(下表同)。

Assets and Liabilities of Enterprises above Designated Size of Wholesale and Retail Trades at Year-end

单位：万元
Unit：10 000 yuan

累计折旧 Accumulated Depreciation	#本年折旧 Current Year Depreciation	资产总计 Total Assets	负债合计 Total Liabilities	所有者权益合计 Total Owners' Equities	实收资本 Paicl-up Capitals	#国家资本 State-owned Capitals	#港澳台资本 Capitals from Hongkong, Macao and Taiwan	#外商资本 Foreign Capitals
103619602	**18766497**	**3094821560**	**2232835241**	**863378462**	**683532476**	**108117311**	**29598115**	**31877588**
56026600	**9649923**	**2476538147**	**1802507070**	**674747499**	**498181848**	**94472326**	**21769200**	**25321180**
27128931	3940227	920806735	630591613	291066083	140439391	92031989	214356	1121384
48130613	**8489618**	**2084751941**	**1533740041**	**551731289**	**443222721**	**91942989**	**405750**	**886647**
7084113	816543	86065928	33912779	52267541	4936854	4046412	5	1495
220305	20491	3743103	2931782	811321	290734	618	1	1
36060	3881	701199	545133	156065	72114	3043		
3977	306	220911	170178	50732	21109	112		
2150	215	23184	4267	18917	2110	112		
1370	58	64341	47626	16714	5394			
367	23	127282	114773	12510	10605			
91	11	6104	3512	2591	3000			
18808418	3507098	1083582458	823836224	259778908	216749084	72586960	266007	323709
4615632	1064758	225655339	159418780	66236560	36089173	27681284		67333
14192786	2442340	857927119	664417444	193542348	180659911	44905676	266007	256375
8613707	1128851	255458723	157946202	98201054	36494714	15126498	129542	515107
13267604	2982033	654063498	514029289	139917998	184353785	178248	10196	46335
63855	13138	1011991	689479	322513	133298			
6730	1008	118723	78864	39859	23207			
12675610	2867728	634386112	502143282	132126620	180138966	176922	9882	46273
521409	100159	18546671	11117665	7429007	4058313	1326	314	62
96429	30416	916121	368453	547668	304327	1099		
2839552	**559467**	**161268486**	**113598621**	**47669865**	**24523118**	**611250**	**21289624**	**264288**
348715	61254	29169778	20401495	8768283	3788846	569669	1996239	112585
10391	3825	938263	756099	182164	79155		14730	
2357187	473546	125527638	89440496	36087142	19128715	32643	18120241	143333
83417	15967	4290066	2040782	2249284	1201076	8738	1100310	994
39841	4875	1342741	959750	382991	325325	200	58104	7376
5056435	**600837**	**230517720**	**155168408**	**75346345**	**30436009**	**1918087**	**73826**	**24170245**
989377	149749	44203144	35642353	8555791	5230194	1260785	52879	1369730
19371	1488	301765	216925	84840	55852	2302		44534
3392962	380114	176741830	113413100	63330598	23671694	82895	6135	22321793
135515	19604	2770292	1461009	1309448	538163	4540		327552
519211	49884	6500689	4435021	2065668	940106	567566	14811	106636

Note: Of enterprises above designated size of wholesale and retail trades,the financial data have the problem of total assets ≠ liabilities+total owners' equities,because some of them are regarded as legal entities.The same applies to the tables following.

项　目	Item	流动资产合计 Total Current Assets	#存货 Stock	固定资产原价 Original Value of Fixed Assets
(二)按国民经济行业分	**by Sector**			
农、林、牧、渔产品批发	Wholesale of Agricultural, Forestry, Livestock and Fishery Products	68189875	21262323	8458544
食品、饮料及烟草制品批发	Wholesale of Food, Beverages and Tobaccos	195283926	38485048	27156574
米、面制品及食用油批发	Wholesale of Rice, Flour and Edible Oil	36652797	12688191	3996276
肉、禽、蛋、奶及水产品批发	Wholesale of Meal, Fowls, Eggs, Milk and Aquatic Products	12073414	2359809	2275377
酒、饮料及茶叶批发	Wholesale of Wine, Beverages and Teas	46871090	7012947	2715607
烟草制品批发	Wholesale of Tobaccos	58277945	10629651	12240769
纺织、服装及家庭用品批发	Wholesale of Textiles, Wearing Apparel and Household Articles	194496419	35342411	10298521
服装批发	Wholesale of Garments	37816353	8160837	3041904
鞋帽批发	Wholesale of Shoes and Hats	9123049	1612705	718981
日用家电批发	Wholesale of Household Electrical Appliances	60224696	9952682	949882
文化、体育用品及器材批发	Wholesale of Culture, Sports Appliances and Equipments	52424393	12264660	3103697
文具用品批发	Wholesale of Stationeries	11054936	1458597	532768
体育用品及器材批发	Wholesale of Sports Appliances and Equipments	3297796	646512	222929
图书批发	Wholesale of Books	10023134	1622910	1072301
医药及医疗器材批发	Wholesale of Medicines and Medical Appliances	156930326	27317686	10113428
西药批发	Wholesale of Western Medicines	98214267	16214529	5185542
中药批发	Wholesale of Chinese Traditional Medicines	25295813	4491541	1432107
矿产品、建材及化工产品批发	Wholesale of Mineral Products, Building Materials and Chemical Products	882751453	101888843	65611769
煤炭及制品批发	Wholesale of Coal and Related Products	109009316	10085888	9359522
石油及制品批发	Wholesale of Petroleum and Related Products	159726186	27077840	33387712
金属及金属矿批发	Wholesale of Metal Materials	377239248	37284881	9950866
建材批发	Wholesale of Building Materials	80435272	6844353	3865588
化肥批发	Wholesale of Chemical Fertilizer	22606856	4006323	1824823
农药批发	Wholesale of Pesticides	2601739	449232	167069
机械设备、五金产品及电子产品批发	Wholesale of Machinery, Hardware and Electronic Products	337765742	49648218	13402878
汽车及零配件批发	Wholesale of Motor Vehicles and Their Parts	111082571	19403671	3047575
计算机、软件及辅助设备批发	Wholesale of Computer, Software and Assistant Appliances	28715501	4393128	622664
通讯设备批发	Wholesale of Communication Equipments	33421527	4035307	981357
贸易经纪与代理	Trade Broker and Agency	39059342	1813339	897915
其他批发业	Other Wholesale not Classified Elsewhere	31064011	5795181	2171634

3-3-1 Continued 1

单位：万元

Unit: 10 000 yuan

累计折旧 Accumulated Depreciation	#本年折旧 Current Year Depreciation	资产总计 Total Assets	负债合计 Total Liabilities	所有者权益合计 Total Owners' Equities	实收资本 Paicl-up Capitals	#国家资本 State-owned Capitals	#港澳台资本 Capitals from Hongkong, Macao and Taiwan	#外商资本 Foreign Capitals
2813132	487212	95102311	67770748	27329935	20044234	5561052	518782	502479
11588484	1644346	245060887	139000109	106072973	30039583	6865765	1650752	2221615
1132319	184699	45543352	36998406	8531554	4449182	1420521	211285	91790
809075	162462	15845179	11243123	4601277	3713392	361729	52378	89578
1011323	214803	54662041	36093935	18568222	5376398	448103	517758	807871
6681530	668462	70780991	14989671	55791320	2775584	1908721		
4490718	822896	234826365	175394365	59427523	33492175	1383561	3706526	3815754
1323395	229813	50846739	31592177	19252380	6000035	315150	1177533	471843
325113	53696	10662142	6665202	3997106	1098205	91566	230059	39533
349553	92255	65952067	57815763	8136304	7348494	52709	954397	1491068
1296410	228765	66768840	45876164	20892288	11444645	2220879	1293294	983393
213033	39890	12467764	9928191	2539184	1575476	130740	166910	208375
79748	23532	4114064	3155397	958667	469308	13857	192787	162617
422698	76087	15013595	9819705	5193890	2073323	1056667	436697	15834
4151350	733284	182812030	134312193	48489801	29654602	4251130	422385	1434953
1859190	409272	113517407	84185269	29332137	18038380	3358082	191781	560978
492171	114646	29045691	22670467	6365732	6679827	245830	62820	29033
25052498	4339849	1157281404	874499425	283539186	243870073	66145140	6656185	6419226
2962436	831589	156716769	113735854	42960338	27964534	10667435	309285	682884
13915482	1944539	225621202	159411746	67017684	83087465	30422937	1816797	601851
3605094	551182	469225791	374772764	94455789	82231773	15624452	1727070	1778908
1204171	294721	105353680	78605401	26720612	17561897	4027123	1634209	217920
670969	136130	29416287	22867390	6548897	3915106	417568	81397	1096701
52681	9389	3746876	2341661	1405215	1713269	93620	866	43307
5560992	1168653	408054788	300501633	107514793	117353724	6077701	4724442	9547568
1183286	262994	133935713	103352611	30583101	67659902	1978940	2151688	3942386
273273	61631	31209297	25249300	5947661	3774782	51673	288151	487540
528782	73769	41939401	32724816	9209573	5189633	1340836	661510	449604
308245	54374	45269330	36590567	8678763	4692876	1280706	209854	260903
764771	170544	41362192	28561866	12802237	7589937	686392	2586981	135289

项　目	Item	流动资产合计 Total Current Assets	#存货 Stock	固定资产原价 Original Value of Fixed Assets
二、零售业	**Retail Trade**	**432832981**	**95924179**	**124072310**
#国有控股	State-controlled Enterprises	88083316	13607594	32119362
(一)按登记注册类型分	**by Type of Registration**			
1.内资企业	**Domestic Funded Enterprises**	**366926726**	**84011335**	**105320256**
国有企业	State-owned Enterprises	6831060	887917	2383857
集体企业	Collective-owned Enterprises	1183358	240200	728162
股份合作企业	Cooperative Enterprises	393360	73310	198314
联营企业	Joint Ownership Enterprises	94614	11073	44727
国有联营企业	State Joint Ownership Enterprises	11609	1556	5784
集体联营企业	Collective Joint Ownership Enterprises	19763	5291	15372
国有与集体联营企业	Joint State-collective Enterprises	34388	1861	10107
其他联营企业	Other Joint Ownership Enterprises	28855	2365	13464
有限责任公司	Limited Liability Corporations	159437408	34992507	42935462
国有独资公司	State Sole Funded Corporations	9007613	1633397	3373095
其他有限责任公司	Other Limited Liability Corporations	150429794	33359110	39562367
股份有限公司	Share-holding Corporations Ltd.	57456603	8115656	23653669
私营企业	Private Enterprises	141315502	39658081	35167411
私营独资企业	Private-funded Enterprises	1714211	508529	1219359
私营合伙企业	Private Partnership Enterprises	214764	48889	145173
私营有限责任公司	Private Limited Liability Corporations	134424232	37557800	32251317
私营股份有限公司	Private Share-holding Corporations Ltd.	4962295	1542862	1551562
其他企业	Other Enterprises	214820	32591	208654
2.港、澳、台商投资企业	**Enterprises with Funds from Hongkong, Macao and Taiwan**	**29092374**	**6943967**	**9251298**
合资经营企业	Joint-venture Enterprises	8347771	1670180	2293063
合作经营企业	Cooperative Enterprises	313639	36946	158708
独资经营企业	Enterprises with Sole Investment	19246569	4931941	6389477
投资股份有限公司	Share-holding Corporations Ltd. with Investment	761331	239486	235861
其他港澳台商投资企业	Other Enterprises with Funds from Hongkong, Macao and Taiwan	423064	65414	174189
3.外商投资企业	**Foreign Funded Enterprises**	**36813881**	**4968877**	**9500756**
中外合资经营企业	Joint-venture Enterprises	11750720	1556389	3243459
中外合作经营企业	Cooperative Enterprises	581926	62580	309081
外资企业	Enterprises with Sole Foreign Investment	22086822	2970820	5052410
外商投资股份有限公司	Share-holding Corporations Ltd. with Foreign Investment	1814424	198749	479283
其他外商投资企业	Other Foreign Funded Enterprises	579989	180340	416523

单位：万元
Unit: 10 000 yuan

累计折旧 Accumulated Depreciation	#本年折旧 Current Year Depreciation	资产总计 Total Assets	负债合计 Total Liabilities	所有者权益合计 Total Owners' Equities	实收资本 Paicl-up Capitals	#国家资本 State-owned Capitals	#港澳台资本 Capitals from Hongkong, Macao and Taiwan	#外商资本 Foreign Capitals
47593002	**9116574**	**618283413**	**430328171**	**188630963**	**185350628**	**13644985**	**7828915**	**6556409**
12319698	1687509	139378108	87239559	52487016	20974488	12861674	65091	295588
38855292	**7621515**	**525991943**	**368202392**	**158465272**	**165937078**	**12580596**	**328996**	**239797**
821231	120281	9724973	6327431	1967408	821978	594101		
289254	70281	1883878	1096158	787720	329443	5106		
48466	8330	617686	402343	215341	91769	1352		
18873	3586	127824	51972	75853	19457	1845		25
3645	256	14147	4279	9868	1665	293		25
5007	1767	30944	12029	18914	10169	464		
6180	1031	40663	13039	27624	4167	979		
4041	532	42071	22624	19447	3456	110		
16098271	3145964	223834972	160732402	63123488	67522274	8657284	282749	185419
1267483	195528	15628649	9664520	5964130	3323890	2463213		
14830788	2950436	208206323	151067882	57159359	64198384	6194071	282749	185419
9308045	1287228	99465187	59945697	41546389	11579986	3227077	35153	39906
12223369	2971400	189901044	139501080	50458005	85412156	91139	11094	14448
364640	114563	2946007	1307795	1638261	1043173	3174	160	118
37527	9634	388561	156898	231662	160928	647	26	
11291314	2726857	179085167	133660811	45482349	81885713	86618	10908	14331
529888	120346	7481309	4375575	3105732	2322342	700		
47784	14444	436378	145310	291068	160016	2691		
4216223	**795066**	**41862726**	**28173090**	**13689636**	**9390801**	**82575**	**7228956**	**70366**
914992	182200	12240601	6835658	5404943	2257702	81839	876516	27938
103591	8411	431016	141251	289765	148876	400	94297	2797
3025560	568795	27532855	20077469	7455387	6576419	336	5887690	35576
88905	23632	1073459	711268	362191	280218		261260	
83175	12028	584795	407445	177350	127586		109194	4055
4521487	**699993**	**50428744**	**33952689**	**16476054**	**10022749**	**981814**	**270963**	**6246245**
1615566	208174	16491212	11029665	5461547	3097322	955365	22336	1048917
214261	11635	783462	568617	214844	181408			136287
2364213	416982	28445282	20793912	7651370	5287615	2355	69477	4616169
176228	31729	3235744	672083	2563662	1250900	717	171150	383976
151220	31473	1473044	888412	584632	205504	23378	8000	60896

项 目	Item	流动资产合计 Total Current Assets	#存货 Stock	固定资产原价 Original Value of Fixed Assets
(二)按国民经济行业分	**by Sector**			
综合零售	Integrated Retail	91108917	14674280	48294277
百货零售	Retail of General Merchandise	56344831	6746701	31734509
超级市场零售	Retail of Supermarkets	31342378	7336647	15640918
食品、饮料及烟草制品专门零售	Special Retail of Food, Beverages and Tobaccos	16846239	3453344	4957055
粮油零售	Retail of Cereal and Oil	1497294	558098	750018
肉、禽、蛋、奶及水产品零售	Retail of Meat, Poultry, Eggs, Milk and Aquatic Products	1550151	317209	778786
酒、饮料及茶叶零售	Retail of Wine, Beverages and Teas	6240984	1142471	1122450
烟草制品零售	Retail of Tobaccos	1205332	375975	244920
纺织、服装及日用品专门零售	Special Retail of Textiles, Garments and Daily Consumer Articles	27049935	9326879	5217711
服装零售	Retail of Garments	17712165	5954575	3529015
文化、体育用品及器材专门零售	Special Retail of Culture, Sports Appliances and Equipments	20901817	6412322	5108372
体育用品及器材零售	Retail of Sports Appliances and Equipments	1338237	502767	377841
图书、报刊零售	Retail of Books, Newspapers and Magazines	9649532	1793890	3069100
医药及医疗器材专门零售	Special Retail of Medicines and Medical Appliances	23678713	5657201	2532303
西药零售	Retail of Western Medicines	21274378	5073668	2190067
汽车、摩托车、零配件和燃料及其他动力销售	Retail of Motor Vehicles, Motorcycles, Parts, Fuel and Other Powers	173646075	43923941	45436385
汽车新车零售	Retail of New Motor Vehicles	122674026	38416317	26010547
机动车燃油零售	Retail of Fuel Oil of Motor Vehicles	45229777	4143809	17411732
家用电器及电子产品专门零售	Special Retail of Household Electric Appliances and Electronic Products	41704113	5853168	4258684
日用家电设备零售	Retail of Household Electric Appliances	23853807	2271943	2031814
计算机、软件及辅助设备零售	Retail of Computer, Software and Assistant Appliances	6405375	1358830	545777
通信设备零售	Retail of Communication Equipments	4638281	905013	327670
五金、家具及室内装饰材料专门零售	Special Retail of Hardware, Furniture and Interior Decoration Materials	9408950	1968403	3447945
货摊、无店铺及其他零售	Stalls, Non-shop and Other Retails	28488223	4654640	4819578
互联网零售	Retail on the Internet	23294506	4077414	1529000
(三)按零售业态分	**by Mode of Business Operation**			
有店铺零售	Store-based Retailing	381791353	85916079	117997388
超市	Supermarket	12720013	3589614	6035970
大型超市	Hypermarket	39254922	8085442	19565363
百货店	Department Store	52809717	6973444	24918154
专业店	Speciality Store	129780357	26556856	32072492
专卖店	Exclusive Shop	136831744	40930433	29243357
无店铺零售	Non-Store Selling	64310762	13836887	9648833

3–3–1 Continued 3

单位：万元
Unit：10 000 yuan

累计折旧 Accumulated Depreciation	#本年折旧 Current Year Depreciation	资产总计 Total Assets	负债合计 Total Liabilities	所有者权益合计 Total Owners' Equities	实收资本 Paicl-up Capitals	#国家资本 State-owned Capitals	#港澳台资本 Capitals from Hongkong, Macao and Taiwan	#外商资本 Foreign Capitals
18798225	3025173	156974039	109972456	47005395	33182206	2400904	3253024	3394286
11290551	1744516	101771203	68089862	33679809	18028553	1533883	1411323	1261639
7144470	1201855	50369134	37911647	12458576	13549511	794152	1672291	1884787
1607221	363277	24926201	12267141	12655574	7355235	782598	211063	101136
207357	46853	2457112	1493167	963940	581483	130195	27045	10
243626	63018	2639427	1352899	1286430	701054	39303	10554	1996
381368	81851	8745097	3321672	5422148	2017198	57314	82151	2619
119714	13069	1657078	619139	1037939	1349938	226821		
2222962	410033	36007457	24333180	11748990	13327854	175703	1852130	731412
1511054	257005	24221035	16632830	7586319	10781739	108284	1367989	452954
1899784	257560	29063011	16955719	12105818	5342958	1524608	234750	369458
120357	29889	1734602	1109837	624247	512204	2172	75697	174856
1216772	127000	14431817	7466184	6965632	2315235	1372866	5366	14390
994326	253577	30797682	22058080	8739602	5093501	784952	62566	3025
875192	225352	27935375	20080544	7854831	4526549	763521	54221	2660
17854457	3805933	238099020	170297640	68407084	100327712	7320187	1503128	932993
9938199	2554798	157402315	121882636	35530250	79404096	803066	1417215	479277
7133412	1089797	72274764	43000564	29862654	12133526	6370559	38936	420210
1471936	311928	52686187	36814591	15872276	10313197	38929	116607	212408
663567	125406	31234314	21701993	9532821	3654666	8298	105398	148029
278613	53147	7279038	4670100	2609817	2601011	14213	5950	32152
155313	35505	5455440	4134202	1321349	1849575	3308	223	29303
1048347	290784	14306819	9275699	5028815	3835821	83141	93433	603929
1695744	398308	35422997	28353666	7067408	6572143	533964	502214	207761
576692	188192	26583560	22923320	3660262	4341392	214242	406840	143383
45396726	8521456	555889814	382147534	174417953	172743545	12914030	7202237	6290319
2203318	493238	20386732	13223315	7164336	7459521	372140	208336	83934
8492022	1419223	63344064	48661394	14682639	13637917	942007	1924193	2457404
9687653	1358346	90006047	57963228	32041286	15358287	1400926	1322719	1013921
12091735	2164825	181232534	120450774	62354155	50649298	5676644	979763	1038490
11368585	2577056	182582782	129810806	51418072	72439186	2337324	2614894	1039615
3739809	948643	81170361	60836010	20403749	17933655	1065110	939355	577214

3-3-2 各地区限额以上批发业企业年末资产负债

Assets and Liabilities of Enterprises above Designated Size of Wholesale Trade by Region at Year-end

单位：万元

Unit: 10 000 yuan

地 区	Region	资产总计 Total Assets	#流动资产合计 Total Current Assets	#固定资产合计 Total Fixed Assets	负债合计 Total Liabilities	所有者权益合计 Total Owners' Equities
全 国	**National Total**	**2476538147**	**1957965488**	**83814991**	**1802507070**	**674747499**
北 京	Beijing	411254089	303272661	7001774	291741663	119512426
天 津	Tianjin	144908749	124352993	2173834	119506898	25377122
河 北	Hebei	36110337	30293596	2017132	27316825	8793512
山 西	Shanxi	46151561	32291505	3181497	34801140	11350571
内蒙古	Inner Mongolia	17579444	13893150	1302096	13067921	4511523
辽 宁	Liaoning	49279068	42243208	2023327	40283207	8837288
吉 林	Jilin	12558294	10625988	1068305	9502074	3045830
黑龙江	Heilongjiang	18283336	15766164	1134877	15203750	3080093
上 海	Shanghai	294590737	237306321	6009411	206784641	87808009
江 苏	Jiangsu	202192937	168816857	7193350	151674034	50407907
浙 江	Zhejiang	213466142	163793432	5725118	156942307	56521917
安 徽	Anhui	41537841	34375261	1692167	29717161	11820490
福 建	Fujian	107824217	76693308	3296692	68010720	39732569
江 西	Jiangxi	18010357	14209190	1530401	12399853	5610504
山 东	Shandong	115168189	95985466	6759378	90466410	24908017
河 南	Henan	41039880	33547523	2371142	29541976	12070491
湖 北	Hubei	50574041	39603756	4607570	36619039	13955002
湖 南	Hunan	23386592	17814015	1914110	15584927	7801664
广 东	Guangdong	350180012	285279891	9962856	263852847	86444106
广 西	Guangxi	30614242	23633119	1475756	22265571	8421537
海 南	Hainan	6356531	4956943	350196	3698155	2658376
重 庆	Chongqing	35468551	29650982	1532467	24790047	10678504
四 川	Sichuan	41318830	34441999	2039839	30484705	10834125
贵 州	Guizhou	29956288	25783415	902017	19126053	10830235
云 南	Yunnan	34990656	27083528	1536467	21295815	13694840
西 藏	Tibet	1000227	740523	86167	482486	517741
陕 西	Shaanxi	27519302	21287945	1189356	18061807	9494155
甘 肃	Gansu	12019054	8245970	1105595	6678385	5340680
青 海	Qinghai	14254276	4588028	199575	5618379	8635897
宁 夏	Ningxia	10238252	8460172	345973	8050134	2285391
新 疆	Xinjiang	38706116	28928580	2086546	28938139	9766978

国有控股 单位：万元

State-controlled Enterprises Unit: 10 000 yuan

地区	Region	资产总计 Total Assets	#流动资产合计 Total Current Assets	#固定资产合计 Total Fixed Assets	负债合计 Total Liabilities	所有者权益合计 Total Owners' Equities
全国	**National Total**	**920806735**	**675954049**	**39134585**	**630591613**	**291066083**
北京	Beijing	226390842	154945653	4300250	155483687	70907155
天津	Tianjin	76520406	63959442	1083993	63831070	12689336
河北	Hebei	14741056	12946801	696495	10785178	3955878
山西	Shanxi	29279897	20825150	2456615	22976529	6303368
内蒙古	Inner Mongolia	7844759	6222909	628370	5655141	2189618
辽宁	Liaoning	15791748	13110703	1211025	11876204	3757469
吉林	Jilin	6849793	5648260	771199	5095262	1744141
黑龙江	Heilongjiang	13233609	11351122	885362	11012578	2221031
上海	Shanghai	72326266	52341820	1869265	51801107	20525159
江苏	Jiangsu	55277968	41599687	2361068	37411357	17785180
浙江	Zhejiang	42409827	29676149	1688994	26359233	16050594
安徽	Anhui	17661231	13905352	670755	10673947	6987284
福建	Fujian	38342250	26647156	1341542	22241972	16100278
江西	Jiangxi	9175611	6524570	1028050	5864701	3310910
山东	Shandong	27563643	23253965	2218237	19533029	8237679
河南	Henan	15753545	12382266	800068	11198618	5127515
湖北	Hubei	19012421	13133132	2474625	13159579	5852843
湖南	Hunan	9932550	7059740	956446	6079663	3852887
广东	Guangdong	72965893	53617042	4196724	47649845	25431441
广西	Guangxi	17049890	11767162	1057699	11147463	5975306
海南	Hainan	2407430	1855131	272366	1190830	1216599
重庆	Chongqing	14062985	10619808	762215	8845373	5217612
四川	Sichuan	15481922	12216169	1115566	10545699	4936223
贵州	Guizhou	18135579	15245358	506622	11659936	6475642
云南	Yunnan	24147475	18837874	860378	13104479	11042996
西藏	Tibet	517969	394698	64911	123095	394874
陕西	Shaanxi	14496837	10955205	528807	9108270	5425226
甘肃	Gansu	6469448	3895869	674306	2624205	3845243
青海	Qinghai	12015951	3033814	76914	3929217	8086734
宁夏	Ningxia	1654796	923449	268755	1146003	606066
新疆	Xinjiang	23293138	17058593	1306963	18478342	4813797

3-3-3 各地区限额以上批发业企业年末资产负债(按登记注册类型分)

Assets and Liabilities of Enterprises above Designated Size of Wholesale Trade by Region and Type of Registration at Year-end

内资企业
Domestic Funded Enterprises

单位：万元
Unit: 10 000 yuan

地区	Region	资产总计 Total Assets	#流动资产合计 Total Current Assets	#固定资产合计 Total Fixed Assets	负债合计 Total Liabilities	所有者权益合计 Total Owners' Equities
全国	**National Total**	**2084751941**	**1646529918**	**75343189**	**1533740041**	**551731289**
北京	Beijing	308016794	224166192	5647041	220807474	87209320
天津	Tianjin	124792917	106522920	1533289	104823703	19944485
河北	Hebei	33615990	28072956	1914526	25357164	8258826
山西	Shanxi	45768993	31973550	3164841	34629554	11139589
内蒙古	Inner Mongolia	17497609	13848407	1302096	12918218	4579391
辽宁	Liaoning	44849550	39323656	1996553	37291051	7399926
吉林	Jilin	12167546	10263432	1065429	9269419	2887737
黑龙江	Heilongjiang	18014049	15497870	1134103	14940341	3074215
上海	Shanghai	154366018	119437767	3502029	111757703	42608315
江苏	Jiangsu	176893964	148894433	6248943	135995289	40792679
浙江	Zhejiang	201352644	154083688	5450808	147930266	53420459
安徽	Anhui	37620281	30735621	1591809	25881722	11738370
福建	Fujian	99766889	70895451	2787920	63024098	36661863
江西	Jiangxi	17776986	14009668	1510035	12250848	5526138
山东	Shandong	111357230	92862100	6611139	87648353	23915116
河南	Henan	40851395	33379757	2370319	29465747	11958235
湖北	Hubei	44636953	34621733	4393102	31563341	13073612
湖南	Hunan	22855559	17336390	1904163	15164933	7690626
广东	Guangdong	297697046	247644130	8857215	228474802	69339062
广西	Guangxi	30445849	23472008	1473546	22120492	8398223
海南	Hainan	6234035	4834817	350022	3595164	2638871
重庆	Chongqing	33565512	28605941	1362469	23815148	9750364
四川	Sichuan	40496200	33726544	2005262	29850904	10645296
贵州	Guizhou	29255991	25349991	882923	18674737	10581254
云南	Yunnan	34465470	26692156	1529275	21017713	13447756
西藏	Tibet	922075	712850	82181	420108	501967
陕西	Shaanxi	25284251	19954488	995026	16313751	9007160
甘肃	Gansu	12011453	8238635	1105344	6672657	5338808
青海	Qinghai	14088739	4464168	161380	5468468	8620272
宁夏	Ningxia	10238252	8460172	345973	8050134	2285391
新疆	Xinjiang	37845702	28448428	2064428	28546739	9297963

3-3-3 续表 1 Continued 1

国有企业 State-owned Enterprises

单位：万元 Unit: 10 000 yuan

地区	Region	资产总计 Total Assets	#流动资产合计 Total Current Assets	#固定资产合计 Total Fixed Assets	负债合计 Total Liabilities	所有者权益合计 Total Owners' Equities
全国	**National Total**	**86065928**	**71703003**	**6859911**	**33912779**	**52267541**
北京	Beijing	7779516	6513395	264638	4008838	3770678
天津	Tianjin	3239977	3061384	65410	2414297	825680
河北	Hebei	1757987	1579621	128152	508494	1249493
山西	Shanxi	1408041	1168024	191129	499009	909032
内蒙古	Inner Mongolia	2731868	2482719	149441	1814503	917365
辽宁	Liaoning	2794123	2100326	285112	705554	2088569
吉林	Jilin	1541146	1334958	164564	959518	581628
黑龙江	Heilongjiang	1873037	1652215	112293	881452	991584
上海	Shanghai	1012500	660820	104917	524772	487729
江苏	Jiangsu	8632003	7647406	496457	2825124	5806879
浙江	Zhejiang	4358800	3898980	264336	906233	3452568
安徽	Anhui	3443947	2561568	251455	940078	2503869
福建	Fujian	3067424	2544458	254315	713515	2353908
江西	Jiangxi	1963384	1569522	262601	550621	1412762
山东	Shandong	689927	478868	124590	500526	189401
河南	Henan	4822050	4265954	398197	2807694	2014356
湖北	Hubei	2667628	2097667	367785	1159241	1508387
湖南	Hunan	3035193	2043640	503681	501264	2533929
广东	Guangdong	2666312	2197479	164202	2079633	702072
广西	Guangxi	1486116	1044570	252228	486770	999346
海南	Hainan	774524	687841	35697	135850	638674
重庆	Chongqing	2487883	1997998	221744	912994	1574889
四川	Sichuan	3685266	3094862	382014	942939	2742326
贵州	Guizhou	3358994	2751339	312973	1228248	2130746
云南	Yunnan	7626257	6592574	456822	1662958	5963299
西藏	Tibet	425082	335888	56196	93489	331593
陕西	Shaanxi	2400244	1837426	194782	1023800	1376445
甘肃	Gansu	777601	593633	87193	153186	624415
青海	Qinghai	387922	340148	16018	60457	327465
宁夏	Ningxia	290757	249285	24024	62945	227812
新疆	Xinjiang	2880421	2318437	266945	1848777	1030643

3-3-3 续表 2 Continued 2

集体企业 单位：万元

Collective-owned Enterprises Unit: 10 000 yuan

地 区	Region	资产总计 Total Assets	#流动资产合计 Total Current Assets	#固定资产合计 Total Fixed Assets	负债合计 Total Liabilities	所有者权益合计 Total Owners' Equities
全 国	**National Total**	**3743103**	**2607835**	**269898**	**2931782**	**811321**
北 京	Beijing	862282	425172	52373	629431	232850
天 津	Tianjin	53949	49294	1775	48498	5452
河 北	Hebei	199130	106510	43951	120996	78134
山 西	Shanxi	277388	191587	39048	186193	91195
内蒙古	Inner Mongolia	8141	6709	45	3659	4481
辽 宁	Liaoning	133401	112780	872	142373	-8972
吉 林	Jilin	295	191	104	247	48
黑龙江	Heilongjiang	13337	10353	2984	6855	6482
上 海	Shanghai	29533	27929	767	22647	6886
江 苏	Jiangsu	632492	556495	33489	600075	32417
浙 江	Zhejiang	45137	40159	2919	33211	11926
安 徽	Anhui	7835	5516	1448	1816	6019
福 建	Fujian	92173	79464	6024	75904	16270
江 西	Jiangxi	8614	7199	1133	4756	3858
山 东	Shandong	357107	293836	-13173	313768	43340
河 南	Henan	90705	66249	7013	61333	29371
湖 北	Hubei	75997	58073	7328	73057	2940
湖 南	Hunan	16562	2832	5539	11243	5318
广 东	Guangdong	147014	113167	13632	84947	62067
广 西	Guangxi	98172	85507	5580	78669	19503
海 南	Hainan					
重 庆	Chongqing	21952	17001	1312	13191	8761
四 川	Sichuan	312937	181939	15002	209433	103503
贵 州	Guizhou	46291	30012	9532	36153	10139
云 南	Yunnan	23220	16284	4882	18172	5048
西 藏	Tibet					
陕 西	Shaanxi	95533	47970	16946	83499	12034
甘 肃	Gansu	6343	5140	336	6160	183
青 海	Qinghai	4677	2772	1750	2395	2282
宁 夏	Ningxia					
新 疆	Xinjiang	82889	67697	7287	63103	19786

股份合作企业
Cooperative Enterprises

单位：万元
Unit: 10 000 yuan

地区	Region	资产总计 Total Assets	#流动资产合计 Total Current Assets	#固定资产合计 Total Fixed Assets	负债合计 Total Liabilities	所有者权益合计 Total Owners' Equities
全国	**National Total**	**701199**	**630973**	**39131**	**545133**	**156065**
北京	Beijing	93567	80358	5273	61368	32199
天津	Tianjin	17475	16314	1161	11645	5831
河北	Hebei	2667	2639	29	2102	565
山西	Shanxi					
内蒙古	Inner Mongolia					
辽宁	Liaoning	6095	5964	96	4860	1235
吉林	Jilin					
黑龙江	Heilongjiang					
上海	Shanghai	9405	9034	372	2971	6434
江苏	Jiangsu	181838	170931	3661	170722	11117
浙江	Zhejiang	76598	71923	3996	55702	20897
安徽	Anhui	20650	17045	459	17901	2748
福建	Fujian	4883	1687	580	3107	1776
江西	Jiangxi	3673	3572	102	3468	206
山东	Shandong	14014	9467	3217	11085	2929
河南	Henan	988	646	61	1631	-643
湖北	Hubei	2124	1787	295	1609	515
湖南	Hunan					
广东	Guangdong	65278	58033	4577	45952	19326
广西	Guangxi	4742	4386	126	1496	3246
海南	Hainan					
重庆	Chongqing	106721	92466	12477	86534	20187
四川	Sichuan	12450	11677	320	12065	385
贵州	Guizhou	40184	39845	17	28119	12065
云南	Yunnan	7056	4186	1514	4378	2678
西藏	Tibet					
陕西	Shaanxi	10532	10299	167	9043	1489
甘肃	Gansu	19446	17905	631	8794	10653
青海	Qinghai	811	811		585	226
宁夏	Ningxia					
新疆	Xinjiang					

3-3-3 续表 4 Continued 4

联营企业
Joint Ownership Enterprises

单位：万元
Unit: 10 000 yuan

地　区	Region	资产总计 Total Assets	#流动资产合计 Total Current Assets	#固定资产合计 Total Fixed Assets	负债合计 Total Liabilities	所有者权益合计 Total Owners' Equities
全　国	**National Total**	**220911**	**189656**	**15206**	**170178**	**50732**
北　京	Beijing	3624	3613	12	3327	298
天　津	Tianjin					
河　北	Hebei					
山　西	Shanxi					
内蒙古	Inner Mongolia					
辽　宁	Liaoning					
吉　林	Jilin					
黑龙江	Heilongjiang					
上　海	Shanghai	124108	123709	207	111670	12437
江　苏	Jiangsu					
浙　江	Zhejiang					
安　徽	Anhui	965	574	392	146	819
福　建	Fujian					
江　西	Jiangxi					
山　东	Shandong	42369	14050	13150	38079	4290
河　南	Henan					
湖　北	Hubei	3130	3046	34	171	2960
湖　南	Hunan					
广　东	Guangdong	46714	44666	1411	16787	29928
广　西	Guangxi					
海　南	Hainan					
重　庆	Chongqing					
四　川	Sichuan					
贵　州	Guizhou					
云　南	Yunnan					
西　藏	Tibet					
陕　西	Shaanxi					
甘　肃	Gansu					
青　海	Qinghai					
宁　夏	Ningxia					
新　疆	Xinjiang					

3-3-3 续表 5 Continued 5

有限责任公司
Limited Liability Corporations

单位：万元
Unit: 10 000 yuan

地 区	Region	资产总计 Total Assets	#流动资产合计 Total Current Assets	#固定资产合计 Total Fixed Assets	负债合计 Total Liabilities	所有者权益合计 Total Owners' Equities
全 国	**National Total**	**1083582458**	**853331206**	**33277449**	**823836224**	**259778908**
北 京	Beijing	228205503	168170443	4410825	166008252	62197251
天 津	Tianjin	86103688	71245510	941193	72184909	13906803
河 北	Hebei	16229876	14272648	711882	13068919	3160957
山 西	Shanxi	27315522	19192974	2403186	21931621	5383901
内蒙古	Inner Mongolia	8767236	6610190	846677	6625213	2142024
辽 宁	Liaoning	19021187	16653601	773464	15857321	3164550
吉 林	Jilin	6957100	5919240	615746	6149432	807668
黑龙江	Heilongjiang	12785096	11154727	690683	11524148	1260949
上 海	Shanghai	82557026	63174423	1909280	59696385	22860641
江 苏	Jiangsu	71914726	59099118	1846819	57287454	14627272
浙 江	Zhejiang	69344108	52020803	1737004	52736489	16607619
安 徽	Anhui	19418307	16374430	664887	14916702	4501605
福 建	Fujian	35291543	25185399	797899	23133278	12154181
江 西	Jiangxi	9625960	7975945	666894	7712553	1913407
山 东	Shandong	51819185	44391242	3072438	41875052	9944133
河 南	Henan	22571927	18945343	909644	16822103	5749824
湖 北	Hubei	23829701	19083205	1745132	18616226	5213476
湖 南	Hunan	9630769	7669664	543036	7958898	1671871
广 东	Guangdong	127418813	107343232	2794273	100954359	26469010
广 西	Guangxi	18461432	14191715	712434	13543566	4961359
海 南	Hainan	3809818	3210956	278050	2575091	1234727
重 庆	Chongqing	16813785	14327572	544814	12627058	4186727
四 川	Sichuan	22953323	19338711	864126	18906747	4046576
贵 州	Guizhou	20175388	17632251	297580	13267042	6908347
云 南	Yunnan	18257594	13896248	377171	12928591	5329003
西 藏	Tibet	168530	130422	11412	90224	78306
陕 西	Shaanxi	15402800	12129929	459195	10025351	5377449
甘 肃	Gansu	5286200	3382825	487027	3138051	2148148
青 海	Qinghai	12621392	3486438	91113	4671356	7950036
宁 夏	Ningxia	2543634	2292372	92314	2287876	255758
新 疆	Xinjiang	18281287	14829628	981251	14715957	3565331

3-3-3 续表 6 Continued 6

股份有限公司 单位：万元
Share-holding Corporations Ltd. Unit: 10 000 yuan

地 区	Region	资产总计 Total Assets	#流动资产合计 Total Current Assets	#固定资产合计 Total Fixed Assets	负债合计 Total Liabilities	所有者权益合计 Total Owners' Equities
全 国	**National Total**	**255458723**	**164677923**	**11904250**	**157946202**	**98201054**
北 京	Beijing	32349352	14451403	256887	18321526	14027825
天 津	Tianjin	2762983	2392382	75230	2231729	531254
河 北	Hebei	4840349	3331160	232274	3510443	1329907
山 西	Shanxi	7245123	3787989	87308	4406020	2839103
内 蒙 古	Inner Mongolia	1067698	807995	38925	671247	396451
辽 宁	Liaoning	2917737	2248071	366827	3053359	-293697
吉 林	Jilin	1569507	1250995	106709	646263	912853
黑 龙 江	Heilongjiang	1445358	959684	239486	994249	451109
上 海	Shanghai	14786153	9029415	443773	7529964	7256189
江 苏	Jiangsu	31256449	25579563	872658	24690852	6479624
浙 江	Zhejiang	27432477	15649305	1005731	15511506	11920971
安 徽	Anhui	7199458	5452440	178539	4555982	2643476
福 建	Fujian	16574567	10754371	513535	9351938	7222630
江 西	Jiangxi	2410884	1483786	266330	1426596	984288
山 东	Shandong	12518956	10458971	700877	7454293	5271728
河 南	Henan	3575294	2007175	301927	2781152	1366730
湖 北	Hubei	9364951	6558023	1342285	6000244	3364708
湖 南	Hunan	1478994	862797	94531	867182	611812
广 东	Guangdong	43794919	28257540	2932025	23855401	19939518
广 西	Guangxi	3493067	2042712	253299	2302762	1219691
海 南	Hainan	1335655	638301	32483	668560	667094
重 庆	Chongqing	2036617	1383689	108085	1295180	741437
四 川	Sichuan	3692934	2574339	220854	2498965	1193968
贵 州	Guizhou	1542799	1340133	66793	1048168	494631
云 南	Yunnan	2106393	1411356	263026	1512037	594357
西 藏	Tibet					
陕 西	Shaanxi	3937453	3072485	134587	2786409	1187704
甘 肃	Gansu	2315196	1483775	247428	688648	1626549
青 海	Qinghai	416226	149684	9915	246584	169642
宁 夏	Ningxia	650407	130432	162668	562558	185122
新 疆	Xinjiang	9340769	5127952	349255	6476386	2864383

3-3-3 续表 7 Continued 7

私营企业 单位：万元

Private Enterprises Unit: 10 000 yuan

地 区	Region	资产总计 Total Assets	#流动资产合计 Total Current Assets	#固定资产合计 Total Fixed Assets	负债合计 Total Liabilities	所有者权益合计 Total Owners' Equities
全 国	**National Total**	**654063498**	**552838555**	**22771069**	**514029289**	**139917998**
北 京	Beijing	38716563	34519535	652989	31772227	6944336
天 津	Tianjin	32614845	29758037	448519	27932626	4669466
河 北	Hebei	10572439	8768449	796889	8137412	2435027
山 西	Shanxi	9519887	7631495	442617	7606032	1914005
内蒙古	Inner Mongolia	4922666	3940794	267010	3803596	1119069
辽 宁	Liaoning	19945549	18179980	566521	17503026	2441340
吉 林	Jilin	2099498	1758048	178307	1513959	585539
黑龙江	Heilongjiang	1897222	1720891	88656	1533638	364091
上 海	Shanghai	55847293	46412438	1042713	43869294	11977999
江 苏	Jiangsu	63978666	55629093	2950844	50277846	13680798
浙 江	Zhejiang	100053400	82365471	2432749	78657620	21393861
安 徽	Anhui	7515222	6317279	487855	5444749	2070283
福 建	Fujian	44731103	32327642	1212506	29745362	14908899
江 西	Jiangxi	3759148	2967900	310655	2550993	1208155
山 东	Shandong	45888654	37202886	2700444	37443837	8443990
河 南	Henan	9763820	8080723	749250	6988108	2775712
湖 北	Hubei	8505213	6739808	881544	5656950	2848263
湖 南	Hunan	8678121	6747891	754953	5821964	2856157
广 东	Guangdong	123538383	109617260	2941489	101430965	22104288
广 西	Guangxi	6891162	6099159	246203	5704120	1187030
海 南	Hainan	313264	296949	3787	214883	98381
重 庆	Chongqing	12079899	10780530	468267	8877803	3202095
四 川	Sichuan	9811650	8503029	516344	7274208	2537442
贵 州	Guizhou	4091440	3556199	196029	3066993	1024447
云 南	Yunnan	6434793	4767861	420934	4888298	1546494
西 藏	Tibet	328463	246540	14574	236395	92068
陕 西	Shaanxi	3375141	2823503	166905	2364231	1010910
甘 肃	Gansu	3604432	2754169	281729	2676309	928134
青 海	Qinghai	657712	484314	42585	487091	170620
宁 夏	Ningxia	6753454	5788084	66967	5136754	1616700
新 疆	Xinjiang	7174396	6052597	440235	5411999	1762397

其他企业 单位：万元

Other Enterprises Unit: 10 000 yuan

地 区	Region	资产总计 Total Assets	#流动资产合计 Total Current Assets	#固定资产合计 Total Fixed Assets	负债合计 Total Liabilities	所有者权益合计 Total Owners' Equities
全 国	**National Total**	**916121**	**550767**	**206277**	**368453**	**547668**
北 京	Beijing	6388	2273	4044	2505	3882
天 津	Tianjin					
河 北	Hebei	13541	11930	1348	8798	4743
山 西	Shanxi	3032	1480	1552	679	2353
内蒙古	Inner Mongolia					
辽 宁	Liaoning	31459	22934	3660	24558	6901
吉 林	Jilin					
黑龙江	Heilongjiang					
上 海	Shanghai					
江 苏	Jiangsu	297789	211825	45015	143216	154572
浙 江	Zhejiang	42123	37049	4072	29505	12618
安 徽	Anhui	13898	6769	6775	4349	9549
福 建	Fujian	5195	2431	3060	995	4200
江 西	Jiangxi	5325	1745	2320	1861	3463
山 东	Shandong	27017	12780	9596	11713	15304
河 南	Henan	26610	13668	4230	3726	22884
湖 北	Hubei	188208	80125	48698	55844	132364
湖 南	Hunan	15920	9566	2422	4382	11538
广 东	Guangdong	19614	12755	5605	6758	12855
广 西	Guangxi	11158	3960	3676	3110	8048
海 南	Hainan	774	770	3	779	-5
重 庆	Chongqing	18657	6685	5772	2389	16268
四 川	Sichuan	27642	21987	6601	6546	21096
贵 州	Guizhou	895	214	2	15	880
云 南	Yunnan	10157	3645	4926	3279	6878
西 藏	Tibet					
陕 西	Shaanxi	62548	32874	22446	21418	41129
甘 肃	Gansu	2236	1188	1001	1510	726
青 海	Qinghai					
宁 夏	Ningxia					
新 疆	Xinjiang	85939	52117	19453	30517	55422

港、澳、台商投资企业　　　　单位：万元
Enterprises with Funds from Hong Kong,Macao and Taiwan　　　　Unit: 10 000 yuan

地　区	Region	资产总计 Total Assets	#流动资产合计 Total Current Assets	#固定资产合计 Total Fixed Assets	负债合计 Total Liabilities	所有者权益合计 Total Owners' Equities
全　国	**National Total**	**161268486**	**127768937**	**3271673**	**113598621**	**47669865**
北　京	Beijing	39352454	31574738	580662	33648468	5703986
天　津	Tianjin	13808487	12646267	97202	10227558	3580930
河　北	Hebei	178765	170760	4741	180263	-1498
山　西	Shanxi	350323	290011	16322	160665	189657
内蒙古	Inner Mongolia	81835	44743		149703	-67868
辽　宁	Liaoning	3002465	1727645	13350	2180746	821720
吉　林	Jilin					
黑龙江	Heilongjiang					
上　海	Shanghai	42808148	34969702	768596	27450219	15357929
江　苏	Jiangsu	10115703	8130469	526268	6317334	3798369
浙　江	Zhejiang	4102061	3180187	151414	2608176	1493885
安　徽	Anhui	1883881	1713137	58982	1627842	256040
福　建	Fujian	4224261	2911755	241645	2353366	1870895
江　西	Jiangxi	76370	66451	9142	41058	35312
山　东	Shandong	3004990	2414984	99153	2353105	651885
河　南	Henan	160164	139669	646	52770	107394
湖　北	Hubei	3974495	3420592	69820	3212765	761730
湖　南	Hunan	179747	170576	5123	120415	59332
广　东	Guangdong	30333445	21592573	512932	18610007	11723437
广　西	Guangxi	108669	106542	2027	94464	14205
海　南	Hainan	103526	103246	148	88325	15201
重　庆	Chongqing	755194	596271	19784	460774	294420
四　川	Sichuan	616112	570879	11957	460919	155193
贵　州	Guizhou	674914	416414	11033	434451	240463
云　南	Yunnan	200199	114663	2896	114451	85749
西　藏	Tibet	78152	27673	3986	62378	15774
陕　西	Shaanxi	83997	77305	6294	68531	15466
甘　肃	Gansu	4708	4675	33	2861	1847
青　海	Qinghai	163775	122173	38121	148390	15385
宁　夏	Ningxia					
新　疆	Xinjiang	841645	464836	19396	368617	473028

外商投资企业 单位：万元
Foreign Funded Enterprises Unit: 10 000 yuan

地区	Region	资产总计 Total Assets	#流动资产合计 Total Current Assets	#固定资产合计 Total Fixed Assets	负债合计 Total Liabilities	所有者权益合计 Total Owners' Equities
全国	**National Total**	**230517720**	**183666633**	**5200127**	**155168408**	**75346345**
北京	Beijing	63884840	47531731	774069	37285721	26599119
天津	Tianjin	6307345	5183806	543342	4455638	1851707
河北	Hebei	2315582	2049880	97865	1779399	536184
山西	Shanxi	32245	27944	335	10920	21326
内蒙古	Inner Mongolia					
辽宁	Liaoning	1427053	1191907	13424	811410	615642
吉林	Jilin	390748	362557	2876	232655	158093
黑龙江	Heilongjiang	269287	268294	774	263409	5878
上海	Shanghai	97416571	82898852	1738786	67576718	29841764
江苏	Jiangsu	15183270	11791955	418139	9361411	5816859
浙江	Zhejiang	8011438	6529557	122897	6403865	1607573
安徽	Anhui	2033678	1926503	41376	2207598	-173919
福建	Fujian	3833067	2886102	267127	2633257	1199810
江西	Jiangxi	157001	133071	11224	107947	49054
山东	Shandong	805968	708382	49086	464952	341016
河南	Henan	28322	28097	176	23460	4862
湖北	Hubei	1962593	1561431	144647	1842934	119660
湖南	Hunan	351286	307049	4826	299580	51706
广东	Guangdong	22149521	16043188	592708	16768037	5381606
广西	Guangxi	59724	54569	183	50615	9109
海南	Hainan	18970	18880	26	14666	4304
重庆	Chongqing	1147845	448771	150214	514126	633719
四川	Sichuan	206519	144576	22620	172882	33637
贵州	Guizhou	25383	17010	8061	16865	8519
云南	Yunnan	324987	276710	4296	163651	161335
西藏	Tibet					
陕西	Shaanxi	2151053	1256152	188036	1679524	471529
甘肃	Gansu	2893	2660	218	2867	26
青海	Qinghai	1762	1687	75	1521	241
宁夏	Ningxia					
新疆	Xinjiang	18770	15316	2721	22783	-4013

3-3-4 各地区限额以上批发业企业年末资产负债(按国民经济行业分)

Assets and Liabilities of Enterprises above Designated Size of Wholesale Trade by Region and Sector at Year-end

农、林、牧、渔产品批发 单位：万元

Wholesale of Agricultural, Forestry, Livestock and Fishery Products Unit: 10 000 yuan

地 区	Region	资产总计 Total Assets	#流动资产合计 Total Current Assets	#固定资产合计 Total Fixed Assets	负债合计 Total Liabilities	所有者权益合计 Total Owners' Equities
全 国	**National Total**	**95102311**	**68189875**	**5506317**	**67770748**	**27329935**
北 京	Beijing	26528739	16095125	261720	18761615	7767124
天 津	Tianjin	1775394	1542119	35406	1275745	499649
河 北	Hebei	971995	689572	129263	627298	344697
山 西	Shanxi	467290	350251	52646	261995	205295
内蒙古	Inner Mongolia	3114293	2703304	253985	2604557	509736
辽 宁	Liaoning	2738859	2324355	163838	2293331	445528
吉 林	Jilin	3488184	3094294	272254	3042860	445323
黑龙江	Heilongjiang	4693193	4078750	218010	4042679	650514
上 海	Shanghai	5661616	3789350	191411	3614352	2047264
江 苏	Jiangsu	5426112	4400546	465562	4104179	1321933
浙 江	Zhejiang	2057961	1403632	176623	1551301	506660
安 徽	Anhui	1089825	683264	204702	552038	537787
福 建	Fujian	1865709	1536108	145007	1337692	527390
江 西	Jiangxi	401335	222514	93506	246870	154465
山 东	Shandong	3494650	2603805	472487	2339768	1154882
河 南	Henan	4545061	3496368	452136	3096752	1448309
湖 北	Hubei	2639434	2004489	296891	1785318	854116
湖 南	Hunan	950948	626325	133869	465889	485059
广 东	Guangdong	8558085	4867253	396003	4224340	4333745
广 西	Guangxi	1067134	826851	60837	885373	181761
海 南	Hainan	265073	264901	130	240036	25037
重 庆	Chongqing	479412	252430	67409	290457	188955
四 川	Sichuan	929380	665270	108496	646435	282945
贵 州	Guizhou	82906	61571	9516	52878	30029
云 南	Yunnan	490462	323689	73701	289785	200677
西 藏	Tibet					
陕 西	Shaanxi	335524	197526	77965	196487	139037
甘 肃	Gansu	249948	191039	28374	146947	103001
青 海	Xinjiang	68573	55018	7774	47928	20646
宁 夏	Ningxia	56281	37188	6732	31118	25163
新 疆	Xinjiang	10608936	8802968	650064	8714727	1893209

3-3-4 续表 1 Continued 1

食品、饮料及烟草制品批发 单位：万元

Wholesale of Food, Beverages and Tobaccos Unit: 10 000 yuan

地 区	Region	资产总计 Total Assets	#流动资产合计 Total Current Assets	#固定资产合计 Total Fixed Assets	负债合计 Total Liabilities	所有者权益合计 Total Owners' Equities
全 国	**National Total**	**245060887**	**195283926**	**15306789**	**139000109**	**106072973**
北 京	Beijing	23780348	18593375	803596	17607651	6172697
天 津	Tianjin	5114386	4586129	165264	3504383	1599813
河 北	Hebei	2882009	2401780	257092	1195790	1686219
山 西	Shanxi	2325269	1880642	269577	1077080	1248189
内蒙古	Inner Mongolia	1290948	1099747	117370	426129	864819
辽 宁	Liaoning	4943985	4330557	300605	2399414	2544583
吉 林	Jilin	1088887	857496	155515	433831	655055
黑龙江	Heilongjiang	4626311	4056045	268112	3416418	1210401
上 海	Shanghai	28187992	21678391	721244	19088415	9099578
江 苏	Jiangsu	15283762	12927842	1012591	7615026	7660621
浙 江	Zhejiang	17297629	13907235	919083	9496517	7801112
安 徽	Anhui	6880673	5447672	431469	3225339	3655145
福 建	Fujian	10888278	7891823	656086	5143674	5731280
江 西	Jiangxi	2566219	2023725	313970	950030	1616190
山 东	Shandong	10479270	8222074	1122616	6667748	3811522
河 南	Henan	4798791	3693136	664453	2050056	2748735
湖 北	Hubei	7791451	5976526	915814	4634159	3157292
湖 南	Hunan	6996665	4643420	980269	3460528	3536137
广 东	Guangdong	31816445	25504320	1361432	20451174	11365272
广 西	Guangxi	5356914	3911287	255272	3411899	1988508
海 南	Hainan	935160	828807	38628	266770	668390
重 庆	Chongqing	5187626	3744759	525991	2314276	2873349
四 川	Sichuan	10391631	9029499	673753	5674333	4717298
贵 州	Guizhou	13028590	12215965	433551	6854841	6173749
云 南	Yunnan	11151757	8763596	771746	3466166	7685590
西 藏	Tibet	451639	344649	58497	90534	361105
陕 西	Shaanxi	3414667	2506504	458864	1398161	2016506
甘 肃	Gansu	1655032	1108035	274244	677250	977782
青 海	Xinjiang	529611	444143	43377	155060	374551
宁 夏	Ningxia	709968	520080	64763	273567	436401
新 疆	Xinjiang	3208976	2144663	271945	1573891	1635085

3-3-4 续表 2 Continued 2

纺织、服装及家庭用品批发　　单位：万元

Wholesale of Textiles, Wearing Apparel and Household Articles　　Unit: 10 000 yuan

地区	Region	资产总计 Total Assets	#流动资产合计 Total Current Assets	#固定资产合计 Total Fixed Assets	负债合计 Total Liabilities	所有者权益合计 Total Owners' Equities
全国	**National Total**	**234826365**	**194496419**	**5757970**	**175394365**	**59427523**
北京	Beijing	34841507	29718376	433545	28443659	6397847
天津	Tianjin	6589669	6036501	203000	4357446	2232223
河北	Hebei	1489894	1452148	18463	1265900	223994
山西	Shanxi	2674666	784523	8678	1074276	1600389
内蒙古	Inner Mongolia	251167	197362	1241	241828	9338
辽宁	Liaoning	953703	800722	46050	739733	213970
吉林	Jilin	128219	96517	1182	115804	12415
黑龙江	Heilongjiang	83535	78674	1544	75885	7649
上海	Shanghai	33847647	27448172	1208217	22320718	11526929
江苏	Jiangsu	44238431	38821083	917952	34859416	9378899
浙江	Zhejiang	30623380	25574785	925103	23775490	6847890
安徽	Anhui	4552194	4114439	105186	4420895	131299
福建	Fujian	17513917	9877721	590736	8003179	9506210
江西	Jiangxi	746416	716601	11944	632633	113783
山东	Shandong	10078320	9013251	309955	8680422	1397897
河南	Henan	2039781	1842086	63362	1676003	363778
湖北	Hubei	1629243	1513633	65853	1396259	232984
湖南	Hunan	1148547	987195	67183	905198	243349
广东	Guangdong	31650203	26216774	646720	24261707	7388662
广西	Guangxi	1721799	1643972	23934	1553123	168676
海南	Hainan	168010	166435	796	154758	13252
重庆	Chongqing	4397290	4294365	18139	3667638	729653
四川	Sichuan	1030455	869412	34791	674442	356012
贵州	Guizhou	149327	138383	1567	120013	29313
云南	Yunnan	958763	924639	5907	922727	36036
西藏	Tibet					
陕西	Shaanxi	666757	627166	14580	564217	102540
甘肃	Gansu	104215	90850	11415	76160	28055
青海	Xinjiang	24513	21509	494	7223	17290
宁夏	Ningxia	70609	59474	8471	47024	23586
新疆	Xinjiang	454190	369650	11962	360587	93603

3-3-4 续表 3 Continued 3

文化、体育用品及器材批发 单位：万元

Wholesale of Culture, Sports Appliances and Equipments Unit: 10 000 yuan

地 区	Region	资产总计 Total Assets	#流动资产合计 Total Current Assets	#固定资产合计 Total Fixed Assets	负债合计 Total Liabilities	所有者权益合计 Total Owners' Equities
全 国	**National Total**	**66768840**	**52424393**	**1788163**	**45876164**	**20892288**
北 京	Beijing	14362270	9805999	321573	10110824	4251446
天 津	Tianjin	1307739	936299	17488	636703	671037
河 北	Hebei	587614	404039	28050	369462	218153
山 西	Shanxi	528377	405146	23932	315145	213232
内蒙古	Inner Mongolia	41490	32694	1210	22144	19346
辽 宁	Liaoning	411552	387750	6253	321354	90198
吉 林	Jilin	172440	132469	14260	118933	53507
黑龙江	Heilongjiang	122181	64924	40844	77135	45046
上 海	Shanghai	6769767	5736768	108658	4355853	2413914
江 苏	Jiangsu	5552750	3654034	216703	2698688	2854063
浙 江	Zhejiang	4638645	4044063	120825	3469234	1169411
安 徽	Anhui	2888664	2315673	24138	1744398	1144267
福 建	Fujian	2161300	1411735	68939	1321564	839420
江 西	Jiangxi	139139	133898	1156	100467	38672
山 东	Shandong	4007039	3411287	211989	3285561	721477
河 南	Henan	936791	609162	55200	494492	442299
湖 北	Hubei	1872095	1654598	63404	1430466	441629
湖 南	Hunan	555733	470045	38199	323204	232529
广 东	Guangdong	13105174	11249357	298649	9503709	3601393
广 西	Guangxi	731153	474315	14719	492748	238405
海 南	Hainan	141798	91821	16872	67164	74635
重 庆	Chongqing	859381	810508	10351	547849	311533
四 川	Sichuan	2616409	2407284	19473	2451197	165212
贵 州	Guizhou	503690	454757	4668	416126	87564
云 南	Yunnan	734817	576063	11391	521831	212986
西 藏	Tibet	13420	11460	1943	6477	6942
陕 西	Shaanxi	343192	269501	10065	218191	125001
甘 肃	Gansu	289788	194029	15066	181093	108695
青 海	Xinjiang	51526	37200	4426	41151	10375
宁 夏	Ningxia	44129	33087	2400	26688	17441
新 疆	Xinjiang	278777	204427	15319	206316	72461

医药及医疗器材批发
Wholesale of Medicines and Medical Appliances

单位：万元
Unit: 10 000 yuan

地区	Region	资产总计 Total Assets	#流动资产合计 Total Current Assets	#固定资产合计 Total Fixed Assets	负债合计 Total Liabilities	所有者权益合计 Total Owners' Equities
全国	**National Total**	**182812030**	**156930326**	**5948162**	**134312193**	**48489801**
北京	Beijing	17969441	15162829	259018	12607325	5362116
天津	Tianjin	3632114	3343586	68929	2726249	905865
河北	Hebei	4570122	4209962	133689	3790475	779648
山西	Shanxi	2597004	2469863	97416	2080669	516335
内蒙古	Inner Mongolia	1151319	1082495	39160	934260	217059
辽宁	Liaoning	4482714	3997334	162406	3551782	930932
吉林	Jilin	2426399	2239216	66186	2009165	417234
黑龙江	Heilongjiang	1156255	1068723	31998	973926	182329
上海	Shanghai	19309498	15855851	921817	12835479	6474019
江苏	Jiangsu	12373668	10950306	463927	9709512	2659613
浙江	Zhejiang	10150063	7829276	322612	6757611	3392452
安徽	Anhui	5780195	4971274	306581	4330091	1450104
福建	Fujian	3639779	3024604	92443	2632388	1001898
江西	Jiangxi	3920430	3313466	170775	2970949	949481
山东	Shandong	11935930	10363387	500854	9293258	2642673
河南	Henan	9187241	8377303	168741	7818220	1369021
湖北	Hubei	14189488	12232110	597716	10259304	3930184
湖南	Hunan	4598079	4163660	195956	3575500	1022579
广东	Guangdong	22515280	18821961	402587	15534351	6980929
广西	Guangxi	2164051	1934310	96546	1704117	459933
海南	Hainan	2407001	1667246	33257	1361996	1045005
重庆	Chongqing	4147480	3312548	154734	2792345	1355136
四川	Sichuan	6140650	5533902	232411	4584993	1555657
贵州	Guizhou	2436885	2144523	94055	1850217	586667
云南	Yunnan	3261856	2954133	96875	2384164	877692
西藏	Tibet	378434	327568	7040	342822	35612
陕西	Shaanxi	2941134	2756165	69771	2514383	426750
甘肃	Gansu	1515264	1214841	64398	1071234	444030
青海	Xinjiang	258889	232421	6458	192008	66881
宁夏	Ningxia	353651	307715	22013	274753	78898
新疆	Xinjiang	1221718	1067749	67793	848649	373069

矿产品、建材及化工产品批发　　单位：万元

Wholesale of Mineral Products, Building Materials and Chemical Products　　Unit: 10 000 yuan

地　区	Region	资产总计 Total Assets	#流动资产合计 Total Current Assets	#固定资产合计 Total Fixed Assets	负债合计 Total Liabilities	所有者权益合计 Total Owners' Equities
全　国	**National Total**	**1157281404**	**882751453**	**39842897**	**874499425**	**283539186**
北　京	Beijing	160377714	108345545	3326821	113043742	47333972
天　津	Tianjin	104800549	89572496	1209613	89487375	15298634
河　北	Hebei	19822435	16757521	1264210	15561778	4260657
山　西	Shanxi	35152964	24825903	2644735	28519070	6633894
内蒙古	Inner Mongolia	10694169	7825278	868461	7965408	2728761
辽　宁	Liaoning	27499105	24359425	1165938	24163817	3176702
吉　林	Jilin	4318311	3353793	522427	3175487	1132434
黑龙江	Heilongjiang	6673068	5624673	541332	5868195	804873
上　海	Shanghai	113877815	89201390	1712974	84279672	29598143
江　苏	Jiangsu	83578869	69621647	3383392	66409130	17088517
浙　江	Zhejiang	121322256	88260425	2614299	90801875	30518462
安　徽	Anhui	12055686	9342102	430614	8343662	3712024
福　建	Fujian	61592525	44320170	1428399	42137656	19419337
江　西	Jiangxi	7673991	5515432	789050	5373630	2300361
山　东	Shandong	61637518	50626185	3439712	50600339	11243417
河　南	Henan	15882861	12546234	778245	11741848	4713601
湖　北	Hubei	15403188	10114224	2364177	10690317	4712871
湖　南	Hunan	6103924	4563279	399132	4262936	1840988
广　东	Guangdong	145374242	117626390	5130269	113271295	32220186
广　西	Guangxi	17102628	12867403	835699	12118882	5013132
海　南	Hainan	1969516	1470795	259913	1210901	758616
重　庆	Chongqing	12457128	10047220	593529	9086030	3371098
四　川	Sichuan	15754779	11839413	825719	12833629	2921150
贵　州	Guizhou	12734265	9939043	325627	9030122	3704143
云　南	Yunnan	15306093	10628579	538360	11112620	4193473
西　藏	Tibet	59801	34055	8718	27419	32383
陕　西	Shaanxi	17914952	13113758	524303	11595071	6356541
甘　肃	Gansu	7561807	4911508	636956	4005007	3556810
青　海	Xinjiang	13132466	3643397	126234	5047822	8084645
宁　夏	Ningxia	8510807	7146779	231264	6995916	1612164
新　疆	Xinjiang	20935971	14707391	922775	15738773	5197198

3-3-4 续表 6 Continued 6

机械设备、五金产品及电子产品批发

Wholesale of Machinery, Hardware and Electronic Products

单位：万元

Unit: 10 000 yuan

地区	Region	资产总计 Total Assets	#流动资产合计 Total Current Assets	#固定资产合计 Total Fixed Assets	负债合计 Total Liabilities	所有者权益合计 Total Owners' Equities
全　国	**National Total**	**408054788**	**337765742**	**7691021**	**300501633**	**107514793**
北　京	Beijing	105839111	83868426	1440635	70107960	35731151
天　津	Tianjin	18256653	15199979	402361	14721442	3535211
河　北	Hebei	5412284	4075523	164296	4191977	1220307
山　西	Shanxi	2338612	1533081	70541	1437271	901491
内蒙古	Inner Mongolia	982807	907765	13056	832311	150496
辽　宁	Liaoning	6917989	4919160	115878	5567365	1350625
吉　林	Jilin	903179	823665	33189	579435	323745
黑龙江	Heilongjiang	800381	678713	29245	625526	174855
上　海	Shanghai	80715369	68283945	936186	55604453	25110916
江　苏	Jiangsu	31184577	24619450	563003	22955546	8212032
浙　江	Zhejiang	24209864	19979678	564917	18421474	5788389
安　徽	Anhui	7039833	6433374	128387	6088460	951373
福　建	Fujian	7494452	6361093	249974	5249201	2224144
江　西	Jiangxi	2151083	1987550	64927	1861518	289565
山　东	Shandong	10440192	8986348	593513	8107806	2332386
河　南	Henan	3092437	2519845	137701	2282769	809668
湖　北	Hubei	6639060	5820090	226140	6157060	482000
湖　南	Hunan	2589124	2003604	52181	2295491	293633
广　东	Guangdong	71301961	60902043	1363060	57796316	13505252
广　西	Guangxi	1631754	1497869	49499	1302104	329637
海　南	Hainan	310625	308575	496	276761	33864
重　庆	Chongqing	7089337	6494531	122204	5434411	1654927
四　川	Sichuan	4111569	3823162	94255	3369348	742221
贵　州	Guizhou	854535	681543	27087	680103	174431
云　南	Yunnan	1128683	1012377	18287	936764	191919
西　藏	Tibet	91828	22328	6395	13789	78039
陕　西	Shaanxi	1744392	1674753	27369	1450661	293731
甘　肃	Gansu	602668	507338	66609	508443	94224
青　海	Xinjiang	187686	153328	10813	127175	60511
宁　夏	Ningxia	147947	134675	6705	131811	16136
新　疆	Xinjiang	1844797	1551931	112112	1386883	457914

贸易经纪与代理
Trade Broker and Agency

单位：万元
Unit: 10 000 yuan

地 区	Region	资产总计 Total Assets	#流动资产合计 Total Current Assets	#固定资产合计 Total Fixed Assets	负债合计 Total Liabilities	所有者权益合计 Total Owners' Equities
全 国	**National Total**	**45269330**	**39059342**	**585341**	**36590567**	**8678763**
北 京	Beijing	18641110	15720694	58541	15112698	3528411
天 津	Tianjin	1428329	1265965	21732	1327432	100898
河 北	Hebei	21036	19270	1285	19470	1567
山 西	Shanxi	742	728	14	371	370
内蒙古	Inner Mongolia					
辽 宁	Liaoning	173492	97196	50365	124384	49107
吉 林	Jilin	577	103	474	1103	-526
黑龙江	Heilongjiang	53678	50013	1380	50632	3046
上 海	Shanghai	2417894	2205147	115437	2008586	409308
江 苏	Jiangsu	1912606	1626286	35865	1529367	383240
浙 江	Zhejiang	489101	463940	8755	431837	57264
安 徽	Anhui	94390	89626	4201	74643	19747
福 建	Fujian	804459	615497	21356	601324	203135
江 西	Jiangxi	101082	92168	1851	73847	27234
山 东	Shandong	1654364	1620376	11898	475080	1179284
河 南	Henan	27061	24241	1094	10967	16094
湖 北	Hubei	39349	31800	162	20363	18986
湖 南	Hunan	6744	2949	538	1705	5040
广 东	Guangdong	16707783	14527763	224273	14151644	2556139
广 西	Guangxi	3073	3073		1578	1495
海 南	Hainan	73198	73197	1	52643	20556
重 庆	Chongqing	357970	310289	2565	306833	51137
四 川	Sichuan	36677	32345	3203	27887	8790
贵 州	Guizhou	10565	10554	10	10533	32
云 南	Yunnan	68283	57674	511	62373	5911
西 藏	Tibet	5105	462	3573	1446	3659
陕 西	Shaanxi	98993	96677	997	84808	14185
甘 肃	Gansu					
青 海	Xinjiang	1011	1011		13	998
宁 夏	Ningxia					
新 疆	Xinjiang	40661	20298	15260	27004	13657

其他批发业
Other Wholesale Industries

单位：万元
Unit: 10 000 yuan

地区	Region	资产总计 Total Assets	#流动资产合计 Total Current Assets	#固定资产合计 Total Fixed Assets	负债合计 Total Liabilities	所有者权益合计 Total Owners' Equities
全国	**National Total**	**41362192**	**31064011**	**1388318**	**28561866**	**12802237**
北京	Beijing	8913850	5962292	96322	5946189	2967662
天津	Tianjin	2003916	1869919	50041	1470125	533791
河北	Hebei	352948	283779	20782	294678	58271
山西	Shanxi	66640	41367	13957	35263	31376
内蒙古	Inner Mongolia	53252	44504	7613	41285	11968
辽宁	Liaoning	1157670	1026710	11993	1122027	35643
吉林	Jilin	32099	28436	2820	25456	6643
黑龙江	Heilongjiang	74734	65649	2410	73354	1380
上海	Shanghai	3803139	3107306	93466	2677113	1127938
江苏	Jiangsu	2642161	2195664	134357	1793171	848990
浙江	Zhejiang	2677243	2330398	72898	2236967	440276
安徽	Anhui	1156381	977838	56888	937636	218744
福建	Fujian	1863797	1654558	43750	1584042	279754
江西	Jiangxi	310663	203835	83221	189910	120753
山东	Shandong	1440906	1138753	96354	1016428	424478
河南	Henan	529856	439146	50211	370871	158985
湖北	Hubei	370733	256286	77413	245793	124940
湖南	Hunan	436826	353537	46783	294477	142350
广东	Guangdong	9150839	5564031	139866	4658311	4492529
广西	Guangxi	835737	474040	139249	795747	39990
海南	Hainan	86149	85165	103	67127	19022
重庆	Chongqing	492927	384332	37545	350209	142719
四川	Sichuan	307281	241711	47737	222441	84840
贵州	Guizhou	155527	137075	5938	111220	44307
云南	Yunnan	1889944	1842779	19690	1599386	290557
西藏	Tibet					
陕西	Shaanxi	59692	45895	5440	39828	19864
甘肃	Gansu	40332	28330	8533	12251	28082
青海	Xinjiang					
宁夏	Ningxia	344860	221175	3625	269257	75603
新疆	Xinjiang	112091	59502	19313	81309	30782

3-3-5 各地区限额以上零售业企业年末资产负债

Assets and Liabilities of Enterprises above Designated Size of Retail Trade by Region at Year-end

单位：万元

Unit: 10 000 yuan

地区	Region	资产总计 Total Assets	#流动资产合计 Total Current Assets	#固定资产合计 Total Fixed Assets	负债合计 Total Liabilities	所有者权益合计 Total Owners' Equities
全国	**National Total**	**618283413**	**432832981**	**75366526**	**430328171**	**188630963**
北京	Beijing	48568649	37682404	2779781	36898965	11669684
天津	Tianjin	11486083	7635537	1443556	8886404	2599679
河北	Hebei	16461416	10952803	2609237	12254937	4206479
山西	Shanxi	10979852	7178758	2107795	8832391	2219075
内蒙古	Inner Mongolia	6036174	3757242	1307754	4587627	1449099
辽宁	Liaoning	17913874	12108683	2356701	14115104	3739219
吉林	Jilin	9569844	5673719	2790776	7223775	2156964
黑龙江	Heilongjiang	8471955	5397898	1683710	6353430	2117018
上海	Shanghai	37776543	28522006	3788352	27047244	10808701
江苏	Jiangsu	64232900	40942353	7416470	41847750	22392056
浙江	Zhejiang	37923721	27180342	4349151	29902729	9889449
安徽	Anhui	19749676	13561579	2761846	12674992	7074685
福建	Fujian	20826758	14213695	2282740	11614478	9190804
江西	Jiangxi	11068700	7840911	1297598	7423571	3645129
山东	Shandong	41365946	28884302	5687112	31308375	9060188
河南	Henan	22079896	16182985	3016226	15688389	6391507
湖北	Hubei	29370321	18943849	5170012	19311304	10073706
湖南	Hunan	23074961	13043615	4281869	14140554	8934407
广东	Guangdong	72363888	59311079	4131932	48632902	23732360
广西	Guangxi	9082755	6883621	917220	6138567	2942342
海南	Hainan	3093580	2136043	430954	1956595	1136985
重庆	Chongqing	13150705	8108557	2125661	8917036	4199558
四川	Sichuan	23693895	15481895	3159756	15340234	8353661
贵州	Guizhou	13449030	10319038	1134256	9005081	4434776
云南	Yunnan	11759201	7702238	1511396	7356244	4402957
西藏	Tibet	654389	423765	134220	433145	229608
陕西	Shaanxi	17977710	12275344	2155632	11775947	6201764
甘肃	Gansu	5226522	3295932	778635	3252835	1912202
青海	Qinghai	1376745	919537	305783	987123	389623
宁夏	Ningxia	2149469	1377220	321372	1343077	806392
新疆	Xinjiang	7348255	4896027	1129023	5077368	2270886

3-3-5 续表 Continued

国有控股 单位：万元

State-controlled Enterprises Unit: 10 000 yuan

地区	Region	资产总计 Total Assets	#流动资产合计 Total Current Assets	#固定资产合计 Total Fixed Assets	负债合计 Total Liabilities	所有者权益合计 Total Owners' Equities
全国	**National Total**	**139378108**	**88083316**	**19422535**	**87239559**	**52487016**
北京	Beijing	15607817	9677740	981107	9244105	6363711
天津	Tianjin	2793353	1338579	511013	1544737	1248616
河北	Hebei	2991933	1970269	421072	1940615	1051318
山西	Shanxi	2741422	1283716	841978	2223133	589853
内蒙古	Inner Mongolia	1385153	520185	524441	1167151	218002
辽宁	Liaoning	2827574	1614464	481366	1324695	1442829
吉林	Jilin	2896277	1009894	1715616	2228098	613550
黑龙江	Heilongjiang	1638826	993952	493152	1211349	427477
上海	Shanghai	7720560	4874220	1517277	4921771	2798789
江苏	Jiangsu	11125665	7727234	988259	6969550	4156115
浙江	Zhejiang	4820785	2683905	693847	4593406	2095836
安徽	Anhui	5189143	3496964	583470	3044003	2145140
福建	Fujian	2847143	1847285	284184	1528766	1318377
江西	Jiangxi	2344041	1530184	206783	1314429	1029612
山东	Shandong	7468951	5305193	874663	5650670	433604
河南	Henan	3920905	2597428	527945	2726235	1194669
湖北	Hubei	6001792	2335722	1857241	3734200	2267592
湖南	Hunan	5151396	2910352	860061	3377624	1773773
广东	Guangdong	23599489	19137030	1023450	12998634	10600855
广西	Guangxi	1310524	766282	253525	735609	574915
海南	Hainan	1037666	674642	174208	422628	615038
重庆	Chongqing	4344870	2094819	924850	3148162	1162663
四川	Sichuan	5039129	2542664	761241	2644986	2394144
贵州	Guizhou	7025694	5476970	425849	4386974	2629548
云南	Yunnan	2659573	1037136	429001	1198630	1460942
西藏	Tibet	232107	100556	82376	191087	49385
陕西	Shaanxi	2084271	1195117	345027	1304593	779678
甘肃	Gansu	632832	225674	248887	353363	222125
青海	Qinghai	244142	111850	74273	169932	74210
宁夏	Ningxia	81353	41763	10875	49558	31795
新疆	Xinjiang	1613721	961529	305498	890864	722857

3-3-6 各地区限额以上零售业企业年末资产负债(按登记注册类型分)

Assets and Liabilities of Enterprises above Designated Size of Retail Trade by Region and Type of Registration at Year-end

内资企业
Domestic Funded Enterprises

单位：万元
Unit: 10 000 yuan

地区	Region	资产总计 Total Assets	#流动资产合计 Total Current Assets	#固定资产合计 Total Fixed Assets	负债合计 Total Liabilities	所有者权益合计 Total Owners' Equities
全国	**National Total**	**525991943**	**366926726**	**65704358**	**368202392**	**158465272**
北京	Beijing	34668029	25441068	2308470	26439504	8228524
天津	Tianjin	9517848	6746216	1187627	7367723	2150125
河北	Hebei	16045413	10697444	2540370	12020919	4024494
山西	Shanxi	10725222	7002528	2045387	8642595	2154241
内蒙古	Inner Mongolia	5956667	3725614	1282897	4520296	1436924
辽宁	Liaoning	16015464	11018342	1987979	12520902	3435011
吉林	Jilin	8961893	5258745	2700584	6624205	2148582
黑龙江	Heilongjiang	7778855	5069167	1451638	5864253	1913094
上海	Shanghai	21046139	15504440	2291878	15843677	5281863
江苏	Jiangsu	52849803	33868734	6097967	34326450	18530260
浙江	Zhejiang	32075507	23229775	3479721	26395826	7548138
安徽	Anhui	18784091	12930171	2544495	11899186	6884905
福建	Fujian	16787676	11726722	1963030	10176074	6590126
江西	Jiangxi	10556943	7624020	1230275	6950384	3606559
山东	Shandong	39461328	27697609	5270595	30028462	8435483
河南	Henan	20321234	15100715	2544696	14265170	6056064
湖北	Hubei	27060572	17261374	4870597	17522047	9553214
湖南	Hunan	21014463	11998156	4018824	13067660	7946803
广东	Guangdong	58507645	48581304	3193920	39135526	19373494
广西	Guangxi	8381011	6405676	761765	5749375	2629790
海南	Hainan	2856576	2031476	417227	1761863	1094713
重庆	Chongqing	11989090	7337306	1890764	8177758	3777221
四川	Sichuan	21211761	13853253	2795378	13697418	7514344
贵州	Guizhou	12989931	9986489	1073738	8725479	4255280
云南	Yunnan	10092136	6598702	1351295	6577429	3514707
西藏	Tibet	653875	423285	134199	432681	229558
陕西	Shaanxi	13899544	9550250	1782709	8977500	4922043
甘肃	Gansu	5158059	3246612	764624	3222817	1873758
青海	Qinghai	1360802	909242	300713	979303	381499
宁夏	Ningxia	2115814	1358913	309891	1324808	791006
新疆	Xinjiang	7148551	4743378	1111105	4965102	2183449

3-3-6 续表 1 Continued 1

国有企业
State-owned Enterprises

单位：万元
Unit: 10 000 yuan

地　区	Region	资产总计 Total Assets	#流动资产合计 Total Current Assets	#固定资产合计 Total Fixed Assets	负债合计 Total Liabilities	所有者权益合计 Total Owners' Equities
全　国	**National Total**	**9724973**	**6831060**	**1547374**	**6327431**	**1967408**
北　京	Beijing	865046	533072	116703	362785	502261
天　津	Tianjin	139053	96918	38899	69451	69602
河　北	Hebei	25583	17825	6975	30080	-4497
山　西	Shanxi	177877	80975	43064	139075	38802
内蒙古	Inner Mongolia	25267	18882	5918	21262	4005
辽　宁	Liaoning	67529	51552	12009	56618	10911
吉　林	Jilin	41481	25644	10968	30379	823
黑龙江	Heilongjiang	375523	59145	309298	345057	30466
上　海	Shanghai	180354	156164	16236	93277	87077
江　苏	Jiangsu	275609	176157	45032	207224	68385
浙　江	Zhejiang	55430	43460	8211	33579	21851
安　徽	Anhui	72166	21325	19657	51558	20609
福　建	Fujian	20249	10519	5855	9837	10413
江　西	Jiangxi	60732	35570	9593	37257	23476
山　东	Shandong	316139	187285	54083	319275	-1422991
河　南	Henan	726383	555061	72344	518687	207696
湖　北	Hubei	455430	226959	165474	155311	300120
湖　南	Hunan	449764	212247	145821	177657	272107
广　东	Guangdong	1284128	943277	113601	543404	740724
广　西	Guangxi	110605	76293	6323	89795	20811
海　南	Hainan	9177	6738	804	7802	1375
重　庆	Chongqing	3837	2944	530	4481	-644
四　川	Sichuan	95086	55320	18062	53399	41686
贵　州	Guizhou	2492792	2205261	115421	2031375	461417
云　南	Yunnan	566785	475047	50650	431499	135287
西　藏	Tibet	42275	25390	11798	32796	9479
陕　西	Shaanxi	438795	363817	50835	306546	132249
甘　肃	Gansu	29068	16750	7310	21701	7368
青　海	Qinghai	35303	2334	21719	26748	8555
宁　夏	Ningxia	6422	5525	727	2617	3806
新　疆	Xinjiang	281085	143607	63454	116901	164184

3-3-6 续表 2 Continued 2

集体企业
Collective-owned Enterprises

单位：万元
Unit: 10 000 yuan

地 区	Region	资产总计 Total Assets	#流动资产合计 Total Current Assets	#固定资产合计 Total Fixed Assets	负债合计 Total Liabilities	所有者权益合计 Total Owners' Equities
全 国	**National Total**	**1883878**	**1183358**	**423790**	**1096158**	**787720**
北 京	Beijing	158891	118672	17580	150707	8184
天 津	Tianjin	36775	31723	3063	14941	21833
河 北	Hebei	61471	46424	12870	33447	28024
山 西	Shanxi	72372	44213	21164	40987	31385
内蒙古	Inner Mongolia	21629	10569	11014	8943	12687
辽 宁	Liaoning	37551	29781	7081	24126	13426
吉 林	Jilin	3029	2743	258	1339	1690
黑龙江	Heilongjiang	20715	12074	4994	19690	1025
上 海	Shanghai	86936	73896	5860	26756	60181
江 苏	Jiangsu	277434	142820	66919	125875	151559
浙 江	Zhejiang	75860	54233	11721	44978	30883
安 徽	Anhui	11096	5454	3379	5193	5903
福 建	Fujian	42199	21694	16270	21149	21050
江 西	Jiangxi	9665	7765	1410	6442	3222
山 东	Shandong	209268	107067	47663	127813	81455
河 南	Henan	46636	34190	8697	24024	22612
湖 北	Hubei	233044	105587	94685	146650	86394
湖 南	Hunan	69288	33525	23637	40098	29190
广 东	Guangdong	230479	189467	21499	127072	103407
广 西	Guangxi	16346	11099	2207	10783	5562
海 南	Hainan	1196	1046	68	738	458
重 庆	Chongqing	12046	9659	1669	7805	4240
四 川	Sichuan	19976	14615	3432	8569	11407
贵 州	Guizhou	12904	9428	2755	8351	4552
云 南	Yunnan	20872	11820	7014	11866	9006
西 藏	Tibet					
陕 西	Shaanxi	77906	44350	19703	44680	33226
甘 肃	Gansu	16920	8634	6854	11902	5019
青 海	Qinghai					
宁 夏	Ningxia	222	192	18	103	118
新 疆	Xinjiang	1154	619	306	1134	19

3-3-6 续表 3 Continued 3

股份合作企业
Cooperative Enterprises

单位：万元
Unit: 10 000 yuan

地 区	Region	资产总计 Total Assets	#流动资产合计 Total Current Assets	#固定资产合计 Total Fixed Assets	负债合计 Total Liabilities	所有者权益合计 Total Owners' Equities
全 国	**National Total**	**617686**	**393360**	**149815**	**402343**	**215341**
北 京	Beijing	99656	92399	3253	86655	13000
天 津	Tianjin	30909	25926	1486	12992	17917
河 北	Hebei	143315	27812	92004	81560	61754
山 西	Shanxi	1436	1001	394	1049	387
内 蒙 古	Inner Mongolia	875	338	239	316	558
辽 宁	Liaoning	8247	6776	939	4839	3408
吉 林	Jilin	14226	6552	7343	9539	4687
黑 龙 江	Heilongjiang	16505	11833	3958	12906	3599
上 海	Shanghai	16866	15557	944	7502	9364
江 苏	Jiangsu	55975	54943	622	49244	6731
浙 江	Zhejiang	82261	54201	7921	48636	33625
安 徽	Anhui	7117	5581	1269	2807	4310
福 建	Fujian	509	251	177	88	421
江 西	Jiangxi	5391	4157	832	2471	2920
山 东	Shandong	28624	20715	5762	19246	9378
河 南	Henan	452	253	70	140	312
湖 北	Hubei	13028	5856	5884	6557	6471
湖 南	Hunan	2996	1789	897	1865	1131
广 东	Guangdong	16041	14327	1402	7294	8746
广 西	Guangxi	412	406	6	71	341
海 南	Hainan					
重 庆	Chongqing	10120	6666	2860	5050	5070
四 川	Sichuan	11488	8491	2554	6476	5012
贵 州	Guizhou	19875	11878	2029	13540	6335
云 南	Yunnan	28775	13577	6699	19830	8945
西 藏	Tibet					
陕 西	Shaanxi	796	363	190	621	175
甘 肃	Gansu	1794	1712	81	1049	744
青 海	Qinghai					
宁 夏	Ningxia					
新 疆	Xinjiang					

3-3-6 续表 4 Continued 4

联营企业
Joint Ownership Enterprises

单位：万元
Unit: 10 000 yuan

地　区	Region	资产总计 Total Assets	#流动资产合计 Total Current Assets	#固定资产合计 Total Fixed Assets	负债合计 Total Liabilities	所有者权益合计 Total Owners' Equities
全　国	**National Total**	**127824**	**94614**	**25569**	**51972**	**75853**
北　京	Beijing	18	16	2	-124	141
天　津	Tianjin	3563	3528	34	1872	1691
河　北	Hebei					
山　西	Shanxi	342	302	34	263	78
内蒙古	Inner Mongolia					
辽　宁	Liaoning	2312	1832	455	400	1911
吉　林	Jilin					
黑龙江	Heilongjiang	17784	11193	6142	11450	6334
上　海	Shanghai	29007	24009	2303	7797	21210
江　苏	Jiangsu	1685	1019	443	371	1313
浙　江	Zhejiang	12005	9555	1450	4979	7026
安　徽	Anhui	1850	1832	18	1886	-37
福　建	Fujian	1080	935	145	284	796
江　西	Jiangxi					
山　东	Shandong	1296	680	574	774	522
河　南	Henan	794	258	358	114	680
湖　北	Hubei	15938	11257	4317	7409	8530
湖　南	Hunan	839	636	199	345	494
广　东	Guangdong	22527	19694	2052	8549	13978
广　西	Guangxi					
海　南	Hainan					
重　庆	Chongqing	1628	1146	330	293	1335
四　川	Sichuan	4028	1949	1583	811	3216
贵　州	Guizhou	6641	2164	4477	2286	4355
云　南	Yunnan	264	263	1	668	-403
西　藏	Tibet					
陕　西	Shaanxi	76	62	6	11	65
甘　肃	Gansu	2063	543	341	774	1289
青　海	Qinghai					
宁　夏	Ningxia					
新　疆	Xinjiang	2088	1742	305	759	1329

3-3-6 续表 5 Continued 5

有限责任公司 Limited Liability Corporations

单位：万元 Unit: 10 000 yuan

地 区	Region	资产总计 Total Assets	#流动资产合计 Total Current Assets	#固定资产合计 Total Fixed Assets	负债合计 Total Liabilities	所有者权益合计 Total Owners' Equities
全 国	**National Total**	**223834972**	**159437408**	**26612926**	**160732402**	**63123488**
北 京	Beijing	18904967	14760639	964715	14941802	3963164
天 津	Tianjin	5594653	3923767	660226	4292663	1301990
河 北	Hebei	5898601	3708111	1104369	4383729	1514872
山 西	Shanxi	3025413	1925326	634850	2600873	424539
内蒙古	Inner Mongolia	2845154	1800540	627418	2043850	801304
辽 宁	Liaoning	6769914	4483599	766839	5596753	1173630
吉 林	Jilin	3797966	2450709	806576	2851837	946129
黑龙江	Heilongjiang	3754434	2377343	666595	2994407	760032
上 海	Shanghai	9987832	6718234	1520127	7568440	2419392
江 苏	Jiangsu	16256976	11194382	2111416	11044591	5217759
浙 江	Zhejiang	13006959	9235329	1403436	9627139	3379820
安 徽	Anhui	7465367	5075440	1154939	4680205	2785162
福 建	Fujian	5402692	3957253	568454	3426605	1976011
江 西	Jiangxi	5513113	3901973	557155	3562979	1950134
山 东	Shandong	15564658	11131898	2144747	12363719	3200939
河 南	Henan	9133877	6963389	1046140	6636304	2497573
湖 北	Hubei	14313260	9988260	1884902	9634568	4693382
湖 南	Hunan	4662198	2888580	803854	3239656	1422542
广 东	Guangdong	27262869	23014067	1585180	19363448	7899878
广 西	Guangxi	3438945	2652647	224398	2278042	1160903
海 南	Hainan	2413478	1818353	281485	1493749	919730
重 庆	Chongqing	4384680	2681041	618445	3717897	666782
四 川	Sichuan	9869310	6230240	1265015	6711677	3157632
贵 州	Guizhou	6207288	4800933	425505	3601763	2605525
云 南	Yunnan	4441714	2686588	629271	2688857	1752856
西 藏	Tibet	352466	225864	75555	229396	123070
陕 西	Shaanxi	7827843	5022520	1073983	5286819	2541024
甘 肃	Gansu	1910121	1184457	373396	1349964	560157
青 海	Qinghai	652824	437696	159370	495045	157779
宁 夏	Ningxia	751610	470991	110559	443165	308444
新 疆	Xinjiang	2423791	1727236	364006	1582457	841334

3-3-6 续表 6 Continued 6

股份有限公司 单位：万元

Share-holding Corporations Ltd. Unit: 10 000 yuan

地 区	Region	资产总计 Total Assets	#流动资产合计 Total Current Assets	#固定资产合计 Total Fixed Assets	负债合计 Total Liabilities	所有者权益合计 Total Owners' Equities
全 国	**National Total**	**99465187**	**57456603**	**14114985**	**59945697**	**41546389**
北 京	Beijing	7672514	4173106	581239	4134983	3537531
天 津	Tianjin	806203	268121	232267	480654	325549
河 北	Hebei	3197158	2082999	384332	2327193	869965
山 西	Shanxi	1213414	510533	397079	906477	378501
内 蒙 古	Inner Mongolia	824820	275540	336001	717242	107578
辽 宁	Liaoning	2918723	1622087	464520	1516328	1342344
吉 林	Jilin	2569741	947653	1514274	1885718	505196
黑 龙 江	Heilongjiang	1762322	1237109	158529	1047428	714894
上 海	Shanghai	3241931	2210166	410515	1581903	1660028
江 苏	Jiangsu	15610576	7909522	1146010	8948293	6662283
浙 江	Zhejiang	2449763	1246275	282765	3277419	1040801
安 徽	Anhui	3864818	2702257	420499	2687994	1176824
福 建	Fujian	1799915	1121537	166756	972695	827220
江 西	Jiangxi	886537	670454	90666	632397	254141
山 东	Shandong	9738816	6691026	1190200	7394661	2766247
河 南	Henan	3062438	2122210	365424	2284048	778390
湖 北	Hubei	4151594	1528526	1301825	2503648	1647946
湖 南	Hunan	7356959	3407813	1530189	4432117	2924842
广 东	Guangdong	11346597	8936132	492564	4591359	6755239
广 西	Guangxi	1486227	996692	250477	857523	628705
海 南	Hainan	323272	125093	124066	163995	159278
重 庆	Chongqing	3007625	1376262	696099	1241919	1731661
四 川	Sichuan	3370897	1977253	489975	1605165	1765732
贵 州	Guizhou	880979	444132	168046	619915	251891
云 南	Yunnan	588042	129549	134732	279654	308388
西 藏	Tibet	58498	19980	28475	62791	4071
陕 西	Shaanxi	1069795	585377	105442	521899	547897
甘 肃	Gansu	1699433	940554	180165	786084	851864
青 海	Qinghai	152510	41980	67278	115522	36988
宁 夏	Ningxia	442760	247092	48013	196236	246524
新 疆	Xinjiang	1910312	909573	356563	1172439	737873

3-3-6 续表 7 Continued 7

私营企业 单位：万元

Private Enterprises Unit: 10 000 yuan

地区	Region	资产总计 Total Assets	#流动资产合计 Total Current Assets	#固定资产合计 Total Fixed Assets	负债合计 Total Liabilities	所有者权益合计 Total Owners' Equities
全国	**National Total**	**189901044**	**141315502**	**22671652**	**139501080**	**50458005**
北京	Beijing	6965192	5761697	624699	6762549	202643
天津	Tianjin	2906692	2396232	251651	2495150	411542
河北	Hebei	6717244	4813841	939583	5164648	1552596
山西	Shanxi	6227297	4437624	945543	4952259	1275087
内蒙古	Inner Mongolia	2237484	1618649	302068	1727278	510758
辽宁	Liaoning	6200566	4814933	733396	5316276	884321
吉林	Jilin	2532904	1824378	359744	1844152	688752
黑龙江	Heilongjiang	1828755	1359106	300669	1432263	394980
上海	Shanghai	7503213	6306415	335893	6558002	1024613
江苏	Jiangsu	20187291	14304791	2658630	13895098	6293725
浙江	Zhejiang	16369902	12574826	1755390	13348659	3021243
安徽	Anhui	7338154	5103790	937020	4462889	2875265
福建	Fujian	9514459	6609432	1204769	5740881	3752177
江西	Jiangxi	4076524	3001646	568580	2707425	1369098
山东	Shandong	13568036	9543468	1816998	9793988	3774427
河南	Henan	7346077	5421838	1051483	4799206	2546871
湖北	Hubei	7831210	5376850	1388520	5045961	2785249
湖南	Hunan	8462255	5445797	1513027	5174301	3287954
广东	Guangdong	18342659	15462591	977277	14493673	3849905
广西	Guangxi	3327821	2668211	278029	2512879	813097
海南	Hainan	109454	80246	10803	95580	13873
重庆	Chongqing	4569155	3259588	570830	3200313	1368777
四川	Sichuan	7826205	5558152	1012040	5309095	2517111
贵州	Guizhou	3369453	2512692	355504	2448248	921205
云南	Yunnan	4426458	3272711	513297	3139140	1287318
西藏	Tibet	200635	152051	18370	107698	92938
陕西	Shaanxi	4462210	3522551	524741	2808896	1653314
甘肃	Gansu	1489899	1089233	194072	1049587	440312
青海	Qinghai	518916	426449	51981	340888	178028
宁夏	Ningxia	914801	635114	150574	682687	232114
新疆	Xinjiang	2530122	1960601	326471	2091412	438710

其他企业
Other Enterprises

单位：万元
Unit: 10 000 yuan

地　区	Region	资产总计 Total Assets	#流动资产合计 Total Current Assets	#固定资产合计 Total Fixed Assets	负债合计 Total Liabilities	所有者权益合计 Total Owners' Equities
全　国	**National Total**	**436378**	**214820**	**158242**	**145310**	**291068**
北　京	Beijing	1747	1467	280	147	1600
天　津	Tianjin					
河　北	Hebei	2042	433	237	262	1781
山　西	Shanxi	7073	2554	3259	1613	5460
内蒙古	Inner Mongolia	1439	1097	240	1405	34
辽　宁	Liaoning	10622	7781	2740	5562	5060
吉　林	Jilin	2546	1066	1422	1241	1306
黑龙江	Heilongjiang	2817	1364	1453	1053	1765
上　海	Shanghai					
江　苏	Jiangsu	184258	85100	68894	55753	128504
浙　江	Zhejiang	23327	11896	8828	10437	12889
安　徽	Anhui	23523	14493	7714	6654	16869
福　建	Fujian	6573	5102	605	4535	2038
江　西	Jiangxi	4982	2456	2039	1414	3568
山　东	Shandong	34491	15470	10566	8986	25505
河　南	Henan	4576	3516	181	2646	1930
湖　北	Hubei	47067	18079	24991	21943	25124
湖　南	Hunan	10165	7767	1200	1621	8544
广　东	Guangdong	2345	1749	342	728	1617
广　西	Guangxi	654	328	326	283	371
海　南	Hainan					
重　庆	Chongqing					
四　川	Sichuan	14773	7234	2718	2225	12548
贵　州	Guizhou					
云　南	Yunnan	19226	9147	9631	5916	13310
西　藏	Tibet					
陕　西	Shaanxi	22123	11211	7809	8029	14094
甘　肃	Gansu	8762	4728	2403	1757	7005
青　海	Qinghai	1250	783	364	1100	150
宁　夏	Ningxia					
新　疆	Xinjiang					

3-3-6 续表 9 Continued 9

港、澳、台商投资企业 单位：万元

Enterprises with Funds from Hong Kong, Macao and Taiwan Unit: 10 000 yuan

地区	Region	资产总计 Total Assets	#流动资产合计 Total Current Assets	#固定资产合计 Total Fixed Assets	负债合计 Total Liabilities	所有者权益合计 Total Owners' Equities
全国	**National Total**	**41862726**	**29092374**	**5013520**	**28173090**	**13689636**
北京	Beijing	2790054	2430781	115951	2121287	668767
天津	Tianjin	936130	399710	97747	857560	78571
河北	Hebei	62323	42180	12698	39791	22532
山西	Shanxi	230777	160183	58761	151953	78824
内蒙古	Inner Mongolia	71050	28210	22623	48355	22694
辽宁	Liaoning	1069455	661991	220260	822554	246902
吉林	Jilin	533922	375845	80066	536217	-2295
黑龙江	Heilongjiang	453043	255736	138398	367645	85397
上海	Shanghai	8592819	6862500	570408	5781443	2811377
江苏	Jiangsu	5386327	3171614	762980	3787301	1599026
浙江	Zhejiang	2842669	1835597	463554	1667956	1174713
安徽	Anhui	851510	534823	209559	566012	285498
福建	Fujian	1237273	810829	167876	796918	440355
江西	Jiangxi	365760	109355	51244	332201	33559
山东	Shandong	1176532	809185	249227	765919	410612
河南	Henan	1591362	1053079	408313	1284942	306420
湖北	Hubei	871229	668448	151536	667522	203707
湖南	Hunan	1452340	817648	124358	745624	706717
广东	Guangdong	5879954	4417046	417910	3474884	2405070
广西	Guangxi	526372	336624	146053	302953	223419
海南	Hainan	173463	49547	6502	156163	17300
重庆	Chongqing	440866	311463	101405	302052	138814
四川	Sichuan	758638	499903	161128	495683	262955
贵州	Guizhou	295667	197734	43523	187117	108550
云南	Yunnan	959681	681745	58134	472141	487540
西藏	Tibet					
陕西	Shaanxi	2120159	1435987	145956	1324714	795445
甘肃	Gansu	42980	33066	6349	20587	22393
青海	Qinghai	15943	10295	5070	7820	8123
宁夏	Ningxia	30029	15682	10595	17478	12551
新疆	Xinjiang	104398	75569	5336	70297	34101

3-3-6 续表 10 Continued 10

外商投资企业 单位：万元

Foreign Funded Enterprises Unit: 10 000 yuan

地 区	Region	资产总计 Total Assets	#流动资产合计 Total Current Assets	#固定资产合计 Total Fixed Assets	负债合计 Total Liabilities	所有者权益合计 Total Owners' Equities
全 国	**National Total**	**50428744**	**36813881**	**4648652**	**33952689**	**16476054**
北 京	Beijing	11110566	9810556	355360	8338174	2772393
天 津	Tianjin	1032104	489611	158182	661121	370984
河 北	Hebei	353680	213179	56169	194227	159452
山 西	Shanxi	23853	16047	3647	37842	-13989
内蒙古	Inner Mongolia	8457	3419	2234	18976	-10519
辽 宁	Liaoning	828955	428351	148463	771649	57306
吉 林	Jilin	74029	39129	10125	63353	10676
黑龙江	Heilongjiang	240058	72995	93676	121532	118526
上 海	Shanghai	8137585	6155065	926066	5422124	2715461
江 苏	Jiangsu	5996770	3902006	555523	3733999	2262770
浙 江	Zhejiang	3005545	2114970	405875	1838948	1166597
安 徽	Anhui	114076	96585	7792	209794	-95718
福 建	Fujian	2801809	1676144	151834	641486	2160323
江 西	Jiangxi	145997	107537	16080	140985	5012
山 东	Shandong	728086	377509	167293	513994	214093
河 南	Henan	167301	29191	63217	138278	29023
湖 北	Hubei	1438520	1014027	147879	1121735	316785
湖 南	Hunan	608157	227811	138687	327269	280887
广 东	Guangdong	7976289	6312729	520103	6022492	1953797
广 西	Guangxi	175372	141322	9402	86238	89133
海 南	Hainan	63541	55020	7225	38569	24972
重 庆	Chongqing	720749	459788	133493	437226	283523
四 川	Sichuan	1723496	1128739	203250	1147133	576363
贵 州	Guizhou	163431	134816	16996	92485	70946
云 南	Yunnan	707384	421791	101966	306674	400711
西 藏	Tibet	515	480	21	465	50
陕 西	Shaanxi	1958007	1289107	226965	1473732	484275
甘 肃	Gansu	25482	16254	7663	9430	16052
青 海	Qinghai					
宁 夏	Ningxia	3626	2626	885	790	2835
新 疆	Xinjiang	95306	77080	12581	41970	53336

3-3-7 各地区限额以上零售业企业年末资产负债(按国民经济行业分)

Assets and Liabilities of Enterprises above Designated Size of Retail Trade by Region and Sector at Year-end

综合零售 单位：万元

Integrated Retail Unit: 10 000 yuan

地区	Region	资产总计 Total Assets	#流动资产合计 Total Current Assets	#固定资产合计 Total Fixed Assets	负债合计 Total Liabilities	所有者权益合计 Total Owners' Equities
全国	**National Total**	**156974039**	**91108917**	**29104798**	**109972456**	**47005395**
北京	Beijing	11035973	6558333	1229810	7694543	3341431
天津	Tianjin	2336785	1112221	439073	2135439	201346
河北	Hebei	5882225	3140887	1577603	4644882	1237343
山西	Shanxi	2563701	1638784	448104	2244122	319579
内蒙古	Inner Mongolia	1134838	675613	259841	774447	360390
辽宁	Liaoning	7981271	4725254	1212569	6291256	1689984
吉林	Jilin	3803932	1622536	1937326	3046844	757089
黑龙江	Heilongjiang	2898921	1263372	886612	2050933	847988
上海	Shanghai	8347179	4901919	1919480	5674470	2672709
江苏	Jiangsu	18160629	9559186	2869476	11954951	6211051
浙江	Zhejiang	9649855	5759115	1739396	6790407	2859448
安徽	Anhui	4605331	2595162	1103561	3216258	1389072
福建	Fujian	5050032	3008553	544964	2287625	2760876
江西	Jiangxi	2088010	1188978	401997	1629809	458201
山东	Shandong	14577692	9674117	2494985	11028451	3549241
河南	Henan	4849585	3328130	914802	3765114	1084471
湖北	Hubei	8259962	3890476	2194687	5444452	2815510
湖南	Hunan	6755772	2648698	1840489	3848712	2907060
广东	Guangdong	13282497	9919945	1017341	9801324	3481173
广西	Guangxi	1785167	974968	411448	1261036	524130
海南	Hainan	1647609	1106642	202141	962123	685486
重庆	Chongqing	2799918	1572673	560871	1830046	969872
四川	Sichuan	5109340	3088798	883817	3519992	1589348
贵州	Guizhou	1373605	891198	189536	991804	381800
云南	Yunnan	1980820	1382952	267361	1240572	740248
西藏	Tibet	75073	46234	14516	62557	12515
陕西	Shaanxi	5365942	2964081	761951	3294016	2071925
甘肃	Gansu	1213100	720827	170346	667573	545528
青海	Qinghai	286262	141262	114711	244396	41866
宁夏	Ningxia	641408	306141	136840	353929	287480
新疆	Xinjiang	1431607	701863	359144	1220371	211236

3-3-7 续表 1 Continued 1

食品、饮料及烟草制品专门零售 单位：万元

Special Retail of Food, Beverages and Tobaccos Unit: 10 000 yuan

地 区	Region	资产总计 Total Assets	#流动资产合计 Total Current Assets	#固定资产合计 Total Fixed Assets	负债合计 Total Liabilities	所有者权益合计 Total Owners' Equities
全 国	**National Total**	**24926201**	**16846239**	**3288494**	**12267141**	**12655574**
北 京	Beijing	988219	740840	154393	455176	533043
天 津	Tianjin	224974	192364	21301	193243	31731
河 北	Hebei	153418	109712	16091	100897	52521
山 西	Shanxi	534012	257581	132682	336823	197189
内蒙古	Inner Mongolia	225224	175886	30774	157285	67938
辽 宁	Liaoning	236948	197411	20766	188888	48060
吉 林	Jilin	327492	199278	56816	257014	70478
黑龙江	Heilongjiang	107021	56609	38799	62509	44512
上 海	Shanghai	769215	565296	62976	569766	199449
江 苏	Jiangsu	1815642	1154422	352430	967252	848390
浙 江	Zhejiang	688693	488902	86747	423688	265005
安 徽	Anhui	1225058	519460	120621	379373	845685
福 建	Fujian	1469065	802764	252001	496970	968651
江 西	Jiangxi	717314	461428	119247	284218	433095
山 东	Shandong	1088276	687820	245859	676177	412099
河 南	Henan	614824	377655	144199	292771	322053
湖 北	Hubei	3631080	3010258	362499	1073482	2557598
湖 南	Hunan	705938	334551	191876	378610	327328
广 东	Guangdong	3275516	2451954	195118	1599014	1676502
广 西	Guangxi	351944	249111	23749	247003	104935
海 南	Hainan	22668	17676	3250	18833	3835
重 庆	Chongqing	525826	296682	77962	242443	283346
四 川	Sichuan	1869058	1495978	120673	1316293	552765
贵 州	Guizhou	1090901	448297	83212	395203	695699
云 南	Yunnan	810637	506774	154837	482111	328526
西 藏	Tibet	13264	7824	8143	2795	10469
陕 西	Shaanxi	978923	739548	153783	341518	637405
甘 肃	Gansu	212217	126165	35735	147218	64999
青 海	Qinghai	38303	27269	3707	22260	16043
宁 夏	Ningxia	89593	66263	7897	70921	18673
新 疆	Xinjiang	124941	80458	10351	87387	37554

3-3-7 续表 2 Continued 2

纺织、服装及日用品专门零售 单位：万元

Special Retail of Textiles, Garments and Daily Consumer Articles Unit: 10 000 yuan

地 区	Region	资产总计 Total Assets	#流动资产合计 Total Current Assets	#固定资产合计 Total Fixed Assets	负债合计 Total Liabilities	所有者权益合计 Total Owners' Equities
全 国	**National Total**	**36007457**	**27049935**	**2894156**	**24333180**	**11748990**
北 京	Beijing	2294380	1986648	132341	1787330	507050
天 津	Tianjin	936714	540630	239714	765202	171512
河 北	Hebei	553418	385889	52341	522782	30636
山 西	Shanxi	598513	447922	98908	484221	114292
内蒙古	Inner Mongolia	213722	149827	48320	178530	35193
辽 宁	Liaoning	654080	512657	71097	572142	81938
吉 林	Jilin	276510	192294	65386	195940	80570
黑龙江	Heilongjiang	614934	469398	100896	533092	81842
上 海	Shanghai	10589346	8457291	607355	7061831	3606894
江 苏	Jiangsu	2426711	1681268	156835	1758318	668393
浙 江	Zhejiang	2804141	2105617	104082	1792992	1011150
安 徽	Anhui	506869	372786	31809	391399	115471
福 建	Fujian	973414	726894	66720	577560	391205
江 西	Jiangxi	217516	157967	20464	109234	108282
山 东	Shandong	1622900	1019950	157702	982153	640747
河 南	Henan	519452	348073	87587	340128	179325
湖 北	Hubei	855297	554308	174797	566390	288907
湖 南	Hunan	466276	361740	58834	327593	138682
广 东	Guangdong	5116445	4018949	204532	3156123	1960323
广 西	Guangxi	580987	448879	3399	361897	219072
海 南	Hainan	47387	44991	2104	43625	3761
重 庆	Chongqing	861995	494946	97813	462780	399215
四 川	Sichuan	643326	510159	65956	449070	194256
贵 州	Guizhou	108736	73543	13396	71092	37644
云 南	Yunnan	439137	217486	79400	215802	223336
西 藏	Tibet	80586	75681	245	20887	59699
陕 西	Shaanxi	565025	404518	45126	270847	294179
甘 肃	Gansu	130419	97777	26723	76212	54207
青 海	Qinghai	63767	23255	34852	52323	11444
宁 夏	Ningxia	15407	12508	2029	10232	5176
新 疆	Xinjiang	230046	156084	43393	195455	34591

3-3-7 续表 3 Continued 3

文化、体育用品及器材专门零售 单位：万元

Special Retail of Culture, Sports Appliances and Equipments Unit: 10 000 yuan

地 区	Region	资产总计 Total Assets	#流动资产合计 Total Current Assets	#固定资产合计 Total Fixed Assets	负债合计 Total Liabilities	所有者权益合计 Total Owners' Equities
全 国	**National Total**	**29063011**	**20901817**	**3187084**	**16955719**	**12105818**
北 京	Beijing	3040224	2445351	166116	1931995	1108228
天 津	Tianjin	405953	341221	43625	285620	120333
河 北	Hebei	631327	453255	84107	289531	341796
山 西	Shanxi	350331	221946	64337	163679	186652
内 蒙 古	Inner Mongolia	432734	333576	40707	257438	175296
辽 宁	Liaoning	407562	259244	74275	281066	126497
吉 林	Jilin	197928	146621	24065	152646	45283
黑 龙 江	Heilongjiang	388369	262127	99350	221784	166585
上 海	Shanghai	2004894	1597371	225084	1368167	636727
江 苏	Jiangsu	3463694	2595496	311491	1988844	1474851
浙 江	Zhejiang	1642903	1166829	229756	1066699	576204
安 徽	Anhui	784259	659577	56640	357544	426715
福 建	Fujian	1144259	671832	311692	612041	530745
江 西	Jiangxi	2088254	1493603	116653	1116452	971803
山 东	Shandong	958155	669863	142633	585157	372998
河 南	Henan	864825	605138	115887	480022	384803
湖 北	Hubei	653424	434890	82572	457640	195784
湖 南	Hunan	1203197	913501	127374	721809	481388
广 东	Guangdong	1909163	1382446	183051	1226869	682294
广 西	Guangxi	384207	278972	39812	191465	192742
海 南	Hainan	70045	46953	16373	78497	-8452
重 庆	Chongqing	941655	438151	86867	482309	459346
四 川	Sichuan	1597541	974463	151079	659288	938253
贵 州	Guizhou	308815	286380	11577	224487	84328
云 南	Yunnan	652206	397661	128354	384870	267336
西 藏	Tibet	5523	4215	1304	2236	3287
陕 西	Shaanxi	1106711	868809	146153	688054	418657
甘 肃	Gansu	911767	632080	15489	394079	517688
青 海	Qinghai	20426	15930	3060	11429	8996
宁 夏	Ningxia	85837	53308	17545	54217	31620
新 疆	Xinjiang	406823	251010	70056	219787	187036

3-3-7 续表 4 Continued 4

医药及医疗器材专门零售
Special Retail of Medicines and Medical Appliances

单位：万元
Unit: 10 000 yuan

地 区	Region	资产总计 Total Assets	#流动资产合计 Total Current Assets	#固定资产合计 Total Fixed Assets	负债合计 Total Liabilities	所有者权益合计 Total Owners' Equities
全 国	**National Total**	**30797682**	**23678713**	**1516563**	**22058080**	**8739602**
北 京	Beijing	4978970	3052938	40517	3522345	1456626
天 津	Tianjin	220204	140268	11498	100002	120202
河 北	Hebei	624162	443069	26956	356690	267472
山 西	Shanxi	391044	315609	12742	301484	89560
内蒙古	Inner Mongolia	276916	238397	11775	219020	57896
辽 宁	Liaoning	1029822	900462	37600	838453	191369
吉 林	Jilin	622666	513035	39418	487909	134756
黑龙江	Heilongjiang	872020	770704	61941	626395	245624
上 海	Shanghai	1403437	1199227	24583	1119241	284195
江 苏	Jiangsu	1612241	1325519	125425	1169002	443239
浙 江	Zhejiang	1200715	1037911	62286	950431	250284
安 徽	Anhui	807230	669662	54756	571717	235514
福 建	Fujian	506941	376709	43054	293696	213245
江 西	Jiangxi	421198	339133	23138	341400	79799
山 东	Shandong	3421828	2840908	173805	2838500	583327
河 南	Henan	954596	791920	75114	725682	228914
湖 北	Hubei	952420	704002	96270	754804	197616
湖 南	Hunan	1764364	1092663	80040	935184	829180
广 东	Guangdong	2403900	1863321	93190	1539491	864409
广 西	Guangxi	1517541	1249550	87559	1009721	507820
海 南	Hainan	40188	36011	898	21637	18551
重 庆	Chongqing	539879	431178	47798	408420	131459
四 川	Sichuan	720015	549117	51831	558165	161849
贵 州	Guizhou	445305	353151	22597	309845	135460
云 南	Yunnan	944110	658687	61798	516033	428077
西 藏	Tibet	12513	5152	6424	3048	9466
陕 西	Shaanxi	753450	640516	50697	561129	192321
甘 肃	Gansu	272585	197242	27973	212302	60282
青 海	Qinghai	79557	72127	4193	70131	9426
宁 夏	Ningxia	81379	58146	12652	51908	29471
新 疆	Xinjiang	926489	812381	48035	644294	282195

3-3-7 续表 5 Continued 5

汽车、摩托车、零配件和燃料及其他动力销售 单位：万元

Retail of Motor Vehicles, Motorcycles, Parts, Fuel and Other Powers Unit: 10 000 yuan

地 区	Region	资产总计 Total Assets	#流动资产合计 Total Current Assets	#固定资产合计 Total Fixed Assets	负债合计 Total Liabilities	所有者权益合计 Total Owners' Equities
全 国	**National Total**	**238099020**	**173646075**	**27148174**	**170297640**	**68407084**
北 京	Beijing	9707240	7659113	837437	7414690	2292550
天 津	Tianjin	5357961	3690340	514661	3563915	1794046
河 北	Hebei	7186843	5297931	783153	5391232	1795611
山 西	Shanxi	4863584	3289687	867996	3922279	1012918
内蒙古	Inner Mongolia	3014746	1676205	762559	2508274	507024
辽 宁	Liaoning	6018073	4278819	710659	4706900	1251122
吉 林	Jilin	3622766	2438392	580585	2574483	859177
黑龙江	Heilongjiang	2759464	2077534	328848	2218788	539169
上 海	Shanghai	7946935	6247175	505593	5641215	2305720
江 苏	Jiangsu	21150813	15153207	2602464	14206581	6944264
浙 江	Zhejiang	15368757	11311458	1680403	13961631	3275583
安 徽	Anhui	8756944	6376827	979437	5936038	2820905
福 建	Fujian	6825470	5023410	692527	4541746	2278702
江 西	Jiangxi	4003032	2978532	460558	2920876	1082156
山 东	Shandong	15099258	10745247	1794129	12066690	2035184
河 南	Henan	11336085	8579350	1254404	8286396	3049690
湖 北	Hubei	9784120	6351426	1585285	7275071	2523738
湖 南	Hunan	10219452	6401176	1641572	6828347	3391104
广 东	Guangdong	35751825	30380837	1932723	22726250	13027165
广 西	Guangxi	3469216	2857265	282611	2430326	1037068
海 南	Hainan	914720	556160	193122	497900	416821
重 庆	Chongqing	5885703	3570742	1087846	4400900	1450758
四 川	Sichuan	10564989	6402627	1576084	6557428	4007562
贵 州	Guizhou	9235304	7497493	770539	6486175	2739957
云 南	Yunnan	6240395	3963869	770031	4031348	2209048
西 藏	Tibet	434574	258631	100750	326417	116521
陕 西	Shaanxi	5947240	4166471	694782	4301993	1645247
甘 肃	Gansu	2004993	1189244	421426	1423583	519926
青 海	Qinghai	706973	504691	114673	467396	239576
宁 夏	Ningxia	1033459	732237	117068	696778	336682
新 疆	Xinjiang	2888086	1989977	504249	1985994	902092

家用电器及电子产品专门零售
Special Retail of Household Electric Appliances and Electronic Products

单位：万元
Unit: 10 000 yuan

地　区	Region	资产总计 Total Assets	#流动资产合计 Total Current Assets	#固定资产合计 Total Fixed Assets	负债合计 Total Liabilities	所有者权益合计 Total Owners' Equities
全　国	**National Total**	**52686187**	**41704113**	**2766462**	**36814591**	**15872276**
北　京	Beijing	12527334	11822765	96192	9396730	3130604
天　津	Tianjin	772925	669103	7338	904855	-131930
河　北	Hebei	1155285	904806	39940	718484	436801
山　西	Shanxi	329858	284153	22094	254098	75760
内蒙古	Inner Mongolia	474736	344114	79288	299017	175719
辽　宁	Liaoning	1013829	886660	80174	809736	204624
吉　林	Jilin	413562	331185	40457	289320	124242
黑龙江	Heilongjiang	523210	395502	75713	426476	96735
上　海	Shanghai	1719281	1476414	39461	1052405	666876
江　苏	Jiangsu	12116039	6801278	543911	7276445	4841095
浙　江	Zhejiang	1856331	1499753	121784	1384884	471447
安　徽	Anhui	1210306	1025913	105184	772355	437950
福　建	Fujian	1149622	923260	84952	732197	416288
江　西	Jiangxi	630837	531326	40271	425445	205392
山　东	Shandong	1904118	1464851	234224	1469519	434599
河　南	Henan	1606915	1298200	137525	1042843	564071
湖　北	Hubei	2181925	1634246	321320	1425709	756216
湖　南	Hunan	813747	522035	141940	467819	345928
广　东	Guangdong	4713363	4229823	171477	3963901	749247
广　西	Guangxi	718270	634471	24992	489205	229065
海　南	Hainan	115458	97802	11509	95138	20320
重　庆	Chongqing	783372	682411	50388	522332	261040
四　川	Sichuan	1541264	1147858	166378	972216	569048
贵　州	Guizhou	323275	293417	9329	222149	101127
云　南	Yunnan	451697	398798	20952	326210	125487
西　藏	Tibet	27039	20287	2824	13739	13300
陕　西	Shaanxi	914935	768655	65794	597996	316939
甘　肃	Gansu	180115	160736	8769	120837	59279
青　海	Qinghai	64479	58072	4977	51185	13294
宁　夏	Ningxia	155591	137193	9679	80613	74978
新　疆	Xinjiang	297468	259024	7626	210732	86736

五金、家具及室内装饰材料专门零售

Special Retail of Hardware, Furniture and Interior Decoration Materials

单位：万元

Unit: 10 000 yuan

地 区	Region	资产总计 Total Assets	#流动资产合计 Total Current Assets	#固定资产合计 Total Fixed Assets	负债合计 Total Liabilities	所有者权益合计 Total Owners' Equities
全 国	**National Total**	**14306819**	**9408950**	**2361679**	**9275699**	**5028815**
北 京	Beijing	798253	581038	55099	610123	188130
天 津	Tianjin	441219	276364	95874	294262	146958
河 北	Hebei	80843	65504	9954	57121	23722
山 西	Shanxi	350767	210617	71931	227869	122898
内蒙古	Inner Mongolia	31897	27004	2620	16592	15305
辽 宁	Liaoning	208792	111927	62208	190934	17859
吉 林	Jilin	129363	102494	14769	94222	35141
黑龙江	Heilongjiang	160615	38907	70816	107176	53440
上 海	Shanghai	814653	302561	245433	700531	114122
江 苏	Jiangsu	980361	667280	207131	646110	334251
浙 江	Zhejiang	718765	468422	118762	524859	193906
安 徽	Anhui	508353	269283	146327	303107	205247
福 建	Fujian	1027322	804313	108777	580655	444392
江 西	Jiangxi	243365	177663	17473	145174	98191
山 东	Shandong	1177901	762172	168211	601811	576090
河 南	Henan	522581	320494	110429	272544	250037
湖 北	Hubei	1347303	928393	183017	965913	381390
湖 南	Hunan	339122	231350	67472	160773	178348
广 东	Guangdong	1539762	1201401	179099	1078859	460902
广 西	Guangxi	75952	62536	7754	50357	25595
海 南	Hainan	15148	11592	1049	21288	-6140
重 庆	Chongqing	346432	208384	86181	202500	143904
四 川	Sichuan	327179	164089	89939	193049	134130
贵 州	Guizhou	53214	43780	5422	29255	23959
云 南	Yunnan	133616	112939	9928	92927	40689
西 藏	Tibet					
陕 西	Shaanxi	874798	588486	121120	560973	313825
甘 肃	Gansu	125024	65790	35292	92282	32742
青 海	Qinghai	3942	3344	55	4955	-1013
宁 夏	Ningxia	26790	6546	13727	15055	11735
新 疆	Xinjiang	903485	594278	55810	434425	469060

3-3-7 续表 8 Continued 8

货摊、无店铺及其他零售 单位：万元

Stalls, Non-shop and Other Retails Unit: 10 000 yuan

地区	Region	资产总计 Total Assets	#流动资产合计 Total Current Assets	#固定资产合计 Total Fixed Assets	负债合计 Total Liabilities	所有者权益合计 Total Owners' Equities
全国	**National Total**	**35422997**	**28488223**	**3099107**	**28353666**	**7067408**
北京	Beijing	3198058	2835379	67875	4086034	-887977
天津	Tianjin	789349	673027	70473	643867	145481
河北	Hebei	193897	151750	19091	173319	20578
山西	Shanxi	998044	512459	388999	897816	100228
内蒙古	Inner Mongolia	231362	136620	71869	177024	54338
辽宁	Liaoning	363496	236251	87354	235729	127767
吉林	Jilin	175625	127882	31953	125397	50228
黑龙江	Heilongjiang	147401	63744	20733	106278	41123
上海	Shanghai	4181604	3774753	158385	3859617	322009
江苏	Jiangsu	2506769	2004699	247305	1880246	626523
浙江	Zhejiang	3993561	3342336	205936	3007139	986422
安徽	Anhui	1345326	1072908	163511	747200	598126
福建	Fujian	2680633	1875960	178052	1491988	1186700
江西	Jiangxi	659174	512281	97797	450963	208210
山东	Shandong	1515818	1019374	275564	1059916	455901
河南	Henan	811033	534026	176278	482890	328143
湖北	Hubei	1704789	1435850	169564	1347842	356946
湖南	Hunan	807093	537900	132274	471705	335388
广东	Guangdong	4371416	3862403	155403	3541070	830346
广西	Guangxi	199471	127869	35895	97557	101914
海南	Hainan	220357	218216	507	217555	2802
重庆	Chongqing	465924	413389	29934	365305	100618
四川	Sichuan	1321183	1148807	53997	1114732	206451
贵州	Guizhou	509876	431778	28648	275071	234805
云南	Yunnan	106583	63073	18735	66370	40213
西藏	Tibet	5817	5740	15	1467	4351
陕西	Shaanxi	1470687	1134259	116225	1159421	311266
甘肃	Gansu	176301	106069	36883	118749	57552
青海	Qinghai	113036	73588	25555	63046	49990
宁夏	Ningxia	20005	4878	3937	9427	10578
新疆	Xinjiang	139310	50954	30360	78924	60386

3-4-1 限额以上批发和零售业企业损益及分配

项　目	Item	主营业务收入 Revenue from Main Business	主营业务成本 Cost of Main Business
总　计	**Total**	**6076833055**	**5608722708**
一、批发业	**Wholesale Trade**	**4993694376**	**4662700382**
#国有控股	State-controlled Enterprises	1854734988	1747185570
(一)按登记注册类型分	**by Type of Registration**		
1.内资企业	**Domestic Funded Enterprises**	**4223900518**	**3981470630**
国有企业	State-owned Enterprises	164012688	125764115
集体企业	Collective-owned Enterprises	6501890	6097717
股份合作企业	Cooperative Enterprises	2892786	2761542
联营企业	Joint Ownership Enterprises	254055	244800
国有联营企业	State Joint Ownership Enterprises	39068	33388
集体联营企业	Collective Joint Ownership Enterprises	166052	164256
国有与集体联营企业	Joint State-collective Enterprises	39612	38130
其他联营企业	Other Joint Ownership Enterprises	9324	9026
有限责任公司	Limited Liability Corporations	2084301186	1986023757
国有独资公司	State Sole Funded Corporations	352321284	338032103
其他有限责任公司	Other Limited Liability Corporations	1731979902	1647991654
股份有限公司	Share-holding Corporations Ltd.	422442487	401816682
私营企业	Private Enterprises	1539883077	1455695179
私营独资企业	Private-funded Enterprises	3487537	3125863
私营合伙企业	Private Partnership Enterprises	469680	426969
私营有限责任公司	Private Limited Liability Corporations	1501850447	1420808267
私营股份有限公司	Private Share-holding Corporations Ltd.	34075413	31334080
其他企业	Other Enterprises	3612350	3066837
2.港、澳、台商投资企业	**Enterprises with Funds from Hongkong, Macao and Taiwan**	**235336365**	**206373755**
合资经营企业	Joint-venture Enterprises	37326089	35310400
合作经营企业	Cooperative Enterprises	2099995	2009926
独资经营企业	Enterprises with Sole Investment	190074880	163916075
投资股份有限公司	Share-holding Corporations Ltd. with Investment	3713248	3176312
其他港澳台商投资企业	Other Enterprises with Funds from Hongkong, Macao and Taiwan	2122153	1961043
3.外商投资企业	**Foreign Funded Enterprises**	**534457494**	**474855997**
中外合资经营企业	Joint-venture Enterprises	160031603	147163663
中外合作经营企业	Cooperative Enterprises	465454	425033
外资企业	Enterprises with Sole Foreign Investment	332574453	287819008
外商投资股份有限公司	Share-holding Corporations Ltd. with Foreign Investment	4728998	3636191
其他外商投资企业	Other Foreign Funded Enterprises	36656986	35812101

Income and Distribution of Enterprises above Designated Size of Wholesale and Retail Trades

单位：万元

Unit: 10 000 yuan

主营业务税金及附加 Taxes and Surcharges of Main Business	主营业务利润 Profits from Main Business	其他业务利润 Profits from Other Business	销售费用 Selling Expenses	管理费用 Administrative Expenses
29704928	**438405419**	**19520436**	**214898164**	**99060168**
25404260	**305589734**	**9141209**	**136307464**	**65034043**
20046040	87503378	2612667	33854687	16056186
23768521	**218661367**	**6373433**	**87275690**	**46154384**
15230981	23017592	414618	4276769	5490734
20128	384045	32198	183096	113949
2694	128550	2297	48857	26382
273	8982	1872	6794	2948
183	5497	21	1315	1856
53	1743	1818	1250	628
33	1449	34	4141	376
4	294		89	88
5678102	92599327	3147149	37783301	17194408
1808348	12480833	717235	5041485	3036468
3869755	80118493	2429914	32741815	14157941
511556	20114249	759199	11307607	3770749
2304626	81883272	2015716	33566124	19481219
20178	341496	1093	71728	56008
2217	40494	196	10854	8484
2212719	78829461	1954626	32551650	18751063
69511	2671822	59801	931892	665664
20161	525352	385	103143	73994
483011	**28479599**	**677335**	**15443459**	**7683509**
51172	1964517	84533	844992	699639
1994	88075	4541	50475	20840
415177	25743628	583548	14228394	6788379
11302	525634	2083	226525	130545
3367	157743	2630	93073	44107
1152728	**58448769**	**2090440**	**33588315**	**11196151**
227445	12640495	101622	8852198	944178
820	39601	-2100	20327	10581
897101	43858344	1979227	23671410	9988128
11630	1081177	10097	613852	144686
15733	829152	1594	430528	108577

项　目	Item	财务费用 Financial Expenses	#利息支出 Interest Expenses
总　计	**Total**	**26755632**	**23661375**
一、批发业	**Wholesale Trade**	**20593840**	**19930574**
#国有控股	State-controlled Enterprises	6843821	9314686
(一)按登记注册类型分	**by Type of Registration**		
1.内资企业	**Domestic Funded Enterprises**	**18628591**	**18166444**
国有企业	State-owned Enterprises	-802001	371523
集体企业	Collective-owned Enterprises	59179	41692
股份合作企业	Cooperative Enterprises	7843	4894
联营企业	Joint Ownership Enterprises	3221	1933
国有联营企业	State Joint Ownership Enterprises	-39	
集体联营企业	Collective Joint Ownership Enterprises	2034	1806
国有与集体联营企业	Joint State-collective Enterprises	1140	40
其他联营企业	Other Joint Ownership Enterprises	87	87
有限责任公司	Limited Liability Corporations	10454974	10480912
国有独资公司	State Sole Funded Corporations	2452565	2469298
其他有限责任公司	Other Limited Liability Corporations	8002409	8011614
股份有限公司	Share-holding Corporations Ltd.	2124749	2573823
私营企业	Private Enterprises	6761605	4684355
私营独资企业	Private-funded Enterprises	11232	4222
私营合伙企业	Private Partnership Enterprises	656	377
私营有限责任公司	Private Limited Liability Corporations	6575394	4542110
私营股份有限公司	Private Share-holding Corporations Ltd.	174323	137647
其他企业	Other Enterprises	19022	7311
2.港、澳、台商投资企业	**Enterprises with Funds from Hongkong, Macao and Taiwan**	**947216**	**904496**
合资经营企业	Joint-venture Enterprises	255459	312244
合作经营企业	Cooperative Enterprises	8047	9326
独资经营企业	Enterprises with Sole Investment	629388	549584
投资股份有限公司	Share-holding Corporations Ltd. With Investment	41086	32296
其他港澳台商投资企业	Other Enterprises with Funds from Hongkong, Macao and Taiwan	13235	1046
3.外商投资企业	**Foreign Funded Enterprises**	**1018033**	**859633**
中外合资经营企业	Joint-venture Enterprises	230105	345826
中外合作经营企业	Cooperative Enterprises	2338	1500
外资企业	Enterprises with Sole Foreign Investment	768789	503505
外商投资股份有限公司	Share-holding Corporations Ltd. With Foreign Investment	3761	7555
其他外商投资企业	Other Foreign Funded Enterprises	13040	1247

3-4-1 Continued 1

单位：万元
Unit: 10 000 yuan

营业利润 Operating Profits	利润总额 Total Profits	应交所得税 Income Tax Payable	应付职工薪酬 Payables to Employees	应交增值税 VAT Payable
143096287	**146176183**	**29537490**	**105961733**	**63186184**
115893782	**118355975**	**24483709**	**63091185**	**46311231**
46034613	46581414	9351731	20020339	16813637
87977808	**89408173**	**16524972**	**45875173**	**37143367**
15037817	15082755	3755566	6443517	5957345
104942	99159	8555	89553	124735
55581	55517	4673	22499	13037
-1882	-1995	882	6521	2289
2539	2539	833	3836	1340
-252	-373	9	1433	278
-4199	-4190	32	1194	636
30	30	7	59	34
40435999	41302342	7706855	19183771	14829432
5159954	5453129	974691	3148138	2325585
35276044	35849213	6732165	16035633	12503847
7737492	7705419	1183992	4920020	3106537
24299062	24856820	3851540	15106823	13073107
181980	189184	17909	38570	82877
20234	20403	1114	7392	6145
23083513	23612219	3681350	14415322	12678056
1013335	1035015	151168	645539	306029
308798	308156	12909	102469	36887
8239522	**8503885**	**1782350**	**6094761**	**2891297**
1092526	1134497	137949	388685	263270
25763	33647	6411	31562	3492
6872410	7070205	1589493	5465535	2532135
234033	248524	42331	142458	66679
14791	17012	6166	66521	25721
19676452	**20443917**	**6176387**	**11121251**	**6276566**
3086047	3110081	812654	1176778	1571251
5161	5190	1668	12263	4856
15911923	16624744	3857258	9614855	4306781
358142	372258	77839	178187	73744
315180	331644	1426967	139169	319935

3-4-1 续表 2

项 目	Item	主营业务收入 Revenue from Main Business	主营业务成本 Cost of Main Business
(二)按国民经济行业分	**by Sector**		
农、林、牧、渔产品批发	Wholesale of Agricultural, Forestry, Livestock and Fishery Products	100491439	95857046
食品、饮料及烟草制品批发	Wholesale of Food, Beverages and Tobaccos	419615516	339539981
米、面制品及食用油批发	Wholesale of Rice, Flour and Edible Oil	63921540	59979421
肉、禽、蛋、奶及水产品批发	Wholesale of Meal, Fowls, Eggs, Milk and Aquatic Products	30040269	26916992
酒、饮料及茶叶批发	Wholesale of Wine, Beverages and Teas	74103466	55970006
烟草制品批发	Wholesale of Tobaccos	158284730	114020495
纺织、服装及家庭用品批发	Wholesale of Textiles, Wearing Apparel and Household Articles	420689436	369616888
服装批发	Wholesale of Garments	79141733	65167010
鞋帽批发	Wholesale of Shoes and Hats	20871752	16996181
日用家电批发	Wholesale of Household Electrical Appliances	104764279	97385463
文化、体育用品及器材批发	Wholesale of Culture, Sports Appliances and Equipments	101292366	92580498
文具用品批发	Wholesale of Stationeries	25549476	24283823
体育用品及器材批发	Wholesale of Sports Appliances and Equipments	9880644	8953945
图书批发	Wholesale of Books	8955405	7256383
医药及医疗器材批发	Wholesale of Medicines and Medical Appliances	261086916	225819366
西药批发	Wholesale of Western Medicines	163219196	145757836
中药批发	Wholesale of Chinese Traditional Medicines	43272267	37097303
矿产品、建材及化工产品批发	Wholesale of Mineral Products, Building Materials and Chemical Products	2798893824	2716310221
煤炭及制品批发	Wholesale of Coal and Related Products	289821483	277470735
石油及制品批发	Wholesale of Petroleum and Related Products	693149644	673074395
金属及金属矿批发	Wholesale of Metal Materials	1174585071	1152181655
建材批发	Wholesale of Building Materials	155245893	147382071
化肥批发	Wholesale of Chemical Fertilizer	44867370	42845539
农药批发	Wholesale of Pesticides	4921229	4287947
机械设备、五金产品及电子产品批发	Wholesale of Machinery, Hardware and Electronic Products	767724335	707968265
汽车及零配件批发	Wholesale of Motor Vehicles and Their Parts	299952500	275605959
计算机、软件及辅助设备批发	Wholesale of Computer, Software and Assistant Appliances	68348794	65156442
通讯设备批发	Wholesale of Communication Equipments	75580072	71907417
贸易经纪与代理	Trade Broker and Agency	45114948	42583977
其他批发业	Other Wholesale not Classified Elsewhere	78785597	72424140

3-4-1 Continued 2

单位：万元

Unit: 10 000 yuan

主营业务税金及附加 Taxes and Surcharges of Main Business	主营业务利润 Profits from Main Business	其他业务利润 Profits from Other Business	销售费用 Selling Expenses	管理费用 Administrative Expenses
155801	4478592	231779	1878104	1508697
19080164	60995371	1441412	21681632	12227417
92372	3849747	158602	2717809	1028634
63386	3059891	63035	1382161	724413
431703	17701757	264201	7731102	1893685
18275969	25988266	359642	3940112	5981379
734672	50337876	873403	27869067	11752819
196511	13778212	183272	7018013	3469109
61436	3814135	16830	1370792	1347535
91719	7287097	222455	4431926	2280831
212443	8499425	633647	4251778	2136665
33323	1232330	46028	529186	332049
20724	905975	414194	798712	305401
17714	1681308	49486	706868	534366
709223	34558327	1328530	18523410	7549608
389438	17071922	764461	9046649	3409186
135658	6039306	190276	3960584	1051104
2525361	80058242	2438626	30996337	15126971
494586	11856162	431520	5167277	1896444
547535	19527714	628092	9373540	3031129
712966	21690450	727741	6188373	4090237
302859	7560963	195904	2526257	1739081
66185	1955646	39983	763032	409238
7552	625730	16447	298543	137619
1431318	58324752	1978987	28107689	12901213
731164	23615377	494632	14551085	2589956
70344	3122008	124462	1416148	985679
104552	3568103	337778	1949768	1133924
121644	2409327	139484	680007	579363
433633	5927824	75341	2319441	1251290

项　目	Item	财务费用 Financial Expenses	#利息支出 Interest Expenses
(二)按国民经济行业分	**by Sector**		
农、林、牧、渔产品批发	Wholesale of Agricultural, Forestry, Livestock and Fishery Products	1150596	1317478
食品、饮料及烟草制品批发	Wholesale of Food, Beverages and Tobaccos	-35309	1230121
米、面制品及食用油批发	Wholesale of Rice, Flour and Edible Oil	383986	498862
肉、禽、蛋、奶及水产品批发	Wholesale of Meal, Fowls, Eggs, Milk and Aquatic Products	162774	125218
酒、饮料及茶叶批发	Wholesale of Wine, Beverages and Teas	-10136	168399
烟草制品批发	Wholesale of Tobaccos	-1123934	19880
纺织、服装及家庭用品批发	Wholesale of Textiles, Wearing Apparel and Household Articles	1211416	1141022
服装批发	Wholesale of Garments	355591	301439
鞋帽批发	Wholesale of Shoes and Hats	48656	58675
日用家电批发	Wholesale of Household Electrical Appliances	4876	131676
文化、体育用品及器材批发	Wholesale of Culture, Sports Appliances and Equipments	553458	375137
文具用品批发	Wholesale of Stationeries	85358	48081
体育用品及器材批发	Wholesale of Sports Appliances and Equipments	23322	6834
图书批发	Wholesale of Books	78742	63516
医药及医疗器材批发	Wholesale of Medicines and Medical Appliances	1835090	1617155
西药批发	Wholesale of Western Medicines	1252877	1159412
中药批发	Wholesale of Chinese Traditional Medicines	260101	214181
矿产品、建材及化工产品批发	Wholesale of Mineral Products, Building Materials and Chemical Products	12761822	11244744
煤炭及制品批发	Wholesale of Coal and Related Products	1811573	1626950
石油及制品批发	Wholesale of Petroleum and Related Products	1801437	1460350
金属及金属矿批发	Wholesale of Metal Materials	6004673	5174807
建材批发	Wholesale of Building Materials	1099658	1081954
化肥批发	Wholesale of Chemical Fertilizer	409544	430312
农药批发	Wholesale of Pesticides	29195	39978
机械设备、五金产品及电子产品批	Wholesale of Machinery, Hardware and Electronic Products	2107032	2171794
汽车及零配件批发	Wholesale of Motor Vehicles and Their Parts	493038	720413
计算机、软件及辅助设备批发	Wholesale of Computer, Software and Assistant Appliances	220473	165267
通讯设备批发	Wholesale of Communication Equipments	338610	280816
贸易经纪与代理	Trade Broker and Agency	621081	495809
其他批发业	Other Wholesale not Classified Elsewhere	388655	337314

3-4-1 Continued 3

单位：万元
Unit: 10 000 yuan

营业利润 Operating Profits	利润总额 Total Profits	应交所得税 Income Tax Payable	应付职工薪酬 Payables to Employees	应交增值税 VAT Payable
1474408	1910887	188220	1220811	306157
35343173	35645337	7053863	14349042	11180771
612039	793784	129922	991323	483451
971693	1040255	74760	807650	231618
13581429	13642400	2031254	2916748	2487829
17799482	17668229	4305611	7060297	6875328
11966465	12455830	2431013	9713801	5391246
3553671	3667396	788033	3012222	1460437
1161977	1220741	251914	592984	419819
1205985	1214861	181330	1440129	577574
2552137	2370586	473903	2442328	1018298
318505	332132	73162	310480	179254
200116	215695	49017	271934	128919
560171	249423	51949	623448	45225
8663468	8786292	1994354	8080120	5025027
4589753	4599052	963954	4090433	2536467
999115	1012200	304418	1290582	907328
31852072	32086451	5441230	13353752	13097193
4753422	4865007	748476	1492465	2496723
7354848	7321441	1568466	4031110	4138612
7754833	7758658	1475012	2947489	2914852
4039385	4100756	444654	1440235	1277303
523466	588181	84694	397555	133802
199673	206843	26213	172756	11411
21321118	21959779	6312940	12403596	7250399
7853193	8060347	2049577	2261715	3211402
685009	718006	159436	1153083	355743
724851	783096	210916	1307584	553339
987669	1002059	213073	481952	292824
1733272	2138754	375113	1045784	2749315

项 目	Item	主营业务收入 Revenue from Main Business	主营业务成本 Cost of Main Business
二、零售业	**Retail Trade**	**1083138679**	**946022326**
#国有控股	State-controlled Enterprises	202450560	180156857
(一)按登记注册类型分	**by Type of Registration**		
1.内资企业	**Domestic Funded Enterprises**	**941962967**	**832837307**
国有企业	State-owned Enterprises	10860101	9328142
集体企业	Collective-owned Enterprises	4948796	4223760
股份合作企业	Cooperative Enterprises	1122628	991746
联营企业	Joint Ownership Enterprises	935546	826898
国有联营企业	State Joint Ownership Enterprises	106133	89457
集体联营企业	Collective Joint Ownership Enterprises	512605	455536
国有与集体联营企业	Joint State-collective Enterprises	173528	154762
其他联营企业	Other Joint Ownership Enterprises	143280	127143
有限责任公司	Limited Liability Corporations	415262936	368748142
国有独资公司	State Sole Funded Corporations	17742353	15588049
其他有限责任公司	Other Limited Liability Corporations	397520583	353160094
股份有限公司	Share-holding Corporations Ltd.	124203770	111508999
私营企业	Private Enterprises	383486620	336323931
私营独资企业	Private-funded Enterprises	9198949	7625682
私营合伙企业	Private Partnership Enterprises	1030987	859503
私营有限责任公司	Private Limited Liability Corporations	361617852	318078316
私营股份有限公司	Private Share-holding Corporations Ltd.	11638832	9760430
其他企业	Other Enterprises	1142569	885688
2.港、澳、台商投资企业	**Enterprises with Funds from Hongkong, Macao and Taiwan**	**67471324**	**54062100**
合资经营企业	Joint-venture Enterprises	14589402	12100116
合作经营企业	Cooperative Enterprises	791730	673650
独资经营企业	Enterprises with Sole Investment	49940149	39566963
投资股份有限公司	Share-holding Corporations Ltd. with Investment	1276180	1010931
其他港澳台商投资企业	Other Enterprises with Funds from Hongkong, Macao and Taiwan	873863	710439
3.外商投资企业	**Foreign Funded Enterprises**	**73704388**	**59122920**
中外合资经营企业	Joint-venture Enterprises	28033556	22812286
中外合作经营企业	Cooperative Enterprises	1201210	1049538
外资企业	Enterprises with Sole Foreign Investment	37290285	29160676
外商投资股份有限公司	Share-holding Corporations Ltd. with Foreign Investment	3774364	3198197
其他外商投资企业	Other Foreign Funded Enterprises	3404973	2902222

单位：万元
Unit: 10 000 yuan

主营业务税金及附加 Taxes and Surcharges of Main Business	主营业务利润 Profits from Main Business	其他业务利润 Profits from Other Business	销售费用 Selling Expenses	管理费用 Administrative Expenses
4300667	**132815686**	**10379228**	**78590700**	**34026125**
614715	21678988	1530844	13043968	4515328
3665297	**105460363**	**7913717**	**58979410**	**27422679**
51054	1480905	82967	590068	354846
40361	684675	29930	211153	207754
4452	126430	5591	49825	40110
2582	106066	260	30541	15388
364	16312	14	4754	365
1232	55837	86	13418	10676
573	18193	124	7988	1608
413	15724	37	4380	2738
1447005	45067789	4350763	27456992	11186511
82236	2072068	110196	1081405	535462
1364769	42995720	4240567	26375588	10651049
391630	12303141	1155014	8336625	3058382
1723507	45439182	2288176	22264345	12516544
95621	1477646	11795	348336	297202
8781	162703	808	42102	41742
1560064	41979472	2204239	21006809	11736313
59042	1819360	71334	867097	441286
4708	252173	1017	39862	43145
325065	**13084159**	**1382225**	**9460793**	**3450023**
64726	2424560	391702	1813247	655605
2979	115101	20719	59181	39737
245734	10127452	913669	7266374	2672721
5233	260016	33503	204952	48795
6393	157031	22633	117040	33164
310305	**14271163**	**1083286**	**10150497**	**3153423**
114124	5107146	365995	3824133	872390
4886	146786	62510	123184	48351
172471	7957138	582084	5518296	1953433
10601	565566	38836	392881	182295
8222	494529	33861	292003	96955

项　目	Item	财务费用 Financial Expenses	#利息支出 Interest Expenses
二、零售业	**Retail Trade**	**6161791**	**3730802**
#国有控股	State-controlled Enterprises	458241	434588
(一)按登记注册类型分	**by Type of Registration**		
1.内资企业	**Domestic Funded Enterprises**	**5672665**	**3350158**
国有企业	State-owned Enterprises	17115	9323
集体企业	Collective-owned Enterprises	21411	8368
股份合作企业	Cooperative Enterprises	2388	1844
联营企业	Joint Ownership Enterprises	3241	184
国有联营企业	State Joint Ownership Enterprises	127	1
集体联营企业	Collective Joint Ownership Enterprises	2242	20
国有与集体联营企业	Joint State-collective Enterprises	187	36
其他联营企业	Other Joint Ownership Enterprises	685	127
有限责任公司	Limited Liability Corporations	2185891	1465348
国有独资公司	State Sole Funded Corporations	18348	18344
其他有限责任公司	Other Limited Liability Corporations	2167543	1447004
股份有限公司	Share-holding Corporations Ltd.	488724	434741
私营企业	Private Enterprises	2943757	1428278
私营独资企业	Private-funded Enterprises	63874	16071
私营合伙企业	Private Partnership Enterprises	6458	1855
私营有限责任公司	Private Limited Liability Corporations	2776959	1364700
私营股份有限公司	Private Share-holding Corporations Ltd.	96465	45652
其他企业	Other Enterprises	10138	2071
2.港、澳、台商投资企业	**Enterprises with Funds from Hongkong, Macao and Taiwan**	**237599**	**175053**
合资经营企业	Joint-venture Enterprises	68666	77057
合作经营企业	Cooperative Enterprises	331	621
独资经营企业	Enterprises with Sole Investment	152721	87054
投资股份有限公司	Share-holding Corporations Ltd. with Investment	9103	4934
其他港澳台商投资企业	Other Enterprises with Funds from Hongkong, Macao and Taiwan	6777	5387
3.外商投资企业	**Foreign Funded Enterprises**	**251528**	**205591**
中外合资经营企业	Joint-venture Enterprises	52290	42047
中外合作经营企业	Cooperative Enterprises	4684	3288
外资企业	Enterprises with Sole Foreign Investment	177300	146844
外商投资股份有限公司	Share-holding Corporations Ltd. with Foreign Investment	11316	9081
其他外商投资企业	Other Foreign Funded Enterprises	5938	4330

单位：万元
Unit: 10 000 yuan

营业利润 Operating Profits	利润总额 Total Profits	应交所得税 Income Tax Payable	应付职工薪酬 Payables to Employees	应交增值税 VAT payable
27202506	**27820208**	**5053781**	**42870548**	**16874954**
6122975	6168994	948084	7562714	3104987
22683249	**23287701**	**3761215**	**35447608**	**14297625**
565485	603450	49672	457114	287103
248436	255113	26268	202938	118581
39012	40883	5853	46038	14525
57394	57194	6854	14813	14107
11081	11077	2741	1653	2654
29312	28863	533	6197	7099
8652	8780	2426	3933	2549
8349	8474	1154	3030	1805
8801031	9106422	1837346	15192012	5985667
663156	696755	110970	738695	254648
8137874	8409666	1726377	14453317	5731018
3059790	3010054	475593	4632330	2030991
9756500	10058650	1355744	14835420	5840082
708259	705039	43455	345780	190253
64800	65215	6537	34370	24743
8595907	8882653	1256691	13831898	5479366
387535	405743	49061	623372	145720
155602	155936	3885	66943	6569
2032723	**2015897**	**649645**	**3970109**	**1253199**
546179	466118	142636	864069	291487
36080	36014	9739	41345	28202
1398343	1462402	481607	2941709	894689
24899	23341	9447	83259	21176
27222	28022	6215	39727	17645
2486533	**2516609**	**642921**	**3452830**	**1324130**
1093491	1099881	275436	1192113	494343
37161	34164	3458	53522	13938
1262139	1279721	358036	1881163	648905
56904	61690	-5761	214796	134124
36838	41153	11753	111237	32820

项 目	Item	主营业务收入 Revenue from Main Business	主营业务成本 Cost of Main Business
(二)按国民经济行业分	**by Sector**		
综合零售	Integrated Retail	195679936	163921967
百货零售	Retail of General Merchandise	102382918	84918924
超级市场零售	Retail of Supermarkets	85283899	72600906
食品、饮料及烟草制品专门零售	Special Retail of Food, Beverages and Tobaccos	35791666	27744083
粮油零售	Retail of Cereal and Oil	3229012	2809188
肉、禽、蛋、奶及水产品零售	Retail of Meat, Poultry, Eggs, Milk and Aquatic Products	5658903	4672587
酒、饮料及茶叶零售	Retail of Wine, Beverages and Teas	9679431	7365811
烟草制品零售	Retail of Tobaccos	1900007	1544199
纺织、服装及日用品专门零售	Special Retail of Textiles, Garments and Daily Consumer Articles	53106897	36864870
服装零售	Retail of Garments	32144147	21524312
文化、体育用品及器材专门零售	Special Retail of Culture, Sports Appliances and Equipments	29828074	23286443
体育用品及器材零售	Retail of Sports Appliances and Equipments	2462237	1849867
图书、报刊零售	Retail of Books, Newspapers and Magazines	11746218	8865731
医药及医疗器材专门零售	Special Retail of Medicines and Medical Appliances	42810840	35037723
西药零售	Retail of Western Medicines	38257400	31445013
汽车、摩托车、零配件和燃料及其他动力销售	Retail of Motor Vehicles, Motorcycles, Parts, Fuel and Other Powers	510526205	470846868
汽车新车零售	Retail of New Motor Vehicles	352749082	327120799
机动车燃油零售	Retail of Fuel Oil of Motor Vehicles	142111729	129724129
家用电器及电子产品专门零售	Special Retail of Household Electric Appliances and Electronic Products	85035893	76101510
日用家电设备零售	Retail of Household Electric Appliances	34404168	30509700
计算机、软件及辅助设备零售	Retail of Computer, Software and Assistant Appliances	22109607	20266594
通信设备零售	Retail of Communication Equipments	11581870	10498565
五金、家具及室内装饰材料专门零售	Special Retail of Hardware, Furniture and Interior Decoration Materials	24007646	19405632
货摊、无店铺及其他零售	Stalls, Non-shop and Other Retails	106351522	92813229
互联网零售	Retail on the Internet	95419893	83826730
(三)按零售业态分	**by Mode of Business Operation**		
有店铺零售	Store-based Retailing	926026273	807501821
超市	Supermarket	35448308	29456875
大型超市	Hypermarket	95497739	81553492
百货店	Department Store	95824919	78548754
专业店	Speciality Store	302043242	265943967
专卖店	Exclusive Shop	356443288	316321149
无店铺零售	Non-Store Selling	193381253	168955305

单位：万元

Unit: 10 000 yuan

主营业务税金及附加 Taxes and Surcharges of Main Business	主营业务利润 Profits from Main Business	其他业务利润 Profits from Other Business	销售费用 Selling Expenses	管理费用 Administrative Expenses
1200458	30557511	5177361	22026588	9548748
838796	16625198	2855825	9820377	5782285
309899	12373094	2122285	10920635	3200317
246873	7800710	128816	3607570	1534654
15887	403937	6466	196380	112592
28466	957850	12424	363235	209106
89946	2223674	22968	716480	396831
15034	340774	7134	152234	107572
327327	15914700	448074	10031718	3577651
215839	10403996	305970	6778286	2427211
259751	6281880	280109	3092442	1742892
14376	597994	6336	427774	157696
42536	2837951	193885	1236964	919625
168290	7604827	361685	4604537	1742138
146726	6665661	342268	4143535	1492103
1331584	38347753	2546981	18964684	9762411
994316	24633967	2260686	11778823	7841430
272603	12114997	235606	6442100	1520184
255247	8679136	574325	5188274	2322242
114577	3779891	376378	2364697	987394
44245	1798768	19687	1047779	459110
23985	1059320	128048	732238	341741
238025	4363989	60168	1631605	1182744
273113	13265180	801709	9443282	2612646
221828	11371335	689140	8650650	2041114
3909465	114614987	9424130	66303188	30323297
219537	5771896	321007	3322497	1501811
324512	13619735	2679741	11645046	3826958
781788	16494377	2348410	9945385	5232718
1032450	35066825	1601202	18044218	8307085
1306464	38815675	2245141	21410813	10357718
525238	23900710	1149851	15845750	5095268

项　目	Item	财务费用 Financial Expense	#利息支出 Interest Expenses
(二)按国民经济行业分	**by Sector**		
综合零售	Integrated Retail	1481335	949477
百货零售	Retail of General Merchandise	1028812	746940
超级市场零售	Retail of Supermarkets	392083	168469
食品、饮料及烟草制品专门零售	Special Retail of Food, Beverages and Tobaccos	200186	98358
粮油零售	Retail of Cereal and Oil	27453	13805
肉、禽、蛋、奶及水产品零售	Retail of Meat, Poultry, Eggs, Milk and Aquatic Products	29224	11540
酒、饮料及茶叶零售	Retail of Wine, Beverages and Teas	75332	33157
烟草制品零售	Retail of Tobaccos	-5919	3064
纺织、服装及日用品专门零售	Special Retail of Textiles, Garments and Daily Consumer Articles	310884	199109
服装零售	Retail of Garments	234246	164065
文化、体育用品及器材专门零售	Special Retail of Culture, Sports Appliances and Equipments	142537	100132
体育用品及器材零售	Retail of Sports Appliances and Equipments	9259	6260
图书、报刊零售	Retail of Books, Newspapers and Magazines	-33518	14819
医药及医疗器材专门零售	Special Retail of Medicines and Medical Appliances	299551	247850
西药零售	Retail of Western Medicines	272781	232896
汽车、摩托车、零配件和燃料及其他动力销售	Retail of Motor Vehicles, Motorcycles, Parts, Fuel and Other Powers	2956961	1597488
汽车新车零售	Retail of New Motor Vehicles	2621095	1426862
机动车燃油零售	Retail of Fuel Oil of Motor Vehicles	241796	115213
家用电器及电子产品专门零售	Special Retail of Household Electric Appliances and Electronic Products	341392	346977
日用家电设备零售	Retail of Household Electric Appliances	147124	194977
计算机、软件及辅助设备零售	Retail of Computer, Software and Assistant Appliances	38400	21298
通信设备零售	Retail of Communication Equipments	49604	22449
五金、家具及室内装饰材料专门零售	Special Retail of Hardware, Furniture and Interior Decoration Materials	207302	77340
货摊、无店铺及其他零售	Stalls, Non-shop and Other Retails	221643	114072
互联网零售	Retail on the Internet	170489	83739
(三)按零售业态分	**by Mode of Business Operation**		
有店铺零售	Store-based Retailing	5697004	3400915
超市	Supermarket	236810	92683
大型超市	Hypermarket	466294	234323
百货店	Department Store	796000	577726
专业店	Speciality Store	1580246	975390
专卖店	Exclusive Shop	2312548	1346353
无店铺零售	Non-Store Selling	629958	421028

3-4-1 Continued 7

单位：万元
Unit: 10 000 yuan

营业利润 Operating Profits	利润总额 Total Profits	应交所得税 Income Tax Payable	应付职工薪酬 Payables to Employees	应交增值税 VAT payable
6403644	6390736	1407801	11839575	3286056
5081517	5037104	1056486	5550775	1936094
1429991	1464016	323230	5724190	1197053
2639005	2706237	336487	2073195	831949
87003	119255	9175	137022	33500
364579	372084	22248	303991	90789
1088358	1075245	149788	444592	261300
150677	170277	30953	152600	34296
2458788	2551503	638198	4192110	1389341
1268225	1326786	382493	2780931	836060
1617337	1710311	165503	2397925	443874
18583	23360	11617	164939	43016
936819	1003234	42890	1191072	93890
1289887	1329257	236193	3210266	892858
1092078	1127321	197656	2822207	771885
8670683	8795554	1593021	12865358	7042170
4736367	4929111	1041589	9444888	4403974
3540651	3466224	479724	2939559	2423631
1372982	1408556	200808	2740084	1133803
729044	742363	68382	1056027	471871
253333	260059	47911	647545	257661
116413	120953	19340	487250	110908
1318690	1355412	150624	999427	488658
1431488	1572642	325146	2552608	1366244
838834	963355	226878	2026986	1170455
25173902	25573877	4555207	38638997	14878230
1142021	1195547	145429	2267960	618703
1896972	1928742	444681	6026889	1339091
4806620	4876045	954709	5424973	1937068
8635861	8764055	1241837	11529547	4899198
7588296	7821403	1558447	13020751	5171387
2867309	3105502	694049	5981994	2569842

3-4-2 各地区限额以上批发业企业损益及分配

地区	Region	主营业务收入 Revenue from Main Business	主营业务成本 Cost of Main Business	主营业务税金及附加 Taxes and Surcharges of Main Business	主营业务利润 Profits from Main Business	其他业务利润 Profits from Other Business	销售费用 Selling Expenses	管理费用 Administrative Expenses
全国	**National Total**	**4993694376**	**4662700382**	**25404261**	**305589730**	**9141209**	**136307464**	**65034042**
北京	Beijing	492928739	459140272	1049308	32739159	2555211	16308967	9572069
天津	Tianjin	223708495	214717985	721453	8269057	241915	4253240	1556938
河北	Hebei	62814486	58104037	755168	3955281	53667	1376337	720092
山西	Shanxi	74834449	70866220	540610	3427619	140738	1624716	880472
内蒙古	Inner Mongolia	32730253	30066363	441267	2222623	119298	1492677	455811
辽宁	Liaoning	135037596	130822604	603731	3611261	78673	1864388	958833
吉林	Jilin	17939171	16555384	291040	1092747	17067	917476	313607
黑龙江	Heilongjiang	33502418	31770880	366428	1365110	39577	695076	357174
上海	Shanghai	806078386	748426061	1170008	56482317	1056466	31656616	11625833
江苏	Jiangsu	493239947	457250143	1817750	34172054	784950	11751901	5925482
浙江	Zhejiang	503536328	481642737	1761370	20132221	742996	9528251	4787245
安徽	Anhui	75884473	68783855	922057	6178561	65183	3028204	1055336
福建	Fujian	242227673	227578239	1036079	13613355	333569	4336858	2519201
江西	Jiangxi	33540065	29429280	637044	3473741	131879	1609612	617188
山东	Shandong	241249974	226930264	1354118	12965592	291916	5087983	2739778
河南	Henan	82273860	73895126	1314855	7063879	91541	1857780	1364286
湖北	Hubei	120461337	108854457	1064047	10542833	289589	3907927	1833527
湖南	Hunan	54811596	48150059	1198648	5462889	28072	2150270	1147719
广东	Guangdong	695480918	652481180	2436609	40563129	1502110	19975854	10270730
广西	Guangxi	57280944	53970766	595547	2714631	66687	1135332	673975
海南	Hainan	11550082	10395075	288502	866505	10651	495260	174051
重庆	Chongqing	87550241	80716474	1021439	5812328	86575	1983692	1115424
四川	Sichuan	84141297	76644471	1116272	6380554	135830	2458721	1156390
贵州	Guizhou	36916631	28666044	718977	7531610	31763	1262550	711858
云南	Yunnan	70765070	64440788	746349	5577933	114365	1585261	719535
西藏	Tibet	1026453	710408	81218	234827	561	133569	57410
陕西	Shaanxi	86315744	81878338	632021	3805385	27752	1641536	660243
甘肃	Gansu	41551467	39650969	300381	1600117	17459	644812	345700
青海	Qinghai	6618571	6122666	87516	408389	12570	129341	77782
宁夏	Ningxia	12584065	12078934	100824	404307	21285	178877	85602
新疆	Xinjiang	75113645	71960304	233625	2919716	51294	1234380	554751

Income and Distribution of Enterprises above Designated Size of Wholesale Trade by Region

单位：万元
Unit: 10 000 yuan

财务费用 Financial Expenses	#利息支出 Interest Expenses	营业利润 Operating Profits	利润总额 Total Profits	应交所得税 Income Tax Payable	应付职工薪酬 Payables to Employees	应交增值税 VAT Payable
20593840	**19930574**	**115893782**	**118355975**	**24483709**	**63091185**	**46311231**
2714344	3687252	14064908	13977931	3010582	9111880	4161955
1742952	1495500	1439328	1868185	565016	1704686	1780900
501670	217878	1311865	1329335	293096	683863	606192
473403	367877	778601	776877	216981	824207	626825
151434	188662	612193	636683	129301	360232	569666
503387	499319	552610	621621	312664	850090	782741
82160	164642	193061	240169	91290	428048	230130
144968	268882	271253	305778	84478	597937	341515
2123388	1529574	15684893	16840508	4149422	10271100	4148762
1981288	1406785	15416471	15056925	2506803	4990265	5243401
2083550	2501590	7309384	7854360	1675203	4433224	3669858
172666	224280	2294870	2309030	407933	1183508	1576627
1061104	936828	6426834	6514589	734270	2131518	1877021
106735	108293	1147495	1179104	211746	727222	640765
1167275	908004	3349395	3355118	662389	2600153	2214144
459059	361445	3257750	3281272	468824	1309885	1239527
323426	391285	4275442	4210478	616205	2201440	2185130
235907	192472	2059073	2087413	390464	982229	962006
2445768	2192024	12639906	12996177	4396014	9795461	6093449
321890	336718	681478	686421	174704	719958	586549
8130	35508	404501	408976	73251	248874	152296
231491	245847	2584223	2648138	341912	1106407	1256784
315281	327361	2369795	2393714	474097	1339259	1220408
52504	163952	9928399	9908239	1299493	786667	1338304
245661	361317	3235613	3240084	662619	1149039	865350
-5278	1306	49115	59810	6955	36156	57153
201861	151615	1626155	1612290	237280	792921	863049
145245	106931	354427	336759	72053	817135	259639
117833	22612	210702	218824	20157	72242	60616
118528	135101	33754	36371	22767	119823	120874
366209	399713	1330286	1364797	175736	715757	579595

国有控股

State-controlled Enterprises

地区	Region	主营业务收入 Revenue from Main Business	主营业务成本 Cost of Main Business	主营业务税金及附加 Taxes and Surcharges of Main Business	主营业务利润 Profits from Main Business	其他业务利润 Profits from Other Business	销售费用 Selling Expenses	管理费用 Administrative Expenses
全国	**National Total**	**1854734988**	**1747185570**	**20046040**	**87503378**	**2612667**	**33854687**	**16056186**
北京	Beijing	266519584	255648091	617814	10253679	910233	4582518	2633958
天津	Tianjin	92394611	89958922	270122	2165567	107095	574662	384564
河北	Hebei	24151888	21751815	704151	1695922	8562	474958	309625
山西	Shanxi	50240429	47932989	506152	1801288	65822	594898	554201
内蒙古	Inner Mongolia	19012225	17815919	397031	799275	10500	545646	218761
辽宁	Liaoning	73407040	71651610	515522	1239908	-5773	628945	352075
吉林	Jilin	11022079	10406847	276579	338653	5897	494030	142917
黑龙江	Heilongjiang	24226241	22996351	353912	875978	26323	459068	243891
上海	Shanghai	252572727	242259012	524738	9788977	157586	5788524	981882
江苏	Jiangsu	87454721	80080864	1281859	6091998	44382	1939899	891541
浙江	Zhejiang	115216249	109584868	1417522	4213859	250761	1214001	883496
安徽	Anhui	28452139	25599546	787696	2064897	17689	714637	389018
福建	Fujian	97294017	93070791	740797	3482429	183483	1297917	581309
江西	Jiangxi	15678177	13644515	576318	1457344	107196	462898	295284
山东	Shandong	59028035	54227941	1027084	3773010	59554	1168331	782653
河南	Henan	35516631	31738902	1137360	2640369	30271	652609	653851
湖北	Hubei	53902909	49631292	828686	3442931	217863	1291221	632031
湖南	Hunan	18350018	15202076	988650	2159292	-45376	738110	509411
广东	Guangdong	204994959	192653428	1817513	10524018	228131	4511523	1402621
广西	Guangxi	31644818	29715127	554024	1375667	38627	444978	353499
海南	Hainan	5099480	4592923	190763	315794	2202	66358	65563
重庆	Chongqing	28134671	25442389	891804	1800478	23343	448692	463614
四川	Sichuan	38577502	34856166	983809	2737527	31006	766060	496083
贵州	Guizhou	18354280	14501411	618825	3234044	18319	764143	420974
云南	Yunnan	52864577	48310705	711275	3842597	66818	985340	444159
西藏	Tibet	674764	493597	80211	100956	561	21335	49508
陕西	Shaanxi	50788215	48152028	577346	2058841	6036	969148	322529
甘肃	Gansu	32454298	31171413	288144	994741	8618	341577	209011
青海	Qinghai	4537783	4167424	84896	285463	2354	59911	47671
宁夏	Ningxia	5977108	5658067	89351	229690	2621	105992	50784
新疆	Xinjiang	56192813	54268542	206088	1718183	31962	746760	289701

单位：万元
Unit: 10 000 yuan

财务费用 Financial Expenses	#利息支出 Interest Expenses	营业利润 Operating Profits	利润总额 Total Profits	应交所得税 Income Tax Payable	应付职工薪酬 Payables to Employees	应交增值税 VAT Payable
6843821	**9314686**	**46034613**	**46581414**	**9351731**	**20020339**	**16813637**
1771723	2492301	5665355	5743032	1180223	3133308	1468014
1075315	1066236	582384	669305	196992	391723	308818
209210	69121	697445	710062	156575	334134	337335
294910	254415	546340	578235	178429	530546	410886
23104	97077	423759	429392	91138	235327	338976
179833	230589	76136	108288	193339	468506	341396
17053	119734	100517	129849	62737	252794	147829
86853	233660	222906	244203	70331	356215	280120
513879	630889	3961818	4073164	789703	1189540	1069038
314473	473446	3234829	3282113	593118	1011359	1117527
198847	482742	3076401	3206187	700274	969015	1139641
44646	110565	1183459	1192438	238995	501545	687733
356605	372479	1770609	1768217	355122	777986	567241
52409	72034	704814	707247	164379	390510	287180
140456	226975	861282	856865	198101	887340	613812
116827	225282	1298936	1303417	257866	701811	538774
42043	133310	1438310	1363961	324961	886407	762523
61094	111129	1024468	1023156	258900	493774	449649
421101	592868	5066903	5104332	1253403	2029878	1842395
187390	237392	476888	473474	132422	401220	319150
-4499	6691	216881	217979	49071	66026	79718
72611	135842	882871	902054	151925	567520	406580
96739	158693	1156054	1165004	302694	635421	697523
40030	111973	6531040	6507585	463379	571129	535005
118130	263214	2478092	2482099	611219	882101	678784
-5338	151	34076	42774	5357	18885	36809
44316	55625	1112540	1087716	156046	505592	633573
45240	58105	238292	216198	49368	302481	179966
106390	6336	90402	95052	16121	45573	36272
-1495	5790	112206	113127	19569	88443	102805
223927	280023	768600	784890	129974	394232	398566

3-4-3 各地区限额以上批发业企业损益及分配(按登记注册类型分)

内资企业

Domestic Funded Enterprises

地区	Region	主营业务收入 Revenue from Main Business	主营业务成本 Cost of Main Business	主营业务税金及附加 Taxes and Surcharges of Main Business	主营业务利润 Profits from Main Business	其他业务利润 Profits from Other Business	销售费用 Selling Expenses	管理费用 Administrative Expenses
全国	**National Total**	**4223900518**	**3981470630**	**23768521**	**218661367**	**6373433**	**87275690**	**46154384**
北京	Beijing	355681279	337318421	750257	17612601	1414248	8244225	5222778
天津	Tianjin	176694689	170938296	417108	5339285	163037	2331259	1112067
河北	Hebei	59488156	54955927	751423	3780806	51743	1306374	692382
山西	Shanxi	74172329	70240757	539959	3391613	139584	1605444	873176
内蒙古	Inner Mongolia	32651063	29994959	441223	2214881	119298	1485971	455434
辽宁	Liaoning	132803678	128947180	595389	3261109	78171	1723579	878795
吉林	Jilin	16230453	15001053	286922	942478	16699	772858	308603
黑龙江	Heilongjiang	31023032	29296166	365392	1361474	39577	695056	355667
上海	Shanghai	465073122	452753221	610801	11709100	401001	5503643	3011941
江苏	Jiangsu	437113822	409433778	1686343	25993701	711256	8558530	3938224
浙江	Zhejiang	470050356	449673079	1733811	18643466	689778	8393393	4528797
安徽	Anhui	67276086	61318584	898101	5059401	53259	2178097	936161
福建	Fujian	228725505	215333597	1009418	12382490	283552	3714913	2246409
江西	Jiangxi	32976266	28904166	636079	3436021	130476	1588793	610945
山东	Shandong	235643425	221687112	1347247	12609066	284399	4947764	2632433
河南	Henan	82081257	73715344	1314697	7051216	91210	1851507	1361370
湖北	Hubei	106771118	97116825	1028568	8625725	283218	2546574	1469282
湖南	Hunan	52337686	46084773	1187854	5065059	27244	1871588	1105946
广东	Guangdong	614753771	579689515	2272638	32791618	833294	15548883	8221250
广西	Guangxi	57028864	53726266	595328	2707270	66687	1132720	672013
海南	Hainan	11490998	10346137	281905	862956	10624	486732	172704
重庆	Chongqing	82365160	75841330	1010855	5512975	80366	1805468	1073525
四川	Sichuan	81772892	74406267	1113926	6252699	127796	2381796	1134205
贵州	Guizhou	36554493	28332447	718297	7503749	31101	1244472	704398
云南	Yunnan	70052823	63801975	744628	5506220	113504	1553244	706575
西藏	Tibet	827815	597818	81185	148812	561	60378	56097
陕西	Shaanxi	76751354	72540802	627609	3582943	27349	1566204	622391
甘肃	Gansu	41523417	39628741	300258	1594418	17459	640527	345192
青海	Qinghai	6448167	5951754	87375	409038	12570	127940	75815
宁夏	Ningxia	12584065	12078934	100824	404307	21285	178877	85602
新疆	Xinjiang	74953378	71815407	233102	2904869	53088	1228882	544210

Income and Distribution of Enterprises above Designated Size of Wholesale Trade by Region and Type of Registration

单位：万元

Unit: 10 000 yuan

财务费用 Financial Expenses		营业利润 Operating Profits	利润总额 Total Profits	应交所得税 Income Tax Payable	应付职工薪酬 Payables to Employees	应交增值税 VAT Payable
	#利息支出 Interest Expenses					
18628591	**18166444**	**87977808**	**89408173**	**16524972**	**45875173**	**37143367**
2530643	3231189	6744597	6847377	1510648	5190151	2361602
1663063	1374632	745777	1006876	383456	884512	1091376
492573	212130	1236290	1253252	289100	658288	601450
470475	367778	770981	769066	214591	813633	625361
151416	188662	611553	636042	129301	360167	569147
448050	440165	279137	347395	288924	781955	728707
82372	164642	192521	239075	79612	412407	208344
144913	268881	269183	303710	84017	596936	337932
1133637	997662	4352354	4650818	890611	2591844	752643
1806484	1358057	12139346	11766817	1875576	3795368	4232875
2013604	2386635	7024233	7544143	1576160	4154513	3520236
178005	214432	2133813	2151903	388553	1045466	1403487
1027442	913453	5948572	6032668	627083	1904982	1721242
104559	105984	1132087	1162774	209398	715264	637714
1159302	880193	3238413	3251351	631980	2526299	2176959
457907	360358	3254485	3277957	468416	1306013	1238668
297540	363428	4007633	3939791	522201	1901109	1684710
235626	192433	1974235	2002255	372016	945702	914462
2202345	1922937	9392555	9595597	2459492	7608071	5112331
320695	336025	679512	684366	174233	718509	585632
8159	35725	408017	412541	73079	246050	150692
225336	243739	2480720	2543099	332398	1034942	1211640
311082	323554	2303812	2326737	467577	1309764	1204298
54369	157869	9920886	9901370	1298123	772840	1335183
241288	357318	3194079	3198136	656636	1130765	829610
-5036	1297	39033	49720	6068	28956	43381
128169	108527	1578327	1560384	226796	729894	847000
145250	106929	353517	335848	71601	816289	258676
119564	22602	213204	221005	20157	65841	60254
118528	135101	33754	36371	22767	119823	120874
361231	394104	1325181	1359727	174404	708819	576882

3-4-3 续表 1

国有企业

State-owned Enterprises

地 区	Region	主营业务收入 Revenue from Main Business	主营业务成本 Cost of Main Business	主营业务税金及附加 Taxes and Surcharges of Main Business	主营业务利润 Profits from Main Business	其他业务利润 Profits from Other Business	销售费用 Selling Expenses	管理费用 Administrative Expenses
全 国	**National Total**	**164012688**	**125764115**	**15230981**	**23017592**	**414618**	**4276769**	**5490734**
北 京	Beijing	10701364	9663996	311281	726087	26383	186561	156542
天 津	Tianjin	2724405	2374212	133001	217192	2787	23857	60241
河 北	Hebei	5191375	3788006	688196	715173	3073	108074	192129
山 西	Shanxi	3424127	2523758	422623	477746	4714	53716	140201
内蒙古	Inner Mongolia	3225615	2791599	349590	84426	4036	76161	127470
辽 宁	Liaoning	5312667	4161487	483586	667594	1338	137104	169125
吉 林	Jilin	2152022	1762850	242107	147065	-416	73995	79528
黑龙江	Heilongjiang	6306398	5514567	332908	458923	19193	122589	150763
上 海	Shanghai	2043783	1950740	2677	90366	844	28685	34834
江 苏	Jiangsu	10839639	7985725	1209212	1644702	4218	162653	299778
浙 江	Zhejiang	9065978	6278677	1194862	1592439	8579	144331	268578
安 徽	Anhui	5842786	4178434	756086	908266	1475	104985	236326
福 建	Fujian	6016818	4450721	611489	954608	1684	122561	233879
江 西	Jiangxi	4553874	3244000	553888	755986	65112	94595	176546
山 东	Shandong	963161	921905	1610	39646	3450	23421	31396
河 南	Henan	9202747	6578744	1107398	1516605	3786	321520	493473
湖 北	Hubei	7006091	4964994	782167	1258930	190916	196223	289448
湖 南	Hunan	8158043	5638137	965865	1554041	2037	252441	350554
广 东	Guangdong	4247905	3826104	192985	228816	12695	109883	97929
广 西	Guangxi	4649700	3490681	526724	632295	3505	114986	194760
海 南	Hainan	2446117	2037651	189594	218872	798	22128	51182
重 庆	Chongqing	7110126	5240790	863611	1005725	876	196807	316412
四 川	Sichuan	8000587	5686297	900285	1414005	6504	210582	333068
贵 州	Guizhou	6659215	4739073	577301	1342841	13585	407451	287857
云 南	Yunnan	10276632	6854578	674374	2747680	24368	560987	286992
西 藏	Tibet	596903	426698	73369	96836	561	16355	44381
陕 西	Shaanxi	7095456	5883124	512940	699392	793	215148	165401
甘 肃	Gansu	2487301	1916144	272420	298737	3308	60318	86898
青 海	Qinghai	1002558	815823	79036	107699	185	12692	31175
宁 夏	Ningxia	668287	505112	85762	77413	961	13307	27102
新 疆	Xinjiang	6041006	5569490	134034	337482	3273	102651	76765

单位：万元

Unit: 10 000 yuan

财务费用 Financial Expenses	#利息支出 Interest Expenses	营业利润 Operating Profits	利润总额 Total Profits	应交所得税 Income Tax Payable	应付职工薪酬 Payables to Employees	应交增值税 VAT Payable
-802001	**371523**	**15037817**	**15082755**	**3755566**	**6443517**	**5957345**
-38643	11464	559226	590768	122874	222053	150084
-8870	11902	148609	149898	38784	62309	53488
-30975	963	453813	455408	116070	178110	215616
-24736	5232	310028	305990	78762	117149	141893
-23009	68083	239837	243506	68910	129036	112903
-37708	2344	385825	391928	132289	184399	183206
-8777	34621	121681	137059	35028	114035	62829
-12593	5595	202976	202432	47848	197800	119314
2774	8641	40253	52624	11110	32281	10554
-152293	10223	1363534	1377557	330240	338632	437017
-100558	286	1299247	1298554	325761	283165	434780
-48235	24489	641371	642752	158279	216722	279766
-14575	1640	627187	611001	154366	248961	231967
-30595	1712	506661	510738	117774	171636	202090
9347	6304	-6198	147	1167	22550	3745
-23840	74558	743811	744951	202376	513362	410859
-36574	2025	822760	802902	192538	357961	307983
-29218	2260	989015	983600	250426	324174	369799
36055	35997	26938	59703	12156	108352	69312
-19353	3485	359721	364954	85655	195656	176905
-17717		188601	188925	41336	52039	66087
-31193	1774	525393	522418	112633	389681	298044
-36944	3609	928084	922263	236228	356994	348019
-10548	11711	711914	688533	169110	438623	268893
-93482	11822	2049380	2047452	521717	678054	566040
-5647	-19	39999	39890	5027	13077	34704
1375	3101	320385	305876	77520	244531	186908
-8467	852	169160	165281	42587	114151	91163
-12117	640	69198	68925	12221	26962	25652
-4993	179	44283	45221	11232	31170	25459
10106	26033	155126	161498	43543	79892	72268

3-4-3 续表 2

集体企业

Collective-owned Enterprises

地 区	Region	主营业务收入 Revenue from Main Business	主营业务成本 Cost of Main Business	主营业务税金及附加 Taxes and Surcharges of Main Business	主营业务利润 Profits from Main Business	其他业务利润 Profits from Other Business	销售费用 Selling Expenses	管理费用 Administr-ative Expenses
全 国	**National Total**	**6501890**	**6097717**	**20128**	**384045**	**32198**	**183096**	**113949**
北 京	Beijing	602559	593965	276	8318	19769	4365	8716
天 津	Tianjin	27452	26896	23	533		367	533
河 北	Hebei	64815	59369	416	5030		2692	4492
山 西	Shanxi	683937	567642	2535	113760	3731	93615	18869
内蒙古	Inner Mongolia	49789	46869	157	2763		1355	954
辽 宁	Liaoning	222734	215337	380	7017		555	5032
吉 林	Jilin	2254	2154	11	89		6	74
黑龙江	Heilongjiang	31908	27061	11	4836		838	1039
上 海	Shanghai	30215	25808	118	4289	150	1951	1225
江 苏	Jiangsu	834188	769306	1950	62932	91	4604	5782
浙 江	Zhejiang	62814	58148	184	4482	341	2078	1490
安 徽	Anhui	53221	49407	153	3661		1006	758
福 建	Fujian	265689	248380	738	16571	626	8791	4120
江 西	Jiangxi	33710	29026	359	4325	516	1511	1075
山 东	Shandong	1098155	1060814	8677	28664	530	7005	18365
河 南	Henan	547235	528969	790	17476		6947	5082
湖 北	Hubei	124909	109514	301	15094	730	2486	2465
湖 南	Hunan	122992	117778	177	5037		1105	1561
广 东	Guangdong	440301	420501	536	19264	1761	10214	8112
广 西	Guangxi	135820	120506	378	14936	201	3900	5133
海 南	Hainan							
重 庆	Chongqing	102037	96790	97	5150	160	1914	2088
四 川	Sichuan	596065	583146	624	12295	1630	5792	6293
贵 州	Guizhou	73390	64611	289	8490	123	3015	2652
云 南	Yunnan	98225	90651	584	6990	1768	2381	1674
西 藏	Tibet							
陕 西	Shaanxi	136264	127913	299	8052	12	3211	4096
甘 肃	Gansu	13012	12365	16	631		592	80
青 海	Qinghai	3574	3049	16	509	18	175	378
宁 夏	Ningxia							
新 疆	Xinjiang	44629	41743	36	2850	39	10629	1813

单位：万元
Unit: 10 000 yuan

财务费用 Financial Expenses	#利息支出 Interest Expenses	营业利润 Operating Profits	利润总额 Total Profits	应交所得税 Income Tax Payable	应付职工薪酬 Payables to Employees	应交增值税 VAT Payable
59179	**41692**	**104942**	**99159**	**8555**	**89553**	**124735**
19153	17916	3313	3387	368	7196	6393
-3		-131	-125	14	573	70
7728	706	3443	4242	285	1474	663
2459	2744	2938	3455	303	20352	10887
121	121	372	372		206	53
2041	2999	-531	-167	23	1263	1287
2	2				48	6
572	520	1229	1229	3	961	-33
535		1154	1233	296	1268	684
3337	5051	50551	37438	2619	5077	5127
435	636	1125	1204	275	1651	506
51	44	1846	1846	62	1301	504
1137	476	3162	3597	38	3270	671
64	56	1707	1765	44	473	177
7858	198	269	763	297	14097	82492
473	8	4482	4477	1284	3332	3572
1345	1335	8018	8039	12	3393	3809
778	58	1498	1486	503	1025	128
1033	489	3043	3792	535	6481	2686
1319	28	4270	4329	390	4698	1355
311	248	3083	3098	166	1703	450
6108	5901	5003	7666	606	3772	915
1439	1276	1232	1637	4	1360	788
248	211	2555	2688	341	808	938
457	562	1077	1353	86	2664	450
73	72	-115	-116		91	43
44		-87	-22		348	16
63	35	434	492	1	668	98

股份合作企业
Cooperative Enterprises

地 区	Region	主营业务收入 Revenue from Main Business	主营业务成本 Cost of Main Business	主营业务税金及附加 Taxes and Surcharges of Main Business	主营业务利润 Profits from Main Business	其他业务利润 Profits from Other Business	销售费用 Selling Expenses	管理费用 Administrative Expenses
全 国	**National Total**	**2892786**	**2761542**	**2694**	**128550**	**2297**	**48857**	**26382**
北 京	Beijing	165287	150024	141	15122	19	4894	7954
天 津	Tianjin	14143	12562	28	1553		655	491
河 北	Hebei	7828	6951	19	858			816
山 西	Shanxi							
内蒙古	Inner Mongolia							
辽 宁	Liaoning	22495	20629	52	1814		1172	396
吉 林	Jilin							
黑龙江	Heilongjiang							
上 海	Shanghai	21015	19833	22	1160		462	492
江 苏	Jiangsu	1731590	1684973	428	46189	976	12443	2250
浙 江	Zhejiang	120460	111342	269	8849	1	4687	2514
安 徽	Anhui	41793	39834	60	1899		186	183
福 建	Fujian	3154	2389	19	746		174	96
江 西	Jiangxi	3194	2826		368		361	
山 东	Shandong	33309	32196	76	1037		337	885
河 南	Henan	5757	5488	6	263	48	250	114
湖 北	Hubei	8154	6320	156	1678		584	454
湖 南	Hunan							
广 东	Guangdong	137762	128212	414	9136	845	4008	4633
广 西	Guangxi	26335	25213	25	1097		11	260
海 南	Hainan							
重 庆	Chongqing	354807	342914	462	11431	408	6917	2460
四 川	Sichuan	17227	14903	30	2294		2079	152
贵 州	Guizhou	124295	106528	410	17357		8906	210
云 南	Yunnan	3301	2721	10	570		161	326
西 藏	Tibet							
陕 西	Shaanxi	26310	22536	57	3717		54	1028
甘 肃	Gansu	22680	21333	13	1334		487	665
青 海	Qinghai	1891	1815		76		31	3
宁 夏	Ningxia							
新 疆	Xinjiang							

3-4-3 Continued 3

单位：万元

Unit: 10 000 yuan

财务费用 Financial Expenses	#利息支出 Interest Expenses	营业利润 Operating Profits	利润总额 Total Profits	应交所得税 Income Tax Payable	应付职工薪酬 Payables to Employees	应交增值税 VAT Payable
7843	**4894**	**55581**	**55517**	**4673**	**22499**	**13037**
555	618	1754	1747	476	3737	1269
313	46	90	86	23	497	246
		41	41		84	
19		228	210	26	390	157
40		167	103	22	313	189
4035	3141	34104	33690	703	1999	829
504	334	2178	2152	454	2257	1296
866		326	326		283	131
		476	443		315	77
1	1		6		288	-53
372	66	162	263	52	480	281
29		-80	-81	19	361	52
34	11	617	670	1	480	37
285	205	1461	1771	296	5167	1228
12	7	188	253		74	112
523	38	5522	5509	371	1075	2461
25	9	37	-31	2	497	255
-423		7613	7598	1991	3157	3867
-1		95	97	28	265	104
270	10	774	827	207	495	390
353	375	-171	-171		267	109
35	35		7	2	21	

联营企业
Joint Ownership Enterprises

地 区	Region	主营业务收入 Revenue from Main Business	主营业务成本 Cost of Main Business	主营业务税金及附加 Taxes and Surcharges of Main Business	主营业务利润 Profits from Main Business	其他业务利润 Profits from Other Business	销售费用 Selling Expenses	管理费用 Administrative Expenses
全 国	**National Total**	**254055**	**244800**	**273**	**8982**	**1872**	**6794**	**2948**
北 京	Beijing	14054	13731	12	311	34	131	54
天 津	Tianjin							
河 北	Hebei							
山 西	Shanxi							
内蒙古	Inner Mongolia							
辽 宁	Liaoning							
吉 林	Jilin							
黑龙江	Heilongjiang							
上 海	Shanghai	26603	25020	27	1556		4225	330
江 苏	Jiangsu							
浙 江	Zhejiang							
安 徽	Anhui	6104	5838		266		92	51
福 建	Fujian							
江 西	Jiangxi							
山 东	Shandong	18318	18373	4	-59	1818	172	371
河 南	Henan							
湖 北	Hubei	5675	5328	4	343		17	2
湖 南	Hunan							
广 东	Guangdong	183301	176511	226	6564	21	2157	2140
广 西	Guangxi							
海 南	Hainan							
重 庆	Chongqing							
四 川	Sichuan							
贵 州	Guizhou							
云 南	Yunnan							
西 藏	Tibet							
陕 西	Shaanxi							
甘 肃	Gansu							
青 海	Qinghai							
宁 夏	Ningxia							
新 疆	Xinjiang							

3-4-3 Continued 4

单位：万元
Unit: 10 000 yuan

财务费用 Financial Expenses	#利息支出 Interest Expenses	营业利润 Operating Profits	利润总额 Total Profits	应交所得税 Income Tax Payable	应付职工薪酬 Payables to Employees	应交增值税 VAT Payable
3221	**1933**	**-1882**	**-1995**	**882**	**6521**	**2289**
107	40	28	42	7	164	473
1032		-4032	-4038	74	1165	236
7		115	115		63	17
2017	1806	-802	-925		182	2
1		324	324		937	1
56	87	2484	2486	801	4011	1560

有限责任公司
Limited Liability Corporations

地区	Region	主营业务收入 Revenue from Main Business	主营业务成本 Cost of Main Business	主营业务税金及附加 Taxes and Surcharges of Main Business	主营业务利润 Profits from Main Business	其他业务利润 Profits from Other Business	销售费用 Selling Expenses	管理费用 Administrative Expenses
全国	**National Total**	**2084301186**	**1986023757**	**5678102**	**92599327**	**3147149**	**37783301**	**17194408**
北京	Beijing	267572245	255839334	327259	11405652	1140209	5162110	3284289
天津	Tianjin	97441863	94385300	172755	2883808	120995	1137841	542426
河北	Hebei	28024342	26619436	27985	1376921	12107	480180	219045
山西	Shanxi	50510620	48830699	88126	1591795	81083	760730	468424
内蒙古	Inner Mongolia	19012353	17743781	60157	1208415	96998	833002	179815
辽宁	Liaoning	45376154	44156463	40167	1179524	27654	501138	264352
吉林	Jilin	8481616	8107423	34460	339733	4096	399076	124581
黑龙江	Heilongjiang	18403927	17844167	22961	536799	11599	315824	140981
上海	Shanghai	266657861	259663482	521646	6472733	256205	2974328	1324822
江苏	Jiangsu	158034274	149349354	153540	8531380	309377	3287902	1131395
浙江	Zhejiang	173348218	167661692	283748	5402778	283704	2429059	1135251
安徽	Anhui	37981093	35833041	81271	2066781	15593	1091927	329720
福建	Fujian	82855845	79690437	140819	3024589	59437	994507	586619
江西	Jiangxi	16064788	14669703	42352	1352733	17202	783050	216570
山东	Shandong	111616243	104297586	1152636	6166021	134737	2090202	1213223
河南	Henan	46700668	43589033	91192	3020443	55420	864558	469715
湖北	Hubei	58479533	54676564	97523	3705446	29458	996670	505282
湖南	Hunan	17867497	16748480	52556	1066461	-19109	683563	240422
广东	Guangdong	285779887	269651855	1639191	14488841	269349	6636575	2704091
广西	Guangxi	35418760	34261678	40301	1116781	31338	510095	230801
海南	Hainan	7767959	7179953	89505	498501	7238	422135	86909
重庆	Chongqing	35246531	33271704	56777	1918050	38684	706820	238760
四川	Sichuan	46077432	43458995	112773	2505664	36669	1081167	372527
贵州	Guizhou	20986680	15619661	120124	5246895	8089	498888	254614
云南	Yunnan	38160347	36826335	40647	1293365	48956	440082	199894
西藏	Tibet	144875	98707	7509	38659		38094	7355
陕西	Shaanxi	49565807	47494744	84929	1986134	16777	836794	319623
甘肃	Gansu	17034942	16210970	16670	807302	3343	324826	112891
青海	Qinghai	4026231	3862487	5469	158275	10990	45888	26639
宁夏	Ningxia	2167435	2080839	2678	83918	9951	30741	23964
新疆	Xinjiang	37495157	36299854	70376	1124927	29001	425527	239409

3-4-3 Continued 5

单位：万元
Unit: 10 000 yuan

财务费用 Financial Expenses	#利息支出 Interest Expenses	营业利润 Operating Profits	利润总额 Total Profits	应交所得税 Income Tax Payable	应付职工薪酬 Payables to Employees	应交增值税 VAT Payable
10454974	**10480912**	**40435999**	**41302342**	**7706855**	**19183771**	**14829432**
1994835	2442451	5039920	5147926	1116589	3409493	1488286
1331747	1140830	374086	508623	203252	481507	469823
292134	98818	343595	360168	71525	216864	158757
314165	238822	150736	150012	107100	463006	300255
102844	64768	170615	174277	36230	158063	331691
218508	227693	225740	265017	79008	251669	289059
49805	102356	41518	78396	29849	160409	64377
128512	246409	72284	109628	29251	243299	114773
616356	601258	2552590	2689059	518121	1448763	322300
905557	689031	3345983	3301043	651364	1397219	1281547
786288	858437	2360989	2578570	603202	1246842	1108391
109012	123090	712179	725457	128518	407557	568672
391623	392028	1424304	1437644	191535	551200	385882
91340	85801	305401	318927	62123	320823	228441
417195	431569	1541622	1544513	319529	1224551	1093904
295591	205488	1312465	1322391	173241	436844	451417
125924	209780	1733634	1682593	209128	669158	705256
129489	119462	185944	205073	31368	221817	187838
893002	882775	5260864	5330970	1356716	3050942	2288091
230532	257412	229590	221430	72034	264622	186023
11972	12057	182024	185215	22697	87811	61256
142225	162142	898115	941465	108073	288535	529818
215563	218012	582556	602807	141673	537351	474256
19687	101306	9023610	9025129	1105536	209678	894868
222525	247575	532738	541597	95740	215274	122155
110	170	-3712	6091	622	10134	7125
80930	63261	1073312	1068463	121684	280642	370279
32688	29159	131036	120720	18574	571036	85131
122946	14411	137081	142734	3566	19659	11461
21059	23813	36482	36595	5463	26668	12349
160810	190729	458699	479811	93547	312337	235950

股份有限公司

Share-holding Corporations Ltd.

地 区	Region	主营业务收入 Revenue from Main Business	主营业务成本 Cost of Main Business	主营业务税金及附加 Taxes and Surcharges of Main Business	主营业务利润 Profits from Main Business	其他业务利润 Profits from Other Business	销售费用 Selling Expenses	管理费用 Administrative Expenses
全 国	**National Total**	**422442487**	**401816682**	**511556**	**20114249**	**759199**	**11307607**	**3770749**
北 京	Beijing	23024912	21543893	38650	1442369	59589	728642	380712
天 津	Tianjin	4660276	4503205	2845	154226	1991	71255	32785
河 北	Hebei	1807110	1637816	5943	163351	1029	124443	23182
山 西	Shanxi	3163671	2804988	4253	354430	7591	218661	47308
内蒙古	Inner Mongolia	3584609	3428326	4600	151683	861	47414	14776
辽 宁	Liaoning	44477966	44497015	7603	-26652	-14035	295506	72261
吉 林	Jilin	1987793	1931962	1886	53945	5606	73450	12051
黑龙江	Heilongjiang	2591179	2445184	3968	142027	1079	142955	9666
上 海	Shanghai	20153263	19072484	22692	1058087	25650	431015	370535
江 苏	Jiangsu	40398606	37491586	43207	2863813	127260	1791401	364073
浙 江	Zhejiang	41639754	39787834	36324	1815596	113569	995383	472618
安 徽	Anhui	6909091	6485696	8649	414746	11425	205001	85862
福 建	Fujian	37658241	36434483	29474	1194284	144228	568922	126469
江 西	Jiangxi	4155031	3830714	6648	317669	32878	169391	43040
山 东	Shandong	13858203	12489101	29607	1339495	20464	734574	260420
河 南	Henan	5627735	5124719	10251	492765	1295	147978	54903
湖 北	Hubei	18623906	17389970	29857	1204079	50615	647005	240730
湖 南	Hunan	1547011	1390628	4272	152111	13962	71581	41009
广 东	Guangdong	73886701	69352579	161455	4372667	84792	2313478	812050
广 西	Guangxi	2754681	2550640	3440	200601	15074	134575	42145
海 南	Hainan	676233	615286	1244	59703	2488	18409	11764
重 庆	Chongqing	2854792	2725285	5074	124433	11621	59117	29829
四 川	Sichuan	4744242	4263449	12841	467952	3367	307066	40917
贵 州	Guizhou	1641772	1413205	2275	226292	7	45828	9611
云 南	Yunnan	9990042	9752118	5360	232564	22975	153812	44971
西 藏	Tibet							
陕 西	Shaanxi	10065209	9760234	9102	295873	715	259916	4380
甘 肃	Gansu	16190156	16059586	4518	126052	5007	74974	55268
青 海	Qinghai	600120	497403	2063	100654		50149	4334
宁 夏	Ningxia	4283183	4180273	2152	100758	647	82553	9661
新 疆	Xinjiang	18886998	18357020	11304	518674	7448	343152	53419

3-4-3 Continued 6

单位：万元
Unit: 10 000 yuan

财务费用 Financial Expenses	#利息支出 Interest Expenses	营业利润 Operating Profits	利润总额 Total Profits	应交所得税 Income Tax Payable	应付职工薪酬 Payables to Employees	应交增值税 VAT Payable
2124749	**2573823**	**7737492**	**7705419**	**1183992**	**4920020**	**3106537**
329957	510858	651976	593445	104790	452827	182204
7663	7795	61796	67251	15088	36783	8380
111518	48762	34556	35169	8196	43410	61212
45464	36893	175957	178048	4852	12368	17575
7315	9135	90240	91529	7106	14597	18088
67801	72058	-480747	-486913	6826	141732	68392
20099	11205	-38616	-52295	1496	42699	34916
6219	3274	-33228	-47305	1311	77161	69377
91777	82465	737124	768603	132974	318717	86189
208101	243337	916053	920027	87900	427639	350702
181998	507042	1337870	1381808	110614	502256	174873
55748	24768	229007	232991	15026	117503	195595
160241	145671	543227	549456	75249	248904	113949
11806	2576	90903	90121	11051	68074	36060
116050	104605	323940	327219	81985	262639	226508
39728	35537	267320	268772	13498	76184	45978
97344	90741	284824	277637	53239	460882	152853
10785	12505	37244	31304	7462	54481	14628
290437	328853	1755111	1738800	401410	1006831	603933
32145	23534	4443	4845	466	58827	49676
12413	22057	21882	21801	5455	9151	6971
6139	16780	78664	78519	4242	41388	19997
23728	22953	129662	130138	10080	101125	67818
3960	15427	41681	41695	952	11002	12860
17121	20179	44556	43849	5565	67232	37151
18159	18871	21733	18793	1259	97153	199945
40720	43372	-5432	-10444	-102	52858	37583
1534	910	8079	9165	3885	11619	2609
1369	3021	14521	14999	3383	37455	67895
107410	108641	393147	386392	8738	66523	142622

私营企业
Private Enterprises

地 区	Region	主营业务收入 Revenue from Main Business	主营业务成本 Cost of Main Business	主营业务税金及附加 Taxes and Surcharges of Main Business	主营业务利润 Profits from Main Business	其他业务利润 Profits from Other Business	销售费用 Selling Expenses	管理费用 Administr-ative Expenses
全 国	**National Total**	**1539883077**	**1455695179**	**2304626**	**81883272**	**2015716**	**33566124**	**19481219**
北 京	Beijing	53591296	49504394	72633	4014269	168246	2157347	1384407
天 津	Tianjin	71826551	69636121	108457	2081973	37265	1097284	475590
河 北	Hebei	24377137	22830345	28859	1517933	35533	590207	252355
山 西	Shanxi	16369809	15494602	22410	852797	42465	477996	198134
内蒙古	Inner Mongolia	6778697	5984385	26719	767593	17404	528039	132419
辽 宁	Liaoning	37330042	35839998	63597	1426447	63214	786229	366628
吉 林	Jilin	3606768	3196664	8459	401645	7413	226330	92369
黑龙江	Heilongjiang	3689620	3465187	5544	218889	7707	112851	53218
上 海	Shanghai	176140382	171995854	63619	4080909	118151	2062979	1279703
江 苏	Jiangsu	223781550	210890165	269677	12621708	269324	3254660	2109681
浙 江	Zhejiang	245533625	235500129	218375	9815121	283583	4816945	2647059
安 徽	Anhui	16288516	14586110	51617	1650789	24766	773423	281668
福 建	Fujian	101865813	94457941	226373	7181499	77576	2017522	1294711
江 西	Jiangxi	8154913	7118745	32819	1003349	14768	539781	173367
山 东	Shandong	107976193	102794838	154440	5026915	123400	2090711	1106671
河 南	Henan	19935789	17839843	104897	1991049	30661	508696	336928
湖 北	Hubei	22054515	19591048	111925	2351542	11209	687464	414040
湖 南	Hunan	24585840	22139996	164790	2281054	30354	861414	471275
广 东	Guangdong	249969698	236051289	276459	13641950	463832	6467305	4583361
广 西	Guangxi	13991507	13233450	24393	733664	16569	367265	197384
海 南	Hainan	598012	510602	1562	85848	100	24060	22819
重 庆	Chongqing	36651296	34128070	84665	2438561	28617	832039	482477
四 川	Sichuan	22255721	20329142	86520	1840059	79625	773197	379605
贵 州	Guizhou	7065425	6386586	17896	660943	9297	280141	149159
云 南	Yunnan	11394333	10165629	23486	1205218	15437	394374	170630
西 藏	Tibet	86036	72414	308	13314		5929	4360
陕 西	Shaanxi	9668999	9081780	19329	567890	8968	245508	123129
甘 肃	Gansu	5768668	5402743	6620	359305	5801	179141	89066
青 海	Qinghai	813793	771179	791	41823	1377	19005	13286
宁 夏	Ningxia	5465160	5312711	10232	142217	9726	52276	24874
新 疆	Xinjiang	12267372	11383217	17153	867002	13327	336006	170845

3-4-3 Continued 7

单位：万元

Unit: 10 000 yuan

财务费用 Financial Expenses	#利息支出 Interest Expenses	营业利润 Operating Profits	利润总额 Total Profits	应交 所得税 Income Tax Payable	应付职工 薪酬 Payables to Employees	应交 增值税 VAT Payable
6761605	**4684355**	**24299062**	**24856820**	**3851540**	**15106823**	**13073107**
224660	247799	488204	509816	165544	1094652	532894
332214	214060	161327	281143	126295	302843	559369
112145	62867	400462	397799	93020	217620	164685
133065	84070	131264	131501	23568	200610	154746
64145	46556	110489	126358	17055	58265	106413
196583	134510	147180	175882	70751	200412	186606
21242	16458	67938	75914	13240	95216	46217
22202	13084	25921	37727	5604	77717	34501
421123	305299	1025098	1143233	228014	789336	332491
828899	405660	6293508	5962377	793174	1576972	2141407
1144584	1019687	2021175	2280012	535839	2116713	1800221
60372	42026	539320	538767	86174	299524	358399
488711	373334	3343285	3423593	205814	851603	987270
31931	15826	226284	240396	18406	153559	170975
606039	335381	1376038	1375988	228834	999233	769616
145633	44693	920351	931311	77968	274428	326548
105309	57549	1105745	1115467	65556	393544	500076
123550	58138	757188	777428	82117	342008	341649
981043	674136	2332904	2448258	687256	3422389	2144911
75950	51486	78670	85923	15678	191845	171551
1491	1611	15509	16599	3591	97022	16378
107010	62751	965818	987592	106754	310297	359980
102295	72869	653916	660496	78946	305640	312736
40254	28149	134546	136486	20530	108981	153903
94823	77505	548638	546322	33074	167512	103101
501	1146	2746	3739	419	5745	1552
25948	21979	151018	154528	26028	99445	88799
79462	32678	58913	60447	10542	77829	44645
7122	6607	-1066	197	485	7232	20516
101093	108087	-61532	-60444	2689	24529	15171
82207	68355	278204	291966	28575	244101	125782

其他企业
Other Enterprises

地 区	Region	主营业务收入 Revenue from Main Business	主营业务成本 Cost of Main Business	主营业务税金及附加 Taxes and Surcharges of Main Business	主营业务利润 Profits from Main Business	其他业务利润 Profits from Other Business	销售费用 Selling Expenses	管理费用 Administrative Expenses
全 国	**National Total**	**3612350**	**3066837**	**20161**	**525352**	**385**	**103143**	**73994**
北 京	Beijing	9562	9085	5	472		175	103
天 津	Tianjin							
河 北	Hebei	15548	14003	4	1541	1	777	362
山 西	Shanxi	20165	19069	12	1084		726	241
内蒙古	Inner Mongolia							
辽 宁	Liaoning	61620	56251	5	5364		1875	1001
吉 林	Jilin							
黑龙江	Heilongjiang							
上 海	Shanghai							
江 苏	Jiangsu	1493975	1262668	8330	222977	11	44867	25264
浙 江	Zhejiang	279507	275258	49	4200		910	1287
安 徽	Anhui	153482	140225	266	12991		1478	1592
福 建	Fujian	59945	49245	505	10195		2436	517
江 西	Jiangxi	10757	9151	12	1594		104	348
山 东	Shandong	79843	72297	197	7349		1340	1102
河 南	Henan	61326	48548	162	12616		1559	1156
湖 北	Hubei	468335	373087	6637	88611	289	16125	16861
湖 南	Hunan	56303	49754	194	6355		1484	1125
广 东	Guangdong	108216	82464	1371	24381		5262	8935
广 西	Guangxi	52061	44097	68	7896		1888	1530
海 南	Hainan	2676	2646		30			31
重 庆	Chongqing	45572	35778	170	9624		1854	1497
四 川	Sichuan	81617	70334	852	10431		1913	1642
贵 州	Guizhou	3716	2783	2	931		244	296
云 南	Yunnan	129942	109943	167	19832		1448	2089
西 藏	Tibet							
陕 西	Shaanxi	193309	170470	953	21886	84	5573	4734
甘 肃	Gansu	6659	5598	1	1060		188	324
青 海	Qinghai							
宁 夏	Ningxia							
新 疆	Xinjiang	218216	164083	200	53933		10917	1959

3-4-3 Continued 8

单位：万元
Unit: 10 000 yuan

财务费用 Financial Expenses	#利息支出 Interest Expenses	营业利润 Operating Profits	利润总额 Total Profits	应交所得税 Income Tax Payable	应付职工薪酬 Payables to Employees	应交增值税 VAT Payable
19022	**7311**	**308798**	**308156**	**12909**	**102469**	**36887**
19	44	176	246		30	
23	14	379	426	4	726	518
58	18	59	59	7	148	4
806	561	1443	1438		2090	1
8848	1614	135613	134686	9576	47829	16245
354	214	1650	1842	15	1629	170
184	15	9648	9648	494	2513	403
306	304	6933	6934	82	729	1425
12	12	1130	823		413	26
425	264	3381	3383	116	2568	411
294	73	6137	6137	30	1502	242
4157	1985	51711	52159	1729	14756	14695
242	10	3347	3364	140	2197	419
435	398	9751	9818	322	3899	610
88	71	2631	2632	9	2787	9
			2		27	
322	8	4125	4498	160	2262	890
307	202	4554	3398	43	4386	299
1		291	291		39	5
55	26	16117	16131	171	1620	121
1030	743	10028	10544	12	4965	228
422	423	126	132		58	3
635	312	39571	39567	1	5297	161

港、澳、台商投资企业
Enterprises with Funds from Hong Kong, Macao and Taiwan

地 区	Region	主营业务收入 Revenue from Main Business	主营业务成本 Cost of Main Business	主营业务税金及附加 Taxes and Surcharges of Main Business	主营业务利润 Profits from Main Business	其他业务利润 Profits from Other Business	销售费用 Selling Expenses	管理费用 Administr-ative Expenses
全 国	**National Total**	**235336365**	**206373755**	**483011**	**28479599**	**677335**	**15443459**	**7683509**
北 京	Beijing	59884439	54535452	68922	5280065	242250	2700113	2152640
天 津	Tianjin	9694560	7944331	54082	1696147	54174	1257711	244202
河 北	Hebei	148441	135028	308	13105		7409	2907
山 西	Shanxi	627590	596488	547	30555	2	16749	5305
内蒙古	Inner Mongolia	79189	71404	44	7741		6706	377
辽 宁	Liaoning	695622	581721	2288	111613	239	27178	27468
吉 林	Jilin							
黑龙江	Heilongjiang							
上 海	Shanghai	81006010	69488574	148712	11368724	227600	6698647	2653335
江 苏	Jiangsu	17694047	14677807	51664	2964576	14799	822762	976790
浙 江	Zhejiang	6000009	5445246	10046	544717	21602	306798	161292
安 徽	Anhui	4836083	4582050	9251	244782	7630	131241	53141
福 建	Fujian	5574285	5057745	12554	503986	13659	207438	125496
江 西	Jiangxi	117537	105048	276	12213		6018	2617
山 东	Shandong	4129586	3930693	3617	195276	5620	86613	71191
河 南	Henan	68117	63442	152	4523	331	1338	1882
湖 北	Hubei	5577321	4381647	20623	1175051	6371	681398	162157
湖 南	Hunan	329540	165026	3395	161119	828	86098	12714
广 东	Guangdong	33134000	29233032	81196	3819772	73151	2175497	974585
广 西	Guangxi	207927	203542	180	4205		1448	988
海 南	Hainan	46273	39826	6562	-115	27	6322	698
重 庆	Chongqing	2231431	2119375	4972	107084	2017	53861	9588
四 川	Sichuan	1910519	1845181	1349	63989	5789	43296	12183
贵 州	Guizhou	306290	292518	485	13287	666	4367	6056
云 南	Yunnan	380864	358086	343	22435	581	10321	6278
西 藏	Tibet	198638	112590	33	86015		73191	1314
陕 西	Shaanxi	138807	104649	793	33365		23258	9206
甘 肃	Gansu	18134	14699	73	3362		2920	
青 海	Qinghai	165664	167543	119	-1998		653	1574
宁 夏	Ningxia							
新 疆	Xinjiang	135442	121014	429	13999		4110	7524

单位：万元
Unit: 10 000 yuan

财务费用 Financial Expenses	#利息支出 Interest Expenses	营业利润 Operating Profits	利润总额 Total Profits	应交所得税 Income Tax Payable	应付职工薪酬 Payables to Employees	应交增值税 VAT Payable
947216	**904496**	**8239522**	**8503885**	**1782350**	**6094761**	**2891297**
266452	224542	769487	467225	171012	1258914	320559
67246	100408	297965	408654	89728	557478	368752
6057	1982	-2268	1187	1477	1508	1830
3038	95	5422	5341	1178	9765	940
18		641	640		65	519
51527	55682	190707	192865	2873	19463	17816
221826	200085	2892985	3190864	794248	2189567	874721
92620	28001	1153114	1158206	238410	313403	366169
41362	37221	99517	115962	33254	147073	52581
8142	7745	55128	64962	19664	20058	70765
31918	16698	228669	228220	51284	92407	70880
342	349	5425	5928	1768	4015	2103
5466	25476	32375	21697	8884	37802	20021
1109	1087	2484	2530	270	2377	776
26945	28014	365356	369470	83255	166172	138950
-1612	16	65414	65367	12887	27039	22855
108742	155095	1950016	2074504	261942	1142370	493252
1015	572	760	826	256	536	626
-109	9	-4200	-4208	13	2283	999
4002	2106	45763	48573	4856	31119	32784
6415	3982	36998	37603	1876	18731	5524
-1868	6083	8062	7398	200	9220	1957
3516	3620	20467	20529	321	8564	3151
-242	9	10082	10090	886	7200	13772
17	6	1063	1049	267	16387	5672
		443	444	169	213	547
-1723	9	-2502	-2181		6401	362
4995	5607	10149	10139	1373	4631	2414

外商投资企业

Foreign Funded Enterprises

地　区	Region	主营业务收入 Revenue from Main Business	主营业务成本 Cost of Main Business	主营业务税金及附加 Taxes and Surcharges of Main Business	主营业务利润 Profits from Main Business	其他业务利润 Profits from Other Business	销售费用 Selling Expenses	管理费用 Administrative Expenses
全　国	**National Total**	**534457494**	**474855997**	**1152728**	**58448769**	**2090440**	**33588315**	**11196151**
北　京	Beijing	77363020	67286398	230129	9846493	898713	5364629	2196651
天　津	Tianjin	37319246	35835359	250262	1233625	24704	664271	200669
河　北	Hebei	3177890	3013082	3438	161370	1924	62555	24804
山　西	Shanxi	34531	28975	105	5451	1153	2523	1991
内蒙古	Inner Mongolia							
辽　宁	Liaoning	1538296	1293703	6054	238539	264	113630	52570
吉　林	Jilin	1708718	1554331	4118	150269	368	144619	5003
黑龙江	Heilongjiang	2479386	2474714	1036	3636		20	1507
上　海	Shanghai	259999254	226184266	410495	33404493	427865	19454326	5960557
江　苏	Jiangsu	38432078	33138558	79743	5213777	58895	2370609	1010468
浙　江	Zhejiang	27485963	26524412	17514	944037	31617	828060	97157
安　徽	Anhui	3772304	2883222	14705	874377	4293	718867	66035
福　建	Fujian	7927883	7186897	14107	726879	36359	414507	147296
江　西	Jiangxi	446262	420066	690	25506	1402	14800	3627
山　东	Shandong	1476964	1312460	3255	161249	1897	53606	36154
河　南	Henan	124486	116340	7	8139		4935	1034
湖　北	Hubei	8112899	7355985	14856	742058		679955	202089
湖　南	Hunan	2144370	1900260	7398	236712		192584	29058
广　东	Guangdong	47593147	43558633	82776	3951738	595665	2251474	1074895
广　西	Guangxi	44154	40958	39	3157		1164	975
海　南	Hainan	12812	9112	35	3665		2207	650
重　庆	Chongqing	2953649	2755769	5612	192268	4192	124362	32311
四　川	Sichuan	457887	393023	997	63867	2246	33630	10002
贵　州	Guizhou	55847	41079	195	14573	-5	13711	1404
云　南	Yunnan	331383	280727	1379	49277	279	21696	6682
西　藏	Tibet							
陕　西	Shaanxi	9425583	9232887	3619	189077	404	52075	28645
甘　肃	Gansu	9916	7529	50	2337		1365	509
青　海	Qinghai	4741	3369	22	1350		749	392
宁　夏	Ningxia							
新　疆	Xinjiang	24825	23883	94	848	-1794	1387	3017

3-4-3 Continued 10

单位：万元

Unit: 10 000 yuan

财务费用 Financial Expenses	#利息支出 Interest Expenses	营业利润 Operating Profits	利润总额 Total Profits	应交所得税 Income Tax Payable	应付职工薪酬 Payables to Employees	应交增值税 VAT Payable
1018033	**859633**	**19676452**	**20443917**	**6176387**	**11121251**	**6276566**
-82751	231521	6550823	6663329	1328923	2662814	1479794
12643	20460	395586	452655	91832	262696	320772
3041	3766	77844	74895	2519	24067	2913
-110	4	2198	2470	1212	809	524
3810	3472	82766	81361	20868	48672	36218
-212		540	1094	11678	15641	21786
55	1	2070	2067	461	1000	3584
767925	331827	8439554	8998826	2464564	5489689	2521398
82184	20727	2124012	2131902	392818	881494	644357
28583	77734	185634	194255	65789	131638	97041
-13481	2103	105929	92165	-283	117984	102375
1744	6678	249592	253701	55903	134129	84899
1834	1960	9983	10402	581	7943	948
2507	2335	78607	82070	21526	36051	17164
44		781	785	138	1495	83
-1059	-157	-97546	-98782	10749	134159	361471
1893	24	19424	19791	5561	9488	24689
134681	113991	1297335	1326076	1674580	1045019	487866
180	121	1206	1228	215	913	292
80	-225	684	643	159	541	605
2153	3	57740	56466	4659	40346	12360
-2216	-175	28985	29373	4644	10764	10586
3		-550	-529	1170	4607	1164
857	378	21067	21419	5663	9710	32589
73674	43081	46765	50857	10217	46641	10376
-5	2	467	467	283	632	416
-7						
-17	2	-5045	-5069	-41	2308	298

3-4-4 各地区限额以上批发业企业损益及分配(按国民经济行业分)

农、林、牧、渔产品批发

Wholesale of Agricultural, Forestry, Livestock and Fishery Products

地区	Region	主营业务收入 Revenue from Main Business	主营业务成本 Cost of Main Business	主营业务税金及附加 Taxes and Surcharges of Main Business	主营业务利润 Profits from Main Business	其他业务利润 Profits from Other Business	销售费用 Selling Expenses	管理费用 Administrative Expenses
全国	**National Total**	**100491439**	**95857046**	**155801**	**4478592**	**231779**	**1878104**	**1508697**
北京	Beijing	15784782	15175579	18797	590406	85609	172881	230735
天津	Tianjin	1722980	1668705	901	53374	693	64701	20416
河北	Hebei	1727853	1556113	1108	170632	-378	34059	25728
山西	Shanxi	337231	292223	248	44760	1057	22383	14337
内蒙古	Inner Mongolia	1643704	1928581	2051	-286928	9104	80656	35066
辽宁	Liaoning	4934821	4773431	2831	158559	37859	123358	42087
吉林	Jilin	2648178	2863671	1720	-217213	3649	133065	35427
黑龙江	Heilongjiang	2792510	2714564	2522	75424	645	88942	43128
上海	Shanghai	7990810	7825332	5095	160383	3956	59813	89214
江苏	Jiangsu	12603083	11960364	22496	620223	8300	155140	133237
浙江	Zhejiang	2519967	2414209	2525	103233	12226	54787	49470
安徽	Anhui	1214286	1082808	3378	128100	2458	38482	36497
福建	Fujian	3241225	3043402	7856	189967	1120	59356	45618
江西	Jiangxi	619211	541774	807	76630	2108	15944	17103
山东	Shandong	5245854	4948367	7352	290135	7450	114524	76463
河南	Henan	2904026	2533587	21014	349425	9737	75225	83351
湖北	Hubei	3791162	3334938	19261	436963	343	58823	56461
湖南	Hunan	1779838	1571874	14133	193831	13956	69407	53016
广东	Guangdong	9408164	8975206	5477	427481	4274	187225	186428
广西	Guangxi	1316307	1213781	1471	101055	2002	25164	15741
海南	Hainan	391484	387352	58	4074		653	444
重庆	Chongqing	845427	776756	2865	65806	515	16664	20954
四川	Sichuan	1665168	1536304	2421	126443	2499	24555	28000
贵州	Guizhou	121048	111083	199	9766	7	2835	3708
云南	Yunnan	604593	533361	1026	70206	5717	17093	20159
西藏	Tibet							
陕西	Shaanxi	561803	522155	963	38685		10126	11793
甘肃	Gansu	257467	240289	200	16978	16	8884	4826
青海	Qinghai	151372	149467	93	1812		171	924
宁夏	Ningxia	107502	71781	39	35682	7213	6459	1260
新疆	Xinjiang	11559582	11109992	6894	442696	9644	156730	127107

Income and Distribution of Enterprises above Designated Size of Wholesale Trade by Region and Sector

单位：万元

Unit: 10 000 yuan

财务费用 Financial Expenses	#利息支出 Interest Expenses	营业利润 Operating Profits	利润总额 Total Profits	应交所得税 Income Tax Payable	应付职工薪酬 Payables to Employees	应交增值税 VAT Payable
1150596	**1317478**	**1474408**	**1910887**	**188220**	**1220811**	**306157**
369351	360740	260674	306042	50826	165410	47213
35247	33102	-53155	6323	1989	15573	8879
11472	5374	4173	18812	3395	15862	-8129
2291	2135	10860	12698	314	10665	303
13545	91869	-8764	6608	1957	18829	-2767
68942	42844	-56565	-13546	3209	20967	-2634
16367	99851	-18045	34239	1862	33079	-5104
25018	120408	37453	59053	2912	31762	-11936
87250	50864	-159287	-143197	14481	56415	-7754
57170	22701	162056	178806	19070	123255	69434
41577	35075	-9647	22790	3814	45253	4916
11580	8561	54437	58231	3599	36560	12195
31541	25030	98674	103340	6475	37220	18563
4496	3423	18646	22743	537	19780	3613
40759	32264	100631	104504	8445	71524	19444
44928	99585	176756	184731	14448	68314	20897
27144	35150	317504	295575	4690	67171	77814
19392	7676	55579	71670	4566	34707	9132
64185	70660	236198	270853	16269	170041	21767
11692	11271	-1411	11733	1682	12906	4176
2089	1940	788	815	183	343	-357
5438	4269	34567	36462	2026	16435	4155
16372	13921	68447	76680	8374	23437	7421
1258	955	2962	2575		1914	-475
5305	3113	29603	32433	1028	16227	2460
2990	1769	14174	15640	447	10717	1353
3249	3079	-135	2172	269	3711	296
1187	173	-470	465	67	449	236
703	529	741	1439	36	761	-1029
128058	129149	96964	130197	11249	91525	12073

食品、饮料及烟草制品批发
Wholesale of Food, Beverages and Tobaccos

地 区	Region	主营业务收入 Revenue from Main Business	主营业务成本 Cost of Main Business	主营业务税金及附加 Taxes and Surcharges of Main Business	主营业务利润 Profits from Main Business	其他业务利润 Profits from Other Business	销售费用 Selling Expenses	管理费用 Administrative Expenses
全 国	**National Total**	**419615516**	**339539981**	**19080164**	**60995371**	**1441412**	**21681632**	**12227417**
北 京	Beijing	27141890	23583052	372972	3185866	444338	2187886	625800
天 津	Tianjin	9839398	8579935	210409	1049054	8812	668213	172119
河 北	Hebei	6424140	4795967	693031	935142	6053	238004	228995
山 西	Shanxi	5083504	3748783	442609	892112	10849	269887	182371
内蒙古	Inner Mongolia	3237584	2382154	350890	504540	4290	145790	131083
辽 宁	Liaoning	6437877	5180194	483711	773972	3743	188047	206490
吉 林	Jilin	3060261	2419156	265933	375172	1308	143117	105136
黑龙江	Heilongjiang	4051325	3211609	332757	506959	19403	163977	165756
上 海	Shanghai	49064290	42793044	459405	5811841	121618	3600732	1406018
江 苏	Jiangsu	26063068	20495114	1249949	4318005	23246	1528340	535796
浙 江	Zhejiang	28003544	23039666	1343307	3620571	82322	1388012	706372
安 徽	Anhui	12323729	9489581	738432	2095716	5320	779202	336269
福 建	Fujian	22703767	19567138	702648	2433981	41442	711094	558279
江 西	Jiangxi	5779668	4284104	563191	932373	65117	185735	223172
山 东	Shandong	21317021	17639705	1049150	2628166	55113	932353	711952
河 南	Henan	12223890	8998726	1117132	2108032	15333	457120	552666
湖 北	Hubei	16530451	12202029	841023	3487399	194597	1086304	610612
湖 南	Hunan	12253221	9328519	991637	1933065	8768	504593	468864
广 东	Guangdong	55065355	47292658	1676714	6095983	198765	2732464	1638745
广 西	Guangxi	10495490	9148361	533445	813684	10799	205516	239167
海 南	Hainan	2724880	2294231	189850	240799	4517	35825	58430
重 庆	Chongqing	12681054	10140350	877952	1662752	10400	435168	429095
四 川	Sichuan	16582604	12744470	1008439	2829695	44612	949203	516560
贵 州	Guizhou	17217056	10507243	683727	6026086	6733	778277	436571
云 南	Yunnan	14879286	10921054	680838	3277394	34021	702709	373320
西 藏	Tibet	648291	465207	80235	102849	561	17732	46547
陕 西	Shaanxi	7806807	6173314	524966	1108527	6673	342367	239499
甘 肃	Gansu	2859568	2144803	273203	441562	2261	119386	128700
青 海	Qinghai	1160578	934029	79917	146632	185	38620	35097
宁 夏	Ningxia	1194037	992839	86417	114781	7950	18677	35675
新 疆	Xinjiang	4761881	4042945	176275	542661	2265	127280	122262

3-4-4 Continued 1

单位：万元
Unit: 10 000 yuan

财务费用 Financial Expenses	#利息支出 Interest Expenses	营业利润 Operating Profits	利润总额 Total Profits	应交所得税 Income Tax Payable	应付职工薪酬 Payables to Employees	应交增值税 VAT Payable
-35309	**1230121**	**35343173**	**35645337**	**7053863**	**14349042**	**11180771**
73823	200615	1306207	1317804	255058	928632	548502
-15140	22371	304564	321841	80855	219875	175390
-14058	8068	514081	522870	127950	219485	245707
-19895	5366	467054	463441	115728	181177	177804
-21469	2207	252295	254515	73909	140586	123178
-21387	19129	386779	394690	137237	229017	197385
-10650	5973	160081	158366	40336	136838	75365
17194	31072	178193	178921	51773	205003	129710
85086	150996	1527299	1631175	430586	1139629	482673
-107381	39601	2352625	2377249	516197	693305	797145
-37107	83272	2054486	2129088	462354	874792	708782
-30162	55212	1068271	1072818	245333	423443	493585
53812	53518	1299213	1304419	227371	531426	394113
-20170	10091	569038	579286	120638	215375	209875
5497	52854	982968	976289	202393	786734	472760
-838	13428	1074086	1087968	252087	591236	472097
2987	22996	1599609	1599113	297670	694782	538656
14474	66446	1100894	1097330	266170	450003	439878
87206	139295	2276850	2338275	532725	1881005	1026844
60042	74490	333620	326914	90656	250298	194742
-16979	342	195241	195645	42559	61616	68793
-12710	22607	835557	838991	141049	519889	428173
-9175	31872	1459369	1454358	321476	612363	535955
-90713	10654	9497576	9468737	1232291	527425	1063660
-45374	59197	2379651	2387031	553098	765957	625531
-5545	101	42590	41688	5126	16437	36745
10123	7648	525901	517365	103757	316023	242918
36720	6968	217671	222311	46450	541027	100193
-11748	788	78877	78766	14654	32695	25758
-3170	1890	93626	94900	15146	39407	29082
11396	31053	208899	213171	51229	123563	119773

纺织、服装及家庭用品批发
Wholesale of Textiles, Wearing Apparel and Household Articles

地 区	Region	主营业务收入 Revenue from Main Business	主营业务成本 Cost of Main Business	主营业务税金及附加 Taxes and Surcharges of Main Business	主营业务利润 Profits from Main Business	其他业务利润 Profits from Other Business	销售费用 Selling Expenses	管理费用 Administrative Expenses
全 国	**National Total**	**420689436**	**369616888**	**734672**	**50337876**	**873403**	**27869067**	**11752819**
北 京	Beijing	53052217	47616488	62740	5372989	154015	3096125	2026374
天 津	Tianjin	10465002	8546186	29347	1889469	15431	1269328	238045
河 北	Hebei	2169419	2054622	1997	112800	6965	50129	23224
山 西	Shanxi	1702546	1474449	1248	226849	418	165069	35818
内蒙古	Inner Mongolia	263001	203289	358	59354	1324	43232	15308
辽 宁	Liaoning	2367601	2137386	3760	226455	3965	124381	65294
吉 林	Jilin	243011	218623	376	24012	754	13145	10052
黑龙江	Heilongjiang	273351	242641	502	30208	-3	19969	6979
上 海	Shanghai	53161560	37825292	180918	15155350	162700	9875064	2637510
江 苏	Jiangsu	84508539	75871824	115268	8521447	164997	3542462	2283217
浙 江	Zhejiang	69507407	64688456	65178	4753773	109746	2623637	1196576
安 徽	Anhui	8403979	7097169	23739	1283071	10715	1046635	111981
福 建	Fujian	36305122	32595609	55829	3653684	52986	1111767	604748
江 西	Jiangxi	1339563	1264774	2414	72375	1301	29127	14850
山 东	Shandong	16852625	15929944	28005	894676	36129	472853	243702
河 南	Henan	3884007	3518541	10912	354554	1026	84287	42183
湖 北	Hubei	4208377	3732766	10331	465280	3824	258651	131203
湖 南	Hunan	2591220	2341883	8078	241259	2883	115014	50851
广 东	Guangdong	50008882	44005601	105396	5897885	122301	3362125	1730984
广 西	Guangxi	1571759	1476866	2688	92205	5218	53695	33115
海 南	Hainan	513718	496962	418	16338	247	11569	5821
重 庆	Chongqing	11616500	11111172	13533	491795	1189	232416	145142
四 川	Sichuan	2294525	2066786	6673	221066	8239	122269	42036
贵 州	Guizhou	350016	316050	963	33003	81	17339	5533
云 南	Yunnan	971626	917076	442	54108	497	13866	7606
西 藏	Tibet							
陕 西	Shaanxi	1240941	1130155	2025	108761	2558	62040	22800
甘 肃	Gansu	207568	181256	396	25916	135	15841	5011
青 海	Qinghai	30697	29610	3	1084		204	643
宁 夏	Ningxia	63867	57493	224	6150	4	2260	657
新 疆	Xinjiang	520789	467916	912	51961	3759	34568	15555

3-4-4 Continued 2

单位：万元
Unit: 10 000 yuan

财务费用 Financial Expenses	#利息支出 Interest Expenses	营业利润 Operating Profits	利润总额 Total Profits	应交所得税 Income Tax Payable	应付职工薪酬 Payables to Employees	应交增值税 VAT Payable
1211416	**1141022**	**11966465**	**12455830**	**2431013**	**9713801**	**5391246**
-7389	83170	878937	902878	126846	1159099	360858
9611	16226	466545	491235	96897	575858	185011
7793	6995	47935	49570	8968	25375	8519
7055	2932	18680	19276	1678	18636	10094
1758	1449	-2195	-2108	25	4496	1564
4880	6159	29054	30313	7554	62924	24114
1517	1399	-737	375	488	4746	1708
167	185	4584	4633	990	5249	4358
141054	117283	3113585	3369037	874284	2190604	1170717
334023	216241	2700170	2722807	586262	1250201	918918
299783	364110	858690	971135	221778	1257428	758870
-13	21120	148110	138331	11241	225665	211996
141699	64951	1784926	1799245	125330	458086	286706
-304	1582	29099	28054	2868	24805	8042
77236	79924	201097	220066	35449	240729	170474
8417	5622	162695	154065	19858	63248	67534
2945	3621	92781	93800	9868	145554	272416
3863	2213	69377	70213	15379	64644	33786
120381	123469	1113872	1142919	231325	1714432	745074
6498	4711	17222	19931	2425	39515	14689
520	829	-1183	-1073	438	6956	2759
31770	5896	122384	119681	29833	49074	66640
7391	5060	56967	57217	9398	47420	28943
548	484	9605	9707	1876	11203	6509
4395	1803	3576	3830	157	8742	3317
470	117	26224	26411	6567	34339	17002
911	877	4040	4099	1178	7923	2974
216	66	-10	125	16	294	-24
44		1876	1894	263	1201	1413
4180	2528	8559	8164	1772	15356	6265

文化、体育用品及器材批发

Wholesale of Culture, Sports Appliances and Equipments

地　区	Region	主营业务收入 Revenue from Main Business	主营业务成本 Cost of Main Business	主营业务税金及附加 Taxes and Surcharges of Main Business	主营业务利润 Profits from Main Business	其他业务利润 Profits from Other Business	销售费用 Selling Expenses	管理费用 Administr-ative Expenses
全　国	**National Total**	**101292366**	**92580498**	**212443**	**8499425**	**633647**	**4251778**	**2136665**
北　京	Beijing	16947398	15247246	41267	1658885	113416	966284	445976
天　津	Tianjin	2204191	2085224	1578	117389	2739	45111	25742
河　北	Hebei	811337	632507	981	177849	471	12384	18537
山　西	Shanxi	616349	574934	794	40621	832	15149	18562
内蒙古	Inner Mongolia	90201	80948	133	9120	189	1091	5131
辽　宁	Liaoning	587053	533363	3090	50600	878	36305	15959
吉　林	Jilin	125055	105650	457	18948	107	7168	10219
黑龙江	Heilongjiang	110383	85914	371	24098	717	4593	5385
上　海	Shanghai	14379035	12946594	31933	1400508	17274	796913	289447
江　苏	Jiangsu	6128738	5570859	15644	542235	11535	209781	129723
浙　江	Zhejiang	10466772	9792824	10003	663945	3549	263057	154298
安　徽	Anhui	2927482	2773199	2806	151477	2451	53284	24819
福　建	Fujian	4209486	3920701	10404	278381	7873	72933	82190
江　西	Jiangxi	310064	279441	521	30102		13133	5380
山　东	Shandong	5647496	5206714	8223	432559	31168	167928	130764
河　南	Henan	1531517	1378293	4672	148552	3725	48683	31015
湖　北	Hubei	3116542	2771942	8572	336028	12687	166423	86600
湖　南	Hunan	1409088	1251200	11503	146385	1116	43124	29656
广　东	Guangdong	22784620	21123298	52489	1608833	413599	1126169	521425
广　西	Guangxi	400464	363843	259	36362	994	23909	11675
海　南	Hainan	92053	83282	98	8673	1036	4964	3529
重　庆	Chongqing	1040030	884839	2569	152622	3540	59804	14755
四　川	Sichuan	2638432	2570983	1244	66205	870	20471	13138
贵　州	Guizhou	241837	212008	110	29719	85	8386	7309
云　南	Yunnan	1227379	967497	904	258978	-705	35997	9840
西　藏	Tibet	14119	12060		2059		673	703
陕　西	Shaanxi	656579	604365	708	51506	753	22485	18595
甘　肃	Gansu	310984	286787	484	23713		8809	13175
青　海	Qinghai	38895	29817	29	9049	2113	5628	4574
宁　夏	Ningxia	27722	24028	78	3616	164	1083	1688
新　疆	Xinjiang	201066	180138	520	20408	471	10055	6856

3-4-4 Continued 3

单位：万元
Unit: 10 000 yuan

财务费用 Financial Expenses	#利息支出 Interest Expenses	营业利润 Operating Profits	利润总额 Total Profits	应交所得税 Income Tax Payable	应付职工薪酬 Payables to Employees	应交增值税 VAT Payable
553458	**375137**	**2552137**	**2370586**	**473903**	**2442328**	**1018298**
220253	151527	249631	-65850	101211	591659	144403
1535	1139	56680	58545	14772	25805	10090
919	856	18029	18168	707	15960	15892
-86	938	9741	14093	4062	9026	812
-48	3	3048	3051	404	2478	934
1303	812	3479	3547	1989	14551	7180
28	192	6101	7013	918	9956	772
49	137	-614	4067	24	3269	7882
62236	12972	344742	436487	124148	306415	130483
17522	25206	300083	303940	38918	144871	78841
42853	25575	230547	237660	35491	141147	151070
29936	3006	134468	135276	1044	31409	62206
18836	16893	125169	126470	11543	53379	26941
-143	1	9950	10187	288	3649	1871
11097	17340	152846	152450	14761	152406	15472
5143	3235	64192	68317	4187	30057	13494
4053	2446	106998	103849	10851	81000	40496
4952	2672	67159	67697	3050	33082	24521
104573	78562	307008	320751	84797	650236	257991
1942	860	92	-806	105	9520	1395
180	131	4582	4495	6	4683	443
1420	4265	88157	89586	13198	41011	16486
21726	21477	6642	6950	2654	11855	4021
2424	2883	11559	11600	226	8814	1019
440	907	235034	235270	1925	18306	3772
-19	-19	401	520	4	574	
279	370	7245	8098	1199	17139	1550
727	412	1304	1209	49	16960	-2761
-162	11	1122	1391	250	2106	186
-19		1111	1162	115	2282	40
-491	327	5633	5397	1010	8724	793

医药及医疗器材批发
Wholesale of Medicines and Medical Appliances

地 区	Region	主营业务收入 Revenue from Main Business	主营业务成本 Cost of Main Business	主营业务税金及附加 Taxes and Surcharges of Main Business	主营业务利润 Profits from Main Business	其他业务利润 Profits from Other Business	销售费用 Selling Expenses	管理费用 Administrative Expenses
全 国	**National Total**	**261086916**	**225819366**	**709223**	**34558327**	**1328530**	**18523410**	**7549608**
北 京	Beijing	22589737	18804022	73503	3712212	306993	2059289	826457
天 津	Tianjin	4803717	4189457	13641	600619	42234	319140	143661
河 北	Hebei	7898020	7212045	14259	671716	13328	293234	140058
山 西	Shanxi	3601593	3196790	9618	395185	12302	218395	84110
内蒙古	Inner Mongolia	1365569	1209658	3956	151955	1091	62068	40752
辽 宁	Liaoning	6165061	5544466	12038	608557	11861	237264	133123
吉 林	Jilin	2996603	2504077	10000	482526	2593	285553	69199
黑龙江	Heilongjiang	1426141	1279818	3099	143224	6126	72187	37342
上 海	Shanghai	29876360	23756696	64470	6055194	197956	3374770	1620238
江 苏	Jiangsu	21058316	17759842	69354	3229120	242971	2321443	497388
浙 江	Zhejiang	16453864	14652211	31155	1770498	82480	967486	375134
安 徽	Anhui	9901733	8872946	29734	999053	14854	470193	248646
福 建	Fujian	5715875	5231069	13731	471075	12014	163501	137334
江 西	Jiangxi	6516590	5226747	26105	1263738	15788	832760	155788
山 东	Shandong	15183214	13155775	43656	1983783	16293	940337	430152
河 南	Henan	11917485	10787445	30053	1099987	20756	366585	213081
湖 北	Hubei	17485649	15480154	53552	1951943	50482	823738	368512
湖 南	Hunan	7497756	6633044	26125	838587	26227	377926	179950
广 东	Guangdong	32259699	28255006	82666	3922027	141735	2305251	954822
广 西	Guangxi	3476782	3046400	9387	420995	9038	225177	97946
海 南	Hainan	1448557	994089	13141	441327	4399	332632	66007
重 庆	Chongqing	5299218	4754361	13645	531212	29262	221025	139710
四 川	Sichuan	9843068	8760525	25877	1056666	19398	443730	237857
贵 州	Guizhou	2859524	2518401	7161	333962	3993	124429	72310
云 南	Yunnan	4539411	4004152	10339	524920	24920	279396	75915
西 藏	Tibet	314796	185176	848	128772		110591	7189
陕 西	Shaanxi	4518979	4146450	8121	364408	5074	132442	82629
甘 肃	Gansu	1793281	1618386	4245	170650	4015	66353	48933
青 海	Qinghai	261181	226893	604	33684	8703	15317	8605
宁 夏	Ningxia	491552	445600	859	45093	284	16460	13382
新 疆	Xinjiang	1527585	1367666	4278	155641	1360	64738	43382

3-4-4 Continued 4

单位：万元

Unit: 10 000 yuan

财务费用 Financial Expenses	#利息支出 Interest Expenses	营业利润 Operating Profits	利润总额 Total Profits	应交所得税 Income Tax Payable	应付职工薪酬 Payables to Employees	应交增值税 VAT Payable
1835090	**1617155**	**8663468**	**8786292**	**1994354**	**8080120**	**5025027**
130864	117300	1151733	1154878	283496	987738	524098
53524	39716	124126	125664	35174	120278	97310
56283	50025	158037	153327	34845	127300	103493
37945	28819	69971	70870	20201	105041	48473
13275	5573	38187	39733	8058	31156	22351
58913	56424	182797	184204	49752	93833	134156
28772	19004	96421	100645	24901	67804	60600
12776	9510	22242	21809	4637	195486	19932
119452	84884	1380767	1459531	372910	1506559	543597
124806	114663	532878	488412	136044	1009816	500719
98343	109815	486784	491552	92802	367798	251572
60347	50249	228002	241923	44235	150965	204710
33842	26820	152015	150717	23321	129695	64545
41401	16600	216169	240369	24226	182321	229010
164116	158726	430604	435781	109742	329762	345682
154362	121601	388091	384596	67907	180187	217710
182106	201295	613985	628613	110867	462540	312818
64711	49528	249010	252677	43166	149659	115839
139746	147957	999974	1014636	325370	922195	586401
21794	12713	74436	72806	13736	69083	62017
8838	25286	138904	138217	9452	139944	52824
38520	38789	174970	175208	18501	128918	82475
48823	37728	338929	344089	50604	227133	167046
27180	21416	61860	61976	12741	74889	57434
29211	9516	145102	143364	34270	108817	63306
-6	1054	12208	14551	1363	15158	20251
44449	32096	106057	106362	25835	85014	64055
19802	14835	34682	35769	7907	42111	20947
2844	1393	6601	6542	1335	7561	5192
6436	4135	9892	10031	2008	12146	5164
11617	9685	38036	37441	4946	49213	41302

矿产品、建材及化工产品批发

Wholesale of Mineral Products, Building Materials and Chemical Products

地　区	Region	主营业务收入 Revenue from Main Business	主营业务成本 Cost of Main Business	主营业务税金及附加 Taxes and Surcharges of Main Business	主营业务利润 Profits from Main Business	其他业务利润 Profits from Other Business	销售费用 Selling Expenses	管理费用 Administrative Expenses
全　国	**National Total**	**2798893824**	**2716310221**	**2525361**	**80058242**	**2438626**	**30996337**	**15126971**
北　京	Beijing	219043542	213408131	178914	5456497	283453	2311423	1647711
天　津	Tianjin	162861018	159314834	152616	3393568	113831	1294775	502558
河　北	Hebei	40121827	38359728	37414	1724685	15204	655260	223761
山　西	Shanxi	58318946	56558046	80994	1679906	101364	877934	498503
内蒙古	Inner Mongolia	25041728	23274021	81557	1686150	100762	1113685	205169
辽　宁	Liaoning	107824931	106437821	64547	1322563	12683	984267	337650
吉　林	Jilin	5783961	5660890	6375	116696	6516	152638	42094
黑龙江	Heilongjiang	21637506	21101499	24467	511540	8131	314461	68805
上　海	Shanghai	435436931	427361411	160019	7915501	265425	3167736	2099064
江　苏	Jiangsu	271709413	259653697	223964	11831752	255789	2454362	1515824
浙　江	Zhejiang	307845762	301546937	225220	6073605	383765	2578635	1485242
安　徽	Anhui	26364415	25438640	34961	890814	9716	319651	154010
福　建	Fujian	147317656	142096481	159184	5061991	203633	1828441	729554
江　西	Jiangxi	12671166	11894835	35486	740845	44366	313796	131222
山　东	Shandong	151126826	146632193	147053	4347580	95082	1829187	788694
河　南	Henan	37278611	35000886	92752	2184973	38315	540518	295346
湖　北	Hubei	61021330	58075198	86369	2859763	17967	850033	338443
湖　南	Hunan	19783852	18561721	94037	1128094	24249	349454	214123
广　东	Guangdong	344940042	334549851	252445	10137746	267742	4462511	2241243
广　西	Guangxi	36031013	34995703	34690	1000620	29209	496588	214072
海　南	Hainan	5466557	5279037	3901	183619	350	88925	30046
重　庆	Chongqing	36433315	34724889	56056	1652370	14479	470243	239297
四　川	Sichuan	42122712	40526629	54272	1541811	34197	606974	205681
贵　州	Guizhou	14248133	13297015	24364	926754	17124	267531	148382
云　南	Yunnan	41469799	40291185	48265	1130349	42087	402009	184401
西　藏	Tibet	20316	22831	35	-2550		3158	1416
陕　西	Shaanxi	64766533	62784618	88734	1893181	11540	971830	220580
甘　肃	Gansu	34428990	33584250	19530	825210	7852	373016	126219
青　海	Qinghai	4501473	4286472	6508	208493	1284	65184	24320
宁　夏	Ningxia	10160778	9969597	12214	178967	3849	123478	24386
新　疆	Xinjiang	53114742	51621177	38415	1455150	28663	728636	189154

3-4-4 Continued 5

单位：万元
Unit: 10 000 yuan

财务费用 Financial Expenses	#利息支出 Interest Expenses	营业利润 Operating Profits	利润总额 Total Profits	应交所得税 Income Tax Payable	应付职工薪酬 Payables to Employees	应交增值税 VAT Payable
12761822	**11244744**	**31852072**	**32086451**	**5441230**	**13353752**	**13097193**
1483213	1920141	2613121	2625022	535673	1547725	712657
1426808	1163779	517213	617422	246232	347782	512835
312534	90631	555920	556056	110914	233430	190224
435985	314474	132168	126786	68673	464633	367601
130955	79790	295229	299006	44974	145854	409569
274780	268280	-202719	-191982	86486	309230	336470
41681	36413	-114066	-126019	6146	138018	62634
79421	102655	28507	26017	21744	135050	171649
1122563	816817	3712444	3934560	695510	1603203	469961
1237444	704645	6830937	6421907	772159	1021113	1868724
1513727	1731054	2809606	3027779	621966	1065148	1216576
77457	57690	435407	434855	49676	164712	261926
701144	700771	2266244	2308766	229526	658138	569171
76462	66867	252129	247611	53329	209292	142972
778854	517993	1108125	1093964	204895	638854	714639
210685	100410	1099634	1101270	79716	231178	249514
124853	90794	1353667	1292956	156299	515619	709054
95619	48199	392565	393175	36433	128137	199731
1113556	1005271	3859802	3980672	934889	1895895	1681318
189312	208201	199942	196281	54742	272375	216145
10705	4560	48292	52865	15489	24704	23243
144607	126045	790939	817539	65793	201001	229975
208128	202379	270692	281076	50356	271804	388734
103156	121530	310719	319048	47162	128801	146372
235488	242052	382952	377193	60498	179167	145364
108		-6606	2034	223	2008	7
140630	108388	874753	864877	82503	278389	514545
75147	74130	80388	53718	11617	179976	109421
122624	17013	124690	130997	3647	27637	27581
94418	109999	-56325	-55850	4961	54919	84690
199759	213774	885706	876849	89001	279960	363889

机械设备、五金产品及电子产品批发
Wholesale of Machinery, Hardware and Electronic Products

地　区	Region	主营业务收　入 Revenue from Main Business	主营业务成　本 Cost of Main Business	主营业务税金及附加 Taxes and Surcharges of Main Business	主营业务利　润 Profits from Main Business	其他业务利　润 Profits from Other Business	销售费用 Selling Expenses	管理费用 Administrative Expenses
全　国	**National Total**	**767724335**	**707968265**	**1431318**	**58324752**	**1978987**	**28107689**	**12901213**
北　京	Beijing	128209094	116049870	285609	11873615	1075650	5256914	3459521
天　津	Tianjin	23562772	22193742	242856	1126174	49365	485437	383779
河　北	Hebei	2936817	2793315	6011	137491	11605	73229	57152
山　西	Shanxi	4956396	4815098	4694	136604	13715	53217	40936
内蒙古	Inner Mongolia	1046676	951321	2203	93152	2539	43605	21702
辽　宁	Liaoning	5476873	5031325	11147	434401	7000	145830	136356
吉　林	Jilin	3022909	2733552	5878	283479	2141	178469	37787
黑龙江	Heilongjiang	2945429	2881509	2515	61405	4258	24801	25386
上　海	Shanghai	206863127	187540168	254330	19068629	266982	10368331	3179842
江　苏	Jiangsu	58899244	54730273	79116	4089855	67863	1294490	704480
浙　江	Zhejiang	56387125	53476037	46032	2865056	64640	1498862	730625
安　徽	Anhui	11346970	10830587	18115	498268	19621	276681	96919
福　建	Fujian	15839472	14678857	40479	1120136	8976	275379	271804
江　西	Jiangxi	5226568	4910690	5495	310383	4303	199983	56500
山　东	Shandong	18212216	16907128	31517	1273571	17818	549168	318354
河　南	Henan	10679076	10029659	21311	628106	2258	247228	102623
湖　北	Hubei	13205529	12306992	38838	859699	9662	640843	223451
湖　南	Hunan	7929787	7168892	26254	734641	-50103	599621	105330
广　东	Guangdong	146121380	135848516	228301	10044563	323325	4613485	2500617
广　西	Guangxi	3023783	2818786	6050	198947	9614	93948	49350
海　南	Hainan	423321	376776	405	46140	102	20128	8968
重　庆	Chongqing	17889681	16668274	41253	1180154	26546	522761	108631
四　川	Sichuan	8193407	7690866	14819	487722	25832	274543	102714
贵　州	Guizhou	1495646	1394883	1969	98794	3741	46252	23678
云　南	Yunnan	1815003	1706470	1610	106923	1507	64275	28414
西　藏	Tibet	28846	25133	98	3615		1402	1134
陕　西	Shaanxi	6313961	6096682	5923	211356	1006	87070	54423
甘　肃	Gansu	1666349	1573976	2150	90223	3179	50789	17535
青　海	Qinghai	470276	462285	363	7628	285	4216	3617
宁　夏	Ningxia	247135	230448	590	16097	1286	8828	5665
新　疆	Xinjiang	3289468	3046159	5386	237923	4271	107903	43920

3-4-4 Continued 6

单位：万元

Unit: 10 000 yuan

财务费用 Financial Expenses	#利息支出 Interest Expenses	营业利润 Operating Profits	利润总额 Total Profits	应交所得税 Income Tax Payable	应付职工薪酬 Payables to Employees	应交增值税 VAT Payable
2107032	**2171794**	**21321118**	**21959779**	**6312940**	**12403596**	**7250399**
136233	581766	6861340	6972862	1515623	3476586	1735160
223964	196159	124841	134441	54820	335902	301832
122446	49793	15981	14557	5967	39668	22584
9708	13143	65433	63148	5111	30973	18557
12570	6922	34090	35593	-208	15841	14013
97272	90283	220341	222900	24303	100822	64082
4356	1736	62301	64508	16286	34398	32304
7439	4530	1135	9346	1631	19685	16417
461718	255191	5548657	5907862	1569569	3209401	1295931
258619	244093	2176312	2191024	372828	635540	651185
85590	121096	857504	880715	201237	616425	284811
11662	19484	131874	129400	32572	120742	86543
57702	29446	524819	525167	69328	222193	135264
2166	7644	42225	45321	7936	63801	33737
57732	39187	312773	319310	73755	340385	126130
22957	12789	206028	207251	18489	123453	85141
-24076	33836	93421	94828	21024	221406	200933
14288	10484	28223	31564	8395	100564	90958
466170	365461	3068084	3130907	2156826	2119940	1503552
7966	5768	53319	53864	10473	55789	33254
-7	31	15931	16027	4642	10159	4073
7113	28793	521061	539667	68137	134083	352344
18517	11659	147852	152705	29433	134895	68778
7873	5868	15554	15732	3970	24657	6800
11693	12575	23994	24883	3999	30569	8139
166	170	892	1280	220	1740	144
2531	967	65931	67085	16228	45238	17531
8521	6614	15129	15454	4173	24016	27781
2867	3167	-80	565	189	1467	375
2076	1284	1558	1659	178	7695	1249
9202	11855	84596	90154	15808	105567	30800

贸易经纪与代理

Trade Broker and Agency

地 区	Region	主营业务收入 Revenue from Main Business	主营业务成本 Cost of Main Business	主营业务税金及附加 Taxes and Surcharges of Main Business	主营业务利润 Profits from Main Business	其他业务利润 Profits from Other Business	销售费用 Selling Expenses	管理费用 Administrative Expenses
全 国	**National Total**	**45114948**	**42583977**	**121644**	**2409327**	**139484**	**680007**	**579363**
北 京	Beijing	5298720	4926857	9221	362642	80273	104473	126710
天 津	Tianjin	1911380	1837049	2329	72002	8106	63539	22718
河 北	Hebei	106762	98154	23	8585	99	6872	1625
山 西	Shanxi	7057	6509	9	539		453	
内蒙古	Inner Mongolia							
辽 宁	Liaoning	269496	248842	1097	19557	45	12238	8318
吉 林	Jilin	972	941	6	25		78	
黑龙江	Heilongjiang	95855	92832	47	2976		2996	1028
上 海	Shanghai	3871815	3600256	2458	269101	16003	105975	102753
江 苏	Jiangsu	4595064	4063897	2509	528658	7276	59155	49905
浙 江	Zhejiang	1325641	1268141	486	57014	379	31263	17889
安 徽	Anhui	333175	311685	374	21116	21	2711	1865
福 建	Fujian	1835854	1752992	2709	80153	2830	23553	12906
江 西	Jiangxi	380686	367114	226	13346	49	7131	3077
山 东	Shandong	1791539	1717194	703	73642	1162	24535	5733
河 南	Henan	106295	97801	137	8357		1431	3141
湖 北	Hubei	64966	55528	56	9382		4601	1195
湖 南	Hunan	57058	40538	2194	14326		3439	2850
广 东	Guangdong	22269879	21362451	14927	892501	22531	209483	207919
广 西	Guangxi	6564	5292	16	1256		167	4
海 南	Hainan	118119	117077	80455	-79413			93
重 庆	Chongqing	374974	354066	1390	19518	8	3416	2778
四 川	Sichuan	36587	33047	61	3479	185	2067	733
贵 州	Guizhou	17668	7604	33	10031		9	53
云 南	Yunnan	19421	16603	28	2790	1	2142	669
西 藏	Tibet	85	1	1	83		13	422
陕 西	Shaanxi	194541	179611	28	14902		7456	3718
甘 肃	Gansu							
青 海	Qinghai	4100	4094		6			1
宁 夏	Ningxia							
新 疆	Xinjiang	20676	17801	124	2751	517	810	1258

3-4-4 Continued 7

单位：万元
Unit: 10 000 yuan

财务费用 Financial Expenses	#利息支出 Interest Expenses	营业利润 Operating Profits	利润总额 Total Profits	应交所得税 Income Tax Payable	应付职工薪酬 Payables to Employees	应交增值税 VAT Payable
621081	**495809**	**987669**	**1002059**	**213073**	**481952**	**292824**
232366	190853	403357	397815	83290	110129	24967
4147	5914	3544	5416	746	27276	7238
94	100	-3	162	18	1174	64
		86	86	8	40	69
2363	1205	-3552	-1309	709	10496	2677
48	48	-103	-103		58	2
-27	-202	-1022	148	37	353	2824
7027	14330	72100	73369	23754	72428	9497
34076	25961	149060	149235	27635	30347	33074
6885	1393	-2237	3137	1079	14118	4250
664	584	11007	11010	2688	1970	884
3467	3328	45808	46230	6265	13050	12015
-745	420	4859	146	952	2349	1756
13819	3018	9705	10266	329	7514	16000
610	501	2871	2926	380	1103	453
-74	75	4397	4635	995	1022	804
1943	44	5455	5520	119	521	1261
304397	236656	262228	272477	62607	149784	167750
-140		1225	1246	101	90	93
416	230	453	490	123	63	79
7588	9819	3670	3543	514	3679	38
382	89	1113	1256	172	1716	3604
170		9987	10174		97	33
235	119	197	208	24	628	135
17		-370	-262	19	239	6
124	148	3822	4220	508	1761	1601
6		-26	-26		34	1312
1222	1176	38	43		29914	337

其他批发业

Other Wholesale Industries

地 区	Region	主营业务收入 Revenue from Main Business	主营业务成本 Cost of Main Business	主营业务税金及附加 Taxes and Surcharges of Main Business	主营业务利润 Profits from Main Business	其他业务利润 Profits from Other Business	销售费用 Selling Expenses	管理费用 Administrative Expenses
全 国	**National Total**	**78785597**	**72424140**	**433633**	**5927824**	**75341**	**2319441**	**1251290**
北 京	Beijing	4861358	4329027	6284	526047	11463	153693	182784
天 津	Tianjin	6338038	6302854	67776	-32592	704	42996	47901
河 北	Hebei	618310	601586	344	16380	321	13166	1013
山 西	Shanxi	210827	199387	397	11043	202	2231	5836
内蒙古	Inner Mongolia	41790	36390	119	5281		2551	1601
辽 宁	Liaoning	973882	935777	21509	16596	640	12698	13556
吉 林	Jilin	58221	48825	294	9102		4243	3693
黑龙江	Heilongjiang	169919	160495	148	9276	300	3150	3364
上 海	Shanghai	5434458	4777270	11379	645809	4553	307280	201748
江 苏	Jiangsu	7674483	7144271	39449	490763	2973	186727	75912
浙 江	Zhejiang	11026247	10764256	37463	224528	3889	122513	71640
安 徽	Anhui	3068704	2887241	70519	110944	26	41362	44329
福 建	Fujian	5059217	4691989	43239	323989	2695	90834	76768
江 西	Jiangxi	696548	659800	2799	33949	-1155	12003	10097
山 东	Shandong	5873184	4793244	38458	1041482	31701	57099	33963
河 南	Henan	1748952	1550190	16873	181889	392	36702	40881
湖 北	Hubei	1037332	894911	6045	136376	26	18512	17050
湖 南	Hunan	1509776	1252388	24687	232701	977	87690	43078
广 东	Guangdong	12622899	11068593	18195	1536111	7840	977140	288546
广 西	Guangxi	958783	901734	7541	49508	-187	11168	12903
海 南	Hainan	371394	366269	175	4950		564	712
重 庆	Chongqing	1370041	1301767	12176	56098	636	22195	15062
四 川	Sichuan	764794	714860	2466	47468		14910	9672
贵 州	Guizhou	365702	301757	451	63494		17492	14315
云 南	Yunnan	5238550	5083389	2898	152263	6318	67774	19212
西 藏	Tibet							
陕 西	Shaanxi	255600	240988	553	14059	149	5720	6206
甘 肃	Gansu	27261	21222	174	5865		1734	1302
青 海	Qinghai							
宁 夏	Ningxia	291473	287149	403	3921	535	1633	2888
新 疆	Xinjiang	117855	106511	821	10523	344	3660	5257

单位：万元
Unit: 10 000 yuan

财务费用 Financial Expenses	#利息支出 Interest Expenses	营业利润 Operating Profits	利润总额 Total Profits	应交所得税 Income Tax Payable	应付职工薪酬 Payables to Employees	应交增值税 VAT Payable
388655	**337314**	**1733272**	**2138754**	**375113**	**1045784**	**2749315**
75631	81138	339907	366479	58558	144902	64097
3256	17095	-105031	107298	33530	36338	482315
4188	6036	-2287	-4186	333	5611	27839
401	70	4609	6479	1206	4018	3110
849	850	303	285	182	991	824
16321	14182	-7004	-7195	1425	8249	19311
40	25	1108	1145	353	3151	1849
2932	586	773	1783	731	2080	680
37002	26237	144586	171685	44180	186446	53657
25010	13675	212350	223545	37691	81818	325360
31899	30201	23651	90503	34683	51116	289010
11195	8374	83294	87186	17546	28043	242582
19062	16073	129967	150234	35112	28330	369703
3572	1666	5380	5388	972	5851	9888
18164	6698	50648	42488	12619	32244	333544
12796	4273	83398	90147	11752	21109	112688
3488	1071	93081	97108	3941	12346	32140
16666	5210	90812	97567	13185	20913	46901
45556	24693	515890	524688	51207	291933	102752
22784	18705	3033	4450	785	10383	60039
2367	2160	1494	1497	358	407	439
7745	5365	12917	27461	2861	12317	76498
3117	3176	19783	19384	1631	8636	15905
607	162	8577	8689	1227	8866	56953
4268	32035	35506	35872	7620	20627	13325
265	110	2049	2232	236	4299	2493
169	16	1349	2026	410	1411	789
18039	17264	-18725	-18863	62	1413	264
1266	166	1855	3381	720	11935	4362

3-4-5 各地区限额以上零售业企业损益及分配

地 区	Region	主营业务收入 Revenue from Main Business	主营业务成本 Cost of Main Business	主营业务税金及附加 Taxes and Surcharges of Main Business	主营业务利润 Profits from Main Business	其他业务利润 Profits from Other Business	销售费用 Selling Expenses	管理费用 Administrative Expenses
全 国	**National Total**	**1083138679**	**946022326**	**4300667**	**132815686**	**10379228**	**78590700**	**34026125**
北 京	Beijing	76234291	67466817	262894	8504580	1544926	6926075	2370474
天 津	Tianjin	19106242	17125085	52366	1928791	148685	1543188	632488
河 北	Hebei	25892304	23281161	82675	2528468	284504	1729143	872479
山 西	Shanxi	17381682	15876833	47185	1457664	134381	950693	532849
内蒙古	Inner Mongolia	11259051	9999287	34802	1224962	63839	705995	283341
辽 宁	Liaoning	25727194	23284589	95468	2347137	246963	1686121	1019263
吉 林	Jilin	11277702	10017240	51724	1208738	109762	634917	588835
黑龙江	Heilongjiang	13146557	11754545	59337	1332675	139859	728503	432977
上 海	Shanghai	71715351	57030274	310494	14374583	1073066	10179187	3872826
江 苏	Jiangsu	103795200	91073610	392979	12328611	1076548	6310093	3072267
浙 江	Zhejiang	74194795	65809658	238397	8146740	878705	5583918	2256420
安 徽	Anhui	37622727	33131604	139085	4352038	164341	2148341	1036231
福 建	Fujian	52578029	45865469	250805	6461755	254903	2998781	1423855
江 西	Jiangxi	18900498	16578264	79838	2242396	109023	1051038	533462
山 东	Shandong	67715793	60327886	244348	7143559	640376	4088657	1979965
河 南	Henan	39077199	33836222	178187	5062790	225968	2151300	1265924
湖 北	Hubei	52162882	44601194	296508	7265180	481867	3294171	1491945
湖 南	Hunan	43738386	38001136	280830	5456420	213549	2597188	1271080
广 东	Guangdong	117850775	101937772	416892	15496111	1143652	10354643	3531944
广 西	Guangxi	15617635	13931251	43544	1642840	231703	996861	471232
海 南	Hainan	5562177	4681929	51132	829116	70135	420026	165005
重 庆	Chongqing	31994415	28103307	99824	3791284	204107	1961488	824314
四 川	Sichuan	54256700	47852273	203388	6201039	358659	3480210	1332962
贵 州	Guizhou	18121066	15785687	53125	2282254	111025	977689	405624
云 南	Yunnan	19925782	17546876	51991	2326915	138774	1280159	487862
西 藏	Tibet	1615314	1498488	9370	107456	1619	59181	35841
陕 西	Shaanxi	33733053	29358923	192444	4181686	176550	2215521	1125372
甘 肃	Gansu	7549465	6649138	23287	877040	41953	473476	181767
青 海	Qinghai	2769226	2480345	9110	279771	16720	146234	73856
宁 夏	Ningxia	2600090	2308148	10584	281358	25732	229038	94417
新 疆	Xinjiang	10017096	8827316	38054	1151726	67333	688863	359246

Income and Distribution of Enterprises above Designated Size of Retail Trade by Region

单位：万元
Unit: 10 000 yuan

财务费用 Financial Expenses	#利息支出 Interest Expenses	营业利润 Operating Profits	利润总额 Total Profits	应交所得税 Income Tax Payable	应付职工薪酬 Payables to Employees	应交增值税 VAT Payable
6161791	**3730802**	**27202506**	**27820208**	**5053781**	**42870548**	**16874954**
365825	414489	911778	1027349	343198	3192481	942657
124403	122042	-221512	-172205	55777	654581	243818
215596	91827	207720	229730	67344	1040126	358528
153503	91307	-131204	-123572	36959	553091	176671
74782	29037	9030	14742	23701	461059	255734
237691	193203	36304	63964	89765	999751	359927
169989	109053	165069	81806	57523	826301	181818
105931	50790	240190	250235	33777	448852	302674
256364	136868	1645495	1767495	675803	3497709	937854
583998	357856	3679720	3699097	570845	3675834	1729191
384212	326791	1119379	1240370	381783	2938429	1008821
188914	89526	1275906	1274794	158405	1435345	668317
211904	101788	2059913	2056431	135796	1746724	717529
98518	56137	597239	573705	87807	737051	273247
497482	244839	1184824	1215532	244995	2515638	891483
298744	101248	1488150	1492780	141177	1479835	651353
331655	186762	2488094	2470850	325348	2338862	1226666
282911	136359	1497325	1513586	142589	1494401	707391
441695	249993	3194768	3311523	708443	5128278	2100823
66905	44348	318716	333661	51729	645762	220140
30687	18578	277997	272944	64676	197607	73958
155068	79449	931252	942831	89233	1361715	458703
260377	140277	1457793	1476375	194230	1869578	826154
115066	45456	740227	744778	76726	551148	309094
110803	85971	661219	660741	74141	798455	256175
1184	2215	16250	18158	2518	52339	35561
180645	77311	835710	860797	127814	1216536	493278
75927	45535	239758	236760	19613	315330	158550
20352	13361	71368	79895	11678	96938	35672
23790	12667	33928	35287	10261	107277	30678
96869	75719	170097	169769	50126	493515	242489

3-4-5 续表

国有控股

State-controlled Enterprises

地　区	Region	主营业务收入 Revenue from Main Business	主营业务成本 Cost of Main Business	主营业务税金及附加 Taxes and Surcharges of Main Business	主营业务利润 Profits from Main Business	其他业务利润 Profits from Other Business	销售费用 Selling Expenses	管理费用 Administrative Expenses
全　国	**National Total**	**202450560**	**180156857**	**614715**	**21678988**	**1530844**	**13043968**	**4515328**
北　京	Beijing	18545857	16171183	84603	2290071	325544	1552744	585995
天　津	Tianjin	4945504	4487641	11702	446161	32424	332735	157970
河　北	Hebei	4266407	3874920	11953	379534	26853	245637	95868
山　西	Shanxi	4881608	4510219	8026	363363	25268	296549	108631
内蒙古	Inner Mongolia	4294667	3766215	7234	521218	9745	254532	34602
辽　宁	Liaoning	4794511	4456508	14361	323642	26317	316210	161227
吉　林	Jilin	2605551	2329313	21914	254324	12017	172830	155153
黑龙江	Heilongjiang	2345133	2151742	6920	186471	6523	95226	50025
上　海	Shanghai	11796875	9961247	56053	1779575	144486	1131102	558579
江　苏	Jiangsu	14762662	13219186	33505	1509971	84604	784591	220480
浙　江	Zhejiang	10508044	9520434	30413	957197	90773	638730	195611
安　徽	Anhui	6963187	6366858	17010	579319	47445	311532	150129
福　建	Fujian	5021306	4582343	10351	428612	38461	325060	76921
江　西	Jiangxi	2629405	2333577	4956	290872	17516	144447	86318
山　东	Shandong	9369695	8559083	27421	783191	141729	561213	152504
河　南	Henan	6174728	5412426	13994	748308	40094	351780	108064
湖　北	Hubei	9525234	8215238	48037	1261959	123445	765044	249584
湖　南	Hunan	8571149	7806287	20233	744629	21057	412734	150852
广　东	Guangdong	20772964	17996426	49514	2727024	114002	1517142	411284
广　西	Guangxi	1755136	1519927	9030	226179	16546	121308	76482
海　南	Hainan	2789567	2262748	39697	487122	13186	199983	53072
重　庆	Chongqing	10666391	9587424	9038	1069929	42978	776618	183872
四　川	Sichuan	11255620	10329657	15186	910777	41679	531759	172348
贵　州	Guizhou	6143959	5261691	13156	869112	31482	276710	64125
云　南	Yunnan	5281853	4840103	7469	434281	20856	280414	57374
西　藏	Tibet	1112122	1059902	7368	44852	1121	31722	17733
陕　西	Shaanxi	3975516	3436247	20785	518484	13262	260673	114720
甘　肃	Gansu	2532947	2332937	3201	196809	3814	123643	20284
青　海	Qinghai	1193021	1101258	5308	86455	2136	41319	14236
宁　夏	Ningxia	162325	146083	832	15410	5363	15334	5268
新　疆	Xinjiang	2807615	2558033	5449	244133	10119	174646	26016

3-4-5 Continued

单位：万元
Unit: 10 000 yuan

财务费用 Financial Expenses	#利息支出 Interest Expenses	营业利润 Operating Profits	利润总额 Total Profits	应交所得税 Income Tax Payable	应付职工薪酬 Payables to Employees	应交增值税 VAT Payable
458241	**434588**	**6122975**	**6168994**	**948084**	**7562714**	**3104987**
66655	143925	688338	747615	131876	913023	252664
21559	12900	-13955	-6970	16734	199913	75957
6059	4178	79488	75243	5336	136140	80407
8719	5942	-154467	-158143	12360	171989	64058
2881	2435	-40339	-50509	3509	197423	166043
-2999	5152	38864	40727	13498	270495	65973
46565	40784	103149	105213	22998	127067	91923
6659	5505	37079	35311	-15843	87804	182566
42174	36448	437001	449160	119529	515398	102665
25322	13483	538778	538108	35723	377912	134686
-1044	14685	277106	287210	75782	371017	130209
7042	5804	201267	198157	16288	195569	76495
5715	8019	99806	103070	21902	195845	72608
-157	2562	86179	79945	5077	115268	37266
51014	9870	123450	114440	18702	297555	122865
17316	9349	286822	286213	35053	181648	82859
21144	14100	350273	336907	79403	492193	181798
3	5049	201367	201002	11313	228528	148817
22890	33788	1128436	1139651	135718	838136	241814
6368	3663	56107	58622	9327	104602	30990
7890	1987	227822	222954	48865	77638	7753
19941	14987	214213	211643	20655	516299	200039
7183	4470	263183	251126	25775	316689	143662
26658	2806	502729	512129	37306	111146	107482
10170	8791	118461	117265	6878	125073	50951
1563	60	-5419	-5882	680	31797	28764
13140	6447	128972	137929	25603	161269	73281
4912	3740	52766	42477	5137	63207	53521
705	1516	46623	46425	2297	30713	11164
572	428	693	2046	629	8555	2149
11622	11717	48183	49911	19972	102804	83556

3-4-6 各地区限额以上零售业企业损益及分配(按登记注册类型分)

内资企业

Domestic Funded Enterprises

地　区	Region	主营业务收入 Revenue from Main Business	主营业务成本 Cost of Main Business	主营业务税金及附加 Taxes and Surcharges of Main Business	主营业务利润 Profits from Main Business	其他业务利润 Profits from Other Business	销售费用 Selling Expenses	管理费用 Administrative Expenses
全　国	**National Total**	**941962967**	**832837307**	**3665297**	**105460363**	**7913717**	**58979410**	**27422679**
北　京	Beijing	63420284	57202113	202838	6015333	1222359	4889189	1708401
天　津	Tianjin	16506822	14918103	41327	1547392	113357	1199039	510855
河　北	Hebei	24611217	22102217	79841	2429159	264100	1609769	854961
山　西	Shanxi	17013397	15572882	45652	1394863	127811	914362	516159
内蒙古	Inner Mongolia	11061002	9830428	33919	1196655	62512	685062	277755
辽　宁	Liaoning	23110416	21012950	84366	2013100	175950	1382839	902161
吉　林	Jilin	10746454	9568030	49019	1129405	89525	584921	559295
黑龙江	Heilongjiang	11725183	10487031	55753	1182399	117264	607573	391304
上　海	Shanghai	42247708	37493944	129824	4623940	676544	3591208	1496154
江　苏	Jiangsu	86737913	76148324	339761	10249828	814242	4665030	2552179
浙　江	Zhejiang	63703081	56755430	190827	6756824	690805	4632337	1898762
安　徽	Anhui	35447842	31420928	127964	3898950	150348	1822794	966507
福　建	Fujian	47488860	41647107	233558	5608195	166614	2365076	1247614
江　西	Jiangxi	17983226	15776283	78176	2128767	82284	951963	506716
山　东	Shandong	63792496	57023592	226571	6542333	577787	3684413	1823176
河　南	Henan	36817934	31873552	168845	4775537	183634	2018330	1078538
湖　北	Hubei	48074137	40993900	282995	6797242	287442	2956076	1336079
湖　南	Hunan	41219143	35839863	271617	5107663	183215	2346997	1182370
广　东	Guangdong	96183382	84822820	318100	11042462	676017	7031244	2649700
广　西	Guangxi	14342032	12846808	38997	1456227	199929	857724	434745
海　南	Hainan	5285942	4445591	49524	790827	62777	387151	157390
重　庆	Chongqing	29371630	25827264	88196	3456170	167352	1732274	717246
四　川	Sichuan	49373482	43871886	178685	5322911	306070	2990678	1147925
贵　州	Guizhou	17412981	15218005	48810	2146166	96242	907818	381982
云　南	Yunnan	18016989	15947277	46008	2023704	109818	1091966	432470
西　藏	Tibet	1611729	1497188	9330	105211	1585	58871	35834
陕　西	Shaanxi	26455043	23078926	165975	3210142	169440	1526381	965387
甘　肃	Gansu	7343758	6472098	22021	849639	37314	451923	176685
青　海	Qinghai	2710442	2428874	8993	272575	15809	140876	72947
宁　夏	Ningxia	2507040	2225646	10502	270892	25732	221728	92559
新　疆	Xinjiang	9641402	8488247	37303	1115852	59842	673797	348821

Income and Distribution of Enterprises above Designated Size of Retail Trade by Region and Type of Registration

单位：万元
Unit: 10 000 yuan

财务费用 Financial Expenses	#利息支出 Interest Expenses	营业利润 Operating Profits	利润总额 Total Profits	应交所得税 Income Tax Payable	应付职工薪酬 Payables to Employees	应交增值税 VAT Payable
5672665	**3350158**	**22683249**	**23287701**	**3761215**	**35447608**	**14297625**
295237	333659	715442	829712	238248	2493917	735017
112424	114768	-239821	-200013	42826	529672	187898
212637	90525	230069	253224	63607	993981	352795
152679	90636	-148286	-140507	32621	540865	172917
73608	28770	5885	11416	22443	454223	253802
213544	174875	19664	36706	67833	868750	318830
152830	93183	161382	177644	55577	806480	171238
98194	47036	240360	252817	30986	419770	295976
144407	94242	298514	368674	200547	1511428	485803
528579	319470	3362674	3370674	480713	2906598	1407020
365525	285957	805624	910746	297575	2481822	855150
184549	89780	1183406	1192233	143287	1318076	613471
193811	83106	1884433	1890069	115208	1419449	619846
95418	56384	586147	561570	82822	702017	263511
484287	235987	1073391	1103700	211004	2302003	819693
295243	100191	1369210	1379372	133872	1414244	601794
324075	173111	2298287	2282162	284298	2157476	1166761
280984	131371	1431546	1446436	126547	1339255	662035
391805	214968	2223399	2307078	497637	3848851	1553718
62943	39729	277393	291524	44196	584127	187947
27264	14685	267536	262664	62233	182006	69574
145216	73140	887326	900886	75530	1265758	419714
245366	129827	1315335	1331306	155722	1658516	729662
109809	40972	697299	702433	66930	523102	267091
105830	79773	563833	561515	54756	718892	217929
1169	2215	14303	16211	2473	52210	35161
159324	66430	668579	688412	85123	965036	374989
75690	45303	234008	230701	18415	308568	154571
20319	13359	69668	78117	11289	94243	35248
23517	12388	34075	35329	9584	103944	29141
96381	74318	152569	154891	47314	482332	239326

国有企业

State-owned Enterprises

地　区	Region	主营业务收　入 Revenue from Main Business	主营业务成　本 Cost of Main Business	主营业务税金及附加 Taxes and Surcharges of Main Business	主营业务利　润 Profits from Main Business	其他业务利　润 Profits from Other Business	销售费用 Selling Expenses	管理费用 Administr-ative Expenses
全　国	**National Total**	**10860101**	**9328142**	**51054**	**1480905**	**82967**	**590068**	**354846**
北　京	Beijing	959984	795256	3279	161449	44438	98090	74848
天　津	Tianjin	88764	59406	670	28688	4906	15321	14772
河　北	Hebei	47379	45857	197	1325	1876	2532	3007
山　西	Shanxi	399758	383255	660	15843	1410	13957	7824
内蒙古	Inner Mongolia	33343	29021	110	4212	1081	2728	2707
辽　宁	Liaoning	52723	43515	209	8999	3109	4126	7850
吉　林	Jilin	103193	99354	139	3700	396	8156	597
黑龙江	Heilongjiang	182312	165040	1650	15622	1672	5982	7764
上　海	Shanghai	229162	184611	1187	43364	6082	16101	26007
江　苏	Jiangsu	501520	458414	767	42339	2094	23599	13228
浙　江	Zhejiang	93494	81684	240	11570	1484	4819	4619
安　徽	Anhui	154669	140856	125	13688	2086	7306	3909
福　建	Fujian	95660	85783	422	9455	179	5014	3647
江　西	Jiangxi	76349	67948	100	8301	1639	3950	3395
山　东	Shandong	632670	572865	893	58912	1826	34525	17909
河　南	Henan	960432	852186	2774	105472	79	44092	18107
湖　北	Hubei	810095	654464	8920	146711	366	38119	18064
湖　南	Hunan	1062677	811792	5567	245318	906	47160	15797
广　东	Guangdong	563066	447732	2349	112985	-22	35914	26992
广　西	Guangxi	119338	102540	634	16164	1971	10172	5668
海　南	Hainan	9454	11004	15	-1565		478	337
重　庆	Chongqing	22171	21268	85	818	192	433	594
四　川	Sichuan	82823	68326	166	14331	30	4601	6646
贵　州	Guizhou	1577644	1365654	2723	209267	57	57134	9241
云　南	Yunnan	512927	478049	898	33980	1784	22647	7302
西　藏	Tibet	173810	156231	6042	11537	1121	5344	6301
陕　西	Shaanxi	915135	807615	8582	98938	70	41356	32732
甘　肃	Gansu	52135	48383	77	3675		2758	1718
青　海	Qinghai	139804	132335	90	7379		5756	1459
宁　夏	Ningxia	11093	9479	42	1572	19	1035	650
新　疆	Xinjiang	196521	148221	1444	46856	2119	26862	11157

单位：万元
Unit: 10 000 yuan

财务费用 Financial Expenses	#利息支出 Interest Expenses	营业利润 Operating Profits	利润总额 Total Profits	应交所得税 Income Tax Payable	应付职工薪酬 Payables to Employees	应交增值税 VAT Payable
17115	**9323**	**565485**	**603450**	**49672**	**457114**	**287103**
-2042	236	40695	53160	12973	103737	18519
-2	463	4051	6212	2513	15995	3709
-71		-1834	-770	60	6321	607
498	127	-11161	-11229	77	7113	36372
-81	-92	-101	187	5	1958	332
317	297	-119	1002	312	6615	553
292	253	-4925	-5041	8	4709	866
440	79	1895	2012	211	6556	805
-269	17	14407	15522	3532	22050	4863
1268	1255	9854	12683	2774	18457	4393
11	264	4193	4997	1588	4268	1764
216	48	4627	4310	819	7566	1244
92	58	1268	1945	276	3976	902
382	235	1372	2203	175	4326	845
1367	473	13494	13740	743	23208	5596
2089	297	38260	38582	430	28877	8851
2013	1005	92044	92144	1468	23449	24458
4253	291	111265	109841	340	22577	98218
432	401	55830	56474	2525	36873	7480
673	586	1909	3490	1042	9313	2541
-8	1	-2363	-113	35	562	268
140	127	-253	-251	48	602	205
497	437	3698	6909	855	5611	874
621	173	146233	148248	1	20902	19880
866	590	6349	6898	95	8155	4359
15	1	375	1486	186	8596	18606
3054	1464	23256	24388	3726	26869	14194
135	97	-13	346	36	1970	412
54		50	270		1942	1301
-28	11	50	651	92	774	191
-108	131	11080	13153	12728	23189	3897

3–4–6 续表 2

集体企业

Collective-owned Enterprises

地 区	Region	主营业务收入 Revenue from Main Business	主营业务成本 Cost of Main Business	主营业务税金及附加 Taxes and Surcharges of Main Business	主营业务利润 Profits from Main Business	其他业务利润 Profits from Other Business	销售费用 Selling Expenses	管理费用 Administrative Expenses
全 国	**National Total**	**4948796**	**4223760**	**40361**	**684675**	**29930**	**211153**	**207754**
北 京	Beijing	254356	223845	821	29690	13031	25340	15788
天 津	Tianjin	93546	80202	236	13108		3682	2263
河 北	Hebei	132459	116638	493	15328	1368	8389	4445
山 西	Shanxi	230190	201046	672	28472	603	7210	10345
内蒙古	Inner Mongolia	125966	123011	57	2898	836	1017	491
辽 宁	Liaoning	76724	67740	158	8826	70	4340	2326
吉 林	Jilin	14167	12855	19	1293		336	326
黑龙江	Heilongjiang	48674	35028	994	12652		2380	1264
上 海	Shanghai	65639	51837	327	13475	787	9034	5261
江 苏	Jiangsu	598927	502890	5719	90318	2094	18736	15584
浙 江	Zhejiang	130865	111559	722	18584	2374	7074	7370
安 徽	Anhui	52799	44931	366	7502		1647	1490
福 建	Fujian	376605	311054	2720	62831	491	13429	10771
江 西	Jiangxi	36849	34281	483	2085		656	632
山 东	Shandong	219447	186823	1616	31008	1123	9801	13123
河 南	Henan	61538	51874	533	9131	108	3627	3208
湖 北	Hubei	845352	723746	9570	112036	2064	21245	36551
湖 南	Hunan	262799	239500	2266	21033	493	8371	8557
广 东	Guangdong	531979	448060	2706	81213	167	27814	17872
广 西	Guangxi	32533	28561	159	3813	69	1316	1114
海 南	Hainan	3386	2736	9	641		208	381
重 庆	Chongqing	46946	38052	482	8412		2683	3345
四 川	Sichuan	83307	72130	537	10640	3789	2927	3637
贵 州	Guizhou	34518	31250	159	3109	53	612	450
云 南	Yunnan	105118	98484	128	6506	64	3646	2142
西 藏	Tibet							
陕 西	Shaanxi	455399	359635	8354	87410	367	24758	37902
甘 肃	Gansu	17057	15732	33	1292	-18	455	643
青 海	Qinghai							
宁 夏	Ningxia	1414	1222	5	187		39	80
新 疆	Xinjiang	10238	9040	18	1180		381	393

3-4-6 Continued 2

单位：万元
Unit: 10 000 yuan

财务费用 Financial Expenses	#利息支出 Interest Expenses	营业利润 Operating Profits	利润总额 Total Profits	应交所得税 Income Tax Payable	应付职工薪酬 Payables to Employees	应交增值税 VAT Payable
21411	**8368**	**248436**	**255113**	**26268**	**202938**	**118581**
570	600	1368	1592	1512	14325	5299
-1	-112	7110	7154	1768	2279	1881
109	50	1202	2179	943	5328	1898
547	287	11277	11395	765	5594	3091
1		1388	1402	22	936	184
39	36	2343	2320	423	3995	925
123		508	507	8	347	186
-21	12	641	673	32	2218	175
-98	26	5696	5954	512	7788	1969
4146	868	50918	50894	5779	17918	17115
96	180	6909	8267	1330	6306	3517
338	127	4037	4036	232	2743	1864
1134	622	28369	28023	338	9294	4058
131	100	1355	1376	27	1326	1622
1712	935	6893	6976	352	16117	4370
384	92	2035	2002	103	4299	520
6920	2598	51265	51092	1852	53459	28827
677	312	5196	6784	310	9267	3071
1321	152	32393	32768	7660	21210	11425
219	34	1224	1265	269	1276	436
6		47	47	5	282	75
468	72	1252	1324	3	2791	1550
146	22	4127	4024	583	2241	1207
275	214	1826	1833	150	325	262
274	119	382	2401	322	2356	790
1483	622	18505	18604	960	7884	22050
143	146	-57	-56	2	550	171
		68	68	4	61	38
270	257	157	211	3	426	5

3-4-6 续表 3

股份合作企业
Cooperative Enterprises

地 区	Region	主营业务收入 Revenue from Main Business	主营业务成本 Cost of Main Business	主营业务税金及附加 Taxes and Surcharges of Main Business	主营业务利润 Profits from Main Business	其他业务利润 Profits from Other Business	销售费用 Selling Expenses	管理费用 Administrative Expenses
全 国	**National Total**	**1122628**	**991746**	**4452**	**126430**	**5591**	**49825**	**40110**
北 京	Beijing	213559	199077	253	14229	1500	7232	8789
天 津	Tianjin	24781	20471	68	4242		1030	975
河 北	Hebei	22787	18167	461	4159	107	2021	2248
山 西	Shanxi	9521	9180	27	314			247
内蒙古	Inner Mongolia	3028	2735	9	284		107	122
辽 宁	Liaoning	22202	18732	53	3417	241	1574	1009
吉 林	Jilin	54172	52422	372	1378	613	399	1221
黑龙江	Heilongjiang	28491	23300	141	5050	850	2444	2002
上 海	Shanghai	27474	23582	76	3816	92	1607	1448
江 苏	Jiangsu	13689	11538	70	2081		504	743
浙 江	Zhejiang	191859	163644	586	27629	333	9363	7265
安 徽	Anhui	14913	13157	114	1642	82	569	667
福 建	Fujian	3722	3411	21	290		93	125
江 西	Jiangxi	21365	20030	129	1206	320	95	92
山 东	Shandong	77981	70213	408	7360	186	3971	1861
河 南	Henan	3413	3026	6	381			19
湖 北	Hubei	21897	19779	202	1916	936	775	1399
湖 南	Hunan	13967	13349	86	532		319	103
广 东	Guangdong	39352	33777	102	5473	1	2612	1352
广 西	Guangxi	1600	1161	8	431		154	179
海 南	Hainan							
重 庆	Chongqing	31078	24493	211	6374	29	1272	989
四 川	Sichuan	64152	56410	565	7177	7	3214	2061
贵 州	Guizhou	27616	24994	17	2605	259	1036	995
云 南	Yunnan	173722	151001	338	22383	37	8334	3526
西 藏	Tibet							
陕 西	Shaanxi	14020	12536	123	1361		614	435
甘 肃	Gansu	2267	1563	7	697		487	242
青 海	Qinghai							
宁 夏	Ningxia							
新 疆	Xinjiang							

单位：万元
Unit: 10 000 yuan

财务费用 Financial Expenses	#利息支出 Interest Expenses	营业利润 Operating Profits	利润总额 Total Profits	应交所得税 Income Tax Payable	应付职工薪酬 Payables to Employees	应交增值税 VAT Payable
2388	**1844**	**39012**	**40883**	**5853**	**46038**	**14525**
-688	117	413	503	342	5541	2064
83		2248	2246	583	1223	473
89	57	315	548	31	4578	719
5		63	63	16	251	172
1		54	54	6	75	38
253	11	564	549	140	538	418
318		72	128	261	5149	169
130		216	258	23	1428	143
-406	2	697	1752	425	1696	513
212	1	619	681	109	627	195
904	581	10723	10946	2567	6803	4185
-14	1	217	253	52	809	271
2		71	71	53	115	55
13		687	707		348	220
376	363	777	852	67	2597	784
110		240	240		113	
-21	6	928	862	40	2091	439
68		44	68		598	33
84	42	1424	1382	334	1988	825
		99	99	10	213	75
376	94	3759	3759	293	1805	779
141	107	2132	2135	237	2747	1039
9	181	859	924	219	1060	559
342	281	11531	11539	35	3043	324
38		229	229		132	29
-35		32	37	10	470	7

3-4-6 续表 4

联营企业

Joint Ownership Enterprises

地 区	Region	主营业务收入 Revenue from Main Business	主营业务成本 Cost of Main Business	主营业务税金及附加 Taxes and Surcharges of Main Business	主营业务利润 Profits from Main Business	其他业务利润 Profits from Other Business	销售费用 Selling Expenses	管理费用 Administrative Expenses
全 国	**National Total**	**935546**	**826898**	**2582**	**106066**	**260**	**30541**	**15388**
北 京	Beijing	2679	2679	54	-54		277	19
天 津	Tianjin	15527	12985	55	2487		453	46
河 北	Hebei							
山 西	Shanxi	532	479	6	47		23	11
内 蒙 古	Inner Mongolia							
辽 宁	Liaoning	15176	13943	41	1192	9	582	417
吉 林	Jilin							
黑 龙 江	Heilongjiang	66825	60145	396	6284		715	956
上 海	Shanghai	133879	122887	237	10755	137	4769	782
江 苏	Jiangsu	13049	12011	19	1019		480	43
浙 江	Zhejiang	76021	64670	239	11112		4470	446
安 徽	Anhui	6043	5053	20	970		683	292
福 建	Fujian	2199	1806	6	387	28	206	101
江 西	Jiangxi							
山 东	Shandong	4158	3339	16	803		167	203
河 南	Henan	1186	916	46	224		66	77
湖 北	Hubei	419407	371598	847	46962		10743	7936
湖 南	Hunan	8324	7174	91	1059		545	291
广 东	Guangdong	105399	88304	333	16762	86	4331	1390
广 西	Guangxi							
海 南	Hainan							
重 庆	Chongqing	6278	5640	12	626		302	54
四 川	Sichuan	10233	8997	107	1129		346	119
贵 州	Guizhou	37599	34241	48	3310		1233	1833
云 南	Yunnan	665	584	2	79		56	33
西 藏	Tibet							
陕 西	Shaanxi	1281	1110	2	169		8	8
甘 肃	Gansu	3787	3426	3	358		54	129
青 海	Qinghai							
宁 夏	Ningxia							
新 疆	Xinjiang	5299	4913	3	383		33	205

3-4-6 Continued 4

单位：万元
Unit: 10 000 yuan

财务费用 Financial Expenses	#利息支出 Interest Expenses	营业利润 Operating Profits	利润总额 Total Profits	应交所得税 Income Tax Payable	应付职工薪酬 Payables to Employees	应交增值税 VAT Payable
3241	**184**	**57394**	**57194**	**6854**	**14813**	**14107**
		-350	-376		201	446
-5		1994	1857	496	253	460
2		13	13		50	1
8		195	195	47	472	185
476		3764	3451	17	2751	91
14	13	5328	5539	1490	2558	1623
5	1	484	484	80	259	102
-20	11	6715	6716	1663	1260	1766
40	41	-3	-3		387	165
-18		125	151	30	207	109
29	20	428	428	107	204	118
45		38	38		118	24
2153		26130	26130		2140	5680
7	2	215	79	6	235	67
278	1	10881	10930	2692	2784	2745
4	4	358	243	78	183	256
9	6	657	897	123	380	181
124		120	120		90	3
14	14	-27	-28		127	17
		86	86		24	9
76	73	99	100	25	36	27
		145	145		93	33

3-4-6 续表 5

有限责任公司

Limited Liability Corporations

地　区	Region	主营业务收入 Revenue from Main Business	主营业务成本 Cost of Main Business	主营业务税金及附加 Taxes and Surcharges of Main Business	主营业务利润 Profits from Main Business	其他业务利润 Profits from Other Business	销售费用 Selling Expenses	管理费用 Administrative Expenses
全　国	**National Total**	**415262936**	**368748142**	**1447005**	**45067789**	**4350763**	**27456992**	**11186511**
北　京	Beijing	43637131	40053330	126638	3457163	673673	2842860	899380
天　津	Tianjin	10406246	9229435	28823	1147988	70892	937214	347397
河　北	Hebei	10300078	9292066	36735	971277	144222	707197	365382
山　西	Shanxi	4082392	3603967	11568	466857	39589	259100	147516
内蒙古	Inner Mongolia	4340556	3860295	19098	461163	29965	287432	128197
辽　宁	Liaoning	8197867	7250861	37498	909508	77133	580315	377708
吉　林	Jilin	4749966	4225792	16728	507446	44206	261424	241707
黑龙江	Heilongjiang	5615705	4977847	23010	614848	78412	332166	194365
上　海	Shanghai	21641012	19379298	75745	2185969	559043	1714394	778419
江　苏	Jiangsu	31723298	27965413	111078	3646807	437752	2049994	830974
浙　江	Zhejiang	27405226	24471737	82342	2851147	401276	2013444	637871
安　徽	Anhui	15836451	14052697	56314	1727440	63841	877159	426883
福　建	Fujian	14552370	12903354	50168	1598848	87793	872029	318908
江　西	Jiangxi	8544496	7578666	28171	937659	40798	468085	217154
山　东	Shandong	26623453	23919872	87383	2616198	255654	1610504	716874
河　南	Henan	17233954	14987112	75432	2171410	128724	1046006	533857
湖　北	Hubei	23800806	20641146	96072	3063588	135468	1503330	577937
湖　南	Hunan	8490365	7496476	40859	953030	50345	547790	256184
广　东	Guangdong	48363345	42571596	156218	5635531	358186	3664811	1149497
广　西	Guangxi	6155609	5483468	17214	654927	81455	414659	151399
海　南	Hainan	3772521	3052758	47186	672577	52894	318820	130451
重　庆	Chongqing	9530963	8400514	24561	1105888	121159	497059	190039
四　川	Sichuan	21579144	19258740	63106	2257298	130700	1321431	521710
贵　州	Guizhou	7125266	6210482	16828	897956	57624	399879	161103
云　南	Yunnan	8738972	7816987	20395	901590	46885	498302	189358
西　藏	Tibet	670443	614006	1666	54771	90	24380	15991
陕　西	Shaanxi	13571191	11913712	66449	1591030	136694	815938	461835
甘　肃	Gansu	3075507	2622635	8687	444185	17821	230379	78829
青　海	Qinghai	1030613	884418	6422	139773	5120	73656	28646
宁　夏	Ningxia	982077	871359	4399	106319	7771	100923	41372
新　疆	Xinjiang	3485913	3158105	10214	317594	15576	186315	69568

3-4-6 Continued 5

单位：万元
Unit: 10 000 yuan

财务费用 Financial Expenses	#利息支出 Interest Expenses	营业利润 Operating Profits	利润总额 Total Profits	应交所得税 Income Tax Payable	应付职工薪酬 Payables to Employees	应交增值税 VAT Payable
2185891	**1465348**	**8801031**	**9106422**	**1837346**	**15192012**	**5985667**
139080	165272	453934	514919	137020	1442865	430627
66803	92573	-194376	-177348	23843	343620	149469
78353	34522	31558	41377	29184	377969	125854
39803	26983	10053	14854	16469	183578	38293
36482	12183	92619	96240	15882	223478	58277
101469	94804	54473	68912	39071	364663	142851
46546	25673	50561	58313	19042	167157	46835
54366	23542	121159	126472	26120	202108	70455
69920	49260	100310	124070	111810	772654	225406
146504	85573	926636	926601	144317	1017025	507394
100703	97364	595038	652249	166312	1044493	356088
77885	35503	495067	498730	68708	597658	267012
40901	23981	429100	429534	42974	470313	192881
32872	21811	228316	207988	62551	320927	124182
202825	115683	362698	375589	91466	915183	331813
139292	58192	539472	549682	60671	679970	311904
145211	99590	898485	887163	160919	971715	505639
40801	31707	181263	187674	23855	340209	103125
167395	101714	1292168	1340880	288491	1791889	774069
19542	17446	176759	181743	23494	267859	96515
24258	12756	235063	227760	52417	144847	65531
36185	22677	247478	252282	23795	419543	174679
116776	72098	469897	485451	77569	658820	294260
54576	16959	278684	283952	28279	197540	118714
50057	38771	257422	259880	26802	305729	119099
2432	196	9363	10971	1044	21535	6824
79634	37950	296731	311388	43315	555778	181729
27767	15258	35025	35436	7071	184666	79868
12344	8830	48261	51656	7628	42884	17644
5755	2457	12360	15027	3315	34196	12736
29355	24021	65455	66977	13911	131142	55896

股份有限公司
Share-holding Corporations Ltd.

地　区	Region	主营业务收入 Revenue from Main Business	主营业务成本 Cost of Main Business	主营业务税金及附加 Taxes and Surcharges of Main Business	主营业务利润 Profits from Main Business	其他业务利润 Profits from Other Business	销售费用 Selling Expenses	管理费用 Administrative Expenses
全　国	**National Total**	**124203770**	**111508999**	**391630**	**12303141**	**1155014**	**8336625**	**3058382**
北　京	Beijing	7627335	6765398	41306	820631	230862	687543	205556
天　津	Tianjin	884231	830736	2216	51279	3871	64895	32337
河　北	Hebei	3416974	3026851	4074	386049	12158	208772	97986
山　西	Shanxi	3016820	2917889	3636	95295	2900	156254	46596
内蒙古	Inner Mongolia	3018671	2614926	3382	400363	9581	175414	24261
辽　宁	Liaoning	4396402	4195054	13931	187417	34950	219769	140965
吉　林	Jilin	2359661	2099407	20742	239512	14387	187134	147368
黑龙江	Heilongjiang	2551962	2338703	8930	204329	24547	107835	67061
上　海	Shanghai	4308412	3872982	11537	423893	21861	326375	108155
江　苏	Jiangsu	10352713	9362191	42172	948350	91297	473416	322106
浙　江	Zhejiang	3662825	3307047	10210	345568	42560	320396	90782
安　徽	Anhui	4556630	4202877	8036	345717	27428	190503	76926
福　建	Fujian	2151578	1957104	5652	188822	4779	142955	33121
江　西	Jiangxi	972815	817129	5919	149767	11752	89673	42965
山　东	Shandong	11434844	10216321	35399	1183124	186888	840723	282124
河　南	Henan	4771069	4140294	10000	620775	19419	325791	79685
湖　北	Hubei	5705457	4734537	30998	939922	111312	578746	208756
湖　南	Hunan	8608799	7746840	46925	815034	43603	659039	232914
广　东	Guangdong	10941432	9763117	26859	1151456	58709	734872	170125
广　西	Guangxi	1934435	1763125	5441	165869	78094	69050	58452
海　南	Hainan	1346686	1245675	1895	99116	7557	53047	17875
重　庆	Chongqing	8077042	7279881	4436	792725	9208	611019	159280
四　川	Sichuan	6992886	6321403	12681	658802	46477	422117	159583
贵　州	Guizhou	2375845	2133489	5030	237326	17787	120479	20241
云　南	Yunnan	1695068	1569831	1463	123774	5090	81031	12629
西　藏	Tibet	535128	524654	624	9850	374	12825	7940
陕　西	Shaanxi	1148986	1021169	4962	122855	4982	85776	42562
甘　肃	Gansu	2019254	1865121	4389	149744	4158	84212	20237
青　海	Qinghai	763648	721797	1185	40666	3565	20681	15578
宁　夏	Ningxia	401957	339833	2730	59394	11014	59386	12431
新　疆	Xinjiang	2174206	1813619	14871	345716	13845	226897	121786

单位：万元
Unit: 10 000 yuan

财务费用 Financial Expenses	#利息支出 Interest Expenses	营业利润 Operating Profits	利润总额 Total Profits	应交所得税 Income Tax Payable	应付职工薪酬 Payables to Employees	应交增值税 VAT Payable
488724	**434741**	**3059790**	**3010054**	**475593**	**4632330**	**2030991**
10094	44918	298323	311918	46308	336455	102158
8938	5637	-49932	-40244	1956	48884	4025
24124	17422	155743	150746	4469	98393	92865
2476	902	-166807	-171636	35	69487	13046
4136	1852	-79623	-89621	768	93486	142885
3623	10674	14168	7917	9134	202116	50210
54612	41711	73056	74515	25637	137692	95080
14662	9987	47874	45750	-9405	87925	189321
1231	4938	186019	194552	31732	138530	46373
31804	106466	375380	374851	45277	309883	110756
16533	15985	8244	12617	21526	156382	72049
9679	4225	127052	122343	7206	129705	67823
3450	2062	31880	32092	7572	71715	26748
10136	4494	18124	16941	4440	55209	17254
69176	25816	136228	126406	32182	351271	159725
16842	4720	194418	193279	33958	155820	38536
11059	8386	275234	262800	65528	360421	149257
51829	28261	144451	144844	26731	293653	83337
15726	10033	433430	438407	36923	362524	123458
8215	4799	60246	60952	8751	50672	17562
985	129	34659	34637	8604	26561	1430
25638	15755	169458	165719	17590	403693	101075
13764	4791	169894	155696	8846	310307	94389
6723	1923	112865	111913	21386	47481	44499
5802	4992	21685	18519	1335	32481	9480
-77	17	-10009	-11149	35	13299	5402
7620	3143	24697	24979	1674	58789	17883
24430	17200	172540	164564	2591	44108	45636
1587	1934	7695	12297	437	21399	3459
1767	224	15578	10910	3041	17373	5167
32142	31349	57222	52539	9325	146613	100103

私营企业
Private Enterprises

地 区	Region	主营业务收入 Revenue from Main Business	主营业务成本 Cost of Main Business	主营业务税金及附加 Taxes and Surcharges of Main Business	主营业务利润 Profits from Main Business	其他业务利润 Profits from Other Business	销售费用 Selling Expenses	管理费用 Administr-ative Expenses
全 国	**National Total**	**383486620**	**336323931**	**1723507**	**45439182**	**2288176**	**22264345**	**12516544**
北 京	Beijing	10723256	9160846	30487	1531923	258855	1227670	503919
天 津	Tianjin	4993727	4684869	9259	299599	33688	176444	113066
河 北	Hebei	10688591	9600007	37878	1050706	104369	680791	381771
山 西	Shanxi	9266618	8450468	29083	787067	83310	477666	303166
内蒙古	Inner Mongolia	3534000	3195753	11237	327010	21049	217835	121637
辽 宁	Liaoning	10333337	9409418	32469	891450	60438	571973	371294
吉 林	Jilin	3462991	3076431	11019	375541	29923	127394	167879
黑龙江	Heilongjiang	3227656	2884165	20625	322866	11783	155984	117857
上 海	Shanghai	15842130	13858748	40715	1942667	88543	1518929	576082
江 苏	Jiangsu	42873483	37347453	178632	5347398	280017	2076130	1345367
浙 江	Zhejiang	32103174	28520482	96468	3486224	242778	2271939	1148856
安 徽	Anhui	14776212	12918804	62939	1794469	56911	742922	454693
福 建	Fujian	30278852	26359895	174537	3744420	73344	1330373	879793
江 西	Jiangxi	8316850	7245888	43363	1027599	27775	388981	242061
山 东	Shandong	24738738	22002634	100432	2635672	132110	1182385	789250
河 南	Henan	13782870	11835158	80036	1867676	35304	598619	443380
湖 北	Hubei	16402397	13797875	134827	2469695	37269	800188	483498
湖 南	Hunan	22743423	19503934	175032	3064457	87868	1082550	665975
广 东	Guangdong	35633165	31465171	129522	4038472	258892	2560827	1282137
广 西	Guangxi	6096982	5466668	15543	614771	38340	362352	217838
海 南	Hainan	153895	133419	419	20057	2325	14599	8347
重 庆	Chongqing	11657152	10057417	58410	1541325	36764	619506	362945
四 川	Sichuan	20524908	18055288	101427	2368193	125067	1235469	453641
贵 州	Guizhou	6234493	5417896	24005	792592	20462	327444	188120
云 南	Yunnan	6755210	5803844	22644	928722	55959	476422	215272
西 藏	Tibet	232349	202297	999	29053		16322	5601
陕 西	Shaanxi	10298373	8920269	77308	1300796	27327	555217	387663
甘 肃	Gansu	2157084	1900408	8817	247859	15354	132998	74434
青 海	Qinghai	774980	690325	1297	83358	7124	40764	27265
宁 夏	Ningxia	1110499	1003753	3328	103418	6928	60346	38026
新 疆	Xinjiang	3769226	3354349	10753	404124	28301	233308	145713

3-4-6 Continued 7

单位：万元

Unit: 10 000 yuan

财务费用 Financial Expenses	#利息支出 Interest Expenses	营业利润 Operating Profits	利润总额 Total Profits	应交所得税 Income Tax Payable	应付职工薪酬 Payables to Employees	应交增值税 VAT Payable
2943757	**1428278**	**9756500**	**10058650**	**1355744**	**14835420**	**5840082**
148210	122516	-78953	-52015	40093	590695	175905
36608	16207	-10915	108	11666	117418	27880
110032	38475	42952	59011	28918	501284	130851
109344	62337	7918	15647	15259	274711	81930
33039	14828	-8278	3178	5759	133907	52083
107802	69042	-52726	-45347	18705	289662	123680
50915	25524	41874	48902	10620	491274	28100
28141	13415	64166	73556	13988	116618	34944
74014	39987	-13944	21285	51045	566151	205057
338660	124090	1880336	1886516	279249	1499994	763583
247091	171400	171378	212307	102563	1260615	415721
96172	49605	548888	559069	66255	577474	274995
148238	56383	1392616	1397248	63965	861562	395077
51727	29677	335360	331385	15629	318415	119356
208483	92678	548122	574956	85937	990093	316929
136477	36891	594623	595424	38710	544866	241806
155414	61366	943897	951836	54082	739074	450441
182313	70756	986821	994856	75295	671359	374146
206565	102625	397100	426063	158990	1631377	633640
34294	16864	37020	43617	10626	254659	70818
2024	1800	130	333	1173	9756	2270
82405	34409	465274	477809	33721	437142	141170
113789	52276	660982	672545	67509	677631	337707
47481	21522	156713	155444	16895	255705	83175
48271	34986	263903	259679	26112	365560	83819
-1201	2001	14573	14904	1208	8780	4330
67199	23238	302890	306422	35437	313066	138976
23171	12529	25587	29481	8631	76146	28448
6335	2595	13662	13893	3224	28018	12845
16023	9697	6019	8672	3132	51542	11009
34722	18560	18510	21865	11348	180869	79392

其他企业

Other Enterprises

地 区	Region	主营业务收入 Revenue from Main Business	主营业务成本 Cost of Main Business	主营业务税金及附加 Taxes and Surcharges of Main Business	主营业务利润 Profits from Main Business	其他业务利润 Profits from Other Business	销售费用 Selling Expenses	管理费用 Administrative Expenses
全 国	**National Total**	**1142569**	**885688**	**4708**	**252173**	**1017**	**39862**	**43145**
北 京	Beijing	1985	1681		304		176	102
天 津	Tianjin							
河 北	Hebei	2949	2631	3	315		67	123
山 西	Shanxi	7568	6597	1	970		153	455
内蒙古	Inner Mongolia	5438	4687	26	725		530	341
辽 宁	Liaoning	15985	13687	8	2290		159	592
吉 林	Jilin	2306	1771	1	534		78	198
黑龙江	Heilongjiang	3558	2803	9	746		67	34
上 海	Shanghai							
江 苏	Jiangsu	661234	488415	1302	171517	989	22172	24135
浙 江	Zhejiang	39617	34608	20	4989		832	1552
安 徽	Anhui	50126	42555	50	7521		2004	1648
福 建	Fujian	27874	24700	32	3142		978	1148
江 西	Jiangxi	14500	12341	11	2148		522	419
山 东	Shandong	61206	51526	423	9257		2338	1833
河 南	Henan	3473	2987	19	467		130	207
湖 北	Hubei	68725	50755	1559	16411	29	2931	1939
湖 南	Hunan	28789	20797	791	7201		1223	2550
广 东	Guangdong	5644	5063	10	571		63	335
广 西	Guangxi	1534	1283		251		20	95
海 南	Hainan							
重 庆	Chongqing							
四 川	Sichuan	36028	30593	97	5338		575	528
贵 州	Guizhou							
云 南	Yunnan	35307	28497	142	6668		1527	2208
西 藏	Tibet							
陕 西	Shaanxi	50658	42881	195	7582		2715	2250
甘 肃	Gansu	16668	14830	8	1830		581	455
青 海	Qinghai	1397			1397		19	
宁 夏	Ningxia							
新 疆	Xinjiang							

单位：万元
Unit: 10 000 yuan

财务费用 Financial Expenses	#利息支出 Interest Expenses	营业利润 Operating Profits	利润总额 Total Profits	应交所得税 Income Tax Payable	应付职工薪酬 Payables to Employees	应交增值税 VAT Payable
10138	**2071**	**155602**	**155936**	**3885**	**66943**	**6569**
14		12	12		98	
		133	133		108	
6	1	359	387		81	12
29		-175	-25		383	4
34	12	766	1158	2	688	9
24	22	236	320	1	152	2
		645	645		167	42
5980	1216	118447	117964	3129	42435	3482
207	173	2422	2648	25	1694	60
234	231	3521	3495	14	1733	98
13		1004	1004		2266	18
159	67	933	970		1466	32
319	20	4752	4754	150	3331	357
4		125	125		180	153
1326	160	10305	10135	409	5128	2020
1036	41	2292	2292	11	1357	36
5	1	173	175	23	206	75
		137	359	5	136	
244	91	3948	3648	1	778	4
204	21	2589	2627	55	1441	41
296	14	2186	2317	11	2495	121
4	2	793	793	50	622	3

港、澳、台商投资企业

Enterprises with Funds from Hong Kong, Macao and Taiwan

地　区	Region	主营业务收入 Revenue from Main Business	主营业务成本 Cost of Main Business	主营业务税金及附加 Taxes and Surcharges of Main Business	主营业务利润 Profits from Main Business	其他业务利润 Profits from Other Business	销售费用 Selling Expenses	管理费用 Administrative Expenses
全　国	**National Total**	**67471324**	**54062100**	**325065**	**13084159**	**1382225**	**9460793**	**3450023**
北　京	Beijing	3852656	3188819	20185	643652	135374	641908	304903
天　津	Tianjin	1355144	1188403	5946	160795	17250	195675	43979
河　北	Hebei	197166	155504	473	41189	797	23272	5757
山　西	Shanxi	302749	246809	1323	54617	5523	27512	15091
内蒙古	Inner Mongolia	177053	149782	794	26477	648	18668	4741
辽　宁	Liaoning	1630548	1441118	3947	185483	40533	161325	69175
吉　林	Jilin	353744	287130	1522	65092	16850	39252	21166
黑龙江	Heilongjiang	495658	424212	1802	69644	9754	59189	19877
上　海	Shanghai	14407302	9737949	86989	4582364	222389	3152395	1148514
江　苏	Jiangsu	8862626	7539560	33768	1289298	174787	926012	324524
浙　江	Zhejiang	5495308	4674640	27608	793060	90040	544385	200009
安　徽	Anhui	1895847	1488842	9911	397094	4447	281256	62846
福　建	Fujian	2256879	1750079	9841	496959	21584	371046	66389
江　西	Jiangxi	573269	510452	1015	61802	22535	55408	14759
山　东	Shandong	2809441	2364804	11806	432831	32113	288908	64330
河　南	Henan	1752946	1520197	8189	224560	38388	98702	180812
湖　北	Hubei	1839601	1658201	5031	176369	177574	172999	84623
湖　南	Hunan	1023158	793988	5741	223429	22687	161846	45527
广　东	Guangdong	9866437	7886738	50682	1929017	231850	1451826	466507
广　西	Guangxi	1046151	909005	3649	133497	29108	96396	29881
海　南	Hainan	164478	141246	1424	21808	1821	16128	4693
重　庆	Chongqing	875391	736759	6601	132031	23970	80962	60386
四　川	Sichuan	1747844	1456021	7681	284142	32682	164201	73738
贵　州	Guizhou	373375	310718	2119	60538	10606	44227	9355
云　南	Yunnan	1073877	931929	2755	139193	8303	84147	28846
西　藏	Tibet							
陕　西	Shaanxi	2568973	2153532	12871	402570	4752	267959	88816
甘　肃	Gansu	123814	101123	820	21871	1860	16257	2854
青　海	Qinghai	58784	51471	117	7196	911	5359	909
宁　夏	Ningxia	86334	77864	41	8429		6586	1595
新　疆	Xinjiang	204771	185206	419	19146	3091	6989	5423

单位：万元
Unit: 10 000 yuan

财务费用 Financial Expenses	#利息支出 Interest Expenses	营业利润 Operating Profits	利润总额 Total Profits	应交所得税 Income Tax Payable	应付职工薪酬 Payables to Employees	应交增值税 VAT Payable
237599	**175053**	**2032723**	**2015897**	**649645**	**3970109**	**1253199**
15782	11839	-170946	-170711	19916	256685	52656
5713	4550	-6513	1365	6642	62498	15854
218		6585	6437	1847	8444	3096
-2	1	18944	18811	4321	9393	3492
305	267	5869	5834	1259	6026	1834
8997	8682	2053	10358	9591	73306	21932
15889	15373	5449	-93142	1906	15084	9739
4923	3476	-4074	-5054	656	20306	6385
59415	22020	526905	551782	215782	995275	224070
40465	32033	194639	206241	56426	472984	161991
11041	11039	191845	200753	51739	256964	86580
-93	1070	93595	81832	14090	91917	48308
7201	9315	140367	145621	27203	164717	54159
2332	37	11670	11233	3364	18926	5224
8348	4763	112254	114595	32117	157558	51206
660	650	98859	93645	6348	52412	47403
-1777	3453	122915	123827	28227	94648	25533
1944	5162	52500	53659	12697	106342	31087
22166	6647	381490	404163	91420	720204	256613
4335	4655	30881	31654	6557	45049	17031
3998	3884	5509	5386	1354	8105	3321
6616	5373	10753	9000	5313	54346	14299
4889	4426	38886	44135	14413	88612	39573
-810	33	28758	28934	7193	17455	8014
2304	4496	42589	43206	9577	38937	19605
11611	10802	76329	80170	16710	119100	39226
204	189	4998	5238	890	4413	2378
33	3	1699	1778	389	2695	424
308	278	-1232	-1126	407	2840	1360
584	538	9149	6273	1292	4867	807

外商投资企业

Foreign Funded Enterprises

地区	Region	主营业务收入 Revenue from Main Business	主营业务成本 Cost of Main Business	主营业务税金及附加 Taxes and Surcharges of Main Business	主营业务利润 Profits from Main Business	其他业务利润 Profits from Other Business	销售费用 Selling Expenses	管理费用 Administrative Expenses
全国	**National Total**	**73704388**	**59122920**	**310305**	**14271163**	**1083286**	**10150497**	**3153423**
北京	Beijing	8961352	7075885	39871	1845596	187193	1394979	357170
天津	Tianjin	1244277	1018579	5093	220605	18078	148474	77655
河北	Hebei	1083920	1023440	2361	58119	19607	96103	11761
山西	Shanxi	65536	57142	210	8184	1047	8819	1599
内蒙古	Inner Mongolia	20995	19076	89	1830	679	2266	845
辽宁	Liaoning	986230	830521	7155	148554	30481	141957	47927
吉林	Jilin	177503	162080	1184	14239	3388	10743	8373
黑龙江	Heilongjiang	925716	843303	1782	80631	12841	61741	21795
上海	Shanghai	15060341	9798381	93682	5168278	174134	3435584	1228159
江苏	Jiangsu	8194661	7385726	19450	789485	87519	719051	195564
浙江	Zhejiang	4996406	4379588	19962	596856	97860	407196	157649
安徽	Anhui	279038	221834	1210	55994	9546	44292	6879
福建	Fujian	2832289	2468283	7406	356600	66705	262658	109852
江西	Jiangxi	344003	291529	647	51827	4205	43668	11987
山东	Shandong	1113857	939490	5972	168395	30476	115335	92459
河南	Henan	506319	442473	1154	62692	3946	34268	6573
湖北	Hubei	2249144	1949092	8482	291570	16851	165096	71243
湖南	Hunan	1496086	1367285	3472	125329	7647	88346	43184
广东	Guangdong	11800957	9228214	48110	2524633	235785	1871572	415737
广西	Guangxi	229452	175439	898	53115	2666	42741	6606
海南	Hainan	111757	95092	184	16481	5538	16747	2923
重庆	Chongqing	1747394	1539284	5028	203082	12785	148252	46681
四川	Sichuan	3135375	2524366	17022	593987	19907	325331	111299
贵州	Guizhou	334711	256964	2196	75551	4176	25645	14287
云南	Yunnan	834916	667671	3228	164017	20653	104046	26546
西藏	Tibet	3585	1300	40	2245	34	310	7
陕西	Shaanxi	4709038	4126465	13598	568975	2359	421181	71169
甘肃	Gansu	81893	75918	446	5529	2780	5296	2228
青海	Qinghai							
宁夏	Ningxia	6716	4638	41	2037		724	263
新疆	Xinjiang	170923	153863	332	16728	4401	8077	5002

3-4-6 Continued 10

单位：万元
Unit: 10 000 yuan

财务费用 Financial Expenses	#利息支出 Interest Expenses	营业利润 Operating Profits	利润总额 Total Profits	应交所得税 Income Tax Payable	应付职工薪酬 Payables to Employees	应交增值税 VAT Payable
251528	**205591**	**2486533**	**2516609**	**642921**	**3452830**	**1324130**
54805	68992	367282	368348	85034	441879	154985
6266	2725	24821	26443	6309	62411	40067
2742	1302	-28934	-29931	1891	37701	2637
826	670	-1862	-1876	17	2834	262
869		-2724	-2507		810	97
15150	9647	14587	16899	12342	57695	19165
1270	498	-1761	-2697	41	4736	841
2814	278	3904	2471	2135	8777	313
52541	20606	820076	847040	259474	991006	227981
14954	6352	122407	122182	33705	296253	160180
7647	29795	121910	128872	32469	199643	67091
4458	-1324	-1094	730	1029	25352	6539
10891	9367	35113	20741	-6615	162558	43524
767	-283	-578	901	1621	16108	4512
4847	4088	-821	-2764	1875	56077	20584
2841	407	20081	19763	956	13179	2156
9358	10198	66891	64860	12823	86738	34372
-17	-174	13279	13491	3345	48804	14268
27723	28378	589880	600283	119386	559222	290492
-372	-36	10443	10483	977	16586	15162
-575	9	4953	4895	1090	7496	1064
3236	936	33173	32945	8390	41610	24690
10122	6024	103572	100934	24096	122450	56920
6068	4450	14170	13411	2603	10591	33989
2670	1702	54796	56019	9807	40626	18642
15		1947	1947	45	130	400
9710	80	90803	92215	25981	132399	79063
33	42	753	821	308	2350	1601
-35		1085	1084	271	493	177
-96	862	8379	8606	1519	6316	2357

3-4-7 各地区限额以上零售业企业损益及分配(按国民经济行业分)

综合零售

Integrated Retail

地区	Region	主营业务收入 Revenue from Main Business	主营业务成本 Cost of Main Business	主营业务税金及附加 Taxes and Surcharges of Main Business	主营业务利润 Profits from Main Business	其他业务利润 Profits from Other Business	销售费用 Selling Expenses	管理费用 Administrative Expenses
全国	**National Total**	**195679936**	**163921967**	**1200458**	**30557511**	**5177361**	**22026588**	**9548748**
北京	Beijing	12201759	9936452	69425	2195882	884242	2149066	684398
天津	Tianjin	2028631	1756209	11655	260767	58847	296699	141427
河北	Hebei	7291954	6188637	43629	1059688	177430	775339	425438
山西	Shanxi	2749820	2460689	11192	277939	57871	209611	113903
内蒙古	Inner Mongolia	1398871	1161203	10499	227169	26567	143522	75193
辽宁	Liaoning	5101726	4366158	39393	696175	172859	490779	443083
吉林	Jilin	2605463	2252854	29472	323137	66775	176357	247787
黑龙江	Heilongjiang	3137065	2609783	24383	502899	96064	274453	162841
上海	Shanghai	12446420	9902835	69362	2474223	344130	2076319	929619
江苏	Jiangsu	19823645	16914305	117707	2791633	406067	1980759	905310
浙江	Zhejiang	11209882	9687437	62862	1459583	471810	1251364	522185
安徽	Anhui	8526308	7318422	43778	1164108	91967	691040	359728
福建	Fujian	7036395	6005702	37907	992786	116057	683758	254166
江西	Jiangxi	3167572	2667624	21536	478412	59938	321915	118888
山东	Shandong	16266615	14034436	79753	2152426	462834	1472421	701124
河南	Henan	6425566	5308410	47895	1069261	118145	617090	454214
湖北	Hubei	12448257	10175161	93171	2179925	331793	1176814	546456
湖南	Hunan	8190782	6714227	81502	1395053	71619	868658	352218
广东	Guangdong	16420863	13544635	64133	2812095	520607	2438450	591390
广西	Guangxi	2656334	2220476	14534	421324	71085	359877	120129
海南	Hainan	1743277	1248391	42894	451992	40315	211735	79215
重庆	Chongqing	7085476	6009820	16314	1059342	103176	603591	255496
四川	Sichuan	8994531	7373536	51055	1569940	159357	1009106	299704
贵州	Guizhou	2135243	1750084	11845	373314	56883	278121	67570
云南	Yunnan	2837110	2346991	11714	478405	43006	279814	99372
西藏	Tibet	76643	58818	840	16985		12581	7667
陕西	Shaanxi	7497255	6340757	61821	1094677	95828	727289	354788
甘肃	Gansu	1276036	1083694	8891	183451	25430	121687	54404
青海	Qinghai	407411	334598	1526	71287	3725	52039	17438
宁夏	Ningxia	812180	705062	5131	101987	12324	135524	33009
新疆	Xinjiang	1680846	1444563	14639	221644	30609	140812	130588

Income and Distribution of Enterprises above Designated Size of Retail Trade by Region and Sector

单位：万元

Unit: 10 000 yuan

财务费用 Financial Expenses	#利息支出 Interest Expenses	营业利润 Operating Profits	利润总额 Total Profits	应交所得税 Income Tax Payable	应付职工薪酬 Payables to Employees	应交增值税 VAT Payable
1481335	**949477**	**6403644**	**6390736**	**1407801**	**11839575**	**3286056**
119906	140865	378732	415394	106982	862673	177518
27639	14636	-61604	-49739	4248	151025	23673
89902	26851	127550	150457	36798	442143	88436
47022	23614	-7083	-4859	6075	105234	22268
20155	2867	48953	58664	8043	72432	15624
84860	86325	178056	177344	53578	350413	93428
83625	63057	107315	10105	30226	145635	42945
35634	13878	179386	185237	32662	167027	43302
58987	40399	389949	375115	145193	791333	183592
108458	58587	467003	461509	146529	1133593	298958
60766	79266	278382	300114	81376	733116	137785
49506	18458	252443	242248	47432	466399	226278
31745	21385	186576	175258	5852	410815	117454
20287	8955	85859	70179	10743	194685	38809
126706	46670	361486	374218	80910	807173	242226
43770	8788	250648	247564	31159	408920	133958
62284	33537	858910	847812	120792	898093	315912
82374	48371	283438	286594	40046	424785	106028
62211	52926	604891	628742	174901	1114222	300089
16913	6586	82637	86885	10332	178495	49326
23254	12681	168188	161766	45587	89753	9014
31585	10432	198642	199838	30647	466952	117361
60776	38223	343259	347887	64215	508764	180437
18238	11146	76025	76366	15264	116832	63416
15883	14373	172439	172142	19825	160053	47221
316	-81	3115	5129	469	9354	1058
42435	25511	183983	186704	33802	422939	128547
10636	4018	173326	175064	9404	64848	29064
6421	6006	4942	5645	4788	24622	8276
5519	1985	11305	9169	4135	24754	6177
33522	29162	14895	12184	5788	92496	37874

食品、饮料及烟草制品专门零售
Special Retail of Food, Beverages and Tobaccos

地　区	Region	主营业务收　入 Revenue from Main Business	主营业务成　本 Cost of Main Business	主营业务税金及附加 Taxes and Surcharges of Main Business	主营业务利　润 Profits from Main Business	其他业务利　润 Profits from Other Business	销售费用 Selling Expenses	管理费用 Administrative Expenses
全　国	**National Total**	**35791666**	**27744083**	**246873**	**7800710**	**128816**	**3607570**	**1534654**
北　京	Beijing	1144429	754607	6540	383282	11795	239456	68135
天　津	Tianjin	280473	218298	1446	60729	793	40172	20994
河　北	Hebei	165574	129816	605	35153	319	9251	7784
山　西	Shanxi	771600	700366	1613	69621	1088	33132	24890
内蒙古	Inner Mongolia	231802	205443	1230	25129	105	12709	8499
辽　宁	Liaoning	499279	424157	1105	74017	1682	51131	25476
吉　林	Jilin	301537	245808	982	54747	1628	30322	20828
黑龙江	Heilongjiang	125964	102565	594	22805	981	9243	7966
上　海	Shanghai	1357980	954162	4845	398973	9191	331740	93864
江　苏	Jiangsu	3862787	3122908	24522	715357	4505	227573	153259
浙　江	Zhejiang	958437	781786	2513	174138	3905	118777	55986
安　徽	Anhui	1562876	1320130	7556	235190	2004	97945	52018
福　建	Fujian	4813128	3905310	39576	868242	5490	296239	196193
江　西	Jiangxi	946538	752890	5986	187662	4254	66562	51015
山　东	Shandong	1745346	1450763	8028	286555	17771	114555	66186
河　南	Henan	968489	727985	7671	232833	2660	78324	44368
湖　北	Hubei	3926582	2754577	42264	1129741	28726	360734	125335
湖　南	Hunan	1860433	1507977	17057	335399	9155	122643	68127
广　东	Guangdong	3525720	2066087	28524	1431109	7709	955508	162599
广　西	Guangxi	346879	298359	1009	47511	347	21406	21308
海　南	Hainan	28189	25791	61	2337		1101	2830
重　庆	Chongqing	1125335	915975	7289	202071	1541	77342	41894
四　川	Sichuan	1640434	1381908	11109	247417	6591	114744	54628
贵　州	Guizhou	609401	480832	4535	124034	442	28342	31110
云　南	Yunnan	1232638	1064529	2971	165138	6035	58677	40166
西　藏	Tibet	50386	38207	6010	6169	162	1880	3148
陕　西	Shaanxi	1385315	1136894	10146	238275	-1589	81151	71354
甘　肃	Gansu	200071	166869	712	32490	344	17008	9500
青　海	Qinghai	29326	24806	41	4479	271	1739	1114
宁　夏	Ningxia	35534	29700	178	5656	12	3569	1825
新　疆	Xinjiang	59185	54581	156	4448	898	4595	2256

3-4-7 Continued 1

单位：万元

Unit: 10 000 yuan

财务费用 Financial Expenses	#利息支出 Interest Expenses	营业利润 Operating Profits	利润总额 Total Profits	应交所得税 Income Tax Payable	应付职工薪酬 Payables to Employees	应交增值税 VAT Payable
200186	**98358**	**2639005**	**2706237**	**336487**	**2073195**	**831949**
132	1037	93357	94709	27307	164142	43005
1380	6	7631	7371	1794	27571	9734
1596	976	12802	14866	2172	45030	3273
2962	1915	18023	19585	3976	26301	6576
1694	1361	4122	5272	1186	6965	1507
1220	925	-2043	-1264	1146	22975	7929
3047	1637	-138	2527	1718	23509	4838
558	260	3649	3201	547	9153	1502
3356	683	27861	53843	12016	167483	26993
24531	7308	312354	312573	42803	195301	65906
2417	3306	9073	13945	3585	68253	17016
7896	3964	82436	84003	7400	84737	33973
21363	4293	361437	362454	11652	184877	64766
7848	7730	63583	62765	3781	55210	17759
11411	4838	107086	107397	14118	91978	28339
11787	2370	90099	93485	5856	65736	16431
30751	16976	623742	604172	97661	157789	184493
18138	6324	109660	115252	4703	84767	22143
-7928	3794	399562	407287	60151	248930	190325
3920	1984	2953	5290	794	19146	3534
374	335	-1956	290	77	2008	596
7449	2561	67491	69684	4604	61433	14619
16359	7804	73002	78288	9662	93434	17989
7072	3089	55947	62128	9488	22968	11798
7759	6252	59130	63811	2767	55321	10972
44	4	1170	1223	79	4250	1633
8780	3565	60703	61286	4676	52397	21763
1680	1102	-702	965	504	15271	1974
360	8	1089	1757	3	1259	150
433	85	-106	937	31	4090	232
1802	1866	-4013	-2862	229	10913	177

纺织、服装及日用品专门零售

Special Retail of Textiles, Garments and Daily Consumer Articles

地 区	Region	主营业务收入 Revenue from Main Business	主营业务成本 Cost of Main Business	主营业务税金及附加 Taxes and Surcharges of Main Business	主营业务利润 Profits from Main Business	其他业务利润 Profits from Other Business	销售费用 Selling Expenses	管理费用 Administrative Expenses
全 国	**National Total**	**53106897**	**36864870**	**327327**	**15914700**	**448074**	**10031718**	**3577651**
北 京	Beijing	3183784	2121277	17270	1045237	53522	863843	178466
天 津	Tianjin	867457	669831	5167	192459	13308	178009	49302
河 北	Hebei	420235	353375	2930	63930	12147	42241	32105
山 西	Shanxi	927268	768712	4374	154182	12853	83032	59507
内蒙古	Inner Mongolia	290598	238278	2908	49412	1238	41060	11027
辽 宁	Liaoning	761111	628014	3450	129647	6719	97281	59479
吉 林	Jilin	212052	163013	1632	47407	1176	25105	27495
黑龙江	Heilongjiang	425665	333373	4719	87573	1738	50294	21520
上 海	Shanghai	16903701	9941522	103367	6858812	106174	4240629	1597984
江 苏	Jiangsu	4227227	3343764	21936	861527	64256	496984	164552
浙 江	Zhejiang	3508359	2448509	27615	1032235	47014	702630	206713
安 徽	Anhui	936430	751799	4036	180595	637	97450	39039
福 建	Fujian	3337592	2710629	13445	613518	6280	307570	94157
江 西	Jiangxi	408412	317683	3013	87716	943	46745	20226
山 东	Shandong	2230187	1763657	9829	456701	5111	243997	103258
河 南	Henan	791328	624330	6387	160611	3040	71229	34965
湖 北	Hubei	1375427	1074047	12585	288795	4804	148793	58434
湖 南	Hunan	951380	743801	9093	198486	6554	99015	40720
广 东	Guangdong	6348331	4100087	37696	2210548	48090	1537169	479684
广 西	Guangxi	228898	179801	924	48173	1257	29974	10517
海 南	Hainan	33978	24270	153	9555	1787	7562	3018
重 庆	Chongqing	1176176	870989	7895	297292	2035	160356	92336
四 川	Sichuan	1390576	1010455	10437	369684	9207	193124	69646
贵 州	Guizhou	163314	124109	771	38434	1936	24594	7963
云 南	Yunnan	432489	331812	2572	98105	740	57394	31057
西 藏	Tibet	55474	39843	359	15272	34	4107	413
陕 西	Shaanxi	1038230	805391	8734	224105	25585	120953	48907
甘 肃	Gansu	117600	78994	969	37637	829	22012	8217
青 海	Qinghai	65565	56527	578	8460	2795	5447	6901
宁 夏	Ningxia	10722	6935	117	3670	884	1631	2962
新 疆	Xinjiang	287336	240044	2367	44925	5381	31489	17081

3-4-7 Continued 2

单位：万元

Unit: 10 000 yuan

财务费用 Financial Expenses	#利息支出 Interest Expenses	营业利润 Operating Profits	利润总额 Total Profits	应交所得税 Income Tax Payable	应付职工薪酬 Payables to Employees	应交增值税 VAT Payable
310884	**199109**	**2458788**	**2551503**	**638198**	**4192110**	**1389341**
8125	4246	53097	55932	21370	302526	110834
14520	7268	-20325	-13895	5653	63054	24493
13559	10703	-2467	-1749	1165	29931	8370
14065	12050	15361	15581	5253	41367	15281
4149	2523	7608	8130	1850	15481	5135
11879	10324	-19563	-12384	4244	49927	16583
2383	2063	2262	7510	1908	13538	3372
5513	5050	13982	14032	91	18631	14004
64719	26241	1069692	1087258	349114	1373796	361865
30145	24850	182405	185982	36780	226075	113417
15218	17006	195370	211850	40284	310843	115239
4334	908	41907	42081	4589	65604	21987
8221	3840	197629	199184	22086	151719	61217
2267	1330	16965	16818	2300	29540	12874
15362	10191	100657	102460	22724	186924	48208
5390	3840	47993	47555	4333	41993	14017
13430	8550	59656	59591	5407	103442	44603
7013	873	45146	44853	6896	56005	19823
32481	13614	241167	261748	69533	707109	228011
-1712	3954	7827	8616	844	14700	5284
-1239	292	2012	1885	68	5284	1320
14341	10482	54937	54627	8179	121695	24815
7250	3435	62226	67775	9118	121338	52864
1312	734	6793	6890	1219	13791	10976
3546	2812	14407	14272	2440	29118	9965
-1835	1767	12621	12650	986	821	2826
5038	2871	45697	45527	7250	63297	31447
2470	1001	5813	5694	908	11135	3783
2221	2192	-3325	2935	6	5289	616
498	15	-1399	-1264	13	3448	383
6220	4084	2635	-641	1586	14689	5733

文化、体育用品及器材专门零售
Special Retail of Culture, Sports Appliances and Equipments

地 区	Region	主营业务收入 Revenue from Main Business	主营业务成本 Cost of Main Business	主营业务税金及附加 Taxes and Surcharges of Main Business	主营业务利润 Profits from Main Business	其他业务利润 Profits from Other Business	销售费用 Selling Expenses	管理费用 Administrative Expenses
全 国	**National Total**	**29828074**	**23286443**	**259751**	**6281880**	**280109**	**3092442**	**1742892**
北 京	Beijing	3446023	2900059	31515	514449	37766	312233	168559
天 津	Tianjin	150493	125472	1320	23701	1479	20540	17320
河 北	Hebei	483544	335504	3053	144987	6293	51491	43841
山 西	Shanxi	299518	234092	3239	62187	5422	39878	17609
内蒙古	Inner Mongolia	169545	137647	1378	30520	3036	14073	17985
辽 宁	Liaoning	456763	391424	3772	61567	5104	32561	27688
吉 林	Jilin	162080	128667	1777	31636	942	12608	17005
黑龙江	Heilongjiang	244132	183953	1473	58706	4728	31165	16055
上 海	Shanghai	2707576	1726263	40191	941122	27006	733391	166752
江 苏	Jiangsu	4225906	3452521	22596	750789	33855	284930	169899
浙 江	Zhejiang	1305156	1057776	11592	235788	11540	127515	81386
安 徽	Anhui	1030410	847465	6829	176116	7699	60656	47177
福 建	Fujian	2259268	1897600	16009	345659	12247	134769	79347
江 西	Jiangxi	1045001	847136	4430	193435	13528	62699	69586
山 东	Shandong	1384958	1105493	14352	265113	12448	133452	63112
河 南	Henan	1231062	940808	12840	277414	8298	104719	69426
湖 北	Hubei	814195	641114	7967	165114	6762	63217	44231
湖 南	Hunan	1240988	913303	10777	316908	7377	114539	89167
广 东	Guangdong	1982298	1454539	36463	491296	20978	264850	170575
广 西	Guangxi	417447	330486	2247	84714	3214	36522	24406
海 南	Hainan	33107	25674	474	6959	4022	4663	4862
重 庆	Chongqing	827971	604781	4036	219154	17814	60589	53179
四 川	Sichuan	1373772	987075	6985	379712	13368	153841	130222
贵 州	Guizhou	233984	192116	676	41192	481	12685	13863
云 南	Yunnan	559725	412383	3544	143798	7701	58145	46723
西 藏	Tibet	8817	7503	9	1305	374	438	728
陕 西	Shaanxi	1288160	1042993	7440	237727	2928	126342	66557
甘 肃	Gansu	161840	149789	684	11367	87	2479	5682
青 海	Qinghai	14047	8239	179	5629	152	1358	1854
宁 夏	Ningxia	38148	28430	128	9590	1157	5308	4562
新 疆	Xinjiang	232139	176138	1776	54225	2307	30788	13533

3-4-7 Continued 3

单位：万元

Unit: 10 000 yuan

财务费用 Financial Expenses	#利息支出 Interest Expenses	营业利润 Operating Profits	利润总额 Total Profits	应交所得税 Income Tax Payable	应付职工薪酬 Payables to Employees	应交增值税 VAT Payable
142537	**100132**	**1617337**	**1710311**	**165503**	**2397925**	**443874**
13767	12619	67822	91510	33073	205500	49904
1497	1415	-3371	-1414	275	16864	2948
2850	180	50249	50073	165	52299	4279
1408	736	20400	21083	2404	35992	3141
-1048	524	4023	4826	115	11995	2061
3479	2404	6325	14231	1470	25882	3716
872	343	3282	3963	326	281668	1097
2745	584	13445	12951	3896	17314	2559
16875	3400	87484	99670	24868	227749	38048
22659	9517	302139	318976	19831	239115	55849
2645	9579	44788	50296	3485	104488	12143
4443	3052	68276	71370	3250	57037	14499
4215	2669	135505	135787	3571	78118	27746
-3992	1362	80424	74195	2208	69668	23802
16621	9911	67847	67817	7306	91023	19654
8008	1970	87848	93749	3930	98177	18831
6009	5477	54559	54036	5981	47403	32771
-1910	1324	116879	117660	2201	107780	18366
4770	2715	100392	103972	21444	196889	43003
113	312	20722	21543	475	39962	5244
1098	1102	827	1635		4569	306
4329	4926	68839	70876	1812	87276	8223
1156	960	115676	115330	2035	127486	14708
16	82	14622	14909	535	13346	2213
2072	3109	46759	46506	4037	58944	4331
-20		534	801	58	607	80
4287	3051	43112	52400	4488	65819	9652
18092	15909	-10928	-10007	-681	2163	19568
33	23	2913	3014	66	1666	172
791	691	-445	104		5333	287
4655	184	6390	8449	12878	25793	4673

医药及医疗器材专门零售
Special Retail of Medicines and Medical Appliances

地　区	Region	主营业务收入 Revenue from Main Business	主营业务成本 Cost of Main Business	主营业务税金及附加 Taxes and Surcharges of Main Business	主营业务利润 Profits from Main Business	其他业务利润 Profits from Other Business	销售费用 Selling Expenses	管理费用 Administrative Expenses
全　国	**National Total**	**42810840**	**35037723**	**168290**	**7604827**	**361685**	**4604537**	**1742138**
北　京	Beijing	2758421	2456209	6527	295685	22358	167866	91718
天　津	Tianjin	245020	209372	802	34846	549	23887	11334
河　北	Hebei	1036979	814373	3570	219036	7274	116868	56276
山　西	Shanxi	657643	531082	2399	124162	2142	91057	28338
内蒙古	Inner Mongolia	415497	332707	1523	81267	1846	55456	19785
辽　宁	Liaoning	1542092	1217269	5826	318997	9190	230599	68173
吉　林	Jilin	570264	430111	2888	137265	3326	73095	37165
黑龙江	Heilongjiang	1403125	1208574	4515	190036	3386	72927	62362
上　海	Shanghai	2424096	2124063	5996	294037	21943	166840	73385
江　苏	Jiangsu	3238694	2588056	14129	636509	20305	360642	148816
浙　江	Zhejiang	2290159	1901584	6472	382103	10329	250745	101493
安　徽	Anhui	1167074	958301	4866	203907	4210	121236	51494
福　建	Fujian	1120436	942649	4278	173509	5954	87647	43004
江　西	Jiangxi	641988	489428	2977	149583	1991	98511	32466
山　东	Shandong	5399101	4721252	15652	662197	13999	318979	176335
河　南	Henan	1530650	1189130	10890	330630	3251	178005	75653
湖　北	Hubei	1470025	1152917	9973	307135	5688	176490	59388
湖　南	Hunan	1473411	1106988	10356	356067	19078	224511	73284
广　东	Guangdong	3821764	3010717	13663	797384	46959	613255	172524
广　西	Guangxi	2159913	1893428	3886	262599	95543	142833	58312
海　南	Hainan	60816	41867	480	18469	2974	14921	4224
重　庆	Chongqing	1063857	851348	4605	207904	8983	132908	46448
四　川	Sichuan	1423793	1123703	7779	292311	20468	187343	61424
贵　州	Guizhou	533789	388612	2692	142485	3336	96489	29256
云　南	Yunnan	1248452	871365	6888	370199	17055	266629	46338
西　藏	Tibet	13293	8980	64	4249		1589	1329
陕　西	Shaanxi	1332169	1052020	8892	271257	3531	182126	52663
甘　肃	Gansu	417302	253512	1914	161876	289	62993	11850
青　海	Qinghai	69253	56791	191	12271	184	8800	3159
宁　夏	Ningxia	92867	70877	458	21532	897	14333	5676
新　疆	Xinjiang	1188898	1040438	3139	145321	4650	64959	38465

3-4-7 Continued 4

单位：万元
Unit: 10 000 yuan

财务费用 Financial Expenses	#利息支出 Interest Expenses	营业利润 Operating Profits	利润总额 Total Profits	应交所得税 Income Tax Payable	应付职工薪酬 Payables to Employees	应交增值税 VAT Payable
299551	**247850**	**1289887**	**1329257**	**236193**	**3210266**	**892858**
52317	101338	135588	139056	9222	131498	38462
1596	1559	1591	1731	1311	18197	5324
3464	752	21368	20394	6363	85161	23694
2295	1531	10866	10976	2355	58639	13134
2242	388	4623	4972	1769	38802	8679
10969	4698	22165	25451	11290	141628	41943
9905	2838	16581	16527	4213	89108	15416
7235	4300	51361	51934	11893	72009	26506
5739	753	85491	89074	11823	120564	39739
18307	3254	132327	133299	26359	244619	86058
9499	6850	44687	47315	13230	177616	53516
6126	4653	29069	31484	4242	116283	32382
4596	3469	42655	42626	5575	80910	18320
4706	1635	15529	15809	3035	63536	16687
51972	40464	96229	99365	19946	259555	59731
16062	9552	59545	61477	8643	127390	37424
12949	7060	54857	57617	4746	125205	48947
10549	6876	80554	80976	12643	153892	47850
13482	7123	97061	105221	31036	385209	93287
8376	6613	65849	65985	10516	86000	31427
153	98	3815	3816	88	6982	16901
4778	2064	31512	32356	2697	79787	23211
7282	4105	36088	38888	4453	114675	27883
4544	3469	10262	9119	1600	55837	17190
7044	5973	65967	67064	16755	157262	20881
-1	3	1430	1384	111	1650	353
8353	5135	30282	31102	3043	119075	18464
3902	1694	7334	7646	179	32947	9409
514	139	-428	30	245	5947	1636
454	291	1154	1400	313	11720	2302
10146	9176	34476	35162	6500	48566	16104

汽车、摩托车、零配件和燃料及其他动力销售

Retail of Motor Vehicles, Motorcycles, Parts, Fuel and Other Powers

地区	Region	主营业务收入 Revenue from Main Business	主营业务成本 Cost of Main Business	主营业务税金及附加 Taxes and Surcharges of Main Business	主营业务利润 Profits from Main Business	其他业务利润 Profits from Other Business	销售费用 Selling Expenses	管理费用 Administrative Expenses
全国	**National Total**	**510526205**	**470846868**	**1331584**	**38347753**	**2546981**	**18964684**	**9762411**
北京	Beijing	22998928	21389074	87567	1522287	341673	970009	540925
天津	Tianjin	10455733	9751720	18093	685920	66368	453299	207757
河北	Hebei	13957691	13191206	23172	743313	71955	547854	242429
山西	Shanxi	10110641	9529909	17625	563107	44202	409917	218831
内蒙古	Inner Mongolia	7915326	7198030	13775	703521	24955	378841	119976
辽宁	Liaoning	12884723	12237667	31929	615127	43969	445733	284410
吉林	Jilin	6475246	5994975	12038	468233	29530	262755	167704
黑龙江	Heilongjiang	6490585	6125394	19339	345852	24320	218391	110173
上海	Shanghai	18491168	17156783	51334	1283051	69836	712454	425996
江苏	Jiangsu	47926404	43562328	124506	4239570	284952	1705109	898957
浙江	Zhejiang	40325825	37731336	90918	2503571	275999	1398498	793122
安徽	Anhui	17058561	15796775	33813	1227973	52793	521409	275818
福建	Fujian	18468565	17013827	60375	1394363	77059	613237	326858
江西	Jiangxi	9426355	8656455	27502	742398	24838	289271	168677
山东	Shandong	30655845	28443070	79783	2132992	92819	1143474	611366
河南	Henan	22715147	20527838	61014	2126295	72866	797414	414647
湖北	Hubei	20115347	18330352	74392	1710603	53736	687119	390406
湖南	Hunan	24283210	22198149	94156	1990905	81556	830261	453357
广东	Guangdong	61335088	56230379	158162	4946547	410694	2542571	1310275
广西	Guangxi	8094922	7533678	15694	545550	38698	292129	169820
海南	Hainan	2953663	2663904	6276	283483	19746	132771	60870
重庆	Chongqing	15560721	14377408	34545	1148768	59739	628677	206496
四川	Sichuan	28826717	26631825	81810	2113082	132554	1043402	460857
贵州	Guizhou	12624839	11304781	25591	1294467	30797	436521	213278
云南	Yunnan	12341425	11411906	20434	909085	46613	465306	182465
西藏	Tibet	1365722	1304467	2019	59236	1049	34241	21020
陕西	Shaanxi	12913985	11831293	37380	1045312	39308	456125	257715
甘肃	Gansu	4775985	4405159	7647	363179	10777	195026	67210
青海	Qinghai	1967134	1821598	6101	139435	3853	62663	32485
宁夏	Ningxia	1339359	1239717	3319	96323	2777	38746	33238
新疆	Xinjiang	5671345	5255866	11272	404207	16949	251461	95273

单位：万元
Unit: 10 000 yuan

财务费用 Financial Expenses	#利息支出 Interest Expenses	营业利润 Operating Profits	利润总额 Total Profits	应交所得税 Income Tax Payable	应付职工薪酬 Payables to Employees	应交增值税 VAT Payable
2956961	**1597488**	**8670683**	**8795554**	**1593021**	**12865358**	**7042170**
114173	83276	266346	289708	91355	699565	246762
53909	23027	40201	52983	29004	272248	108678
86574	45023	-23573	-25974	18722	321462	203753
72006	44920	-228420	-230782	7446	226055	97585
42446	18763	-80696	-88904	7469	278654	201206
109969	79284	-151403	-151931	14453	320825	149594
64829	35320	17769	19948	12441	174689	103378
47820	25465	-33266	-30855	-18820	126351	198433
61410	33263	169806	199538	87700	423422	91772
315227	142754	1550239	1556717	215343	1084911	808408
244942	175039	417124	434598	168054	1007348	418119
92892	45643	419393	415952	48937	399968	191857
95786	54797	415926	419158	42948	462026	238023
58242	30942	219263	217970	59194	223968	119103
237939	116542	251687	261712	69161	784985	367958
172619	61600	668690	665633	70280	533442	351650
145158	97787	373265	384648	56809	625334	343395
127527	60965	589045	592654	53417	491846	399985
280123	133818	1501270	1533387	277541	1734939	905342
30911	18194	97954	103673	22426	225880	100996
5701	3101	105595	104017	18518	78829	38608
62950	41017	302878	300656	27949	400498	202811
139463	70343	643010	638005	85521	658348	382465
59308	24992	465105	462513	22734	281576	172949
69100	50373	263746	263368	26426	282290	142693
2400	516	-2172	-2712	811	32782	29292
72941	26194	218503	221432	47712	302983	166869
31300	18446	58802	51154	7863	113399	87572
9961	4646	52481	52648	3508	50317	21704
15159	8829	16707	17718	4405	41324	13050
34174	22609	65410	66923	13693	205095	138160

家用电器及电子产品专门零售
Special Retail of Household Electric Appliances and Electronic Products

地区	Region	主营业务收入 Revenue from Main Business	主营业务成本 Cost of Main Business	主营业务税金及附加 Taxes and Surcharges of Main Business	主营业务利润 Profits from Main Business	其他业务利润 Profits from Other Business	销售费用 Selling Expenses	管理费用 Administrative Expenses
全 国	**National Total**	**85035893**	**76101510**	**255247**	**8679136**	**574325**	**5188274**	**2322242**
北 京	Beijing	19385350	18044974	22182	1318194	84677	1029992	265304
天 津	Tianjin	810644	729618	1201	79825	120	110031	60414
河 北	Hebei	1409309	1259143	3584	146582	7251	86758	52768
山 西	Shanxi	746974	675929	1287	69758	4197	48913	22526
内蒙古	Inner Mongolia	704909	614984	2608	87317	4931	50806	25634
辽 宁	Liaoning	1594339	1431476	3811	159052	5254	115317	47647
吉 林	Jilin	633695	563105	1889	68701	3275	41448	25113
黑龙江	Heilongjiang	819151	735293	3056	80802	8185	51427	32703
上 海	Shanghai	4256231	3856855	6673	392703	910	345526	131303
江 苏	Jiangsu	7955052	7061414	27040	866598	240627	513654	312960
浙 江	Zhejiang	3532437	3156063	6382	369992	28846	258500	120087
安 徽	Anhui	2718835	2361556	8619	348660	1850	154480	68926
福 建	Fujian	3187888	2841620	15103	331165	7832	159120	83176
江 西	Jiangxi	1435879	1256274	5157	174448	2412	75953	32499
山 东	Shandong	4151089	3683410	11708	455971	19442	202472	123507
河 南	Henan	3174350	2695247	16326	462777	13731	184923	103474
湖 北	Hubei	4642057	4007408	22487	612162	8893	240804	138671
湖 南	Hunan	2878926	2481615	25695	371616	10029	148193	87823
广 东	Guangdong	7620293	6828462	19740	772091	43213	521464	229824
广 西	Guangxi	1330347	1167654	3142	159551	20561	80661	46204
海 南	Hainan	299583	272401	373	26809	1290	19336	7508
重 庆	Chongqing	2712358	2403520	12714	296124	7332	139501	56477
四 川	Sichuan	3649207	3215139	15389	418679	12251	236515	78817
贵 州	Guizhou	889806	799039	2797	87970	152	46118	21678
云 南	Yunnan	962948	861977	2745	98226	16370	73096	28160
西 藏	Tibet	44161	39878	68	4215		4285	1499
陕 西	Shaanxi	2295899	2030764	10032	255103	10464	139914	70796
甘 肃	Gansu	403144	354419	1238	47487	1456	33156	12657
青 海	Qinghai	113423	99434	261	13728	672	9145	5580
宁 夏	Ningxia	256092	216045	1116	38931	7548	26904	10939
新 疆	Xinjiang	421518	356795	822	63901	554	39862	17567

单位：万元
Unit: 10 000 yuan

财务费用 Financial Expenses	#利息支出 Interest Expenses	营业利润 Operating Profits	利润总额 Total Profits	应交所得税 Income Tax Payable	应付职工薪酬 Payables to Employees	应交增值税 VAT Payable
341392	**346977**	**1372982**	**1408556**	**200808**	**2740084**	**1133803**
34192	58369	147971	152545	31624	371374	136251
20277	71891	-224921	-223900	526	22219	9576
13497	6552	19908	18843	1282	51393	14370
4014	705	-4508	-3162	513	21469	6555
4140	1462	15268	16577	2258	27148	10602
7502	2275	4028	9519	1365	41775	16540
2923	1936	5641	8622	1703	85615	7819
3354	958	13069	13191	3119	25880	10443
4313	2854	-39132	-32446	10095	106484	72551
33220	98461	360330	356885	30249	327754	154910
17310	13614	6330	11959	6327	147041	42966
12096	8119	117840	118585	10953	103853	44514
10607	2619	89611	89012	7451	99747	40229
3430	1676	29070	29097	1914	47281	18661
19153	9917	72751	74541	10948	135832	50757
16992	5722	113832	113813	7060	120524	47091
25530	9020	207675	207553	19908	160783	98785
19674	5139	108625	106596	7569	76759	45310
27790	16770	41224	45325	20575	313827	97968
7608	6156	21023	22007	2441	51580	16951
484	139	92	101	74	8618	3738
11192	2942	101554	108017	7424	77754	35689
19405	11864	98159	99980	6654	127700	71626
3913	1176	15194	16211	1728	26156	9263
3535	1777	10291	5278	1088	41397	14918
262	7	-359	-281	4	2825	307
8384	2155	35146	35728	3058	64657	30860
3057	868	418	246	603	13312	5159
1485	342	-1526	-691	283	3924	1842
710	567	8046	8400	1361	13253	7905
1343	925	332	408	648	22151	9646

五金、家具及室内装饰材料专门零售

Special Retail of Hardware, Furniture and Interior Decoration Materials

地区	Region	主营业务收入 Revenue from Main Business	主营业务成本 Cost of Main Business	主营业务税金及附加 Taxes and Surcharges of Main Business	主营业务利润 Profits from Main Business	其他业务利润 Profits from Other Business	销售费用 Selling Expenses	管理费用 Administrative Expenses
全国	**National Total**	**24007646**	**19405632**	**238025**	**4363989**	**60168**	**1631605**	**1182744**
北京	Beijing	917140	603284	6492	307364	11174	226195	76433
天津	Tianjin	430609	365408	2508	62693	411	29002	18248
河北	Hebei	130960	105448	689	24823	44	9644	5381
山西	Shanxi	542617	479549	4236	58832	464	15027	12373
内蒙古	Inner Mongolia	35303	26332	304	8667	420	3360	1795
辽宁	Liaoning	224857	176489	1951	46417	1494	20151	24894
吉林	Jilin	117373	99396	376	17601	640	5157	8105
黑龙江	Heilongjiang	122675	97148	384	25143	125	10169	12091
上海	Shanghai	700969	490723	5286	204960	10904	123608	100423
江苏	Jiangsu	3043238	2549802	21564	471872	2602	109198	94784
浙江	Zhejiang	1039902	800297	5019	234586	1961	136008	50948
安徽	Anhui	943211	769554	15755	157902	723	48063	37674
福建	Fujian	3709235	3259642	34667	414926	1195	110424	117845
江西	Jiangxi	360186	297497	2582	60107	372	14556	16541
山东	Shandong	1422705	1197992	16395	208318	4729	67313	67926
河南	Henan	703747	538801	7430	157516	1794	34573	27894
湖北	Hubei	1510652	1168828	18550	323274	816	75859	66961
湖南	Hunan	1224083	1035957	14085	174041	5854	42101	36869
广东	Guangdong	2085486	1690157	19055	376274	6898	191310	128649
广西	Guangxi	115585	101249	705	13631	138	5830	5340
海南	Hainan	10300	8187	56	2057		1337	899
重庆	Chongqing	950989	756017	9093	185879	296	44930	42688
四川	Sichuan	856386	707940	7115	141331	685	54507	37312
贵州	Guizhou	90031	73423	1144	15464	141	2669	3887
云南	Yunnan	173420	137809	613	34998	780	9430	6881
西藏	Tibet							
陕西	Shaanxi	2087075	1635980	37643	413452	438	109030	130788
甘肃	Gansu	65451	43629	813	21009		9845	7467
青海	Qinghai	4095	1765	78	2252		1540	1632
宁夏	Ningxia	7999	6231	45	1723	2	1711	1116
新疆	Xinjiang	381367	181099	3392	196876	5067	119059	38897

3-4-7 Continued 7

单位：万元

Unit: 10 000 yuan

财务费用 Financial Expenses	#利息支出 Interest Expenses	营业利润 Operating Profits	利润总额 Total Profits	应交所得税 Income Tax Payable	应付职工薪酬 Payables to Employees	应交增值税 VAT Payable
207302	**77340**	**1318690**	**1355412**	**150624**	**999427**	**488658**
4230	660	13338	15888	7486	100138	31282
3775	1274	4828	16606	4649	11717	5553
1194	465	8169	8046	280	4811	2272
3652	1629	16914	17305	988	7781	5656
122	82	2710	2715	67	2737	1092
4861	4437	-3345	-2912	521	11807	5113
898	568	2870	3066	420	6377	1412
2656	287	-1839	-1676	58	5882	1068
14221	3691	-27728	-26772	4593	56586	9955
20970	7949	219430	219848	25937	72618	48114
6670	5673	48969	62923	18483	46500	31837
6510	1341	60471	61188	6675	29563	29291
16389	3659	166481	166308	7716	68260	54210
2182	859	24521	25093	936	16782	7378
10508	3733	55544	55886	4147	64531	17983
10580	4511	74933	74816	4041	38839	16265
25926	5180	145964	145903	6538	76617	50446
7870	3033	75849	75461	5485	30045	16526
12956	6376	63445	65797	17036	104240	44171
420	90	2447	2448	251	4470	1242
859	830	-946	-946	58	916	460
7910	1597	83962	84053	3370	29681	14808
6184	2298	39885	39915	4333	28795	15540
495	169	7309	6280	411	2982	1523
722	394	18394	18391	344	7352	3303
26855	8086	171410	175877	18129	41476	43523
2924	1384	1966	1955	145	58479	258
-1		-908	-1892		690	63
144	125	-1253	-1273		983	97
4618	6963	44900	45117	7527	67774	28214

货摊、无店铺及其他零售
Stalls, Non-shop and Other Retails

地 区	Region	主营业务收入 Revenue from Main Business	主营业务成本 Cost of Main Business	主营业务税金及附加 Taxes and Surcharges of Main Business	主营业务利润 Profits from Main Business	其他业务利润 Profits from Other Business	销售费用 Selling Expenses	管理费用 Administrative Expenses
全 国	**National Total**	**106351522**	**92813229**	**273113**	**13265180**	**801709**	**9443282**	**2612646**
北 京	Beijing	10198458	9260882	15376	922200	97719	967417	296537
天 津	Tianjin	3837183	3299159	10174	527850	6810	391548	105692
河 北	Hebei	996058	903658	1443	90957	1790	89696	6458
山 西	Shanxi	575602	496505	1221	77876	6142	20126	34872
内蒙古	Inner Mongolia	97200	84664	577	11959	742	6169	3447
辽 宁	Liaoning	2662304	2411936	4230	246138	694	202569	38413
吉 林	Jilin	199991	139311	670	60010	2472	8069	37633
黑龙江	Heilongjiang	378195	358464	875	18856	333	10434	7266
上 海	Shanghai	12427212	10877069	23440	1526703	482972	1448681	353501
江 苏	Jiangsu	9492247	8478510	18979	994758	19380	631245	223730
浙 江	Zhejiang	10024640	8244871	25023	1754746	27301	1339882	324499
安 徽	Anhui	3679020	3007602	13832	657586	2459	356063	104357
福 建	Fujian	8645520	7288491	29443	1327586	22790	606017	229109
江 西	Jiangxi	1468568	1293278	6655	168635	747	74826	23564
山 东	Shandong	4459948	3927813	8848	523287	11223	391995	67150
河 南	Henan	1536862	1283673	7734	245455	2181	85024	41282
湖 北	Hubei	5860340	5296790	15120	548430	40650	364341	62063
湖 南	Hunan	1635172	1299118	18110	317944	2327	147267	69515
广 东	Guangdong	14710932	13012710	39454	1658768	38505	1290067	286423
广 西	Guangxi	267309	206120	1404	59785	859	27629	15196
海 南	Hainan	399266	371444	366	27456		26600	1579
重 庆	Chongqing	1491533	1313447	3334	174752	3190	113595	29299
四 川	Sichuan	6101284	5420693	11709	668882	4176	487628	140350
贵 州	Guizhou	840660	672691	3073	164896	16858	52149	17018
云 南	Yunnan	137577	108107	511	28959	475	11667	6700
西 藏	Tibet	818	792	2	24		61	38
陕 西	Shaanxi	3894965	3482832	10356	401777	57	272592	71804
甘 肃	Gansu	132037	113073	418	18546	2740	9269	4782
青 海	Qinghai	98972	76587	155	22230	5068	3506	3694
宁 夏	Ningxia	7190	5151	92	1947	130	1313	1090
新 疆	Xinjiang	94463	77791	492	16180	919	5838	5586

3-4-7 Continued 8

单位：万元
Unit: 10 000 yuan

财务费用 Financial Expenses	#利息支出 Interest Expenses	营业利润 Operating Profits	利润总额 Total Profits	应交所得税 Income Tax Payable	应付职工薪酬 Payables to Employees	应交增值税 VAT Payable
221643	**114072**	**1431488**	**1572642**	**325146**	**2552608**	**1366244**
18983	12081	-244473	-227394	14779	355067	108639
-189	966	34457	38052	8317	71687	53840
2961	325	-6285	-5227	396	7897	10082
6079	4206	27243	30702	7949	30253	6475
882	1067	2419	2492	946	6845	9828
2951	2531	2085	5909	1698	34518	25080
1507	1291	9485	9538	4568	6163	1540
418	9	403	2220	331	6604	4858
26744	25584	-117927	-77785	30401	230295	113338
10482	5176	153493	153308	27013	151849	97572
24745	16457	74656	107371	46959	343225	180199
5111	3387	204070	207883	24926	111901	73534
18982	5058	464094	466644	28945	210253	95565
3547	1649	62027	61780	3696	36381	18175
7809	2573	71538	72135	15734	93638	56628
13534	2896	94561	94689	5874	44814	15686
9619	3175	109464	109519	7505	144194	107312
11676	3453	88128	93540	9629	68522	31360
15810	12857	145755	160043	36226	322914	198625
358	460	17305	17217	3650	25530	6135
3		370	380	208	649	3015
10534	3429	21438	22725	2550	36637	17167
2502	1243	46488	50307	8238	89039	62642
20168	599	88972	90363	23748	17661	19767
1142	909	10086	9908	459	6718	1891
18		-90	-36		50	13
3572	742	46874	50741	5656	83894	42152
1864	1114	3728	4044	687	3775	1763
-641	6	16129	16448	2779	3225	1213
83	80	-78	96	3	2373	244
389	751	5073	5030	1276	6039	1908

3-5-1 限额以上批发和零售业产业活动单位和个体经营户基本情况

Basic Conditions of Establishments and Getihus above Designated Size of Wholesale and Retail Trades

项　目	Item	单位数(个) Number of Units (unit)	年末从业人数(人) Employed Persons at Year-end (person)
总　计	**Total**	**33068**	**530964**
一、批发业	**Wholesale Trade**	**3200**	**66352**
(一)按登记注册类型分	**by Type of Registration**		
1.内资企业	**Domestic Funded Enterprises**	**167**	**17665**
国有企业	State-owned Enterprises	47	4706
集体企业	Collective-owned Enterprises	NA	16
股份合作企业	Cooperative Enterprises	NA	102
联营企业	Joint Ownership Enterprises		
国有联营企业	State Joint Ownership Enterprises		
集体联营企业	Collective Joint Ownership Enterprises		
国有与集体联营企业	Joint State-collective Enterprises		
其他联营企业	Other Joint Ownership Enterprises		
有限责任公司	Limited Liability Corporations	46	4870
国有独资公司	State Sole Funded Corporations	5	250
其他有限责任公司	Other Limited Liability Corporations	41	4620
股份有限公司	Share-holding Corporations Ltd.	38	4994
私营企业	Private Enterprises	26	1446
私营独资企业	Private-funded Enterprises	4	61
私营合伙企业	Private Partnership Enterprises	NA	55
私营有限责任公司	Private Limited Liability Corporations	21	1330
私营股份有限公司	Private Share-holding Corporations Ltd.		
其他内资企业	Other Domestic Funded Enterprises	8	1531
2.港、澳、台商投资企业	**Enterprises with Funds from Hongkong, Macao and Taiwan**	**38**	**6064**
合资经营企业	Joint-venture Enterprises	10	1017
合作经营企业	Cooperative Enterprises		
独资经营企业	Enterprises with Sole Investment	21	3914
投资股份有限公司	Share-holding Corporations Ltd. with Investment	6	700
其他港澳台商投资企业	Other Enterprises with Funds from Hongkong, Macao and Taiwan	NA	433
3.外商投资企业	**Foreign Funded Enterprises**	**66**	**12192**
中外合资经营企业	Joint-venture Enterprises	21	1628
中外合作经营企业	Cooperative Enterprises	NA	747
外资企业	Enterprises with Sole Foreign Investment	31	8200
外商投资股份有限公司	Share-holding Corporations Ltd. with Foreign Investment	6	666
其他外商投资企业	Other Foreign Funded Enterprises	6	951
4.个体经营户	**Getihus**	**2929**	**30431**

项　目	Item	单位数（个）Number of Units (unit)	年末从业人数（人）Employed Persons at Year-end (person)
(二)按国民经济行业分	**by Sector**		
农、林、牧、渔产品批发	Wholesale of Agricultural, Forestry, Livestock and Fishery Products	350	5381
食品、饮料及烟草制品批发	Wholesale of Food, Beverages and Tobaccos	1447	29206
米、面制品及食用油批发	Wholesale of Rice, Flour and Edible Oil	151	2030
肉、禽、蛋、奶及水产品批发	Wholesale of Meal, Fowls, Eggs, Milk and Aquatic Products	387	6667
酒、饮料及茶叶批发	Wholesale of Wine, Beverages and Teas	181	7655
烟草制品批发	Wholesale of Tobaccos	8	491
纺织、服装及家庭用品批发	Wholesale of Textiles, Wearing Apparel and Household Articles	373	12125
服装批发	Wholesale of Garments	34	969
鞋帽批发	Wholesale of Shoes and Hats	13	1648
日用家电批发	Wholesale of Household Electrical Appliances	15	2520
文化、体育用品及器材批发	Wholesale of Culture, Sports Appliances and Equipments	70	641
文具用品批发	Wholesale of Stationeries	17	159
体育用品及器材批发	Wholesale of Sports Appliances and Equipments	8	98
图书批发	Wholesale of Books	NA	10
医药及医疗器材批发	Wholesale of Medicines and Medical Appliances	14	459
西药批发	Wholesale of Western Medicines	NA	45
中药批发	Wholesale of Chinese Traditional Medicines	6	320
矿产品、建材及化工产品批发	Wholesale of Mineral Products, Building Materials and Chemical Products	628	11375
煤炭及制品批发	Wholesale of Coal and Related Products	20	1889
石油及制品批发	Wholesale of Petroleum and Related Products	21	2215
金属及金属矿批发	Wholesale of Metal Materials	106	1274
建材批发	Wholesale of Building Materials	328	4313
化肥批发	Wholesale of Chemical Fertilizer	111	1118
农药批发	Wholesale of Pesticides	10	106
机械设备、五金产品及电子产品批发	Wholesale of Machinery, Hardware and Electronic Products	276	6503
汽车及零配件批发	Wholesale of Motor Vehicles and Their Parts	20	1955
计算机、软件及辅助设备批发	Wholesale of Computer, Software and Assistant Appliances	10	436
通信设备批发	Wholesale of Communication Equipments	14	76
贸易经纪与代理	Trade Broker and Agency	NA	14
其他批发业	Other Wholesale not Classified Elsewhere	40	648

项　目	Item	单位数（个）Number of Units (unit)	年末从业人数（人）Employed Persons at Year-end (person)	零售业营业面积（平方米）Business Area of Retail Trade at Year-end (sq.m)
二、零售业	**Retail Trade**	**29868**	**464612**	**22501062**
(一)按登记注册类型分	**by Type of Registration**			
1.内资企业	**Domestic Funded Enterprises**	**552**	**45805**	**3429413**
国有企业	State-owned Enterprises	93	10729	227799
集体企业	Collective-owned Enterprises	23	528	54403
股份合作企业	Cooperative Enterprises	NA	40	2107
联营企业	Joint Ownership Enterprises	NA	7	500
国有联营企业	State Joint Ownership Enterprises			
集体联营企业	Collective Joint Ownership Enterprises	NA	7	500
国有与集体联营企业	Joint State-collective Enterprises			
其他联营企业	Other Joint Ownership Enterprises			
有限责任公司	Limited Liability Corporations	190	19322	1221625
国有独资公司	State Sole Funded Corporations	10	1474	43332
其他有限责任公司	Other Limited Liability Corporations	180	17848	1178293
股份有限公司	Share-holding Corporations Ltd.	36	3873	551294
私营企业	Private Enterprises	184	9650	874328
私营独资企业	Private-funded Enterprises	16	774	43440
私营合伙企业	Private Partnership Enterprises	NA	133	4100
私营有限责任公司	Private Limited Liability Corporations	152	8143	806484
私营股份有限公司	Private Share-holding Corporations Ltd.	13	600	20304
其他企业	Other Enterprises	23	1656	497357
2.港、澳、台商投资企业	**Enterprises with Funds from Hongkong, Macao and Taiwan**	**50**	**5029**	**173222**
合资经营企业	Joint-venture Enterprises	15	1988	79643
合作经营企业	Cooperative Enterprises			
独资经营企业	Enterprises with Sole Investment	30	2772	87784
投资股份有限公司	Share-holding Corporations Ltd. with Investment	5	269	5795
其他港澳台商投资企业	Other Enterprises with Funds from Hongkong, Macao and Taiwan			
3.外商投资企业	**Foreign Funded Enterprises**	**98**	**19026**	**730734**
中外合资经营企业	Joint-venture Enterprises	21	2576	147876
中外合作经营企业	Cooperative Enterprises	7	9477	73583
外资企业	Enterprises with Sole Foreign Investment	62	6331	278603
外商投资股份有限公司	Share-holding Corporations Ltd. with Foreign Investment	5	246	35672
其他外商投资企业	Other Foreign Funded Enterprises	NA	396	195000
4.个体经营户	**Getihus**	**29163**	**394653**	**18167693**

3-5-1 续表 3 Continued 3

项　目	Item	单位数(个) Number of Units (unit)	年末从业人数(人) Employed Persons at Year-end (person)	零售业营业面积(平方米) Business Area of Retail Trade at Year-end (sq.m)
(二)按国民经济行业分	**by Sector**			
综合零售	Integrated Retail	9087	211092	11158433
百货零售	Retail of General Merchandise	4232	82810	5289871
超级市场零售	Retail of Supermarkets	3164	91557	4630063
食品、饮料及烟草制品专门零售	Special Retail of Food, Beverages and Tobaccos	3971	43095	1186097
粮油零售	Retail of Cereal and Oil	249	2955	114137
肉、禽、蛋、奶及水产品零售	Retail of Meat, Poultry, Eggs, Milk and Aquatic Products	821	7123	133526
酒、饮料及茶叶零售	Retail of Wine, Beverages and Teas	1110	10649	291670
烟草制品零售	Retail of Tobaccos	220	1494	35216
纺织、服装及日用品专门零售	Special Retail of Textiles, Garments and Daily Consumer Articles	4222	61109	2306510
服装零售	Retail of Garments	2256	38058	1555684
文化、体育用品及器材专门零售	Special Retail of Culture, Sports Appliances and Equipments	1552	24706	538772
体育用品及器材零售	Retail of Sports Appliances and Equipments	49	378	13289
图书、报刊零售	Retail of Books, Newspapers and Magazines	113	7190	95562
医药及医疗器材专门零售	Special Retail of Medicines and Medical Appliances	519	7199	187175
西药零售	Retail of Western Medicines	456	6669	163961
汽车、摩托车、零配件和燃料及其他动力销售	Retail of Motor Vehicles, Motorcycles, Parts, Fuel and Other Powers	1335	14627	1037171
汽车新车零售	Retail of New Motor Vehicles	181	2184	150033
机动车燃油零售	Retail of Fuel Oil of Motor Vehicles	364	4761	384397
家用电器及电子产品专门零售	Special Retail of Household Electric Appliances and Electronic Products	3146	38224	1380857
日用家电设备零售	Retail of Household Electric Appliances	1883	23818	939697
计算机、软件及辅助设备零售	Retail of Computer, Software and Assistant Appliances	290	2494	59797
通信设备零售	Retail of Communication Equipments	412	6470	110292
五金、家具及室内装饰材料专门零售	Special Retail of Hardware, Furniture and Interior Decoration Materials	5687	58765	4504457
货摊、无店铺及其他零售业	Stalls, Non-shop and Other Retails	348	5785	201090
互联网零售	Retail on the Internet	51	458	6403
(三)按零售业态分	**by Mode of Business Operation**			
有店铺零售	Store-based Retailing	29772	459134	22468315
超市	Supermarket	7066	156422	7069727
大型超市	Hypermarket	138	15369	1450923
百货店	Department Store	2491	49487	2810988
专业店	Speciality Store	8777	110968	4436040
专卖店	Exclusive Shop	5839	63680	2713502
无店铺零售	Non-Store Selling	91	5379	32747

3-5-2 各地区限额以上批发和零售业产业活动单位和个体经营户基本情况

Basic Conditions of Establishments and Getihus above Designated Size of Wholesale and Retail Trades by Region

地 区	Region	批发业 Wholesale Trade		零售业 Retail Trade	
		单位数 (个) Number of Units (unit)	年末从业人数 (人) Employed Persons at Year-end (person)	单位数 (个) Number of Units (unit)	年末从业人数 (人) Employed Persons at Year-end (person)
全 国	**National Total**	**3200**	**66352**	**29868**	**464612**
北 京	Beijing	20	1257	29	2339
天 津	Tianjin	23	1123	126	1315
河 北	Hebei	26	3252	393	9293
山 西	Shanxi	22	413	737	16609
内蒙古	Inner Mongolia	17	324	199	5758
辽 宁	Liaoning	131	3070	688	11898
吉 林	Jilin	58	1278	562	8253
黑龙江	Heilongjiang	28	713	553	11741
上 海	Shanghai	4	2028	5	9575
江 苏	Jiangsu	689	7815	3912	42744
浙 江	Zhejiang	202	4221	671	11121
安 徽	Anhui	186	3411	2442	27703
福 建	Fujian	94	2013	1150	15749
江 西	Jiangxi	104	3204	1268	22198
山 东	Shandong	562	7273	3658	42369
河 南	Henan	171	4688	3431	54498
湖 北	Hubei	43	1535	1888	43373
湖 南	Hunan	60	1798	1467	25145
广 东	Guangdong	187	3388	887	10540
广 西	Guangxi	109	2859	477	10347
海 南	Hainan	NA	5	15	731
重 庆	Chongqing	228	3379	1786	19354
四 川	Sichuan	90	2251	1776	29420
贵 州	Guizhou	28	1656	282	5591
云 南	Yunnan	25	414	398	8678
西 藏	Tibet			8	106
陕 西	Shaanxi	5	256	514	8217
甘 肃	Gansu	8	327	68	2259
青 海	Qinghai			8	280
宁 夏	Ningxia	18	273	47	1118
新 疆	Xinjiang	61	2128	423	6290

3-5-3 限额以上批发和零售业产业活动单位和个体经营户商品购、销、存总额

Total Purchases, Sales and Inventory of Establishments and Getihus above Designated Size of Wholesale and Retail Trades

单位：万元
Unit: 10 000 yuan

项目	Item	商品购进额 Total Purchases Value	#进口 Imports	商品销售额 Total Sales Value	#出口 Exports	期末商品库存额 Inventory (year-end)
总计	**Total**	**99820283**	**1012591**	**114982644**	**2675855**	**6149591**
一、批发业	**Wholesale Trade**	**35829683**	**772722**	**40702029**	**105096**	**1088065**
(一)按登记注册类型分	**by Type of Registration**					
1.内资企业	**Domestic Funded Enterprises**	**17589646**	**761375**	**18921206**	**28227**	**575505**
国有企业	State-owned Enterprises	5887696	186459	6187819	25593	213664
集体企业	Collective-owned Enterprises			7836		9811
股份合作企业	Cooperative Enterprises	6413		6236		297
联营企业	Joint Ownership Enterprises					
国有联营企业	State Joint Ownership Enterprises					
集体联营企业	Collective Joint Ownership Enterprises					
国有与集体联营企业	Joint State-collective Enterprises					
其他联营企业	Other Joint Ownership Enterprises					
有限责任公司	Limited Liability Corporations	4019558	574916	4430029	2634	217264
国有独资公司	State Sole Funded Corporations	1915275		1941129		12792
其他有限责任公司	Other Limited Liability Corporations	2104283	574916	2488900	2634	204472
股份有限公司	Share-holding Corporations Ltd.	6628124		7035018		54196
私营企业	Private Enterprises	743207		958914		54295
私营独资企业	Private-funded Enterprises	40979		44400		1350
私营合伙企业	Private Partnership Enterprises	200000		252244		1012
私营有限责任公司	Private Limited Liability Corporations	502228		662270		51933
私营股份有限公司	Private Share-holding Corporations Ltd.					
其他企业	Other Enterprises	304648		295354		25978
2.港、澳、台商投资企业	**Enterprises with Funds from Hongkong, Macao and Taiwan**	**1847306**		**1997362**		**48368**
合资经营企业	Joint-venture Enterprises	413170		447276		6255
合作经营企业	Cooperative Enterprises					
独资经营企业	Enterprises with Sole Investment	1108488		1209742		27352
投资股份有限公司	Share-holding Corporations Ltd. with Investment	297770		301804		6589
其他港澳台商投资企业	Other Enterprises with Funds from Hongkong, Macao and Taiwan	27879		38541		8173
3.外商投资企业	**Foreign Funded Enterprises**	**2466526**	**1223**	**3143540**	**36341**	**106906**
中外合资经营企业	Joint-venture Enterprises	211921		359836	17608	47510
中外合作经营企业	Cooperative Enterprises	64328		75266		3904
外资企业	Enterprises with Sole Foreign Investment	1928803	1223	2431389	18733	43476
外商投资股份有限公司	Share-holding Corporations Ltd. with Foreign Investment	161302		157199		9924
其他外商投资企业	Other Foreign Funded Enterprises	100172		119851		2093
4.个体经营户	**Getihus**	**13926204**	**10123**	**16639920**	**40528**	**357287**

3-5-3 续表 1 Continued 1

单位：万元

Unit: 10 000 yuan

项 目	Item	商品购进额 Total Purchases Value	#进口 Imports	商品销售额 Total Sales Value	#出口 Exports	期末商品库存额 Inventory (year-end)
(二)按国民经济行业分	**by Sector**					
农、林、牧、渔产品批发	Wholesale of Agricultural, Forestry, Livestock and Fishery Products	1821790	4227	2169739		146016
食品、饮料及烟草制品批发	Wholesale of Food, Beverages and Tobaccos	10584609	580695	12902231	21131	375051
米、面制品及食用油批发	Wholesale of Rice, Flour and Edible Oil	1173482		1374606		26263
肉、禽、蛋、奶及水产品批发	Wholesale of Meal, Fowls, Eggs, Milk and Aquatic Products	2949526	574916	3626935	17608	150832
酒、饮料及茶叶批发	Wholesale of Wine, Beverages and Teas	1494914		1944526		108151
烟草制品批发	Wholesale of Tobaccos	117312		133711		1789
纺织、服装及家庭用品批发	Wholesale of Textiles, Wearing Apparel and Household Articles	3041621	1323	3599830	58354	151905
服装批发	Wholesale of Garments	126428		156765	36987	12694
鞋帽批发	Wholesale of Shoes and Hats	103692		156456		29722
日用家电批发	Wholesale of Household Electrical Appliances	587036		682208		23706
文化、体育用品及器材批发	Wholesale of Culture, Sports Appliances and Equipments	331766		397515		9630
文具用品批发	Wholesale of Stationeries	43019		51674		1194
体育用品及器材批发	Wholesale of Sports Appliances and Equipments	19733		23988		3033
图书批发	Wholesale of Books	1323		2162		56
医药及医疗器材批发	Wholesale of Medicines and Medical Appliances	47228		56991		4311
西药批发	Wholesale of Western Medicines	6440		7737		290
中药批发	Wholesale of Chinese Traditional Medicines	26409		30308		3873
矿产品、建材及化工产品批发	Wholesale of Mineral Products, Building Materials and Chemical Products	12085463	186459	12981405	25593	283897
煤炭及制品批发	Wholesale of Coal and Related Products	1998490		2093335		40299
石油及制品批发	Wholesale of Petroleum and Related Products	3667960	186459	3959017	25593	60134
金属及金属矿批发	Wholesale of Metal Materials	2077004		2141799		110013
建材批发	Wholesale of Building Materials	1835184		2067793		43661
化肥批发	Wholesale of Chemical Fertilizer	727670		794308		21767
农药批发	Wholesale of Pesticides	28641		33376		2072
机械设备、五金产品及电子产品	Wholesale of Machinery, Hardware and Electronic Products	7730149		8362682		110872
汽车及零配件批发	Wholesale of Motor Vehicles and Their Parts	5567346		5935694		49181
计算机、软件及辅助设备批发	Wholesale of Computer, Software and Assistant Appliances	31064		34847		158
通讯设备批发	Wholesale of Communication Equipments	22943		25711		72
贸易经纪与代理	Trade Broker and Agency	19875		23521		60
其他批发业	Other Wholesale not Classified Elsewhere	167183	16	208115	18	6322

单位：万元
Unit: 10 000 yuan

项 目	Item	商品购进额 Total Purchases Value	#进口 Imports	商品销售额 Total Sales Value	#出口 Exports	期末商品库存额 Inventory (year-end)
二、零售业	**Retail Trade**	**63990601**	**239870**	**74280615**	**2570759**	**5061526**
(一)按登记注册类型分	**by Type of Registration**					
1.内资企业	**Domestic Funded Enterprises**	**17850440**	**106145**	**19997322**	**2569198**	**1538576**
国有企业	State-owned Enterprises	683861	56560	808432	1659	22742
集体企业	Collective-owned Enterprises	126967		153812		10419
股份合作企业	Cooperative Enterprises	1500		7283		708
联营企业	Joint Ownership Enterprises	844		946		174
国有联营企业	State Joint Ownership Enterprises					
集体联营企业	Collective Joint Ownership Enterprises	844		946		174
国有与集体联营企业	Joint State-collective Enterprises					
其他联营企业	Other Joint Ownership Enterprises					
有限责任公司	Limited Liability Corporations	15199292	49578	16805731	2567453	1406699
国有独资公司	State Sole Funded Corporations	48203		65272		4890
其他有限责任公司	Other Limited Liability Corporations	15151089	49578	16740459	2567453	1401809
股份有限公司	Share-holding Corporations Ltd.	602090		775189		31907
私营企业	Private Enterprises	1077277		1251346	87	59354
私营独资企业	Private-funded Enterprises	61357		72242		2264
私营合伙企业	Private Partnership Enterprises	5677		8768		947
私营有限责任公司	Private Limited Liability Corporations	914126		1067333	87	53639
私营股份有限公司	Private Share-holding Corporations Ltd.	96116		103004		2503
其他企业	Other Enterprises	158609	7	194584		6574
2.港、澳、台商投资企业	**Enterprises with Funds from Hongkong, Macao and Taiwan**	**333963**		**581917**		**55714**
合资经营企业	Joint-venture Enterprises	102641		255297		23982
合作经营企业	Cooperative Enterprises					
独资经营企业	Enterprises with Sole Investment	207084		299624		29596
投资股份有限公司	Share-holding Corporations Ltd. with Investment	24238		26996		2136
其他港澳台商投资企业	Other Enterprises with Funds from Hongkong, Macao and Taiwan					
3.外商投资企业	**Foreign Funded Enterprises**	**1868011**	**4693**	**2849889**		**159471**
中外合资经营企业	Joint-venture Enterprises	344594	3772	429889		38256
中外合作经营企业	Cooperative Enterprises	182579		295071		42746
外资企业	Enterprises with Sole Foreign Investment	1209670		1948796		77457
外商投资股份有限公司	Share-holding Corporations Ltd. with Foreign Investment	37182	921	62868		551
其他外商投资企业	Other Foreign Funded Enterprises	93986		113265		461
4.个体经营户	**Getihus**	**43930360**	**129032**	**50842395**	**1561**	**3306839**

3-5-3 续表 3 Continued 3

单位：万元
Unit: 10 000 yuan

项 目	Item	商品购进额 Total Purchases Value	#进口 Imports	商品销售额 Total Sales Value	#出口 Exports	期末商品库存额 Inventory (year-end)
(二)按国民经济行业分	**by Sector**					
综合零售	Integrated Retail	15497096	109950	18539541	27	1511167
百货零售	Retail of General Merchandise	7348633	22716	9090899	2	521804
超级市场零售	Retail of Supermarkets	6022538	51294	6916927	24	798848
食品、饮料及烟草制品专门零售	Special Retail of Food, Beverages and Tobaccos	5654376	16531	6957747	1400	294884
粮油零售	Retail of Cereal and Oil	541824	5700	696536		38190
肉、禽、蛋、奶及水产品零售	Retail of Meat, Poultry, Eggs, Milk and Aquatic Products	896756	153	1037888		25508
酒、饮料及茶叶零售	Retail of Wine, Beverages and Teas	1465089	2623	1740788	896	89030
烟草制品零售	Retail of Tobaccos	328237	1951	368819		14261
纺织、服装及日用品专门零售	Special Retail of Textiles, Garments and Daily Consumer Articles	6856471	43410	8372136	215	656727
服装零售	Retail of Garments	3947180	42051	4805707	215	480064
文化、体育用品及器材专门零售	Special Retail of Culture, Sports Appliances and Equipments	2495327	25833	2914247		227246
体育用品及器材零售	Retail of Sports Appliances and Equipments	72112		77622		6161
图书、报刊零售	Retail of Books, Newspapers and Magazines	253602	25833	298400	1659	23703
医药及医疗器材专门零售	Special Retail of Medicines and Medical Appliances	903758	920	1048908		54101
西药零售	Retail of Western Medicines	822398	920	944781		47869
汽车、摩托车、零配件和燃料及其他动力销售	Retail of Motor Vehicles, Motorcycles, Parts, Fuel and Other Powers	3457258	20219	3889755		158831
汽车新车零售	Retail of New Motor Vehicles	495649	14804	557186		41832
机动车燃油零售	Retail of Fuel Oil of Motor Vehicles	1163226	4646	1318698		45839
家用电器及电子产品专门零售	Special Retail of Household Electric and Electronic Products	18737246	15100	20669102	2567458	1597244
日用家电设备零售	Retail of Household Electric Appliances	2995118	5288	3440089	6	186964
计算机、软件及辅助设备零售	Retail of Computer, Software and Assistant Appliances	383781	9692	464658		19861
通信设备零售	Retail of Communication Equipments	14304572	121	15523886	2567453	1344798
五金、家具及室内装饰材料专门零售	Special Retail of Hardware, Furniture and Interior Decoration Materials	9629167	7907	11002696		536558
货摊、无店铺及其他零售	Stalls, Non-shop and Other Retails	759414		885885		24681
互联网零售	Retail on the Internet					
(三)按零售业态分	**by Mode of Business Operation**					
有店铺零售	Store-based Retailing	50009222	237918	58908653	3306	3722262
超市	Supermarket	10933162	53068	12723748	24	1165815
大型超市	Hypermarket	1136681	961	1298986		122997
百货店	Department Store	4338212	12175	5638040	181	264590
专业店	Speciality Store	15820482	81586	18170247	1659	852976
专卖店	Exclusive Shop	9690212	32005	11487681	308	823987
无店铺零售	Non-Store Selling	13973552	1951	15362870	2567453	1338338

3-5-4 各地区限额以上批发业产业活动单位和个体经营户商品购、销、存情况

Total Purchases, Sales and Inventory of Establishments and Getihus above Designated Size of Wholesale Trade by Region

单位：万元

Unit: 10 000 yuan

地区	Region	商品购进额 Total Purchases Value	#进口 Imports	商品销售额 Total Sales Value	#出口 Exports	期末商品库存额 Inventory (year-end)
全国	**National Total**	**35829683**	**772722**	**40702029**	**105096**	**1088065**
北京	Beijing	3344668	574916	3359307		121432
天津	Tianjin	794338	42377	883482	25593	44854
河北	Hebei	5499696		5753966	2634	3198
山西	Shanxi	228673		256262		2105
内蒙古	Inner Mongolia	1799345		1969740		6845
辽宁	Liaoning	622598	1323	731661		38001
吉林	Jilin	90574		130520		15595
黑龙江	Heilongjiang	386235		451189		31122
上海	Shanghai	519112		636701		4387
江苏	Jiangsu	5177393		6461790	225	127888
浙江	Zhejiang	2524202		2958242	54595	56513
安徽	Anhui	886064		970290		34621
福建	Fujian	709916		857326		21777
江西	Jiangxi	622292		893351		34027
山东	Shandong	2945632		3241593	18733	89728
河南	Henan	2262308	7915	2460997	2542	66581
湖北	Hubei	432523	16	552385	18	14934
湖南	Hunan	947716		1092020		87575
广东	Guangdong	808032		1082486		50512
广西	Guangxi	996447	2092	1138858	756	74750
海南	Hainan	722		678		58
重庆	Chongqing	671306		866850		18755
四川	Sichuan	1475878	144083	1675933		44267
贵州	Guizhou	508051		535529		7349
云南	Yunnan	101176		118698		5623
西藏	Tibet					
陕西	Shaanxi	17589		19904		541
甘肃	Gansu	20336		44708		1527
青海	Qinghai					
宁夏	Ningxia	102857		106066		5711
新疆	Xinjiang	1334006		1451496		77789

3-5-5 各地区限额以上零售业产业活动单位和个体经营户商品购、销、存情况

Total Purchases, Sales and Inventory of Establishments and Getihus above Designated Size of Retail Trade by Region

单位：万元

Unit: 10 000 yuan

地区	Region	商品购进额 Total Purchases Value	#进口 Imports	商品销售额 Total Sales Value	#出口 Exports	期末商品库存额 Inventory (year-end)
全国	**National Total**	**63990601**	**239870**	**74280615**	**2570759**	**5061526**
北京	Beijing	13751428	14204	14939307	2567453	1348760
天津	Tianjin	173709		512481		23971
河北	Hebei	1040462	300	1138356		64188
山西	Shanxi	1367822		1651899		92447
内蒙古	Inner Mongolia	253632	837	345625		31609
辽宁	Liaoning	916295	2038	1225950		95967
吉林	Jilin	442807	109	518359		50398
黑龙江	Heilongjiang	1258375		1501456		73952
上海	Shanghai	125172		350896		28413
江苏	Jiangsu	7682946	147	8859300	87	280859
浙江	Zhejiang	1413052	33429	1785231	1659	118425
安徽	Anhui	2689699	788	3187880		174064
福建	Fujian	1624924	1567	1921348		125261
江西	Jiangxi	1641502	36930	1907992		139624
山东	Shandong	5912055	9168	6670339		602743
河南	Henan	4350869	23937	5135478	1112	285392
湖北	Hubei	7015934	71336	8033641	203	612951
湖南	Hunan	2687716	16782	3130348		169326
广东	Guangdong	971999	607	1193338		61367
广西	Guangxi	497391	6756	604920		66947
海南	Hainan	33149	733	39581		6488
重庆	Chongqing	2106012	2577	2654229	241	128756
四川	Sichuan	3314840	3926	3763126	6	218845
贵州	Guizhou	357928	2	412869		38950
云南	Yunnan	575878	50	715556		59848
西藏	Tibet	5778	40	7814		1280
陕西	Shaanxi	953456	204	1143782		62703
甘肃	Gansu	106736		120358		14073
青海	Qinghai	7426		8468		1679
宁夏	Ningxia	91640		100576		21166
新疆	Xinjiang	619969	13401	700113		61077

3-6-1 大中型批发和零售业企业基本情况

Basic Conditions of Large and Medium-sized Enterprises of Wholesale and Retail Trades

项　目	Item	法人单位数（个）Number of Corporation Enterprises (unit)	年末从业人数（人）Employed Persons at Year-end (person)
总　计	**Total**	**59214**	**9359028**
一、批发业	**Wholesale Trade**	**33068**	**4097522**
#国有控股	State-controlled Enterprises	5032	1052551
(一)按登记注册类型分	**by Type of Registration**		
1.内资企业	**Domestic Funded Enterprises**	**30076**	**3275894**
国有企业	State-owned Enterprises	834	255439
集体企业	Collective-owned Enterprises	96	10354
股份合作企业	Cooperative Enterprises	28	1851
联营企业	Joint Ownership Enterprises	5	940
国有联营企业	State Joint Ownership Enterprises	NA	415
集体联营企业	Collective Joint Ownership Enterprises	NA	300
国有与集体联营企业	Joint State-collective Enterprises	NA	225
其他联营企业	Other Joint Ownership Enterprises		
有限责任公司	Limited Liability Corporations	10503	1315502
国有独资公司	State Sole Funded Corporations	1030	157174
其他有限责任公司	Other Limited Liability Corporations	9473	1158328
股份有限公司	Share-holding Corporations Ltd.	1209	399457
私营企业	Private Enterprises	17264	1282085
私营独资企业	Private-funded Enterprises	52	2439
私营合伙企业	Private Partnership Enterprises	10	763
私营有限责任公司	Private Limited Liability Corporations	16733	1226234
私营股份有限公司	Private Share-holding Corporations Ltd.	469	52649
其他企业	Other Enterprises	137	10266
2.港、澳、台商投资企业	**Enterprises with Funds from Hongkong, Macao and Taiwan**	**1230**	**390853**
合资经营企业	Joint-venture Enterprises	179	26358
合作经营企业	Cooperative Enterprises	8	1682
独资经营企业	Enterprises with Sole Investment	992	347516
投资股份有限公司	Share-holding Corporations Ltd. with Investment	33	7716
其他港澳台商投资企业	Other Enterprises with Funds from Hongkong, Macao and Taiwan	18	7581
3.外商投资企业	**Foreign Funded Enterprises**	**1762**	**430775**
中外合资经营企业	Joint-venture Enterprises	269	56437
中外合作经营企业	Cooperative Enterprises	9	972
外资企业	Enterprises with Sole Foreign Investment	1420	350763
外商投资股份有限公司	Share-holding Corporations Ltd. with Foreign Investment	29	10346
其他外商投资企业	Other Foreign Funded Enterprises	35	12257

3-6-1 续表 1 Continued 1

项　目	Item	法人单位数（个）Number of Corporation Enterprises (unit)	年末从业人数（人）Employed Persons at Year-end (person)
(二)按国民经济行业分	**by Sector**		
农、林、牧、渔产品批发	Wholesale of Agricultural, Forestry, Livestock and Fishery Products	1307	106306
食品、饮料及烟草制品批发	Wholesale of Food, Beverages and Tobaccos	4324	845640
米、面制品及食用油批发	Wholesale of Rice, Flour and Edible Oil	632	86777
肉、禽、蛋、奶及水产品批发	Wholesale of Meal, Fowls, Eggs, Milk and Aquatic Products	611	82892
酒、饮料及茶叶批发	Wholesale of Wine, Beverages and Teas	1003	204730
烟草制品批发	Wholesale of Tobaccos	482	250790
纺织、服装及家庭用品批发	Wholesale of Textiles, Wearing Apparel and Household Articles	4650	778166
服装批发	Wholesale of Garments	1185	274562
鞋帽批发	Wholesale of Shoes and Hats	338	58253
家用视听设备批发	Wholesale of Household Electrical Appliances	250	56284
文化、体育用品及器材批发	Wholesale of Culture, Sports Appliances and Equipments	1238	168151
文具用品批发	Wholesale of Stationeries	327	22214
体育用品及器材批发	Wholesale of Sports Appliances and Equipments	95	11625
图书批发	Wholesale of Books	203	41870
医药及医疗器材批发	Wholesale of Medicines and Medical Appliances	4895	661976
西药批发	Wholesale of Western Medicines	2657	391660
中药批发	Wholesale of Chinese Traditional Medicines	1009	142211
矿产品、建材及化工产品批发	Wholesale of Mineral Products, Building Materials and Chemical Products	8997	794215
煤炭及制品批发	Wholesale of Coal and Related Products	1035	91730
石油及制品批发	Wholesale of Petroleum and Related Products	1524	294971
金属及金属矿批发	Wholesale of Metal Materials	2337	146861
建材批发	Wholesale of Building Materials	1312	91075
化肥批发	Wholesale of Chemical Fertilizer	367	32842
农药批发	Wholesale of Pesticides	119	11736
机械设备、五金产品及电子产品批发	Wholesale of Machinery, Hardware and Electronic Products	6643	648947
汽车及零配件批发	Wholesale of Motor Vehicles and Their Parts	1231	119305
计算机、软件及辅助设备批发	Wholesale of Computer, Software and Assistant Appliances	651	58871
广播影视设备批发	Wholesale of Communication Equipments	117	14220
贸易经纪与代理	Trade Broker and Agency	312	23869
其他批发业	Other Wholesale not Classified Elsewhere	702	70252

项　目	Item	法人单位数(个) Number of Corporation Enterprises (unit)	年末从业人数(人) Employed Persons at Year-end (person)	年末零售营业面积(平方米) Business Area of Retail Trade at Year-end (sq.m)
二、零售业	**Retail Trade**	**26146**	**5261506**	**246066487**
#国有控股	State-controlled Enterprises	2395	744346	30910683
(一)按登记注册类型分	**by Type of Registration**			
1.内资企业	**Domestic Funded Enterprises**	**24375**	**4378149**	**209425297**
国有企业	State-owned Enterprises	260	48661	2461910
集体企业	Collective-owned Enterprises	171	25987	1108333
股份合作企业	Cooperative Enterprises	31	6264	125383
联营企业	Joint Ownership Enterprises	6	976	23760
国有联营企业	State Joint Ownership Enterprises			
集体联营企业	Collective Joint Ownership Enterprises	NA	724	15060
国有与集体联营企业	Joint State-collective Enterprises			
其他联营企业	Other Joint Ownership Enterprises	NA	252	8700
有限责任公司	Limited Liability Corporations	9837	1900586	91180453
国有独资公司	State Sole Funded Corporations	368	69815	3392701
其他有限责任公司	Other Limited Liability Corporations	9469	1830771	87787752
股份有限公司	Share-holding Corporations Ltd.	1063	550636	46901155
私营企业	Private Enterprises	12936	1836883	67561964
私营独资企业	Private-funded Enterprises	224	24354	940170
私营合伙企业	Private Partnership Enterprises	26	2155	95620
私营有限责任公司	Private Limited Liability Corporations	12314	1706826	62936393
私营股份有限公司	Private Share-holding Corporations Ltd.	372	103548	3589781
其他企业	Other Enterprises	71	8156	62339
2.港、澳、台商投资企业	**Enterprises with Funds from Hongkong, Macao and Taiwan**	**1064**	**462321**	**17662675**
合资经营企业	Joint-venture Enterprises	206	88213	4276927
合作经营企业	Cooperative Enterprises	17	4226	171401
独资经营企业	Enterprises with Sole Investment	784	356125	12613302
投资股份有限公司	Share-holding Corporations Ltd. with Investment	30	7797	281025
其他港澳台商投资企业	Other Enterprises with Funds from Hongkong, Macao and Taiwan	27	5960	320020
3.外商投资企业	**Foreign Funded Enterprises**	**707**	**421036**	**18978515**
中外合资经营企业	Joint-venture Enterprises	154	130252	5039865
中外合作经营企业	Cooperative Enterprises	14	7989	369538
外资企业	Enterprises with Sole Foreign Investment	462	246543	11171047
外商投资股份有限公司	Share-holding Corporations Ltd. with Foreign Investment	37	19344	1542375
其他外商投资企业	Other Foreign Funded Enterprises	40	16908	855690

项　目	Item	法人单位数（个）Number of Corporation Enterprises (unit)	年末从业人数（人）Employed Persons at Year-end (person)	年末零售营业面积（平方米）Business Area of Retail Trade at Year-end (sq.m)
（二）按国民经济行业分	**by Sector**			
综合零售	Integrated Retail	6188	2048102	124999918
百货零售	Retail of General Merchandise	2834	843514	74203714
超级市场零售	Retail of Supermarkets	2988	1115648	48211378
食品、饮料及烟草制品专门零售	Special Retail of Food, Beverages and Tobaccos	1314	240779	3682925
粮油零售	Retail of Cereal and Oil	100	14714	412699
肉、禽、蛋、奶及水产品零售	Retail of Meat, Poultry, Eggs, Milk and Aquatic Products	230	43769	468980
酒、饮料及茶叶零售	Retail of Wine, Beverages and Teas	253	32269	623148
烟草制品零售	Retail of Tobaccos	81	11111	155636
纺织、服装及日用品专门零售	Special Retail of Textiles, Garments and Daily Consumer Articles	1603	511082	13234620
服装零售	Retail of Garments	1008	338827	10561426
文化、体育用品及器材专门零售	Special Retail of Culture, Sports Appliances and Equipments	940	182161	5163909
体育用品及器材零售	Retail of Sports Appliances and Equipments	57	15006	461253
图书、报刊零售	Retail of Books, Newspapers and Magazines	439	95832	2967886
医药及医疗器材专门零售	Special Retail of Medicines and Medical Appliances	2154	551271	10004624
西药零售	Retail of Western Medicines	1937	510929	9312021
汽车、摩托车、零配件和燃料及其他动力销售	Retail of Motor Vehicles, Motorcycles, Parts, Fuel and Other Powers	10864	1182239	66698615
汽车新车零售	Retail of New Motor Vehicles	9879	907364	38543159
机动车燃油零售	Retail of Fuel Oil of Motor Vehicles	693	239195	26048966
家用电器及电子产品专门零售	Special Retail of Household Electric Appliances and Electronic Products	1502	282463	14518713
日用家电设备零售	Retail of Household Electric Appliances	565	117867	9199513
计算机、软件及辅助设备零售	Retail of Computer, Software and Assistant Appliances	195	43782	206712
通信设备零售	Retail of Communication Equipments	367	56236	752455
五金、家具及室内装饰材料专门零售	Special Retail of Hardware, Furniture and Interior Decoration Materials	513	81680	5714694
货摊、无店铺及其他零售	Stalls, Non-shop and Other Retails	1068	181729	2048469
互联网零售	Retail on the Internet	721	135361	965595
（三）按零售业态分	**by Mode of Business Operation**			
有店铺零售	Store-based Retailing	24189	4950407	240993031
超市	Supermarket	2724	434986	8202772
大型超市	Hypermarket	2007	1134271	67970615
百货店	Department Store	2276	786466	57316016
专业店	Speciality Store	6584	1275813	53967998
专卖店	Exclusive Shop	9677	1329266	45658444
无店铺零售	Non-Store Selling	2720	515236	11414138

3-6-2 各地区大中型批发和零售业企业基本情况

Basic Conditions of Large and Medium-sized Enterprises of Wholesale and Retail Trades by Region

地区	Region	批发业 Wholesale Trade		零售业 Retail Trade	
		法人单位数 (个) Number of Corporation Enterprises (unit)	年末从业人数 (人) Employed Persons at Year-end (person)	法人单位数 (个) Number of Corporation Enterprises (unit)	年末从业人数 (人) Employed Persons at Year-end (person)
全　国	**National Total**	**33068**	**4097522**	**26146**	**5261506**
北　京	Beijing	2403	381413	970	278450
天　津	Tianjin	758	124379	314	67440
河　北	Hebei	606	79863	909	213385
山　西	Shanxi	447	64884	649	115124
内蒙古	Inner Mongolia	255	27877	331	61788
辽　宁	Liaoning	670	64753	609	139018
吉　林	Jilin	228	26676	372	66568
黑龙江	Heilongjiang	189	29966	363	74846
上　海	Shanghai	2647	477350	936	346699
江　苏	Jiangsu	3189	336227	2111	402862
浙　江	Zhejiang	3328	311080	1891	307804
安　徽	Anhui	702	87706	1046	185558
福　建	Fujian	1782	151294	1081	179420
江　西	Jiangxi	448	74337	697	106453
山　东	Shandong	1961	231110	1789	396116
河　南	Henan	901	118100	1726	278561
湖　北	Hubei	1111	166625	1138	254701
湖　南	Hunan	821	89586	1106	210570
广　东	Guangdong	6149	704468	2697	571216
广　西	Guangxi	460	59123	675	95371
海　南	Hainan	113	17706	120	23736
重　庆	Chongqing	805	76618	631	155364
四　川	Sichuan	965	119663	1225	250430
贵　州	Guizhou	336	45980	481	74067
云　南	Yunnan	429	63132	574	108144
西　藏	Tibet	18	3589	33	4802
陕　西	Shaanxi	475	68272	929	164957
甘　肃	Gansu	246	26086	260	45006
青　海	Qinghai	49	6487	94	15258
宁　夏	Ningxia	71	9586	121	20958
新　疆	Xinjiang	506	53586	268	46834

3-7-1 大中型批发和零售业企业商品购、销、存情况

项　目	Item	商品购进额 Total Purchases Value	#进 口 Imports
总　计	**Total**	**4325898337**	**374297626**
一、批发业	**Wholesale Trade**	**3562428580**	**349930433**
#国有控股	State-controlled Enterprises	1721093507	115660225
(一)按登记注册类型分	**by Type of Registration**		
1.内资企业	**Domestic Funded Enterprises**	**2898102837**	**183999309**
国有企业	State-owned Enterprises	128214880	2049958
集体企业	Collective-owned Enterprises	4529095	514474
股份合作企业	Cooperative Enterprises	2785284	194343
联营企业	Joint Ownership Enterprises	204237	
国有联营企业	State Joint Ownership Enterprises	22003	
集体联营企业	Collective Joint Ownership Enterprises	156554	
国有与集体联营企业	Joint State-collective Enterprises	25680	
其他联营企业	Other Joint Ownership Enterprises		
有限责任公司	Limited Liability Corporations	1662705566	118533214
国有独资公司	State Sole Funded Corporations	301800366	21546966
其他有限责任公司	Other Limited Liability Corporations	1360905200	96986248
股份有限公司	Share-holding Corporations Ltd.	433401850	27217725
私营企业	Private Enterprises	664628184	35489596
私营独资企业	Private-funded Enterprises	1168431	15178
私营合伙企业	Private Partnership Enterprises	160018	
私营有限责任公司	Private Limited Liability Corporations	637545914	34148365
私营股份有限公司	Private Share-holding Corporations Ltd.	25753821	1326053
其他企业	Other Enterprises	1633741	
2.港、澳、台商投资企业	**Enterprises with Funds from Hongkong, Macao and Taiwan**	**198651917**	**30726752**
合资经营企业	Joint-venture Enterprises	30329628	1900637
合作经营企业	Cooperative Enterprises	2094586	
独资经营企业	Enterprises with Sole Investment	161006286	26980311
投资股份有限公司	Share-holding Corporations Ltd. with Investment	3466294	1632501
其他港澳台商投资企业	Other Enterprises with Funds from Hongkong, Macao and Taiwan	1755123	213303
3.外商投资企业	**Foreign Funded Enterprises**	**465673826**	**135204372**
中外合资经营企业	Joint-venture Enterprises	153717773	8927517
中外合作经营企业	Cooperative Enterprises	353347	101332
外资企业	Enterprises with Sole Foreign Investment	268487734	123409804
外商投资股份有限公司	Share-holding Corporations Ltd. with Foreign Investment	3386086	713366
其他外商投资企业	Other Foreign Funded Enterprises	39728888	2052352

Total Purchases, Sales and Inventory of Large and Medium-sized Enterprises of Wholesale and Retail Trades

单位：万元

Unit: 10 000 yuan

商品销售额 Total Sales Value	#出 口 Exports	期末商品库存额 Inventory (year-end)
4900659088	**178622695**	**321450997**
3951404067	**178235082**	**238198815**
1861184430	54388738	99675381
3168999534	**135672277**	**184652965**
180183945	1776331	15511194
5463936	78702	197000
2826283		77048
241288		31104
36539		4080
181940		5912
22809		21112
1795354793	73838775	97373479
331367826	9697237	16567037
1463986967	64141537	80806442
433200413	15335970	29541490
749804923	44634457	41854845
1303663	406	102716
206250		3269
720304876	43270220	39900633
27990134	1363830	1848227
1923953	8043	66805
229098607	**4181424**	**21140063**
33235455	242681	2263602
2285385		27846
187453791	3894096	18375397
4146799	44647	384395
1977177		88822
553305927	**38381381**	**32405787**
174135015	5955909	6414635
443967	428	14715
332635475	32366391	24874114
4511606	46131	366842
41579863	12522	735480

项　　目	Item	商品购进额 Total Purchases Value	#进 口 Imports
(二)按国民经济行业分	**by Sector**		
农、林、牧、渔产品批发	holesale of Agricultural, Forestry, Livestock and Fishery Products	64473247	11544166
食品、饮料及烟草制品批发	Wholesale of Food, Beverages and Tobaccos	316268858	11125491
米、面制品及食用油批发	Wholesale of Rice, Flour and Edible Oil	53233495	4550444
肉、禽、蛋、奶及水产品批发	Wholesale of Meal, Fowls, Eggs and Aquatic Products	18339480	1630388
酒、饮料及茶叶批发	Wholesale of Wine, Beverages and Teas	51294512	837761
烟草制品批发	Wholesales of Tobaccos	128886814	568590
纺织、服装及家庭用品批发	Wholesale of Textiles, Wearing Apparel and Household Articles	296013398	19933749
服装批发	Wholesale of Garments	50763917	5387902
鞋帽批发	Wholesale of Shoes and Hats	12675840	879245
家用视听设备批发	Wholesale of Household Electrical Appliances	27543118	1484823
文化、体育用品及器材批发	Wholesale of Culture, Sports Appliances and Equipments	86677887	5567114
文具用品批发	Wholesale of Stationeries	17556131	952157
体育用品及器材批发	Wholesale of Sports Appliances and Equipments	8268485	270627
图书批发	Wholesale of Books	7565793	126379
医药及医疗器材批发	Wholesale of Medicines and Medical Appliances	239289789	19698607
西药批发	Wholesale of Western Medicines	158788886	4847672
中药批发	Wholesale of Chinese Traditional Medicines	38598619	1741175
矿产品、建材及化工产品批发	Wholesale of Mineral Products, Building Materials and Chemical Products	1884551547	135960319
煤炭及制品批发	Wholesale of Coal and Related Products	214447863	6557478
石油及制品批发	Wholesale of Petroleum and Related Products	588520836	39082476
金属及金属矿批发	Wholesale of Metal Materials	699813629	56066600
建材批发	Wholesale of Building Materials	86710672	5811891
化肥批发	Wholesale of Chemical Fertilizer	37347305	1912064
农药批发	Wholesale of Pesticides	3104831	95819
机械设备、五金产品及电子产品批发	Wholesale of Machinery, Hardware and Electronic Products	601230973	134057627
汽车及零配件批发	Wholesale of Motor Vehicles and Their Parts	243281838	44648031
计算机、软件及辅助设备批发	Wholesale of Computer, Software and Assistant Appliances	49276671	7829219
通讯设备批发	Wholesale of Communication Equipments	32191515	24063125
贸易经纪与代理	Trade Broker and Agency	29375982	8252733
其他批发	Other Wholesale not Classified Elsewhere	44546898	3790626

3-7-1 Continued 1

单位：万元
Unit: 10 000 yuan

商品销售额 Total Sales Value	#出口 Exports	期末商品库存额 Inventory (year-end)
71709074	957345	15867393
405743942	5528262	31545846
52865470	1695233	10259424
21874188	502091	1545654
71891048	397918	4972060
181658485	1390681	10344777
344305438	50787625	36957300
64553129	20484776	7174875
16994656	4176712	1569559
30832755	3053725	1876246
89458766	3846978	10060340
19149384	847199	1078421
10329088	389993	755980
8690382	37941	1500429
276149185	2563977	27038279
179940510	1610723	16582823
45764265	239905	4382429
1984257803	43753984	66610119
229701513	1763604	5173707
604489206	7117622	17611790
737528163	17675905	25785511
99202828	3210422	4031966
37145095	595533	3341564
3632624	753630	365753
690436648	57372061	44111226
286721320	6307923	18088138
53814984	1854122	4170745
36272932	451535	1279447
35325256	9111439	1432282
54017956	4313411	4576030

项　　目	Item	商品购进额 Total Purchases Value	#进 口 Imports
二、零售业	**Retail Trade**	**763469757**	**24367193**
#国有控股	State-controlled Enterprises	163724010	3383644
(一)按登记注册类型分	**by Type of Registration**		
1.内资企业	**Domestic Funded Enterprises**	**646786566**	**17364724**
国有企业	State-owned Enterprises	6090664	243723
集体企业	Collective-owned Enterprises	1985172	7166
股份合作企业	Cooperative Enterprises	308231	
联营企业	Joint Ownership Enterprises	440513	
国有联营企业	State Joint Ownership Enterprises		
集体联营企业	Collective Joint Ownership Enterprises	403515	
国有与集体联营企业	Joint State-collective Enterprises		
其他联营企业	Other Joint Ownership Enterprises	36998	
有限责任公司	Limited Liability Corporations	311828260	9682001
国有独资公司	State Sole Funded Corporations	13762982	643133
其他有限责任公司	Other Limited Liability Corporations	298065279	9038869
股份有限公司	Share-holding Corporations Ltd.	105240447	1062423
私营企业	Private Enterprises	220602214	6369410
私营独资企业	Private-funded Enterprises	1339030	1043
私营合伙企业	Private Partnership Enterprises	120973	
私营有限责任公司	Private Limited Liability Corporations	211589219	6236581
私营股份有限公司	Private Share-holding Corporations Ltd.	7552992	131787
其他企业	Other Enterprises	291065	
2.港、澳、台商投资企业	**Enterprises with Funds from Hongkong, Macao and Taiwan**	**58231119**	**3820311**
合资经营企业	Joint-venture Enterprises	13167587	939841
合作经营企业	Cooperative Enterprises	728128	
独资经营企业	Enterprises with Sole Investment	42360658	2537446
投资股份有限公司	Share-holding Corporations Ltd. with Investment	1190313	343024
其他港澳台商投资企业	Other Enterprises with Funds from Hongkong, Macao and Taiwan	784433	
3.外商投资企业	**Foreign Funded Enterprises**	**58452072**	**3182159**
中外合资经营企业	Joint-venture Enterprises	23565253	1286938
中外合作经营企业	Cooperative Enterprises	1095865	
外资企业	Enterprises with Sole Foreign Investment	28621502	1806508
外商投资股份有限公司	Share-holding Corporations Ltd. with Foreign Investment	3710733	14694
其他外商投资企业	Other Foreign Funded Enterprises	1458718	74018

单位：万元
Unit: 10 000 yuan

商品销售额 Total Sales Value	#出口 Exports	期末商品库存额 Inventory (year-end)
949255021	**387613**	**83252182**
222798261	54315	13838793
793807956	**381187**	**70444626**
10205857	5675	594882
2279683		163851
407060		41771
474130		7395
429046		6546
45085		849
375580642	268433	32320864
16988329	8251	1167199
358592313	260182	31153664
143849093	29056	8680362
260639176	78023	28618355
1579117		104901
153172		6937
249335715	59044	27303367
9571172	18978	1203149
372314		17147
74488590	**3796**	**7209941**
16409241	621	1672986
824128		48982
54911883	3175	5223517
1374766		199305
968572		65151
80958474	**2631**	**5597614**
31013884	697	1691193
1310939		69955
40711270	1934	3486423
4311384		218591
3610998		131453

项　目	Item	商品购进额 Total Purchases Value	#进 口 Imports
(二)按国民经济行业分	by Sector		
综合零售	Integrated Retail	166172078	1756814
百货零售	Retail of General Merchandise	82267673	1602964
超级市场零售	Retail of Supermarkets	78601434	124376
食品、饮料及烟草制品专门零售	Special Retail of Food, Beverages and Tobaccos	14796942	285690
粮油零售	Retail of Cereal and Oil	1025504	
肉、禽、蛋、奶及水产品零售	Retail of Meat, Poultry, Eggs, Milk and Aquatic Products	2081329	81343
酒、饮料及茶叶零售	Retail of Wine, Beverages and Teas	3783079	11065
烟草制品零售	Retail of Tobaccos	959704	114710
纺织、服装及日用品专门零售	Special Retail of Textiles, Garments and Daily Consumer Articles	31961718	2764381
服装零售	Retail of Garments	19609089	1748272
文化、体育用品及器材专门零售	Special Retail of Culture, Sports Appliances and Equipments	17917517	1183504
体育用品及器材零售	Retail of Sports Appliances and Equipments	1551173	21
图书、报刊零售	Retail of Books，Newspaper and Magazines	8836983	548960
医药及医疗器材专门零售	Special Retail of Medicines and Medical Appliances	34343974	137823
西药零售	Retail of Western Medicines	31835899	99035
汽车、摩托车、零配件和燃料及其他动力销售	Retail of Motor Vehicles, Motorcycles, Parts, Fuel and Other Powers	372498272	17352035
汽车新车零售	Retail of New Motor Vehicles	272611984	17146075
机动车燃油零售	Retail of Fuel Oil of Motor Vehicles	91908412	63220
家用电器及电子产品专门零售	Special Retail of Household Electric Appliances and Electronic Products	61144537	147885
日用家电设备零售	Retail of Household Electric Appliances	25458061	45000
计算机、软件及辅助设备零售	Retail of Computer, Software and Assistant Appliances	17096282	36348
通信设备零售	Retail of Communication Equipments	8131942	40326
五金、家具及室内装饰材料专门零售	Special Retail of Hardware, Furniture and Interior Decoration Materials	8243912	219694
货摊、无店铺及其他零售	Stall, Non-shop and Other Retails	56390808	519367
互联网零售	Retail on the Internet	52899634	462289
(三)按零售业态分	by Mode of Business Operation		
有店铺零售	Store-based Retailing	672674881	22926173
超市	Supermarket	21578846	183093
大型超市	Hypermarket	93403622	189401
百货店	Department Store	72258618	1573303
专业店	Speciality Store	206695346	5024156
专卖店	Exclusive Shop	263369720	15814932
无店铺零售	Non-Store Selling	115167739	2967841

单位：万元
Unit: 10 000 yuan

商品销售额 Total Sales Value	#出 口 Exports	期末商品库存额 Inventory (year-end)
217218166	62327	17071876
119686864	6880	7716312
91095317	55435	8502623
19805832	3942	1426630
1140407		80727
2683995	379	141129
4403045		476486
1245803		261202
49987403	26440	8684120
32418759	19447	5612617
22711073	22573	5030921
2428295		476442
10004932	17120	2132331
41165084		5700159
37885404		5267550
445939288	24789	36182121
298608026	22483	32309273
137961563	2301	3023281
70018590	179875	4662336
29801324	15	2112153
18482912		1192914
9572569	178540	717781
12371730	93	889851
70037855	67576	3604169
65104726	67537	3249686
838447042	126009	75852737
26183768	3618	2939175
112611341	58772	9335367
105799650	652	8084719
259941466	76055	21809241
306138469	28854	34241811
142358101	279425	10445558

3-7-2 各地区大中型批发业企业商品购、销、存情况

Total Purchases, Sales and Inventory of Large and Medium-sized Enterprises of Wholesale Trade by Region

单位：万元

Unit: 10 000 yuan

地区	Region	商品购进额 Total Purchases Value	#进口 Imports	商品销售额 Total Sales Value	#出口 Exports	期末商品库存额 Inventory (year-end)
全国	**National Total**	**3562428580**	**349930433**	**3951404067**	**178235082**	**238198815**
北京	Beijing	468231183	86005753	500829386	20501372	39804690
天津	Tianjin	140004636	9704115	145619873	3531879	10395084
河北	Hebei	47853849	786352	56625490	574821	2845840
山西	Shanxi	56901138	79571	64077977	459799	2555128
内蒙古	Inner Mongolia	23474621	1246067	29175731	812061	2592999
辽宁	Liaoning	96211179	2440985	102540717	1573718	4903774
吉林	Jilin	13910260	36948	16730620	10664	2707798
黑龙江	Heilongjiang	26480084	10175950	28597560	87254	2438253
上海	Shanghai	611235257	113250820	689890585	40071283	47057985
江苏	Jiangsu	284001699	17342204	311215078	20256167	17928808
浙江	Zhejiang	298217661	20906111	318542124	30012196	14062125
安徽	Anhui	55571259	4806628	63519727	1697725	4199153
福建	Fujian	154493941	19869101	176223403	9411328	8421329
江西	Jiangxi	21352561	82645	29978719	640953	1580272
山东	Shandong	155250114	4959253	176762146	8823917	8764518
河南	Henan	59327754	622017	67274342	848849	4964878
湖北	Hubei	95360826	328641	107359244	515728	5823215
湖南	Hunan	40236709	616510	46543737	439797	3140778
广东	Guangdong	472231058	44685310	520250085	26997027	30125617
广西	Guangxi	36463782	657842	45626528	408448	2164606
海南	Hainan	7203917	186038	8407549	58661	481871
重庆	Chongqing	55639138	3069851	63535464	1949878	2275745
四川	Sichuan	74538212	1242844	78557758	1132899	4396547
贵州	Guizhou	21558375	98744	30899611	685702	1989591
云南	Yunnan	58680033	781211	66522998	1295234	4281760
西藏	Tibet	803981	59	1137949		146605
陕西	Shaanxi	81476247	4241099	89458300	4887537	1957724
甘肃	Gansu	31418765	87155	34700140	188648	1800433
青海	Qinghai	3356143	5	3952017	17547	138902
宁夏	Ningxia	11513190	84965	11630793	13234	466311
新疆	Xinjiang	59431008	1535643	65218417	330757	3786477

3−7−3 各地区大中型零售业企业商品购、销、存情况

Total Purchases, Sales and Inventory of Large and Medium-sized Enterprises of Retail Trade by Region

单位：万元

Unit: 10 000 yuan

地　区	Region	商品购进额 Total Purchases Value	#进口 Imports	商品销售额 Total Sales Value	#出口 Exports	期末商品库存额 Inventory (year-end)
全　国	**National Total**	**763469757**	**24367193**	**949255021**	**387613**	**83252182**
北　京	Beijing	67999088	2519528	74866176	15118	5984181
天　津	Tianjin	13981487	101938	15872315		1178581
河　北	Hebei	20347029	461763	24581440		2807891
山　西	Shanxi	11146403	134750	16111937	2895	1379953
内蒙古	Inner Mongolia	7984831	140101	10024718		722136
辽　宁	Liaoning	19156017	700800	24063085	1760	1811105
吉　林	Jilin	9381119	79017	13257765	100	1288438
黑龙江	Heilongjiang	8629336	146108	12645758		828716
上　海	Shanghai	55635922	4270723	72217313	6841	8045216
江　苏	Jiangsu	68908234	1766522	83447437	3028	6921034
浙　江	Zhejiang	54795363	2980127	65385435	15678	6382925
安　徽	Anhui	25290070	539655	31157476	591	4160599
福　建	Fujian	26883554	683610	32291081	3116	2295942
江　西	Jiangxi	10511843	148101	13817228	1411	1456513
山　东	Shandong	51347191	776330	61085137	2731	6303207
河　南	Henan	24008917	293862	33665881	5	2842464
湖　北	Hubei	37415914	538697	46597889	9086	3141142
湖　南	Hunan	22849945	611688	32310455	79	2447647
广　东	Guangdong	84990803	4193424	109103895	239382	9499068
广　西	Guangxi	11467388	168235	13529660	2022	1223333
海　南	Hainan	4641207	244653	5704592		542802
重　庆	Chongqing	19249312	418676	23411923	24560	1576269
四　川	Sichuan	43571040	1105781	50150111		3587836
贵　州	Guizhou	11146590	201124	15212937		1204097
云　南	Yunnan	12366826	336595	17740520	52921	1576125
西　藏	Tibet	1311916	17951	1396407		137185
陕　西	Shaanxi	20885930	279628	28734812	1000	1982593
甘　肃	Gansu	6101694	145913	6781097	5280	452144
青　海	Qinghai	1866898	36488	2830439	12	264170
宁　夏	Ningxia	2264495	14716	2463951		306257
新　疆	Xinjiang	7333392	310688	8796151		902613

3-8-1 大中型批发和零售业企业年末资产负债

项　目	Item	流动资产合　计 Total Current Assets	#存 货 Stock	固定资产原　价 Original Value of Fixed Assets
总　计	**Total**	**1716403450**	**302079377**	**214431973**
一、批发业	**Wholesale Trade**	**1375980839**	**228437376**	**112963341**
#国有控股	State-controlled Enterprises	587612156	99410507	61609874
(一)按登记注册类型分	**by Type of Registration**			
1.内资企业	**Domestic Funded Enterprises**	**1104605574**	**178227259**	**97504629**
国有企业	State-owned Enterprises	66499679	15910068	13243167
集体企业	Collective-owned Enterprises	1959788	195436	364517
股份合作企业	Cooperative Enterprises	454486	58398	43057
联营企业	Joint Ownership Enterprises	178753	99769	17279
国有联营企业	State Joint Ownership Enterprises	21036	5265	3060
集体联营企业	Collective Joint Ownership Enterprises	34198	6097	13847
国有与集体联营企业	Joint State-collective Enterprises	123520	88406	373
其他联营企业	Other Joint Ownership Enterprises			
有限责任公司	Limited Liability Corporations	640424754	96248277	42840030
国有独资公司	State Sole Funded Corporations	128285418	18881370	12996420
其他有限责任公司	Other Limited Liability Corporations	512139336	77366907	29843610
股份有限公司	Share-holding Corporations Ltd.	151866584	23403567	19745573
私营企业	Private Enterprises	243003976	42253806	21101984
私营独资企业	Private-funded Enterprises	272483	83673	30142
私营合伙企业	Private Partnership Enterprises	43099	11742	6601
私营有限责任公司	Private Limited Liability Corporations	233232288	40054014	19884746
私营股份有限公司	Private Share-holding Corporations Ltd.	9456107	2104378	1180495
其他企业	Other Enterprises	217554	57940	149022
2.港、澳、台商投资企业	**Enterprises with Funds from Hongkong, Macao and Taiwan**	**106543988**	**20465241**	**5532739**
合资经营企业	Joint-venture Enterprises	16707911	2772546	808727
合作经营企业	Cooperative Enterprises	833132	23329	18451
独资经营企业	Enterprises with Sole Investment	86277083	17198228	4416202
投资股份有限公司	Share-holding Corporations Ltd. with Investment	1977363	375028	192307
其他港澳台商投资企业	Other Enterprises with Funds from Hongkong, Macao and Taiwan	748498	96110	97051
3.外商投资企业	**Foreign Funded Enterprises**	**164831277**	**29744876**	**9925973**
中外合资经营企业	Joint-venture Enterprises	31611397	5895767	2024361
中外合作经营企业	Cooperative Enterprises	224564	14964	29818
外资企业	Enterprises with Sole Foreign Investment	125802054	22720620	6391584
外商投资股份有限公司	Share-holding Corporations Ltd. with Foreign Investment	1682289	283292	385348
其他外商投资企业	Other Foreign Funded Enterprises	5510973	830234	1094862

Assets and Liabilities of Large and Medium-sized Enterprises of Wholesale and Retail Trades at Year-end

单位：万元
Unit：10 000 yuan

累计折旧 Accumulated Depreciation	#本年折旧 Current Year Depreciation	资产总计 Total Assets	负债合计 Total Liabilities	所有者权益合计 Total Owners' Equities	实收资本 Paicl-up Capitals	#国家资本 State-owned Capitals	#港澳台资本 Capitals from Hongkong, Macao and Taiwan	#外商资本 Foreign Capitals
85949793	**14723296**	**2290623390**	**1606895154**	**685222909**	**379559724**	**89685832**	**25314196**	**28455834**
45958958	**7585852**	**1796707929**	**1259655227**	**537849565**	**267452982**	**77724144**	**18106305**	**22231276**
25502389	3680037	810538143	545356936	265988675	116674854	75833073	185258	1061438
38511113	**6495919**	**1450259030**	**1024191072**	**426862909**	**220497709**	**75455124**	**204363**	**752405**
6787031	776650	79800949	28487423	51427918	4216961	3421194		1490
145893	15130	2898720	2306336	592384	194335	18		
20141	1925	493464	397099	96365	26532	939		
2886	225	208521	161536	46985	16994			
1883	193	22297	3051	19246	1800			
661	13	62603	46909	15695	5194			
342	19	123620	111576	12045	10000			
15675001	2932842	832126425	623003519	209122907	135721541	57001585	128304	233317
4325061	1014757	197178782	138170068	59008714	30451313	22967437		67333
11349940	1918086	634947644	484833450	150114193	105270228	34034148	128304	165984
8274859	1062525	238713378	146290667	93111244	33346443	14906049	72057	513695
7554807	1688676	295616237	223412021	72196242	46863775	124340	4002	3903
10185	2297	306688	246140	60548	26235			
3210	395	51547	36432	15115	8264			
7189499	1612989	282156408	215732957	66415477	44082203	123014	3952	3841
351914	72994	13101594	7396491	5705103	2747073	1326	50	62
50496	17947	401335	132472	268864	111127	1000		
2594251	**521069**	**136713996**	**95772371**	**40941625**	**19971301**	**413497**	**17839189**	**99593**
297622	50596	22449186	15310207	7138979	2862617	379893	1513591	87715
9936	3792	915843	738589	177254	77336		12925	
2165192	446068	108406169	77198754	31207415	15718698	24666	15180140	4610
82348	15809	4104799	1879818	2224982	1186653	8738	1087055	994
39153	4806	837999	645004	192996	125998	200	45480	6274
4853593	**568865**	**209734903**	**139691783**	**70045031**	**26983972**	**1855523**	**62753**	**21379278**
945324	144598	41155080	33328515	7826565	4688459	1198271	44554	1136876
18925	1416	263596	190452	73144	46147	2302		37766
3242897	354561	159363097	100456983	58908026	20871232	82845	3495	19853807
133146	19067	2641278	1390991	1250287	510593	4540		304693
513302	49222	6311851	4324842	1987009	867541	567566	14704	46136

项　目	Item	流动资产合计 Total Current Assets	#存货 Stock	固定资产原价 Original Value of Fixed Assets
(二)按国民经济行业分	by Sector			
农、林、牧、渔产品批发	Wholesale of Agricultural, Forestry, Livestock and Fishery Products	52698577	17132863	5799483
食品、饮料及烟草制品批发	Wholesale of Food, Beverages and Tobaccos	162546092	33346607	23743581
米、面制品及食用油批发	Wholesale of Rice, Flour and Edible Oil	28136317	11120547	3175398
肉、禽、蛋、奶及水产品批发	Wholesale of Meal, Fowls, Eggs, Milk and Aquatic Products	8549776	1794593	1947918
酒、饮料及茶叶批发	Wholesale of Wine, Beverages and Teas	40633412	5618145	2172878
烟草制品批发	Wholesale of Tobaccos	57836393	10615116	12222174
纺织、服装及家庭用品批发	Wholesale of Textiles, Wearing Apparel and Household Articles	150870023	29562979	7913836
服装批发	Wholesale of Garments	29139159	6972511	2628406
鞋帽批发	Wholesale of Shoes and Hats	6977312	1429938	616801
日用家电批发	Wholesale of Household Electrical Appliances	13361300	1810225	211709
文化、体育用品及器材批发	Wholesale of Culture, Sports Appliances and Equipments	41243609	9793222	2498530
文具用品批发	Wholesale of Stationeries	7475616	995643	335416
体育用品及器材批发	Wholesale of Sports Appliances and Equipments	2856407	613273	198058
图书批发	Wholesale of Books	9431744	1486458	1015028
医药及医疗器材批发	Wholesale of Medicines and Medical Appliances	141867659	24928098	9008132
西药批发	Wholesale of Western Medicines	92355936	15142698	4698129
中药批发	Wholesale of Chinese Traditional Medicines	22486693	4094559	1203899
矿产品、建材及化工产品批发	Wholesale of Mineral Products, Building Materials and Chemical Products	516213835	66080614	51993524
煤炭及制品批发	Wholesale of Coal and Related Products	70111931	5537291	7714757
石油及制品批发	Wholesale of Petroleum and Related Products	101237944	17785343	29147011
金属及金属矿批发	Wholesale of Metal Materials	202273726	24592318	6834761
建材批发	Wholesale of Building Materials	49733324	4400784	2254989
化肥批发	Wholesale of Chemical Fertilizer	18491063	3398694	1267856
农药批发	Wholesale of Pesticides	2022122	352167	122466
机械设备、五金产品及电子产品批发	Wholesale of Machinery, Hardware and Electronic Products	256867432	41669283	9941008
汽车及零配件批发	Wholesale of Motor Vehicles and Their Parts	87063635	16879900	2336382
计算机、软件及辅助设备批发	Wholesale of Computer, Software and Assistant Appliances	19467773	3837921	469632
通讯设备批发	Wholesale of Communication Equipments	6647428	1146240	135211
贸易经纪与代理	Trade Broker and Agency	32408848	1391472	662968
其他批发业	Other Wholesale not Classified Elsewhere	21264764	4532240	1402279

3-8-1 Continued 1

单位：万元
Unit：10 000 yuan

累计折旧 Accumulated Depreciation	#本年折旧 Current Year Depreciation	资产总计 Total Assets	负债合计 Total Liabilities	所有者权益合计 Total Owners' Equities	实收资本 Paicl-up Capitals	#国家资本 State-owned Capitals	#港澳台资本 Capitals from Hongkong, Macao and Taiwan	#外商资本 Foreign Capitals
2066201	346944	75387353	53445087	21941265	10941541	4732021	447494	471055
10540735	1418862	204708946	108869749	95832840	20944206	5655307	1361654	1960046
890748	143484	35317313	28473241	6844072	2968324	1225882	173122	48328
699639	135645	11850267	8241047	3609221	1856387	325902	27601	85294
836567	174326	47238033	31292760	15945390	4062883	363339	471791	777675
6672474	667355	70328910	14769511	55559399	2733742	1895599		
3440806	621500	180870876	136404813	44466064	19849243	1137366	3213705	3463615
1125122	197767	40876112	24755126	16120986	4443472	282902	919512	369443
281594	45132	8266518	5048280	3218238	783282	86405	202825	17910
92530	16139	15260268	13005571	2254697	1198899	26045	218377	348163
1075404	181619	54131629	36645347	17486282	8229515	2145685	1100869	932559
131632	20212	8450162	6782512	1667650	994784	111540	47365	193074
71184	21260	3642509	2819238	823271	417413	13788	187625	153258
400222	72531	14244951	9417881	4827070	1928634	1035853	436697	10267
3722385	632710	165713613	121288043	44421027	24260202	4151944	366479	1353984
1674774	373446	106985911	78974834	28011077	16349273	3307717	163481	511410
414975	94642	25764754	20131963	5628248	3973663	211975	61889	26833
20218001	3413454	734384152	526763889	208427115	123715270	53650411	5021822	5283600
2347850	696829	112755669	77168675	35586994	20234845	9819096	203661	640833
12626698	1742141	155249229	101791310	54266387	39229442	24392119	1711596	497100
2379538	333136	273344004	208359519	64984485	37091900	12692458	1098472	1271156
706141	167185	66299623	49073536	17224471	9740177	3021165	1382993	149347
515757	102247	24457969	19033402	5424567	3097977	357236	62021	1094532
35843	6062	3076426	1902055	1174371	1483624	86306	866	43219
4186341	836764	314320084	226556743	87763341	51767419	4947610	3995924	8457531
945134	209637	107688431	80443638	27244793	15229530	1792982	1881608	3874977
207760	50028	21671361	17218455	4452906	2716212	49959	233645	469074
73447	17933	7572564	4293633	3278931	545089	14436	23766	28825
215755	34464	36943503	29919334	7024168	2714618	733514	98244	230379
493329	99536	30247773	19762222	10487463	5030970	570286	2500115	78508

项　目	Item	流动资产合计 Total Current Assets	#存货 Stock	固定资产原价 Original Value of Fixed Assets
二、零售业	**Retail Trade**	**340422610**	**73642001**	**101468632**
#国有控股	State-controlled Enterprises	81003625	11716039	30338267
(一)按登记注册类型分	**by Type of Registration**			
1.内资企业	**Domestic Funded Enterprises**	**277248656**	**62162369**	**83210739**
国有企业	State-owned Enterprises	5746202	580933	1972430
集体企业	Collective-owned Enterprises	531968	106397	433675
股份合作企业	Cooperative Enterprises	155903	36657	133197
联营企业	Joint Ownership Enterprises	21399	3925	12060
国有联营企业	State Joint Ownership Enterprises			
集体联营企业	Collective Joint Ownership Enterprises	7719	3104	4571
国有与集体联营企业	Joint State-collective Enterprises			
其他联营企业	Other Joint Ownership Enterprises	13680	821	7489
有限责任公司	Limited Liability Corporations	128004104	27968165	36003350
国有独资公司	State Sole Funded Corporations	6833778	1061150	2961693
其他有限责任公司	Other Limited Liability Corporations	121170326	26907015	33041657
股份有限公司	Share-holding Corporations Ltd.	55317746	7661707	23086075
私营企业	Private Enterprises	87428044	25794995	21489967
私营独资企业	Private-funded Enterprises	283118	106399	148746
私营合伙企业	Private Partnership Enterprises	22427	5464	28927
私营有限责任公司	Private Limited Liability Corporations	83338713	24442597	20102954
私营股份有限公司	Private Share-holding Corporations Ltd.	3783786	1240536	1209341
其他企业	Other Enterprises	43291	9590	79985
2.港、澳、台商投资企业	**Enterprises with Funds from Hongkong, Macao and Taiwan**	**27447124**	**6648447**	**9009239**
合资经营企业	Joint-venture Enterprises	8177726	1640519	2258194
合作经营企业	Cooperative Enterprises	290109	34572	152912
独资经营企业	Enterprises with Sole Investment	17917911	4693267	6210593
投资股份有限公司	Share-holding Corporations Ltd. with Investment	651863	219684	214802
其他港澳台商投资企业	Other Enterprises with Funds from Hongkong, Macao and Taiwan	409516	60406	172737
3.外商投资企业	**Foreign Funded Enterprises**	**35726830**	**4831185**	**9248654**
中外合资经营企业	Joint-venture Enterprises	11583896	1534460	3175124
中外合作经营企业	Cooperative Enterprises	572555	62404	308862
外资企业	Enterprises with Sole Foreign Investment	21284779	2872494	4907990
外商投资股份有限公司	Share-holding Corporations Ltd. with Foreign Investment	1762975	189652	474051
其他外商投资企业	Other Foreign Funded Enterprises	522625	172175	382628

单位：万元

Unit: 10 000 yuan

累计折旧 Accumulated Depreciation	#本年折旧 Current Year Depreciation	资产总计 Total Assets	负债合计 Total Liabilities	所有者权益合计 Total Owners' Equities	实收资本 Paicl-up Capitals	#国家资本 State-owned Capitals	# 港澳台资本 Capitals from Hongkong, Macao and Taiwan	# 外商资本 Foreign Capitals
39990836	**7137443**	**493915461**	**347239927**	**147373344**	**112106741**	**11961687**	**7207890**	**6224558**
11655508	1565983	128955554	81381609	47922412	18586899	11427058	64256	293427
31432442	**5685492**	**405179971**	**287498122**	**118379659**	**93938522**	**10915169**	**307923**	**194547**
677938	96683	8191140	5450044	1310962	599926	456251		
187626	49010	957588	539920	417668	155281	170		
18749	2343	308868	212531	96337	53553	1275		
2850	628	30993	17605	13388	4551			
1384	486	11241	4496	6745	3358			
1466	142	19752	13109	6643	1193			
13647916	2530445	182064092	131654834	50428169	40470277	7239143	264701	144016
1125301	167657	12249322	7675215	4574108	2583613	1859722		
12522615	2362788	169814770	123979619	45854061	37886664	5379421	264701	144016
9105238	1242072	96081607	57853327	40255180	10785222	3185360	34988	38490
7777874	1758799	117418746	91733255	25767627	41816889	30871	8233	12042
50440	14429	427714	253344	174370	102745	756	32	15
6240	1111	50239	9228	41011	31182			
7313281	1653178	111058849	88107924	23033062	40670180	30115	8201	12027
407913	90081	5881944	3362759	2519183	1012783			
14251	5512	126935	36608	90328	52822	2100		
4135088	**777418**	**39722236**	**26794896**	**12927340**	**8631974**	**78225**	**6635616**	**66818**
899883	180052	12003544	6710116	5293427	2177714	77490	853699	25419
99424	8277	403214	136833	266381	137022	400	83726	2797
2970740	554790	25801022	18909329	6891693	5982387	336	5390778	35576
82788	22354	944847	640071	304776	211454		200375	
82253	11945	569610	398547	171063	123398		107038	3025
4423306	**674534**	**49013255**	**32946910**	**16066345**	**9536245**	**968293**	**264352**	**5963193**
1580875	201927	16259838	10874164	5385674	2976881	943915	16459	1022658
214054	11633	773941	563504	210437	180612			135491
2312328	404830	27466830	20082872	7383958	4974400	1000	69460	4369818
173465	30785	3147583	622385	2525198	1219694		170433	376609
142585	25358	1365062	803985	561077	184657	23378	8000	58616

项　目	Item	流动资产合计 Total Current Assets	#存货 Stock	固定资产原价 Original Value of Fixed Assets
(二)按国民经济行业分	by Sector			
综合零售	Integrated Retail	85803104	13595535	45847161
百货零售	Retail of General Merchandise	53197718	6248807	30317754
超级市场零售	Retail of Supermarkets	29754103	6880895	14853300
食品、饮料及烟草制品专门零售	Special Retail of Food, Beverages and Tobaccos	9583880	1573349	2528151
粮油零售	Retail of Cereal and Oil	388524	91683	244684
肉、禽、蛋、奶及水产品零售	Retail of Meat, Poultry, Eggs, Milk and Aquatic Products	874368	183750	403538
酒、饮料及茶叶零售	Retail of Wine, Beverages and Teas	3734681	518581	470638
烟草制品零售	Retail of Tobaccos	682682	249730	180824
纺织、服装及日用品专门零售	Special Retail of Textiles, Garments and Daily Consumer Articles	22666365	8162247	4333140
服装零售	Retail of Garments	15524862	5300573	3059901
文化、体育用品及器材专门零售	Special Retail of Culture, Sports Appliances and Equipments	15098692	4529681	3940899
体育用品及器材零售	Retail of Sports Appliances and Equipments	1182798	456234	329224
图书、报刊零售	Retail of Books, Newspapers and Magazines	8017091	1427461	2691552
医药及医疗器材专门零售	Special Retail of Medicines and Medical Appliances	20948098	5023630	2093946
西药零售	Retail of Western Medicines	19428366	4616086	1903581
汽车、摩托车、零配件和燃料及其他动力销售	Retail of Motor Vehicles, Motorcycles, Parts, Fuel and Other Powers	132521434	33310439	35061066
汽车新车零售	Retail of New Motor Vehicles	89822039	29192193	19051136
机动车燃油零售	Retail of Fuel Oil of Motor Vehicles	39352894	3328032	14938365
家用电器及电子产品专门零售	Special Retail of Household Electric Appliances and Electronic Products	31896517	3216020	2669293
日用家电设备零售	Retail of Household Electric Appliances	20259888	1074440	1395314
计算机、软件及辅助设备零售	Retail of Computer, Software and Assistant Appliances	4179486	913998	222918
通信设备零售	Retail of Communication Equipments	3159640	623183	224302
五金、家具及室内装饰材料专门零售	Special Retail of Hardware, Furniture and Interior Decoration Materials	4633301	869061	2125937
货摊、无店铺及其他零售	Stalls, Non-shop and Other Retails	17271218	3362039	2869038
互联网零售	Retail on the Internet	14468569	3108604	802039
(三)按零售业态分	by Mode of Business Operation			
有店铺零售	Store-based Retailing	309723841	66890226	97996939
超市	Supermarket	9439753	2574754	4583498
大型超市	Hypermarket	38803491	7991113	19286944
百货店	Department Store	48827986	6372182	23669078
专业店	Speciality Store	103459767	20040205	24204149
专卖店	Exclusive Shop	104393079	31233577	21938022
无店铺零售	Non-Store Selling	40920393	9727854	6297293

3-8-1 Continued 3

单位：万元
Unit：10 000 yuan

累计折旧 Accumulated Depreciation	#本年折旧 Current Year Depreciation	资产总计 Total Assets	负债合计 Total Liabilities	所有者权益合计 Total Owners' Equities	实收资本 Paicl-up Capitals	#国家资本 State-owned Capitals	#港澳台资本 Capitals from Hongkong, Macao and Taiwan	#外商资本 Foreign Capitals
18038828	2845777	148675990	104718314	43961896	29436401	2277267	3105107	3353963
10858257	1646438	96920000	64990379	31929621	15714681	1466033	1387295	1222842
6880805	1140218	47905287	36416924	11488330	12389108	756644	1555561	1883263
933077	174639	13338471	6572658	6765813	2358512	362302	150296	96552
83427	15070	699554	479198	220356	211581	36855	27025	
138902	26761	1502737	784481	718256	358582	35405	10534	1996
187316	33967	4364229	1723989	2640240	333327	18876	40090	1030
90526	8696	1017716	291457	726258	241750	191001		
1919362	337825	30075509	20292749	9862139	5302018	153423	1748627	643665
1338159	220581	21306940	14487179	6819761	3633882	98689	1290696	399387
1572898	194991	21228856	12489914	8738942	3641996	1287119	209475	296753
107307	26140	1518641	966224	552417	428839	2083	67402	152315
1081278	108028	12165668	6405617	5760050	1957216	1193678	5205	14390
834409	210102	27495011	19903066	7591945	4227376	755860	61791	2660
764178	197156	25719514	18580482	7139033	3993252	739050	54070	2660
14128481	2799130	183172181	131075898	52709051	58242270	6686331	1372877	865477
7468252	1828728	115062920	89415416	25663508	42165942	597956	1322879	419924
6231515	890181	63137948	38383460	25342889	9278281	5992859	24622	418849
889898	180657	40851902	28850289	12003034	4293552	18295	114221	209114
475751	77995	26799069	18673822	8125247	2599514	4041	105221	147940
108501	24137	4736250	3306822	1430848	601123	11833	5000	31101
114129	26173	3829056	2899157	929900	467709			27395
640157	176891	7871514	5527499	2344015	1835366	69197	89167	590349
1033725	217431	21206026	17809540	3396508	2769250	351895	356329	166025
301217	88668	16104285	14530402	1573905	1782172	72851	321258	114499
38748291	6798871	456195659	317440643	139451383	104859715	11514074	6750009	6001785
1731009	376196	15458825	10448582	5010243	3493106	290411	206849	78695
8415864	1398771	62583563	48198301	14385231	13372340	919341	1799567	2455976
9307070	1267604	84362275	54071154	30291118	12938028	1330224	1288275	981558
9497144	1529430	144155411	97784126	47965385	26827365	5156714	879528	972127
8814482	1875272	139700369	99620064	38719874	43980684	1730135	2417415	902519
2524627	611927	52139211	39801801	12410417	9626247	735552	732836	525703

3-8-2 各地区大中型批发业企业年末资产负债
Assets and Liabilities of Large and Medium-sized Enterprises of Wholesale Trade by Region at Year-end

单位：万元
Unit: 10 000 yuan

地 区	Region	资产总计 Total Assets	#流动资产合计 Total Current Assets	#固定资产合计 Total Fixed Assets	负债合计 Total Liabilities	所有者权益合计 Total Owners' Equities
全 国	**National Total**	**1796707929**	**1375980839**	**104391498**	**1259655227**	**537849565**
北 京	Beijing	349465718	251893837	8455733	242705125	106760593
天 津	Tianjin	81525425	66543242	2330606	64098425	17426999
河 北	Hebei	29053606	24153289	2669916	21477756	7575850
山 西	Shanxi	40851676	28315581	3885267	31240610	9611065
内蒙古	Inner Mongolia	13249536	10293280	1528560	9469612	3779924
辽 宁	Liaoning	27990111	22579889	2886082	21325052	6506985
吉 林	Jilin	10286446	8783747	1293799	8287677	1988380
黑龙江	Heilongjiang	15084571	13102540	1359324	12443067	2642011
上 海	Shanghai	226195884	180179939	9994014	153019375	73178421
江 苏	Jiangsu	130299857	105566512	8262411	94655304	35551715
浙 江	Zhejiang	134828697	96451814	6738614	93417200	41411498
安 徽	Anhui	32764376	26676566	2019108	22921278	9843098
福 建	Fujian	65922172	47074571	3768310	41053723	24868448
江 西	Jiangxi	14448115	11183172	1945370	9809328	4638787
山 东	Shandong	79614931	67548472	6543151	61232942	18589053
河 南	Henan	29061343	23621800	2259815	21538305	8095625
湖 北	Hubei	40075086	30867575	6072343	28941928	11133159
湖 南	Hunan	18696873	14172434	2219726	12489650	6207223
广 东	Guangdong	236233412	182601504	13426892	168351230	67995959
广 西	Guangxi	20739413	14882208	2016321	13608527	7160271
海 南	Hainan	4825987	3467072	499258	2431413	2394573
重 庆	Chongqing	24401142	19622199	1760116	16436887	7964256
四 川	Sichuan	34358458	28347856	2556642	25365294	8993164
贵 州	Guizhou	24634349	21120230	1202786	15403963	9230385
云 南	Yunnan	28874856	21986330	2433201	16208896	12665959
西 藏	Tibet	807383	625565	117030	360154	447229
陕 西	Shaanxi	23686500	17951909	1439023	15500846	8222314
甘 肃	Gansu	9534937	6198563	1410786	4790834	4744103
青 海	Qinghai	12366524	3349575	213861	4247827	8118697
宁 夏	Ningxia	7109734	5399791	475963	5570872	1636135
新 疆	Xinjiang	29720811	21419776	2607465	21252125	8467685

3-8-3 各地区大中型零售业企业年末资产负债
Assets and Liabilities of Large and Medium-sized Enterprises of Retail Trade by Region at Year-end

单位：万元
Unit: 10 000 yuan

地区	Region	资产总计 Total Assets	#流动资产合计 Total Current Assets	#固定资产合计 Original Value of Fixed Assets	负债合计 Total Liabilities	所有者权益合计 Total Owners' Equities
全国	**National Total**	**493915461**	**340422610**	**93471620**	**347239927**	**147373344**
北京	Beijing	44855029	34576565	4649349	34029057	10825971
天津	Tianjin	8089043	4742937	2006824	5905886	2183158
河北	Hebei	13965665	9084722	3371354	10459980	3505685
山西	Shanxi	8598604	5418105	2626270	7110344	1559824
内蒙古	Inner Mongolia	4333381	2418718	1616515	3305530	1027851
辽宁	Liaoning	13986377	9058522	3154293	10925479	3000816
吉林	Jilin	7528855	4226132	3244183	5644104	1695645
黑龙江	Heilongjiang	6841131	4268397	1917390	5091576	1749555
上海	Shanghai	32854080	24282510	6295455	22750057	10183424
江苏	Jiangsu	52290488	32192923	9243732	33914938	18381220
浙江	Zhejiang	30306819	21395396	5561057	24416565	7758711
安徽	Anhui	14326926	9744595	3042938	9701923	4625003
福建	Fujian	13477192	9370525	2090318	7741999	5735194
江西	Jiangxi	7999746	5543907	1306166	5554374	2445372
山东	Shandong	32735133	22953479	7043615	25421675	6317011
河南	Henan	16285792	11961142	3141391	12260666	4025126
湖北	Hubei	23205679	14604545	5742107	15638445	7581924
湖南	Hunan	18346036	10077120	4775155	11725356	6620680
广东	Guangdong	60882953	49614390	6063919	40057080	20825873
广西	Guangxi	6321783	4635101	1158637	4295931	2025851
海南	Hainan	2719096	1804452	663364	1628815	1090281
重庆	Chongqing	10066209	5776375	2642895	6993276	3038888
四川	Sichuan	18966012	12100777	3938896	12310735	6655277
贵州	Guizhou	10196439	8139285	1179038	7210527	2976740
云南	Yunnan	8884846	5785214	1699202	5506376	3378470
西藏	Tibet	380732	184927	134342	303996	85101
陕西	Shaanxi	13913643	9330608	2263974	9648700	4264943
甘肃	Gansu	3187207	1862963	856707	2102310	1023412
青海	Qinghai	1057665	670555	330284	780383	277282
宁夏	Ningxia	1781634	1118307	354870	1054910	726724
新疆	Xinjiang	5531265	3479418	1357379	3748937	1782328

3-9-1 大中型批发和零售业企业损益及分配

项　　目	Item	主营业务收入 Revenue from Main Business	主营业务成本 Cost of Main Business
总　　计	**Total**	**4308871590**	**3929883517**
一、批发业	**Wholesale Trade**	**3483234932**	**3210337254**
#国有控股	State-controlled Enterprises	1637856435	1535598581
(一)按登记注册类型分	**by Type of Registration**		
1.内资企业	**Domestic Funded Enterprises**	**2799235976**	**2609924497**
国有企业	State-owned Enterprises	159684779	121723484
集体企业	Collective-owned Enterprises	4923405	4639683
股份合作企业	Cooperative Enterprises	2448316	2348766
联营企业	Joint Ownership Enterprises	208636	200850
国有联营企业	State Joint Ownership Enterprises	31270	25812
集体联营企业	Collective Joint Ownership Enterprises	157272	156067
国有与集体联营企业	Joint State-collective Enterprises	20095	18971
其他联营企业	Other Joint Ownership Enterprises		
有限责任公司	Limited Liability Corporations	1572607131	1491331249
国有独资公司	State Sole Funded Corporations	293271840	280130212
其他有限责任公司	Other Limited Liability Corporations	1279335291	1211201038
股份有限公司	Share-holding Corporations Ltd.	393332998	373523214
私营企业	Private Enterprises	664174373	614605132
私营独资企业	Private-funded Enterprises	1172369	1097229
私营合伙企业	Private Partnership Enterprises	193495	176107
私营有限责任公司	Private Limited Liability Corporations	638108127	590899295
私营股份有限公司	Private Share-holding Corporations Ltd.	24700382	22432501
其他企业	Other Enterprises	1856339	1552118
2.港、澳、台商投资企业	**Enterprises with Funds from Hongkong, Macao and Taiwan**	**202483755**	**175147647**
合资经营企业	Joint-venture Enterprises	28865880	27109557
合作经营企业	Cooperative Enterprises	2036791	1950126
独资经营企业	Enterprises with Sole Investment	166202414	141384526
投资股份有限公司	Share-holding Corporations Ltd. with Investment	3622961	3096679
其他港澳台商投资企业	Other Enterprises with Funds from Hongkong, Macao and Taiwan	1755709	1606759
3.外商投资企业	**Foreign Funded Enterprises**	**481515201**	**425265110**
中外合资经营企业	Joint-venture Enterprises	151403072	138870255
中外合作经营企业	Cooperative Enterprises	401099	366279
外资企业	Enterprises with Sole Foreign Investment	289225207	247423954
外商投资股份有限公司	Share-holding Corporations Ltd. with Foreign Investment	4160380	3096646
其他外商投资企业	Other Foreign Funded Enterprises	36325443	35507976

Income and Distribution of Large and Medium-sized Enterprises of Wholesale and Retail Trades

单位：万元
Unit: 10 000 yuan

主营业务税金及附加 Taxes and Surcharges of Main Business	主营业务利润 Profits from Main Business	其他业务利润 Profits from Other Business	销售费用 Selling Expenses	管理费用 Administrative Expenses
26411971	**352576102**	**17681420**	**183986213**	**78454754**
23446688	**249450990**	**8092847**	**116711505**	**52308472**
19793147	82464707	2551074	32306958	15155969
21918047	**167393432**	**5423963**	**69437843**	**34608297**
15188316	22772979	400567	4148831	5334675
15218	268504	28244	146000	73750
1792	97758	2294	38059	16183
243	7543	1838	5959	2202
172	5286	21	1069	1370
51	1154	1818	909	514
20	1104		3981	319
5030939	76244943	2868120	32406754	14268601
1757288	11384340	680029	4773841	2770961
3273651	64860602	2188091	27632914	11497640
485395	19324389	708535	10991284	3544820
1181795	48387446	1414025	21640323	11329040
4350	70790		16843	16127
1147	16241	147	2796	3866
1120415	46088417	1365397	20844572	10791196
55882	2211999	48481	776113	517851
14348	289873	340	60632	39025
438807	**26897301**	**625570**	**14842081**	**7236559**
39092	1717231	79100	765641	639870
1957	84708	4541	49493	19516
383696	24434192	537216	13723723	6409234
10915	515367	2083	221285	126620
3147	145803	2630	81940	41319
1089835	**55160256**	**2043314**	**32431581**	**10463615**
221679	12311138	99079	8762780	886437
722	34098	-2166	18397	9358
840938	40960315	1935597	22619953	9336122
11303	1052431	9621	608076	129900
15192	802275	1183	422375	101798

项　目	Item	财务费用 Financial Expenses	#利息支出 Interest Expense
总　计	**Total**	**18760811**	**17762239**
一、批发业	**Wholesale Trade**	**14177141**	**14777531**
#国有控股	State-controlled Enterprises	5772610	8119736
(一)按登记注册类型分	**by Type of Registration**		
1.内资企业	**Domestic Funded Enterprises**	**12502232**	**13288648**
国有企业	State-owned Enterprises	-841975	342932
集体企业	Collective-owned Enterprises	51332	33977
股份合作企业	Cooperative Enterprises	5498	3720
联营企业	Joint Ownership Enterprises	3016	1806
国有联营企业	State Joint Ownership Enterprises	-44	
集体联营企业	Collective Joint Ownership Enterprises	2027	1806
国有与集体联营企业	Joint State-collective Enterprises	1033	
其他联营企业	Other Joint Ownership Enterprises		
有限责任公司	Limited Liability Corporations	7973108	8235813
国有独资公司	State Sole Funded Corporations	2039662	2084169
其他有限责任公司	Other Limited Liability Corporations	5933446	6151644
股份有限公司	Share-holding Corporations Ltd.	1960812	2426108
私营企业	Private Enterprises	3341493	2240463
私营独资企业	Private-funded Enterprises	3196	940
私营合伙企业	Private Partnership Enterprises	369	219
私营有限责任公司	Private Limited Liability Corporations	3230832	2150368
私营股份有限公司	Private Share-holding Corporations Ltd.	107096	88936
其他企业	Other Enterprises	8949	3828
2.港、澳、台商投资企业	**Enterprises with Funds from Hongkong, Macao and Taiwan**	**770894**	**715105**
合资经营企业	Joint-venture Enterprises	196780	221691
合作经营企业	Cooperative Enterprises	8008	9326
独资经营企业	Enterprises with Sole Investment	524913	461746
投资股份有限公司	Share-holding Corporations Ltd. With Investment	29617	21569
其他港澳台商投资企业	Other Enterprises with Funds from Hongkong, Macao and Taiwan	11577	773
3.外商投资企业	**Foreign Funded Enterprises**	**904015**	**773778**
中外合资经营企业	Joint-venture Enterprises	209680	330570
中外合作经营企业	Cooperative Enterprises	1789	1231
外资企业	Enterprises with Sole Foreign Investment	675762	433679
外商投资股份有限公司	Share-holding Corporations Ltd. With Foreign Investment	4220	7507
其他外商投资企业	Other Foreign Funded Enterprises	12564	791

3-9-1 Continued 1

单位：万元
Unit: 10 000 yuan

营业利润 Operating Profits	利润总额 Total Profits	应交所得税 Income Tax Payable	应付职工薪酬 Payables to Employees	应交增值税 VAT Payable
115938146	**118153603**	**23856775**	**90021909**	**49455482**
97431228	**99216496**	**19802217**	**54411434**	**36491056**
43851145	44249324	8686701	19227262	15675292
71339715	**72282879**	**13671377**	**37754384**	**27836465**
15066489	15028010	3743935	6300801	5908257
70522	63227	5467	62173	105925
48707	48235	4136	14632	9288
-1543	-1664	816	5637	1653
3063	3070	784	3421	1235
-378	-501	7	1217	254
-4228	-4233	25	999	164
34499796	35224749	6295019	16688963	11740191
4408464	4633280	825240	2967351	2152583
30091332	30591470	5469779	13721612	9587608
7474076	7430078	1144124	4740914	2898249
14008843	14317455	2469709	9891759	7148957
30686	30046	8065	13894	8307
9070	9001	626	5157	1437
13071630	13367117	2326763	9307046	6886089
897457	911290	134255	565663	253124
172825	172789	8171	49505	23944
7834037	**7996064**	**1662990**	**5848543**	**2628577**
1017228	1054880	128433	349450	218219
24684	32555	6148	31263	4104
6529025	6628917	1480598	5264102	2316853
244655	258954	41887	139057	64571
18445	20759	5924	64671	24830
18257477	**18937552**	**4467851**	**10808507**	**6026014**
2914643	2936086	769648	1141778	1545244
3033	3061	1196	11186	4331
14688983	15317031	3518404	9347934	4091249
348170	362418	75404	174341	68733
302648	318957	103199	133269	316457

项 目	Item	主营业务收入 Revenue from Main Business	主营业务成本 Cost of Main Business
(二)按国民经济行业分	**by Sector**		
农、林、牧、渔产品批发	Wholesale of Agricultural, Forestry, Livestock and Fishery Products	67052623	64212006
食品、饮料及烟草制品批发	Wholesale of Food, Beverages and Tobaccos	355024179	280802515
米、面制品及食用油批发	Wholesale of Rice, Flour and Edible Oil	47962953	44602371
肉、禽、蛋、奶及水产品批发	Wholesale of Meal, Fowls, Eggs, Milk and Aquatic Products	20436422	18088950
酒、饮料及茶叶批发	Wholesale of Wine, Beverages and Teas	62528147	46216791
烟草制品批发	Wholesale of Tobaccos	156737647	112703303
纺织、服装及家庭用品批发	Wholesale of Textiles, Wearing Apparel and Household Articles	306317711	262387982
服装批发	Wholesale of Garments	58146561	45929581
鞋帽批发	Wholesale of Shoes and Hats	15330990	11879557
日用家电批发	Wholesale of Household Electrical Appliances	26214095	23426584
文化、体育用品及器材批发	Wholesale of Culture, Sports Appliances and Equipments	78977726	71551736
文具用品批发	Wholesale of Stationeries	16605386	15740207
体育用品及器材批发	Wholesale of Sports Appliances and Equipments	9056954	8214675
图书批发	Wholesale of Books	8290837	6724964
医药及医疗器材批发	Wholesale of Medicines and Medical Appliances	241191021	209537419
西药批发	Wholesale of Western Medicines	156591911	140352544
中药批发	Wholesale of Chinese Traditional Medicines	40411555	34707586
矿产品、建材及化工产品批发	Wholesale of Mineral Products, Building Materials and Chemical Products	1752221625	1697356207
煤炭及制品批发	Wholesale of Coal and Related Products	199328963	191160343
石油及制品批发	Wholesale of Petroleum and Related Products	551989630	534855488
金属及金属矿批发	Wholesale of Metal Materials	636392155	623129434
建材批发	Wholesale of Building Materials	87281285	82899821
化肥批发	Wholesale of Chemical Fertilizer	34588511	33294643
农药批发	Wholesale of Pesticides	3570786	3052208
机械设备、五金产品及电子产品批发	Wholesale of Machinery, Hardware and Electronic Products	600963424	550090480
汽车及零配件批发	Wholesale of Motor Vehicles and Their Parts	247343003	225297779
计算机、软件及辅助设备批发	Wholesale of Computer, Software and Assistant Appliances	47522443	44919576
通讯设备批发	Wholesale of Communication Equipments	30873659	28877993
贸易经纪与代理	Trade Broker and Agency	32997567	31034978
其他批发业	Other Wholesale not Classified Elsewhere	48489057	43363931

单位：万元
Unit: 10 000 yuan

主营业务税金及附加 Taxes and Surcharges of Main Business	主营业务利润 Profits from Main Business	其他业务利润 Profits from Other Business	销售费用 Selling Expenses	管理费用 Administrative Expenses
101074	2739543	200245	1279155	1072398
18877327	55344337	1323905	19539890	11008462
66089	3294493	142686	2487401	842187
44033	2303439	55681	1052395	546318
373071	15938285	250292	7063097	1632421
18235049	25799295	359223	3932331	5972312
601942	43327787	767776	25424495	10069788
160796	12056184	168975	6311442	3083529
54263	3397170	9208	1220639	1234369
56902	2730609	52839	1970144	443702
168980	7257010	612254	3845209	1758300
21876	843303	39930	394187	210801
19242	823037	413871	768761	284662
16271	1549602	46613	660103	492161
626188	31027414	1240097	16824093	6380608
363721	15875646	705833	8370779	3015246
122746	5581223	184416	3666689	904605
1624088	53241330	1902322	22273389	10202382
357946	7810674	346812	3225883	1380307
414110	16720032	588500	8350492	2448169
423739	12838982	475760	3883204	2596180
163953	4217511	149185	1525891	1031921
30675	1263193	32835	580358	300277
5049	513529	15560	253529	108509
1186010	49686934	1888396	25057845	10469650
659708	21385516	528245	13349912	2233100
51903	2550964	118377	1243185	765978
24224	1971442	27592	660319	215583
32938	1929651	124277	530982	420765
228140	4896986	33574	1936448	926120

3-9-1 续表 3

项　目	Item	财务费用 Financial Expenses	#利息支出 Interest Expenses
(二)按国民经济行业分	by Sector		
农、林、牧、渔产品批发	Wholesale of Agricultural, Forestry, Livestock and Fishery Products	873577	1112947
食品、饮料及烟草制品批发	Wholesale of Food, Beverages and Tobaccos	-391154	968114
米、面制品及食用油批发	Wholesale of Rice, Flour and Edible Oil	268044	423498
肉、禽、蛋、奶及水产品批发	Wholesale of Meal, Fowls, Eggs, Milk and Aquatic Products	130741	106462
酒、饮料及茶叶批发	Wholesale of Wine, Beverages and Teas	-50300	139221
烟草制品批发	Wholesale of Tobaccos	-1117397	19562
纺织、服装及家庭用品批发	Wholesale of Textiles, Wearing Apparel and Household Articles	765058	835687
服装批发	Wholesale of Garments	298126	254084
鞋帽批发	Wholesale of Shoes and Hats	36463	22896
日用家电批发	Wholesale of Household Electrical Appliances	87017	108698
文化、体育用品及器材批发	Wholesale of Culture, Sports Appliances and Equipments	451995	317757
文具用品批发	Wholesale of Stationeries	48532	32041
体育用品及器材批发	Wholesale of Sports Appliances and Equipments	21176	6074
图书批发	Wholesale of Books	76904	62325
医药及医疗器材批发	Wholesale of Medicines and Medical Appliances	1740839	1549632
西药批发	Wholesale of Western Medicines	1215707	1132004
中药批发	Wholesale of Chinese Traditional Medicines	239561	200809
矿产品、建材及化工产品批发	Wholesale of Mineral Products, Building Materials and Chemical Products	8506349	7720660
煤炭及制品批发	Wholesale of Coal and Related Products	1345224	1263833
石油及制品批发	Wholesale of Petroleum and Related Products	1101600	859865
金属及金属矿批发	Wholesale of Metal Materials	4104123	3493574
建材批发	Wholesale of Building Materials	591362	622088
化肥批发	Wholesale of Chemical Fertilizer	353313	394153
农药批发	Wholesale of Pesticides	23691	36252
机械设备、五金产品及电子产品批发	Wholesale of Machinery, Hardware and Electronic Products	1461918	1626670
汽车及零配件批发	Wholesale of Motor Vehicles and Their Parts	331139	559772
计算机、软件及辅助设备批发	Wholesale of Computer, Software and Assistant Appliances	252722	148537
通讯设备批发	Wholesale of Communication Equipments	63103	33898
贸易经纪与代理	Trade Broker and Agency	517795	401050
其他批发业	Other Wholesale not Classified Elsewhere	250764	245014

3-9-1 Continued 3

单位：万元
Unit: 10 000 yuan

营业利润 Operating Profits	利润总额 Total Profits	应交所得税 Income Tax Payable	应付职工薪酬 Payables to Employees	应交增值税 VAT Payable
1054063	1390196	136628	878850	153715
33340310	33496036	6713549	12967191	10540399
503675	629675	96963	852990	398043
721852	784506	51460	665066	170513
12772308	12819737	1864460	2309773	2267799
17621758	17490073	4262995	7053513	6838492
9565662	10006286	2127196	8606086	4311408
2985585	3076876	672904	2749978	1218117
997672	1050772	230167	520306	375029
548037	587433	87346	626371	334984
2186081	1920705	386507	2181425	790140
227293	231126	46735	227150	117755
169333	181450	41784	256489	116771
514857	202580	41466	590011	42361
8089628	8190513	1835449	7372645	4485727
1132004	4466376	4464657	904596	3856940
200809	981776	995380	295145	1187713
7720660	22398477	22626925	3795846	10409171
1263833	3680583	3774990	517828	1092265
859865	6703503	6642387	1266544	3734289
3493574	4710075	4747645	949959	2140584
622088	2735220	2788670	278301	945528
394153	216552	274825	51017	313669
36252	163467	170048	21630	147273
1626670	18441783	18985443	4335532	10794673
559772	7222532	7417035	1806481	2027049
148537	447243	477207	117780	1024845
33898	989368	981702	242015	265334
401050	934170	949011	189124	365447
245014	1421055	1651382	282387	835947

项 目	Item	主营业务收入 Revenue from Main Business	主营业务成本 Cost of Main Business
二、零售业	**Retail Trade**	**825636658**	**719546263**
#国有控股	State-controlled Enterprises	188129175	167736155
(一)按登记注册类型分	**by Type of Registration**		
1.内资企业	**Domestic Funded Enterprises**	**689007371**	**610181966**
国有企业	State-owned Enterprises	8897307	7688624
集体企业	Collective-owned Enterprises	1948360	1601237
股份合作企业	Cooperative Enterprises	380793	346319
联营企业	Joint Ownership Enterprises	465910	412159
国有联营企业	State Joint Ownership Enterprises		
集体联营企业	Collective Joint Ownership Enterprises	423130	375987
国有与集体联营企业	Joint State-collective Enterprises		
其他联营企业	Other Joint Ownership Enterprises	42780	36172
有限责任公司	Limited Liability Corporations	328329628	291099002
国有独资公司	State Sole Funded Corporations	15075565	13295519
其他有限责任公司	Other Limited Liability Corporations	313254063	277803483
股份有限公司	Share-holding Corporations Ltd.	118995470	106880877
私营企业	Private Enterprises	229631879	201897644
私营独资企业	Private-funded Enterprises	1453448	1211913
私营合伙企业	Private Partnership Enterprises	134759	108602
私营有限责任公司	Private Limited Liability Corporations	219428910	193450749
私营股份有限公司	Private Share-holding Corporations Ltd.	8614763	7126379
其他企业	Other Enterprises	358025	256104
2.港、澳、台商投资企业	**Enterprises with Funds from Hongkong, Macao and Taiwan**	**65330890**	**52301899**
合资经营企业	Joint-venture Enterprises	14334153	11883181
合作经营企业	Cooperative Enterprises	743087	634583
独资经营企业	Enterprises with Sole Investment	48272803	38218288
投资股份有限公司	Share-holding Corporations Ltd. with Investment	1141640	885283
其他港澳台商投资企业	Other Enterprises with Funds from Hongkong, Macao and Taiwan	839207	680565
3.外商投资企业	**Foreign Funded Enterprises**	**71298397**	**57062397**
中外合资经营企业	Joint-venture Enterprises	27705581	22536469
中外合作经营企业	Cooperative Enterprises	1197763	1046599
外资企业	Enterprises with Sole Foreign Investment	35364350	27496077
外商投资股份有限公司	Share-holding Corporations Ltd. with Foreign Investment	3707837	3142441
其他外商投资企业	Other Foreign Funded Enterprises	3322866	2840811

单位：万元
Unit: 10 000 yuan

主营业务税金及附加 Taxes and Surcharges of Main Business	主营业务利润 Profits from Main Business	其他业务利润 Profits from Other Business	销售费用 Selling Expenses	管理费用 Administrative Expenses
2965283	**103125112**	**9588574**	**67274708**	**26146282**
554349	19838671	1459322	12270073	4013766
2358254	**76467151**	**7192995**	**48093325**	**19812119**
36307	1172376	66055	493755	248773
19420	327703	19739	106814	115634
1478	32996	3895	14634	15669
1070	52681		11518	8507
870	46273		10058	7291
200	6408		1460	1216
1091894	36138732	4086202	23234985	8947097
72557	1707489	94216	926077	360233
1019337	34431243	3991986	22308908	8586864
358083	11756510	1138609	8139508	2918809
847920	26886315	1877539	16077354	7540037
10662	230873	3038	78964	46018
1222	24935	87	8097	9240
794419	25183742	1809678	15250759	7144449
41617	1446767	64737	739535	340330
2082	99839	956	14756	17593
307117	**12721874**	**1325652**	**9258042**	**3258354**
63723	2387249	390332	1792351	642860
2761	105743	20069	55925	38364
229443	9825072	860085	7094387	2500059
4885	251472	33234	201291	44929
6305	152337	21932	114089	32143
299912	**13936088**	**1069926**	**9923341**	**3075809**
113178	5055934	364181	3794409	860137
4877	146287	62510	122882	48285
163679	7704594	571524	5340619	1894460
10410	554986	38678	385075	180390
7768	474287	33033	280355	92536

项 目	Item	财务费用 Financial Expenses	#利息支出 Interest Expenses
二、零售业	**Retail Trade**	**4583670**	**2984707**
#国有控股	State-controlled Enterprises	387664	394454
(一)按登记注册类型分	**by Type of Registration**		
1.内资企业	**Domestic Funded Enterprises**	**4114384**	**2617374**
国有企业	State-owned Enterprises	8208	4928
集体企业	Collective-owned Enterprises	9359	3448
股份合作企业	Cooperative Enterprises	559	934
联营企业	Joint Ownership Enterprises	2463	42
国有联营企业	State Joint Ownership Enterprises		
集体联营企业	Collective Joint Ownership Enterprises	2041	
国有与集体联营企业	Joint State-collective Enterprises		
其他联营企业	Other Joint Ownership Enterprises	422	41
有限责任公司	Limited Liability Corporations	1755866	1190898
国有独资公司	State Sole Funded Corporations	11854	13730
其他有限责任公司	Other Limited Liability Corporations	1744012	1177168
股份有限公司	Share-holding Corporations Ltd.	432306	402351
私营企业	Private Enterprises	1901106	1014399
私营独资企业	Private-funded Enterprises	9581	2350
私营合伙企业	Private Partnership Enterprises	955	81
私营有限责任公司	Private Limited Liability Corporations	1825422	977107
私营股份有限公司	Private Share-holding Corporations Ltd.	65148	34861
其他企业	Other Enterprises	4516	374
2.港、澳、台商投资企业	**Enterprises with Funds from Hongkong, Macao and Taiwan**	**228606**	**167737**
合资经营企业	Joint-venture Enterprises	67188	76219
合作经营企业	Cooperative Enterprises	442	621
独资经营企业	Enterprises with Sole Investment	145687	81103
投资股份有限公司	Share-holding Corporations Ltd. with Investment	8775	4481
其他港澳台商投资企业	Other Enterprises with Funds from Hongkong, Macao and Taiwan	6514	5313
3.外商投资企业	**Foreign Funded Enterprises**	**240680**	**199597**
中外合资经营企业	Joint-venture Enterprises	49964	39815
中外合作经营企业	Cooperative Enterprises	4670	3288
外资企业	Enterprises with Sole Foreign Investment	170678	144115
外商投资股份有限公司	Share-holding Corporations Ltd. with Foreign Investment	10547	9080
其他外商投资企业	Other Foreign Funded Enterprises	4822	3300

3-9-1 Continued 5

单位：万元
Unit: 10 000 yuan

营业利润 Operating Profits	利润总额 Total Profits	应交所得税 Income Tax Payable	应付职工薪酬 Payables to Employees	应交增值税 VAT payable
18506917	**18937107**	**4054558**	**35610475**	**12964426**
5430006	5433902	808259	7000745	2850146
14065751	**14499713**	**2793990**	**28312197**	**10475536**
443273	465035	36368	377036	248002
107119	111298	9602	129366	69283
5031	5138	900	21676	2594
29860	29546	46	5574	6188
26659	26345		4299	5827
3201	3201	46	1275	361
6764565	6997705	1462840	12994219	4765994
586517	603334	100830	632711	241225
6178047	6394371	1362010	12361508	4524770
2923268	2872608	455479	4509769	1943320
3728410	3954440	826818	10235433	3437693
92538	91771	5808	84635	25576
6820	6795	287	5851	6850
3323187	3537906	780758	9608368	3297048
305865	317968	39964	536580	108220
64225	63944	1938	39124	2462
1999379	**1972585**	**627491**	**3899027**	**1214273**
543506	463386	141251	854013	287952
29489	29419	8370	38946	26739
1375962	1430111	462721	2888162	862364
24369	22789	9245	79496	20257
26053	26880	5903	38409	16961
2441787	**2464808**	**633077**	**3399252**	**1274618**
1085590	1092470	272743	1179752	489450
37044	34047	3458	53490	13883
1235630	1246023	352458	1845434	616771
50584	55395	-5841	213422	132566
32939	36874	10260	107154	21947

项　目	Item	主营业务收入 Revenue from Main Business	主营业务成本 Cost of Main Business
(二)按国民经济行业分	by Sector		
综合零售	Integrated Retail	181331703	151963961
百货零售	Retail of General Merchandise	94740188	78579546
超级市场零售	Retail of Supermarkets	80819703	68867118
食品、饮料及烟草制品专门零售	Special Retail of Food, Beverages and Tobaccos	17515445	12664354
粮油零售	Retail of Cereal and Oil	1041581	892529
肉、禽、蛋、奶及水产品零售	Retail of Meat, Poultry, Eggs, Milk and Aquatic Products	2446504	1969477
酒、饮料及茶叶零售	Retail of Wine, Beverages and Teas	3605337	2524969
烟草制品零售	Retail of Tobaccos	1132226	901214
纺织、服装及日用品专门零售	Special Retail of Textiles, Garments and Daily Consumer Articles	43246995	28789459
服装零售	Retail of Garments	27806351	18030002
文化、体育用品及器材专门零售	Special Retail of Culture, Sports Appliances and Equipments	20167384	15257170
体育用品及器材零售	Retail of Sports Appliances and Equipments	2106894	1558642
图书、报刊零售	Retail of Books, Newspapers and Magazines	9591368	7171989
医药及医疗器材专门零售	Special Retail of Medicines and Medical Appliances	36319782	29583625
西药零售	Retail of Western Medicines	33416563	27312475
汽车、摩托车、零配件和燃料及其他动力销售	Retail of Motor Vehicles, Motorcycles, Parts, Fuel and Other Powers	394683538	365937476
汽车新车零售	Retail of New Motor Vehicles	266066351	247495566
机动车燃油零售	Retail of Fuel Oil of Motor Vehicles	120345911	110955505
家用电器及电子产品专门零售	Special Retail of Household Electric Appliances and Electronic Products	60440091	54646795
日用家电设备零售	Retail of Household Electric Appliances	25272612	22523640
计算机、软件及辅助设备零售	Retail of Computer, Software and Assistant Appliances	16425622	15297958
通信设备零售	Retail of Communication Equipments	8494302	7715338
五金、家具及室内装饰材料专门零售	Special Retail of Hardware, Furniture and Interior Decoration Materials	10488116	8015419
货摊、无店铺及其他零售	Stalls, Non-shop and Other Retails	61443604	52688003
互联网零售	Retail on the Internet	56883835	49060348
(三) 按零售业态分	by Mode of Business Operation		
有店铺零售	Store-based Retailing	727766788	633837583
超市	Supermarket	24542934	20340685
大型超市	Hypermarket	94571998	80789661
百货店	Department Store	86688633	70917258
专业店	Speciality Store	228028015	201296323
专卖店	Exclusive Shop	270564362	239668899
无店铺零售	Non-Store Selling	125946411	108941558

单位：万元

Unit: 10 000 yuan

主营业务税金及附加 Taxes and Surcharges of Main Business	主营业务利润 Profits from Main Business	其他业务利润 Profits from Other Business	销售费用 Selling Expenses	管理费用 Administrative Expenses
1070758	28296984	5036325	21198085	8854111
759772	15400870	2788074	9395251	5441265
278761	11673824	2052447	10645353	2927219
116311	4734780	88228	2778977	843455
4288	144764	2532	110376	31900
11680	465347	6069	247018	103984
33620	1046748	8610	434894	159591
10239	220773	3719	122021	72813
262548	14194988	418050	9266374	3131077
186599	9589750	286962	6317131	2217472
186005	4724209	233630	2536693	1320762
12328	535924	4639	395381	138537
35796	2383583	171660	1088003	791622
134646	6601511	347427	4224838	1449687
122564	5981524	331998	3883094	1296379
818183	27927879	2172515	15030398	6755207
628760	17942025	1945509	8964926	5642642
165027	9225379	190017	5570275	936073
125450	5667846	513646	4176644	1477811
63175	2685797	357627	1978942	727272
18608	1109056	8474	838280	219790
13622	765342	112797	612128	241782
106843	2365854	37934	1100619	694694
144539	8611062	740818	6962081	1619478
129053	7694434	645932	6443254	1378980
2747484	91181721	8734671	58253481	23932704
138013	4064236	292111	2771012	1059215
318803	13463534	2621926	11565589	3703225
701264	15070111	2282290	9440710	4851045
628725	26102967	1397680	15228896	5981935
843318	30052145	1952292	17992231	7821818
316183	16688670	1028347	12243295	3332933

项 目	Item	财务费用 Financial Expense	#利息支出 Interest Expenses
(二)按国民经济行业分	**by Sector**		
综合零售	Integrated Retail	1357721	905373
百货零售	Retail of General Merchandise	950457	721538
超级市场零售	Retail of Supermarkets	364223	159746
食品、饮料及烟草制品专门零售	Special Retail of Food, Beverages and Tobaccos	81347	53366
粮油零售	Retail of Cereal and Oil	6521	3372
肉、禽、蛋、奶及水产品零售	Retail of Meat, Poultry, Eggs, Milk and Aquatic Products	12093	5633
酒、饮料及茶叶零售	Retail of Wine, Beverages and Teas	31420	18460
烟草制品零售	Retail of Tobaccos	-6597	1685
纺织、服装及日用品专门零售	Special Retail of Textiles, Garments and Daily Consumer Articles	254376	168258
服装零售	Retail of Garments	201956	145922
文化、体育用品及器材专门零售	Special Retail of Culture, Sports Appliances and Equipments	65245	59831
体育用品及器材零售	Retail of Sports Appliances and Equipments	6779	5356
图书、报刊零售	Retail of Books, Newspapers and Magazines	-33578	14200
医药及医疗器材专门零售	Special Retail of Medicines and Medical Appliances	265956	235069
西药零售	Retail of Western Medicines	248478	224138
汽车、摩托车、零配件和燃料及其他动力销售	Retail of Motor Vehicles, Motorcycles, Parts, Fuel and Other Powers	2163412	1232196
汽车新车零售	Retail of New Motor Vehicles	1973926	1126632
机动车燃油零售	Retail of Fuel Oil of Motor Vehicles	138248	68813
家用电器及电子产品专门零售	Special Retail of Household Electric Appliances and Electronic Products	189473	226244
日用家电设备零售	Retail of Household Electric Appliances	97790	175216
计算机、软件及辅助设备零售	Retail of Computer, Software and Assistant Appliances	12991	12218
通信设备零售	Retail of Communication Equipments	37651	17265
五金、家具及室内装饰材料专门零售	Special Retail of Hardware, Furniture and Interior Decoration Materials	121773	49294
货摊、无店铺及其他零售	Stalls, Non-shop and Other Retails	84367	55078
互联网零售	Retail on the Internet	72563	41040
(三)按零售业态分	**by Mode of Business Operation**		
有店铺零售	Store-based Retailing	4355160	2840477
超市	Supermarket	165328	67386
大型超市	Hypermarket	462079	232607
百货店	Department Store	708068	547574
专业店	Speciality Store	1101626	774311
专卖店	Exclusive Shop	1716022	1078581
无店铺零售	Non-Store Selling	344759	213951

3-9-1 Continued 7

单位：万元
Unit: 10 000 yuan

营业利润 Operating Profits	利润总额 Total Profits	应交所得税 Income Tax Payable	应付职工薪酬 Payables to Employees	应交增值税 VAT payable
5624784	5609026	1338936	11239874	3036484
4600514	4556026	1010949	5256159	1784346
1240137	1269797	308764	5497072	1128658
1267427	1293810	235964	1403398	557782
8588	16128	4004	65790	12811
125448	128794	12200	200727	48858
492211	477071	103405	221241	152604
77054	96183	20574	121588	20186
2012526	2102089	592822	3829083	1202124
1147419	1206549	365527	2607647	744558
1064060	1121607	130141	2010270	272193
9141	8331	8719	151501	35565
726719	769063	37548	1053659	78927
1001305	1036854	199753	2891992	763013
899520	931896	173077	2625884	686904
6069748	6152947	1139873	9886102	5362199
3714643	3874084	895012	7267840	3313022
2266159	2184693	210273	2327310	1964439
610751	635087	110723	1916320	665118
364924	372867	39069	789663	313893
56568	63825	29750	391558	112612
49979	53251	12454	385787	72709
477243	506976	85798	584571	233266
379074	478710	220548	1848865	872247
122341	209862	162676	1514427	776734
17610864	17911724	3696380	32457186	11729008
542117	584174	100322	1789224	447480
1878762	1909445	442325	5987995	1329059
4291137	4357384	909104	5099251	1776511
5354912	5458275	866044	9218383	3667861
5422542	5611832	1311854	10445012	3917548
1473162	1618911	521312	4539108	1680646

3-9-2 各地区大中型批发业企业损益及分配

地　区	Region	主营业务收入 Revenue from Main Business	主营业务成本 Cost of Main Business	主营业务税金及附加 Taxes and Surcharges of Main Business	主营业务利润 Profits from Main Business	其他业务利润 Profits from Other Business	销售费用 Selling Expenses	管理费用 Administrative Expenses
全　国	**National Total**	**3483234932**	**3210337254**	**23446688**	**249450990**	**8092847**	**116711505**	**52308472**
北　京	Beijing	429823153	398704280	982555	30136318	2425299	15087874	8703313
天　津	Tianjin	125268025	118771927	594148	5901950	158759	3174493	1019431
河　北	Hebei	49454886	45306306	741112	3407468	46893	1117955	612060
山　西	Shanxi	53959860	50378563	526947	3054350	127141	1434216	773370
内蒙古	Inner Mongolia	25906497	23726649	429599	1750249	101554	1173746	348238
辽　宁	Liaoning	90301736	87181350	551446	2568940	52633	1303115	673719
吉　林	Jilin	14864142	13731937	285115	847090	9606	795713	235080
黑龙江	Heilongjiang	28005394	26482712	359477	1163205	35277	604745	303717
上　海	Shanghai	601767608	548427338	1090915	52249355	1013867	29925053	10593588
江　苏	Jiangsu	275713288	249758040	1624863	24330385	688112	9577546	4509083
浙　江	Zhejiang	288785338	272425716	1561998	14797624	532785	7517593	3423026
安　徽	Anhui	55256195	49308496	864780	5082919	59558	2591178	838974
福　建	Fujian	154618798	145129935	886988	8601875	287158	3157535	1669679
江　西	Jiangxi	26597661	22979122	617709	3000830	127493	1418682	518183
山　东	Shandong	156886356	145533501	1231279	10121576	202499	3910061	2089624
河　南	Henan	59661713	53256387	1216949	5188377	76460	1445844	1065500
湖　北	Hubei	92721140	83372060	983234	8365846	277561	3481867	1535514
湖　南	Hunan	40729816	35407575	1090705	4231536	75490	1796064	886030
广　东	Guangdong	469434270	434911557	2209625	32313088	1306144	16521477	7485392
广　西	Guangxi	40000793	37259039	569518	2172236	53721	829635	541696
海　南	Hainan	7401990	6353033	205160	843797	9473	430910	144713
重　庆	Chongqing	57619054	52397845	930016	4291193	73086	1555175	785034
四　川	Sichuan	69345577	63004458	1076380	5264739	120957	2012353	937388
贵　州	Guizhou	29697265	21939305	703930	7054030	24725	1073461	598267
云　南	Yunnan	58169525	52519551	717944	4932030	95585	1422335	613432
西　藏	Tibet	998234	686845	81054	230335	561	131172	54024
陕　西	Shaanxi	75403866	71506514	614296	3283056	17866	1448638	524792
甘　肃	Gansu	33138876	31660098	293923	1184855	14420	528896	282318
青　海	Qinghai	3663344	3219365	84307	359672	12425	105887	63546
宁　夏	Ningxia	10164558	9749385	98877	316296	20209	139854	71645
新　疆	Xinjiang	57875975	55248363	221841	2405771	45530	998434	408096

Income and Distribution of Large and Medium-sized Enterprises of Wholesale Trade by Region

单位：万元
Unit: 10 000 yuan

财务费用 Financial Expenses	#利息支出 Interest Expenses	营业利润 Operating Profits	利润总额 Total Profits	应交所得税 Income Tax Payable	应付职工薪酬 Payables to Employees	应交增值税 VAT Payable
14177141	**14777531**	**97431228**	**99216496**	**19802217**	**54411434**	**36491056**
2189743	3054357	13788457	13660314	2780422	8559473	3764748
1025891	957520	1361277	1622217	374615	1434415	1201318
420590	179404	1214312	1221493	267074	584028	535344
423994	332223	750587	729377	199303	684875	567872
88251	146343	581359	594888	116279	312947	505226
345935	372448	499219	549908	261910	720724	635071
59778	144586	174910	228486	84447	319324	176200
113002	257780	285744	305611	82648	522339	313342
1664158	1071251	14291853	15245519	3781074	9871704	4034454
1164705	861199	10057505	9957168	1822288	4114907	3562807
1216560	1766322	5759582	6074568	1169601	3651345	2143563
116021	177048	1866124	1874322	356461	987042	1244670
643357	548843	3884544	3921242	608849	1650150	1258299
78171	89540	1007544	1029892	194599	629140	559203
723297	620896	2599054	2577501	526331	2107263	1652382
294308	301562	2338403	2332802	389305	1049407	911978
270867	304889	3158227	3102863	547765	1940959	1715889
164323	163534	1607634	1623812	350710	817461	755199
1675193	1628414	11137024	11465714	2585750	7973488	4474691
207105	234500	688227	702791	144796	582812	434373
1173	29457	397974	396886	66834	237890	140145
131537	193072	1988894	2028686	273701	942935	1070993
251464	282651	2007846	2022548	429238	1166426	1047865
19401	138234	9810672	9784875	1282873	690436	1273825
177607	310920	2911985	2910083	619898	1064398	799331
-5341	1253	49749	58597	6741	32854	56572
168566	130297	1445629	1425736	211415	711874	810166
87974	89137	343973	321549	68239	377678	240574
107182	6653	90334	96278	18356	63624	38121
112439	118868	29363	32016	21449	110339	108079
239887	264331	1303225	1318753	159247	499177	458759

3-9-3 各地区大中型零售业企业损益及分配

地区	Region	主营业务收入 Revenue from Main Business	主营业务成本 Cost of Main Business	主营业务税金及附加 Taxes and Surcharges of Main Business	主营业务利润 Profits from Main Business	其他业务利润 Profits from Other Business	销售费用 Selling Expenses	管理费用 Administrative Expenses
全国	**National Total**	**825636658**	**719546263**	**2965283**	**103125112**	**9588574**	**67274708**	**26146282**
北京	Beijing	66044693	58271328	225785	7547580	1433167	6239293	2035465
天津	Tianjin	13807398	12270235	43332	1493831	129180	1213078	492305
河北	Hebei	21252651	19006249	71125	2175277	266875	1504743	754966
山西	Shanxi	13584809	12384705	35623	1164481	113784	809948	405128
内蒙古	Inner Mongolia	8693432	7617385	28605	1047442	53061	605105	198075
辽宁	Liaoning	20145014	18155911	75180	1913923	230869	1473237	800331
吉林	Jilin	8961445	7991646	43462	926337	97363	541819	442454
黑龙江	Heilongjiang	10158443	9047665	48705	1062073	126950	620722	340207
上海	Shanghai	63585314	49841331	280608	13463375	1030475	9611189	3492540
江苏	Jiangsu	73309618	64136530	272205	8900883	1003109	5322812	2289627
浙江	Zhejiang	57183301	50633187	182183	6367931	812025	4589273	1738781
安徽	Anhui	26896388	23763787	84373	3048228	148592	1744260	723988
福建	Fujian	28127582	24783731	97068	3246783	232117	2080742	715460
江西	Jiangxi	12351248	10831261	43050	1476937	95118	814582	373832
山东	Shandong	53353048	47502003	183259	5667786	604467	3559336	1537217
河南	Henan	28958674	25234772	116587	3607315	203537	1725788	957759
湖北	Hubei	37089675	31828390	174578	5086707	461864	2588800	1133141
湖南	Hunan	29684928	26085746	126141	3473041	169680	2068374	830892
广东	Guangdong	95640235	82257028	291113	13092094	1060553	9182016	2817641
广西	Guangxi	11720852	10441025	33240	1246587	217199	794219	318466
海南	Hainan	4944676	4120071	50070	774535	69241	378708	151712
重庆	Chongqing	22828329	20152137	45316	2630876	182317	1579059	572563
四川	Sichuan	44370140	39292270	142072	4935798	316618	3080771	1061899
贵州	Guizhou	13274490	11568791	30594	1675105	103162	804982	246987
云南	Yunnan	15467164	13660229	36431	1770504	123185	1087964	347838
西藏	Tibet	1277002	1198178	8086	70738	1121	50675	27710
陕西	Shaanxi	25005345	21762231	130087	3113027	167397	1869819	810890
甘肃	Gansu	5815886	5080821	17654	717411	37510	405021	121878
青海	Qinghai	2383505	2133439	8275	241791	14153	128848	58769
宁夏	Ningxia	2091604	1837858	9066	244680	23582	210058	74960
新疆	Xinjiang	7629769	6656322	31409	942038	60302	589465	272800

Income and Distribution of Large and Medium-sized Enterprises of Retail Trade by Region

单位：万元

Unit: 10 000 yuan

财务费用 Financial Expenses	#利息支出 Interest Expenses	营业利润 Operating Profits	利润总额 Total Profits	应交所得税 Income Tax Payable	应付职工薪酬 Payables to Employees	应交增值税 VAT Payable
4583670	**2984707**	**18506917**	**18937107**	**4054558**	**35610475**	**12964426**
339901	396741	881284	991816	313943	2979119	801408
89312	46495	-31897	2752	35832	570750	186607
182147	79147	234254	252836	61884	894222	318066
127998	78143	-126670	-122821	31559	463917	145819
53047	18540	27548	29066	17480	315949	229946
176828	163762	68738	92431	78801	868149	294148
142674	91998	152977	62986	48145	635252	162649
87716	43743	224587	231713	28366	362661	273613
217030	108928	1587400	1678910	620587	3298952	818515
402928	300478	2244890	2240467	384067	3004378	1265939
301652	268001	858596	954301	289931	2448236	767737
130862	65095	729611	725409	109599	1100428	482394
107885	70779	613387	614552	85271	1224066	404425
65853	40637	286502	265290	33642	539631	171403
387905	200704	811541	836428	189261	2048177	729450
215236	75669	971651	973309	111563	1159738	474798
224573	145224	1567906	1550439	284191	1850147	805701
169329	108063	677648	688459	90391	1133183	488189
347674	205134	2684998	2784558	598878	4493327	1721000
48394	26634	283045	295247	45261	489873	159599
28287	16668	276224	269048	63494	185524	68080
103234	60556	495647	498718	61344	1142155	337231
198532	112078	961568	971422	158758	1596736	641830
68892	30508	555052	554740	56002	402489	242328
83366	66331	427795	429834	65391	618776	201756
2496	70	-1121	239	1169	45106	30259
131147	61627	531733	551870	106978	997454	378361
40773	19450	249054	242864	18544	207405	115708
16118	10874	71041	79554	10971	83108	31522
19454	9871	38428	38489	9759	89017	26047
72428	62761	153503	152181	43495	362551	189899

3-10-1 按业态分连锁零售企业基本情况

Basic Conditions of Chain Retail Enterprises by Business Categories

业　态	Business Categories	门店总数（个）Number of Stores (unit)	年末从业人数（万人）Engaged Persons at Year-end (10 000 persons)	年末零售营业面积（万平方米）Operating Area of Retail Enterprises at Year-end (10 000 sq.m)	商品销售额（亿元）Total Sales of Commodities (100 million yuan)	#零售额 Retail
总　计	**Total**	**249711**	**239.0**	**17924.7**	**38012.7**	**28919.0**
便利店	Convenience Store	28895	10.0	273.8	542.0	491.2
折扣店	Discount Store	72	0.1	8.0	14.5	14.5
超市	Supermarket	28164	40.3	2061.1	3431.0	2903.0
大型超市	Hypermarket	4760	45.1	3562.4	4665.4	4069.1
仓储会员店	Warehouse Club	100	1.3	71.4	235.3	234.5
百货店	Department Store	5942	25.1	2508.6	3781.4	3196.2
专业店	Specialty Store	137136	88.7	8439.1	21879.3	15615.2
#加油站	Gas Station	35551	23.8	5453.0	14153.8	9823.3
专卖店	Franchised Store	34054	23.4	629.9	2776.2	2083.8
家居建材商店	Building Material Store	78	0.2	19.2	35.1	35.0
厂家直销中心	Factory Outlets Center	686	0.4	17.0	67.2	8.7
其他	Other Store	9824	4.2	334.1	585.3	267.9

3-10-2 按登记注册类型分连锁零售企业基本情况

Basic Conditions of Chain Retail Enterprises by Status of Registration

项 目	Item	门店总数(个) Number of Stores (unit)	年末从业人数(万人) Engaged Persons at Year-end (10 000 persons)	年末零售营业面积(万平方米) Operating Area of Retail Enterprises at Year-end (10 000 sq.m)	商品销售额(亿元) Total Sales of Commodities (100 million yuan)	#零售额 Retail
合　计	**Total**	**249711**	**239.0**	**17924.7**	**38012.7**	**28919.0**
内资企业	**Domestic Funded Enterprises**	**224100**	**184.8**	**14376.2**	**30614.7**	**22421.5**
国有企业	State-owned Enterprises	12444	9.6	946.2	3645.5	2223.5
集体企业	Collective-owned Enterprises	340	0.6	40.4	56.3	39.1
股份合作企业	Cooperative Enterprises	348	0.4	44.0	129.9	93.4
联营企业	Joint Ownership Enterprises	255	0.1	2.8	11.1	10.8
国有联营企业	State Joint Ownership Enterprises	209	0.1	1.9	8.2	8.2
集体联营企业	Collective Joint Ownership Enterprises					
国有与集体联营企业	Joint State-collective Enterprises	5		0.1	0.1	0.1
其他联营企业	Other Joint Ownership Enterprises	41		0.7	2.9	2.5
有限责任公司	Limited Liability Corporations	88420	69.6	3984.8	9205.4	6739.8
国有独资公司	State Sole Funded Corporations	1928	1.4	310.3	794.2	446.0
其他有限责任公司	Other Limited Liability Corporations	86492	68.1	3674.5	8411.2	6293.8
股份有限公司	Share-holding Corporations Ltd.	52306	63.2	7572.1	14511.2	10704.4
私营企业	Private Enterprises	67975	40.5	1760.8	3024.4	2579.5
私营独资企业	Private-funded Enterprises	890	0.4	11.3	26.6	26.6
私营合伙企业	Private Partnership Enterprises	457	0.1	6.7	7.1	6.1
私营有限责任公司	Private Limited Liability Corporations	58936	34.6	1547.2	2610.0	2232.8
私营股份有限公司	Private Share-holding Corporations Ltd.	7692	5.3	195.5	380.6	314.0
其他企业	Other Enterprises	2012	0.9	25.1	30.9	30.9
港、澳、台商投资企业	**Enterprises with Funds from Hong Kong, Macao and Taiwan**	**13329**	**26.6**	**1833.4**	**3101.0**	**2771.9**
港、澳、台商合资经营企业	Joint-venture Enterprises	3803	3.1	178.4	314.6	306.8
港、澳、台商合作经营企业	Cooperative Enterprises	244	5.9	345.5	470.2	470.2
港、澳、台商独资经营企业	Enterprises with Sole Investment	8153	12.4	596.5	1597.3	1366.0
港、澳、台商投资股份有限公司	Share-holding Corporations Ltd. With Investment	280	0.2	12.1	22.2	22.2
其他港澳台商投资企业	Other Enterprises with Funds from Hongkong, Macao and Taiwan	849	5.0	700.8	696.7	606.6
外商投资企业	**Foreign Funded Enterprises**	**12282**	**27.5**	**1715.1**	**4296.9**	**3725.6**
中外合资经营企业	Joint-venture Enterprises	5029	11.5	854.2	1907.6	1646.0
中外合作经营企业	Cooperative Enterprises	544	1.4	149.7	156.5	104.7
外资企业	Enterprises with Sole Foreign Investment	5983	14.1	597.6	1971.4	1738.8
外商投资股份有限公司	Share-holding Corporations Ltd. with Foreign Investment	613	0.5	108.4	210.9	195.6
其他外商投资企业	Other Foreign Funded Enterprises	113	0.1	5.2	50.5	40.6

3-10-3 按行业分连锁零售企业基本情况

Basic Statistics of Chain Retail Enterprises by Sector

项　目	Item	门店总数（个）Number of Stores (unit)	年末从业人数（万人）Engaged Persons at Year-end (10 000 persons)	年末零售营业面积（万平方米）Operating Area of Retail Enterprises at Year-end (10 000 sq.m)
总　计	**Total**	**249711**	**239.0**	**17924.7**
一、批发业	**Wholesale Trade**	**40245**	**22.7**	**3118.8**
农、林、牧产品批发	Wholesale of Agricultural, Forestry and Livestock Products	4477	1.1	37.6
食品、饮料及烟草制品专门批发	Wholesale of Food, Beverages and Tobaccos	3637	2.7	52.0
纺织、服装及家庭用品批发	Wholesale of Textiles, Wearing Apparel and Household Articles	1852	2.5	265.0
文化、体育用品及器材批发	Wholesale of Culture, Sports Appliances and Equipments	1147	1.9	58.2
医药及医疗器材批发	Wholesale of Medicines and Medical Appliances	2179	0.9	20.8
矿产品、建材及化工产品批发	Wholesale of Mineral Products, Building Materials and Chemical Products	26469	13.3	2681.3
机械设备、五金产品及电子产品批发	Wholesale of Machinery, Hardware and Electronic Equipment	220	0.2	3.1
贸易经纪及代理	Trade Broker and Agency			
其他批发业	Other Wholesale not Classified Elsewhere	264	0.1	0.8
二、零售业	**Retail Trade**	**209466**	**216.3**	**14805.9**
综合零售	Integrated Retail	64899	123.0	8715.5
食品、饮料及烟草制品专门零售	Special Retail of Food, Beverages and Tobaccos	23306	9.3	144.3
纺织、服装及日用品专门零售	Special Retail of Textiles, Garments and Daily Consumer Articles	19539	14.1	399.2
文化、体育用品及器材专门零售	Retail of Culture, Sports Appliances and Equipments	1790	3.6	174.8
医药及医疗器材专门零售	Special Retail of Medicines and Medical Appliances Retail of Medicines	73632	35.0	904.0
汽车、摩托车、燃料及零配件专门零售	Special Retail of Motor Vehicles, Motorcycles, Fuel and parts	16770	12.8	2979.9
家用电器及电子产品专门零售	Special Retail of Household Electric Appliances and Electronic Products	8299	17.4	1424.1
五金、家具及室内装饰材料专门零售	Special Retail of Hardware, Furniture and interior Decoration Materials	447	0.7	51.3
货摊、无店铺及其他零售业	Stalls, Non-shop and Other Retails	784	0.5	12.8

3-10-3 续表 Continued

项　目	Item	商品销售额(亿元) Total Sales of Commodities (100 million yuan)	#零售额 Retail
总　计	**Total**	**38012.7**	**28919.0**
一、批发业	**Wholesale Trade**	**9845.0**	**5199.1**
农、林、牧产品批发	Wholesale of Agricultural, Forestry and Livestock Products	209.3	5.6
食品、饮料及烟草制品专门批发	Wholesale of Food, Beverages and Tobaccos	823.9	83.3
纺织、服装及家庭用品批发	Wholesale of Textiles, Wearing Apparel and Household Articles	320.6	153.7
文化、体育用品及器材批发	Wholesale of Culture, Sports Appliances and Equipments	312.0	136.1
医药及医疗器材批发	Wholesale of Medicines and Medical Appliances	83.7	28.7
矿产品、建材及化工产品批发	Wholesale of Mineral Products, Building Materials and Chemical Products	7942.6	4757.6
机械设备、五金产品及电子产品批发	Wholesale of Machinery, Hardware and Electronic Equipment	125.2	26.1
贸易经纪及代理	Trade Broker and Agency		
其他批发业	Other Wholesale not Classified Elsewhere	27.7	8.0
二、零售业	**Retail Trade**	**28167.6**	**23720.0**
综合零售	Integrated Retail	13180.5	11373.1
食品、饮料及烟草制品专门零售	Special Retail of Food, Beverages and Tobaccos	470.3	383.9
纺织、服装及日用品专门零售	Special Retail of Textiles, Garments and Daily Consumer Articles	1314.4	1227.2
文化、体育用品及器材专门零售	Retail of Culture, Sports Appliances and Equipments	891.3	402.8
医药及医疗器材专门零售	Special Retail of Medicines and Medical Appliances Retail of Medicines	1677.2	1503.2
汽车、摩托车、燃料及零配件专门零售	Special Retail of Motor Vehicles, Motorcycles, Fuel and parts	6787.8	5371.0
家用电器及电子产品专门零售	Special Retail of Household Electric Appliances and Electronic Products	3723.3	3338.9
五金、家具及室内装饰材料专门零售	Special Retail of Hardware, Furniture and interior Decoration Materials	83.3	82.3
货摊、无店铺及其他零售业	Stalls, Non-shop and Other Retails	39.5	37.6

3-10-4 各地区连锁零售企业基本情况
Basic Statistics of Chain Retail Enterprises by Region

年份 Year	地区 Region	门店总数（个） Number of Stores (unit)	年末从业人数（万人） Engaged Persons at Year-end (10 000 persons)	年末零售营业面积（万平方米） Operating Area of Retail Enterprises at Year-end (10 000 sq.m)	商品销售额（亿元） Total Sales of Commodities (100 million yuan)	#零售额 Retail
	2004	77631	128.2	7202.6	8393.6	6163.1
	2005	105684	160.1	8687.5	12587.8	8569.5
	2006	128924	187.1	8979.0	14952.2	10764.8
	2007	145366	186.2	10044.0	17754.3	13066.8
	2008	168502	197.1	10197.8	20466.5	14369.7
	2009	175677	210.9	11809.2	22240.0	15860.3
	2010	176792	225.2	12756.8	27385.4	19009.5
	2011	195779	249.1	13670.7	34510.7	23812.5
	2012	192870	256.3	14765.9	35462.1	24605.3
	2013	204090	255.9	15640.3	38006.9	26340.8
	2014	206415	250.2	16221.3	37340.6	27356.5
	2015	209812	248.1	16862.4	35400.4	25749.3
	2016	232444	245.0	17960.1	35922.9	26856.2
	2017	236103	234.9	17329.6	35629.1	27617.2
	2018	249711	239.0	17924.7	38012.7	28919.0
北 京	Beijing	9862	16.7	922.3	3356.3	2670.8
天 津	Tianjin	2271	2.6	204.8	568.3	457.0
河 北	Hebei	6557	5.8	655.1	996.3	760.0
山 西	Shanxi	5136	4.1	335.0	475.7	370.0
内蒙古	Inner Mongolia	1041	0.6	34.8	39.0	26.0
辽 宁	Liaoning	7428	5.5	332.6	635.4	505.4
吉 林	Jilin	2165	1.4	72.5	177.8	144.5
黑龙江	Heilongjiang	1480	1.4	48.5	218.0	151.1
上 海	Shanghai	23079	27.9	1305.9	4187.8	3288.7
江 苏	Jiangsu	22353	27.6	1932.5	4635.2	3336.8
浙 江	Zhejiang	23443	12.2	1105.8	2337.7	1625.2
安 徽	Anhui	11603	9.2	676.3	1690.9	1096.2
福 建	Fujian	11719	12.0	1166.9	1673.5	1481.5
江 西	Jiangxi	5744	4.9	370.8	1025.7	662.0
山 东	Shandong	15362	18.8	2508.6	2163.5	1631.6
河 南	Henan	6127	6.0	580.5	886.0	720.7
湖 北	Hubei	10667	12.8	730.9	2196.6	1798.6
湖 南	Hunan	10766	9.3	902.7	1364.5	1242.2
广 东	Guangdong	24257	21.5	1341.3	3484.3	2870.2
广 西	Guangxi	6491	4.3	515.4	884.3	544.9
海 南	Hainan	782	0.5	44.0	220.2	122.4
重 庆	Chongqing	9218	8.3	467.9	980.4	808.2
四 川	Sichuan	13581	9.7	481.7	854.7	777.4
贵 州	Guizhou	1558	1.2	64.3	76.9	71.9
云 南	Yunnan	6136	3.8	144.7	473.8	405.5
西 藏	Tibet	110	0.1	3.3	5.1	2.5
陕 西	Shaanxi	3958	4.2	258.9	1044.0	490.9
甘 肃	Gansu	1362	1.0	82.7	194.8	172.1
青 海	Qinghai	187	0.5	16.9	24.0	21.7
宁 夏	Ningxia	1394	1.6	220.4	356.3	216.9
新 疆	Xinjiang	3874	3.6	396.7	786.0	446.1

3-10-4 续表 Continued

年份 Year	地区 Region	商品购进总额(亿元) Total Purchases Values (100 million yuan)	统一配送商品购进额(亿元) Centralized Purchase and Delivery (100 million yuan)	自有配送中心配送商品购进额 Self Centralized Purchase and Delivery	非自有配送中心配送商品购进额 Non-self Centralized Purchase and Delivery
2004		7130.1	5545.6	4481.7	1063.9
2005		10734.6	8409.4	6696.1	1251.8
2006		13447.4	10565.7	7729.7	1384.0
2007		15917.0	12542.4	9057.0	1707.3
2008		17193.1	13782.1	8654.9	3118.8
2009		19343.7	14723.1	9616.9	2647.2
2010		24044.6	17412.5	10910.3	3373.4
2011		29653.0	22919.6	13458.8	3384.1
2012		30825.5	23975.8	13932.9	3522.8
2013		32258.7	25341.8	14598.7	4554.0
2014		31298.5	24582.4	14637.3	4265.7
2015		30556.8	23379.9	13656.3	3669.4
2016		31036.9	24173.7	13989.2	4342.3
2017		30520.8	23737.6	13994.0	3174.5
2018		32133.0	24294.4	14979.0	3016.3
北京	Beijing	2944.3	2110.5	1428.8	403.5
天津	Tianjin	469.4	286.8	235.5	33.0
河北	Hebei	861.2	648.5	378.4	49.8
山西	Shanxi	358.0	203.6	109.2	0.2
内蒙古	Inner Mongolia	34.3	21.3	10.9	0.2
辽宁	Liaoning	639.9	416.3	106.1	11.4
吉林	Jilin	140.4	134.5	121.4	1.1
黑龙江	Heilongjiang	211.6	207.2	41.7	20.8
上海	Shanghai	3328.1	2666.7	1219.3	286.5
江苏	Jiangsu	4348.6	3833.3	3286.9	75.7
浙江	Zhejiang	2132.8	1805.8	1583.8	156.0
安徽	Anhui	1602.3	1156.7	559.2	46.5
福建	Fujian	1382.7	915.4	251.9	440.7
江西	Jiangxi	562.8	463.8	302.5	67.4
山东	Shandong	1859.7	1351.1	770.2	125.5
河南	Henan	789.9	456.3	282.8	30.0
湖北	Hubei	1931.4	1037.5	764.7	102.7
湖南	Hunan	847.6	717.0	490.3	95.3
广东	Guangdong	2696.0	1815.5	1070.7	513.0
广西	Guangxi	814.9	807.5	327.0	14.3
海南	Hainan	192.1	188.7		
重庆	Chongqing	746.3	600.2	464.8	108.4
四川	Sichuan	751.6	461.0	226.6	41.6
贵州	Guizhou	75.1	69.3	36.9	0.3
云南	Yunnan	250.6	214.9	102.6	21.2
西藏	Tibet	5.1	2.5		
陕西	Shaanxi	884.7	713.2	336.3	67.9
甘肃	Gansu	166.1	133.1	17.5	1.1
青海	Qinghai	14.1	10.0	1.7	
宁夏	Ningxia	377.8	210.9	115.4	3.0
新疆	Xinjiang	713.5	635.3	335.9	299.3

住宿和餐饮业

HOTELS AND CATERING SERVICES

第4篇

4-1-1 限额以上住宿和餐饮业企业基本情况

Basic Conditions of Enterprises above Designated Size of Hotels and Catering Services

项 目	Item	法人单位数(个) Number of Corporation Enterprises (unit)	年末从业人数(人) Employed Persons at Year-end (person)	年末餐饮营业面积(平方米) Business Area of Catering Services at Year-end (sq.m)
总 计	**Total**	**46872**	**4122581**	**102832988**
一、住宿业	**Hotels**	**20614**	**1780363**	**48279087**
#国有控股	State-controlled Enterprises	2830	430233	7769375
(一)按登记注册类型分	**by Type of Registration**			
1.内资企业	**Domestic Funded Enterprises**	**19829**	**1607052**	**45636888**
国有企业	State-owned Enterprises	1283	161627	3185313
集体企业	Collective-owned Enterprises	217	16385	394201
股份合作企业	Cooperative Enterprises	46	3196	65363
联营企业	Joint Ownership Enterprises	18	2183	31126
国有联营企业	State Joint Ownership Enterprises	9	1601	16760
集体联营企业	Collective Joint Ownership Enterprises	4	190	3980
国有与集体联营企业	Joint State-collective Enterprises	NA	102	1906
其他联营企业	Other Joint Ownership Enterprises	NA	290	8480
有限责任公司	Limited Liability Corporations	6501	701140	16610069
国有独资公司	State Sole Funded Corporations	464	77623	1365683
其他有限责任公司	Other Limited Liability Corporations	6037	623517	15244386
股份有限公司	Share-holding Corporations Ltd.	474	57125	1259030
私营企业	Private Enterprises	11268	664225	24039135
私营独资企业	Private-funded Enterprises	966	36892	1518595
私营合伙企业	Private Partnership Enterprises	226	10211	435896
私营有限责任公司	Private Limited Liability Corporations	9811	600800	21479422
私营股份有限公司	Private Share-holding Corporations Ltd.	265	16322	605222
其他企业	Other Enterprises	22	1171	52651
2.港、澳、台商投资企业	**Enterprises with Funds from Hongkong, Macao and Taiwan**	**487**	**112952**	**1713827**
合资经营企业	Joint-venture Enterprises	190	47122	651107
合作经营企业	Cooperative Enterprises	40	10556	103933
独资经营企业	Enterprises with Sole Investment	236	51395	902241
投资股份有限公司	Share-holding Corporations Ltd. with Investment	13	2991	39239
其他港澳台商投资企业	Other Enterprises with Funds from Hongkong, Macao and Taiwan	8	888	17307
3.外商投资企业	**Foreign Funded Enterprises**	**298**	**60359**	**928372**
中外合资经营企业	Joint-venture Enterprises	119	26270	397057
中外合作经营企业	Cooperative Enterprises	25	8133	84750
外资企业	Enterprises with Sole Foreign Investment	129	22630	399147
外商投资股份有限公司	Share-holding Corporations Ltd. with Foreign Investment	12	1128	13505
其他外商投资企业	Other Foreign Funded Enterprises	13	2198	33913
(二)按国民经济行业分	**by Sector**			
旅游饭店	Tourist Hotel	11650	1363368	33330089
一般旅馆	Fonda	8276	375524	13594237
民宿服务	Home Lodging Services	96	3483	135104
露营地服务	Campground Services	6	251	3628
其他住宿业	Others	586	37737	1216029

注：NA表示小于或等于3(下表同)。
Note: NA refers to less than or equal to three. The same applies to the tables following.

4-1-1 续表 Continued

项 目	Item	法人单位数(个) Number of Corporation Enterprises (unit)	年末从业人数(人) Employed Persons at Year-end (person)	年末餐饮营业面积(平方米) Business Area of Catering Services at Year-end (sq.m)
二、餐饮业	**Catering Services**	**26258**	**2342218**	**54553901**
#国有控股	State-controlled Enterprises	736	112578	2485336
(一)按登记注册类型分	**by Type of Registration**			
1.内资企业	**Domestic Funded Enterprises**	**25282**	**1669516**	**47742219**
国有企业	State-owned Enterprises	285	27899	700312
集体企业	Collective-owned Enterprises	123	6471	178435
股份合作企业	Cooperative Enterprises	75	5554	139973
联营企业	Joint Ownership Enterprises	7	333	10650
国有联营企业	State Joint Ownership Enterprises			
集体联营企业	Collective Joint Ownership Enterprises	4	251	8050
国有与集体联营企业	Joint State-collective Enterprises			
其他联营企业	Other Joint Ownership Enterprises	NA	82	2600
有限责任公司	Limited Liability Corporations	5473	507599	12820931
国有独资公司	State Sole Funded Corporations	131	21042	439645
其他有限责任公司	Other Limited Liability Corporations	5342	486557	12381286
股份有限公司	Share-holding Corporations Ltd.	360	55543	1248305
私营企业	Private Enterprises	18915	1063456	32546856
私营独资企业	Private-funded Enterprises	2822	88212	3496251
私营合伙企业	Private Partnership Enterprises	313	13955	529004
私营有限责任公司	Private Limited Liability Corporations	15425	934591	27771738
私营股份有限公司	Private Share-holding Corporations Ltd.	355	26698	749863
其他企业	Other Enterprises	44	2661	96757
2.港、澳、台商投资企业	**Enterprises with Funds from Hongkong, Macao and Taiwan**	**614**	**294626**	**3358672**
合资经营企业	Joint-venture Enterprises	111	54138	594580
合作经营企业	Cooperative Enterprises	17	4482	60501
独资经营企业	Enterprises with Sole Investment	476	234712	2655634
投资股份有限公司	Share-holding Corporations Ltd. with Investment	7	1002	44488
其他港澳台商投资企业	Other Enterprises with Funds from Hongkong, Macao and Taiwan	NA	292	3469
3.外商投资企业	**Foreign Funded Enterprises**	**362**	**378076**	**3453010**
中外合资经营企业	Joint-venture Enterprises	69	88569	738268
中外合作经营企业	Cooperative Enterprises	6	676	22136
外资企业	Enterprises with Sole Foreign Investment	255	272825	2492058
外商投资股份有限公司	Share-holding Corporations Ltd. with Foreign Investment	10	1037	17531
其他外商投资企业	Other Foreign Funded Enterprises	22	14969	183017
(二)按国民经济行业分	**by Sector**			
正餐服务	Dinner	24167	1595407	47181238
快餐服务	Snack	968	541912	5367159
饮料及冷饮服务	Beverage and Cold Drink	231	81165	756397
餐饮配送及外卖送餐服务	Catering Distribution and Delivery Service	534	63272	597780
其他餐饮业	Others	358	60462	651327

4-1-2 各地区限额以上住宿业企业基本情况

Basic Conditions of Enterprises above Designated Size of Hotels by Region

地区	Region	住宿业 Hotels 法人单位数(个) Number of Corporation Enterprises (unit)	住宿业 Hotels 年末从业人数(人) Employed Persons at Year-end (person)	#国有控股 State-controlled Enterprises 法人单位数(个) Number of Corporation Enterprises (unit)	#国有控股 State-controlled Enterprises 年末从业人数(人) Employed Persons at Year-end (person)
全国	**National Total**	**20614**	**1780363**	**2830**	**430233**
北京	Beijing	930	114261	357	59118
天津	Tianjin	224	17218	56	7417
河北	Hebei	453	46907	108	12862
山西	Shanxi	360	31382	64	9605
内蒙古	Inner Mongolia	276	21251	36	4811
辽宁	Liaoning	425	37078	69	10729
吉林	Jilin	211	17996	52	6156
黑龙江	Heilongjiang	191	16145	59	6321
上海	Shanghai	762	72581	146	29225
江苏	Jiangsu	1075	101285	195	31314
浙江	Zhejiang	1394	133318	155	24257
安徽	Anhui	562	41534	48	6914
福建	Fujian	967	87983	104	18339
江西	Jiangxi	597	41024	75	7697
山东	Shandong	1099	91517	144	25667
河南	Henan	1294	86347	120	16158
湖北	Hubei	865	56547	57	6623
湖南	Hunan	891	75915	79	12125
广东	Guangdong	2366	238480	201	34611
广西	Guangxi	635	49421	69	9574
海南	Hainan	256	52166	37	6850
重庆	Chongqing	461	36863	53	7862
四川	Sichuan	1141	80112	100	13891
贵州	Guizhou	704	39965	57	6772
云南	Yunnan	659	55320	87	14013
西藏	Tibet	71	5158	20	2322
陕西	Shaanxi	948	71573	94	16154
甘肃	Gansu	353	25334	67	9047
青海	Qinghai	102	7395	21	2104
宁夏	Ningxia	67	5973	9	1082
新疆	Xinjiang	275	22314	91	10613

4-1-3 各地区限额以上住宿业企业基本情况(按登记注册类型分)

Basic Conditions of Enterprises above Designated Size of Hotels by Region and Type of Registration

地区	Region	内资企业 Domestic Funded Enterprises		国有企业 State-owned Enterprises	
		法人单位数(个) Number of Corporation Enterprises (unit)	年末从业人数(人) Employed Persons at Year-end (person)	法人单位数(个) Number of Corporation Enterprises (unit)	年末从业人数(人) Employed Persons at Year-end (person)
全国	**National Total**	**19829**	**1607052**	**1283**	**161627**
北京	Beijing	874	94459	151	22286
天津	Tianjin	214	16398	22	2438
河北	Hebei	449	46240	86	9397
山西	Shanxi	360	31382	47	7527
内蒙古	Inner Mongolia	272	20434	20	1881
辽宁	Liaoning	384	31265	38	4646
吉林	Jilin	207	17567	37	4437
黑龙江	Heilongjiang	182	14523	35	3993
上海	Shanghai	716	58165	28	4664
江苏	Jiangsu	1015	91140	54	7493
浙江	Zhejiang	1336	116646	52	6391
安徽	Anhui	553	39256	13	1265
福建	Fujian	888	73314	38	4207
江西	Jiangxi	585	39701	47	3987
山东	Shandong	1073	86577	95	15715
河南	Henan	1276	83254	77	9613
湖北	Hubei	845	52529	24	2446
湖南	Hunan	874	72484	42	4894
广东	Guangdong	2172	196779	90	11177
广西	Guangxi	617	44583	41	5020
海南	Hainan	231	42929	10	1019
重庆	Chongqing	453	34861	10	1446
四川	Sichuan	1124	77414	27	3029
贵州	Guizhou	698	39372	11	1100
云南	Yunnan	641	52840	36	4486
西藏	Tibet	68	4682	13	1405
陕西	Shaanxi	932	68228	47	4711
甘肃	Gansu	351	24833	32	3980
青海	Qinghai	100	7076	9	1100
宁夏	Ningxia	66	5923	4	847
新疆	Xinjiang	273	22198	47	5027

4-1-3 续表 1 Continued 1

地　区	Region	集体企业 Collective-owned Enterprises		股份合作企业 Cooperative Enterprises	
		法人单位数（个）Number of Corporation Enterprises (unit)	年末从业人数（人）Employed Persons at Year-end (person)	法人单位数（个）Number of Corporation Enterprises (unit)	年末从业人数（人）Employed Persons at Year-end (person)
全　国	**National Total**	**217**	**16385**	**46**	**3196**
北　京	Beijing	29	3424	20	1388
天　津	Tianjin	5	534		
河　北	Hebei	9	661		
山　西	Shanxi	7	378		
内蒙古	Inner Mongolia	NA	24	NA	53
辽　宁	Liaoning	12	517		
吉　林	Jilin			NA	55
黑龙江	Heilongjiang	4	159		
上　海	Shanghai	9	630		
江　苏	Jiangsu	11	937		
浙　江	Zhejiang	14	1142	5	342
安　徽	Anhui	NA	136		
福　建	Fujian	4	222	NA	48
江　西	Jiangxi				
山　东	Shandong	12	1043	NA	241
河　南	Henan	21	1351	NA	122
湖　北	Hubei	8	940		
湖　南	Hunan	7	569	NA	260
广　东	Guangdong	26	1430	4	134
广　西	Guangxi	5	245	NA	29
海　南	Hainan			NA	100
重　庆	Chongqing	5	438		
四　川	Sichuan	4	466	NA	123
贵　州	Guizhou	4	81	NA	26
云　南	Yunnan	8	532		
西　藏	Tibet	NA	46		
陕　西	Shaanxi	5	239	NA	178
甘　肃	Gansu	NA	191		
青　海	Qinghai	NA	50	NA	97
宁　夏	Ningxia				
新　疆	Xinjiang				

4-1-3 续表 2 Continued 2

地区	Region	联营企业 Joint Ownership Enterprises		有限责任公司 Limited Liability Corporations	
		法人单位数 (个) Number of Corporation Enterprises (unit)	年末从业人数 (人) Employed Persons at Year-end (person)	法人单位数 (个) Number of Corporation Enterprises (unit)	年末从业人数 (人) Employed Persons at Year-end (person)
全国	**National Total**	**18**	**2183**	**6501**	**701140**
北京	Beijing	NA	165	383	49324
天津	Tianjin			80	8359
河北	Hebei			119	16042
山西	Shanxi			71	9406
内蒙古	Inner Mongolia	NA	35	116	10296
辽宁	Liaoning	NA	61	135	13284
吉林	Jilin			88	8157
黑龙江	Heilongjiang			76	5460
上海	Shanghai	NA	49	249	30983
江苏	Jiangsu	NA	209	319	39620
浙江	Zhejiang	NA	58	345	44944
安徽	Anhui			182	17035
福建	Fujian	NA	469	205	27489
江西	Jiangxi	NA	28	188	16188
山东	Shandong			318	35195
河南	Henan	NA	45	458	34394
湖北	Hubei	NA	170	251	20164
湖南	Hunan			198	23520
广东	Guangdong	NA	164	785	95425
广西	Guangxi			176	15105
海南	Hainan			182	33087
重庆	Chongqing			123	14766
四川	Sichuan			377	32836
贵州	Guizhou	NA	34	161	14385
云南	Yunnan	NA	103	215	23770
西藏	Tibet			24	2044
陕西	Shaanxi			380	35721
甘肃	Gansu	NA	533	132	10207
青海	Qinghai			30	1735
宁夏	Ningxia			20	2023
新疆	Xinjiang	NA	60	115	10176

4-1-3 续表 3 Continued 3

地 区	Region	股份有限公司 Share-holding Corporations Ltd. 法人单位数(个) Number of Corporation Enterprises (unit)	股份有限公司 Share-holding Corporations Ltd. 年末从业人数(人) Employed Persons at Year-end (person)	私营企业 Private Enterprises 法人单位数(个) Number of Corporation Enterprises (unit)	私营企业 Private Enterprises 年末从业人数(人) Employed Persons at Year-end (person)
全 国	**National Total**	**474**	**57125**	**11268**	**664225**
北 京	Beijing	9	1707	279	16165
天 津	Tianjin	7	507	100	4560
河 北	Hebei	6	864	229	19276
山 西	Shanxi	9	819	226	13252
内蒙古	Inner Mongolia	6	368	127	7777
辽 宁	Liaoning	11	1567	186	11175
吉 林	Jilin	7	793	73	4115
黑龙江	Heilongjiang	5	1013	62	3898
上 海	Shanghai	13	2201	414	19390
江 苏	Jiangsu	30	5526	597	37325
浙 江	Zhejiang	19	3516	900	60253
安 徽	Anhui	7	756	346	19921
福 建	Fujian	20	1726	619	39153
江 西	Jiangxi	25	1429	323	18037
山 东	Shandong	29	2384	617	31999
河 南	Henan	34	2733	684	34996
湖 北	Hubei	18	2153	543	26656
湖 南	Hunan	27	2868	598	40373
广 东	Guangdong	45	7318	1217	80969
广 西	Guangxi	20	2362	373	21723
海 南	Hainan	11	4197	26	4335
重 庆	Chongqing	9	860	304	17248
四 川	Sichuan	31	3324	682	37636
贵 州	Guizhou	10	905	510	22841
云 南	Yunnan	19	1545	361	22379
西 藏	Tibet	NA	133	26	1024
陕 西	Shaanxi	24	1616	473	25708
甘 肃	Gansu	10	603	173	9319
青 海	Qinghai	4	682	55	3412
宁 夏	Ningxia			42	3053
新 疆	Xinjiang	6	650	103	6257

4-1-3 续表 4 Continued 4

地 区	Region	港、澳、台商投资企业 Enterprises with Funds from Hongkong, Macao and Taiwan		外商投资企业 Foreign Funded Enterprises	
		法人单位数 (个) Number of Corporation Enterprises (unit)	年末从业人数 (人) Employed Persons at Year-end (person)	法人单位数 (个) Number of Corporation Enterprises (unit)	年末从业人数 (人) Employed Persons at Year-end (person)
全 国	**National Total**	**487**	**112952**	**298**	**60359**
北 京	Beijing	35	14098	21	5704
天 津	Tianjin	4	294	6	526
河 北	Hebei	4	667		
山 西	Shanxi				
内蒙古	Inner Mongolia	NA	785	NA	32
辽 宁	Liaoning	20	4317	21	1496
吉 林	Jilin	NA	261	NA	168
黑龙江	Heilongjiang	6	1022	NA	600
上 海	Shanghai	26	6816	20	7600
江 苏	Jiangsu	35	5759	25	4386
浙 江	Zhejiang	33	9024	25	7648
安 徽	Anhui	8	2223	NA	55
福 建	Fujian	50	9498	29	5171
江 西	Jiangxi	7	819	5	504
山 东	Shandong	15	3496	11	1444
河 南	Henan	13	2394	5	699
湖 北	Hubei	12	2678	8	1340
湖 南	Hunan	13	2931	4	500
广 东	Guangdong	132	28169	62	13532
广 西	Guangxi	17	4523	NA	315
海 南	Hainan	18	7180	7	2057
重 庆	Chongqing	4	837	4	1165
四 川	Sichuan	7	1250	10	1448
贵 州	Guizhou	NA	139	NA	454
云 南	Yunnan	10	1795	8	685
西 藏	Tibet	NA	172	NA	304
陕 西	Shaanxi	7	1622	9	1723
甘 肃	Gansu	NA	183	NA	318
青 海	Qinghai			NA	319
宁 夏	Ningxia			NA	50
新 疆	Xinjiang			NA	116

4-1-4 各地区限额以上住宿业企业基本情况(按国民经济行业分)

Basic Conditions of Enterprises above Designated Size of Hotels by Region and Sector

地区	Region	旅游饭店 Tourist Hotel		一般旅馆 Fonda		民宿服务 Home Lodging Services	
		法人单位数(个) Number of Corporation Enterprises (unit)	年末从业人数(人) Employed Persons at Year-end (person)	法人单位数(个) Number of Corporation Enterprises (unit)	年末从业人数(人) Employed Persons at Year-end (person)	法人单位数(个) Number of Corporation Enterprises (unit)	年末从业人数(人) Employed Persons at Year-end (person)
全国	**National Total**	**11650**	**1363368**	**8276**	**375524**	**96**	**3483**
北京	Beijing	523	88518	379	23066	NA	29
天津	Tianjin	95	10999	105	4577	6	391
河北	Hebei	258	30926	184	14033		
山西	Shanxi	177	20816	177	10280		
内蒙古	Inner Mongolia	165	14814	107	6099	NA	11
辽宁	Liaoning	274	30166	135	5163	NA	869
吉林	Jilin	147	14273	54	2867		
黑龙江	Heilongjiang	119	12126	58	2936		
上海	Shanghai	334	52723	407	18999	NA	58
江苏	Jiangsu	594	82198	434	16277	5	225
浙江	Zhejiang	863	114873	494	17576	30	535
安徽	Anhui	306	31581	239	9054	NA	38
福建	Fujian	581	70789	365	16181	4	246
江西	Jiangxi	316	27765	232	10131	14	168
山东	Shandong	635	73031	435	17556	4	80
河南	Henan	621	57441	634	26913	NA	107
湖北	Hubei	412	38025	428	17101	NA	55
湖南	Hunan	493	56046	358	16834	NA	61
广东	Guangdong	1367	189847	916	43809	5	174
广西	Guangxi	391	37433	230	11377	NA	27
海南	Hainan	237	50916	15	898		
重庆	Chongqing	260	27444	189	8511	NA	25
四川	Sichuan	592	56293	522	22607	NA	51
贵州	Guizhou	405	29818	281	9207	NA	65
云南	Yunnan	358	38685	280	15177	4	163
西藏	Tibet	68	5005	NA	50		
陕西	Shaanxi	496	51129	421	18778	NA	55
甘肃	Gansu	232	20182	98	4162		
青海	Qinghai	74	5943	22	1086		
宁夏	Ningxia	50	4958	14	739	NA	50
新疆	Xinjiang	207	18605	62	3480		

4-1-4 续表 continued

地 区	Region	露营地服务 Campground Services		其他住宿业 Others	
		法人单位数 (个) Number of Corporation Enterprises (unit)	年末从业人数 (人) Employed Persons at Year-end (person)	法人单位数 (个) Number of Corporation Enterprises (unit)	年末从业人数 (人) Employed Persons at Year-end (person)
全 国	**National Total**	**6**	**251**	**586**	**37737**
北 京	Beijing			26	2648
天 津	Tianjin			18	1251
河 北	Hebei			11	1948
山 西	Shanxi			6	286
内 蒙 古	Inner Mongolia			NA	327
辽 宁	Liaoning			15	880
吉 林	Jilin			10	856
黑 龙 江	Heilongjiang			14	1083
上 海	Shanghai			19	801
江 苏	Jiangsu			42	2585
浙 江	Zhejiang	NA	30	6	304
安 徽	Anhui			14	861
福 建	Fujian			17	767
江 西	Jiangxi			35	2960
山 东	Shandong	NA	35	24	815
河 南	Henan			36	1886
湖 北	Hubei			23	1366
湖 南	Hunan			38	2974
广 东	Guangdong	NA	77	76	4573
广 西	Guangxi			13	584
海 南	Hainan			4	352
重 庆	Chongqing			11	883
四 川	Sichuan	NA	27	24	1134
贵 州	Guizhou			17	875
云 南	Yunnan			17	1295
西 藏	Tibet			NA	103
陕 西	Shaanxi	NA	82	28	1529
甘 肃	Gansu			23	990
青 海	Qinghai			6	366
宁 夏	Ningxia			NA	226
新 疆	Xinjiang			6	229

4-1-5 各地区限额以上餐饮业企业基本情况
Basic Conditions of Enterprises above Designated Size of Catering Services by Region

地区	Region	餐饮业 Catering Services		#国有控股 State-controlled Enterprises	
		法人单位数（个） Number of Corporation Enterprises (unit)	年末从业人数（人） Employed Persons at Year-end (person)	法人单位数（个） Number of Corporation Enterprises (unit)	年末从业人数（人） Employed Persons at Year-end (person)
全国	**National Total**	**26258**	**2342218**	**736**	**112578**
北京	Beijing	1259	261022	80	15809
天津	Tianjin	345	49368	15	1208
河北	Hebei	442	29781	26	2335
山西	Shanxi	442	38834	26	2080
内蒙古	Inner Mongolia	281	25772	14	2201
辽宁	Liaoning	304	28156	16	3744
吉林	Jilin	174	8377	9	1421
黑龙江	Heilongjiang	80	4720	9	409
上海	Shanghai	1626	270869	53	10018
江苏	Jiangsu	1848	199339	85	10175
浙江	Zhejiang	1659	143461	37	8629
安徽	Anhui	1252	86510	16	5562
福建	Fujian	1092	80039	16	2299
江西	Jiangxi	540	26949	21	1573
山东	Shandong	1609	108680	73	10140
河南	Henan	983	50692	12	1201
湖北	Hubei	1479	101693	22	5084
湖南	Hunan	1101	69152	18	1861
广东	Guangdong	3491	376859	47	10276
广西	Guangxi	362	30429	12	740
海南	Hainan	55	5908	NA	29
重庆	Chongqing	1224	63581	11	981
四川	Sichuan	1544	106641	27	2544
贵州	Guizhou	611	21651	13	1192
云南	Yunnan	611	31102	16	2477
西藏	Tibet	10	520		
陕西	Shaanxi	1282	83630	31	5057
甘肃	Gansu	348	21204	15	1914
青海	Qinghai	48	2977	NA	78
宁夏	Ningxia	62	4952	NA	257
新疆	Xinjiang	94	9350	11	1284

4-1-6 各地区限额以上餐饮业企业基本情况(按登记注册类型分)

Basic Conditions of Enterprises above Designated Size of Catering Services by Region and Type of Registration

地 区	Region	内资企业 Domestic Funded Enterprises		国有企业 State-owned Enterprises	
		法人单位数 (个) Number of Corporation Enterprises (unit)	年末从业人数 (人) Employed Persons at Year-end (person)	法人单位数 (个) Number of Corporation Enterprises (unit)	年末从业人数 (人) Employed Persons at Year-end (person)
全 国	**National Total**	**25282**	**1669516**	**285**	**27899**
北 京	Beijing	1155	142121	23	2340
天 津	Tianjin	324	23011	5	484
河 北	Hebei	438	29255	16	1009
山 西	Shanxi	440	34057	18	1233
内蒙古	Inner Mongolia	279	24884	7	1083
辽 宁	Liaoning	283	18368	6	497
吉 林	Jilin	171	8319	5	1042
黑龙江	Heilongjiang	75	4035	7	278
上 海	Shanghai	1371	107849	12	1044
江 苏	Jiangsu	1783	137635	21	2493
浙 江	Zhejiang	1629	113471	7	1046
安 徽	Anhui	1249	86346	NA	260
福 建	Fujian	1048	50516	5	420
江 西	Jiangxi	529	24610	10	765
山 东	Shandong	1579	99693	39	4994
河 南	Henan	980	50153	NA	137
湖 北	Hubei	1457	79239	12	671
湖 南	Hunan	1096	58685	5	472
广 东	Guangdong	3208	250523	19	2576
广 西	Guangxi	354	24536	9	423
海 南	Hainan	48	5111	NA	29
重 庆	Chongqing	1217	53442	NA	155
四 川	Sichuan	1525	85703	9	828
贵 州	Guizhou	609	21480	NA	155
云 南	Yunnan	607	25998	5	361
西 藏	Tibet	10	520		
陕 西	Shaanxi	1269	73964	11	690
甘 肃	Gansu	347	19724	11	689
青 海	Qinghai	48	2977		
宁 夏	Ningxia	62	4952	NA	179
新 疆	Xinjiang	92	8339	9	1546

4-1-6 续表 1 Continued 1

地 区	Region	集体企业 Collective-owned Enterprises		股份合作企业 Cooperative Enterprises	
		法人单位数（个） Number of Corporation Enterprises (unit)	年末从业人数（人） Employed Persons at Year-end (person)	法人单位数（个） Number of Corporation Enterprises (unit)	年末从业人数（人） Employed Persons at Year-end (person)
全 国	**National Total**	**123**	**6471**	**75**	**5554**
北 京	Beijing	15	866	20	1098
天 津	Tianjin	NA	65		
河 北	Hebei	NA	120	NA	273
山 西	Shanxi	4	343	NA	45
内 蒙 古	Inner Mongolia			NA	58
辽 宁	Liaoning	NA	25		
吉 林	Jilin	NA	37		
黑 龙 江	Heilongjiang				
上 海	Shanghai	13	974	5	372
江 苏	Jiangsu	9	536	NA	1
浙 江	Zhejiang	NA	90	NA	229
安 徽	Anhui	5	191		
福 建	Fujian	NA	88	NA	65
江 西	Jiangxi	NA	63	NA	89
山 东	Shandong	8	524	NA	86
河 南	Henan	6	171	NA	38
湖 北	Hubei	NA	117		
湖 南	Hunan				
广 东	Guangdong	25	1298	29	1305
广 西	Guangxi	NA	103	NA	112
海 南	Hainan				
重 庆	Chongqing	11	466	NA	36
四 川	Sichuan	NA	140	5	1747
贵 州	Guizhou	NA	40		
云 南	Yunnan	NA	5		
西 藏	Tibet				
陕 西	Shaanxi	4	167		
甘 肃	Gansu	NA	42		
青 海	Qinghai				
宁 夏	Ningxia				
新 疆	Xinjiang				

地　区	Region	联营企业 Joint Ownership Enterprises 法人单位数(个) Number of Corporation Enterprises (unit)	联营企业 Joint Ownership Enterprises 年末从业人数(人) Employed Persons at Year-end (person)	有限责任公司 Limited Liability Corporations 法人单位数(个) Number of Corporation Enterprises (unit)	有限责任公司 Limited Liability Corporations 年末从业人数(人) Employed Persons at Year-end (person)
全　国	**National Total**	**7**	**333**	**5473**	**507599**
北　京	Beijing			366	60147
天　津	Tianjin			128	11892
河　北	Hebei			77	6696
山　西	Shanxi			68	6667
内蒙古	Inner Mongolia			117	10158
辽　宁	Liaoning			64	3668
吉　林	Jilin			58	3003
黑龙江	Heilongjiang			21	930
上　海	Shanghai	NA	23	192	25886
江　苏	Jiangsu	NA	24	327	39168
浙　江	Zhejiang			208	26625
安　徽	Anhui			303	22293
福　建	Fujian			141	8182
江　西	Jiangxi			139	6920
山　东	Shandong			385	31272
河　南	Henan			280	21041
湖　北	Hubei	NA	160	332	24560
湖　南	Hunan			151	10511
广　东	Guangdong			728	85824
广　西	Guangxi			77	8991
海　南	Hainan			31	3173
重　庆	Chongqing	NA	101	183	11131
四　川	Sichuan			291	28683
贵　州	Guizhou			67	4241
云　南	Yunnan			115	6546
西　藏	Tibet			4	253
陕　西	Shaanxi			480	29615
甘　肃	Gansu	NA	25	97	6119
青　海	Qinghai			7	539
宁　夏	Ningxia			13	1292
新　疆	Xinjiang			23	1573

地 区	Region	股份有限公司 Share-holding Corporations Ltd.		私营企业 Private Enterprises	
		法人单位数 (个) Number of Corporation Enterprises (unit)	年末从业人数 (人) Employed Persons at Year-end (person)	法人单位数 (个) Number of Corporation Enterprises (unit)	年末从业人数 (人) Employed Persons at Year-end (person)
全 国	**National Total**	**360**	**55543**	**18915**	**1063456**
北 京	Beijing	17	5424	714	72246
天 津	Tianjin	5	936	184	9632
河 北	Hebei	11	2601	328	18556
山 西	Shanxi	7	427	342	25342
内蒙古	Inner Mongolia	7	1969	147	11616
辽 宁	Liaoning	10	3064	201	10995
吉 林	Jilin	7	337	99	3900
黑龙江	Heilongjiang	4	267	43	2560
上 海	Shanghai	7	1958	1133	76564
江 苏	Jiangsu	29	3942	1389	91377
浙 江	Zhejiang	16	4890	1393	80591
安 徽	Anhui	10	879	927	62671
福 建	Fujian	4	183	894	41168
江 西	Jiangxi	9	613	369	16160
山 东	Shandong	31	5257	1111	57382
河 南	Henan	20	941	668	27735
湖 北	Hubei	19	2170	1086	51383
湖 南	Hunan	26	1924	911	45720
广 东	Guangdong	33	5472	2366	153801
广 西	Guangxi	9	458	255	14449
海 南	Hainan	NA	196	14	1713
重 庆	Chongqing	5	172	1011	41381
四 川	Sichuan	20	1498	1197	52807
贵 州	Guizhou	4	122	535	16922
云 南	Yunnan	8	451	477	18612
西 藏	Tibet			6	267
陕 西	Shaanxi	25	8325	745	34985
甘 肃	Gansu	8	440	229	12409
青 海	Qinghai	NA	173	39	2265
宁 夏	Ningxia	NA	174	45	3307
新 疆	Xinjiang	NA	280	57	4940

4-1-6 续表 4 Continued 4

地 区	Region	港、澳、台商投资企业 Enterprises with Funds from Hongkong, Macao and Taiwan 法人单位数(个) Number of Corporation Enterprises (unit)	港、澳、台商投资企业 年末从业人数(人) Employed Persons at Year-end (person)	外商投资企业 Foreign Funded Enterprises 法人单位数(个) Number of Corporation Enterprises (unit)	外商投资企业 年末从业人数(人) Employed Persons at Year-end (person)
全 国	**National Total**	**614**	**294626**	**362**	**378076**
北 京	Beijing	59	68306	45	50595
天 津	Tianjin	9	10797	12	15560
河 北	Hebei	NA	501	NA	25
山 西	Shanxi	NA	1455	NA	3322
内 蒙 古	Inner Mongolia	NA	169	NA	719
辽 宁	Liaoning	12	4564	9	5224
吉 林	Jilin			NA	58
黑 龙 江	Heilongjiang	NA	484	NA	201
上 海	Shanghai	152	67810	103	95210
江 苏	Jiangsu	40	23332	25	38372
浙 江	Zhejiang	18	12245	12	17745
安 徽	Anhui	NA	102	NA	62
福 建	Fujian	28	11994	16	17529
江 西	Jiangxi	7	517	4	1822
山 东	Shandong	12	3167	18	5820
河 南	Henan	NA	122	NA	417
湖 北	Hubei	13	20320	9	2134
湖 南	Hunan	NA	106	NA	10361
广 东	Guangdong	216	55047	67	71289
广 西	Guangxi	6	600	NA	5293
海 南	Hainan	7	797		
重 庆	Chongqing	NA	127	5	10012
四 川	Sichuan	11	7312	8	13626
贵 州	Guizhou	NA	171		
云 南	Yunnan	NA	1012	NA	4092
西 藏	Tibet				
陕 西	Shaanxi	6	3569	7	6097
甘 肃	Gansu			NA	1480
青 海	Qinghai				
宁 夏	Ningxia				
新 疆	Xinjiang			NA	1011

4-1-7 各地区限额以上餐饮业企业基本情况(按国民经济行业分)

Basic Conditions of Enterprises above Designated Size of Catering Services by Region and Sector

地　区	Region	正餐服务 Dinner		快餐服务 Snack		饮料及冷饮服务 Beverage and Cold Drink	
		法人单位数(个) Number of Corporation Enterprises (unit)	年末从业人数(人) Employed Persons at Year-end (person)	法人单位数(个) Number of Corporation Enterprises (unit)	年末从业人数(人) Employed Persons at Year-end (person)	法人单位数(个) Number of Corporation Enterprises (unit)	年末从业人数(人) Employed Persons at Year-end (person)
全　国	**National Total**	**24167**	**1595407**	**968**	**541912**	**231**	**81165**
北　京	Beijing	1054	146807	98	82473	24	11036
天　津	Tianjin	274	18410	23	27755	NA	54
河　北	Hebei	430	29252	8	354		
山　西	Shanxi	431	32731	9	6057		
内蒙古	Inner Mongolia	274	24692	6	1048		
辽　宁	Liaoning	259	14849	27	11082	4	877
吉　林	Jilin	163	7592	NA	560	NA	26
黑龙江	Heilongjiang	77	3664	NA	1029	NA	27
上　海	Shanghai	1366	170079	107	47288	30	34006
江　苏	Jiangsu	1655	123512	101	63839	16	1462
浙　江	Zhejiang	1527	103091	60	34356	21	802
安　徽	Anhui	1194	59977	35	20883	8	211
福　建	Fujian	997	47841	50	28121	14	1301
江　西	Jiangxi	518	24512	15	2267	NA	18
山　东	Shandong	1498	90058	67	11821	6	570
河　南	Henan	924	41514	43	7917	NA	76
湖　北	Hubei	1438	76365	19	18115	5	3366
湖　南	Hunan	1063	53878	21	14632	5	192
广　东	Guangdong	3039	221637	155	109577	57	22576
广　西	Guangxi	337	19595	16	9663	4	168
海　南	Hainan	51	4617	NA	1229	NA	62
重　庆	Chongqing	1192	57680	17	4469	NA	64
四　川	Sichuan	1489	73806	24	18303	13	3128
贵　州	Guizhou	576	19270	9	160	NA	59
云　南	Yunnan	589	23700	7	4906	NA	128
西　藏	Tibet	7	315	NA	178	NA	27
陕　西	Shaanxi	1217	72798	26	8943	7	917
甘　肃	Gansu	335	18518	7	2297	NA	12
青　海	Qinghai	46	2926	NA	10		
宁　夏	Ningxia	62	4952				
新　疆	Xinjiang	85	6769	7	2580		

地 区	Region	餐饮配送及外卖送餐服务 Catering Distribution and Delivery Service		其他餐饮业 Others	
		法人单位数 (个) Number of Corporation Enterprises (unit)	年末从业人数 (人) Employed Persons at Year-end (person)	法人单位数 (个) Number of Corporation Enterprises (unit)	年末从业人数 (人) Employed Persons at Year-end (person)
全 国	**National Total**	**534**	**63272**	**358**	**60462**
北 京	Beijing	44	4737	39	15969
天 津	Tianjin	30	2243	16	906
河 北	Hebei	NA	50	NA	125
山 西	Shanxi	NA	31	NA	15
内 蒙 古	Inner Mongolia			NA	32
辽 宁	Liaoning	9	954	5	394
吉 林	Jilin	4	80	NA	119
黑 龙 江	Heilongjiang				
上 海	Shanghai	81	11989	42	7507
江 苏	Jiangsu	49	4890	27	5636
浙 江	Zhejiang	34	2397	17	2815
安 徽	Anhui	8	4828	7	611
福 建	Fujian	13	881	18	1895
江 西	Jiangxi	4	71	NA	81
山 东	Shandong	32	4590	6	1641
河 南	Henan	8	730	6	455
湖 北	Hubei	14	3798	NA	49
湖 南	Hunan	NA	90	10	360
广 东	Guangdong	155	14747	85	8322
广 西	Guangxi			5	1003
海 南	Hainan				
重 庆	Chongqing	8	1074	6	294
四 川	Sichuan	4	320	14	11084
贵 州	Guizhou	17	2036	6	126
云 南	Yunnan	8	2201	5	167
西 藏	Tibet				
陕 西	Shaanxi	7	235	25	737
甘 肃	Gansu	NA	300	4	77
青 海	Qinghai			NA	41
宁 夏	Ningxia				
新 疆	Xinjiang			NA	

4-2-1 限额以上住宿和餐饮业企业经营情况

项　　目	Item	营业额 Business Revenue	客房收入 from Hotel Rooms
总　　计	**Total**	**96826200**	**24371806**
一、住宿业	**Hotels**	**40596770**	**21306410**
#国有控股	State-controlled Enterprises	9981226	4573191
(一)按登记注册类型分	**by Type of Registration**		
1.内资企业	**Domestic Funded Enterprises**	**35094245**	**18576118**
国有企业	State-owned Enterprises	3073506	1341001
集体企业	Collective-owned Enterprises	341040	160227
股份合作企业	Cooperative Enterprises	70269	32712
联营企业	Joint Ownership Enterprises	45620	24328
国有联营企业	State Joint Ownership Enterprises	30712	17116
集体联营企业	Collective Joint Ownership Enterprises	2757	806
国有与集体联营企业	Joint State-collective Enterprises	6397	3685
其他联营企业	Other Joint Ownership Enterprises	5753	2722
有限责任公司	Limited Liability Corporations	16154093	8224318
国有独资公司	State Sole Funded Corporations	1689659	776165
其他有限责任公司	Other Limited Liability Corporations	14464434	7448153
股份有限公司	Share-holding Corporations Ltd.	1233546	574685
私营企业	Private Enterprises	14157337	8207882
私营独资企业	Private-funded Enterprises	744094	425973
私营合伙企业	Private Partnership Enterprises	194239	99459
私营有限责任公司	Private Limited Liability Corporations	12840860	7480470
私营股份有限公司	Private Share-holding Corporations Ltd.	378144	201981
其他企业	Other Enterprises	18833	10965
2.港、澳、台商投资企业	**Enterprises with Funds from Hongkong, Macao and Taiwan**	**3504685**	**1749793**
合资经营企业	Joint-venture Enterprises	1449743	718765
合作经营企业	Cooperative Enterprises	409510	203098
独资经营企业	Enterprises with Sole Investment	1547848	777488
投资股份有限公司	Share-holding Corporations Ltd. with Investment	77958	39510
其他港澳台商投资企业	Other Enterprises with Funds from Hongkong, Macao and Taiwan	19626	10932
3.外商投资企业	**Foreign Funded Enterprises**	**1997840**	**980499**
中外合资经营企业	Joint-venture Enterprises	878052	403898
中外合作经营企业	Cooperative Enterprises	296020	136115
外资企业	Enterprises with Sole Foreign Investment	704467	377421
外商投资股份有限公司	Share-holding Corporations Ltd. with Foreign Investment	37377	23266
其他外商投资企业	Other Foreign Funded Enterprises	81924	39799
(二)按国民经济行业分	**by Sector**		
旅游饭店	Tourist Hotel	31438940	15188682
一般旅馆	Fonda	8300764	5612548
民宿服务	Home Lodging Services	69904	45998
露营地服务	Campground Services	3396	1065
其他住宿业	Others	783765	458117

注：部分数据合计数由于单位取舍不同而产生的计算误差，未做机械调整(下表同)。
Note: Statistical discrepancies on totals figures due to rounding are not adjusted. The same applies to the tables following.

Business of Enterprises above Designated Size of Hotels and Catering Services

单位：万元

Unit: 10 000 yuan

餐费收入 from Meals	商品销售额 from Commodities	其他收入 Others	客房数 (间) Hotel Rooms (unit)	床位数 (个) Hotel Beds (unit)	餐位数 (位) Seats for Meal (unit)
64053520	**2833949**	**5566924**	**4803572**	**7781490**	**24519670**
14076593	**905419**	**4308348**	**3948405**	**6372990**	**7498865**
3457937	284472	1665630	664943	1128961	1649799
12259682	**786259**	**3472187**	**3634425**	**5893598**	**7026880**
1146252	82129	504125	183265	321924	552797
113320	7039	60453	24715	45254	69422
25893	795	10870	5520	10270	13853
17538	703	3051	2656	4366	4993
11547	624	1425	1678	2717	3023
1536		416	266	450	780
1751	75	886	268	432	500
2705	4	323	444	767	690
5647845	322791	1959139	1437525	2341157	3032153
612283	28787	272424	162577	293778	319330
5035562	294004	1686716	1274948	2047379	2712823
428575	63384	166903	95517	154046	192862
4874339	309197	765920	1883139	3013245	3156039
258116	27692	32314	94181	154514	208573
79966	6210	8604	24752	39039	57318
4387420	268591	704379	1731924	2765932	2815206
148836	6704	20623	32282	53760	74942
5920	221	1727	2088	3336	4761
1181505	**54640**	**518748**	**223262**	**346348**	**299916**
472097	22384	236496	55594	96073	123654
131742	9365	65305	11127	17652	23051
537673	22103	210584	151891	225265	140678
34265	747	3436	3222	4878	8522
5727	41	2926	1428	2480	4011
635406	**64521**	**317414**	**90718**	**133044**	**172069**
304699	10147	159308	34140	52235	89734
70753	39409	49744	7662	11735	22853
213411	13977	99658	42971	59895	51199
9740	362	4010	2764	4479	3968
36803	626	4695	3181	4700	4315
11857843	709270	3683146	2523235	4078658	5806692
1981389	163748	543079	1328699	2118053	1465921
16568	1655	5683	8622	20157	10991
1521	417	394	329	622	1210
219272	30329	76047	87520	155500	214051

项　目	Item	营业额 Business Revenue	客房收入 from Hotel Rooms
二、餐饮业	**Catering Services**	**56229430**	**3065396**
#国有控股	State-controlled Enterprises	2573887	286129
(一)按登记注册类型分	**by Type of Registration**		
1.内资企业	**Domestic Funded Enterprises**	**39404488**	**2979971**
国有企业	State-owned Enterprises	488782	115531
集体企业	Collective-owned Enterprises	177640	29623
股份合作企业	Cooperative Enterprises	141017	4789
联营企业	Joint Ownership Enterprises	11869	8
国有联营企业	State Joint Ownership Enterprises		
集体联营企业	Collective Joint Ownership Enterprises	9349	8
国有与集体联营企业	Joint State-collective Enterprises		
其他联营企业	Other Joint Ownership Enterprises	2520	
有限责任公司	Limited Liability Corporations	11681391	1000560
国有独资公司	State Sole Funded Corporations	448876	56692
其他有限责任公司	Other Limited Liability Corporations	11232516	943868
股份有限公司	Share-holding Corporations Ltd.	1355843	69832
私营企业	Private Enterprises	25486912	1755775
私营独资企业	Private-funded Enterprises	2393520	143252
私营合伙企业	Private Partnership Enterprises	334268	19953
私营有限责任公司	Private Limited Liability Corporations	22064437	1539858
私营股份有限公司	Private Share-holding Corporations Ltd.	694687	52713
其他企业	Other Enterprises	61034	3853
2.港、澳、台商投资企业	**Enterprises with Funds from Hongkong, Macao and Taiwan**	**7543148**	**58921**
合资经营企业	Joint-venture Enterprises	1340847	23758
合作经营企业	Cooperative Enterprises	126920	1084
独资经营企业	Enterprises with Sole Investment	6039192	33532
投资股份有限公司	Share-holding Corporations Ltd. with Investment	30394	547
其他港澳台商投资企业	Other Enterprises with Funds from Hongkong, Macao and Taiwan	5794	
3.外商投资企业	**Foreign Funded Enterprises**	**9281794**	**26504**
中外合资经营企业	Joint-venture Enterprises	1851171	14278
中外合作经营企业	Cooperative Enterprises	30443	2228
外资企业	Enterprises with Sole Foreign Investment	6965323	6049
外商投资股份有限公司	Share-holding Corporations Ltd. with Foreign Investment	53047	3149
其他外商投资企业	Other Foreign Funded Enterprises	381811	800
(二)按国民经济行业分	**by Sector**		
正餐服务	Restaurant	37748649	3050264
快餐服务	Snack	12762051	6148
饮料及冷饮服务	Beverage and Cold Drink	2725111	546
餐饮配送及外卖送餐服务	Catering Distribution and Delivery Service	1740295	191
其他餐饮业	Others	1253324	8247

4-2-1 Continued

单位：万元

Unit: 10 000 yuan

餐费收入 from Meals	商品销售额 from Commodities	其他收入 Others	客房数 (间) Hotel Rooms (unit)	床位数 (个) Hotel Beds (unit)	餐位数 (位) Seats for Meal (unit)
49976928	**1928531**	**1258575**	**855167**	**1408500**	**17020805**
1821993	260174	205591	59168	95949	756079
33881303	**1561302**	**981912**	**842601**	**1387914**	**14664943**
317968	17802	37482	20830	37608	186596
127318	8726	11973	3459	6200	54910
121575	11099	3554	894	1606	42881
8816	414	2631	20	40	5985
6511	199	2631	20	40	5380
2305	215				605
9723168	552840	404824	323634	521793	4256841
278892	65970	47322	18799	25165	139552
9444276	486869	357502	304835	496628	4117289
1113475	126181	46355	16600	27610	401501
22417865	839378	473893	476326	791524	9687873
2142661	87861	19747	37828	63153	1060793
305087	6670	2558	5429	9439	145387
19362253	722570	439755	415273	685988	8289032
607865	22277	11833	17796	32944	192661
51118	4863	1200	838	1533	28356
7095786	**291998**	**96443**	**9086**	**15090**	**1054664**
1268171	13467	35451	3752	6518	223502
118941	1897	4999	435	822	13956
5674111	276266	55283	4786	7543	810213
28769	369	710	113	207	5474
5794					1519
8999839	**75231**	**180221**	**3480**	**5496**	**1301198**
1819988	1807	15097	1473	2268	233833
27741	262	212	45	69	3973
6756805	46058	156412	1417	2378	1015135
20129	26195	3573	302	425	3143
375177	908	4926	243	356	45114
32654379	1180929	863077	848154	1385900	13996814
12241129	286889	227885	3662	12535	2312496
2514869	187773	21922	189	301	279879
1439499	192969	107636	361	3120	149143
1127052	79971	38055	2801	6644	282473

4-2-2 各地区限额以上住宿业企业经营情况
Business of Enterprises above Designated Size of Hotels by Region

单位：万元
Unit: 10 000 yuan

地区	Region	营业额 Business Revenue	客房收入 from Hotel Rooms	餐费收入 from Meals	商品销售额 from Commodities	其他收入 Others
全国	**National Total**	**40596770**	**21306410**	**14076593**	**905419**	**4308348**
北京	Beijing	4213923	2348753	982869	41898	840403
天津	Tianjin	401343	216334	101096	6131	77783
河北	Hebei	744945	326285	328040	10671	79949
山西	Shanxi	393631	199026	155981	4015	34609
内蒙古	Inner Mongolia	314548	169810	125065	876	18797
辽宁	Liaoning	706851	350425	234702	9917	111807
吉林	Jilin	277531	146159	104298	2966	24108
黑龙江	Heilongjiang	258383	141310	79668	12475	24930
上海	Shanghai	3014684	1707342	718510	68049	520784
江苏	Jiangsu	2491016	1151148	1053901	91994	193973
浙江	Zhejiang	3357380	1617814	1396458	31086	312021
安徽	Anhui	750726	382860	304528	18000	45338
福建	Fujian	2407258	1011516	1187412	77829	130500
江西	Jiangxi	780886	415026	304555	20967	40339
山东	Shandong	1708932	853014	675171	36726	144021
河南	Henan	1250600	646106	482170	35098	87226
湖北	Hubei	1332180	728678	466180	48644	88678
湖南	Hunan	1656056	874695	623961	61556	95843
广东	Guangdong	5751216	3005930	1776630	115356	853300
广西	Guangxi	852777	503298	265294	24844	59341
海南	Hainan	1221858	769749	349208	5714	97187
重庆	Chongqing	891370	477969	326275	26613	60513
四川	Sichuan	1713504	885408	668936	58409	100750
贵州	Guizhou	734286	479750	196597	19842	38098
云南	Yunnan	974390	587793	276885	30977	78736
西藏	Tibet	89558	55883	21049	567	12060
陕西	Shaanxi	1377717	703377	571699	32107	70534
甘肃	Gansu	380160	238429	120884	4790	16057
青海	Qinghai	88449	57066	23692	679	7011
宁夏	Ningxia	79671	40208	31949	1582	5932
新疆	Xinjiang	380941	215248	122933	5039	37721

4-2-2 续表 Continued

国有控股

State-controlled Enterprises

单位：万元

Unit: 10 000 yuan

地 区	Region	营业额 Business Revenue	客房收入 from Hotel Rooms	餐费收入 from Meals	商品销售额 from Commodities	其他收入 Others
全 国	**National Total**	**9981229**	**4573191**	**3457937**	**284472**	**1665630**
北 京	Beijing	2065259	996475	562785	19799	486200
天 津	Tianjin	145549	66910	46201	4716	27722
河 北	Hebei	188360	72034	84225	1696	30405
山 西	Shanxi	108004	48187	43991	555	15271
内蒙古	Inner Mongolia	61837	23302	32106	186	6243
辽 宁	Liaoning	169113	65124	69294	2655	32041
吉 林	Jilin	72538	33552	30334	562	8090
黑龙江	Heilongjiang	93211	43121	29345	9453	11292
上 海	Shanghai	1164837	540905	292304	60155	271473
江 苏	Jiangsu	790564	298748	330220	52253	109344
浙 江	Zhejiang	657541	290526	258940	8041	100034
安 徽	Anhui	124143	51031	55727	4613	12771
福 建	Fujian	463648	208707	215482	7769	31690
江 西	Jiangxi	134920	62430	58035	5499	8955
山 东	Shandong	448195	194438	191908	8318	53532
河 南	Henan	229782	97851	93241	6421	32269
湖 北	Hubei	134279	68295	43133	3140	19710
湖 南	Hunan	234854	96015	97772	9746	31322
广 东	Guangdong	953944	477190	306158	8964	161631
广 西	Guangxi	151623	56815	56066	17994	20748
海 南	Hainan	150660	96147	41740	73	12701
重 庆	Chongqing	143728	65854	52247	4032	21595
四 川	Sichuan	231287	107758	81444	11492	30593
贵 州	Guizhou	126377	58990	45613	9055	12719
云 南	Yunnan	242071	109915	79220	16170	36767
西 藏	Tibet	37978	19807	9368	19	8783
陕 西	Shaanxi	284808	125371	123172	4427	31838
甘 肃	Gansu	138563	80054	47630	1603	9276
青 海	Qinghai	30961	16708	8843	620	4790
宁 夏	Ningxia	14664	6737	5408	616	1903
新 疆	Xinjiang	187931	94194	65985	3830	23922

4-2-3 各地区限额以上住宿业企业经营情况(按登记注册类型分)

Business of Enterprises above Designated Size of Hotels by Region and Type of Registration

内资企业
Domestic Funded Enterprises

单位：万元
Unit: 10 000 yuan

地　区	Region	营业额 Business Revenue	客房收入 from Hotel Rooms	餐费收入 from Meals	商品销售额 from Commodities	其他收入 Others
全　国	**National Total**	**35094245**	**18576118**	**12259682**	**786259**	**3472187**
北　京	Beijing	3172279	1806266	778338	31587	556088
天　津	Tianjin	351726	197794	96858	5963	51111
河　北	Hebei	729924	317904	322292	10666	79063
山　西	Shanxi	393631	199026	155981	4015	34609
内蒙古	Inner Mongolia	290867	159090	114371	876	16530
辽　宁	Liaoning	554304	275575	184340	7020	87369
吉　林	Jilin	269210	142130	100337	2839	23904
黑龙江	Heilongjiang	219303	122587	63584	11150	21982
上　海	Shanghai	2224777	1326090	525038	31519	342129
江　苏	Jiangsu	2236250	1030366	937541	89888	178454
浙　江	Zhejiang	2874236	1427031	1176400	25693	245113
安　徽	Anhui	702217	360137	284233	17226	40622
福　建	Fujian	2003154	835223	992977	68641	106313
江　西	Jiangxi	756998	402747	293906	20441	39904
山　东	Shandong	1577032	792195	623756	31980	129102
河　南	Henan	1194810	622386	459310	33049	80066
湖　北	Hubei	1230648	672040	429503	48148	80958
湖　南	Hunan	1599446	842558	603916	60873	92100
广　东	Guangdong	4656203	2451047	1384676	84099	736381
广　西	Guangxi	736111	448613	211512	22457	53529
海　南	Hainan	945657	588436	269526	5128	82567
重　庆	Chongqing	831725	448470	307746	24774	50734
四　川	Sichuan	1629420	835985	643190	56926	93319
贵　州	Guizhou	722486	473744	191749	19288	37705
云　南	Yunnan	921717	556200	259873	30037	75607
西　藏	Tibet	72906	45028	15975	427	11476
陕　西	Shaanxi	1282203	655489	538164	29464	59086
甘　肃	Gansu	372067	233423	117864	4785	15994
青　海	Qinghai	84439	55144	21844	679	6772
宁　夏	Ningxia	79270	39807	31949	1582	5932
新　疆	Xinjiang	379229	213586	122933	5039	37671

国有企业
State-owned Enterprises

单位：万元
Unit: 10 000 yuan

地区	Region	营业额 Business Revenue	客房收入 from Hotel Rooms	餐费收入 from Meals	商品销售额 from Commodities	其他收入 Others
全国	**National Total**	**3073506**	**1341001**	**1146252**	**82129**	**504125**
北京	Beijing	668248	311651	176622	10194	169782
天津	Tianjin	39449	15543	10902	4074	8931
河北	Hebei	113725	44544	55789	1490	11901
山西	Shanxi	88519	40562	40996	381	6580
内蒙古	Inner Mongolia	19559	8685	9517	12	1344
辽宁	Liaoning	71833	28542	29621	334	13337
吉林	Jilin	51109	23977	22508	178	4446
黑龙江	Heilongjiang	65889	27673	22802	9063	6351
上海	Shanghai	166215	59801	50118	4089	52206
江苏	Jiangsu	139441	50487	68508	4276	16170
浙江	Zhejiang	187974	84431	75680	1322	26541
安徽	Anhui	16552	5989	8194	786	1583
福建	Fujian	86842	39638	33142	329	13732
江西	Jiangxi	61317	30026	27109	1305	2877
山东	Shandong	270572	107120	133885	4255	25312
河南	Henan	126294	52803	54246	4124	15120
湖北	Hubei	37107	17307	16689	562	2549
湖南	Hunan	85603	39961	35481	5167	4994
广东	Guangdong	249528	114706	81687	4863	48273
广西	Guangxi	76457	23460	24899	14490	13608
海南	Hainan	12939	7303	3637	51	1948
重庆	Chongqing	27211	12569	8953	957	4731
四川	Sichuan	52268	23725	19350	2223	6970
贵州	Guizhou	22786	11748	9320	139	1580
云南	Yunnan	78450	33665	24770	3518	16498
西藏	Tibet	19976	10564	4594	18	4800
陕西	Shaanxi	85050	34449	44785	1847	3969
甘肃	Gansu	60808	35716	21725	801	2567
青海	Qinghai	10714	5479	3363	288	1585
宁夏	Ningxia	10798	5201	3135	115	2347
新疆	Xinjiang	70272	33675	24226	879	11492

集体企业 单位：万元
Collective-owned Enterprises Unit: 10 000 yuan

地 区	Region	营业额 Business Revenue	客房收入 from Hotel Rooms	餐费收入 from Meals	商品销售额 from Commodities	其他收入 Others
全 国	**National Total**	**341040**	**160227**	**113320**	**7039**	**60453**
北 京	Beijing	95296	50585	14274	381	30057
天 津	Tianjin	7213	2346	2077	32	2758
河 北	Hebei	11546	3753	7134	104	554
山 西	Shanxi	3727	2799	812	1	115
内蒙古	Inner Mongolia	403	391		12	
辽 宁	Liaoning	7900	3654	3593	93	560
吉 林	Jilin					
黑龙江	Heilongjiang	2177	1434	390	17	337
上 海	Shanghai	16675	4766	10787	39	1083
江 苏	Jiangsu	25260	9309	14395	480	1076
浙 江	Zhejiang	25518	14103	7070	158	4186
安 徽	Anhui	1226	877	343		6
福 建	Fujian	6569	2812	3556		202
江 西	Jiangxi					
山 东	Shandong	12352	4247	6008	249	1848
河 南	Henan	18873	7510	7687	261	3415
湖 北	Hubei	23958	10663	10132	221	2942
湖 南	Hunan	18489	7808	5682	4354	646
广 东	Guangdong	24177	9840	8294	122	5921
广 西	Guangxi	3743	2080	764	86	813
海 南	Hainan					
重 庆	Chongqing	8459	5040	2860	14	545
四 川	Sichuan	9002	4290	2585	156	1971
贵 州	Guizhou	5504	3660	1731	114	
云 南	Yunnan	6027	4055	1671	11	290
西 藏	Tibet	856	555			302
陕 西	Shaanxi	4295	2312	1111	136	736
甘 肃	Gansu	1617	1240	365		13
青 海	Qinghai	179	101			78
宁 夏	Ningxia					
新 疆	Xinjiang					

4-2-3 续表 3 Continued 3

股份合作企业 单位：万元

Cooperative Enterprises Unit: 10 000 yuan

地区	Region	营业额 Business Revenue	客房收入 from Hotel Rooms	餐费收入 from Meals	商品销售额 from Commodities	其他收入 Others
全国	**National Total**	**70269**	**32712**	**25893**	**795**	**10870**
北京	Beijing	33427	18806	4755	331	9535
天津	Tianjin					
河北	Hebei					
山西	Shanxi					
内蒙古	Inner Mongolia	303	153	111		39
辽宁	Liaoning					
吉林	Jilin	260	88	173		
黑龙江	Heilongjiang					
上海	Shanghai					
江苏	Jiangsu					
浙江	Zhejiang	4635	2361	1772		502
安徽	Anhui					
福建	Fujian	524	312	212		
江西	Jiangxi					
山东	Shandong	5631	1867	3412	87	265
河南	Henan	1372	579	729	31	34
湖北	Hubei					
湖南	Hunan	5179	3264	1657	40	217
广东	Guangdong	1177	752	356	8	61
广西	Guangxi	279	224	1	3	51
海南	Hainan	887	404	361		121
重庆	Chongqing					
四川	Sichuan	2608	1508	761	294	46
贵州	Guizhou	248	248			
云南	Yunnan					
西藏	Tibet					
陕西	Shaanxi	13508	1919	11589		
甘肃	Gansu					
青海	Qinghai	231	225	6		
宁夏	Ningxia					
新疆	Xinjiang					

4-2-3 续表 4 Continued 4

联营企业 单位：万元

Joint Ownership Enterprises Unit: 10 000 yuan

地区	Region	营业额 Business Revenue	客房收入 from Hotel Rooms	餐费收入 from Meals	商品销售额 from Commodities	其他收入 Others
全国	**National Total**	**45620**	**24328**	**17538**	**703**	**3051**
北京	Beijing	4860	2346	1934		580
天津	Tianjin					
河北	Hebei					
山西	Shanxi					
内蒙古	Inner Mongolia	737	126	611		
辽宁	Liaoning	669	192	446		31
吉林	Jilin					
黑龙江	Heilongjiang					
上海	Shanghai	1177	421	479		277
江苏	Jiangsu	5646	2572	2328	45	701
浙江	Zhejiang	4799	2667	1751	75	307
安徽	Anhui					
福建	Fujian	10748	6249	3578	129	792
江西	Jiangxi	5176	2233	2567	342	34
山东	Shandong					
河南	Henan	403	403			
湖北	Hubei	2391	1328	947		116
湖南	Hunan					
广东	Guangdong	2582	2269	93	112	108
广西	Guangxi					
海南	Hainan					
重庆	Chongqing					
四川	Sichuan					
贵州	Guizhou	1100	890	210		
云南	Yunnan	1553	867	580		106
西藏	Tibet					
陕西	Shaanxi					
甘肃	Gansu	3287	1424	1863		
青海	Qinghai					
宁夏	Ningxia					
新疆	Xinjiang	494	342	152		

有限责任公司
Limited Liability Corporations

单位：万元
Unit: 10 000 yuan

地区	Region	营业额 Business Revenue	客房收入 from Hotel Rooms	餐费收入 from Meals	商品销售额 from Commodities	其他收入 Others
全国	**National Total**	**16154093**	**8224318**	**5647845**	**322791**	**1959139**
北京	Beijing	1744088	993857	452409	15720	282103
天津	Tianjin	189591	100781	55812	1150	31848
河北	Hebei	278695	121390	111481	5583	40242
山西	Shanxi	118890	53370	48906	1056	15558
内蒙古	Inner Mongolia	151723	77546	63307	331	10538
辽宁	Liaoning	228064	110287	79314	2762	35701
吉林	Jilin	137954	71123	51982	1646	13204
黑龙江	Heilongjiang	78411	47332	21700	1037	8342
上海	Shanghai	1239352	660062	326316	24359	228616
江苏	Jiangsu	966938	438811	417920	18663	91544
浙江	Zhejiang	1160198	538491	478607	12173	130927
安徽	Anhui	319201	154333	132492	9396	22979
福建	Fujian	788998	298480	414042	26833	49643
江西	Jiangxi	333868	168829	130927	9414	24698
山东	Shandong	677499	318562	271811	13890	73236
河南	Henan	537998	279457	197728	17758	43055
湖北	Hubei	472303	261086	159878	9866	41473
湖南	Hunan	515109	248726	200603	14177	51603
广东	Guangdong	2499722	1221721	745548	56201	476251
广西	Guangxi	266556	163008	80373	3790	19385
海南	Hainan	727759	461948	210373	2000	53437
重庆	Chongqing	305004	165366	106119	5579	27940
四川	Sichuan	696277	335229	293989	21920	45139
贵州	Guizhou	262681	147548	82435	11655	21043
云南	Yunnan	416057	233866	124738	17982	39471
西藏	Tibet	34716	20028	8530	9	6149
陕西	Shaanxi	611601	311614	249116	11927	38944
甘肃	Gansu	155871	91602	52745	1872	9652
青海	Qinghai	25887	16947	5045	46	3850
宁夏	Ningxia	30315	12887	14049	974	2405
新疆	Xinjiang	182767	100032	59548	3022	20164

4-2-3 续表 6 Continued 6

股份有限公司
Share-holding Corporations Ltd

单位：万元
Unit: 10 000 yuan

地　区	Region	营业额 Business Revenue	客房收入 from Hotel Rooms	餐费收入 from Meals	商品销售额 from Commodities	其他收入 Others
全　国	**National Total**	**1233546**	**574685**	**428575**	**63384**	**166903**
北　京	Beijing	57949	26683	12998	1620	16647
天　津	Tianjin	6718	4312	1567	1	837
河　北	Hebei	12884	6370	5969	81	465
山　西	Shanxi	9654	4507	3233	18	1896
内蒙古	Inner Mongolia	5134	3328	1606	40	160
辽　宁	Liaoning	19671	6522	8234	256	4660
吉　林	Jilin	13936	8273	3802	161	1701
黑龙江	Heilongjiang	10043	4494	2151	79	3319
上　海	Shanghai	60669	37464	17746	254	5205
江　苏	Jiangsu	221282	71738	69320	39706	40518
浙　江	Zhejiang	82563	39355	30956	3765	8489
安　徽	Anhui	15077	7926	6381	104	666
福　建	Fujian	40915	21954	16508	440	2014
江　西	Jiangxi	24503	12263	11109	452	679
山　东	Shandong	39027	19397	17002	741	1887
河　南	Henan	35027	16755	14662	1858	1752
湖　北	Hubei	44034	21776	13329	2044	6886
湖　南	Hunan	68199	31766	29788	1785	4859
广　东	Guangdong	159633	62750	63139	2847	30898
广　西	Guangxi	35032	17339	12936	1405	3352
海　南	Hainan	105590	62791	25389	2006	15403
重　庆	Chongqing	17743	9395	4975	477	2896
四　川	Sichuan	50456	24505	18641	1380	5930
贵　州	Guizhou	16975	10045	5660	786	484
云　南	Yunnan	26815	14588	9791	280	2157
西　藏	Tibet	2304	2127	137	30	10
陕　西	Shaanxi	24413	9984	12126	358	1945
甘　肃	Gansu	7962	5897	1999	7	59
青　海	Qinghai	10369	5611	3996	308	453
宁　夏	Ningxia					
新　疆	Xinjiang	8974	4773	3427	96	678

4-2-3 续表 7 Continued 7

私营企业
Private Enterprises

单位：万元
Unit: 10 000 yuan

地区	Region	营业额 Business Revenue	客房收入 from Hotel Rooms	餐费收入 from Meals	商品销售额 from Commodities	其他收入 Others
全国	**National Total**	**14157337**	**8207882**	**4874339**	**309197**	**765920**
北京	Beijing	568410	402339	115345	3341	47386
天津	Tianjin	108755	74812	26500	706	6737
河北	Hebei	313075	141847	141919	3407	25902
山西	Shanxi	172842	97789	62035	2559	10459
内蒙古	Inner Mongolia	113009	68860	39219	481	4449
辽宁	Liaoning	225677	125919	63132	3545	33080
吉林	Jilin	65830	38560	21873	843	4553
黑龙江	Heilongjiang	62783	41655	16541	954	3633
上海	Shanghai	734283	559442	118784	2731	53326
江苏	Jiangsu	876415	456915	364435	26690	28374
浙江	Zhejiang	1408550	745623	580564	8201	74161
安徽	Anhui	349229	190303	136615	6925	15386
福建	Fujian	1068558	465777	521940	40910	39931
江西	Jiangxi	331842	189243	122067	8916	11616
山东	Shandong	571952	341002	191638	12758	26554
河南	Henan	474843	264879	184257	9017	16690
湖北	Hubei	650855	359880	228527	35456	26992
湖南	Hunan	906867	511032	330705	35349	29781
广东	Guangdong	1717499	1038327	484436	19947	174790
广西	Guangxi	353275	241927	92345	2682	16321
海南	Hainan	95479	53875	28969	1070	11564
重庆	Chongqing	471813	255670	183830	17700	14614
四川	Sichuan	818808	446729	307864	30953	33262
贵州	Guizhou	413190	299605	92394	6594	14597
云南	Yunnan	392612	268979	98303	8244	17086
西藏	Tibet	14613	11365	2714	370	164
陕西	Shaanxi	542085	294911	218516	15168	13491
甘肃	Gansu	142520	97543	39167	2106	3704
青海	Qinghai	37059	26781	9435	38	806
宁夏	Ningxia	38158	21719	14766	493	1180
新疆	Xinjiang	116449	74572	35503	1042	5333

4-2-3 续表 8 Continued 8

其他企业
Other Enterprises

单位：万元
Unit: 10 000 yuan

地 区	Region	营业额 Business Revenue	客房收入 from Hotel Rooms	餐费收入 from Meals	商品销售额 from Commodities	其他收入 Others
全 国	**National Total**	**18831**	**10965**	**5920**	**221**	**1727**
北 京	Beijing					
天 津	Tianjin					
河 北	Hebei					
山 西	Shanxi					
内 蒙 古	Inner Mongolia					
辽 宁	Liaoning	491	460		31	
吉 林	Jilin	120	110		10	
黑 龙 江	Heilongjiang					
上 海	Shanghai	6407	4134	808	47	1417
江 苏	Jiangsu	1267	534	636	27	70
浙 江	Zhejiang					
安 徽	Anhui	933	709	208	15	2
福 建	Fujian					
江 西	Jiangxi	292	153	127	13	
山 东	Shandong					
河 南	Henan					
湖 北	Hubei					
湖 南	Hunan					
广 东	Guangdong	1886	682	1125		79
广 西	Guangxi	769	575	194		
海 南	Hainan	3003	2114	796		93
重 庆	Chongqing	1494	430	1009	47	8
四 川	Sichuan					
贵 州	Guizhou					
云 南	Yunnan	203	180	20	3	
西 藏	Tibet	441	389			52
陕 西	Shaanxi	1252	301	921	28	2
甘 肃	Gansu					
青 海	Qinghai					
宁 夏	Ningxia					
新 疆	Xinjiang	273	193	77		4

4-2-3 续表 9 Continued 9

港、澳、台商投资企业
Enterprises with Funds from Hong Kong, Macao and Taiwan

单位：万元
Unit: 10 000 yuan

地　区	Region	营业额 Business Revenue	客房收入 from Hotel Rooms	餐费收入 from Meals	商品销售额 from Commodities	其他收入 Others
全　国	**National Total**	**3504685**	**1749793**	**1181505**	**54640**	**518748**
北　京	Beijing	737795	407004	138869	9756	182166
天　津	Tianjin	8834	5887	1944	6	997
河　北	Hebei	15021	8382	5748	5	886
山　西	Shanxi					
内蒙古	Inner Mongolia	22653	9692	10694	1	2267
辽　宁	Liaoning	116819	52384	42199	2236	20000
吉　林	Jilin	6331	2827	3237	122	145
黑龙江	Heilongjiang	23907	11072	10258	588	1990
上　海	Shanghai	474491	222748	127253	1490	123001
江　苏	Jiangsu	136824	68033	59560	1083	8148
浙　江	Zhejiang	252586	98155	128776	955	24700
安　徽	Anhui	47197	22285	19427	774	4711
福　建	Fujian	245677	105097	122770	4718	13093
江　西	Jiangxi	15334	6591	8322	158	264
山　东	Shandong	92368	38818	35209	4639	13702
河　南	Henan	44167	17566	18266	1590	6746
湖　北	Hubei	67375	39336	23656	57	4326
湖　南	Hunan	48279	26645	17317	614	3702
广　东	Guangdong	665282	313936	250344	22037	78965
广　西	Guangxi	110362	51882	50727	2387	5366
海　南	Hainan	226501	153054	62278	192	10977
重　庆	Chongqing	24755	16057	7058	273	1368
四　川	Sichuan	31398	19526	9968	13	1891
贵　州	Guizhou	3473	1794	1302	375	2
云　南	Yunnan	37942	22846	12690	9	2397
西　藏	Tibet	6230	4421	1706	18	85
陕　西	Shaanxi	39584	21101	11152	540	6790
甘　肃	Gansu	3502	2656	779	5	63
青　海	Qinghai					
宁　夏	Ningxia					
新　疆	Xinjiang					

4-2-3 续表 10 Continued 10

外商投资企业
Foreign Funded Enterprises

单位：万元
Unit: 10 000 yuan

地区	Region	营业额 Business Revenue	客房收入 from Hotel Rooms	餐费收入 from Meals	商品销售额 from Commodities	其他收入 Others
全国	**National Total**	**1997840**	**980499**	**635406**	**64521**	**317414**
北京	Beijing	303850	135483	65662	556	102149
天津	Tianjin	40784	12653	2295	162	25675
河北	Hebei					
山西	Shanxi					
内蒙古	Inner Mongolia	1028	1028			
辽宁	Liaoning	35728	22465	8164	661	4439
吉林	Jilin	1991	1203	724	5	59
黑龙江	Heilongjiang	15173	7651	5826	737	959
上海	Shanghai	315416	158504	66219	35039	55653
江苏	Jiangsu	117943	52749	56800	1024	7371
浙江	Zhejiang	230558	92629	91283	4438	42208
安徽	Anhui	1312	439	868		5
福建	Fujian	158427	71196	71665	4471	11094
江西	Jiangxi	8555	5689	2327	368	171
山东	Shandong	39531	22000	16207	107	1217
河南	Henan	11622	6154	4594	459	415
湖北	Hubei	34157	17303	13021	439	3394
湖南	Hunan	8331	5492	2728	69	42
广东	Guangdong	429730	240947	141610	9219	37954
广西	Guangxi	6305	2803	3055		447
海南	Hainan	49700	28259	17404	394	3643
重庆	Chongqing	34890	13441	11471	1567	8410
四川	Sichuan	52686	29897	15778	1470	5541
贵州	Guizhou	8327	4211	3546	179	391
云南	Yunnan	14731	8748	4322	931	731
西藏	Tibet	10422	6433	3367	122	500
陕西	Shaanxi	55930	26787	22382	2103	4657
甘肃	Gansu	4591	2350	2241		
青海	Qinghai	4009	1922	1848		239
宁夏	Ningxia	401	401			
新疆	Xinjiang	1713	1662			50

4-2-4 各地区限额以上住宿业企业经营情况(按国民经济行业分)

Business of Enterprises above Designated Size of Hotels by Region and Sector

旅游饭店　　　　单位：万元

Tourist Hotel　　　　Unit: 10 000 yuan

地　区	Region	营业额 Business Revenue	客房收入 from Hotel Rooms	餐费收入 from Meals	商品销售额 from Commodities	其他收入 Others
全　国	**National Total**	**31438940**	**15188682**	**11857843**	**709270**	**3683146**
北　京	Beijing	3284134	1649360	862401	35051	737322
天　津	Tianjin	264933	124610	78352	1403	60567
河　北	Hebei	527073	232853	234286	3557	56378
山　西	Shanxi	266716	123901	114366	2666	25783
内蒙古	Inner Mongolia	225467	116636	92988	333	15510
辽　宁	Liaoning	563011	255264	203142	8396	96208
吉　林	Jilin	223162	114824	84296	2521	21522
黑龙江	Heilongjiang	194934	97493	63683	11512	22246
上　海	Shanghai	2253076	1168467	620514	65009	399086
江　苏	Jiangsu	2033620	832235	944517	81233	175635
浙　江	Zhejiang	2898632	1276783	1308533	29081	284235
安　徽	Anhui	573745	268071	251488	13816	40371
福　建	Fujian	1956262	747733	1029173	67343	112013
江　西	Jiangxi	555027	267348	237342	16376	33960
山　东	Shandong	1372743	611461	607699	29046	124536
河　南	Henan	823148	394898	339927	17928	70395
湖　北	Hubei	857082	438244	324883	17765	76189
湖　南	Hunan	1185849	582603	478964	44424	79858
广　东	Guangdong	4681532	2253416	1581948	102327	743840
广　西	Guangxi	645587	351123	219948	22430	52087
海　南	Hainan	1206325	758987	345337	5686	96316
重　庆	Chongqing	665206	327347	267692	21601	48566
四　川	Sichuan	1177643	553064	501133	42282	81163
贵　州	Guizhou	546366	334390	161248	16549	34179
云　南	Yunnan	679406	389021	204527	22407	63451
西　藏	Tibet	86195	53190	20382	563	12060
陕　西	Shaanxi	929805	442729	410936	17313	58827
甘　肃	Gansu	300009	172265	109060	4252	14433
青　海	Qinghai	72123	44859	20194	660	6410
宁　夏	Ningxia	69782	33550	29112	1231	5890
新　疆	Xinjiang	320347	171958	109770	4511	34108

4-2-4 续表 1 Continued 1

一般旅馆
Fonda

单位：万元
Unit: 10 000 yuan

地区	Region	营业额 Business Revenue	客房收入 from Hotel Rooms	餐费收入 from Meals	商品销售额 from Commodities	其他收入 Others
全国	**National Total**	**8300764**	**5612548**	**1981389**	**163748**	**543079**
北京	Beijing	814280	636538	96954	6220	74568
天津	Tianjin	98257	63883	16418	3525	14430
河北	Hebei	190234	83524	85355	3174	18181
山西	Shanxi	123143	73132	40189	1349	8473
内蒙古	Inner Mongolia	85129	51424	30663	364	2679
辽宁	Liaoning	113215	78653	25079	1308	8175
吉林	Jilin	39737	24260	13313	439	1725
黑龙江	Heilongjiang	44886	32231	11310	586	759
上海	Shanghai	735022	517948	95503	2892	118679
江苏	Jiangsu	397247	282545	89633	9142	15926
浙江	Zhejiang	435678	328217	79904	2000	25557
安徽	Anhui	160687	104920	47726	4033	4008
福建	Fujian	419225	244167	147388	9950	17720
江西	Jiangxi	181620	123056	49770	3550	5244
山东	Shandong	324334	233836	64540	7591	18367
河南	Henan	401165	236955	132642	16222	15346
湖北	Hubei	435980	274099	134234	15995	11652
湖南	Hunan	404888	255306	122692	16281	10609
广东	Guangdong	961640	679167	170517	10863	101092
广西	Guangxi	199055	145482	43990	2397	7187
海南	Hainan	12265	8573	2829	11	853
重庆	Chongqing	208540	140494	52466	4674	10906
四川	Sichuan	516405	320480	161464	15727	18733
贵州	Guizhou	169553	132338	31519	2728	2968
云南	Yunnan	275769	187435	66296	8167	13870
西藏	Tibet	1480	1083	397		
陕西	Shaanxi	406325	239594	142822	13205	10704
甘肃	Gansu	67509	57259	8163	493	1595
青海	Qinghai	13043	9208	3242	19	574
宁夏	Ningxia	8170	5902	1875	352	42
新疆	Xinjiang	56284	40839	12497	491	2457

4-2-4 续表 2 Continued 2

民宿服务 | 单位：万元
Home Lodging Services | Unit: 10 000 yuan

地　区	Region	营业额 Business Revenue	客房收入 from Hotel Rooms	餐费收入 from Meals	商品销售额 from Commodities	其他收入 Others
全　国	**National Total**	**69904**	**45998**	**16568**	**1655**	**5683**
北　京	Beijing	1746	1584	145		18
天　津	Tianjin	7974	6134	625	1069	147
河　北	Hebei					
山　西	Shanxi					
内蒙古	Inner Mongolia	171	165	2	2	2
辽　宁	Liaoning	13474	5611	3707		4157
吉　林	Jilin					
黑龙江	Heilongjiang					
上　海	Shanghai	2360	2248	86	27	
江　苏	Jiangsu	4630	3266	1184	9	171
浙　江	Zhejiang	14725	9721	4831	6	167
安　徽	Anhui	865	722	142		
福　建	Fujian	3424	1783	1467	11	163
江　西	Jiangxi	4206	3262	856	59	29
山　东	Shandong	1810	1187	617	5	1
河　南	Henan	2377	1570	652	40	116
湖　北	Hubei	823	823			
湖　南	Hunan	1104	455	275	69	305
广　东	Guangdong	3279	3046	109	58	66
广　西	Guangxi	331	295	36		
海　南	Hainan					
重　庆	Chongqing	794	559		235	
四　川	Sichuan	1683	726	906	27	25
贵　州	Guizhou	238	128	110		
云　南	Yunnan	2559	2194	171	9	185
西　藏	Tibet					
陕　西	Shaanxi	1035	223	649	30	134
甘　肃	Gansu					
青　海	Qinghai					
宁　夏	Ningxia	296	296			
新　疆	Xinjiang					

4-2-4 续表 3 Continued 3

露营地服务
Campground Services

单位：万元
Unit: 10 000 yuan

地区	Region	营业额 Business Revenue	客房收入 from Hotel Rooms	餐费收入 from Meals	商品销售额 from Commodities	其他收入 Others
全国	**National Total**	**3396**	**1065**	**1521**	**417**	**394**
北京	Beijing					
天津	Tianjin					
河北	Hebei					
山西	Shanxi					
内蒙古	Inner Mongolia					
辽宁	Liaoning					
吉林	Jilin					
黑龙江	Heilongjiang					
上海	Shanghai					
江苏	Jiangsu					
浙江	Zhejiang	318	292	15		11
安徽	Anhui					
福建	Fujian					
江西	Jiangxi					
山东	Shandong	407	13	24		370
河南	Henan					
湖北	Hubei					
湖南	Hunan					
广东	Guangdong	1774	556	923	282	13
广西	Guangxi					
海南	Hainan					
重庆	Chongqing					
四川	Sichuan	346	35	196	114	
贵州	Guizhou					
云南	Yunnan					
西藏	Tibet					
陕西	Shaanxi	551	168	362	21	
甘肃	Gansu					
青海	Qinghai					
宁夏	Ningxia					
新疆	Xinjiang					

4-2-4 续表 4 Continued 4

其他住宿业 单位：万元

Others Unit: 10 000 yuan

地 区	Region	营业额 Business Revenue	客房收入 from Hotel Rooms	餐费收入 from Meals	商品销售额 from Commodities	其他收入 Others
全 国	**National Total**	**783765**	**458117**	**219272**	**30329**	**76047**
北 京	Beijing	113763	61270	23369	627	28496
天 津	Tianjin	30179	21707	5701	133	2638
河 北	Hebei	27637	9908	8399	3940	5390
山 西	Shanxi	3772	1994	1426		352
内蒙古	Inner Mongolia	3781	1585	1413	178	606
辽 宁	Liaoning	17152	10898	2774	213	3267
吉 林	Jilin	14632	7075	6690	6	862
黑龙江	Heilongjiang	18563	11586	4675	378	1925
上 海	Shanghai	24226	18679	2407	121	3019
江 苏	Jiangsu	55520	33102	18567	1611	2240
浙 江	Zhejiang	8027	2801	3174		2052
安 徽	Anhui	15429	9147	5172	151	959
福 建	Fujian	28346	17832	9383	525	605
江 西	Jiangxi	40034	21359	16587	981	1106
山 东	Shandong	9638	6516	2292	84	747
河 南	Henan	23910	12683	8949	909	1370
湖 北	Hubei	38296	15513	7063	14884	837
湖 南	Hunan	64215	36331	22030	783	5071
广 东	Guangdong	102990	69744	23132	1826	8289
广 西	Guangxi	7804	6398	1321	17	68
海 南	Hainan	3268	2189	1042	18	19
重 庆	Chongqing	16830	9569	6118	103	1040
四 川	Sichuan	17427	11103	5236	260	829
贵 州	Guizhou	18129	12893	3720	565	951
云 南	Yunnan	16656	9143	5891	393	1229
西 藏	Tibet	1884	1610	269	5	
陕 西	Shaanxi	40001	20664	16930	1538	869
甘 肃	Gansu	12642	8906	3662	45	29
青 海	Qinghai	3282	2999	256		27
宁 夏	Ningxia	1422	460	962		
新 疆	Xinjiang	4310	2452	666	37	1156

4-2-5 各地区限额以上餐饮业企业经营情况

Business of Enterprises above Designated Size of Catering Services by Region

单位：万元

Unit: 10 000 yuan

地 区	Region	营业额 Business Revenue	客房收入 from Hotel Rooms	餐费收入 from Meals	商品销售额 from Commodities	其他收入 Others
全 国	**National Total**	**56229430**	**3065396**	**49976928**	**1928531**	**1258575**
北 京	Beijing	7228284	39805	6784961	224793	178725
天 津	Tianjin	1073078	41151	965240	16452	50236
河 北	Hebei	457561	78349	336625	11963	30626
山 西	Shanxi	557194	86354	445886	11073	13882
内蒙古	Inner Mongolia	511580	78801	417233	3237	12309
辽 宁	Liaoning	1036670	41272	964788	7548	23063
吉 林	Jilin	156321	20039	121777	2212	12294
黑龙江	Heilongjiang	88144	10878	69393	3372	4502
上 海	Shanghai	7747468	65811	7437059	123763	120835
江 苏	Jiangsu	4574192	430571	3836724	173953	132944
浙 江	Zhejiang	3812835	301227	3323410	86287	101910
安 徽	Anhui	1617861	172111	1308785	107436	29529
福 建	Fujian	2417114	88009	2245676	56792	26636
江 西	Jiangxi	547503	73246	451740	15643	6874
山 东	Shandong	2159752	296205	1733118	69014	61416
河 南	Henan	827477	69357	708785	23390	25946
湖 北	Hubei	2845840	260412	2392147	146689	46592
湖 南	Hunan	1633516	132301	1422017	58176	21021
广 东	Guangdong	8522938	231326	7676675	410300	204637
广 西	Guangxi	497876	27819	431799	25076	13182
海 南	Hainan	124165	1945	117233	1100	3888
重 庆	Chongqing	1756054	95516	1552099	86924	21515
四 川	Sichuan	2290143	146807	2020740	89935	32661
贵 州	Guizhou	418912	24684	374937	12353	6938
云 南	Yunnan	666751	19787	598391	28517	20057
西 藏	Tibet	10571	256	10213		102
陕 西	Shaanxi	2052688	159326	1719689	127085	46588
甘 肃	Gansu	309622	34754	267117	3617	4133
青 海	Qinghai	39526	5781	33201	194	351
宁 夏	Ningxia	68937	12241	54712	857	1127
新 疆	Xinjiang	178858	19258	154758	782	4060

4-2-5 续表 Continued

国有控股 单位：万元

State-controlled Enterprises Unit: 10 000 yuan

地 区	Region	营业额 Business Revenue	客房收入 from Hotel Rooms	餐费收入 from Meals	商品销售额 from Commodities	其他收入 Others
全 国	**National Total**	**2573887**	**286129**	**1821993**	**260174**	**205591**
北 京	Beijing	419634	5388	365777	13936	34533
天 津	Tianjin	32141	3587	15568	1200	11786
河 北	Hebei	32508	10179	20099	601	1630
山 西	Shanxi	20431	7701	11511	115	1104
内蒙古	Inner Mongolia	27465	7883	17033	102	2447
辽 宁	Liaoning	69426	2450	66257	513	205
吉 林	Jilin	17807	9110	7143	24	1531
黑龙江	Heilongjiang	5949	2423	3232	17	277
上 海	Shanghai	344676	11828	269457	48284	15107
江 苏	Jiangsu	207762	50574	135451	6079	15657
浙 江	Zhejiang	211620	13405	180149	2119	15947
安 徽	Anhui	99952	3859	46876	37436	11782
福 建	Fujian	44196	5571	32105	4957	1563
江 西	Jiangxi	32262	9032	22150	823	256
山 东	Shandong	191045	53826	106293	10782	20144
河 南	Henan	25993	782	20765	2992	1454
湖 北	Hubei	90233	7379	21309	59463	2082
湖 南	Hunan	39604	12487	24188	919	2009
广 东	Guangdong	304850	25830	206507	39455	33058
广 西	Guangxi	10187	3174	6728	69	216
海 南	Hainan	307		307		
重 庆	Chongqing	38737	2980	32500	1803	1454
四 川	Sichuan	52616	12113	31695	4167	4641
贵 州	Guizhou	31206	2269	27486	963	488
云 南	Yunnan	70696	1538	45741	15625	7792
西 藏	Tibet					
陕 西	Shaanxi	101938	6976	72287	7429	15245
甘 肃	Gansu	25915	9240	14452	227	1995
青 海	Qinghai	1502	636	674		192
宁 夏	Ningxia	3399	842	2491	5	62
新 疆	Xinjiang	19830	3069	15759	68	935

4-2-6 各地区限额以上餐饮业企业经营情况(按登记注册类型分)

Business of Enterprises above Designated Size of Catering Services by Region and Type of Registration

内资企业
Domestic Funded Enterprises

单位：万元
Unit: 10 000 yuan

地区	Region	营业额 Business Revenue	客房收入 from Hotel Rooms	餐费收入 from Meals	商品销售额 from Commodities	其他收入 Others
全国	**National Total**	**39404488**	**2979971**	**33881303**	**1561302**	**981912**
北京	Beijing	4149426	39805	3929185	73699	106737
天津	Tianjin	606364	39769	500031	16411	50152
河北	Hebei	448002	76428	333604	11963	26006
山西	Shanxi	470527	86354	359219	11073	13882
内蒙古	Inner Mongolia	478912	78801	384566	3237	12309
辽宁	Liaoning	397198	39942	331125	4083	22048
吉林	Jilin	155718	20032	121181	2212	12294
黑龙江	Heilongjiang	75558	10878	57390	2787	4502
上海	Shanghai	3401181	63887	3196677	69271	71346
江苏	Jiangsu	3296298	409305	2670419	131061	85513
浙江	Zhejiang	3003761	280827	2542720	85635	94579
安徽	Anhui	1614111	171602	1305749	107365	29394
福建	Fujian	1874739	78736	1729600	49363	17040
江西	Jiangxi	456075	70595	363311	15296	6874
山东	Shandong	1838735	291307	1424150	65908	57370
河南	Henan	800922	69357	692526	23303	15736
湖北	Hubei	2197996	255862	1764768	135617	41750
湖南	Hunan	1457598	132301	1247012	57264	21021
广东	Guangdong	5440094	217567	4739862	324970	157695
广西	Guangxi	408452	27299	343360	25026	12768
海南	Hainan	103633	1945	98674	1032	1984
重庆	Chongqing	1540859	95516	1337852	85976	21515
四川	Sichuan	1819006	146807	1549767	89814	32618
贵州	Guizhou	416498	24684	373123	11781	6909
云南	Yunnan	576183	19787	515383	28517	12496
西藏	Tibet	10571	256	10213		102
陕西	Shaanxi	1834589	158919	1514796	123188	37686
甘肃	Gansu	280131	34754	237626	3617	4133
青海	Qinghai	39526	5781	33201	194	351
宁夏	Ningxia	68937	12241	54712	857	1127
新疆	Xinjiang	142890	18629	119503	782	3976

国有企业
State-controlled Enterprises

单位：万元
Unit: 10 000 yuan

地 区	Region	营业额 Business Revenue	客房收入 from Hotel Rooms	餐费收入 from Meals	商品销售额 from Commodities	其他收入 Others
全 国	**National Total**	**488782**	**115531**	**317968**	**17802**	**37482**
北 京	Beijing	53374	2631	45243	1158	4342
天 津	Tianjin	5264	1740	2933	17	576
河 北	Hebei	10784	3058	6751	593	383
山 西	Shanxi	10999	3211	7575	116	97
内蒙古	Inner Mongolia	10715	4149	6330	66	170
辽 宁	Liaoning	3250	1883	1367		
吉 林	Jilin	15366	8685	5284	24	1374
黑龙江	Heilongjiang	4258	1426	2588	10	234
上 海	Shanghai	36790	2566	28258	1125	4842
江 苏	Jiangsu	54450	11050	33769	1201	8430
浙 江	Zhejiang	25990	2214	19646	946	3183
安 徽	Anhui	4172	1027	2732	239	174
福 建	Fujian	10337	1187	5578	3554	17
江 西	Jiangxi	14671	4234	10351	86	
山 东	Shandong	67587	27082	37331	1855	1319
河 南	Henan	1395	49	1100	139	107
湖 北	Hubei	13995	4271	6967	767	1990
湖 南	Hunan	14084	5331	8466	166	121
广 东	Guangdong	50629	11545	33901	318	4865
广 西	Guangxi	4770	1521	3004	69	176
海 南	Hainan	307		307		
重 庆	Chongqing	1472	134	1108	230	
四 川	Sichuan	14688	5191	6787	1482	1228
贵 州	Guizhou	738	71	497		171
云 南	Yunnan	7568	1389	5123	307	748
西 藏	Tibet					
陕 西	Shaanxi	21451	4152	13044	3278	977
甘 肃	Gansu	6856	2267	4456		133
青 海	Qinghai					
宁 夏	Ningxia	2378	464	1914		
新 疆	Xinjiang	20446	3005	15559	57	1826

4-2-6 续表 2 Continued 2

集体企业 Collective-owned Enterprises

单位：万元 Unit: 10 000 yuan

地区	Region	营业额 Business Revenue	客房收入 from Hotel Rooms	餐费收入 from Meals	商品销售额 from Commodities	其他收入 Others
全国	**National Total**	**177640**	**29623**	**127318**	**8726**	**11973**
北京	Beijing	20376	1679	16181		2515
天津	Tianjin	643		602	12	29
河北	Hebei	1731	215	1473	44	
山西	Shanxi	3241	1426	1518		298
内蒙古	Inner Mongolia					
辽宁	Liaoning	419		419		
吉林	Jilin	389	115	105		169
黑龙江	Heilongjiang					
上海	Shanghai	29834	259	28919		657
江苏	Jiangsu	12235	2670	8911	241	413
浙江	Zhejiang	1074	105	960	8	
安徽	Anhui	2757	413	2192	117	36
福建	Fujian	2726	110	2351		266
江西	Jiangxi	254		254		
山东	Shandong	8487	2194	4169	2084	40
河南	Henan	4105	1263	2817	24	
湖北	Hubei	6373	162	6190	21	
湖南	Hunan					
广东	Guangdong	41087	10177	20635	2964	7311
广西	Guangxi	1613		1578	19	17
海南	Hainan					
重庆	Chongqing	14249	115	11089	3046	1
四川	Sichuan	2125		2012	113	
贵州	Guizhou	305	72	233		
云南	Yunnan	269		269		
西藏	Tibet					
陕西	Shaanxi	22928	8618	14276	34	
甘肃	Gansu	420	31	167		222
青海	Qinghai					
宁夏	Ningxia					
新疆	Xinjiang					

4-2-6 续表 3 Continued 3

股份合作企业
Cooperative Enterprises

单位：万元
Unit: 10 000 yuan

地 区	Region	营业额 Business Revenue	客房收入 from Hotel Rooms	餐费收入 from Meals	商品销售额 from Commodities	其他收入 Others
全 国	**National Total**	**141017**	**4789**	**121575**	**11099**	**3554**
北 京	Beijing	31379	1220	30011	86	61
天 津	Tianjin					
河 北	Hebei	6683		6683		
山 西	Shanxi	458	158	249		51
内蒙古	Inner Mongolia	464	200	264		
辽 宁	Liaoning					
吉 林	Jilin					
黑龙江	Heilongjiang					
上 海	Shanghai	8707	126	7409	18	1154
江 苏	Jiangsu	239	41	185	13	
浙 江	Zhejiang	5851	61	5790		
安 徽	Anhui					
福 建	Fujian	1004		1004		
江 西	Jiangxi	853		682	171	
山 东	Shandong	1379	728	632	20	
河 南	Henan	338		338		
湖 北	Hubei					
湖 南	Hunan					
广 东	Guangdong	42397		42394	3	
广 西	Guangxi	1495	25	1424		46
海 南	Hainan					
重 庆	Chongqing	226		226		
四 川	Sichuan	39545	2228	24286	10789	2243
贵 州	Guizhou					
云 南	Yunnan					
西 藏	Tibet					
陕 西	Shaanxi					
甘 肃	Gansu					
青 海	Qinghai					
宁 夏	Ningxia					
新 疆	Xinjiang					

4-2-6 续表 4 Continued 4

联营企业
Joint Ownership Enterprises

单位：万元
Unit: 10 000 yuan

地区	Region	营业额 Business Revenue	客房收入 from Hotel Rooms	餐费收入 from Meals	商品销售额 from Commodities	其他收入 Others
全国	**National Total**	**11869**	**8**	**8816**	**414**	**2631**
北京	Beijing					
天津	Tianjin					
河北	Hebei					
山西	Shanxi					
内蒙古	Inner Mongolia					
辽宁	Liaoning					
吉林	Jilin					
黑龙江	Heilongjiang					
上海	Shanghai	890	8	881		
江苏	Jiangsu	709		673	36	
浙江	Zhejiang					
安徽	Anhui					
福建	Fujian					
江西	Jiangxi					
山东	Shandong					
河南	Henan					
湖北	Hubei	6511		3880		2631
湖南	Hunan					
广东	Guangdong					
广西	Guangxi					
海南	Hainan					
重庆	Chongqing	2911		2534	377	
四川	Sichuan					
贵州	Guizhou					
云南	Yunnan					
西藏	Tibet					
陕西	Shaanxi					
甘肃	Gansu	849		849		
青海	Qinghai					
宁夏	Ningxia					
新疆	Xinjiang					

4-2-6 续表 5 Continued 5

有限责任公司
Limited Liability Corporations

单位：万元
Unit: 10 000 yuan

地 区	Region	营业额 Business Revenue	客房收入 from Hotel Rooms	餐费收入 from Meals	商品销售额 from Commodities	其他收入 Others
全 国	**National Total**	**11681391**	**1000560**	**9723168**	**552840**	**404824**
北 京	Beijing	1820202	13250	1724088	33583	49280
天 津	Tianjin	297983	28963	237401	4098	27521
河 北	Hebei	111042	23315	81119	1043	5566
山 西	Shanxi	90171	16707	64563	4489	4412
内蒙古	Inner Mongolia	158407	34982	111993	2243	9189
辽 宁	Liaoning	89473	9936	76119	803	2614
吉 林	Jilin	65379	2819	54553	333	7674
黑龙江	Heilongjiang	17243	4560	11619	390	674
上 海	Shanghai	723500	16698	672505	9038	25259
江 苏	Jiangsu	921353	144346	713012	24399	39596
浙 江	Zhejiang	701477	101870	511425	48249	39933
安 徽	Anhui	410636	59831	282347	48859	19600
福 建	Fujian	222581	19350	193041	5761	4429
江 西	Jiangxi	140291	30255	103701	4450	1885
山 东	Shandong	608312	119386	429231	22863	36833
河 南	Henan	341547	21342	306191	8873	5142
湖 北	Hubei	637884	71300	478663	73647	14273
湖 南	Hunan	257057	27003	216401	7808	5845
广 东	Guangdong	1849501	82848	1567078	141912	57663
广 西	Guangxi	157864	7884	128538	19754	1687
海 南	Hainan	68104	1150	65150	959	844
重 庆	Chongqing	352136	14106	316720	14525	6785
四 川	Sichuan	490308	39980	420168	20442	9719
贵 州	Guizhou	94138	6168	80351	2741	4878
云 南	Yunnan	128879	2075	105234	18286	3284
西 藏	Tibet	7235		7235		
陕 西	Shaanxi	774110	69805	654988	32531	16786
甘 肃	Gansu	88169	18535	66591	595	2447
青 海	Qinghai	7079	1750	5136		193
宁 夏	Ningxia	20189	5960	13958	85	187
新 疆	Xinjiang	29143	4386	24049	82	626

4-2-6 续表 6 Continued 6

股份有限公司
Share-holding Corporations Ltd.

单位：万元
Unit: 10 000 yuan

地区	Region	营业额 Business Revenue	客房收入 from Hotel Rooms	餐费收入 from Meals	商品销售额 from Commodities	其他收入 Others
全国	**National Total**	**1355843**	**69832**	**1113475**	**126181**	**46355**
北京	Beijing	165725		157728	135	7861
天津	Tianjin	30032	3341	15986	9892	814
河北	Hebei	42654	2221	27926	192	12316
山西	Shanxi	2931	857	1961	109	5
内蒙古	Inner Mongolia	123474	1227	122225	9	12
辽宁	Liaoning	60982	2334	58539	19	89
吉林	Jilin	5199	1247	3846	64	41
黑龙江	Heilongjiang	2304		2123	181	
上海	Shanghai	152448		111695	40716	37
江苏	Jiangsu	85509	8436	71743	3788	1542
浙江	Zhejiang	139325	9513	124306	3849	1657
安徽	Anhui	15718	2688	11474	1146	411
福建	Fujian	7042	426	6616		
江西	Jiangxi	8487	955	6964	568	
山东	Shandong	32656	6837	23202	1361	1256
河南	Henan	20279	2230	16435	1549	65
湖北	Hubei	67962	2743	63140	1457	621
湖南	Hunan	35920	6123	25044	3552	1201
广东	Guangdong	150997	1698	107935	33588	7776
广西	Guangxi	8741	2050	6147	353	190
海南	Hainan	2647		2647		
重庆	Chongqing	3257	188	2952	117	
四川	Sichuan	30567	4690	22479	420	2979
贵州	Guizhou	1702	174	1480	49	
云南	Yunnan	7861	12	6919	81	849
西藏	Tibet					
陕西	Shaanxi	131659	8986	94033	22656	5984
甘肃	Gansu	9435		9241	115	78
青海	Qinghai	2286	166	1945	174	
宁夏	Ningxia	1809	427	1376	4	1
新疆	Xinjiang	6239	264	5368	38	568

4-2-6 续表 7 Continued 7

私营企业
Private Enterprises

单位：万元
Unit: 10 000 yuan

地 区	Region	营业额 Business Revenue	客房收入 from Hotel Rooms	餐费收入 from Meals	商品销售额 from Commodities	其他收入 Others
全 国	**National Total**	**25486912**	**1755775**	**22417865**	**839378**	**473893**
北 京	Beijing	2058371	21025	1955933	38736	42677
天 津	Tianjin	272182	5726	242849	2394	21213
河 北	Hebei	275108	47620	209653	10092	7742
山 西	Shanxi	362726	63994	283353	6359	9020
内蒙古	Inner Mongolia	185853	38243	143753	919	2938
辽 宁	Liaoning	241490	25789	193096	3260	19345
吉 林	Jilin	69385	7166	57392	1791	3036
黑龙江	Heilongjiang	51753	4892	41061	2207	3594
上 海	Shanghai	2430974	43100	2331371	17896	38608
江 苏	Jiangsu	2219808	242727	1840231	101319	35531
浙 江	Zhejiang	2130046	167064	1880594	32583	49806
安 徽	Anhui	1180268	107508	1006581	57005	9174
福 建	Fujian	1623722	57663	1513683	40047	12328
江 西	Jiangxi	291519	35150	241359	10021	4989
山 东	Shandong	1117345	134407	927289	37725	17924
河 南	Henan	432349	44473	364742	12712	10422
湖 北	Hubei	1455365	176825	1198223	58484	21832
湖 南	Hunan	1148998	93416	996004	45733	13845
广 东	Guangdong	3301591	110838	2964489	146185	80079
广 西	Guangxi	233971	15817	202668	4832	10653
海 南	Hainan	32575	795	30570	72	1139
重 庆	Chongqing	1166607	80974	1003224	67681	14729
四 川	Sichuan	1241772	94717	1074035	56569	16450
贵 州	Guizhou	319615	18199	290563	8992	1860
云 南	Yunnan	431291	16311	397523	9842	7616
西 藏	Tibet	3336	256	2979		102
陕 西	Shaanxi	872706	66932	730214	61621	13939
甘 肃	Gansu	174403	13921	156322	2907	1253
青 海	Qinghai	30161	3865	26120	19	157
宁 夏	Ningxia	44561	5391	37464	768	938
新 疆	Xinjiang	87062	10974	74527	606	955

4-2-6　续表 8　Continued 8

其他企业
Other Enterprises

单位：万元
Unit: 10 000 yuan

地　区	Region	营业额 Business Revenue	客房收入 from Hotel Rooms	餐费收入 from Meals	商品销售额 from Commodities	其他收入 Others
全　国	**National Total**	**61034**	**3853**	**51118**	**4862**	**1200**
北　京	Beijing					
天　津	Tianjin	260		260		
河　北	Hebei					
山　西	Shanxi					
内蒙古	Inner Mongolia					
辽　宁	Liaoning	1585		1585		
吉　林	Jilin					
黑龙江	Heilongjiang					
上　海	Shanghai	18038	1131	15640	478	790
江　苏	Jiangsu	1996	37	1895	65	
浙　江	Zhejiang					
安　徽	Anhui	560	136	424		
福　建	Fujian	7327		7327		
江　西	Jiangxi					
山　东	Shandong	2969	674	2296		
河　南	Henan	909		903	5	1
湖　北	Hubei	9907	560	7705	1240	402
湖　南	Hunan	1540	429	1096	6	8
广　东	Guangdong	3892	461	3431		
广　西	Guangxi					
海　南	Hainan					
重　庆	Chongqing					
四　川	Sichuan					
贵　州	Guizhou					
云　南	Yunnan	316		316		
西　藏	Tibet					
陕　西	Shaanxi	11735	427	8240	3068	
甘　肃	Gansu					
青　海	Qinghai					
宁　夏	Ningxia					
新　疆	Xinjiang					

4-2-6 续表 9 Continued 9

港、澳、台商投资企业 单位：万元

Enterprises with Funds from Hongkong, Macao and Taiwan Unit: 10 000 yuan

地 区	Region	营业额 Business Revenue	客房收入 from Hotel Rooms	餐费收入 from Meals	商品销售额 from Commodities	其他收入 Others
全 国	**National Total**	**7543148**	**58921**	**7095786**	**291998**	**96443**
北 京	Beijing	1887686		1727884	137900	21901
天 津	Tianjin	147388	1382	145923		83
河 北	Hebei	9355	1920	2815		4619
山 西	Shanxi	23266		23266		
内蒙古	Inner Mongolia	3414		3414		
辽 宁	Liaoning	202486	276	198148	3465	597
吉 林	Jilin					
黑龙江	Heilongjiang	8905		8511	394	
上 海	Shanghai	1905432	1490	1845627	31033	27283
江 苏	Jiangsu	431535	18789	373650	35111	3985
浙 江	Zhejiang	225081	10913	210401	159	3607
安 徽	Anhui	2407		2407		
福 建	Fujian	233718	7302	215657	5392	5366
江 西	Jiangxi	8900	2652	5901	347	
山 东	Shandong	79375	2786	70345	2451	3793
河 南	Henan	2570		2531	39	
湖 北	Hubei	578312	4108	558432	11065	4708
湖 南	Hunan	1585		1585		
广 东	Guangdong	1418396	6895	1337951	60115	13434
广 西	Guangxi	12676		12212	50	414
海 南	Hainan	20531		18559	68	1904
重 庆	Chongqing	8893		8893		
四 川	Sichuan	224545		224509	33	2
贵 州	Guizhou	2414		1813	572	28
云 南	Yunnan	27676		23781		3895
西 藏	Tibet					
陕 西	Shaanxi	76603	407	71569	3805	822
甘 肃	Gansu					
青 海	Qinghai					
宁 夏	Ningxia					
新 疆	Xinjiang					

4-2-6 续表 10 Continued 10

外商投资企业
Foreign Funded Enterprises

单位：万元
Unit: 10 000 yuan

地 区	Region	营业额 Business Revenue	客房收入 from Hotel Rooms	餐费收入 from Meals	商品销售额 from Commodities	其他收入 Others
全 国	**National Total**	**9281794**	**26504**	**8999839**	**75231**	**180221**
北 京	Beijing	1191172		1127891	13193	50087
天 津	Tianjin	319327		319286	41	
河 北	Hebei	205		205		
山 西	Shanxi	63401		63401		
内 蒙 古	Inner Mongolia	29254		29254		
辽 宁	Liaoning	436987	1053	435515		419
吉 林	Jilin	603	7	597		
黑 龙 江	Heilongjiang	3682		3491	191	
上 海	Shanghai	2440854	434	2394755	23459	22206
江 苏	Jiangsu	846359	2477	792656	7780	43446
浙 江	Zhejiang	583993	9487	570289	494	3724
安 徽	Anhui	1343	509	629	71	135
福 建	Fujian	308657	1971	300419	2038	4230
江 西	Jiangxi	82528		82528		
山 东	Shandong	241642	2111	238623	655	252
河 南	Henan	23985		13727	48	10209
湖 北	Hubei	69532	443	68947	7	134
湖 南	Hunan	174332		173420	912	
广 东	Guangdong	1664448	6863	1598863	25214	33508
广 西	Guangxi	76748	521	76227		
海 南	Hainan					
重 庆	Chongqing	206302		205354	948	
四 川	Sichuan	246592		246464	88	40
贵 州	Guizhou					
云 南	Yunnan	62892		59227		3666
西 藏	Tibet					
陕 西	Shaanxi	141496		133324	92	8081
甘 肃	Gansu	29491		29491		
青 海	Qinghai					
宁 夏	Ningxia					
新 疆	Xinjiang	35968	629	35255		85

4-2-7 各地区限额以上餐饮业企业经营情况(按国民经济行业分)

Business of Enterprises above Designated Size of Catering Services by Region and Sector

正餐服务 单位：万元
Dinner Unit: 10 000 yuan

地区	Region	营业额 Business Revenue	客房收入 from Hotel Rooms	餐费收入 from Meals	商品销售额 from Commodities	其他收入 Others
全国	**National Total**	**37748649**	**3050264**	**32654379**	**1180929**	**863077**
北京	Beijing	4250953	39754	4033153	78499	99548
天津	Tianjin	431074	39545	354518	13397	23614
河北	Hebei	450338	77549	330847	11316	30626
山西	Shanxi	454617	86354	344148	10293	13822
内蒙古	Inner Mongolia	479114	78435	385574	3234	11872
辽宁	Liaoning	305775	40630	247339	2857	14949
吉林	Jilin	127102	20039	98686	2212	6166
黑龙江	Heilongjiang	63312	10878	44560	3372	4502
上海	Shanghai	4722501	64321	4510987	89589	57604
江苏	Jiangsu	3039840	426132	2418042	116120	79545
浙江	Zhejiang	2730166	299497	2317137	32961	80571
安徽	Anhui	1224605	171918	961116	73455	18116
福建	Fujian	1714602	87974	1567896	43352	15380
江西	Jiangxi	453244	73071	358790	15361	6022
山东	Shandong	1609250	295901	1200682	54956	57712
河南	Henan	641538	69129	538614	19390	14406
湖北	Hubei	2108328	260412	1719823	85402	42691
湖南	Hunan	1346947	131458	1138764	56667	20059
广东	Guangdong	4728699	230469	4236007	126901	135322
广西	Guangxi	329753	27794	276292	15333	10333
海南	Hainan	88347	1882	81973	1079	3414
重庆	Chongqing	1597968	95172	1397866	83765	21165
四川	Sichuan	1684697	146807	1417257	88819	31814
贵州	Guizhou	377103	24587	334523	11762	6231
云南	Yunnan	519616	19787	474791	14224	10814
西藏	Tibet	4098	256	3740		102
陕西	Shaanxi	1787304	159111	1468947	121462	37784
甘肃	Gansu	263874	34754	221668	3319	4133
青海	Qinghai	38290	5781	32018	194	298
宁夏	Ningxia	68937	12241	54712	857	1127
新疆	Xinjiang	106659	18629	83911	782	3336

4-2-7 续表 1 Continued 1

快餐服务
Snack

单位：万元
Unit: 10 000 yuan

地 区	Region	营业额 Business Revenue	客房收入 from Hotel Rooms	餐费收入 from Meals	商品销售额 from Commodities	其他收入 Others
全 国	**National Total**	**12762051**	**6148**	**12241129**	**286889**	**227885**
北 京	Beijing	2197126		2049672	104473	42981
天 津	Tianjin	516383		508073	2250	6060
河 北	Hebei	3874		3867	7	
山 西	Shanxi	101505		101437	8	60
内 蒙 古	Inner Mongolia	32077		31644		433
辽 宁	Liaoning	656103	373	655640	7	83
吉 林	Jilin	16582		16582		
黑 龙 江	Heilongjiang	24605		24605		
上 海	Shanghai	1329727	1490	1284782	14476	28980
江 苏	Jiangsu	1254305	504	1167526	38930	47346
浙 江	Zhejiang	915725	1731	856031	48271	9693
安 徽	Anhui	281554	193	236106	33980	11276
福 建	Fujian	605489		593481	2573	9435
江 西	Jiangxi	88505		88270	231	4
山 东	Shandong	414720	231	407125	6806	559
河 南	Henan	159085	100	144210	4000	10775
湖 北	Hubei	459060		456366	33	2661
湖 南	Hunan	273319	753	271126	952	488
广 东	Guangdong	2423104	145	2352730	26989	43240
广 西	Guangxi	138523		138038	352	134
海 南	Hainan	35227		34753		474
重 庆	Chongqing	121024		120112	912	
四 川	Sichuan	312120		311914	165	40
贵 州	Guizhou	4534		3823	420	291
云 南	Yunnan	91228		87239	324	3666
西 藏	Tibet	6190		6190		
陕 西	Shaanxi	188600		179441	677	8483
甘 肃	Gansu	39705		39651	54	
青 海	Qinghai	83		83		
宁 夏	Ningxia					
新 疆	Xinjiang	71968	629	70615		724

4-2-7 续表 2 Continued 2

饮料及冷饮服务
Beverage and Cold Drink

单位：万元
Unit: 10 000 yuan

地 区	Region	营业额 Business Revenue	客房收入 from Hotel Rooms	餐费收入 from Meals	商品销售额 from Commodities	其他收入 Others
全 国	**National Total**	**2725111**	**546**	**2514869**	**187773**	**21922**
北 京	Beijing	361770		319959	39421	2391
天 津	Tianjin	1306		1306		
河 北	Hebei					
山 西	Shanxi					
内蒙古	Inner Mongolia					
辽 宁	Liaoning	32998		29029	3964	5
吉 林	Jilin	567		567		
黑龙江	Heilongjiang	228		228		
上 海	Shanghai	1184531		1167252	3560	13719
江 苏	Jiangsu	37305		27954	8372	979
浙 江	Zhejiang	24907		23659	744	504
安 徽	Anhui	2956		2818	1	137
福 建	Fujian	26725		22246	3543	937
江 西	Jiangxi	292	175	117		
山 东	Shandong	21231		18923	2308	
河 南	Henan	1021		1021		
湖 北	Hubei	131355		120065	11234	55
湖 南	Hunan	3270		3249	21	
广 东	Guangdong	678484	308	566268	110450	1459
广 西	Guangxi	2823		1277	2	1544
海 南	Hainan	590	63	507	20	
重 庆	Chongqing	977		977		
四 川	Sichuan	165344		164809	362	173
贵 州	Guizhou	1668		1647	21	
云 南	Yunnan	3346		3346		
西 藏	Tibet	283		283		
陕 西	Shaanxi	40475		36704	3752	19
甘 肃	Gansu	659		659		
青 海	Qinghai					
宁 夏	Ningxia					
新 疆	Xinjiang					

餐饮配送与外卖送餐服务
Catering Distribution and Delivery Service

单位：万元
Unit: 10 000 yuan

地 区	Region	营业额 Business Revenue	客房收入 from Hotel Rooms	餐费收入 from Meals	商品销售额 from Commodities	其他收入 Others
全 国	**National Total**	**1740295**	**191**	**1439499**	**192969**	**107636**
北 京	Beijing	152791		144752	1213	6826
天 津	Tianjin	104216		82997	805	20415
河 北	Hebei	548		548		
山 西	Shanxi	772			772	
内蒙古	Inner Mongolia					
辽 宁	Liaoning	36967		28791	720	7456
吉 林	Jilin	9061		2934		6127
黑龙江	Heilongjiang					
上 海	Shanghai	316837		291938	5327	19572
江 苏	Jiangsu	111214		105816	1463	3935
浙 江	Zhejiang	78477		65328	3046	10104
安 徽	Anhui	99318		99318		
福 建	Fujian	16698		15545	1144	10
江 西	Jiangxi	3727		2828	52	848
山 东	Shandong	97305	73	89806	4319	3107
河 南	Henan	16705		15941		765
湖 北	Hubei	103353		52168	50004	1181
湖 南	Hunan	740		740		
广 东	Guangdong	452931	118	322433	109733	20647
广 西	Guangxi					
海 南	Hainan					
重 庆	Chongqing	27781		27407	25	350
四 川	Sichuan	19321		19319		2
贵 州	Guizhou	33899		33377	107	415
云 南	Yunnan	49403		30106	13721	5576
西 藏	Tibet					
陕 西	Shaanxi	4497		3675	520	302
甘 肃	Gansu	3735		3735		
青 海	Qinghai					
宁 夏	Ningxia					
新 疆	Xinjiang					

4-2-7 续表 4 Continued 4

其他餐饮业
Others

单位：万元
Unit: 10 000 yuan

地 区	Region	营业额 Business Revenue	客房收入 from Hotel Rooms	餐费收入 from Meals	商品销售额 from Commodities	其他收入 Others
全 国	**National Total**	**1253324**	**8247**	**1127054**	**79971**	**38055**
北 京	Beijing	265643	52	237425	1187	26980
天 津	Tianjin	20098	1606	18345		147
河 北	Hebei	2802	800	1363	639	
山 西	Shanxi	301		301		
内蒙古	Inner Mongolia	389	365	16	3	5
辽 宁	Liaoning	4828	268	3989		570
吉 林	Jilin	3009		3009		
黑龙江	Heilongjiang					
上 海	Shanghai	193871		182100	10811	960
江 苏	Jiangsu	131529	3936	117386	9069	1138
浙 江	Zhejiang	63561		61256	1267	1039
安 徽	Anhui	9428		9428		
福 建	Fujian	53598	35	46509	6181	874
江 西	Jiangxi	1736		1736		
山 东	Shandong	17246		16583	625	38
河 南	Henan	9127	128	8999		
湖 北	Hubei	43744		43725	16	4
湖 南	Hunan	9240	91	8139	536	474
广 东	Guangdong	239719	285	199239	36226	3969
广 西	Guangxi	26777	25	16192	9389	1171
海 南	Hainan					
重 庆	Chongqing	8304	345	5738	2222	
四 川	Sichuan	108661		107441	589	631
贵 州	Guizhou	1708	97	1567	44	1
云 南	Yunnan	3158		2909	249	
西 藏	Tibet					
陕 西	Shaanxi	31812	215	30923	674	
甘 肃	Gansu	1650		1405	245	
青 海	Qinghai	1153		1100		53
宁 夏	Ningxia					
新 疆	Xinjiang	231		231		

4-3-1 限额以上住宿和餐饮业企业年末资产负债

项　目	Item	流动资产合计 Total Current Assets	#存货 Stock	固定资产原价 Original Value of Fixed Assets
总　计	**Total**	**78943010**	**4928168**	**107859459**
一、住宿业	**Hotels**	**54851304**	**3127343**	**83907878**
#国有控股	State-controlled Enterprises	10803787	438528	28058864
(一)按登记注册类型分	**by Type of Registration**			
1.内资企业	**Domestic Funded Enterprises**	**44695970**	**2424333**	**67230457**
国有企业	State-owned Enterprises	2807418	120901	8310950
集体企业	Collective-owned Enterprises	262200	10095	691747
股份合作企业	Cooperative Enterprises	63027	1525	94266
联营企业	Joint Ownership Enterprises	34811	1043	70580
国有联营企业	State Joint Ownership Enterprises	25000	730	48604
集体联营企业	Collective Joint Ownership Enterprises	730	88	12945
国有与集体联营企业	Joint State-collective Enterprises	7662	56	8763
其他联营企业	Other Joint Ownership Enterprises	1419	168	268
有限责任公司	Limited Liability Corporations	23313759	1150163	36977192
国有独资公司	State Sole Funded Corporations	2097738	46293	4798310
其他有限责任公司	Other Limited Liability Corporations	21216021	1103870	32178882
股份有限公司	Share-holding Corporations Ltd.	2322086	276756	2961195
私营企业	Private Enterprises	15880782	863426	18093502
私营独资企业	Private-funded Enterprises	372095	23825	722782
私营合伙企业	Private Partnership Enterprises	98058	10475	171170
私营有限责任公司	Private Limited Liability Corporations	15049221	819768	16724630
私营股份有限公司	Private Share-holding Corporations Ltd.	361408	9358	474921
其他企业	Other Enterprises	11885	423	31025
2.港、澳、台商投资企业	**Enterprises with Funds from Hongkong, Macao and Taiwan**	**5878071**	**618785**	**11278348**
合资经营企业	Joint-venture Enterprises	2740589	106967	4401949
合作经营企业	Cooperative Enterprises	476525	11367	1063068
独资经营企业	Enterprises with Sole Investment	2557155	495951	5613043
投资股份有限公司	Share-holding Corporations Ltd. with Investment	97763	2824	141295
其他港澳台商投资企业	Other Enterprises with Funds from Hongkong, Macao and Taiwan	6039	1678	58993
3.外商投资企业	**Foreign Funded Enterprises**	**4277263**	**84225**	**5399072**
中外合资经营企业	Joint-venture Enterprises	1004760	38048	2226606
中外合作经营企业	Cooperative Enterprises	285563	5141	886151
外资企业	Enterprises with Sole Foreign Investment	2939852	37509	2039996
外商投资股份有限公司	Share-holding Corporations Ltd. with Foreign Investment	24800	919	118393
其他外商投资企业	Other Foreign Funded Enterprises	22287	2608	127927
(二)按国民经济行业分	**by Sector**			
旅游饭店	Tourist Hotel	45087633	2828155	74014970
一般旅馆	Fonda	7806761	269669	8542144
民宿服务	Home Lodging Services	449427	4433	141445
露营地服务	Campground Services	846	235	3404
其他住宿业	Others	1506636	24851	1205915

注：限额以上住宿和餐饮业企业中包含视同法人企业，部分视同法人企业存在资产不等于负债与所有者权益之和的问题(下表同)。

Assets and Liabilities of Enterprises above Designated Size of Hotels and Catering Services at Year-end

单位：万元

Unit: 10 000 yuan

累计折旧 Accumulated Depreciation	#本年折旧 Current Year Depreciation	资产合计 Total Assets	负债合计 Total Liabilities	所有者权益合计 Total Owners' Equities	实收资本 Paicl-up Capitals	#国家资本 State-owned Capitals	#港澳台资本 Capitals from Hongkong, Macao and Taiwan	#外商资本 Foreign Capitals
44559218	**5694514**	**186499027**	**136798347**	**49730671**	**65619771**	**11381352**	**6205761**	**2763934**
35411432	**3988484**	**135294560**	**100989959**	**34324693**	**48391204**	**10583180**	**4696334**	**1817417**
12555954	1086195	35639053	20774780	14877493	13683304	9162348	155616	199424
27353995	**3344865**	**110904600**	**83537995**	**27386697**	**39033550**	**9979531**	**42680**	**63291**
3834708	330741	9338015	4721249	4616766	3283069	3009615	2018	
377692	24205	674935	482672	192263	152755	946		
49679	4515	132992	116860	16132	23487	369		
44067	3214	83248	46143	37105	36962	19292		
31928	2728	61170	27394	33776	23980	16892		
5250	239	10307	12892	-2584	3193			
6774	208	10175	3571	6604	8091	2400		
115	39	1596	2287	-691	1698			
14983635	1758058	59633330	44992004	14659780	18710647	6369110	36900	63032
2124533	194565	6667204	3869851	2797353	2909365	1955424		
12859101	1563494	52966126	41122153	11862426	15801283	4413686	36900	63032
1141676	129898	5500751	3516256	1984495	1514044	536092	21	135
6901997	1092944	35516931	29644793	5873776	15303601	42590	3742	124
254950	38892	1013808	574235	439367	375780	64	1361	
65505	12146	258433	133788	124645	92636	40		1
6401017	1006274	33430022	28361717	5072155	14596286	42384	2381	124
180525	35633	814668	575053	237608	238899	102		
20543	1289	24398	18018	6380	8983	1518		
5501808	**425620**	**15697985**	**11269133**	**4428851**	**6275419**	**292579**	**4586905**	**46007**
2451915	153111	6675856	5691865	983992	1821475	207182	888977	24117
597701	38149	1129979	562825	567154	515972	84998	326592	20622
2365633	225452	7605306	4820092	2785215	3831507	399	3283253	399
64202	6598	191787	127026	64762	72637		65346	869
22356	2311	95056	67327	27729	33828		22738	
2555629	**217998**	**8691975**	**6182831**	**2509144**	**3082235**	**311070**	**66749**	**1708119**
1158470	70151	3233416	2022538	1210879	1092257	99883	64840	363605
352750	34044	876805	756099	120706	502532	211147	1800	192876
932732	105069	4371141	3319639	1051502	1353983	39	90	1088595
66532	5092	92786	79125	13661	47123			15361
45145	3643	117827	5430	112397	86340		20	47682
31842443	3415614	114170125	85981569	28205268	41156458	9560322	4280329	1652487
3076850	505339	17339367	12130236	5212372	6478376	808678	396641	160965
31006	7356	812309	595578	216732	87918	20419		
1290	139	4039	1507	2532	3026			
459843	60036	2968719	2281070	687788	665427	193761	19364	3964

Note: Of enterprises above designated size of Hotel and Catering Services,the financial data have the problem of total assets ≠ liabilities+total owners' equities,because some of them are regarded as legal entities.The same applies to the tables following.

项　目	Item	流动资产合计 Total Current Assets	#存货 Stock	固定资产原价 Original Value of Fixed Assets
二、餐饮业	**Catering Services**	**24091706**	**1800825**	**23951581**
#国有控股	State-controlled Enterprises	1836254	147843	2349387
(一)按登记注册类型分	**by Type of Registration**			
1.内资企业	**Domestic Funded Enterprises**	**19831374**	**1510795**	**19555730**
国有企业	State-owned Enterprises	273573	21617	653203
集体企业	Collective-owned Enterprises	88265	3219	81525
股份合作企业	Cooperative Enterprises	92186	26964	60391
联营企业	Joint Ownership Enterprises	18302	23	18770
国有联营企业	State Joint Ownership Enterprises			
集体联营企业	Collective Joint Ownership Enterprises	17924	12	18411
国有与集体联营企业	Joint State-collective Enterprises			
其他联营企业	Other Joint Ownership Enterprises	379	11	359
有限责任公司	Limited Liability Corporations	6267820	459057	6929893
国有独资公司	State Sole Funded Corporations	206109	15261	539940
其他有限责任公司	Other Limited Liability Corporations	6061710	443796	6389953
股份有限公司	Share-holding Corporations Ltd.	1178244	63627	791686
私营企业	Private Enterprises	11892593	932880	10999269
私营独资企业	Private-funded Enterprises	553138	60127	960075
私营合伙企业	Private Partnership Enterprises	86019	8579	117482
私营有限责任公司	Private Limited Liability Corporations	10928018	838360	9625035
私营股份有限公司	Private Share-holding Corporations Ltd.	325419	25814	296677
其他企业	Other Enterprises	20392	3409	20994
2.港、澳、台商投资企业	**Enterprises with Funds from Hongkong, Macao and Taiwan**	**2902850**	**153652**	**2517154**
合资经营企业	Joint-venture Enterprises	447640	20157	828994
合作经营企业	Cooperative Enterprises	73836	6549	54902
独资经营企业	Enterprises with Sole Investment	2290476	124728	1605217
投资股份有限公司	Share-holding Corporations Ltd. with Investment	89911	2177	27092
其他港澳台商投资企业	Other Enterprises with Funds from Hongkong, Macao and Taiwan	987	42	949
3.外商投资企业	**Foreign Funded Enterprises**	**1357482**	**136377**	**1878697**
中外合资经营企业	Joint-venture Enterprises	215389	19683	508834
中外合作经营企业	Cooperative Enterprises	14342	515	5074
外资企业	Enterprises with Sole Foreign Investment	1023791	100879	1268222
外商投资股份有限公司	Share-holding Corporations Ltd. with Foreign Investment	20609	757	3027
其他外商投资企业	Other Foreign Funded Enterprises	83351	14543	93540
(二)按国民经济行业分	**by Sector**			
正餐服务	Dinner	19568845	1468295	20649705
快餐服务	Snack	2249516	205601	2571147
饮料及冷饮服务	Beverage and Cold Drink	1139510	48985	393087
餐饮配送及外卖送餐服务	Catering Distribution and Delivery Service	697308	46701	175516
其他餐饮业	Others	436528	31243	162127

4-3-1 Continued

单位：万元
Unit: 10 000 yuan

累计折旧 Accumulation Depreciation	#本年折旧 Current Year Depreciation	资产合计 Total Assets	负债合计 Total liabilities	所有者权益合计 Total Owners' Equities	实收资本 Paid-up Capitals	#国家资本 State-owned Capitals	#港澳台资本 Capitals from Hongkong, Macao and Taiwan	#外商资本 Foreign Capitals
9147786	**1706030**	**51204467**	**35808388**	**15405979**	**17228567**	**798172**	**1509426**	**946517**
839713	146775	4306070	2633589	1680516	1196129	747971	2356	3320
7054282	**1343627**	**41816774**	**30491586**	**11324940**	**14147463**	**786301**	**14228**	**44658**
265413	39356	905459	535561	377932	207552	195513		
41856	3937	164525	107232	57293	44174	77		
29113	3110	138464	103208	35256	24491	5000		
6948	680	31426	6080	25345	10433	333		
6789	657	30798	6050	24748	9945			
159	23	628	30	598	489	333		
2483634	424198	13740658	10651041	3089654	3900726	436396	6509	41989
157992	23399	710139	438135	272004	171726	145499		
2325641	400799	13030519	10212906	2817650	3729000	290896	6509	41989
281941	76352	2348832	1239038	1104493	520786	137205	4210	1917
3936734	793870	24449208	17829869	6616320	9427990	11724	3509	753
309853	69367	1460731	631569	828507	712119	535	81	32
43401	7931	193908	88557	105351	79779	1		
3460598	695702	22037023	16670573	5364086	8441579	9783	3428	721
122881	20870	757546	439170	318375	194513	1405		
8644	2123	38203	19556	18647	11312	54		
1066485	**190191**	**5812392**	**3227317**	**2595224**	**1880439**	**6339**	**1473208**	**11753**
238035	36268	1345521	603852	741669	646297	4551	496665	7344
37605	2097	105775	109251	-3476	34869	1788	17460	2917
779792	151163	4242053	2414693	1837509	1186782		951687	1184
10503	574	116834	97190	19644	11048		6082	308
550	89	2209	2331	-121	1442		1314	
1027019	**172213**	**3575300**	**2089486**	**1485814**	**1200665**	**5532**	**21990**	**890106**
282594	43100	683842	353370	330472	177122	5532	16932	49357
4280	150	24943	8452	16491	9538		4935	693
701779	121251	2619296	1581326	1037970	936519		34	795861
1728	-330	34085	14100	19985	12937			1773
36639	8042	213135	132237	80898	64548		90	42422
7501984	1363170	42299192	30866486	11442607	14895635	735896	1067147	483522
1306921	257152	5635848	3182453	2453394	1417220	33102	304197	319015
188560	54733	1775199	862631	912568	333066	3686	109646	102511
79374	14590	870177	510410	359766	348020	21513	9515	2350
70947	16384	624051	386408	237643	234626	3975	18922	39118

4-3-2 各地区限额以上住宿和餐饮业企业年末资产负债
Assets and Liabilities of Enterprises above Designated Size of Hotels and Catering Services by Region at Year-end

单位：万元
Unit: 10 000 yuan

地　区	Region	资产总计 Total Assets	#流动资产合计 Total Current Assets	#固定资产合计 Total Fixed Assets	负债合计 Total Liabilities	所有者权益合计 Total Owners' Equities
全　国	**National Total**	**186499027**	**78943010**	**62714618**	**136798347**	**49730671**
北　京	Beijing	19869386	9305060	5548255	14534590	5334796
天　津	Tianjin	3032571	1492880	942209	2644700	391581
河　北	Hebei	4479938	1779544	1567387	3841427	638510
山　西	Shanxi	2418759	918195	996018	2237808	180951
内蒙古	Inner Mongolia	2151996	760179	983451	1743171	409304
辽　宁	Liaoning	4660802	1783600	1632185	4044901	626051
吉　林	Jilin	1499450	569359	695015	1139178	360273
黑龙江	Heilongjiang	1256374	367088	608217	898485	365924
上　海	Shanghai	13515575	6473623	3479683	8268062	5253788
江　苏	Jiangsu	13750255	4716022	5472961	9411210	4343481
浙　江	Zhejiang	13631798	5268292	4783825	11082091	2549707
安　徽	Anhui	5029569	1848389	1866725	3580243	1449416
福　建	Fujian	6714492	2775461	2280800	4226162	2487200
江　西	Jiangxi	3652217	1289599	1338712	2509542	1142675
山　东	Shandong	7704810	2763108	3400906	5882487	1822322
河　南	Henan	5110906	2204144	1737578	3352058	1758848
湖　北	Hubei	6403237	2562157	2203636	4243522	2159716
湖　南	Hunan	5598982	1978959	2136642	3681931	1917051
广　东	Guangdong	25452227	13398812	6489930	21345132	4107226
广　西	Guangxi	3105729	1188473	1167323	2339108	758315
海　南	Hainan	7710916	3351744	2581449	5667099	2043817
重　庆	Chongqing	3954829	1672315	1313644	2809423	1145406
四　川	Sichuan	7951138	3435928	2553106	5758553	2192585
贵　州	Guizhou	2723458	1234703	891070	1726714	997369
云　南	Yunnan	4175685	1698614	1641584	2625297	1550388
西　藏	Tibet	581650	107931	271597	157392	424258
陕　西	Shaanxi	5489041	2091568	2136506	3810686	1678355
甘　肃	Gansu	2054029	864180	793455	1313329	740700
青　海	Qinghai	604266	265093	223825	318751	285515
宁　夏	Ningxia	518350	221144	230059	503455	20391
新　疆	Xinjiang	1696593	556849	746865	1101840	594753

4-3-3 各地区限额以上住宿业企业年末资产负债

Assets and Liabilities of Enterprises above Designated Size of Hotels by Region at Year-end

单位：万元

Unit: 10 000 yuan

地　区	Region	资产总计 Total Assets	#流动资产合计 Total Current Assets	#固定资产合计 Total Fixed Assets	负债合计 Total Liabilities	所有者权益合计 Total Owners' Equities
全　国	**National Total**	**135294560**	**54851304**	**48122192**	**100989959**	**34324693**
北　京	Beijing	15661186	6554843	5120665	11531196	4129990
天　津	Tianjin	2139962	1044809	703522	1981026	162426
河　北	Hebei	3590043	1398360	1294758	3092927	497116
山　西	Shanxi	1398153	473790	684840	1276581	121572
内蒙古	Inner Mongolia	1075691	345375	596229	870222	205948
辽　宁	Liaoning	3373584	1240073	1260006	2880878	492706
吉　林	Jilin	1253464	480369	583510	972938	280526
黑龙江	Heilongjiang	1070052	283072	524783	765865	304188
上　海	Shanghai	8996743	3689754	2801806	5022828	3979059
江　苏	Jiangsu	8161933	2602609	3455706	5701242	2468480
浙　江	Zhejiang	9761956	3671616	3546805	7972274	1789682
安　徽	Anhui	2617567	868831	1013481	1976919	640648
福　建	Fujian	5529470	2150094	1972772	3561500	1967970
江　西	Jiangxi	2743097	922719	1035757	1853754	889343
山　东	Shandong	4470712	1545297	1999902	3442673	1028039
河　南	Henan	4061878	1726683	1421483	2788122	1273756
湖　北	Hubei	3375338	1218182	1289421	2124536	1250803
湖　南	Hunan	4278838	1507826	1661051	2929573	1349265
广　东	Guangdong	19483838	10122381	5260535	17227334	2256264
广　西	Guangxi	2688243	965213	1057679	2030386	655789
海　南	Hainan	7585379	3290577	2554926	5557049	2028329
重　庆	Chongqing	2776212	1216502	888438	2243616	532597
四　川	Sichuan	5407853	2329673	1772441	4015706	1392147
贵　州	Guizhou	2322379	1009953	792544	1487891	834488
云　南	Yunnan	3353171	1231539	1402792	2180868	1172303
西　藏	Tibet	559954	97704	261312	143498	416456
陕　西	Shaanxi	3901139	1388174	1627910	2892137	1009002
甘　肃	Gansu	1561081	684200	596056	1026124	534957
青　海	Qinghai	495548	220364	178914	265432	230115
宁　夏	Ningxia	344243	141021	163288	339821	9918
新　疆	Xinjiang	1255855	429701	598860	835043	420812

4-3-3 续表 Continued

国有控股
State-controlled Enterprises

单位：万元
Unit: 10 000 yuan

地区	Region	资产总计 Total Assets	#流动资产合计 Total Current Assets	#固定资产合计 Total Fixed Assets	负债合计 Total Liabilities	所有者权益合计 Total Owners' Equities
全国	**National Total**	**35639053**	**10803787**	**15385070**	**20774780**	**14877493**
北京	Beijing	6623699	1949011	2948901	4287646	2336053
天津	Tianjin	884661	322547	310103	814908	69754
河北	Hebei	622571	172233	334115	360198	262373
山西	Shanxi	406738	76280	262843	317962	88776
内蒙古	Inner Mongolia	226237	43468	164297	120886	105351
辽宁	Liaoning	631680	157158	322849	368789	262890
吉林	Jilin	389876	84720	235188	269753	120123
黑龙江	Heilongjiang	416876	67362	207514	269456	147420
上海	Shanghai	4041485	1179922	1402485	1868921	2172565
江苏	Jiangsu	3643516	930186	1713144	1933766	1717533
浙江	Zhejiang	2024007	641685	813843	1103029	920978
安徽	Anhui	299123	94322	159522	195048	104074
福建	Fujian	1005204	431694	318023	314158	691046
江西	Jiangxi	592837	139167	213507	301419	291418
山东	Shandong	1182226	383148	557925	653848	528379
河南	Henan	747765	211562	348705	538926	208839
湖北	Hubei	689089	157075	283765	322826	366263
湖南	Hunan	1193407	506964	400055	674337	519069
广东	Guangdong	3022948	1264869	940982	1559233	1463716
广西	Guangxi	391945	122417	170835	279256	112630
海南	Hainan	822922	94736	566515	605594	217329
重庆	Chongqing	767776	245372	291944	583689	184086
四川	Sichuan	756858	276700	356945	403742	353117
贵州	Guizhou	364642	208624	101227	233713	130929
云南	Yunnan	816512	282560	392939	537030	279482
西藏	Tibet	329813	53700	105264	49398	280415
陕西	Shaanxi	1276528	175753	753882	917870	358657
甘肃	Gansu	688047	313414	284427	472381	215665
青海	Qinghai	136486	32554	81249	68242	68244
宁夏	Ningxia	40122	8156	28181	34684	10934
新疆	Xinjiang	603458	176426	313896	314073	289385

4-3-4 各地区限额以上住宿业企业年末资产负债(按登记注册类型分)

Assets and Liabilities of Enterprises above Designated Size of Hotels by Region and Type of Registration at Year-end

内资企业
Domestic Funded Enterprises

单位：万元
Unit: 10 000 yuan

地 区	Region	资产总计 Total Assets	#流动资产合计 Total Current Assets	#固定资产合计 Total Fixed Assets	负债合计 Total Liabilities	所有者权益合计 Total Owners' Equities
全 国	**National Total**	**110904600**	**44695970**	**39585853**	**83537995**	**27386697**
北 京	Beijing	11125804	5003119	4048837	8948074	2177730
天 津	Tianjin	1852602	806235	665464	1710985	145107
河 北	Hebei	3456020	1386528	1200699	2974227	481793
山 西	Shanxi	1398153	473790	684840	1276581	121572
内蒙古	Inner Mongolia	961110	337374	491901	801829	159760
辽 宁	Liaoning	2723054	1028805	906692	2265604	457450
吉 林	Jilin	1205906	459981	578225	907024	298881
黑龙江	Heilongjiang	830075	241751	347449	607222	222853
上 海	Shanghai	5742434	2311246	1559791	3450302	2297276
江 苏	Jiangsu	7047806	2304523	2957929	4740677	2314918
浙 江	Zhejiang	8202218	3037209	2873132	6690329	1511889
安 徽	Anhui	2267548	833565	846612	1663061	604487
福 建	Fujian	4333858	1717242	1517585	2698737	1635121
江 西	Jiangxi	2660355	905361	1006055	1795247	865108
山 东	Shandong	4030618	1465111	1678490	3086399	944219
河 南	Henan	3672805	1533132	1271792	2457504	1215301
湖 北	Hubei	3142909	1156253	1181518	1943352	1199557
湖 南	Hunan	3942886	1426241	1556343	2667938	1274948
广 东	Guangdong	13767722	6432597	4055471	12130477	1637004
广 西	Guangxi	2106421	819231	731472	1587692	516662
海 南	Hainan	5656801	2694191	1745850	4410586	1246215
重 庆	Chongqing	2555845	1120696	825989	2102387	453459
四 川	Sichuan	5146179	2270306	1594968	3830988	1315191
贵 州	Guizhou	2300542	1004450	784176	1483100	817441
云 南	Yunnan	3100791	1149212	1260879	2092189	1008602
西 藏	Tibet	494765	89428	204616	135411	359354
陕 西	Shaanxi	3633980	1275713	1503549	2671267	962713
甘 肃	Gansu	1542184	679147	582608	1012669	529515
青 海	Qinghai	452617	208774	162551	257612	195005
宁 夏	Ningxia	295768	95978	161603	303760	-2495
新 疆	Xinjiang	1254824	428781	598767	834763	420061

4-3-4 续表 1 Continued 1

国有企业 单位：万元

State-owned Enterprises Unit: 10 000 yuan

地区	Region	资产总计 Total Assets	#流动资产合计 Total Current Assets	#固定资产合计 Total Fixed Assets	负债合计 Total Liabilities	所有者权益合计 Total Owners' Equities
全国	**National Total**	**9338015**	**2807418**	**4473048**	**4721249**	**4616766**
北京	Beijing	2058432	629889	1164452	1029472	1028960
天津	Tianjin	92896	24097	48795	80279	12617
河北	Hebei	335800	81493	185610	266647	69153
山西	Shanxi	319353	71431	192706	257035	62317
内蒙古	Inner Mongolia	60940	15198	37971	38291	22649
辽宁	Liaoning	186041	55135	105283	100942	85098
吉林	Jilin	181302	39638	128848	96331	84970
黑龙江	Heilongjiang	306635	50504	147623	213851	92785
上海	Shanghai	713216	246782	150748	198474	514742
江苏	Jiangsu	539488	154848	282422	217069	322418
浙江	Zhejiang	468149	182877	190448	199717	268433
安徽	Anhui	23238	7049	14108	18090	5148
福建	Fujian	235047	66630	120971	133801	101246
江西	Jiangxi	191097	50876	86448	70346	120752
山东	Shandong	748783	267473	333632	361035	387748
河南	Henan	403300	109564	179536	245464	157836
湖北	Hubei	56969	24818	27423	29557	27412
湖南	Hunan	186116	65778	94142	105346	80770
广东	Guangdong	549131	209030	206049	183194	365937
广西	Guangxi	201521	50885	73018	130199	71323
海南	Hainan	34829	21089	11682	38081	-3252
重庆	Chongqing	97702	17244	74566	62683	35019
四川	Sichuan	156840	59085	53681	91336	65504
贵州	Guizhou	25907	12060	7715	14457	11450
云南	Yunnan	190037	85588	63677	99853	90184
西藏	Tibet	266974	21307	78718	30069	236905
陕西	Shaanxi	190942	45440	95650	99975	90967
甘肃	Gansu	120686	52913	51166	69246	51441
青海	Qinghai	44271	5705	38066	6528	37743
宁夏	Ningxia	87128	7352	77394	111178	-24050
新疆	Xinjiang	265246	75639	150500	122705	142541

4-3-4 续表 2 Continued 2

集体企业 单位：万元

Collective-owned Enterprises Unit: 10 000 yuan

地区	Region	资产总计 Total Assets	#流动资产合计 Total Current Assets	#固定资产合计 Total Fixed Assets	负债合计 Total Liabilities	所有者权益合计 Total Owners' Equities
全国	**National Total**	**674935**	**262200**	**314048**	**482672**	**192263**
北京	Beijing	204801	60937	123905	140391	64409
天津	Tianjin	38085	26340	10633	43168	-5083
河北	Hebei	16677	5545	8775	8391	8286
山西	Shanxi	13037	3916	8667	8735	4302
内蒙古	Inner Mongolia	283	264	19	137	146
辽宁	Liaoning	14337	3634	6211	10736	3601
吉林	Jilin					
黑龙江	Heilongjiang	4087	3200	875	934	3153
上海	Shanghai	33175	12183	17317	15066	18109
江苏	Jiangsu	54283	22361	16597	32520	21763
浙江	Zhejiang	41260	14818	17163	27214	14046
安徽	Anhui	3580	1117	125	195	3385
福建	Fujian	10392	4236	4411	5813	4579
江西	Jiangxi					
山东	Shandong	18956	7181	10103	14804	4152
河南	Henan	44534	17879	18587	42326	2207
湖北	Hubei	54369	23133	24107	25995	28374
湖南	Hunan	14318	10593	3099	4057	10261
广东	Guangdong	43315	15583	16037	49357	-6041
广西	Guangxi	6914	3161	2608	2914	4000
海南	Hainan					
重庆	Chongqing	7926	2831	3912	9535	-1609
四川	Sichuan	8558	5153	393	7536	1022
贵州	Guizhou	10722	2720	8002	410	10312
云南	Yunnan	10193	3077	5779	3586	6607
西藏	Tibet	2624	583	1401	989	1635
陕西	Shaanxi	12099	9012	1658	21493	-9394
甘肃	Gansu	5413	2562	2845	5474	-61
青海	Qinghai	1001	181	819	898	103
宁夏	Ningxia					
新疆	Xinjiang					

4-3-4 续表 3 Continued 3

股份合作企业 | 单位：万元

Cooperative Enterprises | Unit: 10 000 yuan

地 区	Region	资产总计 Total Assets	#流动资产合计 Total Current Assets	#固定资产合计 Total Fixed Assets	负债合计 Total Liabilities	所有者权益合计 Total Owners' Equities
全 国	**National Total**	**132992**	**63027**	**44587**	**116860**	**16132**
北 京	Beijing	92256	45598	34014	69717	22539
天 津	Tianjin					
河 北	Hebei					
山 西	Shanxi					
内蒙古	Inner Mongolia	431	257	174	269	162
辽 宁	Liaoning					
吉 林	Jilin	159	159		687	-528
黑龙江	Heilongjiang					
上 海	Shanghai					
江 苏	Jiangsu					
浙 江	Zhejiang	8600	3533	2456	5879	2721
安 徽	Anhui					
福 建	Fujian	168	138	29	130	37
江 西	Jiangxi					
山 东	Shandong	14170	8058	1111	12171	1999
河 南	Henan	3285	429	2652	507	2779
湖 北	Hubei					
湖 南	Hunan	829	334	128	173	656
广 东	Guangdong	4180	443	1049	4005	175
广 西	Guangxi	892	325	559	916	-24
海 南	Hainan	660	192	453	17279	-16619
重 庆	Chongqing					
四 川	Sichuan	3557	1571	866	2275	1282
贵 州	Guizhou	307	307		277	30
云 南	Yunnan					
西 藏	Tibet					
陕 西	Shaanxi	1620	350	572	1196	424
甘 肃	Gansu					
青 海	Qinghai	1879	1333	524	1379	500
宁 夏	Ningxia					
新 疆	Xinjiang					

4-3-4 续表 4 Continued 4

联营企业 单位：万元

Joint Ownership Enterprises Unit: 10 000 yuan

地区	Region	资产总计 Total Assets	#流动资产合计 Total Current Assets	#固定资产合计 Total Fixed Assets	负债合计 Total Liabilities	所有者权益合计 Total Owners' Equities
全国	**National Total**	**83248**	**34811**	**26514**	**46143**	**37105**
北京	Beijing	4727	4265	446	4380	346
天津	Tianjin					
河北	Hebei					
山西	Shanxi					
内蒙古	Inner Mongolia	765	108	316	2397	-1632
辽宁	Liaoning	954	283	662	235	719
吉林	Jilin					
黑龙江	Heilongjiang					
上海	Shanghai	6599	274	4982	9836	-3237
江苏	Jiangsu	1737	1320	82	1498	239
浙江	Zhejiang	6300	4172	1604	909	5391
安徽	Anhui					
福建	Fujian	28211	12304	12799	10481	17731
江西	Jiangxi	2536	407	2129	2334	202
山东	Shandong					
河南	Henan	205	115	82	29	176
湖北	Hubei	6807	2535	106	9044	-2237
湖南	Hunan					
广东	Guangdong	11048	7679	2322	1370	9678
广西	Guangxi					
海南	Hainan					
重庆	Chongqing					
四川	Sichuan					
贵州	Guizhou	160	160		30	130
云南	Yunnan	1714	399	297	322	1393
西藏	Tibet					
陕西	Shaanxi					
甘肃	Gansu	10395	385	1	1982	8413
青海	Qinghai					
宁夏	Ningxia					
新疆	Xinjiang	1092	406	686	1296	-205

4-3-4 续表 5 Continued 5

有限责任公司 单位：万元
Limited Liability Corporations Unit: 10 000 yuan

地 区	Region	资产总计 Total Assets	#流动资产合计 Total Current Assets	#固定资产合计 Total Fixed Assets	负债合计 Total Liabilities	所有者权益合计 Total Owners' Equities
全 国	**National Total**	**59633330**	**23313759**	**21822765**	**44992004**	**14659780**
北 京	Beijing	6940218	3146768	2452186	5939296	1000922
天 津	Tianjin	1250216	554101	423881	1079796	170420
河 北	Hebei	1465137	483575	615564	916345	548792
山 西	Shanxi	402248	125763	219668	357557	44691
内蒙古	Inner Mongolia	529887	146802	311827	400817	129550
辽 宁	Liaoning	1088117	388811	465037	880825	207293
吉 林	Jilin	580850	212770	283680	451671	129178
黑龙江	Heilongjiang	275777	113310	117164	219253	56524
上 海	Shanghai	3767477	1325556	1163917	2229753	1542867
江 苏	Jiangsu	3952549	1153137	1738113	2599964	1360368
浙 江	Zhejiang	4001475	1272621	1630794	3136090	865386
安 徽	Anhui	1059917	381230	387581	846646	213270
福 建	Fujian	1593711	605206	617018	911289	682422
江 西	Jiangxi	1325049	421331	424505	918776	406274
山 东	Shandong	1828366	624807	816985	1520137	308229
河 南	Henan	1710473	761201	548148	1275285	435188
湖 北	Hubei	1337809	431836	514368	846445	491365
湖 南	Hunan	1536765	375885	757869	1073799	462966
广 东	Guangdong	8620963	3954301	2573843	7672226	948348
广 西	Guangxi	855771	271989	367025	605091	250621
海 南	Hainan	4057988	1943734	1105265	2757066	1300923
重 庆	Chongqing	1476275	677824	401346	1236789	239486
四 川	Sichuan	2987262	1355272	878088	2185146	802116
贵 州	Guizhou	1088101	496618	410051	683538	404563
云 南	Yunnan	1497931	522833	687018	1040879	457051
西 藏	Tibet	164243	54116	92656	79249	84994
陕 西	Shaanxi	2523242	825234	1097431	1957317	565926
甘 肃	Gansu	906573	398542	355490	635169	271404
青 海	Qinghai	116596	35005	55671	89901	26695
宁 夏	Ningxia	65144	22684	31452	54335	16305
新 疆	Xinjiang	627198	230897	279124	391554	235643

4-3-4 续表 6 Continued 6

股份有限公司 单位：万元

Share-holding Corporations Ltd. Unit: 10 000 yuan

地 区	Region	资产总计 Total Assets	#流动资产合计 Total Current Assets	#固定资产合计 Total Fixed Assets	负债合计 Total Liabilities	所有者权益合计 Total Owners' Equities
全 国	**National Total**	**5500751**	**2322086**	**1809352**	**3516256**	**1984495**
北 京	Beijing	189990	54697	41648	184568	5422
天 津	Tianjin	47156	39679	3027	47311	-155
河 北	Hebei	28865	24660	3707	25287	3578
山 西	Shanxi	34855	8080	21155	24306	10548
内蒙古	Inner Mongolia	9926	7829	1980	6658	3269
辽 宁	Liaoning	121858	18337	27869	41958	79900
吉 林	Jilin	40635	11357	23372	23150	17484
黑龙江	Heilongjiang	83663	4348	28614	53268	30395
上 海	Shanghai	116821	31168	42435	55842	60979
江 苏	Jiangsu	591840	218133	248835	257362	334478
浙 江	Zhejiang	353909	155916	93981	241298	112612
安 徽	Anhui	49186	16305	24376	36729	12457
福 建	Fujian	131745	100014	15896	21766	109979
江 西	Jiangxi	94892	39465	47929	61437	33455
山 东	Shandong	111229	38786	54825	62816	48413
河 南	Henan	132283	49343	51576	44722	87560
湖 北	Hubei	216314	41447	94687	110921	105392
湖 南	Hunan	576426	352710	34620	274477	301950
广 东	Guangdong	631573	311964	139963	271304	360269
广 西	Guangxi	120624	39587	44977	80220	40404
海 南	Hainan	1349953	595459	575255	1284853	65099
重 庆	Chongqing	43857	8522	29391	27539	16318
四 川	Sichuan	150544	56872	45962	108995	41550
贵 州	Guizhou	48379	24223	23120	46357	2023
云 南	Yunnan	65616	27826	21392	42136	23480
西 藏	Tibet	2896	1366	1125	1424	1473
陕 西	Shaanxi	48980	8350	31930	16732	32248
甘 肃	Gansu	25251	19044	4745	19832	5418
青 海	Qinghai	45058	11770	22134	19258	25801
宁 夏	Ningxia					
新 疆	Xinjiang	36428	4833	8826	23730	12698

4-3-4 续表 7 Continued 7

私营企业 单位：万元

Private Enterprises Unit: 10 000 yuan

地　区	Region	资产总计 Total Assets	#流动资产合计 Total Current Assets	#固定资产合计 Total Fixed Assets	负债合计 Total Liabilities	所有者权益合计 Total Owners' Equities
全　国	**National Total**	**35516931**	**15880782**	**11085082**	**29644793**	**5873776**
北　京	Beijing	1635381	1060964	232187	1580250	55131
天　津	Tianjin	424248	162018	179127	460431	-32693
河　北	Hebei	1609540	791255	387042	1757557	-148016
山　西	Shanxi	628660	264600	242644	628947	-287
内蒙古	Inner Mongolia	358879	166917	139613	353261	5618
辽　宁	Liaoning	1311677	562561	301603	1230857	80821
吉　林	Jilin	402961	196057	142326	335185	67777
黑龙江	Heilongjiang	159913	70389	53173	119917	39997
上　海	Shanghai	1097150	690202	178297	934946	162204
江　苏	Jiangsu	1906623	753604	671713	1631273	275355
浙　江	Zhejiang	3322524	1403272	936684	3079223	243301
安　徽	Anhui	1131023	427622	420126	761220	369802
福　建	Fujian	2334583	928714	746462	1615456	719127
江　西	Jiangxi	1045763	392464	444928	742090	303673
山　东	Shandong	1309114	518806	461833	1115436	193678
河　南	Henan	1378725	594601	471212	849170	529555
湖　北	Hubei	1470642	632483	520828	921391	549251
湖　南	Hunan	1628432	620941	666485	1210086	418345
广　东	Guangdong	3904540	1933422	1113411	3947685	-42996
广　西	Guangxi	920483	453271	243273	768267	150209
海　南	Hainan	211180	131695	53026	307195	-96015
重　庆	Chongqing	928314	413583	315860	765404	162909
四　川	Sichuan	1839417	792354	615978	1435701	403716
贵　州	Guizhou	1126967	468362	335289	738033	388934
云　南	Yunnan	1331450	508638	479717	905413	426037
西　藏	Tibet	57738	11767	30716	23413	34326
陕　西	Shaanxi	856401	387020	276086	573965	282436
甘　肃	Gansu	473866	205701	168359	280965	192901
青　海	Qinghai	243812	154779	45338	139648	104164
宁　夏	Ningxia	143497	65943	52758	138247	5249
新　疆	Xinjiang	323430	116776	158988	294162	29267

4-3-4 续表 8 Continued 8

其他企业 单位：万元

Other Enterprises Unit: 10 000 yuan

地 区	Region	资产总计 Total Assets	#流动资产合计 Total Current Assets	#固定资产合计 Total Fixed Assets	负债合计 Total Liabilities	所有者权益合计 Total Owners' Equities
全 国	**National Total**	**24398**	**11885**	**10465**	**18018**	**6380**
北 京	Beijing					
天 津	Tianjin					
河 北	Hebei					
山 西	Shanxi					
内蒙古	Inner Mongolia					
辽 宁	Liaoning	71	44	27	52	19
吉 林	Jilin					
黑龙江	Heilongjiang					
上 海	Shanghai	7997	5080	2097	6385	1612
江 苏	Jiangsu	1287	1120	167	990	297
浙 江	Zhejiang					
安 徽	Anhui	606	243	299	181	425
福 建	Fujian					
江 西	Jiangxi	1018	818	115	264	754
山 东	Shandong					
河 南	Henan					
湖 北	Hubei					
湖 南	Hunan					
广 东	Guangdong	2973	177	2796	1337	1635
广 西	Guangxi	216	15	13	86	130
海 南	Hainan	2191	2021	170	6113	-3922
重 庆	Chongqing	1772	692	915	437	1335
四 川	Sichuan					
贵 州	Guizhou					
云 南	Yunnan	3850	850	3000		3850
西 藏	Tibet	289	289		267	22
陕 西	Shaanxi	697	307	223	590	107
甘 肃	Gansu					
青 海	Qinghai					
宁 夏	Ningxia					
新 疆	Xinjiang	1432	230	643	1316	116

4-3-4 续表 9 Continued 9

港、澳、台商投资企业 Enterprises with Funds from Hongkong, Macao and Taiwan

单位：万元 Unit: 10 000 yuan

地 区	Region	资产总计 Total Assets	#流动资产合计 Total Current Assets	#固定资产合计 Total Fixed Assets	负债合计 Total Liabilities	所有者权益合计 Total Owners' Equities
全 国	**National Total**	**15697985**	**5878071**	**5745203**	**11269133**	**4428851**
北 京	Beijing	2827571	1123206	684937	1810609	1016961
天 津	Tianjin	52968	11901	33394	67535	-14567
河 北	Hebei	134023	11832	94059	118701	15323
山 西	Shanxi					
内蒙古	Inner Mongolia	114393	7832	104310	68389	46005
辽 宁	Liaoning	502009	140112	296288	347642	154367
吉 林	Jilin	35352	13876	1438	42607	-7254
黑龙江	Heilongjiang	189927	19982	154724	145871	44056
上 海	Shanghai	2283863	1007108	716669	1092651	1191213
江 苏	Jiangsu	638977	210944	176843	618015	20962
浙 江	Zhejiang	1124014	474227	495415	1016610	107404
安 徽	Anhui	346619	34337	164517	310003	36616
福 建	Fujian	868780	350437	300701	649838	218942
江 西	Jiangxi	61165	11801	20725	36114	25051
山 东	Shandong	407621	72249	304537	319206	88415
河 南	Henan	288323	177468	84410	273078	15245
湖 北	Hubei	98767	31096	38352	77601	21166
湖 南	Hunan	269450	77783	49713	166439	103010
广 东	Guangdong	2642483	1236641	758675	2192019	450464
广 西	Guangxi	542773	143193	295633	440612	102161
海 南	Hainan	1830959	551632	759533	1052327	778632
重 庆	Chongqing	50549	11072	35216	66519	-15971
四 川	Sichuan	48037	26606	9877	137266	-89229
贵 州	Guizhou	5441	3706	1727	1254	4188
云 南	Yunnan	191184	65866	104669	62689	128496
西 藏	Tibet	2023	2023		2475	-452
陕 西	Shaanxi	135182	58145	56640	152356	-17174
甘 肃	Gansu	5533	2998	2201	709	4824
青 海	Qinghai					
宁 夏	Ningxia					
新 疆	Xinjiang					

4-3-4 续表 10 Continued 10

外商投资企业 单位：万元

Foreign Funded Enterprises Unit: 10 000 yuan

地区	Region	资产总计 Total Assets	#流动资产合计 Total Current Assets	#固定资产合计 Total Fixed Assets	负债合计 Total Liabilities	所有者权益合计 Total Owners' Equities
全国	**National Total**	**8691975**	**4277263**	**2791144**	**6182831**	**2509144**
北京	Beijing	1707810	428517	386891	772512	935298
天津	Tianjin	234392	226674	4663	202505	31887
河北	Hebei					
山西	Shanxi					
内蒙古	Inner Mongolia	187	169	18	4	183
辽宁	Liaoning	148521	71156	57026	267632	-119111
吉林	Jilin	12206	6512	3847	23307	-11101
黑龙江	Heilongjiang	50050	21339	22610	12772	37279
上海	Shanghai	970446	371400	525346	479875	490570
江苏	Jiangsu	475150	87142	320935	342551	132599
浙江	Zhejiang	435723	160179	178260	265334	170389
安徽	Anhui	3400	928	2351	3855	-455
福建	Fujian	326832	82415	154486	212925	113907
江西	Jiangxi	21577	5557	8978	22393	-816
山东	Shandong	32473	7938	16875	37069	-4595
河南	Henan	100750	16083	65282	57540	43209
湖北	Hubei	133662	30833	69552	103583	30079
湖南	Hunan	66502	3802	54995	95195	-28693
广东	Guangdong	3073633	2453143	446389	2904838	168795
广西	Guangxi	39049	2789	30573	2083	36966
海南	Hainan	97619	44753	49545	94136	3483
重庆	Chongqing	169819	84734	27234	74710	95109
四川	Sichuan	213637	32762	167596	47451	166185
贵州	Guizhou	16397	1798	6640	3537	12859
云南	Yunnan	61196	16462	37245	25991	35206
西藏	Tibet	63167	6254	56696	5612	57555
陕西	Shaanxi	131977	54317	67721	68514	63463
甘肃	Gansu	13365	2056	11249	12747	618
青海	Qinghai	42931	11590	16363	7820	35110
宁夏	Ningxia	48475	45042	1685	36061	12414
新疆	Xinjiang	1030	920	93	279	751

4-3-5 各地区限额以上住宿业企业年末资产负债(按国民经济行业分)

Assets and Liabilities of Enterprises above Designated Size of Hotels by Region and Sector at Year-end

旅游饭店 单位：万元

Tourist Hotel Unit: 10 000 yuan

地区	Region	资产总计 Total Assets	#流动资产合计 Total Current Assets	#固定资产合计 Total Fixed Assets	负债合计 Total Liabilities	所有者权益合计 Total Owners' Equities
全国	**National Total**	**114170125**	**45087633**	**41854980**	**85981569**	**28205268**
北京	Beijing	12727352	5020686	4590627	9328052	3399300
天津	Tianjin	1747071	811806	591341	1557687	189383
河北	Hebei	2551802	949461	1060340	2366821	184981
山西	Shanxi	1044546	319474	568894	1016849	27697
内蒙古	Inner Mongolia	817630	251381	487981	617757	199873
辽宁	Liaoning	2598600	946583	1090603	2154967	443633
吉林	Jilin	1125693	428931	524058	874957	250736
黑龙江	Heilongjiang	923890	215667	454284	614527	309363
上海	Shanghai	7723225	2997853	2496107	4086293	3642076
江苏	Jiangsu	7351610	2303503	3161924	5123695	2235699
浙江	Zhejiang	9016475	3338725	3299745	7365140	1651335
安徽	Anhui	2201262	717557	861764	1717394	483869
福建	Fujian	4743099	1774333	1751450	3084854	1658246
江西	Jiangxi	2227743	732997	840655	1611018	616725
山东	Shandong	3916911	1314831	1843984	2957545	959366
河南	Henan	2944306	1284366	984152	2148033	796272
湖北	Hubei	2412177	710580	1003640	1505133	907043
湖南	Hunan	3184819	1030779	1355656	2350920	833898
广东	Guangdong	17092472	8798345	4641402	15449458	1643369
广西	Guangxi	2258047	759554	901540	1720071	535909
海南	Hainan	7509406	3271244	2502912	5474229	2035178
重庆	Chongqing	2271390	948449	746930	1832553	438837
四川	Sichuan	4383408	1965996	1359344	3329625	1053782
贵州	Guizhou	1792129	759501	610173	1193008	599121
云南	Yunnan	2661119	956971	1120452	1743566	917553
西藏	Tibet	558231	97341	260712	141957	416274
陕西	Shaanxi	3140492	1075873	1374447	2429370	711122
甘肃	Gansu	1360453	597648	515955	908371	452082
青海	Qinghai	445395	203586	159575	238206	207189
宁夏	Ningxia	318489	132312	158961	315326	8660
新疆	Xinjiang	1120882	371302	535372	724185	396696

4-3-5 续表 1 Continued 1

一般旅馆 单位：万元

Fonda Unit: 10 000 yuan

地 区	Region	资产总计 Total Assets	#流动资产合计 Total Current Assets	#固定资产合计 Total Fixed Assets	负债合计 Total Liabilities	所有者权益合计 Total Owners' Equities
全 国	**National Total**	**17339367**	**7806761**	**5420185**	**12130236**	**5212372**
北 京	Beijing	2123786	1020028	443730	1400253	723533
天 津	Tianjin	312375	217052	55357	313048	2817
河 北	Hebei	951211	407765	212479	652823	298388
山 西	Shanxi	340894	149213	109718	247249	93645
内 蒙 古	Inner Mongolia	249790	90579	104813	244291	5978
辽 宁	Liaoning	303822	158235	86423	279104	24719
吉 林	Jilin	105421	41223	50768	75987	29434
黑 龙 江	Heilongjiang	111460	50893	48276	91964	19496
上 海	Shanghai	1227187	662470	299981	883520	343667
江 苏	Jiangsu	716459	264404	247194	519635	196690
浙 江	Zhejiang	710020	320302	236561	587959	122060
安 徽	Anhui	350876	135590	127402	200481	150395
福 建	Fujian	676247	291718	210534	450052	226195
江 西	Jiangxi	387280	146205	138905	194194	193086
山 东	Shandong	492937	205295	136287	423238	69699
河 南	Henan	1019026	378992	419651	579519	439508
湖 北	Hubei	658347	249917	264494	437895	220452
湖 南	Hunan	493529	126104	249171	298446	195082
广 东	Guangdong	2152731	1170683	558267	1597739	554397
广 西	Guangxi	410439	200316	144866	293531	116907
海 南	Hainan	47491	18029	24843	39373	8117
重 庆	Chongqing	426620	225685	107628	349884	76736
四 川	Sichuan	981603	346770	398095	655657	325946
贵 州	Guizhou	478830	221531	172467	278934	199896
云 南	Yunnan	603007	262232	230903	363493	239515
西 藏	Tibet	120	120	587		120
陕 西	Shaanxi	676754	295670	215598	428603	248152
甘 肃	Gansu	169365	75310	62372	100175	69190
青 海	Qinghai	27851	11934	10660	16162	11689
宁 夏	Ningxia	16892	7728	2353	18965	-2074
新 疆	Xinjiang	116997	54767	49802	108062	8935

4-3-5 续表 2 Continued 2

民宿服务 单位：万元

Home Lodging Services Unit: 10 000 yuan

地区	Region	资产总计 Total Assets	#流动资产合计 Total Current Assets	#固定资产合计 Total Fixed Assets	负债合计 Total Liabilities	所有者权益合计 Total Owners' Equities
全国	**National Total**	**812309**	**449427**	**108605**	**595578**	**216732**
北京	Beijing	1237	877	49	794	444
天津	Tianjin	20124	6048	9785	16183	3940
河北	Hebei					
山西	Shanxi					
内蒙古	Inner Mongolia	3969	645	3324	2169	1800
辽宁	Liaoning	361822	94076	57112	359369	2453
吉林	Jilin					
黑龙江	Heilongjiang					
上海	Shanghai	1693	820	6	1759	-66
江苏	Jiangsu	12452	2477	8922	5109	7343
浙江	Zhejiang	28280	9864	8005	15920	12359
安徽	Anhui	773	153	164	276	497
福建	Fujian	83358	73426	4623	15581	67777
江西	Jiangxi	9456	2291	3869	3534	5922
山东	Shandong	4640	2815	1463	2388	2252
河南	Henan	5482	979	464	167	5315
湖北	Hubei	235045	233865	1180	146497	88548
湖南	Hunan	1882	178	327	1217	664
广东	Guangdong	2882	1973	390	959	1922
广西	Guangxi	3523	385	2142	1200	2323
海南	Hainan					
重庆	Chongqing	950	65	885	631	319
四川	Sichuan	9748	7384	1611	7760	1988
贵州	Guizhou	8178	8042	18	72	8106
云南	Yunnan	11984	2259	375	10659	1325
西藏	Tibet					
陕西	Shaanxi	3352	637	2611	2115	1236
甘肃	Gansu					
青海	Qinghai					
宁夏	Ningxia	1482	169	1280	1218	264
新疆	Xinjiang					

4-3-5 续表 2 Continued 2

露营地服务 单位：万元

Campground Services Unit: 10 000 yuan

地区	Region	资产总计 Total Assets	#流动资产合计 Total Current Assets	#固定资产合计 Total Fixed Assets	负债合计 Total Liabilities	所有者权益合计 Total Owners' Equities
全国	**National Total**	**4039**	**846**	**2114**	**1507**	**2532**
北京	Beijing					
天津	Tianjin					
河北	Hebei					
山西	Shanxi					
内蒙古	Inner Mongolia					
辽宁	Liaoning					
吉林	Jilin					
黑龙江	Heilongjiang					
上海	Shanghai					
江苏	Jiangsu					
浙江	Zhejiang	358	290	37	510	-152
安徽	Anhui					
福建	Fujian					
江西	Jiangxi					
山东	Shandong	570	128	22	520	50
河南	Henan					
湖北	Hubei					
湖南	Hunan					
广东	Guangdong	683	137	262	259	425
广西	Guangxi					
海南	Hainan					
重庆	Chongqing					
四川	Sichuan	1291	152	1019	81	1210
贵州	Guizhou					
云南	Yunnan					
西藏	Tibet					
陕西	Shaanxi	1137	139	774	137	1000
甘肃	Gansu					
青海	Qinghai					
宁夏	Ningxia					
新疆	Xinjiang					

4-3-5 续表 4 Continued 4

其他住宿业
Others

单位：万元
Unit: 10 000 yuan

地区	Region	资产总计 Total Assets	#流动资产合计 Total Current Assets	#固定资产合计 Total Fixed Assets	负债合计 Total Liabilities	所有者权益合计 Total Owners' Equities
全国	**National Total**	**2968719**	**1506636**	**736303**	**2281070**	**687788**
北京	Beijing	808810	513252	86260	802097	6712
天津	Tianjin	60393	9903	47039	94107	-33715
河北	Hebei	87030	41134	21939	73284	13747
山西	Shanxi	12713	5104	6228	12483	229
内蒙古	Inner Mongolia	4302	2770	113	6006	-1704
辽宁	Liaoning	109340	41178	25868	87438	21902
吉林	Jilin	22350	10215	8684	21994	356
黑龙江	Heilongjiang	34702	16512	22223	59374	-24672
上海	Shanghai	44638	28610	5711	51257	-6619
江苏	Jiangsu	81412	32225	37667	52803	28748
浙江	Zhejiang	6824	2434	2456	2744	4081
安徽	Anhui	64656	15531	24150	58768	5888
福建	Fujian	26765	10618	6163	11012	15753
江西	Jiangxi	118618	41226	52326	45008	73610
山东	Shandong	55655	22229	18144	58983	-3329
河南	Henan	93064	62345	17217	60403	32661
湖北	Hubei	69770	23820	20106	35011	34759
湖南	Hunan	598609	350764	55896	278989	319620
广东	Guangdong	235070	151243	60214	178919	56150
广西	Guangxi	16234	4959	9131	15585	649
海南	Hainan	28482	1304	27171	43448	-14966
重庆	Chongqing	77252	42303	32995	60547	16705
四川	Sichuan	31803	9371	12373	22582	9221
贵州	Guizhou	43242	20879	9885	15877	27366
云南	Yunnan	77061	10077	51063	63151	13910
西藏	Tibet	1604	243	13	1542	62
陕西	Shaanxi	79403	15856	34481	31912	47492
甘肃	Gansu	31262	11243	17728	17578	13685
青海	Qinghai	22301	4844	8679	11064	11237
宁夏	Ningxia	7380	812	695	4312	3068
新疆	Xinjiang	17976	3632	13685	2795	15181

4-3-6 各地区限额以上餐饮业企业年末资产负债
Assets and Liabilities of Enterprises above Designated Size of Catering Services by Region at Year-end

单位：万元
Unit: 10 000 yuan

地区	Region	资产总计 Total Assets	#流动资产合计 Total Current Assets	#固定资产合计 Total Fixed Assets	负债合计 Total Liabilities	所有者权益合计 Total Owners' Equities
全国	**National Total**	**51204467**	**24091706**	**14592424**	**35808388**	**15405979**
北京	Beijing	4208200	2750217	427590	3003394	1204806
天津	Tianjin	892609	448071	238688	663675	229155
河北	Hebei	889895	381183	272630	748500	141395
山西	Shanxi	1020606	444404	311177	961227	59379
内蒙古	Inner Mongolia	1076305	414804	387222	872949	203356
辽宁	Liaoning	1287218	543528	372177	1164023	133345
吉林	Jilin	245986	88991	111505	166240	79747
黑龙江	Heilongjiang	186322	84016	83432	132620	61736
上海	Shanghai	4518832	2783869	677878	3245234	1274729
江苏	Jiangsu	5588322	2113414	2017255	3709967	1875001
浙江	Zhejiang	3869842	1596676	1237021	3109817	760025
安徽	Anhui	2412002	979558	853244	1603324	808767
福建	Fujian	1185022	625367	308028	664663	519231
江西	Jiangxi	909120	366880	302955	655788	253332
山东	Shandong	3234098	1217811	1401005	2439814	794284
河南	Henan	1049029	477461	316093	563936	485092
湖北	Hubei	3027899	1343975	914217	2118986	908913
湖南	Hunan	1320144	471133	475592	752357	567786
广东	Guangdong	5968390	3276432	1229395	4117799	1850963
广西	Guangxi	417487	223259	109643	308722	102526
海南	Hainan	125537	61168	26522	110050	15487
重庆	Chongqing	1178616	455812	425206	565807	612809
四川	Sichuan	2543286	1106255	780665	1742848	800438
贵州	Guizhou	401078	224749	98527	238822	162881
云南	Yunnan	822514	467074	238792	444429	378085
西藏	Tibet	21696	10227	10285	13894	7802
陕西	Shaanxi	1587903	703394	508594	918549	669353
甘肃	Gansu	492948	179979	197399	287205	205743
青海	Qinghai	108719	44729	44912	53319	55400
宁夏	Ningxia	174107	80123	66770	163634	10473
新疆	Xinjiang	440738	127148	148005	266797	173941

国有控股
State-controlled Enterprises

单位：万元
Unit: 10 000 yuan

地区	Region	资产总计 Total Assets	#流动资产合计 Total Current Assets	#固定资产合计 Total Fixed Assets	负债合计 Total Liabilities	所有者权益合计 Total Owners' Equities
全国	**National Total**	**4306070**	**1836254**	**1500481**	**2633589**	**1680516**
北京	Beijing	557762	325271	87339	246119	311643
天津	Tianjin	36636	19072	9157	28260	8375
河北	Hebei	48242	18031	21231	44453	3789
山西	Shanxi	118044	22216	38464	98468	19576
内蒙古	Inner Mongolia	129564	25317	40342	44368	85196
辽宁	Liaoning	71581	28867	40035	44008	27572
吉林	Jilin	69467	8885	51245	20144	49323
黑龙江	Heilongjiang	39855	4461	32024	41192	6697
上海	Shanghai	366176	212268	60488	257087	109089
江苏	Jiangsu	465895	185165	184409	328736	137159
浙江	Zhejiang	256705	112053	86597	159541	97164
安徽	Anhui	89426	41497	25822	57902	31524
福建	Fujian	32282	21944	3011	14585	17697
江西	Jiangxi	173013	78240	79123	145481	27532
山东	Shandong	543617	143401	324354	318339	225278
河南	Henan	57832	35377	4664	28827	29005
湖北	Hubei	131458	90716	18752	83377	48082
湖南	Hunan	49290	18072	25589	34378	14912
广东	Guangdong	427184	206873	123858	255225	171959
广西	Guangxi	17501	6622	5249	21041	-3540
海南	Hainan	1093	13	1081	1564	-471
重庆	Chongqing	107473	35490	45280	58620	48853
四川	Sichuan	109924	51546	39758	86445	23479
贵州	Guizhou	19003	11970	3620	14676	4327
云南	Yunnan	73340	39434	23383	28455	44885
西藏	Tibet					
陕西	Shaanxi	198075	72061	47978	102450	95625
甘肃	Gansu	66407	13373	50364	21943	44464
青海	Qinghai	1701	818	883	850	851
宁夏	Ningxia	2229	1020	1085	3203	-974
新疆	Xinjiang	45297	6184	25296	43852	1445

4-3-7 各地区限额以上餐饮业企业年末资产负债(按登记注册类型分)

Assets and Liabilities of Enterprises above Designated Size of Catering Services by Region and Type of Registration at Year-end

内资企业
Domestic Funded Enterprises

单位：万元
Unit: 10 000 yuan

地区	Region	资产总计 Total Assets	#流动资产合计 Total Current Assets	#固定资产合计 Total Fixed Assets	负债合计 Total Liabilities	所有者权益合计 Total Owners' Equities
全国	**National Total**	**41816774**	**19831374**	**12393552**	**30491586**	**11324940**
北京	Beijing	2704193	1906342	240407	2210423	493770
天津	Tianjin	695228	384205	183020	574814	120634
河北	Hebei	791332	335026	257232	689349	101983
山西	Shanxi	983125	438903	300641	938560	44566
内蒙古	Inner Mongolia	1023952	380496	379443	837986	185966
辽宁	Liaoning	967078	433762	317634	913002	54075
吉林	Jilin	245451	88619	111442	165853	79599
黑龙江	Heilongjiang	167324	70589	82815	126096	49263
上海	Shanghai	2420634	1631740	335753	1880215	541549
江苏	Jiangsu	4586845	1884400	1498037	3367983	1215509
浙江	Zhejiang	3336387	1438305	1008167	2681922	654466
安徽	Anhui	2341547	951548	852479	1548744	792893
福建	Fujian	860043	500094	204900	447754	411160
江西	Jiangxi	824325	341073	266302	583687	240639
山东	Shandong	3027288	1148610	1328105	2242836	784452
河南	Henan	1026715	468867	310464	540720	485995
湖北	Hubei	2722531	1228173	839065	1914610	807921
湖南	Hunan	1252881	462099	446657	708623	544258
广东	Guangdong	4147574	2338860	916695	3307966	839979
广西	Guangxi	380822	209832	102218	291257	83326
海南	Hainan	86756	40569	13770	66544	20212
重庆	Chongqing	1078430	409729	387524	525815	552615
四川	Sichuan	2299691	992946	742229	1631399	668293
贵州	Guizhou	394865	222763	97071	237628	157862
云南	Yunnan	779419	440296	231677	422960	356459
西藏	Tibet	21696	10227	10285	13894	7802
陕西	Shaanxi	1468162	647842	485510	856964	611198
甘肃	Gansu	483111	176477	195664	283911	199200
青海	Qinghai	108719	44729	44912	53319	55400
宁夏	Ningxia	174107	80123	66770	163634	10473
新疆	Xinjiang	416543	124129	136664	263120	153423

4-3-7 续表 1 Continued 1

国有企业
State-owned Enterprises

单位：万元
Unit: 10 000 yuan

地 区	Region	资产总计 Total Assets	#流动资产合计 Total Current Assets	#固定资产合计 Total Fixed Assets	负债合计 Total Liabilities	所有者权益合计 Total Owners' Equities
全 国	**National Total**	**905459**	**273573**	**387603**	**535561**	**377932**
北 京	Beijing	38059	23710	7299	27461	10598
天 津	Tianjin	10206	3542	5636	2724	7482
河 北	Hebei	23249	4208	17309	15422	7827
山 西	Shanxi	17954	6023	8027	11924	6029
内蒙古	Inner Mongolia	105491	15365	28020	37497	67994
辽 宁	Liaoning	15744	4262	11475	25460	-9716
吉 林	Jilin	67069	5596	52190	15111	51958
黑龙江	Heilongjiang	33198	3728	31733	36248	4984
上 海	Shanghai	18831	15141	2052	8172	10659
江 苏	Jiangsu	104613	33809	57134	107115	-2501
浙 江	Zhejiang	27596	20064	4791	9607	17988
安 徽	Anhui	3208	1559	925	1751	1458
福 建	Fujian	11765	8688	1160	1881	9884
江 西	Jiangxi	20668	4888	10208	8514	12154
山 东	Shandong	94476	49763	35192	81758	12718
河 南	Henan	1183	777	288	294	889
湖 北	Hubei	15794	5836	7664	6507	9288
湖 南	Hunan	7337	2186	4219	4683	2654
广 东	Guangdong	64203	23833	21902	36326	27878
广 西	Guangxi	6797	2463	4204	5058	1739
海 南	Hainan	1093	13	1081	1564	-471
重 庆	Chongqing	1516	468	833	1132	384
四 川	Sichuan	31583	12830	12464	36400	-4817
贵 州	Guizhou	261	235	25	668	-408
云 南	Yunnan	4910	2494	1974	4381	529
西 藏	Tibet					
陕 西	Shaanxi	14465	4457	7813	6312	8153
甘 肃	Gansu	18141	4165	13040	6870	11271
青 海	Qinghai					
宁 夏	Ningxia	1833	761	1058	833	1000
新 疆	Xinjiang	144217	12712	37887	33890	110327

4-3-7 续表 2 Continued 2

集体企业
Collective-owned Enterprises

单位：万元
Unit: 10 000 yuan

地区	Region	资产总计 Total Assets	#流动资产合计 Total Current Assets	#固定资产合计 Total Fixed Assets	负债合计 Total Liabilities	所有者权益合计 Total Owners' Equities
全国	**National Total**	**164525**	**88265**	**38966**	**107232**	**57293**
北京	Beijing	15047	5357	4473	15776	-730
天津	Tianjin	148	134	15	639	-490
河北	Hebei	2049	1279	420	637	1413
山西	Shanxi	8208	2189	5665	6831	1378
内蒙古	Inner Mongolia					
辽宁	Liaoning	149	107	1	261	-112
吉林	Jilin	582	267	310	1015	-433
黑龙江	Heilongjiang					
上海	Shanghai	21365	15797	4838	12445	8919
江苏	Jiangsu	18902	6681	10821	10875	8027
浙江	Zhejiang	323	180	121	261	63
安徽	Anhui	1441	509	285	2299	-858
福建	Fujian	569	144	146	47	522
江西	Jiangxi	477	197	23	78	399
山东	Shandong	6811	2315	996	7286	-476
河南	Henan	770	226	383	342	428
湖北	Hubei	54869	32532	2336	39697	15172
湖南	Hunan					
广东	Guangdong	22820	17828	1789	4527	18293
广西	Guangxi	188	292	5	57	131
海南	Hainan					
重庆	Chongqing	5628	825	4472	929	4699
四川	Sichuan	498	457	34	143	355
贵州	Guizhou	425	215	211	257	169
云南	Yunnan	35	34	1	1	34
西藏	Tibet					
陕西	Shaanxi	2249	536	1004	1969	280
甘肃	Gansu	974	165	617	861	112
青海	Qinghai					
宁夏	Ningxia					
新疆	Xinjiang					

股份合作企业 单位：万元

Cooperative Enterprises Unit: 10 000 yuan

地　区	Region	资产总计 Total Assets	#流动资产合计 Total Current Assets	#固定资产合计 Total Fixed Assets	负债合计 Total Liabilities	所有者权益合计 Total Owners' Equities
全　国	**National Total**	**138464**	**92186**	**31276**	**103208**	**35256**
北　京	Beijing	20118	14692	1428	15943	4174
天　津	Tianjin					
河　北	Hebei	9497	884	7378	8421	1076
山　西	Shanxi	154	67	86	22	132
内蒙古	Inner Mongolia	847	280	568	573	274
辽　宁	Liaoning					
吉　林	Jilin					
黑龙江	Heilongjiang					
上　海	Shanghai	7254	5783	621	4574	2680
江　苏	Jiangsu	700	376	477	300	399
浙　江	Zhejiang	2857	1738	383	7047	-4191
安　徽	Anhui					
福　建	Fujian	597	553	16	194	403
江　西	Jiangxi	3040	3036	4	4041	-1001
山　东	Shandong	1154	504	638	256	898
河　南	Henan	52	8	42	7	45
湖　北	Hubei					
湖　南	Hunan					
广　东	Guangdong	8927	7097	465	8905	22
广　西	Guangxi	6428	5316	761	4534	1894
海　南	Hainan					
重　庆	Chongqing	316	316		266	50
四　川	Sichuan	76526	51537	18409	48124	28402
贵　州	Guizhou					
云　南	Yunnan					
西　藏	Tibet					
陕　西	Shaanxi					
甘　肃	Gansu					
青　海	Qinghai					
宁　夏	Ningxia					
新　疆	Xinjiang					

4-3-7 续表 4 Continued 4

联营企业 单位：万元

Joint Ownership Enterprises Unit: 10 000 yuan

地 区	Region	资产总计 Total Assets	#流动资产合计 Total Current Assets	#固定资产合计 Total Fixed Assets	负债合计 Total Liabilities	所有者权益合计 Total Owners' Equities
全 国	**National Total**	**31426**	**18302**	**11822**	**6080**	**25345**
北 京	Beijing					
天 津	Tianjin					
河 北	Hebei					
山 西	Shanxi					
内蒙古	Inner Mongolia					
辽 宁	Liaoning					
吉 林	Jilin					
黑龙江	Heilongjiang					
上 海	Shanghai	2002	65	1937	535	1467
江 苏	Jiangsu	557	357	200	25	532
浙 江	Zhejiang					
安 徽	Anhui					
福 建	Fujian					
江 西	Jiangxi					
山 东	Shandong					
河 南	Henan					
湖 北	Hubei	27749	17017	9480	5361	22388
湖 南	Hunan					
广 东	Guangdong					
广 西	Guangxi					
海 南	Hainan					
重 庆	Chongqing	212	158	5	119	93
四 川	Sichuan					
贵 州	Guizhou					
云 南	Yunnan					
西 藏	Tibet					
陕 西	Shaanxi					
甘 肃	Gansu	906	706	200	41	865
青 海	Qinghai					
宁 夏	Ningxia					
新 疆	Xinjiang					

4-3-7 续表 5 Continued 5

有限责任公司 单位：万元

Limited Liability Corporations Unit: 10 000 yuan

地 区	Region	资产总计 Total Assets	#流动资产合计 Total Current Assets	#固定资产合计 Total Fixed Assets	负债合计 Total Liabilities	所有者权益合计 Total Owners' Equities
全 国	**National Total**	**13740658**	**6267820**	**4423201**	**10651041**	**3089654**
北 京	Beijing	1102214	775424	104960	903164	199050
天 津	Tianjin	357045	193508	86709	357900	-635
河 北	Hebei	234672	75763	101416	216939	17733
山 西	Shanxi	261475	83527	91191	299821	-38346
内蒙古	Inner Mongolia	440578	181731	169469	433559	7018
辽 宁	Liaoning	254068	95394	52627	198188	55881
吉 林	Jilin	77788	33114	27357	71247	6541
黑龙江	Heilongjiang	72065	44978	19075	55695	16371
上 海	Shanghai	484166	321847	71939	356029	128131
江 苏	Jiangsu	1585029	652183	482570	1221882	363148
浙 江	Zhejiang	835316	336269	335921	763609	71707
安 徽	Anhui	707447	285800	265018	493510	213937
福 建	Fujian	106007	64646	24026	52546	53460
江 西	Jiangxi	419633	162844	121309	351290	68343
山 东	Shandong	1422404	374855	794292	901319	521085
河 南	Henan	407852	198345	127346	279106	128746
湖 北	Hubei	682700	360988	204093	555099	127602
湖 南	Hunan	183404	71196	59854	135607	47798
广 东	Guangdong	1724328	915140	469419	1428113	296248
广 西	Guangxi	143044	69677	46332	130231	12601
海 南	Hainan	41159	22274	6674	36548	4611
重 庆	Chongqing	295400	132232	99216	158239	137161
四 川	Sichuan	704173	320435	177462	478575	225597
贵 州	Guizhou	117720	72382	31139	94017	23703
云 南	Yunnan	146294	55729	52708	67662	78632
西 藏	Tibet	5150	2333	1747	1119	4031
陕 西	Shaanxi	642948	270098	257831	424197	218751
甘 肃	Gansu	162018	54316	80274	73007	89011
青 海	Qinghai	23037	13835	8288	9987	13050
宁 夏	Ningxia	29540	9946	10932	45139	-15598
新 疆	Xinjiang	71986	17012	42007	57698	14287

4-3-7 续表 6 Continued 6

股份有限公司 单位：万元

Share-holding Corporations Ltd. Unit: 10 000 yuan

地 区	Region	资产总计 Total Assets	#流动资产合计 Total Current Assets	#固定资产合计 Total Fixed Assets	负债合计 Total Liabilities	所有者权益合计 Total Owners' Equities
全 国	**National Total**	**2348832**	**1178244**	**509597**	**1239038**	**1104493**
北 京	Beijing	348601	217965	36530	123439	225162
天 津	Tianjin	114897	44749	45950	51941	62956
河 北	Hebei	40791	15158	5376	35961	4830
山 西	Shanxi	19988	13943	734	23869	-3881
内蒙古	Inner Mongolia	124763	50774	46511	54405	70358
辽 宁	Liaoning	67731	12346	50215	51936	15795
吉 林	Jilin	11711	8956	1469	12815	-1104
黑龙江	Heilongjiang	1909	770	1006	1263	646
上 海	Shanghai	216624	127311	7792	121650	94975
江 苏	Jiangsu	146228	59330	27038	84196	62032
浙 江	Zhejiang	203186	81150	52563	120115	83071
安 徽	Anhui	46413	13612	27380	44613	1800
福 建	Fujian	3807	1756	1904	2204	1603
江 西	Jiangxi	6194	4861	670	2507	3687
山 东	Shandong	65658	7430	39209	39627	26030
河 南	Henan	63038	36429	10778	12775	50263
湖 北	Hubei	65912	37496	28237	23041	42871
湖 南	Hunan	73991	46138	18929	39849	34142
广 东	Guangdong	239379	137957	19271	82831	156548
广 西	Guangxi	21360	9981	3057	12338	3720
海 南	Hainan	3258	1191	634	1400	1858
重 庆	Chongqing	1269	774	448	297	972
四 川	Sichuan	146538	112057	19382	129399	17139
贵 州	Guizhou	1212	780	390	694	518
云 南	Yunnan	5736	3853	1423	222	5514
西 藏	Tibet					
陕 西	Shaanxi	225539	96316	34128	104018	121520
甘 肃	Gansu	11938	6982	3570	5105	6833
青 海	Qinghai	4456	660	3982	992	3464
宁 夏	Ningxia	16415	13474	2142	14754	1661
新 疆	Xinjiang	50289	14044	18879	40780	9509

4-3-7 续表 7 Continued 7

私营企业 单位：万元

Private Enterprises Unit: 10 000 yuan

地区	Region	资产总计 Total Assets	#流动资产合计 Total Current Assets	#固定资产合计 Total Fixed Assets	负债合计 Total Liabilities	所有者权益合计 Total Owners' Equities
全国	**National Total**	**24449208**	**11892593**	**6978744**	**17829869**	**6616320**
北京	Beijing	1180155	869194	85718	1124640	55516
天津	Tianjin	212923	142265	44710	161602	51322
河北	Hebei	481074	237735	125333	411970	69104
山西	Shanxi	675347	333155	194937	596093	79255
内蒙古	Inner Mongolia	352273	132347	134875	311952	40321
辽宁	Liaoning	627016	320456	203182	634889	-7872
吉林	Jilin	88301	40687	30116	65665	22636
黑龙江	Heilongjiang	60152	21113	31003	32890	27262
上海	Shanghai	1658222	1137780	243453	1368477	290881
江苏	Jiangsu	2730018	1131274	919404	1943266	783399
浙江	Zhejiang	2267110	998904	614387	1781282	485828
安徽	Anhui	1582803	649870	558865	1006437	576456
福建	Fujian	734678	422068	177273	389179	344370
江西	Jiangxi	374313	165247	134088	217257	157057
山东	Shandong	1434516	713002	457528	1209872	224643
河南	Henan	553199	232493	171595	247853	305346
湖北	Hubei	1867465	773214	581195	1283508	583958
湖南	Hunan	987450	342275	363407	528280	459171
广东	Guangdong	2086882	1236312	403510	1747013	340207
广西	Guangxi	203006	122104	47859	139039	63241
海南	Hainan	41246	17091	5382	27032	14213
重庆	Chongqing	774090	274957	282549	364833	409257
四川	Sichuan	1340374	495630	514480	938756	401618
贵州	Guizhou	275247	149152	65306	141992	133880
云南	Yunnan	622298	378052	175562	350553	271745
西藏	Tibet	16546	7894	8537	12775	3771
陕西	Shaanxi	575772	271642	183353	318739	257033
甘肃	Gansu	289134	110143	97963	198026	91107
青海	Qinghai	81226	30233	32643	42340	38886
宁夏	Ningxia	126319	55941	52639	102908	23410
新疆	Xinjiang	150052	80362	37892	130752	19300

4-3-7 续表 8 Continued 8

其他企业 | 单位：万元
Other Enterprises | Unit: 10 000 yuan

地 区	Region	资产总计 Total Assets	#流动资产合计 Total Current Assets	#固定资产合计 Total Fixed Assets	负债合计 Total Liabilities	所有者权益合计 Total Owners' Equities
全 国	**National Total**	**38203**	**20392**	**12352**	**19556**	**18647**
北 京	Beijing					
天 津	Tianjin	8	8		8	
河 北	Hebei					
山 西	Shanxi					
内蒙古	Inner Mongolia					
辽 宁	Liaoning	2370	1196	132	2270	100
吉 林	Jilin					
黑龙江	Heilongjiang					
上 海	Shanghai	12170	8016	3121	8332	3838
江 苏	Jiangsu	797	390	393	324	473
浙 江	Zhejiang					
安 徽	Anhui	235	198	6	135	100
福 建	Fujian	2621	2240	377	1703	918
江 西	Jiangxi					
山 东	Shandong	2271	741	250	2718	-447
河 南	Henan	621	589	32	342	279
湖 北	Hubei	8041	1089	6061	1399	6642
湖 南	Hunan	699	304	248	205	494
广 东	Guangdong	1034	694	340	251	783
广 西	Guangxi					
海 南	Hainan					
重 庆	Chongqing					
四 川	Sichuan					
贵 州	Guizhou					
云 南	Yunnan	146	134	11	141	5
西 藏	Tibet					
陕 西	Shaanxi	7190	4792	1381	1728	5462
甘 肃	Gansu					
青 海	Qinghai					
宁 夏	Ningxia					
新 疆	Xinjiang					

4-3-7 续表 9 Continued 9

港、澳、台商投资企业

Enterprises with Funds from Hongkong, Macao and Taiwan

单位：万元

Unit: 10 000 yuan

地　区	Region	资产总计 Total Assets	#流动资产合计 Total Current Assets	#固定资产合计 Total Fixed Assets	负债合计 Total Liabilities	所有者权益合计 Total Owners' Equities
全　国	**National Total**	**5812392**	**2902850**	**1393679**	**3227317**	**2595224**
北　京	Beijing	1144760	684137	126749	515300	629459
天　津	Tianjin	118813	55429	33251	46576	72237
河　北	Hebei	98253	45847	15398	59137	39115
山　西	Shanxi	20292	1749	7099	15164	5129
内蒙古	Inner Mongolia	1869	1219	273	580	1289
辽　宁	Liaoning	204853	102458	23016	197093	17909
吉　林	Jilin					
黑龙江	Heilongjiang	16172	10808	410	5590	10582
上　海	Shanghai	1087261	622391	175508	727774	359487
江　苏	Jiangsu	709227	160131	442121	218205	491021
浙　江	Zhejiang	250047	53531	134420	213402	36645
安　徽	Anhui	1094	506	580	665	429
福　建	Fujian	186824	70606	70916	119034	67790
江　西	Jiangxi	59995	22802	29361	60000	-5
山　东	Shandong	120639	43567	49924	141839	-21200
河　南	Henan	1239	669	407	1429	-190
湖　北	Hubei	269043	93007	72560	183453	85590
湖　南	Hunan	844	442	27	480	364
广　东	Guangdong	1227179	772588	167702	556767	670412
广　西	Guangxi	9099	7572	734	4620	4480
海　南	Hainan	38781	20599	12752	43506	-4725
重　庆	Chongqing	16855	10267	3148	9017	7837
四　川	Sichuan	147553	76562	13276	67396	80157
贵　州	Guizhou	6213	1986	1457	1195	5019
云　南	Yunnan	19120	16992	1857	7845	11275
西　藏	Tibet					
陕　西	Shaanxi	56369	26985	10733	31252	25117
甘　肃	Gansu					
青　海	Qinghai					
宁　夏	Ningxia					
新　疆	Xinjiang					

4-3-7 续表 10 Continued 10

外商投资企业 单位：万元

Foreign Funded Enterprises Unit: 10 000 yuan

地区	Region	资产总计 Total Assets	#流动资产合计 Total Current Assets	#固定资产合计 Total Fixed Assets	负债合计 Total Liabilities	所有者权益合计 Total Owners' Equities
全国	**National Total**	**3575300**	**1357482**	**805192**	**2089486**	**1485814**
北京	Beijing	359248	159738	60434	277671	81578
天津	Tianjin	78569	8437	22416	42285	36284
河北	Hebei	310	310		14	296
山西	Shanxi	17188	3752	3438	7504	9685
内蒙古	Inner Mongolia	50484	33088	7505	34383	16101
辽宁	Liaoning	115288	7309	31529	53928	61360
吉林	Jilin	535	371	63	387	148
黑龙江	Heilongjiang	2825	2618	207	934	1891
上海	Shanghai	1010937	529738	166616	637245	373692
江苏	Jiangsu	292250	68883	77098	123779	168471
浙江	Zhejiang	283408	104841	94434	214494	68914
安徽	Anhui	69361	27505	185	53915	15446
福建	Fujian	138155	54667	32211	97875	40281
江西	Jiangxi	24799	3005	7292	12102	12698
山东	Shandong	86170	25633	22974	55138	31032
河南	Henan	21075	7926	5222	21788	-713
湖北	Hubei	36326	22795	2590	20924	15402
湖南	Hunan	66419	8592	28908	43255	23164
广东	Guangdong	593637	164983	144997	253065	340572
广西	Guangxi	27565	5855	6692	12845	14720
海南	Hainan					
重庆	Chongqing	83332	35817	34534	30975	52357
四川	Sichuan	96041	36747	25160	44053	51988
贵州	Guizhou					
云南	Yunnan	23975	9786	5258	13624	10351
西藏	Tibet					
陕西	Shaanxi	63372	28567	12352	30333	33039
甘肃	Gansu	9837	3502	1736	3294	6543
青海	Qinghai					
宁夏	Ningxia					
新疆	Xinjiang	24195	3018	11341	3678	20518

4-3-8 各地区限额以上餐饮业企业年末资产负债(按国民经济行业)
Assets and Liabilities of Enterprises above Designated Size of Catering Services by Region and Sector at Year-end

正餐服务　　　　单位：万元

Dinner　　　　Unit: 10 000 yuan

地　区	Region	资产总计 Total Assets	#流动资产合计 Total Current Assets	#固定资产合计 Total Fixed Assets	负债合计 Total Liabilities	所有者权益合计 Total Owners' Equities
全　国	**National Total**	**42299192**	**19568845**	**12996515**	**30866486**	**11442607**
北　京	Beijing	2753646	1838095	266901	2255427	498219
天　津	Tianjin	583347	301782	165775	502789	80778
河　北	Hebei	887235	379077	272279	747532	139704
山　西	Shanxi	966182	428777	297856	929175	37007
内蒙古	Inner Mongolia	1048145	401750	380941	857608	190537
辽　宁	Liaoning	949336	422899	279991	948725	10761
吉　林	Jilin	232409	84178	108422	161253	71156
黑龙江	Heilongjiang	166728	78081	77485	117396	57366
上　海	Shanghai	3144157	1956477	469986	2390431	754858
江　苏	Jiangsu	5024626	1866843	1884492	3406290	1614983
浙　江	Zhejiang	3360431	1391247	1136727	2714504	645927
安　徽	Anhui	2157299	848209	779948	1461010	696379
福　建	Fujian	912133	496111	251896	513343	397661
江　西	Jiangxi	876265	358947	294447	638282	237983
山　东	Shandong	3003073	1115088	1347079	2284676	718397
河　南	Henan	929115	433614	281957	474837	454277
湖　北	Hubei	2685795	1166144	852375	1888946	796850
湖　南	Hunan	1202075	443124	432152	682349	519726
广　东	Guangdong	4007914	2307676	944396	3236655	771631
广　西	Guangxi	333922	186643	88897	260225	67458
海　南	Hainan	99304	47737	21685	92831	6473
重　庆	Chongqing	1068637	392589	402894	510285	558352
四　川	Sichuan	2203780	949868	726642	1550208	653572
贵　州	Guizhou	370978	208681	93967	223461	148142
云　南	Yunnan	732344	417043	218929	406013	326331
西　藏	Tibet	17254	7609	9397	13536	3718
陕　西	Shaanxi	1441204	633422	477538	854247	586957
甘　肃	Gansu	470671	168878	193627	276170	194502
青　海	Qinghai	107851	43888	44888	53049	54802
宁　夏	Ningxia	174107	80123	66770	163634	10473
新　疆	Xinjiang	389230	114246	126176	251599	137631

4-3-8 续表 1 Continued 1

快餐服务 单位：万元

Snack Unit: 10 000 yuan

地 区	Region	资产总计 Total Assets	#流动资产合计 Total Current Assets	#固定资产合计 Total Fixed Assets	负债合计 Total Liabilities	所有者权益合计 Total Owners' Equities
全 国	**National Total**	**5635848**	**2249516**	**1224193**	**3182453**	**2453394**
北 京	Beijing	1012834	567677	132486	510365	502469
天 津	Tianjin	173588	36361	53643	96797	76790
河 北	Hebei	1463	1081	184	475	988
山 西	Shanxi	53730	15258	13026	31397	22333
内蒙古	Inner Mongolia	26463	12724	4915	13580	12883
辽 宁	Liaoning	263423	74276	73671	190056	73367
吉 林	Jilin	9914	1497	2823	4088	5826
黑龙江	Heilongjiang	19212	5739	5759	14766	4446
上 海	Shanghai	614560	346199	100785	354945	259615
江 苏	Jiangsu	415118	158634	102488	235573	179546
浙 江	Zhejiang	428249	141501	91304	349144	79105
安 徽	Anhui	200137	88609	66350	115339	84798
福 建	Fujian	214907	87298	51824	121211	93696
江 西	Jiangxi	27788	3899	8032	14594	13195
山 东	Shandong	159164	52316	42915	120240	38924
河 南	Henan	96763	28018	27677	79367	17396
湖 北	Hubei	126183	21048	44936	91111	35072
湖 南	Hunan	111915	25565	40763	67426	44489
广 东	Guangdong	1193507	392789	227879	527316	666190
广 西	Guangxi	55139	15625	15692	31722	23417
海 南	Hainan	21353	10913	4477	11870	9483
重 庆	Chongqing	79308	42273	17518	38948	40360
四 川	Sichuan	132449	44913	38134	74675	57774
贵 州	Guizhou	2180	1609	201	815	1365
云 南	Yunnan	37198	13618	10128	18150	19048
西 藏	Tibet	4124	2300	889	127	3997
陕 西	Shaanxi	85221	35566	20177	43774	41447
甘 肃	Gansu	19191	8844	3677	9367	9824
青 海	Qinghai	546	519	24	24	522
宁 夏	Ningxia					
新 疆	Xinjiang	50220	12846	21816	15191	35030

4-3-8 续表 2 Continued 2

饮料及冷饮服务 单位：万元
Beverage and Cold Drink Unit: 10 000 yuan

地 区	Region	资产总计 Total Assets	#流动资产合计 Total Current Assets	#固定资产合计 Total Fixed Assets	负债合计 Total Liabilities	所有者权益合计 Total Owners' Equities
全 国	**National Total**	**1775199**	**1139510**	**185917**	**862631**	**912568**
北 京	Beijing	283560	202850	19858	129181	154379
天 津	Tianjin	55699	46591	8811	16954	38746
河 北	Hebei					
山 西	Shanxi					
内蒙古	Inner Mongolia					
辽 宁	Liaoning	24982	16956	1920	4486	20496
吉 林	Jilin	698	563	84	113	585
黑龙江	Heilongjiang	383	196	188	458	-76
上 海	Shanghai	552884	305866	87854	351190	201694
江 苏	Jiangsu	44698	23440	6265	23886	20812
浙 江	Zhejiang	13701	10074	831	6945	6756
安 徽	Anhui	1549	767	703	1430	118
福 建	Fujian	14021	9097	602	16239	-2218
江 西	Jiangxi	195	35	160	75	120
山 东	Shandong	18576	11671	1575	5085	13492
河 南	Henan	248	116	100	202	47
湖 北	Hubei	110546	68171	10488	67347	43199
湖 南	Hunan	2215	541	967	530	1685
广 东	Guangdong	473284	329351	36117	177290	295994
广 西	Guangxi	16584	12969	2962	12246	4339
海 南	Hainan	4880	2518	361	5349	-469
重 庆	Chongqing	1738	929	102	2570	-833
四 川	Sichuan	111191	68149	1453	28855	82336
贵 州	Guizhou	1609	1390	9	1371	237
云 南	Yunnan	2791	2495	296	2004	787
西 藏	Tibet	318	318		231	87
陕 西	Shaanxi	38752	24368	4202	8587	30165
甘 肃	Gansu	99	90	9	10	89
青 海	Qinghai					
宁 夏	Ningxia					
新 疆	Xinjiang					

餐饮配送及外卖送餐服务
Catering Distribution and Delivery Service

单位：万元
Unit: 10 000 yuan

地 区	Region	资产总计 Total Assets	#流动资产合计 Total Current Assets	#固定资产合计 Total Fixed Assets	负债合计 Total Liabilities	所有者权益合计 Total Owners' Equities
全 国	**National Total**	**870177**	**697308**	**94798**	**510410**	**359766**
北 京	Beijing	69661	62352	5016	41815	27846
天 津	Tianjin	48727	44065	2342	29188	19539
河 北	Hebei	31	30	1	29	1
山 西	Shanxi	550	228	293	627	-76
内蒙古	Inner Mongolia					
辽 宁	Liaoning	29308	20894	5568	13888	15420
吉 林	Jilin	1020	923	60	369	651
黑龙江	Heilongjiang					
上 海	Shanghai	124731	104104	13999	78120	46611
江 苏	Jiangsu	40293	29439	8397	22244	18049
浙 江	Zhejiang	37572	31049	4881	27147	10425
安 徽	Anhui	44510	37321	2569	24300	20210
福 建	Fujian	8138	6907	973	3628	4510
江 西	Jiangxi	1332	1015	252	442	890
山 东	Shandong	46540	32909	9092	26969	19572
河 南	Henan	18252	11950	5504	7631	10621
湖 北	Hubei	103824	88212	5805	69871	33953
湖 南	Hunan	176	151	21	150	26
广 东	Guangdong	179239	152179	11933	105186	74053
广 西	Guangxi					
海 南	Hainan					
重 庆	Chongqing	22004	14727	3907	6530	15474
四 川	Sichuan	8233	6563	442	14793	-6560
贵 州	Guizhou	24773	12587	3585	12397	12376
云 南	Yunnan	49311	33392	9120	18146	31165
西 藏	Tibet					
陕 西	Shaanxi	10771	5132	1038	5842	4929
甘 肃	Gansu	1182	1182		1100	81
青 海	Qinghai					
宁 夏	Ningxia					
新 疆	Xinjiang					

4-3-8 续表 4 Continued 4

其他餐饮业 单位：万元

Others Unit: 10 000 yuan

地 区	Region	资产总计 Total Assets	#流动资产合计 Total Current Assets	#固定资产合计 Total Fixed Assets	负债合计 Total Liabilities	所有者权益合计 Total Owners' Equities
全 国	**National Total**	**624051**	**436528**	**91002**	**386408**	**237643**
北 京	Beijing	88500	79244	3328	66606	21893
天 津	Tianjin	31248	19273	8115	17947	13302
河 北	Hebei	1166	996	166	464	702
山 西	Shanxi	144	141	4	28	116
内 蒙 古	Inner Mongolia	1697	331	1366	1761	-64
辽 宁	Liaoning	20169	8503	11028	6868	13301
吉 林	Jilin	1945	1830	115	416	1529
黑 龙 江	Heilongjiang					
上 海	Shanghai	82500	71223	5255	70548	11952
江 苏	Jiangsu	63586	35058	15614	21975	41611
浙 江	Zhejiang	29889	22806	3277	12077	17812
安 徽	Anhui	8507	4654	3674	1245	7263
福 建	Fujian	35824	25954	2732	10242	25582
江 西	Jiangxi	3540	2984	63	2396	1144
山 东	Shandong	6744	5827	344	2844	3899
河 南	Henan	4651	3762	853	1900	2751
湖 北	Hubei	1550	400	613	1712	-162
湖 南	Hunan	3763	1753	1691	1903	1860
广 东	Guangdong	114447	94437	9070	71351	43095
广 西	Guangxi	11841	8021	2092	4529	7313
海 南	Hainan					
重 庆	Chongqing	6929	5295	785	7474	-545
四 川	Sichuan	87633	36762	13993	74317	13316
贵 州	Guizhou	1539	482	765	778	761
云 南	Yunnan	871	526	318	116	755
西 藏	Tibet					
陕 西	Shaanxi	11955	4906	5640	6099	5856
甘 肃	Gansu	1805	985	88	558	1247
青 海	Qinghai	323	323		246	76
宁 夏	Ningxia					
新 疆	Xinjiang	1288	55	13	7	1281

4-4-1 限额以上住宿和餐饮业企业损益及分配

Income and Distribution of Enterprises above Designated Size of Hotels and Catering Services

单位：万元

Unit: 10 000 yuan

项　目	Item	主营业务收入 Revenue from Main Business	主营业务成本 Cost of Main Business
总　计	**Total**	**91689967**	**41555738**
一、住宿业	**Hotels**	**38784340**	**14761482**
#国有控股	State-controlled Enterprises	9413463	3294312
(一)按登记注册类型分	**by Type of Registration**		
1.内资企业	**Domestic Funded Enterprises**	**33512350**	**13061266**
国有企业	State-owned Enterprises	2893706	939095
集体企业	Collective-owned Enterprises	328880	106471
股份合作企业	Cooperative Enterprises	66454	21674
联营企业	Joint Ownership Enterprises	42286	11718
国有联营企业	State Joint Ownership Enterprises	28306	8203
集体联营企业	Collective Joint Ownership Enterprises	2586	927
国有与集体联营企业	Joint State-collective Enterprises	5944	1007
其他联营企业	Other Joint Ownership Enterprises	5450	1581
有限责任公司	Limited Liability Corporations	15260872	5635919
国有独资公司	State Sole Funded Corporations	1605601	621271
其他有限责任公司	Other Limited Liability Corporations	13655271	5014648
股份有限公司	Share-holding Corporations Ltd.	1503461	639960
私营企业	Private Enterprises	13398864	5699355
私营独资企业	Private-funded Enterprises	705216	408716
私营合伙企业	Private Partnership Enterprises	186261	101889
私营有限责任公司	Private Limited Liability Corporations	12147666	5016969
私营股份有限公司	Private Share-holding Corporations Ltd.	359721	171781
其他企业	Other Enterprises	17827	7074
2.港、澳、台商投资企业	**Enterprises with Funds from Hongkong, Macao and Taiwan**	**3415575**	**1069457**
合资经营企业	Joint-venture Enterprises	1389524	417256
合作经营企业	Cooperative Enterprises	393205	140654
独资经营企业	Enterprises with Sole Investment	1541558	481535
投资股份有限公司	Share-holding Corporations Ltd. with Investment	72552	21399
其他港澳台商投资企业	Other Enterprises with Funds from Hongkong, Macao and Taiwan	18735	8614
3.外商投资企业	**Foreign Funded Enterprises**	**1856415**	**630758**
中外合资经营企业	Joint-venture Enterprises	826255	208704
中外合作经营企业	Cooperative Enterprises	275263	137313
外资企业	Enterprises with Sole Foreign Investment	643088	242984
外商投资股份有限公司	Share-holding Corporations Ltd. with Foreign Investment	34850	5200
其他外商投资企业	Other Foreign Funded Enterprises	76959	36558
(二)按国民经济行业分	**by Sector**		
旅游饭店	Tourist Hotel	30106470	11048086
一般旅馆	Fonda	7860301	3366657
民宿服务	Home Lodging Services	67553	27329
露营地服务	Campground Services	3303	2239
其他住宿业	Others	746713	317170

项　目	Item	主营业务税金及附加 Taxes and Surcharges of Main Business
总　计	**Total**	**1092445**
一、住宿业	**Hotels**	**727505**
#国有控股	State-controlled Enterprises	220574
(一)按登记注册类型分	**by Type of Registration**	
1.内资企业	**Domestic Funded Enterprises**	**599802**
国有企业	State-owned Enterprises	51428
集体企业	Collective-owned Enterprises	4702
股份合作企业	Cooperative Enterprises	1382
联营企业	Joint Ownership Enterprises	569
国有联营企业	State Joint Ownership Enterprises	338
集体联营企业	Collective Joint Ownership Enterprises	77
国有与集体联营企业	Joint State-collective Enterprises	116
其他联营企业	Other Joint Ownership Enterprises	38
有限责任公司	Limited Liability Corporations	273474
国有独资公司	State Sole Funded Corporations	38725
其他有限责任公司	Other Limited Liability Corporations	234748
股份有限公司	Share-holding Corporations Ltd.	100004
私营企业	Private Enterprises	167668
私营独资企业	Private-funded Enterprises	12461
私营合伙企业	Private Partnership Enterprises	3004
私营有限责任公司	Private Limited Liability Corporations	145037
私营股份有限公司	Private Share-holding Corporations Ltd.	7166
其他企业	Other Enterprises	575
2.港、澳、台商投资企业	**Enterprises with Funds from Hongkong, Macao and Taiwan**	**91914**
合资经营企业	Joint-venture Enterprises	41814
合作经营企业	Cooperative Enterprises	9696
独资经营企业	Enterprises with Sole Investment	39454
投资股份有限公司	Share-holding Corporations Ltd. with Investment	606
其他港澳台商投资企业	Other Enterprises with Funds from Hongkong, Macao and Taiwan	344
3.外商投资企业	**Foreign Funded Enterprises**	**35790**
中外合资经营企业	Joint-venture Enterprises	20235
中外合作经营企业	Cooperative Enterprises	2211
外资企业	Enterprises with Sole Foreign Investment	11156
外商投资股份有限公司	Share-holding Corporations Ltd. with Foreign Investment	1305
其他外商投资企业	Other Foreign Funded Enterprises	882
(二)按国民经济行业分	**by Sector**	
旅游饭店	Tourist Hotel	618554
一般旅馆	Fonda	95744
民宿服务	Home Lodging Services	665
露营地服务	Campground Services	15
其他住宿业	Others	12526

4-4-1 Continued 1

单位：万元

Unit: 10 000 yuan

主营业务利润 Profits from Main Business	其他业务利润 Profits from Other Business	销售费用 Selling Expenses	管理费用 Administrative Expenses
49041784	**1876426**	**27212454**	**17261395**
23295353	**757946**	**11024055**	**10978197**
5898577	228769	2941339	3112853
19851282	**610936**	**9654069**	**9273846**
1903183	126691	1043336	1009402
217707	5820	116362	83586
43398	324	17248	14187
29999	107	18104	8887
19765		12398	4379
1582	31	1037	752
4821	76	2555	2194
3831		2114	1562
9351479	277573	4490710	4600365
945605	33016	457036	543541
8405875	244557	4033674	4056824
763497	14062	310717	332861
7531841	186341	3653700	3219440
284039	3049	107012	84100
81368	2025	32010	29604
6985660	167810	3442150	3031277
180774	13458	72529	74459
10178	19	3893	5119
2254204	**76890**	**878719**	**1111772**
930454	28371	351898	445516
242855	525	82167	99674
1020569	44101	416492	543443
50547	674	25175	16563
9777	3219	2987	6576
1189867	**70121**	**491266**	**592580**
597316	36736	261243	258012
135739	1552	62746	66106
388948	31528	142133	242536
28345	305	11121	12848
39519		14021	13077
18439830	619429	8698287	8880540
4397900	130593	2115163	1875216
39559	614	20347	21852
1049		725	339
417017	7310	189533	200250

4-4-1 续表 2

项　　目	Item	财务费用 Financial Expenses	#利息支出 Interest Expenses
总　　计	**Total**	**2368645**	**1567770**
一、住宿业	**Hotels**	**1805773**	**1275078**
#国有控股	State-controlled Enterprises	247582	236310
(一)按登记注册类型分	**by Type of Registration**		
1.内资企业	**Domestic Funded Enterprises**	**1496005**	**1057925**
国有企业	State-owned Enterprises	18337	23897
集体企业	Collective-owned Enterprises	5321	2183
股份合作企业	Cooperative Enterprises	1804	1613
联营企业	Joint Ownership Enterprises	860	401
国有联营企业	State Joint Ownership Enterprises	846	401
集体联营企业	Collective Joint Ownership Enterprises	3	
国有与集体联营企业	Joint State-collective Enterprises	-11	
其他联营企业	Other Joint Ownership Enterprises	21	
有限责任公司	Limited Liability Corporations	783320	581800
国有独资公司	State Sole Funded Corporations	34778	34162
其他有限责任公司	Other Limited Liability Corporations	748541	547638
股份有限公司	Share-holding Corporations Ltd.	54954	47301
私营企业	Private Enterprises	631427	400713
私营独资企业	Private-funded Enterprises	16975	9967
私营合伙企业	Private Partnership Enterprises	3721	2129
私营有限责任公司	Private Limited Liability Corporations	595192	380702
私营股份有限公司	Private Share-holding Corporations Ltd.	15540	7915
其他企业	Other Enterprises	-17	17
2.港、澳、台商投资企业	**Enterprises with Funds from Hongkong, Macao and Taiwan**	**242363**	**164640**
合资经营企业	Joint-venture Enterprises	112566	85921
合作经营企业	Cooperative Enterprises	3392	4893
独资经营企业	Enterprises with Sole Investment	123351	71398
投资股份有限公司	Share-holding Corporations Ltd. with Investment	2537	1768
其他港澳台商投资企业	Other Enterprises with Funds from Hongkong, Macao and Taiwan	517	660
3.外商投资企业	**Foreign Funded Enterprises**	**67405**	**52513**
中外合资经营企业	Joint-venture Enterprises	33491	22158
中外合作经营企业	Cooperative Enterprises	17466	14566
外资企业	Enterprises with Sole Foreign Investment	12970	13830
外商投资股份有限公司	Share-holding Corporations Ltd. with Foreign Investment	1933	1956
其他外商投资企业	Other Foreign Funded Enterprises	1544	2
(二)按国民经济行业分	**by Sector**		
旅游饭店	Tourist Hotel	1549809	1110358
一般旅馆	Fonda	199043	125106
民宿服务	Home Lodging Services	6816	398
露营地服务	Campground Services	15	2
其他住宿业	Others	50090	39214

4-4-1 Continued 2

单位：万元
Unit: 10 000 yuan

营业利润 Operating Profits	利润总额 Total Profits	应交所得税 Income Tax Payable	应付职工薪酬 Payables to Employees	应交增值税 VAT Payable
3113055	**3318419**	**1336617**	**22102619**	**1839891**
73610	**282258**	**694836**	**10422567**	**1055433**
-94744	-14638	159999	3252114	288830
-157618	**48505**	**571446**	**9046065**	**920723**
-100087	-37622	32761	1097475	81971
16085	16951	4161	99067	10972
-20	-377	402	16507	1246
2420	2503	506	14447	746
2352	2357	392	10491	463
-226	-145	8	675	48
161	168	75	1531	62
134	123	31	1750	174
-238443	-151752	425172	4397158	446453
-55540	-37408	19334	572705	49309
-182903	-114345	405839	3824453	397143
108388	108972	15250	333338	26286
52898	108653	92919	3081820	352364
72871	73761	6865	219975	16231
14758	15093	1361	38712	4222
-52118	2222	82145	2751406	323659
17387	17577	2549	71727	8253
1140	1179	275	6254	685
130215	**131624**	**78362**	**893277**	**79629**
81144	83294	28515	391815	34036
63469	62770	20511	80067	8482
-21896	-22249	28997	386091	35844
8235	8311	315	30177	894
-736	-502	24	5127	373
101013	**102130**	**45029**	**483226**	**55080**
60352	55838	22293	236932	20070
-5205	-4754	2938	60812	8980
32875	37328	18642	153890	22272
2940	2974	1054	11058	2056
10051	10744	102	20535	1702
-148806	20084	609994	8420538	819135
232087	261157	77755	1788137	211709
-9502	-7876	819	18127	3757
53	48	9	986	75
-222	8846	6259	194779	20757

项　目	Item	主营业务收入 Revenue from Main Business	主营业务成本 Cost of Main Business
二、餐饮业	**Catering Services**	**52905627**	**26794257**
#国有控股	State-controlled Enterprises	2389760	1235598
(一)按登记注册类型分	**by Type of Registration**		
1.内资企业	**Domestic Funded Enterprises**	**37236854**	**20157512**
国有企业	State-owned Enterprises	461089	239722
集体企业	Collective-owned Enterprises	169828	103690
股份合作企业	Cooperative Enterprises	131494	69301
联营企业	Joint Ownership Enterprises	11668	8697
国有联营企业	State Joint Ownership Enterprises		
集体联营企业	Collective Joint Ownership Enterprises	9148	6711
国有与集体联营企业	Joint State-collective Enterprises		
其他联营企业	Other Joint Ownership Enterprises	2520	1986
有限责任公司	Limited Liability Corporations	11026104	5514710
国有独资公司	State Sole Funded Corporations	420957	236470
其他有限责任公司	Other Limited Liability Corporations	10605148	5278240
股份有限公司	Share-holding Corporations Ltd.	1215755	616556
私营企业	Private Enterprises	24161905	13566682
私营独资企业	Private-funded Enterprises	2273949	1463369
私营合伙企业	Private Partnership Enterprises	320871	198735
私营有限责任公司	Private Limited Liability Corporations	20910463	11484192
私营股份有限公司	Private Share-holding Corporations Ltd.	656622	420387
其他企业	Other Enterprises	59010	38156
2.港、澳、台商投资企业	**Enterprises with Funds from Hongkong, Macao and Taiwan**	**7013700**	**2524953**
合资经营企业	Joint-venture Enterprises	1256580	526166
合作经营企业	Cooperative Enterprises	118049	52714
独资经营企业	Enterprises with Sole Investment	5604656	1934434
投资股份有限公司	Share-holding Corporations Ltd. with Investment	28697	9720
其他港澳台商投资企业	Other Enterprises with Funds from Hongkong, Macao and Taiwan	5720	1920
3.外商投资企业	**Foreign Funded Enterprises**	**8655073**	**4111791**
中外合资经营企业	Joint-venture Enterprises	1729680	803530
中外合作经营企业	Cooperative Enterprises	28940	20831
外资企业	Enterprises with Sole Foreign Investment	6491958	3112855
外商投资股份有限公司	Share-holding Corporations Ltd. with Foreign Investment	48362	30914
其他外商投资企业	Other Foreign Funded Enterprises	356132	143661
(二)按国民经济行业分	**by Sector**		
正餐服务	Dinner	35678717	18688895
快餐服务	Snack	11965859	5546955
饮料及冷饮服务	Beverage and Cold Drink	2479806	767783
餐饮配送及外卖送餐服务	Catering Distribution and Delivery Service	1636285	1180142
其他餐饮业	Others	1144961	610482

单位：万元
Unit: 10 000 yuan

主营业务税金及附加 Taxes and Surcharges of Main Business	主营业务利润 Profits from Main Business	其他业务利润 Profits from Other Business	销售费用 Selling Expenses	管理费用 Administrative Expenses
364940	**25746430**	**1118480**	**16188399**	**6283197**
24040	1130122	56057	700447	411311
342233	**16737109**	**422355**	**9808259**	**4802746**
5813	215554	8953	121116	119406
6654	59484	5023	30987	17927
928	61265	1485	40406	17089
60	2911		686	1984
52	2385		491	1817
8	526		195	167
90247	5421147	163823	3379319	1531914
4848	179639	28877	105248	68443
85399	5241509	134946	3274071	1463471
11897	587302	16244	371391	155014
226085	10369138	226567	5851526	2955008
35465	775115	12758	260254	198710
4535	117601	1283	54789	31955
180205	9246066	206803	5414743	2661169
5880	230355	5723	121740	63173
549	20305	260	12828	4404
14372	**4474375**	**62729**	**3387313**	**652270**
2098	728316	3471	517188	131106
1158	64177	57	43578	18560
10842	3659380	59202	2810690	499141
274	18703		12752	2834
	3800		3104	627
8335	**4534947**	**633396**	**2992827**	**828182**
1040	925110	4250	572237	159789
86	8023		4101	2512
5768	3373335	624215	2238385	632314
199	17249	4616	9919	6024
1242	211229	314	168187	27543
331095	16658727	317294	9907354	4768048
19987	6398917	113980	4460742	1081292
3089	1708934	636086	1210832	160166
6394	449749	48865	240104	153093
4375	530104	2255	369366	120598

项　目	Item	财务费用 Financial Expenses	#利息支出 Interest Expenses
二、餐饮业	**Catering Services**	**562872**	**292693**
#国有控股	State-controlled Enterprises	16367	11050
(一)按登记注册类型分	**by Type of Registration**		
1.内资企业	**Domestic Funded Enterprises**	**511755**	**265935**
国有企业	State-owned Enterprises	2217	1059
集体企业	Collective-owned Enterprises	349	176
股份合作企业	Cooperative Enterprises	520	219
联营企业	Joint Ownership Enterprises	7	
国有联营企业	State Joint Ownership Enterprises		
集体联营企业	Collective Joint Ownership Enterprises		
国有与集体联营企业	Joint State-collective Enterprises		
其他联营企业	Other Joint Ownership Enterprises	7	
有限责任公司	Limited Liability Corporations	163489	89070
国有独资公司	State Sole Funded Corporations	3320	623
其他有限责任公司	Other Limited Liability Corporations	160169	88447
股份有限公司	Share-holding Corporations Ltd.	19340	15032
私营企业	Private Enterprises	325590	160342
私营独资企业	Private-funded Enterprises	23904	8561
私营合伙企业	Private Partnership Enterprises	3640	1552
私营有限责任公司	Private Limited Liability Corporations	291331	145965
私营股份有限公司	Private Share-holding Corporations Ltd.	6716	4265
其他企业	Other Enterprises	245	38
2.港、澳、台商投资企业	**Enterprises with Funds from Hongkong, Macao and Taiwan**	**39146**	**17250**
合资经营企业	Joint-venture Enterprises	5176	5340
合作经营企业	Cooperative Enterprises	282	159
独资经营企业	Enterprises with Sole Investment	30567	8757
投资股份有限公司	Share-holding Corporations Ltd. with Investment	3101	2994
其他港澳台商投资企业	Other Enterprises with Funds from Hongkong, Macao and Taiwan	21	
3.外商投资企业	**Foreign Funded Enterprises**	**11970**	**9507**
中外合资经营企业	Joint-venture Enterprises	-136	1595
中外合作经营企业	Cooperative Enterprises	59	1
外资企业	Enterprises with Sole Foreign Investment	10995	7309
外商投资股份有限公司	Share-holding Corporations Ltd. with Foreign Investment	278	1
其他外商投资企业	Other Foreign Funded Enterprises	776	601
(二)按国民经济行业分	**by Sector**		
正餐服务	Dinner	515036	268813
快餐服务	Snack	38635	17709
饮料及冷饮服务	Beverage and Cold Drink	2301	3138
餐饮配送及外卖送餐服务	Catering Distribution and Delivery Service	3523	1815
其他餐饮业	Others	3376	1217

4-4-1 Continued 4

单位：万元

Unit: 10 000 yuan

营业利润 Operating Profits	利润总额 Total Profits	应交所得税 Income Tax Payable	应付职工薪酬 Payables to Employees	应交增值税 VAT Payable
3039444	**3036160**	**641781**	**11680052**	**784458**
142305	159854	28472	766298	65272
1816817	**1871119**	**313077**	**8330152**	**757425**
-11124	-2504	4219	141398	13764
10649	10637	1851	34376	9137
4920	9637	2602	29872	3812
325	331	6	1598	16
171	185	2	1316	
154	146	4	282	16
442628	474353	112150	3006838	221144
1511	5240	2197	127039	12602
441117	469112	109953	2879799	208542
129161	132547	9944	331665	25239
1238047	1243278	181908	4772611	482820
278067	275797	19837	339815	50515
23727	24081	2068	55357	7042
891614	897438	154673	4249071	413148
44639	45962	5329	128367	12115
2210	2840	398	11794	1494
516734	**475154**	**136477**	**1598600**	**16033**
81555	82289	23966	273468	-891
1728	1663	1700	30775	4451
433082	390816	110790	1285864	11671
315	326	21	7034	714
53	59		1458	89
705893	**689888**	**192227**	**1751299**	**10999**
199108	196040	52491	335325	-1463
1351	1473	311	5132	3278
491326	478032	134483	1334687	5784
7	160	198	7790	4637
14100	14183	4744	68366	-1236
1683846	1723602	315728	8079749	704358
910968	870771	203556	2402971	20901
354821	349736	100431	583507	6872
50662	55922	10448	348245	36868
39146	36130	11617	265579	15459

4-4-2 各地区限额以上住宿和餐饮业企业损益及分配

地 区	Region	主营业务收入 Revenue from Main Busines	主营业务成本 Cost of Main Business	主营业务税金及附加 Taxes and Surcharges of Main Business	主营业务利润 Profits from Main Business	其他业务利润 Profits from Other Business	销售费用 Selling Expenses	管理费用 Administrative Expenses
全 国	**National Total**	**91689967**	**41555738**	**1092445**	**49041784**	**1876426**	**27212454**	**17261395**
北 京	Beijing	10687282	3851941	114843	6720498	124583	4097397	2148099
天 津	Tianjin	1384368	643380	11145	729843	47182	483131	299263
河 北	Hebei	1141398	484553	15188	641657	21107	399153	285285
山 西	Shanxi	908717	401768	12942	494007	20376	325465	217559
内蒙古	Inner Mongolia	798550	374483	11366	412701	13415	255798	201518
辽 宁	Liaoning	1672350	719348	17990	935012	15731	538436	395639
吉 林	Jilin	423013	182455	5969	234589	9892	132128	125049
黑龙江	Heilongjiang	342779	115936	6363	220480	8289	130957	113366
上 海	Shanghai	10015193	4018930	54832	5941431	953050	3736390	1747358
江 苏	Jiangsu	6735592	3009349	75378	3650865	28295	1941118	1338563
浙 江	Zhejiang	6705660	2849598	52268	3803794	105655	2150590	1479996
安 徽	Anhui	2268204	1115977	34317	1117910	59405	571055	354835
福 建	Fujian	4541506	2413310	59731	2068465	36711	974299	684226
江 西	Jiangxi	1273350	648862	20454	604034	9360	267623	239402
山 东	Shandong	3650688	1694855	40761	1915072	51272	1106302	746211
河 南	Henan	1991322	901529	32176	1057617	22416	478298	400616
湖 北	Hubei	3873524	1989958	54063	1829503	19979	901092	474347
湖 南	Hunan	3141224	1698779	61545	1380900	26318	567832	518656
广 东	Guangdong	13544714	6041829	101395	7401490	128686	4332869	2410011
广 西	Guangxi	1275093	521802	14018	739273	16692	412569	292448
海 南	Hainan	1650238	568204	103572	978462	29886	425946	481698
重 庆	Chongqing	2503399	1441043	33830	1028526	13595	413628	321438
四 川	Sichuan	3772592	1918826	46713	1807053	32268	909493	599257
贵 州	Guizhou	1104833	615210	13906	475717	10351	181979	226056
云 南	Yunnan	1531126	805724	22733	702669	13779	293783	316076
西 藏	Tibet	93807	36368	681	56758	272	35702	37411
陕 西	Shaanxi	3208874	1759017	53347	1396510	31861	718348	485319
甘 肃	Gansu	663131	342444	9635	311052	16869	185100	123349
青 海	Qinghai	117536	62804	1503	53229	3319	38323	31003
宁 夏	Ningxia	140411	65715	1972	72724	1011	52656	36456
新 疆	Xinjiang	529495	261742	7809	259944	4801	154992	130882

Income and Distribution of Enterprises above Designated Size of Hotels and Catering Services by Region

单位：万元

Unit: 10 000 yuan

财务费用 Financial Expenses	#利息支出 Interest Expenses	营业利润 Operating Profits	利润总额 Total Profits	应交所得税 Income Tax Payable	应付职工薪酬 Payables to Employees	应交增值税 VAT Payable
2368645	**1567770**	**3113055**	**3318419**	**1336617**	**22102619**	**1839891**
179392	175377	482945	506289	187038	2863355	137395
55056	39530	6219	9214	30249	354925	20917
76094	41767	-134088	-107204	6248	306207	26288
29831	21325	-67065	-58338	5292	222540	19803
27145	20917	-73794	-70158	2743	205926	16610
69352	38325	-70771	-65250	18068	324267	26161
19697	12799	-44244	-42534	1988	510417	8015
8144	3142	-33501	-30665	3428	91087	7846
120470	62446	480150	485480	420440	1985189	150151
169098	82573	256698	253862	89016	1705531	130415
235765	181387	54847	92414	73433	1643867	116447
64393	38044	143576	151618	23077	600417	56488
84889	55633	380230	350940	44896	883394	81918
45197	31923	45212	44908	9470	269712	31482
106159	58520	-6070	-3699	26642	967021	92328
75184	32579	91602	102019	12601	526155	52582
81410	42162	372306	370973	34980	898511	109249
101040	62426	198143	208563	21950	614841	62541
330666	232518	433264	489608	177163	3418520	289475
51066	35266	-14709	-4957	9483	309703	31114
88480	66563	14932	12421	17780	382234	33224
64059	46626	245586	230905	20999	488957	58491
95604	59330	271807	292062	46351	792737	92999
43419	25707	18180	20417	8723	238546	25410
42210	36091	44391	49489	10712	385156	39202
1518	1279	-8199	-7628	231	31131	2892
52787	26831	125384	126327	23132	671842	69761
25348	18946	-25722	-23990	5283	159720	29495
5045	1318	-16240	-18055	101	41651	3146
7388	5450	-25490	-22144	363	42922	3151
12741	10967	-32523	-24468	4737	166141	14893

4-4-3 各地区限额以上住宿业企业损益及分配

地　区	Region	主营业务收入 Revenue from Main Busines	主营业务成本 Cost of Main Business	主营业务税金及附加 Taxes and Surcharges of Main Business	主营业务利润 Profits from Main Business	其他业务利润 Profits from Other Business	销售费用 Selling Expenses	管理费用 Administr-ative Expenses
全　国	**National Total**	**38784340**	**14761482**	**727505**	**23295353**	**757946**	**11024055**	**10978197**
北　京	Beijing	3972681	1044597	101710	2826374	62139	1228263	1364885
天　津	Tianjin	355473	128775	7846	218852	37860	120787	182489
河　北	Hebei	705206	270660	11348	423198	12055	262703	208089
山　西	Shanxi	374254	141324	8112	224818	12900	136521	133647
内蒙古	Inner Mongolia	301784	113034	6285	182465	5027	113383	100435
辽　宁	Liaoning	682062	226296	13136	442630	6054	234634	263440
吉　林	Jilin	268538	103226	4755	160557	5300	90181	91958
黑龙江	Heilongjiang	256504	80276	5605	170623	6818	97831	99544
上　海	Shanghai	2872564	881299	43399	1947866	213990	809077	923183
江　苏	Jiangsu	2366733	818307	41090	1507336	9680	756034	737178
浙　江	Zhejiang	3143851	1013754	35223	2094874	90839	1112921	974182
安　徽	Anhui	703367	304487	13704	385176	7214	174279	187756
福　建	Fujian	2272803	1025014	38605	1209184	29163	539817	472098
江　西	Jiangxi	751337	346498	13824	391015	6285	169502	178993
山　东	Shandong	1612430	618359	24044	970027	28157	557171	425530
河　南	Henan	1192222	496813	21224	674185	16680	299242	298908
湖　北	Hubei	1242472	550172	22402	669898	13078	292327	236131
湖　南	Hunan	1577697	770991	37249	769457	18522	289630	365309
广　东	Guangdong	5459414	2121134	65507	3272773	56837	1544712	1446737
广　西	Guangxi	806102	275205	10717	520180	12940	272767	244832
海　南	Hainan	1535197	519898	102187	913112	25160	376721	465134
重　庆	Chongqing	846602	390506	12893	443203	3097	181802	187934
四　川	Sichuan	1623951	727580	26060	870311	21252	397199	368843
贵　州	Guizhou	704648	353840	9315	341493	6155	134292	171346
云　南	Yunnan	897956	395899	15930	486127	10660	196640	257270
西　藏	Tibet	83308	31019	616	51673	272	34421	35535
陕　西	Shaanxi	1297169	586413	19479	691277	19231	342343	314025
甘　肃	Gansu	365015	177191	6034	181790	12848	97340	90577
青　海	Qinghai	79887	41878	1287	36722	2647	28087	26041
宁　夏	Ningxia	74674	32099	1425	41150	603	30059	21126
新　疆	Xinjiang	358440	174936	6493	177011	4484	103369	105042

Income and Distribution of Enterprises above Designated Size of Hotels by Region

单位：万元
Unit: 10 000 yuan

财务费用 Financial Expenses	#利息支出 Interest Expenses	营业利润 Operating Profits	利润总额 Total Profits	应交所得税 Income Tax Payable	应付职工薪酬 Payables to Employees	应交增值税 VAT Payable
1805773	**1275078**	**73610**	**282258**	**694836**	**10422567**	**1055433**
153845	158314	174052	184399	90275	1200967	94446
42358	30691	-24070	-21728	17131	127590	9010
60570	33829	-121001	-94195	3805	202288	18584
18134	12005	-52456	-45785	947	114441	10466
13852	8702	-46445	-45660	567	92149	8338
53863	29256	-111563	-105189	2257	182133	16793
16598	10511	-39629	-38170	995	79611	6024
5371	1203	-31200	-29049	2385	77053	6491
84334	55869	191395	199205	319300	634077	99429
110814	65213	-50213	-54568	22126	680601	60684
179435	151408	-104324	-70394	28901	916419	65085
37773	21380	-3722	-5631	4393	211518	20654
73810	50728	147872	152733	22676	531839	52902
36839	27233	1088	1503	4083	169517	22060
64881	38214	-54609	-52119	8642	479214	50751
61398	26780	13508	15820	8055	336345	35862
41755	22588	100967	100735	6322	316864	41890
77781	53789	48099	56622	7378	341008	33704
285909	208972	68701	125897	72996	1528843	165413
44073	30611	-37794	-28227	3531	212233	23323
86900	65315	17420	14746	16762	354462	30654
48338	38549	22820	25609	7745	211495	25017
64100	44649	88062	103491	19177	368055	49999
37152	21675	-4519	-4475	6511	162718	17361
34695	24529	-8065	-2460	5621	264487	26847
1404	1187	-9837	-9262	228	28769	2777
31621	14439	-10084	-8992	7366	329816	33307
20110	15023	-27955	-26225	1660	90837	11924
4168	514	-15723	-17577	65	30734	2208
5116	4122	-17209	-14402	151	25695	1827
8778	7779	-29956	-24392	2787	120788	11601

4-4-3 续表

国有控股

State-controlled Enterprises

地　区	Region	主营业务收　入 Revenue from Main Busines	主营业务成　本 Cost of Main Business	主营业务税金及　附　加 Taxes and Surcharges of Main Business	主营业务利　润 Profits from Main Business	其他业务利　润 Profits from Other Business	销售费用 Selling Expenses	管理费用 Administr-ative Expenses
全　国	**National Total**	**9413463**	**3294312**	**220574**	**5898577**	**228769**	**2941339**	**3112853**
北　京	Beijing	1960418	518527	66246	1375645	21736	581392	723795
天　津	Tianjin	136865	60674	4106	72085	12476	38229	58010
河　北	Hebei	177424	72576	3535	101313	3738	71253	58855
山　西	Shanxi	103725	40399	2848	60478	7359	41013	41520
内蒙古	Inner Mongolia	59794	28757	1747	29290	1895	20815	18987
辽　宁	Liaoning	159491	68627	5323	85541	2994	50493	68224
吉　林	Jilin	69705	24776	1613	43316	-619	29156	28514
黑龙江	Heilongjiang	91108	36675	1891	52542	4212	31551	37609
上　海	Shanghai	1103672	354356	21321	727995	102082	330357	356786
江　苏	Jiangsu	742240	239174	19246	483820	2178	259941	272080
浙　江	Zhejiang	611120	173925	12158	425037	9092	222939	197660
安　徽	Anhui	114166	49097	2776	62293	241	32932	33231
福　建	Fujian	439317	166517	4940	267860	6485	137545	103103
江　西	Jiangxi	128370	50648	2867	74855	438	40962	44039
山　东	Shandong	431993	142140	5803	284050	15111	178073	127810
河　南	Henan	219966	78431	4343	137192	4419	71431	74398
湖　北	Hubei	126365	44633	3682	78050	978	31362	31486
湖　南	Hunan	225258	93481	7674	124103	3834	47379	80186
广　东	Guangdong	887475	303889	16483	567103	4853	267768	252591
广　西	Guangxi	135804	56316	2702	76786	2158	50626	37836
海　南	Hainan	144348	64141	5135	75072	11	27579	61623
重　庆	Chongqing	138098	52032	2715	83351	40	45872	45539
四　川	Sichuan	219102	88807	4757	125538	3033	70069	62244
贵　州	Guizhou	118530	60687	1241	56602	1839	28664	34110
云　南	Yunnan	217153	96299	4140	116714	4509	51224	73177
西　藏	Tibet	32666	14512	140	18014	33	17577	13552
陕　西	Shaanxi	267738	115121	3858	148759	2393	76650	80750
甘　肃	Gansu	133267	72799	2517	57951	8821	33064	35060
青　海	Qinghai	27756	18135	505	9116	1197	10325	8207
宁　夏	Ningxia	13675	7892	440	5343		1149	3751
新　疆	Xinjiang	176856	100270	3823	72763	1236	43953	48119

4-4-3 Continued

单位：万元

Unit: 10 000 yuan

财务费用 Financial Expenses	#利息支出 Interest Expenses	营业利润 Operating Profits	利润总额 Total Profits	应交所得税 Income Tax Payable	应付职工薪酬 Payables to Employees	应交增值税 VAT Payable
247582	**236310**	**-94744**	**-14638**	**159999**	**3252114**	**288830**
60663	73888	60903	63396	44935	695799	45073
14097	7639	37589	38846	19721	63386	3005
2903	2033	-32775	-18958	1094	62786	3797
1852	1062	-23597	-21752	196	38730	2985
750	840	-12565	-11064	110	22829	1468
4285	3422	-30317	-27284	641	58442	3954
2144	1661	-15246	-13963	382	27019	1793
1477	253	-16397	-15328	457	29253	1934
19506	17875	45564	47046	23278	331543	60066
35844	28085	-55753	-53131	6736	256339	19254
18047	20900	3997	9846	11056	193070	16282
1366	1015	-1592	-1337	610	45580	2868
3006	2306	36726	37889	6730	141909	7853
309	526	-9353	-7938	619	39042	3719
2138	3541	-10709	-7383	2356	155812	10653
7442	2918	-13092	-11478	1364	81815	6139
8048	8017	7163	8002	532	41467	4080
8177	9689	5614	9715	1758	66992	6018
16343	14673	63260	65176	21686	314575	33852
4362	4836	-10695	-1499	1148	52678	6414
5166	5283	-20980	-21988	4729	47350	4204
10452	9951	-17461	-14247	263	55253	3519
3135	3232	-8673	-307	3969	80751	6787
331	223	-4727	-4758	1404	40038	3694
4949	3538	-13531	-12206	932	82919	7375
-62	-65	-3519	-3160	176	13256	1461
4895	3123	-15502	-14456	835	89401	8797
5359	4976	-16508	-15090	538	38853	5270
28	-19	-7920	-6157	36	11561	748
	10	-1887	-1642	32	4562	290
567	880	-12760	-9430	1678	69107	5477

4-4-4 各地区限额以上住宿业企业损益及分配(按登记注册类型分)

内资企业

Domestic Funded Enterprises

地　区	Region	主营业务收入 Revenue from Main Busines	主营业务成本 Cost of Main Business	主营业务税金及附加 Taxes and Surcharges of Main Business	主营业务利润 Profits from Main Business	其他业务利润 Profits from Other Business	销售费用 Selling Expenses	管理费用 Administrative Expenses
全　国	**National Total**	**33512350**	**13061266**	**599802**	**19851282**	**610936**	**9654069**	**9273846**
北　京	Beijing	2993721	830421	60981	2102319	36012	945432	1079798
天　津	Tianjin	334454	122449	7035	204970	14306	113602	131436
河　北	Hebei	690928	264489	10409	416030	12055	261134	198069
山　西	Shanxi	374254	141324	8112	224818	12900	136521	133647
内蒙古	Inner Mongolia	278487	98967	5653	173867	5027	109098	93751
辽　宁	Liaoning	535667	185721	10373	339573	5771	193077	202120
吉　林	Jilin	260765	99327	4529	156909	5297	87253	89734
黑龙江	Heilongjiang	218644	71305	3864	143475	6748	85730	79093
上　海	Shanghai	2114780	578473	27606	1508701	174597	707843	695549
江　苏	Jiangsu	2126325	746191	34990	1345144	8002	673880	660598
浙　江	Zhejiang	2691114	896782	30994	1763338	65076	938499	849845
安　徽	Anhui	657183	293586	12718	350879	6529	162876	155901
福　建	Fujian	1887844	884914	32802	970128	26892	442217	369566
江　西	Jiangxi	728335	336933	13360	378042	6285	163815	173446
山　东	Shandong	1495061	578204	19751	897106	27662	529866	380120
河　南	Henan	1140465	475579	19035	645851	15077	284443	267110
湖　北	Hubei	1148411	517994	20142	610275	12966	265551	206063
湖　南	Hunan	1522725	753110	36522	733093	18217	268640	350184
广　东	Guangdong	4389124	1725951	52784	2610389	41443	1271708	1141727
广　西	Guangxi	682106	250706	7977	423423	10818	238492	189552
海　南	Hainan	1227401	416187	87978	723236	22605	297878	351237
重　庆	Chongqing	789827	367931	11561	410335	2587	173365	173159
四　川	Sichuan	1542797	693270	24409	825118	17436	383532	348009
贵　州	Guizhou	693212	347655	9118	336439	6155	132910	168292
云　南	Yunnan	848960	379671	14617	454672	10559	182727	234921
西　藏	Tibet	67197	26209	562	40426	272	31541	24012
陕　西	Shaanxi	1208838	554573	17267	636998	19062	319100	290727
甘　肃	Gansu	356717	175792	5774	175151	12848	94399	86245
青　海	Qinghai	75982	41181	1132	33669	2647	25690	24694
宁　夏	Ningxia	74296	31855	1379	41062	603	30022	20893
新　疆	Xinjiang	356733	174516	6371	175846	4484	103229	104351

Income and Distribution of Enterprises above Designated Size of Hotels by Region and Type of Registration

单位：万元

Unit: 10 000 yuan

财务费用 Financial Expenses	#利息支出 Interest Expenses	营业利润 Operating Profits	利润总额 Total Profits	应交所得税 Income Tax Payable	应付职工薪酬 Payables to Employees	应交增值税 VAT Payable
1496005	**1057925**	**-157618**	**48505**	**571446**	**9046065**	**920723**
108388	114812	6429	21085	49310	922331	70729
41735	30799	-7573	-5434	16676	117852	7038
59956	33255	-115957	-88859	3767	196359	18253
18134	12005	-52456	-45785	947	114441	10466
10913	8716	-41122	-40259	567	85681	7901
41001	19800	-86323	-79974	1946	141590	13030
15342	9671	-37098	-35627	995	70234	5795
5208	1591	-26459	-24002	1118	56386	5056
33891	22920	104475	110758	288947	517254	83979
86903	55629	-33542	-32527	20558	605812	55682
147067	125651	-121323	-91665	18517	790210	56968
31381	17487	10076	8474	4368	197325	18898
49023	36580	132423	135529	18384	429157	45953
36288	27101	-250	56	3927	163917	20877
58447	34720	-53677	-50658	7163	443150	48547
55670	23061	31921	34093	7989	319574	34313
38655	21028	100283	99683	6279	285851	38907
70217	47341	55040	63380	7328	326994	32756
245372	181150	18044	71697	55058	1248771	133604
33378	24331	-34861	-25523	3005	184627	20326
61299	41761	19372	17156	12525	282600	19718
44396	38126	16865	19763	4643	194717	22766
63925	44410	78271	93051	16166	350430	46989
37100	21668	-5084	-5071	6243	159800	17152
34217	23891	-2310	1801	5406	245928	25259
1395	1187	-6674	-6083	228	24726	2632
28760	11804	-16711	-15281	4725	306563	29959
20100	15011	-27312	-25675	1660	87705	11560
3958	514	-14822	-16705	65	30301	2208
5115	4122	-16977	-14175	151	25507	1827
8773	7779	-30286	-24716	2787	120275	11578

国有企业
State-owned Enterprises

地区	Region	主营业务收入 Revenue from Main Busines	主营业务成本 Cost of Main Business	主营业务税金及附加 Taxes and Surcharges of Main Business	主营业务利润 Profits from Main Business	其他业务利润 Profits from Other Business	销售费用 Selling Expenses	管理费用 Administr-ative Expenses
全国	**National Total**	**2893706**	**939095**	**51428**	**1903183**	**126691**	**1043336**	**1009402**
北京	Beijing	637719	131556	14893	491270	4895	215997	267408
天津	Tianjin	36905	17022	690	19193	4	10974	10436
河北	Hebei	107613	43315	2370	61928	3710	47115	39396
山西	Shanxi	85292	24271	2421	58600	6999	30480	40637
内蒙古	Inner Mongolia	18278	9743	252	8283	1457	5726	6129
辽宁	Liaoning	66674	22912	1153	42609	3080	25905	28505
吉林	Jilin	50303	17630	749	31924	-737	21234	18498
黑龙江	Heilongjiang	64063	26077	1306	36680	3640	23480	25388
上海	Shanghai	154123	31052	1107	121964	56220	52452	68171
江苏	Jiangsu	129743	46303	1175	82265	735	53784	44601
浙江	Zhejiang	173652	47413	2862	123377	4096	63586	54725
安徽	Anhui	13543	5690	231	7622		5182	2902
福建	Fujian	81934	30898	753	50283	941	27146	19440
江西	Jiangxi	59300	31316	1752	26232	263	13991	13428
山东	Shandong	266781	86201	3034	177546	12699	115626	86395
河南	Henan	120440	42818	2311	75311	4384	41459	38718
湖北	Hubei	34825	11923	587	22315	1649	10512	7288
湖南	Hunan	82627	37533	1773	43321	3658	20558	22219
广东	Guangdong	228613	68411	3661	156541	1171	82028	73968
广西	Guangxi	68008	23846	1558	42604	795	28924	17824
海南	Hainan	11902	4370	42	7490		4502	3974
重庆	Chongqing	26496	6795	301	19400		12821	10753
四川	Sichuan	49953	18234	927	30792	1323	20325	13489
贵州	Guizhou	21029	13147	197	7685	5	2699	4871
云南	Yunnan	66081	27200	1703	37178	2826	19529	19808
西藏	Tibet	16165	9042	106	7017	33	10765	6162
陕西	Shaanxi	77538	33452	1474	42612	2078	23725	21234
甘肃	Gansu	58333	26503	705	31125	8769	16659	17309
青海	Qinghai	9682	7342	86	2254	1197	5064	3650
宁夏	Ningxia	10259	3249	48	6962		8605	3310
新疆	Xinjiang	65833	33833	1202	30798	802	22485	18763

4-4-4 Continued 1

单位：万元
Unit: 10 000 yuan

财务费用 Financial Expenses	#利息支出 Interest Expenses	营业利润 Operating Profits	利润总额 Total Profits	应交所得税 Income Tax Payable	应付职工薪酬 Payables to Employees	应交增值税 VAT Payable
18337	**23897**	**-100087**	**-37622**	**32761**	**1097475**	**81971**
983	5280	12401	21713	12165	247924	16529
16	60	-2746	-2439	255	20534	946
2026	1614	-26941	-14680	249	38050	2642
1588	544	-12859	-9686	10	36150	2408
112	71	-4755	-2979	78	7051	422
365	374	-8885	-6227	345	27794	1567
615	169	-8497	-7408	356	19774	1378
526	220	-10890	-10111	330	21844	1345
-4587	18	16516	16552	4748	58425	3604
316	695	-11585	-10715	310	50068	3974
1086	1976	8134	11029	4430	54401	3529
42	8	-841	-617	8	6879	310
179	203	4690	4960	767	26636	1831
470	127	-2611	-1735	86	17147	1400
-707	763	-7898	-6140	1501	102284	5967
3775	1071	-5817	-4410	360	47460	3124
88	59	4505	5850	44	12095	990
841	345	228	2274	461	22469	1961
1051	1595	3876	13508	3847	99663	7200
3125	3006	-2835	-2521	320	28508	5031
205	178	-477	-550	110	4880	351
3649	3622	-8523	-5522	2	12387	1098
308	440	-2632	-2596	327	20783	2116
74	59	151	-21	221	3991	943
698	510	-3994	-3461	492	24826	2356
-68	-63	-2976	-2673	115	8230	965
1147	390	-3459	-2777	367	19900	2745
441	361	-3991	-2809	180	14661	2795
16		-6197	-4566	9	6783	207
24	9	-4979	-4660	4	4942	72
-67	192	-6200	-4206	267	30939	2165

集体企业

Collective-owned Enterprises

地 区	Region	主营业务收入 Revenue from Main Busines	主营业务成本 Cost of Main Business	主营业务税金及附加 Taxes and Surcharges of Main Business	主营业务利润 Profits from Main Business	其他业务利润 Profits from Other Business	销售费用 Selling Expenses	管理费用 Administrative Expenses
全 国	**National Total**	**328880**	**106471**	**4702**	**217707**	**5820**	**116362**	**83586**
北 京	Beijing	89065	11164	821	77080	1203	41430	27193
天 津	Tianjin	8531	5059	46	3426	4	1357	2428
河 北	Hebei	10996	4410	179	6407	1029	4263	1599
山 西	Shanxi	3497	1470	69	1958		712	1656
内蒙古	Inner Mongolia	403	89	16	298		250	23
辽 宁	Liaoning	7480	3403	138	3939		2961	1657
吉 林	Jilin							
黑龙江	Heilongjiang	2086	662	58	1366		743	666
上 海	Shanghai	16242	6324	230	9688		5591	3987
江 苏	Jiangsu	23412	8309	346	14757	491	9653	3727
浙 江	Zhejiang	24057	7637	223	16197	1617	10047	6319
安 徽	Anhui	1189	576	7	606		217	198
福 建	Fujian	6116	3811	47	2258		1227	486
江 西	Jiangxi							
山 东	Shandong	11629	3907	79	7643	34	5255	3589
河 南	Henan	17777	7230	378	10169	334	4863	3078
湖 北	Hubei	27668	11808	798	15062	646	4565	6459
湖 南	Hunan	17580	5708	144	11728		4639	4713
广 东	Guangdong	22792	9584	332	12876	338	7527	6619
广 西	Guangxi	3555	1042	108	2405		1606	922
海 南	Hainan							
重 庆	Chongqing	7584	2716	120	4748		2981	1365
四 川	Sichuan	8580	2562	61	5957	125	3226	2349
贵 州	Guizhou	5504	3403	250	1851		120	364
云 南	Yunnan	5824	1904	35	3885		1982	1385
西 藏	Tibet	856	525	5	326			287
陕 西	Shaanxi	4164	2219	78	1867		702	1720
甘 肃	Gansu	2114	828	126	1160		433	684
青 海	Qinghai	179	120	9	50		15	113
宁 夏	Ningxia							
新 疆	Xinjiang							

4-4-4 Continued 2

单位：万元

Unit: 10 000 yuan

财务费用 Financial Expenses	#利息支出 Interest Expenses	营业利润 Operating Profits	利润总额 Total Profits	应交所得税 Income Tax Payable	应付职工薪酬 Payables to Employees	应交增值税 VAT Payable
5321	**2183**	**16085**	**16951**	**4161**	**99067**	**10972**
-111	54	9888	10037	2674	34005	2944
1		-356	-292	16	3197	222
90		59	58	34	3114	333
29		-342	-340		1275	158
1		24	25	10	60	13
9		-608	-634	36	1959	225
-21	1	-95	26	1	527	80
2		227	262	76	3672	323
568		1369	1383	242	6563	784
15		79	316	108	6772	672
8		184	182	8	543	44
36	37	505	514	16	978	31
79		-1243	-1069	22	4333	257
2598	1333	-488	-458	56	5464	922
761	6	3295	3332	248	6153	1089
187		2544	2545	4	2150	266
659	474	-1323	-1135	95	8036	1222
6	17	-97	-81	5	962	144
62	1	924	913	96	2061	237
18		469	553	55	2282	296
54		1314	1314	245	293	44
25	22	552	291	56	2363	419
12	13	26	47	2	541	48
233	225	-785	-767	21	1115	120
1		41		36	507	80
		-78	-70		144	

股份合作企业
Cooperative Enterprises

地区	Region	主营业务收入 Revenue from Main Busines	主营业务成本 Cost of Main Business	主营业务税金及附加 Taxes and Surcharges of Main Business	主营业务利润 Profits from Main Business	其他业务利润 Profits from Other Business	销售费用 Selling Expenses	管理费用 Administrative Expenses
全国	**National Total**	**66454**	**21674**	**1382**	**43398**	**324**	**17248**	**14187**
北京	Beijing	32069	9717	840	21512	58	11149	9657
天津	Tianjin							
河北	Hebei							
山西	Shanxi							
内蒙古	Inner Mongolia	303	154	1	148		65	80
辽宁	Liaoning							
吉林	Jilin	257	122	10	125		17	175
黑龙江	Heilongjiang							
上海	Shanghai							
江苏	Jiangsu							
浙江	Zhejiang	4186	1726	38	2422	46	1585	925
安徽	Anhui							
福建	Fujian	509	126	2	381		122	234
江西	Jiangxi							
山东	Shandong	5372	2534	22	2816		1430	1256
河南	Henan	1307	506	54	747	201	597	325
湖北	Hubei							
湖南	Hunan	5176	3631	350	1195		180	275
广东	Guangdong	1164	363	9	792		398	524
广西	Guangxi	228	8	11	209		116	190
海南	Hainan	842	216	3	623		1052	203
重庆	Chongqing							
四川	Sichuan	2498	1724	34	740		271	233
贵州	Guizhou	248	186	4	58		7	8
云南	Yunnan							
西藏	Tibet							
陕西	Shaanxi	12064	454	2	11608	19	247	92
甘肃	Gansu							
青海	Qinghai	231	206	3	22		13	11
宁夏	Ningxia							
新疆	Xinjiang							

4-4-4 Continued 3

单位：万元

Unit: 10 000 yuan

财务费用 Financial Expenses	#利息支出 Interest Expenses	营业利润 Operating Profits	利润总额 Total Profits	应交所得税 Income Tax Payable	应付职工薪酬 Payables to Employees	应交增值税 VAT Payable
1804	**1613**	**-20**	**-377**	**402**	**16507**	**1246**
164	392	876	977	388	10590	687
		3	3		160	
		-66	-66		165	8
356	346	-371	-375	6	1274	148
		25	25		160	15
114		16	23	5	911	181
22	22	5				
117		624	624		958	11
1		-170	-686	3	605	19
2		-48	-48		82	7
852	852	-1484	-1429		424	28
19		204	208		379	76
		43	43		29	5
156		326	326		553	60
		-2	-2		217	3

4-4-4 续表 4

联营企业

Joint Ownership Enterprises

地 区	Region	主营业务收入 Revenue from Main Busines	主营业务成本 Cost of Main Business	主营业务税金及附加 Taxes and Surcharges of Main Business	主营业务利润 Profits from Main Business	其他业务利润 Profits from Other Business	销售费用 Selling Expenses	管理费用 Administr-ative Expenses
全 国	**National Total**	**42286**	**11718**	**569**	**29999**	**107**	**18104**	**8887**
北 京	Beijing	4505	935	92	3478	76	2074	1289
天 津	Tianjin							
河 北	Hebei							
山 西	Shanxi							
内蒙古	Inner Mongolia	695	361	16	318		251	90
辽 宁	Liaoning	602	205	3	394	31	239	181
吉 林	Jilin							
黑龙江	Heilongjiang							
上 海	Shanghai	1114	358	56	700		443	445
江 苏	Jiangsu	5323	1212	14	4097		2331	1085
浙 江	Zhejiang	4517	1001	33	3483		1913	1578
安 徽	Anhui							
福 建	Fujian	10126	1760	263	8103		6148	1139
江 西	Jiangxi	4163	1735	11	2417		1588	642
山 东	Shandong							
河 南	Henan	403	274	19	110		4	9
湖 北	Hubei	2173	1331	17	825		87	784
湖 南	Hunan							
广 东	Guangdong	2582	171	19	2392		1564	79
广 西	Guangxi							
海 南	Hainan							
重 庆	Chongqing							
四 川	Sichuan							
贵 州	Guizhou	1100	660	8	432		10	12
云 南	Yunnan	1403	263	15	1125		615	593
西 藏	Tibet							
陕 西	Shaanxi							
甘 肃	Gansu	3087	1288		1799		832	642
青 海	Qinghai							
宁 夏	Ningxia							
新 疆	Xinjiang	494	166	3	325		5	320

4-4-4 Continued 4

单位：万元

Unit: 10 000 yuan

财务费用 Financial Expenses	#利息支出 Interest Expenses	营业利润 Operating Profits	利润总额 Total Profits	应交所得税 Income Tax Payable	应付职工薪酬 Payables to Employees	应交增值税 VAT Payable
860	**401**	**2420**	**2503**	**506**	**14447**	**746**
7		184	189	80	1145	142
		-23	-23		153	28
2		-28	4	8	155	
2		-189	-139		262	19
17		664	650	161	1836	98
-8			1	1	1002	
441	397	377	388	37	4703	81
43		146	146	36	89	153
6		92	92	23	186	32
-3	4	66	66		1010	42
10		725	724	178	941	72
6		404	404		130	4
1		13	12	3	691	46
336		-11	-11	-20	1957	
1					188	30

有限责任公司

Limited Liability Corporations

地　区	Region	主营业务收　入 Revenue from Main Busines	主营业务成　本 Cost of Main Business	主营业务税金及附加 Taxes and Surcharges of Main Business	主营业务利　润 Profits from Main Business	其他业务利　润 Profits from Other Business	销售费用 Selling Expenses	管理费用 Administr-ative Expenses
全　国	**National Total**	**15260872**	**5635919**	**273474**	**9351479**	**277573**	**4490710**	**4600365**
北　京	Beijing	1639289	488238	39030	1112021	24459	488179	586967
天　津	Tianjin	180749	66926	4544	109279	13024	59590	74073
河　北	Hebei	264589	99191	3453	161945	3615	104367	76143
山　西	Shanxi	112079	47790	2163	62126	1582	44434	36661
内蒙古	Inner Mongolia	146675	52233	3506	90936	823	59654	49653
辽　宁	Liaoning	217409	75044	5779	136586	321	78160	91967
吉　林	Jilin	132726	47799	2869	82058	5259	46758	45589
黑龙江	Heilongjiang	76260	23871	1299	51090	475	30456	28299
上　海	Shanghai	1173436	326521	22405	824510	88630	363219	384382
江　苏	Jiangsu	920004	282488	19483	618033	2391	322210	341425
浙　江	Zhejiang	1087592	337625	16953	733014	28905	383614	359460
安　徽	Anhui	301362	132021	6233	163108	4145	79276	80821
福　建	Fujian	741544	323420	15194	402930	11784	195462	153857
江　西	Jiangxi	318784	139984	4866	173934	-72	80667	88053
山　东	Shandong	636794	250318	9095	377381	7001	219573	163964
河　南	Henan	508842	196454	7569	304819	7721	142598	130807
湖　北	Hubei	442846	175662	7857	259327	6012	117551	93070
湖　南	Hunan	490483	207516	15004	267963	2625	85127	157195
广　东	Guangdong	2352904	946298	30359	1376247	21692	641185	593381
广　西	Guangxi	249976	89886	2665	157425	3767	79199	82488
海　南	Hainan	689355	187589	10243	491523	19889	204416	275507
重　庆	Chongqing	289782	116289	4640	168853	390	77613	80414
四　川	Sichuan	662736	279357	12003	371376	8694	174863	164451
贵　州	Guizhou	257977	125794	4607	127576	2035	52264	62615
云　南	Yunnan	382657	156141	6003	220513	5120	84600	124416
西　藏	Tibet	33185	11564	220	21401		14175	12392
陕　西	Shaanxi	579210	246341	7113	325756	5501	169643	165217
甘　肃	Gansu	149343	82276	3254	63813	836	38694	35108
青　海	Qinghai	22884	15057	493	7334	45	5354	5459
宁　夏	Ningxia	28114	12112	507	15495	395	8367	7074
新　疆	Xinjiang	171284	94116	4064	73104	510	39442	49453

4-4-4 Continued 5

单位：万元

Unit: 10 000 yuan

财务费用 Financial Expenses	#利息支出 Interest Expenses	营业利润 Operating Profits	利润总额 Total Profits	应交所得税 Income Tax Payable	应付职工薪酬 Payables to Employees	应交增值税 VAT Payable
783320	**581800**	**-238443**	**-151752**	**425172**	**4397158**	**446453**
86685	94328	-26290	-22513	28041	506450	36570
29956	22053	21345	22787	16188	63750	3920
24547	10532	-44091	-30652	1356	79945	7898
5155	1920	-23440	-23208	263	36314	2955
4845	3524	-24318	-24888	317	45639	4036
11812	3500	-40129	-38862	682	60092	4494
9040	6755	-18595	-18150	411	34211	3590
3038	993	-10410	-9195	383	19693	2048
25328	16727	74181	77582	271701	322711	61221
51048	34924	-63189	-57841	7718	286815	26627
70331	66771	-53493	-39853	7635	304883	23436
13542	8392	-2138	-1644	1384	99170	7538
12291	11570	53506	55588	7389	184978	15587
16007	12324	-12514	-13126	1067	74201	11670
27581	15776	-29554	-31041	2714	184156	17484
21917	12165	7911	7644	4784	142283	15526
20055	9446	27285	26513	2339	119960	14250
26374	16966	-5132	-1023	3642	118956	13443
163837	126107	7777	26640	34238	677816	74102
14249	11986	-18264	-11443	1825	66906	6638
34304	16373	-16239	-17159	7245	214668	18048
22851	21686	-13781	-13966	1111	86173	8365
29796	20511	45905	55486	11490	164181	21252
13877	8150	-3027	-2742	3478	69277	6522
12876	9260	-1004	-25	2689	123909	12798
1215	1190	-3735	-3227	95	11061	1153
16160	5465	-26192	-25738	2344	176324	13909
10858	9771	-21652	-21311	893	42128	4409
729	50	-2509	-2312	34	10288	1148
302	164	-1992	-1947	38	8358	784
2715	2420	-14665	-12126	1678	61865	5033

股份有限公司
Share-holding Corporations Ltd.

地区	Region	主营业务收入 Revenue from Main Busines	主营业务成本 Cost of Main Business	主营业务税金及附加 Taxes and Surcharges of Main Business	主营业务利润 Profits from Main Business	其他业务利润 Profits from Other Business	销售费用 Selling Expenses	管理费用 Administr-ative Expenses
全国	**National Total**	**1503461**	**639960**	**100004**	**763497**	**14062**	**310717**	**332861**
北京	Beijing	54362	23184	1214	29964	23	6216	18036
天津	Tianjin	6534	2337	148	4049		2700	2859
河北	Hebei	12482	6733	138	5611		2575	2551
山西	Shanxi	7569	2054	29	5486	380	2556	3486
内蒙古	Inner Mongolia	4788	1687	141	2960		1851	1472
辽宁	Liaoning	26314	16973	629	8712		4126	7457
吉林	Jilin	13451	3088	394	9969	3	6056	3399
黑龙江	Heilongjiang	10433	3739	499	6195		3833	5867
上海	Shanghai	56813	20726	1218	34869	1886	21446	17394
江苏	Jiangsu	206969	74595	4835	127539	381	50026	54508
浙江	Zhejiang	76671	22433	1420	52818	-627	26714	26583
安徽	Anhui	14135	7777	262	6096		497	3362
福建	Fujian	37250	13053	437	23760	1030	12805	10090
江西	Jiangxi	23081	13586	546	8949	819	3693	3882
山东	Shandong	37190	12980	497	23713	893	13518	9969
河南	Henan	34371	12041	855	21475		11222	9415
湖北	Hubei	40636	13821	1110	25705	463	12503	8605
湖南	Hunan	64857	38788	2168	23901	433	6980	13748
广东	Guangdong	149773	59569	3610	86594	185	37667	44933
广西	Guangxi	29456	11654	407	17395	135	8246	9275
海南	Hainan	436662	205268	76225	155169	2406	30198	41260
重庆	Chongqing	16610	10117	301	6192	753	2079	3717
四川	Sichuan	47702	20088	1187	26427	445	13296	10547
贵州	Guizhou	16413	8440	267	7706	2967	2609	3161
云南	Yunnan	25435	11061	330	14044	235	7058	7310
西藏	Tibet	2296	726	120	1450		497	573
陕西	Shaanxi	24627	15081	597	8949	699	4866	2507
甘肃	Gansu	8110	2718	80	5312	177	3300	1855
青海	Qinghai	10159	2939	190	7030		6228	3883
宁夏	Ningxia							
新疆	Xinjiang	8312	2703	153	5456	376	5359	1155

4-4-4 Continued 6

单位：万元

Unit: 10 000 yuan

财务费用 Financial Expenses	#利息支出 Interest Expenses	营业利润 Operating Profits	利润总额 Total Profits	应　交 所得税 Income Tax Payable	应付职工 薪　酬 Payables to Employees	应　交 增值税 VAT Payable
54954	**47301**	**108388**	**108972**	**15250**	**333338**	**26286**
98	15	5604	5732	398	13938	1476
24		-1531	-1621	1	2974	120
566	541	-37	-17	11	3905	371
19	21	-1204	-589	6	3179	303
65	13	-320	-284	10	945	163
366	155	-3068	-3041	18	5769	-70
319	310	599	680		2343	93
48	22	-3710	-3767		2625	279
1632	1626	-5038	-4491	608	17678	1242
4147	4370	21172	17129	3467	53239	4695
10284	6742	-9644	-6919	362	23741	1562
978	495	1348	1396	265	4171	341
-9	-125	2265	2331	601	11803	595
1138	906	-1049	-718	232	5337	513
510	58	-45	644	458	10804	605
713	521	379	496	66	9905	1161
1907	2010	3251	3015	206	12002	1409
3753	4809	16291	16218	44	14683	985
4550	2622	22314	23344	3083	46395	5405
873	794	-1188	-1372	1	9021	1167
17162	16751	64939	63872	5042	38596	353
153	105	282	333	2	4773	398
1588	1567	382	426	172	11801	1348
2071	1985	-265	-255	95	3174	288
275	233	-705	-696	27	7320	480
2		386	185	4	722	87
372	83	1233	1153	30	6111	497
673	49	-356	-378	39	1755	190
14		-3047	-3036		2083	39
661	625	-850	-798	1	2545	192

私营企业
Private Enterprises

地 区	Region	主营业务收入 Revenue from Main Busines	主营业务成本 Cost of Main Business	主营业务税金及附加 Taxes and Surcharges of Main Business	主营业务利润 Profits from Main Business	其他业务利润 Profits from Other Business	销售费用 Selling Expenses	管理费用 Administr-ative Expenses
全 国	**National Total**	**13398864**	**5699355**	**167668**	**7531841**	**186341**	**3653700**	**3219440**
北 京	Beijing	536711	165626	4092	366993	5298	180387	169248
天 津	Tianjin	101736	31105	1606	69025	1274	38982	41640
河 北	Hebei	295248	110840	4270	180138	3701	102815	78381
山 西	Shanxi	165817	65740	3430	96647	3939	58340	51206
内 蒙 古	Inner Mongolia	107346	34701	1721	70924	2746	41301	36304
辽 宁	Liaoning	216697	66915	2670	147112	2339	81567	72255
吉 林	Jilin	63938	30659	507	32772	773	13186	22073
黑 龙 江	Heilongjiang	65802	16956	702	48144	2633	27219	18872
上 海	Shanghai	707009	191253	2470	513286	27861	264418	218456
江 苏	Jiangsu	839671	332938	9134	497599	4003	235316	214987
浙 江	Zhejiang	1320438	478946	9465	832027	31038	451040	400255
安 徽	Anhui	326049	147151	5958	172940	2385	77544	68327
福 建	Fujian	1010367	511847	16105	482415	13137	199307	184320
江 西	Jiangxi	322735	150230	6183	166322	5275	63823	67399
山 东	Shandong	537294	222264	7024	308006	7035	174464	114947
河 南	Henan	457325	216257	7848	233220	2437	83701	84758
湖 北	Hubei	600262	303449	9775	287038	4197	120334	89858
湖 南	Hunan	862002	459934	17084	384984	11501	151156	152034
广 东	Guangdong	1629480	640433	14760	974287	18057	501018	421861
广 西	Guangxi	330114	124100	3223	202791	6121	119912	78761
海 南	Hainan	85959	18485	1173	66301	310	56430	29361
重 庆	Chongqing	447919	231349	6168	210402	1426	77679	76692
四 川	Sichuan	771328	371305	10196	389827	6850	171551	156939
贵 州	Guizhou	390941	196026	3785	191130	1149	75201	97260
云 南	Yunnan	367355	183087	6523	177745	2378	68912	81380
西 藏	Tibet	14253	4350	109	9794	239	5700	4574
陕 西	Shaanxi	510019	255862	7956	246201	10766	119908	99936
甘 肃	Gansu	135729	62179	1609	71941	3066	34482	30647
青 海	Qinghai	32848	15517	351	16980	1406	9017	11578
宁 夏	Ningxia	35922	16493	823	18606	207	13050	10508
新 疆	Xinjiang	110549	43360	948	66241	2796	35937	34623

4-4-4 Continued 7

单位：万元
Unit: 10 000 yuan

财务费用 Financial Expenses	#利息支出 Interest Expenses	营业利润 Operating Profits	利润总额 Total Profits	应交所得税 Income Tax Payable	应付职工薪酬 Payables to Employees	应交增值税 VAT Payable
631427	**400713**	**52898**	**108653**	**92919**	**3081820**	**352364**
20562	14742	3767	4948	5564	108278	12382
11738	8687	-24285	-23868	216	27396	1830
32726	20569	-44948	-43567	2118	71345	7008
11342	9520	-14610	-11963	668	37524	4643
5891	5108	-11733	-12113	153	31674	3239
28446	15772	-33607	-31218	857	45815	6813
5367	2436	-10539	-10683	229	13715	726
1617	355	-1354	-955	405	11698	1304
11586	4550	17985	20210	11619	112571	17430
30803	15641	18004	16822	8654	207038	19489
65004	49816	-66028	-55864	5975	398137	27621
16808	8591	11471	9103	2679	85910	10635
36085	24498	71055	71724	9574	199899	27814
18628	13742	15687	15398	2506	67041	7130
30869	18124	-14954	-13074	2462	140663	24053
26641	7949	29839	30729	2700	114276	13547
15846	9503	61881	60906	3442	134631	21128
38945	25220	40485	42742	3177	167777	16091
75263	50351	-15129	9314	13583	414671	45504
15121	8528	-12482	-10113	839	78826	7322
8770	7602	-27299	-27508	128	22910	620
17671	12702	37637	37680	3428	88629	12645
32197	21891	33944	38974	4123	151005	21903
21018	11474	-3705	-3815	2204	82907	9345
20321	13867	2828	5680	2140	86771	9158
234	47	-384	-423	12	4026	366
10689	5641	12155	12513	1963	102371	12591
7791	4830	-1343	-1167	532	26698	4086
3198	464	-2989	-6720	22	10787	812
4788	3950	-10006	-7568	109	12207	972
5462	4542	-8445	-7472	842	24626	4157

4-4-4 续表 8

其他企业

Other Enterprises

地　区	Region	主营业务收入 Revenue from Main Busines	主营业务成本 Cost of Main Business	主营业务税金及附加 Taxes and Surcharges of Main Business	主营业务利润 Profits from Main Business	其他业务利润 Profits from Other Business	销售费用 Selling Expenses	管理费用 Administrative Expenses
全　国	**National Total**	**17827**	**7074**	**575**	**10178**	**19**	**3893**	**5119**
北　京	Beijing							
天　津	Tianjin							
河　北	Hebei							
山　西	Shanxi							
内蒙古	Inner Mongolia							
辽　宁	Liaoning	491	268		223		119	97
吉　林	Jilin	90	30	1	59		1	1
黑龙江	Heilongjiang							
上　海	Shanghai	6045	2238	120	3687		272	2714
江　苏	Jiangsu	1202	347	4	851		560	265
浙　江	Zhejiang							
安　徽	Anhui	906	372	28	506		160	290
福　建	Fujian							
江　西	Jiangxi	272	82	1	189		54	41
山　东	Shandong							
河　南	Henan							
湖　北	Hubei							
湖　南	Hunan							
广　东	Guangdong	1815	1122	34	659		321	362
广　西	Guangxi	769	171	5	593		489	92
海　南	Hainan	2682	259	292	2131		1280	932
重　庆	Chongqing	1435	666	31	738	19	193	216
四　川	Sichuan							
贵　州	Guizhou							
云　南	Yunnan	203	15	8	180		30	30
西　藏	Tibet	441	2	2	437		405	23
陕　西	Shaanxi	1216	1164	48	4		9	19
甘　肃	Gansu							
青　海	Qinghai							
宁　夏	Ningxia							
新　疆	Xinjiang	262	339	1	-78			37

4-4-4 Continued 8

单位：万元

Unit: 10 000 yuan

财务费用 Financial Expenses	#利息支出 Interest Expenses	营业利润 Operating Profits	利润总额 Total Profits	应交所得税 Income Tax Payable	应付职工薪酬 Payables to Employees	应交增值税 VAT Payable
-17	**17**	**1140**	**1179**	**275**	**6254**	**685**
3		3	3		7	
1					25	
-73		793	783	194	1936	140
2		24	46	7	254	15
3		53	53	24	651	30
3	3	91	91		102	10
3		-26	-13	32	644	81
3		53	55	15	323	18
5	4	-68	-70		1123	317
10	10	326	326	3	695	24
20					48	
		9	9	1	146	13
3		10	10		189	36
		-126	-114		111	1

4-4-4 续表 9

港、澳、台商投资企业

Enterprises with Funds from Hongkong, Macao and Taiwan

地　区	Region	主营业务收入 Revenue from Main Busines	主营业务成本 Cost of Main Business	主营业务税金及附加 Taxes and Surcharges of Main Business	主营业务利润 Profits from Main Business	其他业务利润 Profits from Other Business	销售费用 Selling Expenses	管理费用 Administr-ative Expenses
全　国	**National Total**	**3415575**	**1069457**	**91914**	**2254204**	**76890**	**878719**	**1111772**
北　京	Beijing	691551	147477	26851	517223	26097	218776	201779
天　津	Tianjin	7605	3315	444	3846	8	1764	4607
河　北	Hebei	14278	6171	940	7167		1569	10020
山　西	Shanxi							
内蒙古	Inner Mongolia	22326	13945	630	7751		3780	6492
辽　宁	Liaoning	112243	30765	1986	79492	133	29905	46403
吉　林	Jilin	5832	1884	17	3931	3	1874	1911
黑龙江	Heilongjiang	22771	6727	1325	14719		7544	14447
上　海	Shanghai	447785	180251	14326	253208	2649	41848	108700
江　苏	Jiangsu	129397	32933	2757	93707	30	48942	43167
浙　江	Zhejiang	239800	61674	2837	175289	21236	74340	85725
安　徽	Anhui	44946	10571	983	33392	685	10898	31497
福　建	Fujian	237781	85237	3755	148789	1006	61955	62979
江　西	Jiangxi	14607	7014	432	7161		2966	3342
山　东	Shandong	80161	33751	4189	42221		15385	33072
河　南	Henan	40721	15442	1506	23773	1603	12908	20272
湖　北	Hubei	62441	24662	1028	36751	113	15231	21064
湖　南	Hunan	47406	13957	440	33009	305	19010	10516
广　东	Guangdong	675646	236867	9221	429558	14753	175037	202103
广　西	Guangxi	118079	21968	2741	93370	2121	33868	51970
海　南	Hainan	260079	90489	13168	156422	2555	61723	100332
重　庆	Chongqing	24092	7562	226	16304	19	4892	9598
四　川	Sichuan	30693	13789	480	16424	3574	8964	5867
贵　州	Guizhou	3425	2087	43	1295		504	578
云　南	Yunnan	35368	9225	752	25391		10603	17628
西　藏	Tibet	6230	596	34	5600		1988	2512
陕　西	Shaanxi	36984	10704	794	25486		11341	13097
甘　肃	Gansu	3329	395	11	2923		1109	2095
青　海	Qinghai							
宁　夏	Ningxia							
新　疆	Xinjiang							

4-4-4 Continued 9

单位：万元

Unit: 10 000 yuan

财务费用 Financial Expenses	#利息支出 Interest Expenses	营业利润 Operating Profits	利润总额 Total Profits	应交所得税 Income Tax Payable	应付职工薪酬 Payables to Employees	应交增值税 VAT Payable
242363	**164640**	**130215**	**131624**	**78362**	**893277**	**79629**
31270	30177	114157	110001	25787	194948	16403
492	1	-2462	-2438	302	3429	200
614	574	-5043	-5336	38	5930	332
2939	-14	-5472	-5477		6352	410
10427	7073	-20333	-20249	134	31700	3105
921	841	-754	-775		1322	294
2246	2255	-8757	-9038		17280	166
34516	22524	83042	83597	24616	71330	5548
10628	868	-7742	-8351	1023	39703	2363
25740	19548	-375	2678	4346	65391	4959
6314	3818	-13763	-14067	25	13828	1675
18155	12272	5430	6830	2844	68095	3827
248	130	755	836	87	3502	1042
5830	3467	-5529	-6069	1476	26660	1358
5049	3076	-12817	-12832	64	12511	1362
1915	27	-510	-55	42	20715	1078
4880	3765	-1271	-1141	50	11346	759
38615	21318	19697	21630	11318	174273	17873
10681	6280	-2125	-1896	509	26468	2989
24284	23536	-2955	-3224	4237	56134	9148
3062	142	-1229	-1226	467	7567	543
237	241	983	397	180	6816	1448
8		204	232	137	650	86
		1099	1099		1507	9
2775	2125	-481	-680	500	11179	1156
11	11	-292	-211		931	215

4-4-4 续表 10

外商投资企业

Foreign Funded Enterprises

地区	Region	主营业务收入 Revenue from Main Busines	主营业务成本 Cost of Main Business	主营业务税金及附加 Taxes and Surcharges of Main Business	主营业务利润 Profits from Main Business	其他业务利润 Profits from Other Business	销售费用 Selling Expenses	管理费用 Administr-ative Expenses
全国	**National Total**	**1856415**	**630758**	**35790**	**1189867**	**70121**	**491266**	**592580**
北京	Beijing	287409	66699	13878	206832	30	64055	83308
天津	Tianjin	13413	3011	368	10034	23546	5421	46446
河北	Hebei							
山西	Shanxi							
内蒙古	Inner Mongolia	970	122	3	845		505	192
辽宁	Liaoning	34152	9811	777	23564	150	11653	14918
吉林	Jilin	1941	2015	210	-284		1055	313
黑龙江	Heilongjiang	15088	2244	416	12428	70	4556	6004
上海	Shanghai	309999	122576	1467	185956	36743	59387	118934
江苏	Jiangsu	111012	39183	3344	68485	1648	33213	33412
浙江	Zhejiang	212937	55299	1392	156246	4528	100082	38612
安徽	Anhui	1238	330	3	905		505	358
福建	Fujian	147177	54862	2049	90266	1266	35645	39553
江西	Jiangxi	8396	2551	32	5813		2721	2206
山东	Shandong	37208	6404	105	30699	495	11921	12338
河南	Henan	11037	5792	683	4562		1891	11527
湖北	Hubei	31620	7516	1232	22872		11546	9004
湖南	Hunan	7566	3924	287	3355		1980	4609
广东	Guangdong	394645	158316	3502	232827	641	97966	102908
广西	Guangxi	5917	2531		3386		406	3310
海南	Hainan	47717	13222	1041	33454		17121	13565
重庆	Chongqing	32684	15013	1106	16565	492	3545	5178
四川	Sichuan	50461	20521	1171	28769	241	4703	14967
贵州	Guizhou	8011	4098	154	3759		878	2476
云南	Yunnan	13629	7003	561	6065	101	3310	4721
西藏	Tibet	9882	4213	20	5649		891	9011
陕西	Shaanxi	51346	21136	1418	28792	169	11902	10201
甘肃	Gansu	4970	1004	249	3717		1832	2237
青海	Qinghai	3906	697	156	3053		2397	1347
宁夏	Ningxia	378	245	47	86		37	233
新疆	Xinjiang	1707	420	122	1165		140	691

4-4-4 Continued 10

单位：万元

Unit: 10 000 yuan

财务费用 Financial Expenses	#利息支出 Interest Expenses	营业利润 Operating Profits	利润总额 Total Profits	应交所得税 Income Tax Payable	应付职工薪酬 Payables to Employees	应交增值税 VAT Payable
67405	**52513**	**101013**	**102130**	**45029**	**483226**	**55080**
14187	13325	53466	53313	15178	83688	7313
130	-110	-14035	-13856	153	6309	1773
		148	75		117	27
2436	2383	-4908	-4965	176	8842	658
335		-1777	-1768		8055	-64
-2083	-2643	4015	3991	1267	3387	1269
15926	10424	3878	4851	5738	45494	9902
13284	8716	-8929	-13690	545	35087	2639
6627	6208	17374	18594	6038	60818	3157
78	76	-36	-38		366	81
6632	1876	10019	10374	1448	34588	3122
303	2	583	612	69	2097	142
604	27	4598	4609	3	9404	846
679	643	-5595	-5441	3	4260	188
1186	1533	1194	1107	2	10298	1905
2685	2682	-5670	-5618		2668	190
1921	6505	30961	32570	6620	105799	13936
14		-808	-808	18	1138	8
1318	18	1003	814		15729	1789
880	282	7184	7072	2635	9211	1708
-62	-2	8808	10044	2831	10809	1563
44	7	361	364	132	2268	123
-28	51	-2513	-1650	32	4849	305
9		-4262	-4279		2537	137
86	509	7108	6969	2141	12074	2192
-1		-351	-339		2201	149
210		-902	-872		433	
1		-232	-227		188	
5		330	324		513	23

4-4-5 各地区限额以上住宿业企业损益及分配(按国民经济行业分)

旅游饭店

Tourist Hotel

地 区	Region	主营业务收入 Revenue from Main Busines	主营业务成本 Cost of Main Business	主营业务税金及附加 Taxes and Surcharges of Main Business	主营业务利润 Profits from Main Business	其他业务利润 Profits from Other Business	销售费用 Selling Expenses	管理费用 Administr-ative Expenses
全 国	**National Total**	**30106470**	**11048086**	**618554**	**18439830**	**619429**	**8698287**	**8880540**
北 京	Beijing	3093377	814353	90490	2188534	32840	904694	1099839
天 津	Tianjin	225827	77637	6740	141450	37733	79955	138486
河 北	Hebei	497483	179369	8535	309579	8700	188255	156014
山 西	Shanxi	251355	96857	6629	147869	10668	94807	92658
内蒙古	Inner Mongolia	216999	83274	4301	129424	4236	77460	74096
辽 宁	Liaoning	545536	179071	11395	355070	4348	183122	220127
吉 林	Jilin	216157	82260	4278	129619	2971	75841	76942
黑龙江	Heilongjiang	190710	55513	4194	131003	5547	75535	77020
上 海	Shanghai	2143463	662898	40169	1440396	192932	587209	671725
江 苏	Jiangsu	1924011	646791	37350	1239870	7928	621109	619417
浙 江	Zhejiang	2708890	845015	31986	1831889	82331	971265	844069
安 徽	Anhui	535659	221403	10735	303521	6697	140534	157238
福 建	Fujian	1840034	812784	32883	994367	26740	452483	391110
江 西	Jiangxi	534072	227198	9336	297538	3151	130541	143580
山 东	Shandong	1297787	484068	20863	792856	22248	448065	368115
河 南	Henan	789947	299126	13970	476851	13355	227929	219784
湖 北	Hubei	804946	320836	15978	468132	8989	201614	177247
湖 南	Hunan	1138964	519586	25331	594047	13816	232082	293069
广 东	Guangdong	4453548	1690359	56476	2706713	45676	1262203	1180177
广 西	Guangxi	610161	195892	8634	405635	6804	209021	197430
海 南	Hainan	1520695	516542	102090	902063	24475	369039	459904
重 庆	Chongqing	631294	283607	10284	337403	2435	142061	143972
四 川	Sichuan	1111570	471204	18032	622334	14800	283024	272264
贵 州	Guizhou	528357	257482	7248	263627	5635	103193	133275
云 南	Yunnan	621988	260469	11605	349914	7100	147610	199698
西 藏	Tibet	80115	30287	584	49244	272	33006	34861
陕 西	Shaanxi	874928	380401	15015	479512	9630	248031	236780
甘 肃	Gansu	288298	144440	5096	138762	12339	70128	75200
青 海	Qinghai	64013	32748	1162	30103	1235	23580	21627
宁 夏	Ningxia	66001	28745	1355	35901	601	26416	18092
新 疆	Xinjiang	300282	147871	5811	146600	3196	88477	86725

Income and Distribution of Enterprises above Designated Size of Hotels by Region and Sector

单位：万元

Unit: 10 000 yuan

财务费用 Financial Expenses	#利息支出 Interest Expenses	营业利润 Operating Profits	利润总额 Total Profits	应交所得税 Income Tax Payable	应付职工薪酬 Payables to Employees	应交增值税 VAT Payable
1549809	**1110358**	**-148806**	**20084**	**609994**	**8420538**	**819135**
110194	114197	131794	140802	69638	991151	71511
41093	30291	-16205	-15656	16183	85169	5524
47251	25408	-94867	-78198	3189	144620	11853
14785	9542	-41613	-38031	349	82100	7170
10524	6043	-34407	-34435	316	67434	6217
39701	25384	-94929	-89709	1601	153128	11656
14596	9395	-37884	-36532	445	65675	5164
3872	574	-24195	-22884	1899	64290	4872
73320	49731	150932	155058	302404	505727	81086
102581	61217	-58935	-64596	17688	572299	49202
170445	144628	-91021	-59105	25795	816194	57292
34072	19032	-17346	-18144	3094	169320	15820
62857	46563	112933	114740	18087	435827	42690
33012	24803	-8263	-8477	2619	117439	17415
59154	36530	-59251	-56047	6799	402767	40771
46518	23570	-17274	-15002	4276	236894	20938
31097	18485	60375	61473	3316	219758	27736
67091	46983	-1213	6221	6174	256466	25898
257588	186515	77046	132115	64279	1270696	130733
38621	26716	-34574	-25717	2456	162947	18963
86559	65017	18964	16295	16731	350029	30325
41224	33273	8083	10978	6761	164906	20048
50600	34779	66832	77636	17614	274541	34100
30159	18756	-4735	-5241	5749	123944	14168
24703	17150	-24557	-19239	4360	197487	20065
1378	1182	-10123	-9549	228	28009	2685
24568	11793	-26688	-25316	4470	239571	22975
18458	14079	-25694	-25079	1421	73131	9761
3811	248	-12229	-14210	38	24919	1931
3153	2470	-14095	-13417	144	21966	1638
6824	782	6003	4	2022	102134	8930

4-4-5 续表 1

一般旅馆

Fonda

地　区	Region	主营业务收入 Revenue from Main Busines	主营业务成本 Cost of Main Business	主营业务税金及附加 Taxes and Surcharges of Main Business	主营业务利润 Profits from Main Business	其他业务利润 Profits from Other Business	销售费用 Selling Expenses	管理费用 Administrative Expenses
全　国	**National Total**	**7860301**	**3366657**	**95744**	**4397900**	**130593**	**2115163**	**1875216**
北　京	Beijing	765911	203803	7752	554356	28881	294981	232183
天　津	Tianjin	93470	36517	809	56144	125	32481	28204
河　北	Hebei	181227	80966	2447	97814	3266	67607	44614
山　西	Shanxi	119494	43371	1390	74733	1917	39695	40280
内蒙古	Inner Mongolia	81051	27958	1955	51138	788	34192	25872
辽　宁	Liaoning	107588	40304	1374	65910	799	39119	29343
吉　林	Jilin	38080	16715	424	20941	2190	9840	10423
黑龙江	Heilongjiang	48003	18501	903	28599	1271	14931	16697
上　海	Shanghai	705562	209416	3120	493026	18927	213844	242781
江　苏	Jiangsu	384127	145903	3239	234985	1749	118896	102607
浙　江	Zhejiang	413898	156785	3065	254048	8508	137347	125067
安　徽	Anhui	151777	77326	2408	72043	433	29699	26831
福　建	Fujian	402499	193100	5368	204031	1911	82245	76843
江　西	Jiangxi	174386	96565	3794	74027	2947	32069	25484
山　东	Shandong	302421	126129	3123	173169	5907	106939	54106
河　南	Henan	377913	187666	6736	183511	3123	66303	74254
湖　北	Hubei	402596	206951	5975	189670	4089	84230	54994
湖　南	Hunan	375273	216229	10242	148802	4706	49905	56376
广　东	Guangdong	902615	389985	7626	505004	10113	249080	241032
广　西	Guangxi	187948	75440	2016	110492	6135	60667	46189
海　南	Hainan	11273	2464	90	8719	536	4659	4739
重　庆	Chongqing	198296	99511	2534	96251	605	36819	37148
四　川	Sichuan	493581	248167	7872	237542	5659	108612	91582
贵　州	Guizhou	162285	88908	1928	71449	519	28379	34109
云　南	Yunnan	257147	127946	4103	125098	3085	44172	51202
西　藏	Tibet	1500	500		1000		200	500
陕　西	Shaanxi	382465	191300	3964	187201	9299	83129	65723
甘　肃	Gansu	64258	25506	741	38011	405	23821	13121
青　海	Qinghai	12725	4738	101	7886	1412	3776	4127
宁　夏	Ningxia	7032	2590	59	4383	1	3017	2197
新　疆	Xinjiang	53902	25398	586	27918	1288	14510	16587

4-4-5 Continued 1

单位：万元

Unit: 10 000 yuan

财务费用 Financial Expenses	#利息支出 Interest Expenses	营业利润 Operating Profits	利润总额 Total Profits	应交所得税 Income Tax Payable	应付职工薪酬 Payables to Employees	应交增值税 VAT Payable
199043	**125106**	**232087**	**261157**	**77755**	**1788137**	**211709**
19231	23386	44259	45611	18579	182870	19773
1048	397	-6406	-5944	657	31276	2281
10108	7829	-25298	-15471	546	50559	6275
3341	2457	-10640	-7556	586	31349	3172
3280	2619	-11798	-10916	251	23003	2024
6514	3040	-5463	-5456	453	21254	2288
1255	375	-1906	-1845	467	10203	497
1430	610	-4736	-3750	149	9041	1202
10460	6076	41571	45321	16774	124230	17698
7121	3408	8753	10137	3983	92109	9589
8772	6591	-13905	-12095	2996	95055	7309
3069	1760	12218	11032	1197	37322	4486
10846	4142	34165	36383	4522	89157	9958
3339	2155	7253	7540	911	39144	3731
4832	1636	7004	6218	1809	72955	9126
14335	2981	27785	27801	3427	93028	14302
8903	3987	40362	39015	2893	88085	13378
8692	2744	30927	31071	1198	68013	6695
21124	15689	-3179	-4071	7338	230777	30946
5268	3840	-2757	-2060	1056	47555	4162
331	299	-451	-440	20	3955	263
7071	5265	15112	14992	791	42391	4707
13108	9517	21406	26051	1430	88864	15413
6369	2815	993	1520	748	35730	3042
8638	6216	18876	19172	1191	61173	6073
20		280	280		360	4
6678	2521	15337	15129	2853	82222	8621
1335	782	-1325	-839	193	14226	1758
118	28	-970	-857	27	4178	213
461	165	-1013	-980	3	2461	179
1945	1776	-4367	-3835	711	15591	2544

民宿服务

Home Lodging Services

地 区	Region	主营业务收入 Revenue from Main Busines	主营业务成本 Cost of Main Business	主营业务税金及附加 Taxes and Surcharges of Main Business	主营业务利润 Profits from Main Business	其他业务利润 Profits from Other Business	销售费用 Selling Expenses	管理费用 Administr-ative Expenses
全 国	**National Total**	**67553**	**27329**	**665**	**39559**	**614**	**20347**	**21852**
北 京	Beijing	1648	146	5	1497		965	558
天 津	Tianjin	7695	4597	118	2980	2	2269	1693
河 北	Hebei							
山 西	Shanxi							
内蒙古	Inner Mongolia	166	108		58	3		23
辽 宁	Liaoning	13012	705	1	12306	463	6728	8796
吉 林	Jilin							
黑龙江	Heilongjiang							
上 海	Shanghai	2235	1792	5	438		303	213
江 苏	Jiangsu	4452	1026	23	3403		2119	1172
浙 江	Zhejiang	14184	8057	81	6046		2447	2903
安 徽	Anhui	836	360	16	460		137	97
福 建	Fujian	3355	2885	96	374		177	1155
江 西	Jiangxi	4336	1468	47	2821	130	168	1542
山 东	Shandong	1645	650	14	981		331	256
河 南	Henan	2280	644	69	1567	17	796	341
湖 北	Hubei	806	330	23	453		125	323
湖 南	Hunan	1082	515	7	560		162	329
广 东	Guangdong	3053	1127	74	1852		1083	630
广 西	Guangxi	331	163	4	164		3	17
海 南	Hainan							
重 庆	Chongqing	758	569	8	181		55	20
四 川	Sichuan	1683	735	8	940		337	213
贵 州	Guizhou	228	61	4	163		97	190
云 南	Yunnan	2507	831	55	1621		1587	911
西 藏	Tibet							
陕 西	Shaanxi	976	321		655		458	394
甘 肃	Gansu							
青 海	Qinghai							
宁 夏	Ningxia	286	241	10	35			76
新 疆	Xinjiang							

4-4-5 Continued 2

单位：万元

Unit: 10 000 yuan

财务费用 Financial Expenses	#利息支出 Interest Expenses	营业利润 Operating Profits	利润总额 Total Profits	应交所得税 Income Tax Payable	应付职工薪酬 Payables to Employees	应交增值税 VAT Payable
6816	**398**	**-9502**	**-7876**	**819**	**18127**	**3757**
3		-29	-33	51	236	45
73		-813	-818	95	2369	177
12		3	3		73	
6039		-8795	-7940		4437	2183
10		58	77	9	299	68
75	66	-315	-311	5	1305	440
184	164	461	674	62	2437	249
3		199	199	9	157	19
-4		-1146	-259		1762	12
64	30	946	944	386	946	97
183		212	212	5	348	35
7		394	394	49	329	76
11	1	-6	2		291	20
7	2	62	112		222	15
-17		215	215	66	1057	116
23	23	84	84		72	28
8	8	133	133	3	103	35
94	95	272	258	63	269	16
1	1	-125	-124		272	7
31	1	-1064	-1058	18	813	110
4		-201	-591		199	
9	9	-50	-50		132	10

4-4-5 续表 3

露营地服务
Campground Services

地 区	Region	主营业务收入 Revenue from Main Busines	主营业务成本 Cost of Main Business	主营业务税金及附加 Taxes and Surcharges of Main Business	主营业务利润 Profits from Main Business	其他业务利润 Profits from Other Business	销售费用 Selling Expenses	管理费用 Administrative Expenses
全 国	**National Total**	**3303**	**2239**	**15**	**1049**		**725**	**339**
北 京	Beijing							
天 津	Tianjin							
河 北	Hebei							
山 西	Shanxi							
内 蒙 古	Inner Mongolia							
辽 宁	Liaoning							
吉 林	Jilin							
黑 龙 江	Heilongjiang							
上 海	Shanghai							
江 苏	Jiangsu							
浙 江	Zhejiang	318	46	2	270		214	118
安 徽	Anhui							
福 建	Fujian							
江 西	Jiangxi							
山 东	Shandong	407	272	1	134		81	44
河 南	Henan							
湖 北	Hubei							
湖 南	Hunan							
广 东	Guangdong	1682	1204	11	467		408	132
广 西	Guangxi							
海 南	Hainan							
重 庆	Chongqing							
四 川	Sichuan	345	287		58		16	6
贵 州	Guizhou							
云 南	Yunnan							
西 藏	Tibet							
陕 西	Shaanxi	551	431	1	119		6	39
甘 肃	Gansu							
青 海	Qinghai							
宁 夏	Ningxia							
新 疆	Xinjiang							

4-4-5 Continued 3

单位：万元
Unit: 10 000 yuan

财务费用 Financial Expenses	#利息支出 Interest Expenses	营业利润 Operating Profits	利润总额 Total Profits	应交所得税 Income Tax Payable	应付职工薪酬 Payables to Employees	应交增值税 VAT Payable
15	**2**	**53**	**48**	**9**	**986**	**75**
1	1	-63	-67		171	9
		8	8		201	9
10				9	283	57
4		33	33		119	
1	1	74	74		212	1

其他住宿业

Others

地　区	Region	主营业务收入 Revenue from Main Busines	主营业务成本 Cost of Main Business	主营业务税金及附加 Taxes and Surcharges of Main Business	主营业务利润 Profits from Main Business	其他业务利润 Profits from Other Business	销售费用 Selling Expenses	管理费用 Administr-ative Expenses
全　国	**National Total**	**746713**	**317170**	**12526**	**417019**	**7310**	**189533**	**200250**
北　京	Beijing	111746	26295	3464	81987	419	27622	32305
天　津	Tianjin	28480	10023	179	18278		6082	14106
河　北	Hebei	26496	10325	367	15804	89	6841	7462
山　西	Shanxi	3405	1096	92	2217	315	2018	709
内蒙古	Inner Mongolia	3568	1694	29	1845		1731	444
辽　宁	Liaoning	15927	6217	366	9344	443	5665	5174
吉　林	Jilin	14300	4252	53	9995	139	4500	4593
黑龙江	Heilongjiang	17791	6262	508	11021		7364	5827
上　海	Shanghai	21304	7193	105	14006	2131	7720	8464
江　苏	Jiangsu	54143	24588	479	29076	3	13911	13982
浙　江	Zhejiang	6560	3852	89	2619		1648	2025
安　徽	Anhui	15095	5399	545	9151	85	3909	3589
福　建	Fujian	26915	16246	258	10411	512	4913	2990
江　西	Jiangxi	38543	21268	648	16627	57	6723	8387
山　东	Shandong	10170	7240	43	2887	2	1755	3008
河　南	Henan	22082	9377	449	12256	185	4215	4529
湖　北	Hubei	34125	22056	427	11642		6359	3567
湖　南	Hunan	62377	34661	1669	26047		7481	15535
广　东	Guangdong	98517	38459	1321	58737	1049	31938	24766
广　西	Guangxi	7661	3710	63	3888		3076	1196
海　南	Hainan	3229	891	7	2331	149	3024	491
重　庆	Chongqing	16255	6819	67	9369	58	2867	6794
四　川	Sichuan	16772	7187	148	9437	793	5209	4778
贵　州	Guizhou	13778	7388	135	6255		2623	3773
云　南	Yunnan	16314	6653	168	9493	475	3271	5460
西　藏	Tibet	1693	231	31	1431		1215	174
陕　西	Shaanxi	38249	13959	498	23792	303	10719	11090
甘　肃	Gansu	12459	7244	197	5018	104	3391	2255
青　海	Qinghai	3150	4392	25	-1267		732	287
宁　夏	Ningxia	1355	524	2	829		627	760
新　疆	Xinjiang	4256	1667	96	2493		382	1730

单位：万元
Unit: 10 000 yuan

财务费用 Financial Expenses	#利息支出 Interest Expenses	营业利润 Operating Profits	利润总额 Total Profits	应交所得税 Income Tax Payable	应付职工薪酬 Payables to Employees	应交增值税 VAT Payable
50090	**39214**	**-222**	**8846**	**6259**	**194779**	**20757**
24417	20731	-1971	-1981	2007	26710	3117
145	2	-647	689	197	8777	1028
3211	593	-836	-527	70	7110	457
8	6	-204	-198	12	992	125
36	40	-243	-313		1639	97
1609	832	-2377	-2085	203	3313	667
747	742	161	207	84	3734	363
69	19	-2270	-2416	337	3722	417
544	62	-1166	-1251	114	3821	576
1038	523	285	201	451	14889	1452
34	24	204	199	48	2563	227
629	588	1207	1281	93	4720	328
110	23	1920	1869	67	5093	243
425	245	1153	1498	167	11988	817
712	48	-2582	-2510	30	2943	810
538	229	2604	2628	304	6094	547
1745	115	236	246	113	8729	757
1991	4059	18323	19218	6	16306	1097
7204	6767	-5382	-2362	1304	26031	3561
161	32	-547	-535	19	1659	170
10		-1093	-1108	11	478	66
36	4	-508	-494	191	4096	228
294	258	-480	-486	70	4262	470
624	104	-653	-629	14	2771	144
1322	1162	-1320	-1335	52	5014	599
6	5	6	6		401	89
372	124	1393	1712	44	7613	1711
317	162	-936	-308	46	3479	405
238	238	-2524	-2510		1637	64
1493	1479	-2052	44	5	1136	
8	1	77	95	203	3063	127

4-4-6 各地区限额以上餐饮业企业损益及分配

地　区	Region	主营业务收入 Revenue from Main Busines	主营业务成本 Cost of Main Business	主营业务税金及附加 Taxes and Surcharges of Main Business	主营业务利润 Profits from Main Business	其他业务利润 Profits from Other Business	销售费用 Selling Expenses	管理费用 Administrative Expenses
全　国	**National Total**	**52905627**	**26794257**	**364940**	**25746430**	**1118480**	**16188399**	**6283197**
北　京	Beijing	6714601	2807343	13134	3894124	62444	2869135	783214
天　津	Tianjin	1028896	514605	3299	510992	9322	362344	116775
河　北	Hebei	436192	213892	3840	218460	9053	136451	77196
山　西	Shanxi	534462	260444	4830	269188	7475	188944	83913
内蒙古	Inner Mongolia	496766	261449	5080	230237	8388	142415	101083
辽　宁	Liaoning	990287	493052	4854	492381	9677	303802	132199
吉　林	Jilin	154475	79229	1214	74032	4592	41947	33091
黑龙江	Heilongjiang	86275	35660	758	49857	1471	33127	13823
上　海	Shanghai	7142629	3137631	11434	3993564	739060	2927313	824175
江　苏	Jiangsu	4368859	2191042	34287	2143530	18615	1185083	601385
浙　江	Zhejiang	3561809	1835844	17045	1708920	14816	1037669	505814
安　徽	Anhui	1564837	811489	20613	732735	52192	396776	167079
福　建	Fujian	2268703	1388297	21125	859281	7547	434482	212128
江　西	Jiangxi	522013	302364	6630	213019	3075	98121	60409
山　东	Shandong	2038258	1076496	16717	945045	23115	549130	320682
河　南	Henan	799100	404715	10952	383433	5736	179056	101708
湖　北	Hubei	2631051	1439786	31661	1159604	6901	608764	238216
湖　南	Hunan	1563528	927788	24296	611444	7796	278203	153347
广　东	Guangdong	8085300	3920695	35888	4128717	71849	2788157	963274
广　西	Guangxi	468991	246597	3301	219093	3752	139802	47616
海　南	Hainan	115041	48306	1385	65350	4726	49225	16564
重　庆	Chongqing	1656796	1050536	20937	585323	10498	231826	133503
四　川	Sichuan	2148641	1191246	20653	936742	11016	512295	230414
贵　州	Guizhou	400185	261370	4590	134225	4196	47687	54710
云　南	Yunnan	633169	409825	6803	216541	3119	97144	58806
西　藏	Tibet	10498	5349	66	5083		1281	1876
陕　西	Shaanxi	1911705	1172604	33868	705233	12630	376006	171293
甘　肃	Gansu	298116	165253	3602	129261	4022	87760	32772
青　海	Qinghai	37649	20926	215	16508	672	10236	4962
宁　夏	Ningxia	65737	33616	547	31574	408	22597	15330
新　疆	Xinjiang	171055	86806	1317	82932	318	51624	25840

Income and Distribution of Enterprises above Designated Size of Catering Services by Region

单位：万元
Unit: 10 000 yuan

财务费用 Financial Expenses	#利息支出 Interest Expenses	营业利润 Operating Profits	利润总额 Total Profits	应交所得税 Income Tax Payable	应付职工薪酬 Payables to Employees	应交增值税 VAT Payable
562872	**292693**	**3039444**	**3036160**	**641781**	**11680052**	**784458**
25547	17063	308893	321889	96764	1662388	42950
12698	8839	30289	30942	13118	227334	11907
15524	7938	-13088	-13009	2442	103919	7704
11698	9320	-14609	-12553	4344	108099	9337
13293	12215	-27349	-24497	2176	113777	8272
15489	9069	40792	39938	15811	142134	9368
3100	2288	-4615	-4363	992	430806	1991
2773	1939	-2301	-1615	1043	14033	1355
36136	6577	288755	286275	101140	1351111	50722
58284	17360	306911	308431	66890	1024929	69732
56330	29980	159171	162807	44532	727448	51362
26620	16664	147298	157249	18684	388898	35835
11079	4905	232357	198207	22220	351554	29016
8358	4690	44124	43405	5388	100196	9422
41278	20306	48539	48419	18001	487808	41577
13785	5799	78093	86200	4546	189810	16720
39655	19574	271339	270239	28658	581647	67358
23258	8638	150044	151942	14572	273833	28836
44757	23546	364563	363711	104167	1889677	124062
6992	4655	23085	23270	5952	97470	7791
1580	1248	-2488	-2325	1018	27772	2570
15721	8077	222766	205296	13254	277463	33474
31504	14681	183745	188571	27174	424681	43000
6267	4032	22699	24892	2211	75828	8049
7516	11562	52455	51949	5091	120668	12355
114	92	1638	1634	3	2362	115
21166	12393	135468	135319	15766	342026	36454
5238	3923	2233	2235	3624	68883	17572
877	804	-517	-478	37	10917	938
2272	1327	-8281	-7743	212	17228	1323
3963	143	3188	1	266	45353	3292

4-4-6 续表

国有控股

State-controlled Enterprises

地 区	Region	主营业务收入 Revenue from Main Busines	主营业务成本 Cost of Main Business	主营业务税金及附加 Taxes and Surcharges of Main Business	主营业务利润 Profits from Main Business	其他业务利润 Profits from Other Business	销售费用 Selling Expenses	管理费用 Administrative Expenses
全 国	**National Total**	**2389760**	**1235598**	**24040**	**1130122**	**56057**	**700447**	**411311**
北 京	Beijing	432194	190447	3524	238223	12725	168384	57978
天 津	Tianjin	30718	18290	234	12194	27	8150	5945
河 北	Hebei	30709	15773	132	14804	284	7665	10677
山 西	Shanxi	19981	10891	360	8730	17	5980	8191
内蒙古	Inner Mongolia	25591	13161	1199	11231	2747	9113	9810
辽 宁	Liaoning	68756	54368	854	13534		2145	8068
吉 林	Jilin	17617	5215	90	12312	993	3617	12916
黑龙江	Heilongjiang	5572	2102	155	3315	1018	1584	2178
上 海	Shanghai	259000	121942	1679	135379	28090	82161	49340
江 苏	Jiangsu	197053	77763	1973	117317	1645	67858	50651
浙 江	Zhejiang	198074	108567	1161	88346	694	61156	25036
安 徽	Anhui	92155	46556	788	44811	40	37067	6898
福 建	Fujian	41399	19919	253	21227	97	14133	5746
江 西	Jiangxi	30855	19497	567	10791	487	5420	4504
山 东	Shandong	185940	104502	2023	79415	2851	51885	42679
河 南	Henan	24773	13525	235	11013	31	4519	4630
湖 北	Hubei	88699	37824	1233	49642	46	37634	5063
湖 南	Hunan	37594	19698	992	16904		8146	11112
广 东	Guangdong	280847	166785	1891	112171	2867	54286	41255
广 西	Guangxi	10050	4164	52	5834		3936	2993
海 南	Hainan	298	198	5	95		125	91
重 庆	Chongqing	29267	11011	727	17529	277	7549	6670
四 川	Sichuan	49597	21958	698	26941	118	12753	10473
贵 州	Guizhou	28656	21566	190	6900	211	1153	4637
云 南	Yunnan	59401	44924	625	13852	633	2654	7399
西 藏	Tibet							
陕 西	Shaanxi	96507	58387	1638	36482	46	24491	8482
甘 肃	Gansu	24347	9776	711	13860	116	10007	5026
青 海	Qinghai	1417	1055		362		31	317
宁 夏	Ningxia	3230	1672	27	1531		1453	390
新 疆	Xinjiang	19461	14062	26	5373		5393	2157

4-4-6 Continued

单位：万元
Unit: 10 000 yuan

财务费用 Financial Expenses	#利息支出 Interest Expenses	营业利润 Operating Profits	利润总额 Total Profits	应交所得税 Income Tax Payable	应付职工薪酬 Payables to Employees	应交增值税 VAT Payable
16367	**11050**	**142305**	**159854**	**28472**	**766298**	**65272**
392	1458	40204	43424	9424	167511	10904
164		-1977	-381	104	6847	512
354	1	-3897	-3693	5	8446	599
285	582	-5177	-4650	26	6955	440
69	34	-7910	-6489	53	9414	899
1092	94	2320	2627	626	28641	3542
39	-2	-4206	-4217	1	6118	138
29	1	-290	-282	63	1315	128
4487	31	16525	18683	3421	65250	5560
2485	1192	14744	15767	1050	64407	6001
221	561	31867	33527	1564	63420	3745
-43	76	856	910	546	31134	2561
51		1374	1301	487	14528	911
55	22	554	528	178	7091	1529
1223	877	-7257	-6164	887	53395	4327
165	172	2293	2411	67	6718	1195
133	34	6050	6102	1053	40942	2073
165	28	-1127	-911	102	11397	1297
1672	3234	45149	46431	5385	83439	6481
528	34	-1626	-1635		2992	197
-1		-121	-120		109	5
1869	1017	1511	3447	156	12653	1809
487	247	2845	2958	220	12440	1663
-27	1	1296	1731	111	7120	1219
196	234	5039	5313	987	15591	3517
11	977	7462	6389	1743	27501	2347
145	46	-919	-793	213	5361	1194
3		4	3		513	94
7		-319	10	1	719	59
113	97	-2963	-2373	1	4331	325

4-4-7 各地区限额以上餐饮业企业损益及分配(按登记注册类型分)

内资企业
Domestic Funded Enterprises

地 区	Region	主营业务收入 Revenue from Main Busines	主营业务成本 Cost of Main Business	主营业务税金及附加 Taxes and Surcharges of Main Business	主营业务利润 Profits from Main Business	其他业务利润 Profits from Other Business	销售费用 Selling Expenses	管理费用 Administrative Expenses
全 国	**National Total**	**37236854**	**20157512**	**342233**	**16737109**	**422355**	**9808259**	**4802746**
北 京	Beijing	3933712	1724575	10739	2198398	45527	1607831	534969
天 津	Tianjin	569061	294976	2963	271122	8971	195864	76544
河 北	Hebei	426854	212480	3815	210559	9044	133672	73843
山 西	Shanxi	449115	220385	4797	223933	7475	158170	78010
内蒙古	Inner Mongolia	464560	242033	4895	217632	8388	137356	93410
辽 宁	Liaoning	384162	215225	4583	164354	9676	87477	72185
吉 林	Jilin	153874	78992	1202	73680	4557	41868	32932
黑龙江	Heilongjiang	73684	30287	688	42709	1471	28043	11676
上 海	Shanghai	3126001	1578020	8410	1539571	107330	1062297	423923
江 苏	Jiangsu	3158893	1618063	27747	1513083	17272	797458	465811
浙 江	Zhejiang	2801798	1495710	16263	1289825	12957	784845	421967
安 徽	Anhui	1561306	809594	20602	731110	52192	396334	166425
福 建	Fujian	1770213	1169198	19774	581241	3300	234142	167080
江 西	Jiangxi	435037	259455	6424	169158	3075	73867	51884
山 东	Shandong	1738782	932887	16395	789500	22927	451581	288776
河 南	Henan	770904	397097	10906	362901	5736	168991	94344
湖 北	Hubei	2013697	1168351	31035	814311	6844	372559	188024
湖 南	Hunan	1397329	845060	23866	528403	7796	230625	138024
广 东	Guangdong	5169655	2744074	31586	2393995	46625	1517245	723051
广 西	Guangxi	384937	206649	3229	175059	3752	117661	40239
海 南	Hainan	95584	43107	802	51675	309	40248	10068
重 庆	Chongqing	1458887	891158	20695	547034	5983	214224	120778
四 川	Sichuan	1716290	991270	20257	704763	7628	366025	198171
贵 州	Guizhou	397983	260463	4590	132930	4196	47051	53477
云 南	Yunnan	550831	363310	6587	180934	3119	79138	50409
西 藏	Tibet	10498	5349	66	5083		1281	1876
陕 西	Shaanxi	1714216	1084352	33649	596215	10785	304232	152851
甘 肃	Gansu	268625	151066	3595	113964	4022	80459	30515
青 海	Qinghai	37649	20926	215	16508	672	10236	4962
宁 夏	Ningxia	65737	33616	547	31574	408	22597	15330
新 疆	Xinjiang	136978	69784	1314	65880	318	44880	21193

Income and Distribution of Enterprises above Designated Size of Catering Services by Region and Type of Registration

单位：万元
Unit: 10 000 yuan

财务费用 Financial Expenses	#利息支出 Interest Expenses	营业利润 Operating Profits	利润总额 Total Profits	应交所得税 Income Tax Payable	应付职工薪酬 Payables to Employees	应交增值税 VAT Payable
511755	**265935**	**1816817**	**1871119**	**313077**	**8330152**	**757425**
20624	9781	112535	121990	42155	968698	51472
10932	8455	-1306	417	4940	126326	11598
13897	6330	-13349	-13276	2441	101580	7551
11183	9320	-22158	-20005	2435	94277	9779
13318	12175	-25886	-22049	1909	107881	7944
12088	6889	-5772	-3915	3051	86934	9808
3089	2278	-5058	-4806	984	430589	1983
2614	1782	-2023	-1333	949	12447	1034
22622	2808	68119	80210	28175	552096	52981
52550	16068	197676	199697	37781	737589	62096
50756	28442	72679	77766	22706	578536	48457
26618	16664	146773	156724	18674	387828	35631
8099	3804	165866	164768	11659	246237	30506
8321	4608	33116	32269	2556	83479	9136
37222	17973	24698	24971	11019	429824	39416
13580	5590	81181	89493	4766	185174	16617
36118	17960	218658	217542	15938	441035	65312
23156	8544	129936	131828	9576	232819	26767
41388	20631	141041	142756	46774	1252289	106303
6960	4650	8182	8498	2158	84639	7601
1432	1248	-530	-424	845	23846	2507
16502	8077	209269	193643	10855	238056	33032
31333	14588	123596	129511	12409	317439	43044
6268	4032	23266	25410	2211	74960	8026
7708	11608	42760	42497	2907	101876	10643
114	92	1638	1634	3	2362	115
20838	12328	112581	112819	10234	302645	35853
5323	3923	-3598	-3507	2196	65010	17572
877	804	-517	-478	37	10917	938
2272	1327	-8281	-7743	212	17228	1323
3954	3158	-8277	-5787	522	35536	2379

4-4-7 续表 1

国有企业

State-owned Enterprises

地　区	Region	主营业务收入 Revenue from Main Busines	主营业务成本 Cost of Main Business	主营业务税金及附加 Taxes and Surcharges of Main Business	主营业务利润 Profits from Main Business	其他业务利润 Profits from Other Business	销售费用 Selling Expenses	管理费用 Administr-ative Expenses
全　国	**National Total**	**461089**	**239722**	**5813**	**215554**	**8953**	**121116**	**119406**
北　京	Beijing	49339	25254	477	23608	1293	15738	8644
天　津	Tianjin	4970	1679	137	3154		2259	2279
河　北	Hebei	10144	6884	82	3178	280	1542	2452
山　西	Shanxi	10308	6743	192	3373	17	2128	4124
内蒙古	Inner Mongolia	10179	3341	714	6124	186	5801	7468
辽　宁	Liaoning	3157	2082	67	1008		412	1864
吉　林	Jilin	15311	3421	82	11808	3	2707	12073
黑龙江	Heilongjiang	3951	1808	138	2005	203	793	1929
上　海	Shanghai	34303	21757	56	12490	4533	7062	4905
江　苏	Jiangsu	50709	21610	699	28400	1250	18111	12559
浙　江	Zhejiang	24566	14244	122	10200	2	1979	5760
安　徽	Anhui	3960	1471	15	2474		1690	760
福　建	Fujian	9550	4625	69	4856		2000	1792
江　西	Jiangxi	14519	7782	130	6607	487	4406	2079
山　东	Shandong	64355	29032	548	34775	6	23850	21931
河　南	Henan	1321	688	19	614		548	35
湖　北	Hubei	13162	6027	154	6981	46	2066	1654
湖　南	Hunan	13330	8273	334	4723		2527	2884
广　东	Guangdong	47732	24110	720	22902	16	9505	11582
广　西	Guangxi	4633	2135	46	2452		1568	1110
海　南	Hainan	298	198	5	95		125	91
重　庆	Chongqing	1562	1175	33	354	230	202	50
四　川	Sichuan	13436	6117	152	7167	85	2924	4464
贵　州	Guizhou	724	515	15	194	171	185	460
云　南	Yunnan	6139	4394	21	1724	33	360	1591
西　藏	Tibet							
陕　西	Shaanxi	20401	14114	386	5901		2092	1255
甘　肃	Gansu	6700	4605	353	1742	116	1172	1159
青　海	Qinghai							
宁　夏	Ningxia	2267	1352	23	892		1008	205
新　疆	Xinjiang	20063	14288	25	5750		6356	2250

4–4–7 Continued 1

单位：万元
Unit: 10 000 yuan

财务费用 Financial Expenses	#利息支出 Interest Expenses	营业利润 Operating Profits	利润总额 Total Profits	应交所得税 Income Tax Payable	应付职工薪酬 Payables to Employees	应交增值税 VAT Payable
2217	**1059**	**-11124**	**-2504**	**4219**	**141398**	**13764**
21	39	498	965	327	16432	1731
29		-1150	200	4	2546	95
12	1	-600	-505	5	2367	281
56	35	-2655	-680	15	3228	441
-15	4	-7129	-6463		4798	389
927		-2275	-2273	4	1408	70
34		-3020	-3053		4949	72
27	1	-557	-549		842	123
-9	22	1247	1445	293	7890	484
258	315	70	366	298	16058	1646
-299		2753	2824	749	5669	394
-22	4	-14	-5	5	1292	130
20		969	888	226	3018	236
27	13	131	73	17	2295	590
499	108	-2891	-2319	294	24879	1051
2		27	26	3	419	53
34	24	1746	1813	35	3344	1181
151	15	603	608	88	1658	433
-37	83	3272	3919	1239	17967	1643
31	34	-259	-275		1295	111
-1		-121	-120		109	5
17		86	67		588	29
152	131	-292	-261	11	4318	376
1		-457	-137		142	12
45	40	-31	-34		1229	157
50	34	2476	2479	605	2463	972
95	60	-698	-572		2388	784
5		-324	5	1	549	24
109	97	-2532	-935	1	7258	249

4-4-7 续表 2

集体企业

Collective-owned Enterprises

地　区	Region	主营业务收入 Revenue from Main Busines	主营业务成本 Cost of Main Business	主营业务税金及附加 Taxes and Surcharges of Main Business	主营业务利润 Profits from Main Business	其他业务利润 Profits from Other Business	销售费用 Selling Expenses	管理费用 Administr-ative Expenses
全　国	**National Total**	**169828**	**103690**	**6654**	**59484**	**5023**	**30987**	**17927**
北　京	Beijing	19280	10370	80	8830		5883	2318
天　津	Tianjin	643	358	3	282		48	376
河　北	Hebei	1618	1195	11	412		152	79
山　西	Shanxi	2976	1046	34	1896	2	1204	1341
内蒙古	Inner Mongolia							
辽　宁	Liaoning	419	253	2	164			234
吉　林	Jilin	316	228		88	22	152	3
黑龙江	Heilongjiang							
上　海	Shanghai	27807	12874	55	14878	345	10224	2345
江　苏	Jiangsu	11902	4895	115	6892		3867	2358
浙　江	Zhejiang	1042	750	3	289		185	140
安　徽	Anhui	2734	1587	19	1128	35	1246	420
福　建	Fujian	2522	1338	31	1153		143	386
江　西	Jiangxi	246	104	8	134		87	35
山　东	Shandong	8044	4780	96	3168	2	887	2633
河　南	Henan	4021	2560	14	1447		94	33
湖　北	Hubei	5976	5505	59	412		77	314
湖　南	Hunan							
广　东	Guangdong	39692	26290	437	12965	4512	4862	3526
广　西	Guangxi	1520	800	11	709		473	174
海　南	Hainan							
重　庆	Chongqing	13800	11313	129	2358	106	544	403
四　川	Sichuan	2008	1013	70	925		552	259
贵　州	Guizhou	298	105	1	192			180
云　南	Yunnan	265	237	2	26			2
西　藏	Tibet							
陕　西	Shaanxi	22279	15911	5471	897		183	105
甘　肃	Gansu	420	178	5	237		125	264
青　海	Qinghai							
宁　夏	Ningxia							
新　疆	Xinjiang							

4-4-7 Continued 2

单位：万元

Unit: 10 000 yuan

财务费用 Financial Expenses	#利息支出 Interest Expenses	营业利润 Operating Profits	利润总额 Total Profits	应交所得税 Income Tax Payable	应付职工薪酬 Payables to Employees	应交增值税 VAT Payable
349	**176**	**10649**	**10637**	**1851**	**34376**	**9137**
33	1	-250	-78	97	5281	305
2		-144	-144	1	310	17
11		170	170	368	386	14
4	5	-617	-619		897	14
		-78	-78		99	13
11		-56	24		120	1
-18		2701	2689	701	7829	473
-9		567	575	71	2934	419
3	3	-37	8	7	343	18
7		-570	-570	33	950	59
14		614	614	5	479	107
1		19	19		94	
114	110	-19	55	9	2937	298
44	2	1273	1275	1	476	41
20	16	1	1	43	908	342
11	15	5071	5063	472	6472	1119
		25	55	5	583	82
85	9	1400	996	36	1961	92
-2		152	153	3	471	79
		12	12		100	9
		24	24		18	2
9	4	557	557		690	5623
11	10	-162	-163		39	12

股份合作企业
Cooperative Enterprises

地　区	Region	主营业务收入 Revenue from Main Busines	主营业务成本 Cost of Main Business	主营业务税金及附加 Taxes and Surcharges of Main Business	主营业务利润 Profits from Main Business	其他业务利润 Profits from Other Business	销售费用 Selling Expenses	管理费用 Administr-ative Expenses
全　国	**National Total**	**131494**	**69301**	**928**	**61265**	**1485**	**40406**	**17089**
北　京	Beijing	29669	14784	91	14794		9719	3678
天　津	Tianjin							
河　北	Hebei	6335	3399	51	2885		1889	712
山　西	Shanxi	395	214	7	174		167	46
内蒙古	Inner Mongolia	450	248	1	201		155	
辽　宁	Liaoning							
吉　林	Jilin							
黑龙江	Heilongjiang							
上　海	Shanghai	7125	3518	51	3556	131	2928	2120
江　苏	Jiangsu	226	82	1	143	16	117	68
浙　江	Zhejiang	4072	2560	11	1501		1146	699
安　徽	Anhui							
福　建	Fujian	956	574	32	350		290	3
江　西	Jiangxi	805	349	4	452		549	
山　东	Shandong	1320	446	5	869		423	422
河　南	Henan	415	229	6	180		3	97
湖　北	Hubei							
湖　南	Hunan							
广　东	Guangdong	40179	22610	200	17369	1322	11425	4240
广　西	Guangxi	1396	1122	4	270	126	86	219
海　南	Hainan							
重　庆	Chongqing	226	223	1	2			1
四　川	Sichuan	37924	18944	464	18516	-110	11510	4784
贵　州	Guizhou							
云　南	Yunnan							
西　藏	Tibet							
陕　西	Shaanxi							
甘　肃	Gansu							
青　海	Qinghai							
宁　夏	Ningxia							
新　疆	Xinjiang							

4-4-7 Continued 3

单位：万元

Unit: 10 000 yuan

财务费用 Financial Expenses	#利息支出 Interest Expenses	营业利润 Operating Profits	利润总额 Total Profits	应交所得税 Income Tax Payable	应付职工薪酬 Payables to Employees	应交增值税 VAT Payable
520	**219**	**4920**	**9637**	**2602**	**29872**	**3812**
-115	2	1513	1801	353	6857	736
206		73	72	14	896	195
1		9	9	5	125	14
		47	46	4	129	14
31		-47	363	63	2546	257
		-25	-22		75	10
7		-363	-355	3	1143	66
12	12	46	47		305	4
2		-99	-99		348	36
-1		26	28	2	347	36
1					98	12
248	162	1471	1469	499	7668	1274
4	4	-55	-55	1	412	54
		2	2		173	7
123	39	2324	6330	1658	8753	1097

联营企业

Joint Ownership Enterprises

地 区	Region	主营业务收入 Revenue from Main Busines	主营业务成本 Cost of Main Business	主营业务税金及附加 Taxes and Surcharges of Main Business	主营业务利润 Profits from Main Business	其他业务利润 Profits from Other Business	销售费用 Selling Expenses	管理费用 Administr-ative Expenses
全 国	**National Total**	**11668**	**8697**	**60**	**2911**		**686**	**1984**
北 京	Beijing							
天 津	Tianjin							
河 北	Hebei							
山 西	Shanxi							
内蒙古	Inner Mongolia							
辽 宁	Liaoning							
吉 林	Jilin							
黑龙江	Heilongjiang							
上 海	Shanghai	839	458		381		190	187
江 苏	Jiangsu	709	426	2	281		107	80
浙 江	Zhejiang							
安 徽	Anhui							
福 建	Fujian							
江 西	Jiangxi							
山 东	Shandong							
河 南	Henan							
湖 北	Hubei	6511	4746		1765		69	1582
湖 南	Hunan							
广 东	Guangdong							
广 西	Guangxi							
海 南	Hainan							
重 庆	Chongqing	2821	2569	56	196		88	93
四 川	Sichuan							
贵 州	Guizhou							
云 南	Yunnan							
西 藏	Tibet							
陕 西	Shaanxi							
甘 肃	Gansu	788	498	1	289		232	43
青 海	Qinghai							
宁 夏	Ningxia							
新 疆	Xinjiang							

4-4-7 Continued 4

单位：万元

Unit: 10 000 yuan

财务费用 Financial Expenses	#利息支出 Interest Expenses	营业利润 Operating Profits	利润总额 Total Profits	应交所得税 Income Tax Payable	应付职工薪酬 Payables to Employees	应交增值税 VAT Payable
7		**325**	**331**	**6**	**1598**	**16**
1		5	18	2	89	-3
1		93	85	4	113	13
-2		116	116		941	
6		98	99		390	4
1		13	13		66	2

有限责任公司

Limited Liability Corporations

地 区	Region	主营业务收入 Revenue from Main Busines	主营业务成本 Cost of Main Business	主营业务税金及附加 Taxes and Surcharges of Main Business	主营业务利润 Profits from Main Business	其他业务利润 Profits from Other Business	销售费用 Selling Expenses	管理费用 Administr-ative Expenses
全 国	**National Total**	**11026104**	**5514710**	**90247**	**5421147**	**163823**	**3379319**	**1531914**
北 京	Beijing	1756907	738265	4526	1014116	25704	723068	250299
天 津	Tianjin	277455	127307	1170	148978	4270	111018	38106
河 北	Hebei	106739	50142	1021	55576	5104	34979	24783
山 西	Shanxi	85698	40898	1055	43745	1052	30613	18317
内 蒙 古	Inner Mongolia	154972	67555	2663	84754	3929	51635	42314
辽 宁	Liaoning	87436	44419	918	42099	388	21795	16663
吉 林	Jilin	65799	37743	301	27755	1147	21572	8849
黑 龙 江	Heilongjiang	17060	7241	177	9642	791	5957	3224
上 海	Shanghai	668633	289839	1332	377462	70929	261715	96485
江 苏	Jiangsu	886232	375817	8207	502208	4112	286769	138775
浙 江	Zhejiang	657034	333664	3056	320314	4924	204525	101539
安 徽	Anhui	396259	209350	5711	181198	1632	97149	47929
福 建	Fujian	213357	122075	1931	89351	141	40732	25341
江 西	Jiangxi	134191	84672	1423	48096	384	19863	18461
山 东	Shandong	579286	281463	6157	291666	10880	169319	119226
河 南	Henan	329819	168110	2862	158847	-40	92614	42476
湖 北	Hubei	558966	317411	8024	233531	3022	126878	59094
湖 南	Hunan	246682	144479	4147	98056	988	41561	26728
广 东	Guangdong	1760123	916774	8780	834569	13645	529959	227444
广 西	Guangxi	150786	70190	606	79990	978	57978	12018
海 南	Hainan	62553	25014	565	36974	283	29093	4538
重 庆	Chongqing	323044	164951	4536	153557	648	80855	28361
四 川	Sichuan	443632	230004	3786	209842	1991	147330	56944
贵 州	Guizhou	89583	53409	678	35496	271	12624	16079
云 南	Yunnan	118723	83960	1435	33328	1753	12987	11710
西 藏	Tibet	7165	3885	39	3241		307	1203
陕 西	Shaanxi	710163	455418	13431	241314	4108	121833	68536
甘 肃	Gansu	83553	45360	1106	37087	581	26554	11422
青 海	Qinghai	6993	3365	28	3600	-1	1681	1530
宁 夏	Ningxia	19296	9140	70	10086	156	5670	8477
新 疆	Xinjiang	27966	12795	505	14666	53	10689	5045

4-4-7 Continued 5

单位：万元

Unit: 10 000 yuan

财务费用 Financial Expenses	#利息支出 Interest Expenses	营业利润 Operating Profits	利润总额 Total Profits	应交所得税 Income Tax Payable	应付职工薪酬 Payables to Employees	应交增值税 VAT Payable
163489	**89070**	**442628**	**474353**	**112150**	**3006838**	**221144**
8721	3567	68306	74778	25947	449838	20034
7976	6509	-3746	-4439	4021	73133	4390
3445	1899	-8477	-7871	556	27096	1665
1693	1539	-5679	-5611	751	19388	2252
7400	7575	-16592	-14929	1003	42967	3839
2439	2324	1463	2909	1359	16550	2067
1052	769	-3266	-3112	483	409652	809
1821	1739	-1421	-1209	91	3050	458
3724	463	33127	36188	10858	144588	11246
17459	4081	67888	70693	14860	242103	16918
15083	6997	-714	-2714	3783	138539	10081
7358	3483	27264	27968	3577	104584	10952
409	202	21935	21919	1560	40022	3663
1514	751	6740	5954	595	26250	3994
13757	6133	-5298	-3642	4278	145387	13855
5858	2471	16801	25423	263	83393	6394
11871	8520	41213	42595	5180	148505	16608
3755	1593	24963	25901	1607	49167	4427
19068	11764	62368	62472	16201	432403	32761
2868	1713	4993	5012	1299	32095	2656
151	15	2732	2780	498	15275	1902
3974	1984	39427	42645	3384	59397	7095
5604	2913	23540	24665	4504	104150	11472
2290	1614	4576	5233	579	21565	2600
1617	1175	8350	8693	647	27328	3602
39	20	1698	1694		950	39
9534	4807	40054	39809	2933	117437	11556
1766	1421	-2530	-2430	1194	18300	12388
129	111	-522	-527		2180	300
686	548	-4788	-4774	1	4933	512
428	371	-1777	-1722	136	6614	610

4-4-7 续表 6

股份有限公司

Share-holding Corporations Ltd.

地 区	Region	主营业务收入 Revenue from Main Busines	主营业务成本 Cost of Main Business	主营业务税金及附加 Taxes and Surcharges of Main Business	主营业务利润 Profits from Main Business	其他业务利润 Profits from Other Business	销售费用 Selling Expenses	管理费用 Administr-ative Expenses
全 国	**National Total**	**1215755**	**616556**	**11897**	**587302**	**16244**	**371391**	**155014**
北 京	Beijing	153293	44319	893	108081	2433	80410	27630
天 津	Tianjin	28857	13526	450	14881	1730	8937	3514
河 北	Hebei	40483	17816	155	22512		17573	4713
山 西	Shanxi	2819	1358	68	1393		1183	657
内蒙古	Inner Mongolia	120606	87944	412	32250		16565	4216
辽 宁	Liaoning	60591	48072	927	11592		4731	4936
吉 林	Jilin	4779	1861	94	2824		1452	1406
黑龙江	Heilongjiang	2392	1648	43	701	170	278	351
上 海	Shanghai	82181	42766	958	38457		22507	12357
江 苏	Jiangsu	81215	38797	613	41805	643	24047	14148
浙 江	Zhejiang	128154	58814	870	68470	212	46460	19591
安 徽	Anhui	15225	8188	548	6489	6	2500	2067
福 建	Fujian	6705	3036	52	3617		1807	1012
江 西	Jiangxi	8275	5578	166	2531		1476	916
山 东	Shandong	33847	14032	351	19464	6210	10862	6396
河 南	Henan	19151	9020	298	9833		6329	1733
湖 北	Hubei	63470	30400	485	32585	26	24505	3887
湖 南	Hunan	34822	20320	595	13907	23	4072	8423
广 东	Guangdong	134582	70731	1215	62636	4787	43711	16828
广 西	Guangxi	8422	4976	46	3400	4	1600	1135
海 南	Hainan	2522	1100	29	1393		954	378
重 庆	Chongqing	3247	2164	59	1024		447	243
四 川	Sichuan	28601	11899	261	16441		5239	4286
贵 州	Guizhou	1485	869	27	589		279	170
云 南	Yunnan	7700	5442	88	2170		977	878
西 藏	Tibet							
陕 西	Shaanxi	123959	64055	2090	57814		37099	10919
甘 肃	Gansu	8547	4525	75	3947		3005	859
青 海	Qinghai	2286	1630	24	632		344	117
宁 夏	Ningxia	1758	848	4	906		909	217
新 疆	Xinjiang	5781	822	3	4956		1133	1032

4-4-7 Continued 6

单位：万元

Unit: 10 000 yuan

财务费用 Financial Expenses	#利息支出 Interest Expenses	营业利润 Operating Profits	利润总额 Total Profits	应交所得税 Income Tax Payable	应付职工薪酬 Payables to Employees	应交增值税 VAT Payable
19340	**15032**	**129161**	**132547**	**9944**	**331665**	**25239**
1002	1408	10891	10844	2569	55462	2028
2316	1948	5690	6722	1	6415	549
709	645	-454	-1439	189	11688	590
567	543	-919	-909		1110	51
3507	3502	8189	9493	138	8122	75
82		2328	2365	140	25580	3516
24		-58	-48	81	1301	128
5	3	69	71	3	761	12
2518		12324	12607	459	11456	1689
2349	960	2173	731	583	19482	1487
1743	1744	30382	33023	855	42421	2158
491	468	233	380	22	4763	189
29		52	52	25	661	147
86	81	253	253	24	1803	216
1099	51	889	931	68	11280	921
683	430	2131	2158	207	6599	562
616	231	4022	4447	10	12326	1329
513	137	1014	1267	66	7674	883
-877	336	33056	33572	2588	37560	3422
147	4	233	240		1587	125
12		49	68	12	637	153
77	48	230	230		689	54
802	1190	3572	3881	64	6495	674
4	3	135	138	4	352	48
66		433	169	24	1558	159
432	1238	13940	12974	1738	49860	2308
	2	152	164	72	1833	1712
37	36	135	135		282	2
23	22	-243	-236		626	47
276	2	-1739	-1734	5	1281	7

4-4-7 续表 7

私营企业

Private Enterprises

地 区	Region	主营业务收入 Revenue from Main Busines	主营业务成本 Cost of Main Business	主营业务税金及附加 Taxes and Surcharges of Main Business	主营业务利润 Profits from Main Business	其他业务利润 Profits from Other Business	销售费用 Selling Expenses	管理费用 Administr-ative Expenses
全 国	**National Total**	**24161905**	**13566682**	**226085**	**10369138**	**226567**	**5851526**	**2955008**
北 京	Beijing	1925224	891583	4673	1028968	16097	773013	242401
天 津	Tianjin	256885	151954	1202	103729	2972	73602	32181
河 北	Hebei	261535	133044	2495	125996	3660	77537	41104
山 西	Shanxi	346919	170126	3440	173353	6405	122875	53526
内蒙古	Inner Mongolia	178353	82945	1105	94303	4273	63200	39413
辽 宁	Liaoning	230975	119785	2669	108521	9288	59603	48444
吉 林	Jilin	67670	35741	725	31204	3386	15985	10602
黑龙江	Heilongjiang	50281	19590	330	30361	308	21015	6172
上 海	Shanghai	2287989	1196493	5922	1085574	31392	751879	304691
江 苏	Jiangsu	2125939	1175320	18082	932537	11251	464186	297565
浙 江	Zhejiang	1986930	1085679	12202	889049	7819	530550	294237
安 徽	Anhui	1142601	588667	14303	539631	50519	293585	115210
福 建	Fujian	1529804	1033644	17659	478501	3151	186030	138211
江 西	Jiangxi	277000	160970	4692	111338	2204	47488	30393
山 东	Shandong	1049185	601904	9225	438056	5830	245366	137425
河 南	Henan	415268	216032	7676	191560	5524	69071	49890
湖 北	Hubei	1356182	797632	22020	536530	3750	218293	120914
湖 南	Hunan	1100968	671075	18692	411201	6785	182365	99942
广 东	Guangdong	3143497	1681121	20204	1442172	22344	917571	458450
广 西	Guangxi	218179	127425	2516	88238	2644	55956	25582
海 南	Hainan	30211	16795	202	13214	26	10076	5060
重 庆	Chongqing	1114187	708765	15882	389540	4998	132089	91629
四 川	Sichuan	1190689	723292	15524	451873	5663	198471	127434
贵 州	Guizhou	305893	205565	3869	96459	3755	33963	36587
云 南	Yunnan	417698	269114	5040	143544	1333	64775	36132
西 藏	Tibet	3334	1464	27	1843		974	673
陕 西	Shaanxi	825937	524971	12259	288707	6677	142716	71757
甘 肃	Gansu	168617	95900	2056	70661	3325	49371	16769
青 海	Qinghai	28370	15931	164	12275	673	8210	3316
宁 夏	Ningxia	42416	22277	450	19689	252	15010	6431
新 疆	Xinjiang	83169	41879	782	40508	264	26703	12867

单位：万元

Unit: 10 000 yuan

财务费用 Financial Expenses	#利息支出 Interest Expenses	营业利润 Operating Profits	利润总额 Total Profits	应交所得税 Income Tax Payable	应付职工薪酬 Payables to Employees	应交增值税 VAT Payable
325590	**160342**	**1238047**	**1243278**	**181908**	**4772611**	**482820**
10961	4764	31578	33680	12862	434829	26638
610	-1	-1966	-1933	914	43909	6540
9514	3785	-4061	-3703	1310	59147	4806
8862	7198	-12299	-12195	1663	69530	7007
2425	1094	-10401	-10197	766	51864	3628
8614	4566	-7172	-6824	1549	42980	4134
1968	1509	1343	1384	419	14566	973
761	39	-115	355	855	7794	441
16344	2314	18628	26375	15696	373008	38503
32487	10712	126602	126962	21953	456424	41538
34220	19698	40659	44978	17310	390421	35740
18784	12709	119872	128963	15039	275993	24292
7619	3589	142304	141141	9843	198966	26349
6691	3763	26071	26070	1920	52690	4300
21747	11571	32148	30063	6367	244063	23198
6987	2688	60948	60609	4293	93988	9527
23540	9158	170346	167355	10484	274407	45343
18718	6799	103035	103730	7796	174074	20924
22976	8274	35607	36067	25710	749427	65960
3910	2895	3244	3520	852	48669	4574
1270	1232	-3190	-3151	335	7825	447
12344	6036	168027	149605	7436	174857	25752
24654	10315	94300	94742	6169	193252	29346
3973	2415	19000	20164	1629	52801	5357
5979	10393	33979	33639	2235	71663	6714
76	73	-59	-60	3	1412	76
10694	6225	55279	56676	4944	131710	15150
3452	2430	-373	-519	930	42384	2673
711	656	-129	-86	37	8455	636
1558	758	-2926	-2738	210	11119	741
3140	2688	-2230	-1396	380	20383	1514

其他企业
Other Enterprises

地　区	Region	主营业务收入 Revenue from Main Busines	主营业务成本 Cost of Main Business	主营业务税金及附加 Taxes and Surcharges of Main Business	主营业务利润 Profits from Main Business	其他业务利润 Profits from Other Business	销售费用 Selling Expenses	管理费用 Administr-ative Expenses
全　国	**National Total**	**59010**	**38156**	**549**	**20305**	**260**	**12828**	**4404**
北　京	Beijing							
天　津	Tianjin	252	152	1	99			88
河　北	Hebei							
山　西	Shanxi							
内蒙古	Inner Mongolia							
辽　宁	Liaoning	1585	615	1	969		936	44
吉　林	Jilin							
黑龙江	Heilongjiang							
上　海	Shanghai	17123	10314	35	6774		5792	832
江　苏	Jiangsu	1960	1116	28	816		254	256
浙　江	Zhejiang							
安　徽	Anhui	528	330	7	191		165	38
福　建	Fujian	7319	3907		3412	9	3140	336
江　西	Jiangxi							
山　东	Shandong	2745	1231	13	1501		874	744
河　南	Henan	909	458	30	421	251	333	81
湖　北	Hubei	9430	6631	294	2505		672	579
湖　南	Hunan	1527	914	98	515		100	46
广　东	Guangdong	3850	2439	31	1380		213	982
广　西	Guangxi							
海　南	Hainan							
重　庆	Chongqing							
四　川	Sichuan							
贵　州	Guizhou							
云　南	Yunnan	307	163	1	143		38	97
西　藏	Tibet							
陕　西	Shaanxi	11477	9884	11	1582		310	278
甘　肃	Gansu							
青　海	Qinghai							
宁　夏	Ningxia							
新　疆	Xinjiang							

4-4-7 Continued 8

单位：万元

Unit: 10 000 yuan

财务费用 Financial Expenses	#利息支出 Interest Expenses	营业利润 Operating Profits	利润总额 Total Profits	应交所得税 Income Tax Payable	应付职工薪酬 Payables to Employees	应交增值税 VAT Payable
245	**38**	**2210**	**2840**	**398**	**11794**	**1494**
		11	11		14	8
26		-37	-14		317	8
32	9	136	525	103	4690	332
3		307	305	13	400	67
		-11	-11		246	10
-3		-53	106		2787	
7		-157	-145		931	57
4		2	2		202	28
38	12	1214	1214	186	604	509
20		322	323	19	246	100
-1	-3	195	195	64	792	125
1		6	6	1	81	9
119	19	275	323	14	484	243

港、澳、台商投资企业

Enterprises with Funds from Hongkong, Macao and Taiwan

地 区	Region	主营业务收入 Revenue from Main Busines	主营业务成本 Cost of Main Business	主营业务税金及附加 Taxes and Surcharges of Main Business	主营业务利润 Profits from Main Business	其他业务利润 Profits from Other Business	销售费用 Selling Expenses	管理费用 Administr-ative Expenses
全 国	**National Total**	**7013700**	**2524953**	**14372**	**4474375**	**62729**	**3387313**	**652270**
北 京	Beijing	1684992	530985	1513	1152494	6962	872308	124371
天 津	Tianjin	145927	51738	167	94022		78670	7956
河 北	Hebei	9136	1310	25	7801	8	2701	3342
山 西	Shanxi	21946	6757	20	15169		12887	757
内蒙古	Inner Mongolia	3220	1147		2073		1842	247
辽 宁	Liaoning	193422	66114	137	127171	2	98617	18570
吉 林	Jilin							
黑龙江	Heilongjiang	8905	3469	55	5381		4918	875
上 海	Shanghai	1784169	715127	1093	1067949	20418	842324	209392
江 苏	Jiangsu	412521	158901	5942	247678	280	186034	58595
浙 江	Zhejiang	210018	67337	245	142436	1869	113303	18385
安 徽	Anhui	2263	1135	4	1124		401	391
福 建	Fujian	216447	79500	687	136260	3687	103526	19501
江 西	Jiangxi	7652	2834	70	4748		3080	1926
山 东	Shandong	71172	25479	128	45565	188	36577	6495
河 南	Henan	2435	908	1	1526		1503	211
湖 北	Hubei	549965	237885	530	311550	48	211578	47981
湖 南	Hunan	1564	658	2	904		756	163
广 东	Guangdong	1347403	463341	2685	881377	18490	655741	105413
广 西	Guangxi	11824	5776	54	5994		4650	1098
海 南	Hainan	19457	5200	583	13674	4416	8977	6496
重 庆	Chongqing	8893	3835		5058	4515	5257	3323
四 川	Sichuan	202288	55859	142	146287		103378	10715
贵 州	Guizhou	2202	906		1296		636	1233
云 南	Yunnan	23982	16820	207	6955		1743	2267
西 藏	Tibet							
陕 西	Shaanxi	71895	21933	82	49880	1845	35908	2567
甘 肃	Gansu							
青 海	Qinghai							
宁 夏	Ningxia							
新 疆	Xinjiang							

4-4-7 Continued 9

单位：万元

Unit: 10 000 yuan

财务费用 Financial Expenses	#利息支出 Interest Expenses	营业利润 Operating Profits	利润总额 Total Profits	应 交 所得税 Income Tax Payable	应付职工 薪 酬 Payables to Employees	应 交 增值税 VAT Payable
39146	**17250**	**516734**	**475154**	**136477**	**1598600**	**16033**
3470	4732	161459	162448	40951	454016	-4597
1601	379	5812	5313	1220	29336	452
1627	1609	251	254		2243	147
536		990	949	193	4117	-443
-6		-9	-16		617	
2760	1709	6802	5345	2896	37204	-582
156	156	-603	-607		1039	146
6781	1984	52009	47556	20225	338240	-8443
5041	1199	6196	5665	3060	124621	9590
6579	706	9772	8976	1181	43698	803
1		332	332	10	642	128
1720	136	47091	14221	4243	45065	649
62	50	-314	-276	4	2001	121
3382	2132	894	572	1162	17083	1954
128	125	-317	-308		935	8
3588	1609	45719	45308	10926	123474	1124
		44	46	7	509	32
369	890	134997	134973	38667	285767	12201
70	6	243	204	167	3063	188
148		-1958	-1901	174	3926	64
-123	-133	1110	994	226	963	27
703		32847	31812	7958	55897	820
-1		-568	-518		868	23
-27	-46	3110	3141	613	7226	1490
579	8	10823	10673	2596	16051	132

外商投资企业

Foreign Funded Enterprises

地 区	Region	主营业务收入 Revenue from Main Busines	主营业务成本 Cost of Main Business	主营业务税金及附加 Taxes and Surcharges of Main Business	主营业务利润 Profits from Main Business	其他业务利润 Profits from Other Business	销售费用 Selling Expenses	管理费用 Administrative Expenses
全 国	**National Total**	**8655073**	**4111791**	**8335**	**4534947**	**633396**	**2992827**	**828182**
北 京	Beijing	1095897	551783	882	543232	9956	388996	123874
天 津	Tianjin	313907	167891	169	145847	350	87810	32274
河 北	Hebei	202	102	1	99		77	11
山 西	Shanxi	63401	33302	13	30086		17888	5146
内蒙古	Inner Mongolia	28986	18270	186	10530		3217	7426
辽 宁	Liaoning	412702	211712	134	200856		117708	41445
吉 林	Jilin	601	237	12	352	35	79	159
黑龙江	Heilongjiang	3686	1905	15	1766		166	1272
上 海	Shanghai	2232459	844485	1931	1386043	611313	1022692	190860
江 苏	Jiangsu	797444	414079	598	382767	1063	201591	76979
浙 江	Zhejiang	549993	272796	537	276660	-11	139520	65463
安 徽	Anhui	1267	761	8	498		42	263
福 建	Fujian	282044	139599	665	141780	560	96813	25547
江 西	Jiangxi	79324	40075	137	39112		21174	6599
山 东	Shandong	228304	118130	194	109980		60972	25410
河 南	Henan	25761	6710	45	19006		8562	7153
湖 北	Hubei	67390	33550	95	33745	9	24628	2211
湖 南	Hunan	164635	82070	428	82137		46821	15160
广 东	Guangdong	1568242	713280	1617	853345	6734	615172	134811
广 西	Guangxi	72231	34173	19	38039		17491	6280
海 南	Hainan							
重 庆	Chongqing	189017	155543	241	33233		12344	9402
四 川	Sichuan	230063	144117	254	85692	3388	42891	21528
贵 州	Guizhou							
云 南	Yunnan	58357	29695	9	28653		16263	6129
西 藏	Tibet							
陕 西	Shaanxi	125594	66319	138	59137		35866	15876
甘 肃	Gansu	29491	14187	6	15298		7301	2257
青 海	Qinghai							
宁 夏	Ningxia							
新 疆	Xinjiang	34077	17022	2	17053		6743	4647

4-4-7 Continued 10

单位：万元
Unit: 10 000 yuan

财务费用 Financial Expenses	#利息支出 Interest Expenses	营业利润 Operating Profits	利润总额 Total Profits	应交所得税 Income Tax Payable	应付职工薪酬 Payables to Employees	应交增值税 VAT Payable
11970	**9507**	**705893**	**689888**	**192227**	**1751299**	**10999**
1453	2550	34899	37452	13658	239674	-3925
166	5	25783	25212	6958	71672	-143
		10	13	1	96	6
-22		6559	6503	1716	9705	
-19	40	-1454	-2432	267	5279	328
640	472	39762	38509	9864	17995	142
11	10	443	443	9	217	8
3	1	325	325	94	547	175
6734	1786	168627	158509	52740	460775	6185
693	93	103038	103069	26049	162719	-1955
-1005	831	76720	76065	20644	105215	2102
1		193	193		428	76
1260	966	19401	19218	6318	60252	-2139
-25	33	11322	11412	2828	14715	164
674	201	22946	22876	5821	40900	207
78	84	-2772	-2985	-220	3702	95
-51	5	6962	7389	1794	17139	922
102	94	20064	20068	4989	40505	2037
2999	2025	88525	85982	18726	351622	5557
-38		14660	14567	3628	9767	1
-658	132	12387	10660	2173	38444	414
-532	94	27302	27248	6807	51345	-864
-165		6585	6311	1571	11566	223
-251	57	12065	11827	2935	23329	469
-85		5831	5743	1427	3873	
9	30	5711	5712	1428	9817	913

4-4-8 各地区限额以上餐饮业企业损益及分配(按国民经济行业分)

正餐服务

Dinner

地 区	Region	主营业务收入 Revenue from Main Busines	主营业务成本 Cost of Main Business	主营业务税金及附加 Taxes and Surcharges of Main Business	主营业务利润 Profits from Main Business	其他业务利润 Profits from Other Business	销售费用 Selling Expenses	管理费用 Administr-ative Expenses
全 国	**National Total**	**35678717**	**18688895**	**331095**	**16658727**	**317294**	**9907354**	**4768048**
北 京	Beijing	4022460	1700224	10305	2311931	37038	1684854	550010
天 津	Tianjin	411842	194831	2212	214799	4910	157411	56467
河 北	Hebei	429325	210284	3765	215276	9010	135106	75694
山 西	Shanxi	434084	212086	4765	217233	7475	153634	77060
内蒙古	Inner Mongolia	465845	249314	4991	211540	7910	128011	98345
辽 宁	Liaoning	295386	146834	3653	144899	9648	82868	65069
吉 林	Jilin	126547	63753	1149	61645	4592	32882	31305
黑龙江	Heilongjiang	61458	28166	751	32541	1471	17615	12506
上 海	Shanghai	4385583	1996628	9135	2379820	70141	1748178	576431
江 苏	Jiangsu	2907832	1438443	26759	1442630	17541	751082	460731
浙 江	Zhejiang	2547093	1321896	15699	1209498	13805	726890	410035
安 徽	Anhui	1184172	648296	18824	517052	3864	228527	145778
福 建	Fujian	1622812	1010814	19394	592604	2847	255738	156850
江 西	Jiangxi	431047	254446	6320	170281	3016	74635	53397
山 东	Shandong	1519687	788661	15271	715755	19722	414759	272822
河 南	Henan	616555	317562	10177	288816	5736	121446	77890
湖 北	Hubei	1966422	1135300	30181	800941	6741	349217	188916
湖 南	Hunan	1292879	791966	23181	477732	7670	193680	131562
广 东	Guangdong	4489315	2195592	30872	2262851	39353	1482549	647891
广 西	Guangxi	311591	173741	3004	134846	3130	86944	35790
海 南	Hainan	81184	38438	1203	41543	4726	32896	11893
重 庆	Chongqing	1501917	975531	20496	505890	5745	176294	119228
四 川	Sichuan	1587709	923781	19952	643976	7628	323043	195598
贵 州	Guizhou	358668	229601	4498	124569	4100	43202	51571
云 南	Yunnan	496959	336158	6201	154600	3119	62262	46811
西 藏	Tibet	4025	1894	57	2074		792	1497
陕 西	Shaanxi	1668591	1050822	32759	585010	10938	305585	147986
甘 肃	Gansu	252950	144817	3526	104607	4022	72337	29439
青 海	Qinghai	36413	19881	211	16321	672	10172	4838
宁 夏	Ningxia	65737	33616	547	31574	408	22597	15330
新 疆	Xinjiang	102629	55522	1235	45872	318	32148	19308

Income and Distribution of Enterprises above Designated Size of Catering Services by Region and Sector

单位：万元

Unit: 10 000 yuan

财务费用 Financial Expenses	#利息支出 Interest Expenses	营业利润 Operating Profits	利润总额 Total Profits	应交 所得税 Income Tax Payable	应付职工 薪酬 Payables to Employees	应交 增值税 VAT Payable
515036	**268813**	**1683846**	**1723602**	**315728**	**8079749**	**704358**
25451	14256	113388	122356	43305	997754	43421
10806	8461	-1690	653	4215	102159	6833
15516	7933	-13408	-13332	2421	102568	7628
11097	9283	-23281	-21119	2042	90923	9729
12695	12028	-28313	-25736	1654	106829	8155
11889	6799	-14094	-12554	2200	60930	4894
2804	2262	-5713	-5400	792	429455	1895
2207	1939	-2251	-1491	907	10482	1235
27768	3908	64305	65124	42170	868013	49755
53243	16402	182970	185180	36490	677554	58513
51978	27849	69746	76004	22510	534425	45936
25744	16015	122904	131119	14952	273741	31017
8947	3600	166115	164740	13555	238014	28645
8224	4506	31958	31193	2515	83594	9248
38976	19931	7102	7625	8243	384523	35451
12385	5540	73008	81301	5631	150108	14595
37041	18181	226669	226102	17310	416236	65157
20749	7679	125529	127310	8856	216254	25566
37847	18600	125920	127961	46361	1128733	99810
5979	3759	4397	4713	1333	69130	6715
1238	918	-5182	-5017	671	21571	2372
15674	8049	209502	192155	10350	249131	32290
30852	14472	112172	117699	10105	287125	41896
5863	3975	21037	22537	2105	70430	7223
7493	11358	36675	36889	2209	89210	9642
103	88	-332	-333		1488	94
20400	11961	106362	106444	10126	299600	34649
5082	3892	-3515	-3431	2179	63816	17488
876	803	-515	-476	37	10657	933
2272	1327	-8281	-7743	212	17228	1323
3837	3039	-9337	-6871	272	28068	2250

快餐服务

Snack

地 区	Region	主营业务收入 Revenue from Main Busines	主营业务成本 Cost of Main Business	主营业务税金及附加 Taxes and Surcharges of Main Business	主营业务利润 Profits from Main Business	其他业务利润 Profits from Other Business	销售费用 Selling Expenses	管理费用 Administr-ative Expenses
全 国	**National Total**	**11965859**	**5546955**	**19987**	**6398917**	**113980**	**4460742**	**1081292**
北 京	Beijing	1961343	770012	1406	1189925	23613	906016	171797
天 津	Tianjin	491393	230663	365	260365	4145	181879	47067
河 北	Hebei	3639	1353	45	2241		1134	819
山 西	Shanxi	99422	47582	53	51787		35122	6831
内 蒙 古	Inner Mongolia	30533	12057	77	18399	478	14275	2694
辽 宁	Liaoning	624173	311825	803	311545	2	203856	57871
吉 林	Jilin	15698	5305	21	10372		8651	660
黑 龙 江	Heilongjiang	24589	7432	6	17151		15296	1235
上 海	Shanghai	1248556	556118	723	691715	42210	510506	131197
江 苏	Jiangsu	1194454	592480	6179	595795	-122	366449	116772
浙 江	Zhejiang	860169	418639	746	440784	46	276472	76210
安 徽	Anhui	270733	108109	1477	161147		129522	14379
福 建	Fujian	554070	319662	1187	233221	4507	155366	47244
江 西	Jiangxi	85358	43873	213	41272	59	23034	6766
山 东	Shandong	391393	200766	941	189686	3381	119918	34378
河 南	Henan	157240	71771	490	84979		54080	18962
湖 北	Hubei	439390	224185	260	214945	9	152992	39991
湖 南	Hunan	258110	128165	748	129197	122	82354	20430
广 东	Guangdong	2304935	1022528	2675	1279732	25899	927616	199252
广 西	Guangxi	130504	58714	123	71667		46202	9308
海 南	Hainan	33267	9687	178	23402		16300	4398
重 庆	Chongqing	118601	50926	233	67442	4723	48744	10993
四 川	Sichuan	292723	171351	367	121005	3388	68900	26256
贵 州	Guizhou	4361	3008	23	1330	32	492	407
云 南	Yunnan	86536	38607	16	47913		31788	7139
西 藏	Tibet	6190	3455	6	2729		462	373
陕 西	Shaanxi	170640	89435	498	80707	1490	51181	18352
甘 肃	Gansu	39330	17906	42	21382		12657	2976
青 海	Qinghai	83	56	3	24		3	23
宁 夏	Ningxia							
新 疆	Xinjiang	68426	31284	81	37061		19476	6514

4-4-8 Continued 1

单位：万元

Unit: 10 000 yuan

财务费用 Financial Expenses	#利息支出 Interest Expenses	营业利润 Operating Profits	利润总额 Total Profits	应 交 所得税 Income Tax Payable	应付职工 薪 酬 Payables to Employees	应 交 增值税 VAT Payable
38635	**17709**	**910968**	**870771**	**203556**	**2402971**	**20901**
728	2554	140405	144554	37366	411301	-9998
945		32646	30782	8069	110427	977
7	6	279	281	14	701	24
599	37	8722	8603	2302	17064	-406
409	-1	1028	1303	522	6855	105
3467	2161	45338	43213	10966	60346	3068
232		779	718	175	639	17
566		85	10	136	3444	113
4046	940	71043	71865	17115	206325	-3700
3950	341	114226	113927	27872	294493	7831
4046	1787	84337	81226	20614	156574	1837
584	626	15767	15481	3167	82265	4102
2048	1294	64745	32056	6960	95486	-958
8	62	11360	11401	2844	16064	150
1778	89	31572	30699	7001	72864	3327
1356	202	3945	3778	-1161	33791	454
2498	1386	17179	16808	3455	104275	462
2407	939	23593	23698	5546	54881	3054
7558	4537	145287	142530	28784	490440	7481
631	519	15901	15724	3928	22659	462
16	4	2915	2917	348	6073	192
-128	-130	11508	12256	2806	18612	425
463	112	29092	28594	6608	63899	-623
1		461	488	27	534	-6
-160	2	9327	8789	1959	17036	241
11	4	1888	1884		692	14
297	59	15141	14846	3019	33126	1161
145	32	5612	5528	1439	4713	51
		-2	-2		111	3
126	148	6790	6814	1678	17281	1042

4-4-8 续表 2

饮料及冷饮服务
Beverage and Cold Drink

地　区	Region	主营业务收入 Revenue from Main Busines	主营业务成本 Cost of Main Business	主营业务税金及附加 Taxes and Surcharges of Main Business	主营业务利润 Profits from Main Business	其他业务利润 Profits from Other Business	销售费用 Selling Expenses	管理费用 Administrative Expenses
全　国	**National Total**	**2479806**	**767783**	**3089**	**1708934**	**636086**	**1210832**	**160166**
北　京	Beijing	337763	86138	407	251218	963	180358	20188
天　津	Tianjin	8114	8056	27	31		2269	503
河　北	Hebei							
山　西	Shanxi							
内蒙古	Inner Mongolia							
辽　宁	Liaoning	30926	7220	40	23666		14882	1611
吉　林	Jilin	551	249	15	287		126	32
黑龙江	Heilongjiang	228	63	1	164		216	82
上　海	Shanghai	1035094	268569	996	765529	626812	564935	62008
江　苏	Jiangsu	34569	17740	276	16553	1120	12866	3831
浙　江	Zhejiang	23915	9921	96	13898	1	5941	6745
安　徽	Anhui	2913	1698	64	1151	8	723	282
福　建	Fujian	25639	21051	141	4447	17	4925	3469
江　西	Jiangxi	290	64	1	225		158	17
山　东	Shandong	20252	5485	11	14756		9815	580
河　南	Henan	1007	424	4	579		555	50
湖　北	Hubei	123037	37454	130	85453	124	57283	4659
湖　南	Hunan	2859	1371	43	1445		919	345
广　东	Guangdong	638729	249848	466	388415	6420	266954	46444
广　西	Guangxi	1765	622	82	1061	623	877	367
海　南	Hainan	590	181	4	405		29	272
重　庆	Chongqing	977	254		723		986	167
四　川	Sichuan	146976	38427	129	108420		68411	6424
贵　州	Guizhou	1645	1242	1	402		44	310
云　南	Yunnan	3346	1806	107	1433		922	439
西　藏	Tibet	283		2	281		28	6
陕　西	Shaanxi	37872	9622	42	28208		16443	1324
甘　肃	Gansu	465	279	6	180		170	13
青　海	Qinghai							
宁　夏	Ningxia							
新　疆	Xinjiang							

4-4-8 Continued 2

单位：万元
Unit: 10 000 yuan

财务费用 Financial Expenses	#利息支出 Interest Expenses	营业利润 Operating Profits	利润总额 Total Profits	应交所得税 Income Tax Payable	应付职工薪酬 Payables to Employees	应交增值税 VAT Payable
2301	**3138**	**354821**	**349736**	**100431**	**583507**	**6872**
-1051	5	52726	52542	14297	155562	2709
840	377	-3581	-3581		392	6
-36		7211	7002	1783	12767	238
36		52	52	2	43	20
		-135	-134		108	7
3103	1443	154065	150144	39540	173616	-1413
274	257	92	61	307	6841	585
34	29	1204	1188	369	5070	377
45	19	103	109	22	868	74
39	5	-5084	-5086	80	5503	444
		50	50	5	60	1
-27	1	4380	4393	1128	5015	23
1		-27	-28	1	309	30
-24	6	23415	23273	6853	22989	858
18	13	224	226	11	830	30
-1567	199	76638	76450	25283	141337	1698
375	377	20	30		677	75
326	326	-221	-225		128	7
3		-432	-432		333	2
-53	13	33461	32971	8152	44002	925
1		34	34		303	71
44	67	28	28		608	37
		83	83	3	182	8
-81	3	10521	10589	2597	5921	48
1		-4	-4		43	14

餐饮配送及外卖送餐服务

Catering Distribution and Delivery Service

地 区	Region	主营业务收入 Revenue from Main Busines	主营业务成本 Cost of Main Business	主营业务税金及附加 Taxes and Surcharges of Main Business	主营业务利润 Profits from Main Business	其他业务利润 Profits from Other Business	销售费用 Selling Expenses	管理费用 Administr-ative Expenses
全 国	**National Total**	**1636285**	**1180142**	**6394**	**449749**	**48865**	**240104**	**153093**
北 京	Beijing	142943	101086	362	41495	114	24647	14358
天 津	Tianjin	96663	70471	543	25649	266	13888	10156
河 北	Hebei	524	484	2	38			37
山 西	Shanxi	664	615	1	48		76	21
内蒙古	Inner Mongolia							
辽 宁	Liaoning	35171	24829	334	10008	6	1530	5778
吉 林	Jilin	8738	7964	26	748		62	526
黑龙江	Heilongjiang							
上 海	Shanghai	293494	233816	372	59306	-725	27078	28175
江 苏	Jiangsu	107019	78786	376	27857	35	8170	13988
浙 江	Zhejiang	71896	57144	337	14415	722	5467	7480
安 徽	Anhui	99070	48165	191	50714	48320	37143	5920
福 建	Fujian	15469	10348	56	5065	23	2849	2057
江 西	Jiangxi	3727	3084	92	551		92	222
山 东	Shandong	90383	69696	432	20255	13	3245	10263
河 南	Henan	15697	9247	110	6340		1475	3811
湖 北	Hubei	101100	41902	1064	58134	27	49251	4425
湖 南	Hunan	722	615	15	92			61
广 东	Guangdong	424406	326845	1285	96276	1	51262	35961
广 西	Guangxi							
海 南	Hainan							
重 庆	Chongqing	26825	17648	184	8993		3835	2291
四 川	Sichuan	17362	14799	103	2460		1842	657
贵 州	Guizhou	33818	26374	26	7418	64	3897	2118
云 南	Yunnan	43133	31396	442	11295		1955	4229
西 藏	Tibet							
陕 西	Shaanxi	3728	3195	31	502		358	526
甘 肃	Gansu	3735	1634	9	2092		1983	34
青 海	Qinghai							
宁 夏	Ningxia							
新 疆	Xinjiang							

4-4-8 Continued 3

单位：万元

Unit: 10 000 yuan

财务费用 Financial Expenses	#利息支出 Interest Expenses	营业利润 Operating Profits	利润总额 Total Profits	应交所得税 Income Tax Payable	应付职工薪酬 Payables to Employees	应交增值税 VAT Payable
3523	**1815**	**50662**	**55922**	**10448**	**348245**	**36868**
198	127	2405	2359	790	25480	2824
-23		2312	2488	713	9960	3693
			1		183	18
		-50	-44		59	5
168	109	2559	2381	859	6417	1134
1		109	109	3	215	56
633	284	4422	6864	1029	56828	4467
156	50	1579	1431	389	22861	1977
64	141	1492	1593	527	15349	2339
101	3	7582	9598	436	30040	532
23	5	173	180	150	4478	606
124	122	277	277	23	166	16
569	327	4901	5124	1498	19627	2345
43	55	977	959	57	4215	744
134	2	4197	4174	1030	37708	871
		31	31	1	173	16
615	197	8737	8947	1848	86465	10609
5	38	2864	2862	78	7606	881
2		29	48	35	2120	624
395	55	1024	1690	78	4184	709
121	118	5563	5380	902	13335	2389
185	182	-588	-593	2	777	11
9		65	65			

其他餐饮业

Others

地　区	Region	主营业务收　入 Revenue from Main Busines	主营业务成　本 Cost of Main Business	主营业务税金及附加 Taxes and Surcharges of Main Business	主营业务利　润 Profits from Main Business	其他业务利　润 Profits from Other Business	销售费用 Selling Expenses	管理费用 Administr-ative Expenses
全　国	**National Total**	**1144961**	**610482**	**4375**	**530104**	**2255**	**369366**	**120598**
北　京	Beijing	250093	149883	653	99557	717	73260	26862
天　津	Tianjin	20884	10585	152	10147	1	6897	2581
河　北	Hebei	2704	1771	28	905	43	211	646
山　西	Shanxi	292	161	10	121		112	1
内蒙古	Inner Mongolia	389	79	12	298		129	45
辽　宁	Liaoning	4632	2344	24	2264	21	665	1869
吉　林	Jilin	2940	1957	3	980		226	569
黑龙江	Heilongjiang							
上　海	Shanghai	179903	82500	207	97196	623	76615	26364
江　苏	Jiangsu	124985	63592	698	60695	42	46516	6063
浙　江	Zhejiang	58736	28243	167	30326	242	22900	5345
安　徽	Anhui	7949	5221	58	2670		861	720
福　建	Fujian	50713	26423	347	23943	153	15604	2508
江　西	Jiangxi	1591	898	5	688		203	7
山　东	Shandong	16543	11889	62	4592		1393	2639
河　南	Henan	8602	5712	171	2719		1501	995
湖　北	Hubei	1102	945	26	131		22	224
湖　南	Hunan	8958	5670	309	2979	3	1251	950
广　东	Guangdong	227915	125882	589	101444	176	59776	33726
广　西	Guangxi	25132	13521	93	11518		5779	2151
海　南	Hainan							
重　庆	Chongqing	8476	6178	23	2275	31	1967	825
四　川	Sichuan	103870	42888	102	60880		50100	1479
贵　州	Guizhou	1692	1144	42	506		53	304
云　南	Yunnan	3195	1858	36	1301		217	188
西　藏	Tibet							
陕　西	Shaanxi	30874	19530	538	10806	201	2439	3106
甘　肃	Gansu	1637	618	19	1000		613	311
青　海	Qinghai	1153	989	1	163		60	102
宁　夏	Ningxia							
新　疆	Xinjiang							19

4-4-8 Continued 4

单位：万元

Unit: 10 000 yuan

财务费用 Financial Expenses	#利息支出 Interest Expenses	营业利润 Operating Profits	利润总额 Total Profits	应交所得税 Income Tax Payable	应付职工薪酬 Payables to Employees	应交增值税 VAT Payable
3376	**1217**	**39146**	**36130**	**11617**	**265579**	**15459**
222	120	-32	79	1006	72291	3994
129	1	602	600	122	4397	398
2		41	41	7	466	34
2			6	1	52	9
188	188	-64	-64		94	12
1	1	-221	-104	4	1674	34
27	26	158	158	19	453	3
586	2	-5080	-7722	1286	46328	1613
660	310	8044	7832	1832	23181	826
208	174	2393	2796	513	16031	872
147	1	943	943	108	1984	109
22	1	6408	6317	1475	8073	279
1	1	478	483		312	7
-20	-41	584	578	130	5778	430
	2	190	190	18	1388	897
5		-120	-118	10	439	11
84	6	666	676	160	1694	170
305	13	7979	7823	1890	42702	4464
8		2767	2803	691	5004	538
168	120	-676	-1545	20	1781	-123
240	85	8992	9259	2273	27535	177
7	2	143	143	1	377	52
19	17	862	863	22	480	46
364	188	4032	4034	22	2601	585
1		75	77	6	312	19
1	1				149	2
		-19	-19		4	

4-5-1 限额以上住宿和餐饮业产业活动单位和个体经营户基本情况

Basic Conditions of Establishments and Getihus above Designated Size of Hotels and Catering Services

项　目	Item	单位数（个）Number of Units (unit)	年末从业人数（人）Employed Persons at Year-end (person)	年末餐饮营业面积（平方米）Business Area of Catering Services at the Year-end (sq.m)
总　计	**Total**	**37810**	**1022200**	**34418213**
一、住宿业	**Hotels**	**5546**	**292126**	**8530754**
(一)按登记注册类型分	**by Type of Registration**			
1.内资企业	**Domestic Funded Enterprises**	**1158**	**176972**	**5073377**
国有企业	State-owned Enterprises	205	23876	514447
集体企业	Collective-owned Enterprises	12	844	43559
股份合作企业	Cooperative Enterprises	7	2888	23963
联营企业	Joint Ownership Enterprises	5	398	6234
国有联营企业	State Joint Ownership Enterprises	NA	33	2000
集体联营企业	Collective Joint Ownership Enterprises	NA	98	1500
国有与集体联营企业	Joint State-collective Enterprises			
其他联营企业	Other Joint Ownership Enterprises	NA	267	2734
有限责任公司	Limited Liability Corporations	487	81374	2438846
国有独资公司	State Sole Funded Corporations	23	4028	70434
其他有限责任公司	Other Limited Liability Corporations	464	77346	2368412
股份有限公司	Share-holding Corporations Ltd.	74	12633	336417
私营企业	Private Enterprises	317	47843	1406849
私营独资企业	Private-funded Enterprises	20	2880	61777
私营合伙企业	Private Partnership Enterprises	5	93	8061
私营有限责任公司	Private Limited Liability Corporations	277	42961	1255851
私营股份有限公司	Private Share-holding Corporations Ltd.	15	1909	81160
其他企业	Other Enterprises	51	7116	303062
2.港、澳、台商投资企业	**Enterprises with Funds from Hongkong, Macao and Taiwan**	**61**	**18090**	**514673**
合资经营企业	Joint-venture Enterprises	23	7400	167087
合作经营企业	Cooperative Enterprises	NA	698	8916
独资经营企业	Enterprises with Sole Investment	30	8509	317310
投资股份有限公司	Share-holding Corporations Ltd. with Investment	4	1165	19560
其他港澳台商投资企业	Other Enterprises with Funds from Hongkong, Macao and Taiwan	NA	318	1800
3.外商投资企业	**Foreign Funded Enterprises**	**52**	**14785**	**361892**
中外合资经营企业	Joint-venture Enterprises	17	5081	84980
中外合作经营企业	Cooperative Enterprises	5	1763	18047
外资企业	Enterprises with Sole Foreign Investment	20	4894	215237
外商投资股份有限公司	Share-holding Corporations Ltd. With	NA	787	11830
	Foreign Investment	7	2260	31798
其他外商投资企业	Other Foreign Funded Enterprises			
4.个体经营户	**Getihus**	**4275**	**82279**	**2580812**
(二)按国民经济行业分	**by Sector**			
旅游饭店	Tourist Hotel	2081	217284	6295006
一般旅馆	Fonda	2967	62208	1914065
民宿服务	Home Lodging Services	158	1816	52377
露营地服务	Campground Services			
其他住宿业	Others	339	10525	267382

4-5-1 续表 Continued

项 目	Item	法人单位数(个) Number of Units (unit)	年末从业人数(人) Employed Persons at Year-end (person)	年末餐饮营业面积(平方米) Business Area of Catering Services at Year-end (sq.m)
二、餐饮业	**Catering Services**	**32264**	**730074**	**25887459**
(一)按登记注册类型分	**by Type of Registration**			
1.内资企业	**Domestic Funded Enterprises**	**602**	**63787**	**2332751**
国有企业	State-owned Enterprises	97	11387	322248
集体企业	Collective-owned Enterprises	23	1456	49918
股份合作企业	Cooperative Enterprises	NA	46	510
联营企业	Joint Ownership Enterprises	NA	211	4900
国有联营企业	State Joint Ownership Enterprises	NA	176	3600
集体联营企业	Collective Joint Ownership Enterprises			
国有与集体联营企业	Joint State-collective Enterprises			
其他联营企业	Other Joint Ownership Enterprises	NA	35	1300
有限责任公司	Limited Liability Corporations	191	23304	942843
国有独资公司	State Sole Funded Corporations	7	596	56100
其他有限责任公司	Other Limited Liability Corporations	184	22708	886743
股份有限公司	Share-holding Corporations Ltd.	29	4586	202922
私营企业	Private Enterprises	201	17576	544856
私营独资企业	Private-funded Enterprises	39	2626	131237
私营合伙企业	Private Partnership Enterprises	8	428	13434
私营有限责任公司	Private Limited Liability Corporations	146	13704	392124
私营股份有限公司	Private Share-holding Corporations Ltd.	8	818	8061
其他企业	Other Enterprises	56	5221	264554
2.港、澳、台商投资企业	**Enterprises with Funds from Hongkong, Macao and Taiwan**	**19**	**3839**	**65411**
合资经营企业	Joint-venture Enterprises	4	787	23000
合作经营企业	Cooperative Enterprises			
独资经营企业	Enterprises with Sole Investment	12	2596	38570
投资股份有限公司	Share-holding Corporations Ltd. with Investment			
其他港澳台商投资企业	Other Enterprises with Funds from Hongkong, Macao and Taiwan	NA	456	3841
3.外商投资企业	**Foreign Funded Enterprises**	**36**	**18616**	**142438**
中外合资经营企业	Joint-venture Enterprises	NA	302	19299
中外合作经营企业	Cooperative Enterprises	NA	9139	4088
外资企业	Enterprises with Sole Foreign Investment	25	8565	97042
外商投资股份有限公司	Share-holding Corporations Ltd. with Foreign Investment	4	564	12639
其他外商投资企业	Other Foreign Funded Enterprises	NA	46	9370
4.个体经营户	**Getihus**	**31607**	**643832**	**23346859**
(二)按国民经济行业分	**by Sector**			
正餐服务	Dinner	30368	678671	24775832
快餐服务	Snack	1076	32485	607978
饮料及冷饮服务	Beverage and Cold Drink	217	9390	188398
餐饮配送及外卖送餐服务	Catering Distribution and Delivery Service	23	696	18409
其他餐饮业	Others	566	8395	287366

4-5-2 各地区限额以上住宿和餐饮业产业活动单位和个体经营户基本情况

Basic Conditions of Establishments and Getihus above Designated Size of Hotels and Catering Services by Region

地区	Region	住宿业 Hotels 单位数(个) Number of Units (unit)	住宿业 Hotels 年末从业人数(人) Employed Persons at Year-end (person)
全国	**National Total**	**5546**	**292126**
北京	Beijing	112	21903
天津	Tianjin	22	3323
河北	Hebei	80	7732
山西	Shanxi	63	5322
内蒙古	Inner Mongolia	105	3587
辽宁	Liaoning	143	15358
吉林	Jilin	105	5399
黑龙江	Heilongjiang	133	3475
上海	Shanghai	43	12569
江苏	Jiangsu	350	23670
浙江	Zhejiang	277	19757
安徽	Anhui	236	12150
福建	Fujian	120	8181
江西	Jiangxi	194	8797
山东	Shandong	409	11296
河南	Henan	592	13793
湖北	Hubei	255	8155
湖南	Hunan	281	9988
广东	Guangdong	301	18749
广西	Guangxi	240	6557
海南	Hainan	32	1045
重庆	Chongqing	242	9265
四川	Sichuan	351	19996
贵州	Guizhou	165	7498
云南	Yunnan	280	11361
西藏	Tibet	8	365
陕西	Shaanxi	113	8653
甘肃	Gansu	36	1241
青海	Qinghai	11	1117
宁夏	Ningxia	21	2305
新疆	Xinjiang	226	9519

4-5-2 续表 continued

地　区	Region	餐饮业 Catering Services 单位数(个) Number of Units (unit)	餐饮业 Catering Services 年末从业人数(人) Employed Persons at Year-end (person)
全　国	**National Total**	**32264**	**730074**
北　京	Beijing	63	3069
天　津	Tianjin	108	3832
河　北	Hebei	404	13103
山　西	Shanxi	445	13673
内蒙古	Inner Mongolia	403	13577
辽　宁	Liaoning	1143	24598
吉　林	Jilin	557	10919
黑龙江	Heilongjiang	627	12136
上　海	Shanghai	5	9474
江　苏	Jiangsu	3394	72895
浙　江	Zhejiang	1376	34915
安　徽	Anhui	2074	42209
福　建	Fujian	1251	22305
江　西	Jiangxi	1068	26900
山　东	Shandong	3515	56051
河　南	Henan	3304	59691
湖　北	Hubei	1781	36938
湖　南	Hunan	1233	32087
广　东	Guangdong	1657	49982
广　西	Guangxi	932	25631
海　南	Hainan	98	3942
重　庆	Chongqing	2489	43358
四　川	Sichuan	1991	53162
贵　州	Guizhou	424	12206
云　南	Yunnan	619	14779
西　藏	Tibet	14	401
陕　西	Shaanxi	405	12651
甘　肃	Gansu	142	5181
青　海	Qinghai	8	435
宁　夏	Ningxia	101	2790
新　疆	Xinjiang	633	17184

4-5-3 限额以上住宿和餐饮业产业活动单位和个体经营户经营情况

项　目	Item	营业额 Business Revenue	客房收入 from Hotel Rooms
总　计	**Total**	**31382515**	**5962796**
一、住宿业	**Hotels**	**8507222**	**5025565**
(一)按登记注册类型分	**by Type of Registration**		
1.内资企业	**Domestic Funded Enterprises**	**4749508**	**2553022**
国有企业	State-owned Enterprises	567121	292520
集体企业	Collective-owned Enterprises	20847	8828
股份合作企业	Cooperative Enterprises	55028	27701
联营企业	Joint Ownership Enterprises	14208	7295
国有联营企业	State Joint Ownership Enterprises	4769	2956
集体联营企业	Collective Joint Ownership Enterprises	1022	657
国有与集体联营企业	Joint State-collective Enterprises		
其他联营企业	Other Joint Ownership Enterprises	8417	3682
有限责任公司	Limited Liability Corporations	2269676	1220277
国有独资公司	State Sole Funded Corporations	106621	61054
其他有限责任公司	Other Limited Liability Corporations	2163054	1159223
股份有限公司	Share-holding Corporations Ltd.	350159	206220
私营企业	Private Enterprises	1300518	695761
私营独资企业	Private-funded Enterprises	81761	35173
私营合伙企业	Private Partnership Enterprises	3378	2639
私营有限责任公司	Private Limited Liability Corporations	1165852	631344
私营股份有限公司	Private Share-holding Corporations Ltd.	49527	26606
其他企业	Other Enterprises	171952	94420
2.港、澳、台商投资企业	**Enterprises with Funds from Hongkong, Macao and Taiwan**	**696392**	**377539**
合资经营企业	Joint-venture Enterprises	254571	129131
合作经营企业	Cooperative Enterprises	44790	29477
独资经营企业	Enterprises with Sole Investment	352635	193508
投资股份有限公司	Share-holding Corporations Ltd. with Investment	29220	15472
其他港澳台商投资企业	Other Enterprises with Funds from Hongkong, Macao and Taiwan	15176	9951
3.外商投资企业	**Foreign Funded Enterprises**	**551308**	**276192**
中外合资经营企业	Joint-venture Enterprises	199663	99233
中外合作经营企业	Cooperative Enterprises	75816	37614
外资企业	Enterprises with Sole Foreign Investment	160967	91895
外商投资股份有限公司	Share-holding Corporations Ltd. With Foreign Investment	26120	14041
其他外商投资企业	Other Foreign Funded Enterprises	88742	33409
4.个体经营户	**Getihus**	**2510014**	**1818812**
(二)按国民经济行业分	**by Sector**		
旅游饭店	Tourist Hotel	6257269	3409634
一般旅馆	Fonda	1794576	1308240
民宿服务	Home Lodging Services	78156	63501
露营地服务	Campground Services		
其他住宿业	Others	359243	232302

Business of Establishments and Getihus above Designated Size of Hotels and Catering Services

单位：万元
Unit: 10 000 yuan

餐费收入 from Meals	商品销售额 from Commodities	其他收入 Others	客房数（间） Hotel Rooms (unit)	床位数（个） Hotel Beds (unit)	餐位数（位） Seats for Meal (unit)
23678060	**1191723**	**549934**	**695318**	**1171670**	**8371252**
2901420	**182123**	**398113**	**555580**	**929288**	**1026968**
1836409	**78963**	**281114**	**263308**	**426110**	**595286**
205321	18781	50499	33278	53971	82714
9062	225	2733	889	1463	3885
23630	63	3634	3868	5451	6310
5611	8	1295	688	1061	998
1813			25	50	100
365			115	196	500
3433	8	1295	548	815	398
878246	19198	151955	121884	195212	279544
35582	535	9450	5249	8135	9538
842663	18663	142505	116635	187077	270006
105366	22076	16497	16159	29004	32890
538637	16300	49820	66025	103734	157970
35013	4994	6581	2838	4754	7991
656	63	21	472	706	608
482217	10733	41559	59838	93622	143116
20752	510	1659	2877	4652	6255
70538	2313	4682	20517	36214	30975
277588	**7665**	**33600**	**19197**	**27022**	**42221**
102125	5712	17603	7691	10431	17317
13518		1795	1308	1669	952
146479	1196	11451	8900	12951	20034
10738	699	2312	839	1256	3147
4728	58	439	459	715	771
233298	**3643**	**38176**	**15621**	**21994**	**28539**
82509	1775	16146	5213	7603	8711
34993	237	2972	1627	2038	2639
63328	1277	4468	5810	8043	11112
11000	231	848	1038	1441	1268
41467	124	13742	1933	2869	4809
554126	**91852**	**45223**	**257454**	**454162**	**360922**
2390592	120208	336835	332056	539940	741565
392683	52842	40811	194366	338756	238733
13065	1317	273	4631	8310	5727
99739	7756	19446	24137	41760	40609

项　目	Item	营业额 Business Revenue	客房收入 from Hotel Rooms
二、餐饮业	**Catering Services**	**22875293**	**937231**
(一)按登记注册类型分	**by Type of Registration**		
1.内资企业	**Domestic Funded Enterprises**	**1523912**	**390571**
国有企业	State-owned Enterprises	223021	42020
集体企业	Collective-owned Enterprises	65567	20508
股份合作企业	Cooperative Enterprises	3738	724
联营企业	Joint Ownership Enterprises	7128	898
国有联营企业	State Joint Ownership Enterprises	6693	898
集体联营企业	Collective Joint Ownership Enterprises		
国有与集体联营企业	Joint State-collective Enterprises		
其他联营企业	Other Joint Ownership Enterprises	435	
有限责任公司	Limited Liability Corporations	528785	186167
国有独资公司	State Sole Funded Corporations	15735	5780
其他有限责任公司	Other Limited Liability Corporations	513050	180387
股份有限公司	Share-holding Corporations Ltd.	125779	19212
私营企业	Private Enterprises	416847	91916
私营独资企业	Private-funded Enterprises	79731	11054
私营合伙企业	Private Partnership Enterprises	16381	407
私营有限责任公司	Private Limited Liability Corporations	293155	74730
私营股份有限公司	Private Share-holding Corporations Ltd.	27580	5725
其他内资企业	Other Domestic Funded Enterprises	153048	29126
2.港、澳、台商投资企业	**Enterprises with Funds from Hongkong, Macao and Taiwan**	**121589**	**22044**
合资经营企业	Joint-venture Enterprises	38181	9989
合作经营企业	Cooperative Enterprises		
独资经营企业	Enterprises with Sole Investment	74222	8023
投资股份有限公司	Share-holding Corporations Ltd. with Investment		
其他港澳台商投资企业	Other Enterprises with Funds from Hongkong, Macao and Taiwan	9186	4032
3.外商投资企业	**Foreign Funded Enterprises**	**365426**	**16878**
中外合资经营企业	Joint-venture Enterprises	8623	2367
中外合作经营企业	Cooperative Enterprises	106379	
外资企业	Enterprises with Sole Foreign Investment	236881	11724
外商投资股份有限公司	Share-holding Corporations Ltd. With Foreign Investment	12939	2451
其他外商投资企业	Other Foreign Funded Enterprises	604	336
4.个体经营户	**Getihus**	**20864366**	**507737**
(二)按国民经济行业分	**by Sector**		
正餐服务	Restaurant	21351383	919794
快餐服务	Snack Counter	837320	6271
饮料及冷饮服务	Beverage and Cold Drink	337917	506
餐饮配送及外卖送餐服务	Catering Distribution and Delivery Service	19878	110
其他餐饮业	Others	319048	7628

单位：万元

Unit: 10 000 yuan

餐费收入 from Meals	商品销售额 from Commodities	其他收入 Others	客房数 (间) Hotel Rooms (unit)	床位数 (个) Hotel Beds (unit)	餐位数 (位) Seats for Meal (unit)
20776641	**1009600**	**151821**	**139738**	**242382**	**7344284**
1023625	**45447**	**64269**	**50893**	**82553**	**440203**
158157	8943	13901	5623	9368	109542
42672	1964	423	1599	3000	15528
2983	32		50	110	452
6163	67		240	910	1760
5728	67		240	910	1500
435					260
309450	12750	20419	24498	38630	112068
7724	774	1457	656	978	3808
301726	11975	18962	23842	37652	108260
89377	1117	16073	1917	3105	36529
305659	11624	7648	13841	21995	117072
60877	6583	1217	2015	3425	21350
15101	809	64	120	200	3112
209593	3489	5342	10865	16742	89319
20087	743	1025	841	1628	3291
109164	8952	5806	3125	5435	47252
85714	**11950**	**1881**	**2080**	**3335**	**10161**
21481	5723	989	481	821	3000
59289	6207	703	953	1433	5922
4943	20	190	646	1081	1239
333924	**13688**	**937**	**1468**	**2155**	**31548**
6089		167	172	327	1103
106379					6776
211014	13660	483	962	1324	21983
10221	11	256	284	423	1536
220	16	31	50	81	150
19333379	**938516**	**84734**	**85297**	**154339**	**6862372**
19362139	935706	133744	137608	238415	7022708
789167	26921	14962	637	1228	198950
310669	25735	1006	43	95	40604
18777	560	430	64	85	3213
289362	20565	1492	1007	1852	75687

4-5-4 各地区限额以上住宿业产业活动单位和个体经营户经营情况

Business of Establishments and Getihus above Designated Size of Hotels by Region

单位：万元

Unit: 10 000 yuan

地区	Region	营业额 Business Revenue	客房收入 from Hotel Rooms	餐费收入 from Meals	商品销售额 from Commodities	其他收入 Others
全国	**National Total**	**8507222**	**5025564**	**2901420**	**182123**	**398113**
北京	Beijing	983118	579627	314321	4454	84716
天津	Tianjin	101042	58713	36323	258	5747
河北	Hebei	122116	55100	53574	5162	8281
山西	Shanxi	75927	34975	34136	892	5924
内蒙古	Inner Mongolia	77540	46760	29206	281	1293
辽宁	Liaoning	333141	169975	135901	7591	19674
吉林	Jilin	111871	66367	34568	1063	9874
黑龙江	Heilongjiang	172683	114703	31108	9217	17655
上海	Shanghai	624964	352385	226856	2141	43581
江苏	Jiangsu	757854	451317	263921	17360	25256
浙江	Zhejiang	602814	315966	245057	5021	36769
安徽	Anhui	276130	159740	92606	12643	11141
福建	Fujian	245851	128309	106664	2770	8108
江西	Jiangxi	260668	138809	101320	12198	8341
山东	Shandong	355914	224827	111848	8945	10295
河南	Henan	429846	299009	115882	10010	4945
湖北	Hubei	322238	190212	112282	11006	8738
湖南	Hunan	280923	174271	90470	9387	6794
广东	Guangdong	575764	368481	181495	6980	18808
广西	Guangxi	100903	81568	17174	1007	1155
海南	Hainan	23127	12942	9220	618	347
重庆	Chongqing	297407	190586	91352	5807	9661
四川	Sichuan	527934	301173	183660	24861	18240
贵州	Guizhou	157583	104623	46396	2599	3964
云南	Yunnan	240942	166523	62758	2852	8809
西藏	Tibet	6415	4104	2188	10	113
陕西	Shaanxi	186250	86709	79445	13530	6566
甘肃	Gansu	17303	12057	4746	204	296
青海	Qinghai	16899	8862	5582		2455
宁夏	Ningxia	39226	19245	16993	466	2522
新疆	Xinjiang	182826	107626	64368	2788	8044

4-5-5 各地区限额以上餐饮业产业活动单位和个体经营户经营情况

Business of Establishments and Getihus above Designated Size of Catering Services by Region

单位：万元

Unit: 10 000 yuan

地区	Region	营业额 Business Revenue	客房收入 from Hotel Rooms	餐费收入 from Meals	商品销售额 from Commodities	其他收入 Others
全国	**National Total**	**22875293**	**937231**	**20776641**	**1009600**	**151821**
北京	Beijing	81899	1847	78699	235	1119
天津	Tianjin	99695	608	89824	6687	2576
河北	Hebei	270584	19252	238351	10284	2696
山西	Shanxi	223178	24370	188064	6935	3809
内蒙古	Inner Mongolia	220367	22117	192582	3750	1918
辽宁	Liaoning	489786	13445	459548	13853	2940
吉林	Jilin	310084	18714	280296	9656	1418
黑龙江	Heilongjiang	389223	8295	324080	39517	17331
上海	Shanghai	108362	4352	102509	385	1116
江苏	Jiangsu	3356191	151090	2942440	233317	29343
浙江	Zhejiang	883495	68764	785461	21685	7585
安徽	Anhui	1322369	43457	1237972	35582	5358
福建	Fujian	948305	15868	913529	17093	1814
江西	Jiangxi	649355	17893	575804	53731	1927
山东	Shandong	2224628	74845	2007503	132282	9998
河南	Henan	1970961	58723	1826687	79325	6226
湖北	Hubei	2061337	108831	1857276	85670	9560
湖南	Hunan	1011034	89828	873135	41450	6621
广东	Guangdong	1095849	29939	1046532	12038	7340
广西	Guangxi	412880	7599	399667	4240	1374
海南	Hainan	90626	7182	81705	1590	149
重庆	Chongqing	1626968	23955	1540655	58409	3949
四川	Sichuan	1631531	48792	1463753	101307	17680
贵州	Guizhou	215769	2302	210267	2648	552
云南	Yunnan	332019	4406	317798	8805	1010
西藏	Tibet	6103	340	5762		
陕西	Shaanxi	324714	32726	270435	18546	3006
甘肃	Gansu	77597	4621	70672	1328	975
青海	Qinghai	4043	337	3697		9
宁夏	Ningxia	46875	255	45951	430	239
新疆	Xinjiang	389467	32479	345983	8823	2182

4-6-1 大中型住宿和餐饮业企业基本情况
Basic Conditions of Large and Medium-sized Enterprises Hotels and Catering Services above Designated Size

项　目	Item	法人单位数 (个) Number of Corporation Enterprises (unit)	年末从业人数 (人) Employed Persons at Year-end (person)	年末餐饮营业面积 (平方米) Business Area of Catering Services at Year-end (sq.m)
总　计	**Total**	**6666**	**2438786**	**34957631**
一、住宿业	**Hotels**	**3831**	**1001900**	**16085196**
#国有控股	State-controlled Enterprises	1106	311954	4073204
(一)按登记注册类型分	**by Type of Registration**			
1.内资企业	**Domestic Funded Enterprises**	**3390**	**850040**	**14168525**
国有企业	State-owned Enterprises	342	93963	1152521
集体企业	Collective-owned Enterprises	30	6954	102434
股份合作企业	Cooperative Enterprises	5	1081	9829
联营企业	Joint Ownership Enterprises	5	1412	15850
国有联营企业	State Joint Ownership Enterprises	4	1291	11850
集体联营企业	Collective Joint Ownership Enterprises			
国有与集体联营企业	Joint State-collective Enterprises			
其他联营企业	Other Joint Ownership Enterprises	NA	121	4000
有限责任公司	Limited Liability Corporations	1735	456719	7091941
国有独资公司	State Sole Funded Corporations	205	59532	809888
其他有限责任公司	Other Limited Liability Corporations	1530	397187	6282053
股份有限公司	Share-holding Corporations Ltd.	124	38991	523590
私营企业	Private Enterprises	1147	250512	5269219
私营独资企业	Private-funded Enterprises	22	4641	97925
私营合伙企业	Private Partnership Enterprises	7	1366	34584
私营有限责任公司	Private Limited Liability Corporations	1079	237887	4984207
私营股份有限公司	Private Share-holding Corporations Ltd.	39	6618	152503
其他企业	Other Enterprises	NA	408	3141
2.港、澳、台商投资企业	**Enterprises with Funds from Hongkong, Macao and Taiwan**	**293**	**99464**	**1319859**
合资经营企业	Joint-venture Enterprises	124	42675	520038
合作经营企业	Cooperative Enterprises	29	9915	83800
独资经营企业	Enterprises with Sole Investment	132	43820	679876
投资股份有限公司	Share-holding Corporations Ltd. with Investment	6	2442	30588
其他港澳台商投资企业	Other Enterprises with Funds from Hongkong, Macao and Taiwan	NA	612	5557
3.外商投资企业	**Foreign Funded Enterprises**	**148**	**52396**	**596812**
中外合资经营企业	Joint-venture Enterprises	63	22989	231348
中外合作经营企业	Cooperative Enterprises	16	7525	71164
外资企业	Enterprises with Sole Foreign Investment	60	19216	268731
外商投资股份有限公司	Share-holding Corporations Ltd. with Foreign Investment	NA	755	5262
其他外商投资企业	Other Foreign Funded Enterprises	6	1911	20307
(二)按国民经济行业分	**by Sector**			
旅游饭店	Tourist Hotel	3336	890351	14135567
一般旅馆	Fonda	434	96901	1698414
民宿服务	Home Lodging Services	NA	1043	8069
露营地服务	Campground Services			
其他住宿业	Others	59	13605	243146

项 目	Item	法人单位数(个) Number of Corporation Enterprises (unit)	年末从业人数(人) Employed Persons at Year-end (person)	年末餐饮营业面积(平方米) Business Area of Catering Services at the Year-end (sq.m)
二、餐饮业	**Catering Services**	**2835**	**1436886**	**18872435**
#国有控股	State-controlled Enterprises	219	81479	1328067
(一)按登记注册类型分	**by Type of Registration**			
1.内资企业	**Domestic Funded Enterprises**	**2417**	**790613**	**12751569**
国有企业	State-owned Enterprises	51	13166	180879
集体企业	Collective-owned Enterprises	7	1754	25261
股份合作企业	Cooperative Enterprises	7	2726	47963
联营企业	Joint Ownership Enterprises	NA	160	5000
国有联营企业	State Joint Ownership Enterprises			
集体联营企业	Collective Joint Ownership Enterprises	NA	160	5000
国有与集体联营企业	Joint State-collective Enterprises			
其他联营企业	Other Joint Ownership Enterprises			
有限责任公司	Limited Liability Corporations	831	302186	4603158
国有独资公司	State Sole Funded Corporations	39	15751	216434
其他有限责任公司	Other Limited Liability Corporations	792	286435	4386724
股份有限公司	Share-holding Corporations Ltd.	64	41019	628130
私营企业	Private Enterprises	1452	428338	7210178
私营独资企业	Private-funded Enterprises	44	7734	137340
私营合伙企业	Private Partnership Enterprises	20	3088	93497
私营有限责任公司	Private Limited Liability Corporations	1357	404162	6794182
私营股份有限公司	Private Share-holding Corporations Ltd.	31	13354	185159
其他企业	Other Enterprises	4	1264	51000
2.港、澳、台商投资企业	**Enterprises with Funds from Hongkong, Macao and Taiwan**	**285**	**279116**	**2934551**
合资经营企业	Joint-venture Enterprises	48	50744	486330
合作经营企业	Cooperative Enterprises	9	3989	54414
独资经营企业	Enterprises with Sole Investment	225	223328	2356477
投资股份有限公司	Share-holding Corporations Ltd. with Investment	NA	849	35261
其他港澳台商投资企业	Other Enterprises with Funds from Hongkong, Macao and Taiwan	NA	206	2069
3.外商投资企业	**Foreign Funded Enterprises**	**133**	**367157**	**3186315**
中外合资经营企业	Joint-venture Enterprises	17	86731	679155
中外合作经营企业	Cooperative Enterprises	NA	470	16040
外资企业	Enterprises with Sole Foreign Investment	105	265609	2318395
外商投资股份有限公司	Share-holding Corporations Ltd. with Foreign Investment	NA	781	7120
其他外商投资企业	Other Foreign Funded Enterprises	6	13566	165605
(二)按国民经济行业分	**by Sector**			
正餐服务	Dinner	2328	751865	12875922
快餐服务	Snack	297	514014	4815872
饮料及冷饮服务	Beverage and Cold Drink	41	74788	597908
餐饮配送及外卖送餐服务	Catering Distribution and Delivery Service	106	46517	261254
其他餐饮业	Others	63	49702	321479

4-6-2 各地区大中型住宿业企业基本情况

Basic Conditions of Large and Medium-sized Enterprises of Hotels and Catering Services by Region

地区	Region	住宿业 Hotels		餐饮业 Catering Services	
		法人单位数（个）Number of Corporation Enterprises (unit)	年末从业人数（人）Employed Persons at Year-end (person)	法人单位数（个）Number of Corporation Enterprises (unit)	年末从业人数（人）Employed Persons at Year-end (person)
全　国	**National Total**	**3831**	**1001900**	**2835**	**1436886**
北　京	Beijing	317	87776	277	217886
天　津	Tianjin	46	10491	51	38447
河　北	Hebei	85	23487	37	9746
山　西	Shanxi	40	12564	47	16764
内蒙古	Inner Mongolia	37	8690	41	12122
辽　宁	Liaoning	72	19491	40	16524
吉　林	Jilin	35	8333	6	2037
黑龙江	Heilongjiang	27	7607	4	1767
上　海	Shanghai	187	54106	295	222089
江　苏	Jiangsu	282	67576	291	135226
浙　江	Zhejiang	353	90621	230	88023
安　徽	Anhui	93	20492	75	43478
福　建	Fujian	215	53742	98	46436
江　西	Jiangxi	74	15953	29	8637
山　东	Shandong	188	51947	161	51227
河　南	Henan	116	28046	39	14040
湖　北	Hubei	114	25322	116	54232
湖　南	Hunan	168	40259	74	30903
广　东	Guangdong	522	156045	509	254621
广　西	Guangxi	83	22392	34	17205
海　南	Hainan	123	42663	8	3026
重　庆	Chongqing	95	21538	62	30044
四　川	Sichuan	146	33409	113	51499
贵　州	Guizhou	58	12226	27	6580
云　南	Yunnan	102	26331	33	12965
西　藏	Tibet	9	1852	NA	148
陕　西	Shaanxi	138	33862	85	36708
甘　肃	Gansu	42	9837	21	6416
青　海	Qinghai	10	2537	5	1032
宁　夏	Ningxia	9	2170	6	1359
新　疆	Xinjiang	45	10535	20	5699

4-7-1 大中型住宿和餐饮业企业经营情况

Business of Large and Medium-sized Enterprises of Hotels and Catering Services

单位：万元

Unit: 10 000 yuan

项　目	Item	营业额 Business Revenue	客房收入 from Hotel Rooms
总　计	**Total**	**60215483**	**13182004**
一、住宿业	**Hotels**	**25602981**	**11727142**
#国有控股	State-controlled Enterprises	7973840	3519124
(一)按登记注册类型分	**by Type of Registration**		
1.内资企业	**Domestic Funded Enterprises**	**20564646**	**9294714**
国有企业	State-owned Enterprises	2075497	852323
集体企业	Collective-owned Enterprises	171250	65240
股份合作企业	Cooperative Enterprises	38270	11494
联营企业	Joint Ownership Enterprises	22094	12531
国有联营企业	State Joint Ownership Enterprises	18833	11203
集体联营企业	Collective Joint Ownership Enterprises		
国有与集体联营企业	Joint State-collective Enterprises		
其他联营企业	Other Joint Ownership Enterprises	3262	1327
有限责任公司	Limited Liability Corporations	11540299	5326955
国有独资公司	State Sole Funded Corporations	1382579	608602
其他有限责任公司	Other Limited Liability Corporations	10157720	4718353
股份有限公司	Share-holding Corporations Ltd.	916193	384936
私营企业	Private Enterprises	5792267	2635395
私营独资企业	Private-funded Enterprises	101640	42859
私营合伙企业	Private Partnership Enterprises	23857	8300
私营有限责任公司	Private Limited Liability Corporations	5483196	2502781
私营股份有限公司	Private Share-holding Corporations Ltd.	183574	81454
其他企业	Other Enterprises	8775	5841
2.港、澳、台商投资企业	**Enterprises with Funds from Hongkong, Macao and Taiwan**	**3250468**	**1585589**
合资经营企业	Joint-venture Enterprises	1372666	678083
合作经营企业	Cooperative Enterprises	396459	194221
独资经营企业	Enterprises with Sole Investment	1399838	674049
投资股份有限公司	Share-holding Corporations Ltd. with Investment	69759	34852
其他港澳台商投资企业	Other Enterprises with Funds from Hongkong, Macao and Taiwan	11746	4384
3.外商投资企业	**Foreign Funded Enterprises**	**1787867**	**846839**
中外合资经营企业	Joint-venture Enterprises	806143	353151
中外合作经营企业	Cooperative Enterprises	279671	123982
外资企业	Enterprises with Sole Foreign Investment	594205	314966
外商投资股份有限公司	Share-holding Corporations Ltd. with Foreign Investment	29762	17708
其他外商投资企业	Other Foreign Funded Enterprises	78087	37032
(二)按国民经济行业分	**by Sector**		
旅游饭店	Tourist Hotel	22976295	10292798
一般旅馆	Fonda	2287951	1272277
民宿服务	Home Lodging Services	15689	6303
露营地服务	Campground Services		
其他住宿业	Others	323046	155763

注：部分数据合计数由于单位取舍不同而产生的计算误差，未做机械调整(下表同)。

Note: Statistical discrepancies on total figures due to rounding are not adjusted. The same applies to the tables following.

项 目	Item	餐费收入 from Meals	商品销售额 from Commodities
总 计	**Total**	**41100744**	**1736685**
一、住宿业	**Hotels**	**9946504**	**587366**
#国有控股	State-controlled Enterprises	2817060	239124
(一)按登记注册类型分	**by Type of Registration**		
1.内资企业	**Domestic Funded Enterprises**	**8224355**	**473091**
国有企业	State-owned Enterprises	772118	59877
集体企业	Collective-owned Enterprises	63369	4716
股份合作企业	Cooperative Enterprises	18636	396
联营企业	Joint Ownership Enterprises	8415	241
国有联营企业	State Joint Ownership Enterprises	6481	241
集体联营企业	Collective Joint Ownership Enterprises		
国有与集体联营企业	Joint State-collective Enterprises		
其他联营企业	Other Joint Ownership Enterprises	1934	
有限责任公司	Limited Liability Corporations	4404949	231735
国有独资公司	State Sole Funded Corporations	519281	20626
其他有限责任公司	Other Limited Liability Corporations	3885668	211108
股份有限公司	Share-holding Corporations Ltd.	325927	56734
私营企业	Private Enterprises	2629518	119394
私营独资企业	Private-funded Enterprises	42885	1924
私营合伙企业	Private Partnership Enterprises	14013	176
私营有限责任公司	Private Limited Liability Corporations	2485123	113662
私营股份有限公司	Private Share-holding Corporations Ltd.	87496	3631
其他企业	Other Enterprises	1423	
2.港、澳、台商投资企业	**Enterprises with Funds from Hongkong, Macao and Taiwan**	**1121526**	**51480**
合资经营企业	Joint-venture Enterprises	443530	21091
合作经营企业	Cooperative Enterprises	130235	9365
独资经营企业	Enterprises with Sole Investment	511248	20613
投资股份有限公司	Share-holding Corporations Ltd. with Investment	31592	374
其他港澳台商投资企业	Other Enterprises with Funds from Hongkong, Macao and Taiwan	4921	37
3.外商投资企业	**Foreign Funded Enterprises**	**600622**	**62795**
中外合资经营企业	Joint-venture Enterprises	290042	9278
中外合作经营企业	Cooperative Enterprises	68153	39279
外资企业	Enterprises with Sole Foreign Investment	197598	13325
外商投资股份有限公司	Share-holding Corporations Ltd. with Foreign Investment	9090	289
其他外商投资企业	Other Foreign Funded Enterprises	35740	624
(二)按国民经济行业分	**by Sector**		
旅游饭店	Tourist Hotel	9091318	547621
一般旅馆	Fonda	737762	33403
民宿服务	Home Lodging Services	5099	
露营地服务	Campground Services		
其他住宿业	Others	112325	6342

4-7-1 Continued 1

单位：万元

Unit: 10 000 yuan

其他收入 Others	客房数 (间) Hotel Rooms (unit)	床位数 (个) Hotel Beds (unit)	餐位数 (位) Seats for Meal (unit)
4196051	**1914927**	**2992149**	**11299217**
3341970	**1589003**	**2484196**	**3841149**
1398532	381723	608335	1070159
2572485	**1327355**	**2085610**	**3453360**
391179	83544	141562	247267
37926	6536	11103	24198
7745	1227	2611	2909
908	1279	1891	2403
908	1127	1675	2073
	152	216	330
1576660	672774	1051535	1846036
234070	59730	95062	191929
1342590	613044	956473	1654107
148596	42016	67893	113558
407962	519446	808241	1216515
13972	4658	7525	22671
1368	1779	2268	7274
381630	505023	785161	1158977
10992	7986	13287	27593
1510	533	774	474
491873	**194028**	**300925**	**255432**
229961	45869	81028	107518
62639	9750	15259	20351
193929	135737	200567	119291
2940	2177	3146	6772
2404	495	925	1500
277611	**67620**	**97661**	**132357**
153672	27092	41268	64955
48257	6178	9424	20955
68316	30794	41593	40382
2675	1109	1753	2865
4691	2447	3623	3200
3044558	1327901	2087065	3348461
244509	245071	371392	368673
4287	279	539	663
48616	15752	25200	123352

项　目	Item	营业额 Business Revenue	客房收入 from Hotel Rooms
二、餐饮业	**Catering Services**	**34612502**	**1454861**
#国有控股	State-controlled Enterprises	1910917	175003
(一)按登记注册类型分	**by Type of Registration**		
1.内资企业	**Domestic Funded Enterprises**	**18593392**	**1390372**
国有企业	State-owned Enterprises	257246	56813
集体企业	Collective-owned Enterprises	49480	4410
股份合作企业	Cooperative Enterprises	79050	2755
联营企业	Joint Ownership Enterprises	6511	
国有联营企业	State Joint Ownership Enterprises		
集体联营企业	Collective Joint Ownership Enterprises	6511	
国有与集体联营企业	Joint State-collective Enterprises		
其他联营企业	Other Joint Ownership Enterprises		
有限责任公司	Limited Liability Corporations	7167206	569130
国有独资公司	State Sole Funded Corporations	344130	38511
其他有限责任公司	Other Limited Liability Corporations	6823077	530619
股份有限公司	Share-holding Corporations Ltd.	1012953	41544
私营企业	Private Enterprises	9997156	714759
私营独资企业	Private-funded Enterprises	200622	9389
私营合伙企业	Private Partnership Enterprises	70261	2435
私营有限责任公司	Private Limited Liability Corporations	9348761	677638
私营股份有限公司	Private Share-holding Corporations Ltd.	377513	25297
其他企业	Other Enterprises	23790	962
2.港、澳、台商投资企业	**Enterprises with Funds from Hongkong, Macao and Taiwan**	**7086733**	**45695**
合资经营企业	Joint-venture Enterprises	1270465	19255
合作经营企业	Cooperative Enterprises	117958	1077
独资经营企业	Enterprises with Sole Investment	5666229	25364
投资股份有限公司	Share-holding Corporations Ltd. with Investment	27909	
其他港澳台商投资企业	Other Enterprises with Funds from Hongkong, Macao and Taiwan	4172	
3.外商投资企业	**Foreign Funded Enterprises**	**8932377**	**18794**
中外合资经营企业	Joint-venture Enterprises	1793530	12363
中外合作经营企业	Cooperative Enterprises	21960	2228
外资企业	Enterprises with Sole Foreign Investment	6738640	1053
外商投资股份有限公司	Share-holding Corporations Ltd. with Foreign Investment	27789	3149
其他外商投资企业	Other Foreign Funded Enterprises	350457	
(二)按国民经济行业分	**by Sector**		
正餐服务	Restaurant	18059317	1452454
快餐服务	Snack	11997160	2355
饮料及冷饮服务	Beverage and Cold Drink	2563939	
餐饮配送及外卖送餐服务	Catering Distribution and Delivery Service	1093273	
其他餐饮业	Others	898814	52

4-7-1 Continued 2

单位：万元

Unit: 10 000 yuan

餐费收入 from Meals	商品销售额 from Commodities	其他收入 Others	客房数 (间) Hotel Rooms (unit)	床位数 (个) Hotel Beds (unit)	餐位数 (位) Seats for Meal (unit)
31154241	**1149319**	**854081**	**325924**	**507953**	**7458068**
1385605	195814	154495	24200	41707	520123
15782241	**814625**	**606153**	**318813**	**496169**	**5287094**
171945	6921	21568	7139	12550	75020
38084		6986	616	994	11816
62561	10619	3115	314	585	15450
3880		2631			3200
3880		2631			3200
5885032	419147	293897	167311	266761	2294167
206016	60724	38878	5006	8369	90507
5679016	358423	255019	162305	258392	2203660
857697	70230	43482	5795	9131	247416
8741803	306602	233993	137494	205824	2621525
183940	5551	1743	1949	3371	43825
67042	558	227	303	530	27196
8157790	289000	224331	133000	198049	2487278
333031	11493	7692	2242	3874	63226
21240	1106	482	144	324	18500
6666543	**286250**	**88244**	**5815**	**9740**	**939756**
1204897	12613	33700	2556	4484	203706
112622	1758	2502	386	730	12517
5318021	271511	51334	2873	4526	718147
26832	369	709			4384
4172					1002
8705457	**48443**	**159683**	**1296**	**2044**	**1231218**
1768912	139	12117	824	1327	224161
19454	262	16	45	69	2757
6558022	33882	145682	136	235	962238
8612	14160	1868	291	413	1236
350457					40826
15556202	513678	536983	322880	496618	4903507
11536256	250057	208491	2934	11115	2063373
2371326	176568	16045			247951
886443	148452	58378			90444
804014	60564	34184	110	220	152793

4-7-2 各地区大中型住宿业企业经营情况

Business of Large and Medium-sized Enterprises of Hotels by Region

单位：万元

Unit: 10 000 yuan

地 区	Region	营业额 Business Revenue	客房收入 from Hotel Rooms	餐费收入 from Meals	商品销售额 from Commodities	其他收入 Others
全 国	**National Total**	**25602981**	**11727142**	**9946504**	**587366**	**3341970**
北 京	Beijing	3240582	1635970	847293	33553	723766
天 津	Tianjin	220886	103085	78065	4075	35661
河 北	Hebei	438699	170527	199024	7847	61301
山 西	Shanxi	185551	73592	91845	1108	19006
内蒙古	Inner Mongolia	161566	70573	78856	336	11800
辽 宁	Liaoning	397377	154075	159867	6347	77087
吉 林	Jilin	153920	72841	62414	1496	17169
黑龙江	Heilongjiang	140000	63128	48998	10040	17834
上 海	Shanghai	2279262	1113682	655601	65279	444700
江 苏	Jiangsu	1715480	673835	815618	71025	155002
浙 江	Zhejiang	2381933	968586	1153177	22930	237239
安 徽	Anhui	401667	175050	183339	11014	32263
福 建	Fujian	1554632	569207	831465	55367	98592
江 西	Jiangxi	346566	155316	150678	11661	28911
山 东	Shandong	1081496	464706	472354	23766	120671
河 南	Henan	516692	222293	228047	14335	52016
湖 北	Hubei	582494	292212	217368	9325	63590
湖 南	Hunan	879586	398692	379002	26422	75470
广 东	Guangdong	4194936	1909827	1516842	96070	672197
广 西	Guangxi	449267	209653	182758	21525	35331
海 南	Hainan	1093276	684217	317418	5423	86218
重 庆	Chongqing	472406	229029	186501	13500	43375
四 川	Sichuan	801474	356670	359573	25676	59555
贵 州	Guizhou	258281	130790	97740	9764	19986
云 南	Yunnan	506947	281068	152831	20308	52740
西 藏	Tibet	40697	24267	12328	158	3945
陕 西	Shaanxi	662004	293947	304025	11217	52815
甘 肃	Gansu	169260	95930	60007	2903	10420
青 海	Qinghai	32632	15247	13339	592	3454
宁 夏	Ningxia	32914	14543	14962	230	3180
新 疆	Xinjiang	210499	104586	75167	4072	26675

4-7-3 各地区大中型餐饮业企业经营情况
Business of Large and Medium-sized Enterprises of Catering Services by Region

单位：万元
Unit: 10 000 yuan

地 区	Region	营业额 Business Revenue	客房收入 from Hotel Rooms	餐费收入 from Meals	商品销售额 from Commodities	其他收入 Others
全 国	**National Total**	**34612502**	**1454861**	**31154241**	**1149319**	**854081**
北 京	Beijing	5661931	16870	5305487	199408	140165
天 津	Tianjin	784065	27412	712777	13356	30520
河 北	Hebei	181750	29886	120196	5312	26356
山 西	Shanxi	294919	32501	250220	6022	6175
内蒙古	Inner Mongolia	344125	32950	303239	980	6956
辽 宁	Liaoning	800996	17450	771255	3863	8428
吉 林	Jilin	46303	8862	34515	883	2042
黑龙江	Heilongjiang	38408	1589	35175	1623	21
上 海	Shanghai	5882120	37703	5705236	63050	76132
江 苏	Jiangsu	2962861	250584	2513300	97214	101763
浙 江	Zhejiang	2412416	220919	2046660	69173	75663
安 徽	Anhui	788262	83996	619709	64025	20532
福 建	Fujian	1084217	33970	1016979	18073	15194
江 西	Jiangxi	207688	22620	177892	3059	4118
山 东	Shandong	1152438	164449	921231	28089	38669
河 南	Henan	273700	15427	233375	7118	17779
湖 北	Hubei	1415222	104886	1199343	82481	28513
湖 南	Hunan	622890	55291	550676	7671	9251
广 东	Guangdong	6016502	131841	5412688	314617	157355
广 西	Guangxi	289672	6702	253730	22838	6403
海 南	Hainan	78411	30	76740	813	828
重 庆	Chongqing	639717	19155	580156	33275	7131
四 川	Sichuan	1048790	53117	942941	33861	18872
贵 州	Guizhou	110745	7948	96752	1759	4286
云 南	Yunnan	313584	8519	270080	19103	15883
西 藏	Tibet	5261		5261		
陕 西	Shaanxi	883201	43980	759773	50418	29030
甘 肃	Gansu	109632	13746	92452	772	2663
青 海	Qinghai	14088	2080	11934		74
宁 夏	Ningxia	24499	4596	19721	117	66
新 疆	Xinjiang	124091	5784	114745	346	3216

4-8-1 大中型住宿和餐饮业企业年末资产负债

项目	Item	流动资产合计 Total Current Assets	#存货 Stock	固定资产原价 Original Value of Fixed Assets
总计	**Total**	**50902049**	**3118645**	**74854641**
一、住宿业	**Hotels**	**37407164**	**2293939**	**61206831**
#国有控股	State-controlled Enterprises	8432089	284290	22525018
(一)按登记注册类型分	**by Type of Registration**			
1.内资企业	**Domestic Funded Enterprises**	**28129831**	**1608277**	**45912401**
国有企业	State-owned Enterprises	2001413	77238	6099118
集体企业	Collective-owned Enterprises	147508	4177	372443
股份合作企业	Cooperative Enterprises	34773	435	48856
联营企业	Joint Ownership Enterprises	23614	727	39377
国有联营企业	State Joint Ownership Enterprises	22838	678	39282
集体联营企业	Collective Joint Ownership Enterprises			
国有与集体联营企业	Joint State-collective Enterprises			
其他联营企业	Other Joint Ownership Enterprises	775	49	95
有限责任公司	Limited Liability Corporations	16590531	872380	28035319
国有独资公司	State Sole Funded Corporations	1593195	33481	3793383
其他有限责任公司	Other Limited Liability Corporations	14997336	838899	24241936
股份有限公司	Share-holding Corporations Ltd.	1959457	261807	2377577
私营企业	Private Enterprises	7365616	391375	8919984
私营独资企业	Private-funded Enterprises	52152	3372	112408
私营合伙企业	Private Partnership Enterprises	16264	1318	15194
私营有限责任公司	Private Limited Liability Corporations	7094742	382607	8536585
私营股份有限公司	Private Share-holding Corporations Ltd.	202458	4078	255797
其他企业	Other Enterprises	6919	137	19727
2.港、澳、台商投资企业	**Enterprises with Funds from Hongkong, Macao and Taiwan**	**5453676**	**610722**	**10454404**
合资经营企业	Joint-venture Enterprises	2576741	104153	4147134
合作经营企业	Cooperative Enterprises	450016	11184	1006597
独资经营企业	Enterprises with Sole Investment	2335690	491813	5147895
投资股份有限公司	Share-holding Corporations Ltd. with Investment	86924	2203	117749
其他港澳台商投资企业	Other Enterprises with Funds from Hongkong, Macao and Taiwan	4305	1369	35029
3.外商投资企业	**Foreign Funded Enterprises**	**3823658**	**74940**	**4840026**
中外合资经营企业	Joint-venture Enterprises	854244	35146	2000763
中外合作经营企业	Cooperative Enterprises	267060	4857	790479
外资企业	Enterprises with Sole Foreign Investment	2662085	32131	1838461
外商投资股份有限公司	Share-holding Corporations Ltd. with Foreign Investment	21436	292	96410
其他外商投资企业	Other Foreign Funded Enterprises	18834	2514	113914
(二)按国民经济行业分	**by Sector**			
旅游饭店	Tourist Hotel	33279999	2221745	57550561
一般旅馆	Fonda	3039891	57978	2951156
民宿服务	Home Lodging Services	95629	2892	70097
露营地服务	Campground Services			
其他住宿业	Others	991646	11323	635018

注：限额以上住宿和餐饮业中，因包含了视同法人单位，财务指标数据存在资产≠负债+所有者权益的问题(下表同)。

Assets and Liabilities of Large and Medium-sized of Enterprises of Hotels and Catering Services at Year-end

单位：万元

Unit: 10 000 yuan

累计折旧 Accumulated Depreciation	#本年折旧 Current Year Depreciation	资产合计 Total Assets	负债合计 Total Liabilities	所有者权益合计 Total Owners' Equities	实收资本 Paicl-up Capitals	#国家资本 State-owned Capitals	#港澳台资本 Capitals from Hongkong, Macao and Taiwan	#外商资本 Foreign Capitals
31758779	**3688540**	**123752925**	**90284422**	**33482095**	**35789766**	**8688211**	**5417783**	**2281514**
26222943	**2709482**	**94506011**	**69898156**	**24621135**	**28722391**	**8206441**	**4212943**	**1562188**
10171851	849337	28228241	15785745	12455776	10781860	7006944	151750	197537
18928679	**2139041**	**72088438**	**54304055**	**17797663**	**20412382**	**7638419**	**34505**	**52479**
2772909	232385	6766560	3160877	3605683	2192225	2013420	841	
200206	11306	369612	254752	114860	53154	822		
21017	1186	76790	61992	14798	4997	369		
25823	1342	55322	24172	31150	22672	15150		
25790	1322	54470	22454	32017	21150	15150		
34	20	851	1718	-867	1522			
11362259	1279034	43551537	32407966	11156852	13465027	5107019	31363	52444
1724337	151334	5052454	2787044	2265409	2330786	1546102		
9637921	1127700	38499083	29620921	8891442	11134241	3560916	31363	52444
885230	100010	4618455	2974540	1643915	1143826	473258		35
3643769	513185	16640160	15407386	1232774	3529693	27592	2300	
58964	4031	123950	80847	43103	42670			
8525	920	24844	9886	14959	7694			
3480283	491230	16044810	15048341	996469	3357750	27592	2300	
95997	17003	446555	268312	178243	121578			
17465	593	10003	12370	-2368	790	790		
5040307	**377731**	**14582296**	**10180895**	**4401401**	**5667509**	**269646**	**4115027**	**42602**
2272843	137225	6348581	5228693	1119888	1660748	195306	796087	21992
567375	31807	1064789	503109	561680	469334	74340	300285	20610
2137505	201514	6925975	4282835	2643141	3443968		2936090	
48370	5419	170376	115635	54740	61817		60444	
14215	1765	72576	50624	21952	31642		22122	
2253957	**192710**	**7835277**	**5413206**	**2422071**	**2642500**	**298376**	**63411**	**1467106**
1018979	61979	2926571	1743604	1182967	939930	87229	62124	304472
287246	30794	822413	648617	173796	448520	211147	1200	178434
850027	94960	3910506	2962040	948466	1142823		87	938602
57402	1901	73217	55545	17673	37843			9480
40302	3075	102570	3401	99169	73385			36119
24837826	2523389	85763579	63420199	22356659	26356425	7600185	3934053	1451189
1093104	157364	6583663	4678588	1905075	2060873	480284	261193	110999
9033	2655	367794	369400	-1605	13333	3333		
		367794						
282979	26073	1790975	1429969	361006	291760	122638	17697	

Note: Of enterprises above designated size of Hotel and Catering Services, the finicial data have the problem of total assets ≠ liabilities+total owners' equities, because some of them are regarded as entities. The same applies to the tables following.

项　目	Item	流动资产合计 Current Assets	#存货 Stock	固定资产原价 Original Value of Fixed Assets
二、餐饮业	**Catering Services**	**13494885**	**824706**	**13647810**
#国有控股	State-controlled Enterprises	1349042	66549	1631006
(一)按登记注册类型分	**by Type of Registration**			
1.内资企业	**Domestic Funded Enterprises**	**9850973**	**556565**	**9663161**
国有企业	State-owned Enterprises	158076	7255	351115
集体企业	Collective-owned Enterprises	29237	694	35775
股份合作企业	Cooperative Enterprises	69072	24931	44653
联营企业	Joint Ownership Enterprises	17017	2	15932
国有联营企业	State Joint Ownership Enterprises			
集体联营企业	Collective Joint Ownership Enterprises	17017	2	15932
国有与集体联营企业	Joint State-collective Enterprises			
其他联营企业	Other Joint Ownership Enterprises			
有限责任公司	Limited Liability Corporations	3610410	181840	4076357
国有独资公司	State Sole Funded Corporations	149381	11018	395573
其他有限责任公司	Other Limited Liability Corporations	3461029	170822	3680784
股份有限公司	Share-holding Corporations Ltd.	840329	48051	549674
私营企业	Private Enterprises	5119230	292810	4578000
私营独资企业	Private-funded Enterprises	47470	4373	106021
私营合伙企业	Private Partnership Enterprises	15920	2023	24436
私营有限责任公司	Private Limited Liability Corporations	4926874	277235	4339940
私营股份有限公司	Private Share-holding Corporations Ltd.	128966	9180	107603
其他企业	Other Enterprises	7600	982	11655
2.港、澳、台商投资企业	**Enterprises with Funds from Hongkong, Macao and Taiwan**	**2516958**	**140894**	**2269723**
合资经营企业	Joint-venture Enterprises	383668	17227	771763
合作经营企业	Cooperative Enterprises	66441	5811	38171
独资经营企业	Enterprises with Sole Investment	1977733	115993	1438898
投资股份有限公司	Share-holding Corporations Ltd. with Investment	88460	1839	20485
其他港澳台商投资企业	Other Enterprises with Funds from Hongkong, Macao and Taiwan	656	25	406
3.外商投资企业	**Foreign Funded Enterprises**	**1126954**	**127247**	**1714926**
中外合资经营企业	Joint-venture Enterprises	176023	17014	489223
中外合作经营企业	Cooperative Enterprises	4385	361	3247
外资企业	Enterprises with Sole Foreign Investment	860799	95575	1162759
外商投资股份有限公司	Share-holding Corporations Ltd. with Foreign Investment	11691	583	908
其他外商投资企业	Other Foreign Funded Enterprises	74056	13715	58789
(二)按国民经济行业分	**by Sector**			
正餐服务	Dinner	9844295	566597	10696634
快餐服务	Snack	1902492	175288	2409802
饮料及冷饮服务	Beverage and Cold Drink	1019682	41400	346656
餐饮配送及外卖送餐服务	Catering Distribution and Delivery Service	437604	20258	112429
其他餐饮业	Others	290812	21163	82290

4-8-1 Continued 1

单位：万元
Unit: 10 000 yuan

累计折旧 Accumulation Depreciation	#本年折旧 Current Year Depreciation	资产合计 Total Assets	负债合计 Total liabilities	所有者权益合计 Total Owners' Equities	实收资本 Paid-up Capitals	#国家资本 State-owned Capitals	#港澳台资本 Capitals from Hongkong, Macao and Taiwan	#外商资本 Foreign Capitals
5535837	**979058**	**29246914**	**20386266**	**8860960**	**7067375**	**481770**	**1204840**	**719326**
589409	107202	3050598	1682393	1368205	803616	465081	2000	2394
3639422	**643198**	**20949209**	**15972630**	**4976891**	**4701186**	**471674**	**6691**	**43369**
146708	15962	566342	271030	295312	92225	88738		
22655	1445	47068	27408	19660	1908			
18249	2280	104690	64660	40030	17596	5000		
6452	542	27749	5361	22388	8000			
6452	542	27749	5361	22388	8000			
1461548	241551	7922662	6182012	1740650	1844971	258960	2998	41453
110562	18315	533113	334518	198596	90682	66182		
1350985	223236	7389549	5847494	1542055	1754289	192778	2998	41453
203287	64232	1636250	764393	871857	341453	116986	1080	1917
1776247	316417	10628672	8649402	1979582	2392540	1991	2612	
41143	7416	139489	97357	42132	170420			
11809	1828	38397	24542	13854	10788			
1680546	303105	10104185	8335292	1769205	2144178	1991	2612	
42749	4067	346602	192211	154391	67154			
4277	769	15775	8364	7411	2494			
954552	**174409**	**5172681**	**2712899**	**2459782**	**1528904**	**6228**	**1182177**	**7599**
210862	33069	1236816	503562	733254	574112	4440	463740	7292
28795	1484	84570	71103	13467	23778	1788	13476	
704742	139370	3741356	2049274	1692082	920495		699368	
10070	431	108225	88747	19478	10391		5593	308
83	55	1714	213	1501	128			
941863	**161451**	**3125024**	**1700737**	**1424287**	**837285**	**3868**	**15973**	**668357**
269043	42335	624466	273878	350588	117464	3868	15973	33564
2845	45	9846	1785	8061	3866			
647799	113306	2308162	1343414	964749	680242			600279
720	-510	12105	9412	2692	2563			1463
21456	6275	170446	72249	98197	33151			33051
4042671	664718	21554901	16274347	5280866	5458167	426738	833599	303655
1224442	244152	5144465	2827786	2316679	1167895	30078	289550	288451
169813	49628	1609786	728865	880921	190839	3661	63922	101135
56090	9090	537214	303326	233888	119952	20085	2413	2150
42820	11471	400547	251941	148607	130523	1208	15357	23935

4-8-2 各地区大中型住宿和餐饮业企业年末资产负债

Assets and Liabilities of Large and Medium-sized of Enterprises of Hotels and Catering Services by Region at Year-end

单位：万元
Unit: 10 000 yuan

地区	Region	资产总计 Total Assets	#流动资产合计 Total Current Assets	#固定资产合计 Total Fixed Assets	负债合计 Total Liabilities	所有者权益合计 Total Owners' Equities
全国	**National Total**	**123752925**	**50902049**	**42752192**	**90284422**	**33482095**
北京	Beijing	16451300	7205137	4862240	11546631	4904670
天津	Tianjin	1865213	715876	732249	1570800	294413
河北	Hebei	2403774	895897	862326	2021315	382459
山西	Shanxi	1021408	312481	487758	1024495	-3087
内蒙古	Inner Mongolia	1144124	355326	566090	869399	274725
辽宁	Liaoning	2542857	894852	926916	1928403	614454
吉林	Jilin	695643	249338	377845	489728	205915
黑龙江	Heilongjiang	611304	156073	319224	415155	196150
上海	Shanghai	10676855	4775821	3030051	5853267	4823588
江苏	Jiangsu	9753186	3082938	4137433	6574126	3187155
浙江	Zhejiang	9692842	3422865	3736338	7811208	1881634
安徽	Anhui	2784987	934845	1072563	2257849	527137
福建	Fujian	4711934	1865031	1737634	3116849	1595085
江西	Jiangxi	1602174	523590	557703	1130930	471244
山东	Shandong	4863741	1585359	2370440	3564138	1299603
河南	Henan	2262700	994157	729499	1584051	678649
湖北	Hubei	3243979	1306184	1053334	2444101	799878
湖南	Hunan	3650239	1318174	1345813	2576012	1074227
广东	Guangdong	19924406	10446352	5109058	16559172	3365235
广西	Guangxi	1852434	636598	749324	1288122	564313
海南	Hainan	7124607	3063036	2429034	5021620	2102987
重庆	Chongqing	2314383	1020601	800320	1833091	481293
四川	Sichuan	4022550	1947195	1148303	3073581	948969
贵州	Guizhou	1039253	482497	330657	744165	295088
云南	Yunnan	2258919	913592	911929	1428564	830356
西藏	Tibet	241617	26980	159790	54151	187466
陕西	Shaanxi	3169781	1133754	1419957	2390662	779119
甘肃	Gansu	616581	200639	275750	396711	219871
青海	Qinghai	227443	137034	56604	89493	137949
宁夏	Ningxia	178360	37303	121582	225420	-41564
新疆	Xinjiang	804331	262524	334430	401215	403116

4-8-3 各地区大中型住宿业企业年末资产负债
Assets and Liabilities of Large and Medium-sized Enterprises of Hotels by Region at Year-end

单位：万元

Unit: 10000 yuan

地区	Region	资产总计 Total Assets	#流动资产合计 Total Working Capitals	#固定资产合计 Total Fixed Assets	负债合计 Total Liabilities	所有者权益合计 Total Owners' Equities
全国	**National Total**	**94506011**	**37407164**	**34762360**	**69898156**	**24621135**
北京	Beijing	13277574	5273382	4520515	9611723	3665851
天津	Tianjin	1351355	493708	579909	1232062	119293
河北	Hebei	2026421	750695	749449	1698982	327439
山西	Shanxi	684875	194555	366903	643698	41177
内蒙古	Inner Mongolia	567921	158357	354545	428068	139854
辽宁	Liaoning	1816629	579139	736859	1291106	525523
吉林	Jilin	615491	237711	324113	464132	151358
黑龙江	Heilongjiang	568093	133315	312688	393271	174823
上海	Shanghai	7515291	2934019	2488297	3863319	3651972
江苏	Jiangsu	6169044	1830220	2727226	4182843	1993984
浙江	Zhejiang	7141103	2492764	2805942	5779234	1361869
安徽	Anhui	1651105	501966	663933	1347768	303336
福建	Fujian	4135444	1584764	1583647	2758818	1376626
江西	Jiangxi	1337701	436345	477649	928518	409183
山东	Shandong	3104374	1006777	1518240	2288272	816102
河南	Henan	1932714	860075	654890	1371327	561387
湖北	Hubei	1629255	489891	674302	1068113	561142
湖南	Hunan	3131735	1106216	1200454	2170860	960875
广东	Guangdong	15758181	8242918	4269052	13926086	1832096
广西	Guangxi	1712558	556420	725738	1168354	544205
海南	Hainan	7077541	3035061	2421637	4989032	2088509
重庆	Chongqing	1758335	797289	637720	1523242	235093
四川	Sichuan	2767502	1361402	843855	2119035	648467
贵州	Guizhou	935697	414074	308239	667400	268297
云南	Yunnan	1773850	578951	809595	1137102	636748
西藏	Tibet	237695	24805	158980	54058	183637
陕西	Shaanxi	2444545	811822	1209054	1918584	525961
甘肃	Gansu	505339	170299	222809	338166	167173
青海	Qinghai	186900	126944	37876	80041	106858
宁夏	Ningxia	143029	28717	106001	179010	-30484
新疆	Xinjiang	548716	194561	272245	275933	272783

4-8-4 各地区大中型餐饮业企业年末资产负债

Assets and Liabilities of Large and Medium-sized Enterprises of Catering Services by Region at Year-end

单位：万元

Unit: 10 000 yuan

地 区	Region	资产总计 Total Assets	#流动资产合计 Total Current Assets	#固定资产合计 Total Fixed Assets	负债合计 Total Liabilities	所有者权益合计 Total Owners' Equities
全 国	**National Total**	**29246914**	**13494885**	**7989832**	**20386266**	**8860960**
北 京	Beijing	3173726	1931755	341725	1934908	1238819
天 津	Tianjin	513858	222168	152340	338738	175120
河 北	Hebei	377353	145202	112877	322333	55020
山 西	Shanxi	336533	117926	120855	380797	-44264
内蒙古	Inner Mongolia	576203	196969	211545	441331	134871
辽 宁	Liaoning	726228	315713	190057	637297	88931
吉 林	Jilin	80152	11627	53732	25596	54557
黑龙江	Heilongjiang	43211	22758	6536	21884	21327
上 海	Shanghai	3161564	1841802	541754	1989948	1171616
江 苏	Jiangsu	3584142	1252718	1410207	2391283	1193171
浙 江	Zhejiang	2551739	930101	930396	2031974	519765
安 徽	Anhui	1133882	432879	408630	910081	223801
福 建	Fujian	576490	280267	153987	358031	218459
江 西	Jiangxi	264473	87245	80054	202412	62061
山 东	Shandong	1759367	578582	852200	1275866	483501
河 南	Henan	329986	134082	74609	212724	117262
湖 北	Hubei	1614724	816293	379032	1375988	238736
湖 南	Hunan	518504	211958	145359	405152	113352
广 东	Guangdong	4166225	2203434	840006	2633086	1533139
广 西	Guangxi	139876	80178	23586	119768	20108
海 南	Hainan	47066	27975	7397	32588	14478
重 庆	Chongqing	556048	223312	162600	309849	246200
四 川	Sichuan	1255048	585793	304448	954546	300502
贵 州	Guizhou	103556	68423	22418	76765	26791
云 南	Yunnan	485069	334641	102334	291462	193608
西 藏	Tibet	3922	2175	810	93	3829
陕 西	Shaanxi	725236	321932	210903	472078	253158
甘 肃	Gansu	111242	30340	52941	58545	52698
青 海	Qinghai	40543	10090	18728	9452	31091
宁 夏	Ningxia	35331	8586	15581	46410	-11080
新 疆	Xinjiang	255615	67963	62185	125282	130333

4-9-1 大中型住宿和餐饮业企业损益及分配

Income and Distribution of Large and Medium-sized Enterprises of Hotels and Catering Services

单位：万元

Unit: 10 000 yuan

项目	Item	主营业务收入 Revenue from Main Business
总计	**Total**	**57169370**
一、住宿业	**Hotels**	**24683274**
#国有控股	State-controlled Enterprises	7543082
(一)按登记注册类型分	**by Type of Registration**	
1.内资企业	**Domestic Funded Enterprises**	**19820135**
国有企业	State-owned Enterprises	1963975
集体企业	Collective-owned Enterprises	166204
股份合作企业	Cooperative Enterprises	36134
联营企业	Joint Ownership Enterprises	20870
国有联营企业	State Joint Ownership Enterprises	17793
集体联营企业	Collective Joint Ownership Enterprises	
国有与集体联营企业	Joint State-collective Enterprises	
其他联营企业	Other Joint Ownership Enterprises	3077
有限责任公司	Limited Liability Corporations	10925864
国有独资公司	State Sole Funded Corporations	1319696
其他有限责任公司	Other Limited Liability Corporations	9606168
股份有限公司	Share-holding Corporations Ltd.	1200236
私营企业	Private Enterprises	5498727
私营独资企业	Private-funded Enterprises	97406
私营合伙企业	Private Partnership Enterprises	22605
私营有限责任公司	Private Limited Liability Corporations	5203514
私营股份有限公司	Private Share-holding Corporations Ltd.	175201
其他企业	Other Enterprises	8127
2.港、澳、台商投资企业	**Enterprises with Funds from Hongkong, Macao and Taiwan**	**3179293**
合资经营企业	Joint-venture Enterprises	1316864
合作经营企业	Cooperative Enterprises	381379
独资经营企业	Enterprises with Sole Investment	1404610
投资股份有限公司	Share-holding Corporations Ltd. with Investment	65550
其他港澳台商投资企业	Other Enterprises with Funds from Hongkong, Macao and Taiwan	10891
3.外商投资企业	**Foreign Funded Enterprises**	**1683846**
中外合资经营企业	Joint-venture Enterprises	758791
中外合作经营企业	Cooperative Enterprises	260171
外资企业	Enterprises with Sole Foreign Investment	563525
外商投资股份有限公司	Share-holding Corporations Ltd. with Foreign Investment	28072
其他外商投资企业	Other Foreign Funded Enterprises	73286
(二)按国民经济行业分	**by Sector**	
旅游饭店	Tourist Hotel	22163366
一般旅馆	Fonda	2192139
民宿服务	Home Lodging Services	15226
露营地服务	Campground Services	
其他住宿业	Others	312543

项　目	Item	主营业务成本 Cost of Main Business
总　计	**Total**	**23127870**
一、住宿业	**Hotels**	**8386029**
#国有控股	State-controlled Enterprises	2469986
(一)按登记注册类型分	**by Type of Registration**	
1.内资企业	**Domestic Funded Enterprises**	**6848239**
国有企业	State-owned Enterprises	539336
集体企业	Collective-owned Enterprises	40713
股份合作企业	Cooperative Enterprises	8883
联营企业	Joint Ownership Enterprises	5474
国有联营企业	State Joint Ownership Enterprises	4546
集体联营企业	Collective Joint Ownership Enterprises	
国有与集体联营企业	Joint State-collective Enterprises	
其他联营企业	Other Joint Ownership Enterprises	929
有限责任公司	Limited Liability Corporations	3804521
国有独资公司	State Sole Funded Corporations	490253
其他有限责任公司	Other Limited Liability Corporations	3314267
股份有限公司	Share-holding Corporations Ltd.	506408
私营企业	Private Enterprises	1940956
私营独资企业	Private-funded Enterprises	42972
私营合伙企业	Private Partnership Enterprises	7930
私营有限责任公司	Private Limited Liability Corporations	1815326
私营股份有限公司	Private Share-holding Corporations Ltd.	74728
其他企业	Other Enterprises	1949
2.港、澳、台商投资企业	**Enterprises with Funds from Hongkong, Macao and Taiwan**	**967916**
合资经营企业	Joint-venture Enterprises	384628
合作经营企业	Cooperative Enterprises	136357
独资经营企业	Enterprises with Sole Investment	423830
投资股份有限公司	Share-holding Corporations Ltd. with Investment	18540
其他港澳台商投资企业	Other Enterprises with Funds from Hongkong, Macao and Taiwan	4561
3.外商投资企业	**Foreign Funded Enterprises**	**569874**
中外合资经营企业	Joint-venture Enterprises	186224
中外合作经营企业	Cooperative Enterprises	134998
外资企业	Enterprises with Sole Foreign Investment	210671
外商投资股份有限公司	Share-holding Corporations Ltd. with Foreign Investment	3262
其他外商投资企业	Other Foreign Funded Enterprises	34719
(二)按国民经济行业分	**by Sector**	
旅游饭店	Tourist Hotel	7531570
一般旅馆	Fonda	745015
民宿服务	Home Lodging Services	3246
露营地服务	Campground Services	
其他住宿业	Others	106197

4-9-1 Continued 1

单位：万元

Unit: 10 000 yuan

主营业务税金及附加 Taxes and Surcharges of Main Business	主营业务利润 Profits from Main Business	其他业务利润 Profits from Other Business	销售费用 Selling Expenses	管理费用 Administrative Expenses
647630	**33393870**	**1483546**	**19159861**	**11170286**
517830	**15779415**	**516676**	**7224962**	**7486932**
178313	4894783	188944	2337840	2509109
399236	**12572660**	**397808**	**5976413**	**5957585**
34387	1390252	100766	734440	716806
1559	123932	1166	66758	44193
734	26517	58	5659	7560
306	15090		9959	3280
297	12950		8526	2606
10	2138		1433	674
201881	6919462	203117	3186054	3403887
31570	797873	29806	368915	445072
170310	6121591	173311	2817139	2958816
94752	599076	8877	226852	263786
65207	3492564	83824	1745139	1514476
901	53533		26717	14941
131	14544	64	8212	4573
59865	3328323	72330	1674087	1452958
4309	96164	11430	36122	42004
410	5768		1553	3598
86578	**2124799**	**74367**	**814957**	**1031198**
40254	891982	27200	330380	421214
9098	235924	505	78202	93551
36656	944124	42769	381178	496654
288	46722	674	23083	14583
283	6047	3219	2114	5195
32016	**1081956**	**44502**	**433593**	**498149**
18904	553663	36085	238401	234838
1484	123689	1008	54408	61019
9760	343094	7409	118250	181621
1025	23785		9267	8974
843	37724		13267	11696
486528	14145268	462089	6424842	6723179
24505	1422619	53064	710804	661616
79	11901	463	6745	9207
6719	199627	1061	82572	92930

项 目	Item	财务费用 Financial Expenses	#利息支出 Interest Expenses
总 计	**Total**	**1611392**	**1113529**
一、住宿业	**Hotels**	**1293629**	**936067**
#国有控股	State-controlled Enterprises	198931	198052
(一)按登记注册类型分	**by Type of Registration**		
1.内资企业	**Domestic Funded Enterprises**	**1003066**	**730039**
国有企业	State-owned Enterprises	9698	18166
集体企业	Collective-owned Enterprises	2512	1372
股份合作企业	Cooperative Enterprises	748	381
联营企业	Joint Ownership Enterprises	793	401
国有联营企业	State Joint Ownership Enterprises	784	401
集体联营企业	Collective Joint Ownership Enterprises		
国有与集体联营企业	Joint State-collective Enterprises		
其他联营企业	Other Joint Ownership Enterprises	10	
有限责任公司	Limited Liability Corporations	581798	431687
国有独资公司	State Sole Funded Corporations	27106	27192
其他有限责任公司	Other Limited Liability Corporations	554692	404495
股份有限公司	Share-holding Corporations Ltd.	45703	41311
私营企业	Private Enterprises	361882	236717
私营独资企业	Private-funded Enterprises	1941	1663
私营合伙企业	Private Partnership Enterprises	487	298
私营有限责任公司	Private Limited Liability Corporations	350881	229802
私营股份有限公司	Private Share-holding Corporations Ltd.	8572	4955
其他企业	Other Enterprises	-68	4
2.港、澳、台商投资企业	**Enterprises with Funds from Hongkong, Macao and Taiwan**	**229727**	**157442**
合资经营企业	Joint-venture Enterprises	107364	83850
合作经营企业	Cooperative Enterprises	3366	4827
独资经营企业	Enterprises with Sole Investment	116006	66369
投资股份有限公司	Share-holding Corporations Ltd. with Investment	2498	1737
其他港澳台商投资企业	Other Enterprises with Funds from Hongkong, Macao and Taiwan	493	658
3.外商投资企业	**Foreign Funded Enterprises**	**60836**	**48587**
中外合资经营企业	Joint-venture Enterprises	30369	19975
中外合作经营企业	Cooperative Enterprises	16620	14516
外资企业	Enterprises with Sole Foreign Investment	10308	12139
外商投资股份有限公司	Share-holding Corporations Ltd. with Foreign Investment	1919	1956
其他外商投资企业	Other Foreign Funded Enterprises	1620	
(二)按国民经济行业分	**by Sector**		
旅游饭店	Tourist Hotel	1182228	857520
一般旅馆	Fonda	75773	55217
民宿服务	Home Lodging Services	6040	
露营地服务	Campground Services		
其他住宿业	Others	29588	23330

4-9-1 Continued 2

单位：万元

Unit: 10 000 yuan

营业利润 Operating Profits	利润总额 Total Profits	应交所得税 Income Tax Payable	应付职工薪酬 Payables to Employees	应交增值税 VAT Payable
2337314	**2437907**	**1094955**	**14288124**	**940654**
293543	**435807**	**586378**	**6897076**	**643159**
128275	170556	138374	2582663	227000
15807	**154841**	**468267**	**5649131**	**520746**
-25081	7555	23476	754588	51168
12413	13032	2624	53440	4884
2097	2091	272	6686	371
1166	1176	200	9121	274
1144	1153	195	8505	195
23	23	6	617	80
14835	82305	389074	3237624	321207
-8053	-3179	15309	467998	40613
22889	85484	373765	2769626	280594
107528	106963	13036	260731	19065
-97876	-58992	39390	1324128	123320
9803	9760	2304	21156	954
1272	1267	147	6594	447
-117175	-78349	35415	1258862	117325
8224	8330	1524	37515	4594
724	712	194	2813	457
152925	**155461**	**75211**	**816626**	**73710**
92857	94198	28114	370785	32293
65991	65783	20211	75663	8170
-12339	-11155	26700	349470	32316
7579	7573	187	17199	801
-1163	-939		3510	130
124812	**125505**	**42900**	**431318**	**48703**
64656	59741	21155	211600	18530
-3044	-2610	2847	56546	8387
49294	53904	17747	134507	18581
3625	3636	1052	9166	1599
10280	10835	100	19499	1606
277728	403555	556117	6215045	583543
10839	23342	27395	588091	48877
-9647	-7936		5720	2183
14623	16846	2866	88220	8557

项 目	Item	主营业务收入 Revenue from Main Business	主营业务成本 Cost of Main Business
二、餐饮业	**Catering Services**	**32486096**	**14741841**
#国有控股	State-controlled Enterprises	1785673	893644
(一)按登记注册类型分	**by Type of Registration**		
1.内资企业	**Domestic Funded Enterprises**	**17577451**	**8444464**
国有企业	State-owned Enterprises	242784	117539
集体企业	Collective-owned Enterprises	47226	26981
股份合作企业	Cooperative Enterprises	74238	37282
联营企业	Joint Ownership Enterprises	6511	4746
国有联营企业	State Joint Ownership Enterprises		
集体联营企业	Collective Joint Ownership Enterprises	6511	4746
国有与集体联营企业	Joint State-collective Enterprises		
其他联营企业	Other Joint Ownership Enterprises		
有限责任公司	Limited Liability Corporations	6774231	3110597
国有独资公司	State Sole Funded Corporations	315274	170833
其他有限责任公司	Other Limited Liability Corporations	6458957	2939764
股份有限公司	Share-holding Corporations Ltd.	918303	443496
私营企业	Private Enterprises	9491212	4691012
私营独资企业	Private-funded Enterprises	195035	102998
私营合伙企业	Private Partnership Enterprises	67745	38643
私营有限责任公司	Private Limited Liability Corporations	8873119	4315558
私营股份有限公司	Private Share-holding Corporations Ltd.	355312	233813
其他企业	Other Enterprises	22947	12810
2.港、澳、台商投资企业	**Enterprises with Funds from Hongkong, Macao and Taiwan**	**6574736**	**2341142**
合资经营企业	Joint-venture Enterprises	1190145	495582
合作经营企业	Cooperative Enterprises	109525	49643
独资经营企业	Enterprises with Sole Investment	5244548	1785922
投资股份有限公司	Share-holding Corporations Ltd. with Investment	26347	8578
其他港澳台商投资企业	Other Enterprises with Funds from Hongkong, Macao and Taiwan	4172	1416
3.外商投资企业	**Foreign Funded Enterprises**	**8333908**	**3956235**
中外合资经营企业	Joint-venture Enterprises	1676983	776403
中外合作经营企业	Cooperative Enterprises	20940	17816
外资企业	Enterprises with Sole Foreign Investment	6285945	3018935
外商投资股份有限公司	Share-holding Corporations Ltd. with Foreign Investment	23643	15167
其他外商投资企业	Other Foreign Funded Enterprises	326396	127915
(二)按国民经济行业分	**by Sector**		
正餐服务	Dinner	17042062	7830344
快餐服务	Snack	11248879	5122870
饮料及冷饮服务	Beverage and Cold Drink	2321581	681855
餐饮配送及外卖送餐服务	Catering Distribution and Delivery Service	1026700	689834
其他餐饮业	Others	846873	416937

单位：万元
Unit: 10 000 yuan

主营业务税金及附加 Taxes and Surcharges of Main Business	主营业务利润 Profits from Main Business	其他业务利润 Profits from Other Business	销售费用 Selling Expenses	管理费用 Administrative Expenses
129800	**17614455**	**966869**	**11934899**	**3683354**
17065	874964	44343	543063	294351
111564	**9021423**	**278448**	**5871776**	**2344452**
3211	122034	1054	62215	67271
149	20096	4563	12135	4731
606	36350	16	22572	9778
	1765		69	1582
	1765		69	1582
44919	3618715	130544	2359100	939290
3736	140705	26764	80962	49958
41183	3478010	103780	2278138	889332
7353	467454	13824	302388	111347
55207	4744993	128439	3104864	1209276
1430	90607	164	52684	23632
501	28601	118	18405	6711
51233	4506328	127973	2965124	1149425
2043	119456	183	68650	29508
118	10019	9	8433	1178
12139	**4221455**	**60242**	**3189941**	**572480**
1550	693013	3325	489010	120234
578	59304	57	39578	15279
9749	3448877	56860	2646940	434498
262	17507		12078	2011
	2756		2334	459
6097	**4371576**	**628180**	**2873183**	**766422**
789	899791	3171	555300	149415
61	3063		247	1594
4710	3262300	620141	2157799	588561
121	8355	4592	4823	4430
415	198066	275	155013	22422
106114	9105604	178121	5970777	2395843
15470	6110539	105706	4289442	982137
1981	1637745	633783	1159540	130157
4592	332274	47813	192599	95664
1643	428293	1446	322541	79554

项　目	Item	财务费用 Financial Expenses	#利息支出 Interest Expenses
二、餐饮业	**Catering Services**	**317763**	**177462**
#国有控股	State-controlled Enterprises	7672	8438
(一)按登记注册类型分	**by Type of Registration**		
1.内资企业	**Domestic Funded Enterprises**	**275916**	**156145**
国有企业	State-owned Enterprises	380	542
集体企业	Collective-owned Enterprises	-150	
股份合作企业	Cooperative Enterprises	316	131
联营企业	Joint Ownership Enterprises	-2	
国有联营企业	State Joint Ownership Enterprises		
集体联营企业	Collective Joint Ownership Enterprises	-2	
国有与集体联营企业	Joint State-collective Enterprises		
其他联营企业	Other Joint Ownership Enterprises		
有限责任公司	Limited Liability Corporations	100199	54080
国有独资公司	State Sole Funded Corporations	2585	159
其他有限责任公司	Other Limited Liability Corporations	97614	53921
股份有限公司	Share-holding Corporations Ltd.	11575	11955
私营企业	Private Enterprises	163566	89416
私营独资企业	Private-funded Enterprises	2239	998
私营合伙企业	Private Partnership Enterprises	975	467
私营有限责任公司	Private Limited Liability Corporations	157467	85552
私营股份有限公司	Private Share-holding Corporations Ltd.	2885	2399
其他企业	Other Enterprises	32	20
2.港、澳、台商投资企业	**Enterprises with Funds from Hongkong, Macao and Taiwan**	**33587**	**14388**
合资经营企业	Joint-venture Enterprises	3646	4069
合作经营企业	Cooperative Enterprises	254	159
独资经营企业	Enterprises with Sole Investment	26693	7268
投资股份有限公司	Share-holding Corporations Ltd. with Investment	2979	2892
其他港澳台商投资企业	Other Enterprises with Funds from Hongkong, Macao and Taiwan	15	
3.外商投资企业	**Foreign Funded Enterprises**	**8260**	**6930**
中外合资经营企业	Joint-venture Enterprises	-1825	159
中外合作经营企业	Cooperative Enterprises	24	
外资企业	Enterprises with Sole Foreign Investment	9392	6170
外商投资股份有限公司	Share-holding Corporations Ltd. with Foreign Investment	-22	1
其他外商投资企业	Other Foreign Funded Enterprises	691	600
(二)按国民经济行业分	**by Sector**		
正餐服务	Dinner	281043	159611
快餐服务	Snack	35010	15987
饮料及冷饮服务	Beverage and Cold Drink	-1301	402
餐饮配送及外卖送餐服务	Catering Distribution and Delivery Service	1535	957
其他餐饮业	Others	1477	505

单位：万元

Unit: 10 000 yuan

营业利润 Operating Profits	利润总额 Total Profits	应交所得税 Income Tax Payable	应付职工薪酬 Payables to Employees	应交增值税 VAT Payable
2043771	**2002100**	**508577**	**7391048**	**297495**
132887	143807	25068	603630	45609
774501	**782987**	**183523**	**4210941**	**282500**
-3218	-169	3066	77726	6079
4197	4223	842	12479	775
4928	9602	2284	16724	2327
116	116		941	
116	116		941	
306218	320621	83234	1691245	105856
3849	6034	2121	99239	10235
302369	314587	81113	1592006	95620
122526	124951	8643	270687	16057
339334	322956	85399	2134591	151049
11870	11786	1495	35026	3265
2630	2674	558	13090	1166
302471	287905	80278	2016482	141799
22363	20590	3068	69992	4819
401	687	55	6548	358
545632	**507912**	**134148**	**1495043**	**11947**
86523	86803	23560	254086	-2084
4160	4100	1618	28746	4202
454250	416297	108950	1204615	9173
738	744	21	6528	655
-40	-33		1068	
723639	**711202**	**190906**	**1685065**	**3047**
201587	200526	52007	323759	-2136
1199	1368	245	4162	3158
501084	489482	133763	1290123	3490
733	732	179	6040	274
19036	19095	4712	60981	-1739
708116	711539	190509	4077589	249052
897416	855263	200033	2274692	9147
368255	365326	99521	550384	4865
40659	43739	8356	273765	24727
29324	26234	10158	214618	9705

4-9-2 各地区大中型住宿和餐饮业企业损益及分配

地 区	Region	主营业务收入 Revenue from Main Busines	主营业务成本 Cost of Main Business	主营业务税金及附加 Taxes and Surcharges of Main Business	主营业务利润 Profits from Main Business	其他业务利润 Profits from Other Business	销售费用 Selling Expenses	管理费用 Administrative Expenses
全 国	**National Total**	**57169370**	**23127870**	**647630**	**33393870**	**1483546**	**19159861**	**11170286**
北 京	Beijing	8310277	2860781	98569	5350927	104075	3226863	1676466
天 津	Tianjin	956862	428530	7460	520872	18521	343953	167868
河 北	Hebei	592466	219226	7116	366124	12414	218033	155816
山 西	Shanxi	462544	193381	7150	262013	10171	169143	100700
内蒙古	Inner Mongolia	492877	240395	5832	246650	6145	144536	114269
辽 宁	Liaoning	1149946	494696	9038	646212	8667	369410	239224
吉 林	Jilin	196586	71185	2783	122618	3335	67344	62597
黑龙江	Heilongjiang	178659	47249	3132	128278	3634	78320	62560
上 海	Shanghai	7581285	2913708	45118	4622459	900755	2886872	1290177
江 苏	Jiangsu	4447841	1798393	48477	2600971	15279	1428495	934925
浙 江	Zhejiang	4492212	1729174	34490	2728548	81039	1544554	968708
安 徽	Anhui	1140597	482129	14072	644396	53445	376951	205313
福 建	Fujian	2484298	1148561	34905	1300832	24132	689306	437905
江 西	Jiangxi	530226	239044	8147	283035	1407	131433	117109
山 东	Shandong	2109841	841451	23686	1244704	34600	736160	460222
河 南	Henan	766286	283575	10210	472501	9991	245726	198199
湖 北	Hubei	1893126	822576	18098	1052452	7658	605001	276074
湖 南	Hunan	1436181	649959	24593	761629	8870	359199	315240
广 东	Guangdong	9694466	4080541	65033	5548892	93744	3269464	1609167
广 西	Guangxi	698234	258704	6758	432772	3824	223064	177093
海 南	Hainan	1493321	511286	100755	881280	24986	359969	423346
重 庆	Chongqing	1053004	525999	11852	515153	10362	264134	180827
四 川	Sichuan	1723476	736563	15492	971421	11871	535223	300191
贵 州	Guizhou	360565	165172	4447	190946	7513	82304	86726
云 南	Yunnan	765606	367312	11430	386864	5511	171339	181295
西 藏	Tibet	44443	19207	131	25105		15665	19607
陕 西	Shaanxi	1432328	692758	20854	718716	9245	394981	254623
甘 肃	Gansu	270192	118139	2724	149329	11439	88376	57609
青 海	Qinghai	41934	15217	307	26410	-1	18609	14179
宁 夏	Ningxia	55301	20251	747	34303	6	24355	16343
新 疆	Xinjiang	314390	152712	4221	157457	914	91079	65906

Income and Distribution of Large and Medium-sized Enterprises of Hotels and Catering Services by Region

单位：万元

Unit: 10 000 yuan

财务费用 Financial Expenses	#利息支出 Interest Expenses	营业利润 Operating Profits	利润总额 Total Profits	应交所得税 Income Tax Payable	应付职工薪酬 Payables to Employees	应交增值税 VAT Payable
1611392	**1113529**	**2337314**	**2437907**	**1094955**	**14288124**	**940654**
143725	146329	476529	496123	158292	2361485	89332
29957	18707	65382	66130	31593	258093	10999
45386	22334	-66712	-48106	3015	161163	6876
14326	10149	-10165	-8008	3813	107027	8504
17872	13501	-31420	-30888	1880	110265	7958
37626	21659	-6574	-5383	14612	208727	14186
9296	7116	-16867	-16733	515	50184	3129
1935	27	-14540	-15187	1762	41139	3942
100560	54742	465319	468419	397479	1600236	89648
114236	52887	168920	165276	64325	1201662	72986
182180	139146	131004	156914	62163	1082429	66416
42466	25581	38580	41307	12312	331206	23435
66920	45754	170906	142415	30574	556540	40545
22952	15211	11236	11804	5982	115974	15105
78629	44754	-1351	-1922	18824	569053	45022
32570	19425	-3589	-4041	3115	207553	19226
48122	29243	131817	129820	21199	492516	36545
63969	46057	45953	52317	13205	334644	28601
270777	197766	494702	541789	148442	2461761	179698
30490	20558	3364	11706	7274	165825	14600
76021	55754	52068	49560	17124	325957	28166
46232	38855	44778	32842	10472	272571	21966
47815	26485	167028	173169	35981	409152	36922
22389	14844	-1499	32	3607	87967	10593
21337	22616	10811	15711	7538	203911	20336
690	596	-6832	-6818	14	11418	985
26547	12667	39687	38977	13009	365984	27834
7507	4385	-4030	-3851	2907	64529	6780
2732	306	-4346	-7769	14	15851	966
1935	1818	-11276	-10940	65	16475	916
4194	4260	-1570	3239	3851	96829	8435

4-9-3 各地区大中型住宿业企业损益及分配

地　区	Region	主营业务收入 Revenue from Main Busines	主营业务成本 Cost of Main Business	主营业务税金及附加 Taxes and Surcharges of Main Business	主营业务利润 Profits from Main Business	其他业务利润 Profits from Other Business	销售费用 Selling Expenses	管理费用 Administr-ative Expenses
全　国	**National Total**	**24683274**	**8386029**	**517830**	**15779415**	**516676**	**7224962**	**7486932**
北　京	Beijing	3061632	756687	89474	2215471	52577	909227	1099564
天　津	Tianjin	208963	81765	5749	121449	12196	62558	90685
河　北	Hebei	418529	150109	6288	262132	6848	154323	121988
山　西	Shanxi	179184	61109	5225	112850	8326	64986	65503
内蒙古	Inner Mongolia	155962	55094	3356	97512	553	58950	55709
辽　宁	Liaoning	387060	124884	6731	255445	933	122509	154974
吉　林	Jilin	148898	51118	2753	95027	1204	52500	48479
黑龙江	Heilongjiang	140251	34941	3106	102204	3634	56033	58715
上　海	Shanghai	2169752	662526	38259	1468967	192865	554000	733479
江　苏	Jiangsu	1621655	504333	30866	1086456	5471	536032	538920
浙　江	Zhejiang	2228433	667316	26239	1534878	73275	816932	659701
安　徽	Anhui	379199	151686	7897	219616	3187	97852	126235
福　建	Fujian	1472785	603847	27339	841599	19779	387402	342435
江　西	Jiangxi	332012	141753	6113	184146	1395	76144	91686
山　东	Shandong	1022020	336229	17187	668604	21492	386077	285207
河　南	Henan	494079	165182	8976	319921	5764	151339	158070
湖　北	Hubei	552339	191130	10785	350424	4248	153070	137229
湖　南	Hunan	843543	354458	20098	468987	8550	180994	248343
广　东	Guangdong	3997884	1497497	49209	2451178	34875	1117351	1031444
广　西	Guangxi	428384	123916	6023	298445	3122	133947	155286
海　南	Hainan	1419342	482932	100276	836134	20570	326962	416237
重　庆	Chongqing	454014	172631	6490	274893	1778	120112	125644
四　川	Sichuan	759824	288246	10965	460613	7837	207492	195214
贵　州	Guizhou	255026	105697	3857	145472	4461	61409	67904
云　南	Yunnan	468109	177607	8576	281926	3936	116221	155815
西　藏	Tibet	39182	16180	125	22877		15466	19264
陕　西	Shaanxi	625855	243985	9529	372341	6222	175597	182344
甘　肃	Gansu	163489	67539	1832	94118	10927	47669	48459
青　海	Qinghai	28008	9230	219	18559		14701	11355
宁　夏	Ningxia	31694	11200	622	19872		14548	8882
新　疆	Xinjiang	196166	95203	3665	97298	655	52558	52159

Income and Distribution of Large and Medium-sized Enterprises of Hotels by Region

单位：万元

Unit: 10 000 yuan

财务费用 Financial Expenses	#利息支出 Interest Expenses	营业利润 Operating Profits	利润总额 Total Profits	应交所得税 Income Tax Payable	应付职工薪酬 Payables to Employees	应交增值税 VAT Payable
1293629	**936067**	**293543**	**435807**	**586378**	**6897076**	**643159**
128111	133684	170670	182520	72657	985067	70057
24983	16046	18813	20540	19643	84776	4007
35345	17296	-63400	-44069	2427	121021	4147
8780	5647	-15772	-13538	464	57522	5059
7999	4219	-25910	-26084	130	47522	3983
26946	14816	-56554	-52999	557	110867	8972
8819	6903	-14976	-14757	198	42884	2927
1197	-135	-13511	-14062	1762	35424	3798
76289	51298	158837	163395	304408	522356	78404
75942	41436	-18758	-22259	13307	489539	39755
139502	116644	-32429	-8756	24079	603136	41261
28852	15868	-22871	-22994	1517	121937	10259
61767	42962	77450	81596	15568	364922	34188
19420	13417	-4016	-3418	1799	75379	11501
52806	31487	-37189	-36859	5914	314820	25781
28962	17262	-12339	-11678	3237	140397	14889
28770	16544	35517	35681	1570	158090	17089
53767	41897	8360	14633	4749	201285	19665
240629	178648	119080	168405	61012	1128863	116093
28168	19248	-18643	-10239	2202	114670	11157
75781	55725	47051	44520	16327	311903	27269
40187	34122	-14345	-10589	4607	134391	13047
29795	18119	77517	79458	14413	182236	23220
20638	13444	-5165	-5046	2970	63780	8122
17572	13704	-12107	-6626	3727	149471	14888
680	596	-8514	-8496	14	10887	985
20344	8517	-18433	-17831	4109	195017	19205
5980	3298	-8485	-8369	962	40887	5840
2501	111	-5232	-8638		11912	510
947	890	-7108	-6868	12	10858	659
2152	2356	-3996	-768	2039	65259	6422

4-9-4 各地区大中型餐饮业企业损益及分配

地 区	Region	主营业务收入 Revenue from Main Busines	主营业务成本 Cost of Main Business	主营业务税金及附加 Taxes and Surcharges of Main Business	主营业务利润 Profits from Main Business	其他业务利润 Profits from Other Business	销售费用 Selling Expenses	管理费用 Administrative Expenses
全 国	**National Total**	**32486096**	**14741841**	**129800**	**17614455**	**966869**	**11934899**	**3683354**
北 京	Beijing	5248645	2104094	9095	3135456	51498	2317636	576902
天 津	Tianjin	747899	346765	1711	399423	6325	281395	77183
河 北	Hebei	173937	69117	828	103992	5566	63710	33828
山 西	Shanxi	283360	132272	1925	149163	1845	104157	35197
内蒙古	Inner Mongolia	336915	185301	2476	149138	5592	85586	58560
辽 宁	Liaoning	762886	369812	2307	390767	7734	246901	84250
吉 林	Jilin	47688	20067	30	27591	2131	14844	14118
黑龙江	Heilongjiang	38408	12308	26	26074		22287	3845
上 海	Shanghai	5411533	2251182	6859	3153492	707890	2332872	556698
江 苏	Jiangsu	2826186	1294060	17611	1514515	9808	892463	396005
浙 江	Zhejiang	2263779	1061858	8251	1193670	7764	727622	309007
安 徽	Anhui	761398	330443	6175	424780	50258	279099	79078
福 建	Fujian	1011513	544714	7566	459233	4353	301904	95470
江 西	Jiangxi	198214	97291	2034	98889	12	55289	25423
山 东	Shandong	1087821	505222	6499	576100	13108	350083	175015
河 南	Henan	272207	118393	1234	152580	4227	94387	40129
湖 北	Hubei	1340787	631446	7313	702028	3410	451931	138845
湖 南	Hunan	592638	295501	4495	292642	320	178205	66897
广 东	Guangdong	5696582	2583044	15824	3097714	58869	2152113	577723
广 西	Guangxi	269850	134788	735	134327	702	89117	21807
海 南	Hainan	73979	28354	479	45146	4416	33007	7109
重 庆	Chongqing	598990	353368	5362	240260	8584	144022	55183
四 川	Sichuan	963652	448317	4527	510808	4034	327731	104977
贵 州	Guizhou	105539	59475	590	45474	3052	20895	18822
云 南	Yunnan	297497	189705	2854	104938	1575	55118	25480
西 藏	Tibet	5261	3027	6	2228		199	343
陕 西	Shaanxi	806473	448773	11325	346375	3023	219384	72279
甘 肃	Gansu	106703	50600	892	55211	512	40707	9150
青 海	Qinghai	13926	5987	88	7851	-1	3908	2824
宁 夏	Ningxia	23607	9051	125	14431	6	9807	7461
新 疆	Xinjiang	118224	57509	556	60159	259	38521	13747

Income and Distribution of Large and Medium-sized Enterprises of Catering Services by Region

单位：万元
Unit: 10 000 yuan

财务费用 Financial Expenses	#利息支出 Interest Expenses	营业利润 Operating Profits	利润总额 Total Profits	应交所得税 Income Tax Payable	应付职工薪酬 Payables to Employees	应交增值税 VAT Payable
317763	**177462**	**2043771**	**2002100**	**508577**	**7391048**	**297495**
15614	12645	305859	313603	85635	1376418	19275
4974	2661	46569	45590	11950	173317	6992
10041	5038	-3312	-4037	588	40142	2729
5546	4502	5607	5530	3349	49505	3445
9873	9282	-5510	-4804	1750	62743	3975
10680	6843	49980	47616	14055	97860	5214
477	213	-1891	-1976	317	7300	202
738	162	-1029	-1125		5715	144
24271	3444	306482	305024	93071	1077880	11244
38294	11451	187678	187535	51018	712123	33231
42678	22502	163433	165670	38084	479293	25155
13614	9713	61451	64301	10795	209269	13176
5153	2792	93456	60819	15006	191618	6357
3532	1794	15252	15222	4183	40595	3604
25823	13267	35838	34937	12910	254233	19241
3608	2163	8750	7637	-122	67156	4337
19352	12699	96300	94139	19629	334426	19456
10202	4160	37593	37684	8456	133359	8936
30148	19118	375622	373384	87430	1332898	63605
2322	1310	22007	21945	5072	51155	3443
240	29	5017	5040	797	14054	897
6045	4733	59123	43431	5865	138180	8919
18020	8366	89511	93711	21568	226916	13702
1751	1400	3666	5078	637	24187	2471
3765	8912	22918	22337	3811	54440	5448
10		1682	1678		531	
6203	4150	58120	56808	8900	170967	8629
1527	1087	4455	4518	1945	23642	940
231	195	886	869	14	3939	456
988	928	-4168	-4072	53	5617	257
2042	1904	2426	4007	1812	31570	2013

4-10-1 按登记注册类型分连锁餐饮企业基本情况

Basic Conditions of Chain Catering Enterprises by Status of Registration

项 目	Item	门店总数（个） Number of Stores (unit)	年末从业人数（万人） Engaged Persons at Year-end (10 000 persons)	年末餐饮营业面积（万平方米） Operating Area of Catering Enterprises at Year-end (10 000 sq.m)
合 计	**Total**	**31001**	**89.3**	**1075.0**
内资企业	**Domestic Funded Enterprises**	**9455**	**27.6**	**428.0**
国有企业	State-owned Enterprises	130	0.3	3.4
集体企业	Collective-owned Enterprises	2		1.1
股份合作企业	Cooperative Enterprises	9		0.8
联营企业	Joint Ownership Enterprises			
国有联营企业	State Joint Ownership Enterprises			
集体联营企业	Collective Joint Ownership Enterprises			
国有与集体联营企业	Joint State-collective Enterprises			
其他联营企业	Other Joint Ownership Enterprises			
有限责任公司	Limited Liability Corporations	3746	8.6	126.3
国有独资公司	State Sole Funded Corporations	3		0.2
其他有限责任公司	Other Limited Liability Corporations	3743	8.5	126.1
股份有限公司	Share-holding Corporations Ltd.	1263	5.6	101.0
私营企业	Private Enterprises	4298	13.1	195.2
私营独资企业	Private-funded Enterprises	95	0.3	4.8
私营合伙企业	Private Partnership Enterprises			
私营有限责任公司	Private Limited Liability Corporations	4186	12.7	188.4
私营股份有限公司	Private Share-holding Corporations Ltd.	17		2.0
其他企业	Other Enterprises	7		0.1
港、澳、台商投资企业	**Enterprises with Funds from Hong Kong, Macao and Taiwan**	**8402**	**22.5**	**224.1**
港、澳、台商合资经营企业	Joint-venture Enterprises	1155	4.3	32.3
港、澳、台商合作经营企业	Cooperative Enterprises	4	0.1	1.5
港、澳、台商独资经营企业	Enterprises with Sole Investment	7210	18.0	186.1
港、澳、台商投资股份有限公司	Share-holding Corporations Ltd. with Investment	29	0.1	4.1
其他港澳台商投资企业	Other Enterprises with Funds from Hongkong, Macao and Taiwan	4		0.1
外商投资企业	**Foreign Funded Enterprises**	**13144**	**39.2**	**422.9**
中外合资经营企业	Joint-venture Enterprises	2044	8.6	72.4
中外合作经营企业	Cooperative Enterprises			
外资企业	Enterprises with Sole Foreign Investment	10434	27.7	302.1
外商投资股份有限公司	Share-holding Corporations Ltd. With Foreign Investment	81	0.9	9.9
其他外商投资企业	Other Foreign Funded Enterprises	585	2.0	38.5

4-10-1 续表 Continued

项　目	Item	餐位数（万个）Number of Dining-seats (10 000 units)	营业额（亿元）Business Revenue (100 million yuan)	#餐费及商品销售收入 From Meals and Commodities
合　计	**Total**	**332.6**	**1950.0**	**1901.2**
内资企业	**Domestic Funded Enterprises**	**127.2**	**569.3**	**542.9**
国有企业	State-owned Enterprises	1.1	8.1	8.1
集体企业	Collective-owned Enterprises	0.2	1.0	0.9
股份合作企业	Cooperative Enterprises	0.3	0.7	0.7
联营企业	Joint Ownership Enterprises			
国有联营企业	State Joint Ownership Enterprises			
集体联营企业	Collective Joint Ownership Enterprises			
国有与集体联营企业	Joint State-collective Enterprises			
其他联营企业	Other Joint Ownership Enterprises			
有限责任公司	Limited Liability Corporations	36.9	170.1	167.2
国有独资公司	State Sole Funded Corporations		0.3	0.3
其他有限责任公司	Other Limited Liability Corporations	36.9	169.8	166.9
股份有限公司	Share-holding Corporations Ltd.	19.6	141.9	134.7
私营企业	Private Enterprises	69.1	247.3	231.2
私营独资企业	Private-funded Enterprises	1.2	5.7	5.6
私营合伙企业	Private Partnership Enterprises			
私营有限责任公司	Private Limited Liability Corporations	67.5	240.9	224.9
私营股份有限公司	Private Share-holding Corporations Ltd.	0.4	0.7	0.7
其他企业	Other Enterprises			
港、澳、台商投资企业	**Enterprises with Funds from Hong Kong, Macao and Taiwan**	**68.3**	**519.8**	**499.9**
港、澳、台商合资经营企业	Joint-venture Enterprises	9.9	97.5	97.3
港、澳、台商合作经营企业	Cooperative Enterprises	0.2	2.3	2.3
港、澳、台商独资经营企业	Enterprises with Sole Investment	57.5	416.6	397.0
港、澳、台商投资股份有限公司	Share-holding Corporations Ltd. with Investment	0.7	3.3	3.2
其他港、澳、台商投资企业	Other Enterprises with Funds from Hongkong, Macao and Taiwan	0.1	0.2	0.2
外商投资企业	**Foreign Funded Enterprises**	**137.1**	**861.0**	**858.4**
中外合资经营企业	Joint-venture Enterprises	22.9	177.3	176.5
中外合作经营企业	Cooperative Enterprises			
外资企业	Enterprises with Sole Foreign Investment	97.4	616.4	614.6
外商投资股份有限公司	Share-holding Corporations Ltd. with Foreign Investment	3.0	30.5	30.5
其他外商投资企业	Other Foreign Funded Enterprises	13.9	36.9	36.9

4-10-2 按行业分连锁餐饮企业基本情况

Basic Conditions of Chain Catering Enterprises by Sector

行 业	Sector	门店总数 (个) Number of Stores (unit)	年末从业人数 (万人) Engaged Persons at Year-end (10 000 persons)	年末餐饮营业面积 (万平方米) Operating Area of Catering Enterprises at Year-end (10 000 sq.m)
总 计	**Total**	**31001**	**89.3**	**1075.0**
正餐服务	Restaurant	7656	32.9	493.0
快餐服务	Fast Food	17172	49.6	500.1
饮料及冷饮服务	Beverages and Cold Drinks	5653	6.3	78.0
其他餐饮业	Others	520	0.4	4.0

4-10-2 续表 Continued

行 业	sector	餐位数 (万个) Number of Dining-seats (10 000 units)	营业额 (亿元) Business Revenue (100 million yuan)	#餐费及商品销售收入 From Meals and Commodities
总 计	**Total**	**332.6**	**1950.0**	**1901.2**
正餐服务	Restaurant	137.9	656.0	630.4
快餐服务	Fast Food	169.2	1065.1	1042.2
饮料及冷饮服务	Beverages and Cold Drinks	24.4	211.9	211.7
其他餐饮业	Others	1.2	17.0	16.9

4-10-3 各地区连锁餐饮企业基本情况
Basic Conditions of Chain Catering Enterprises by Region

年 份 地 区 Year Region		门店总数（个） Number of Stores (unit)	年末从业人数（万人） Engaged Persons at Year-end (10 000 persons)	年末餐饮营业面积（万平方米） Operating Area of Catering Enterprises at Year-end (10 000 sq.m)	餐位数（万个） Number of dining-seats (10 000 units)	营业额（亿元） Business Revenue (100 million yuan)
	2004	7578	37.9	352.6	180.1	348.2
	2005	9748	50.1	478.1	245.8	454.4
	2006	11360	55.7	588.2	274.8	563.8
	2007	12743	62.6	629.2	280.0	640.0
	2008	12561	66.1	651.9	253.1	806.9
	2009	13739	65.2	691.6	248.9	879.3
	2010	15333	70.6	742.6	263.8	955.4
	2011	16285	83.3	821.4	277.1	1120.4
	2012	18153	80.6	869.2	286.5	1283.3
	2013	20554	80.3	937.1	319.5	1319.6
	2014	22494	78.0	1020.0	338.6	1391.0
	2015	23721	71.4	970.9	333.6	1526.6
	2016	25634	75.6	1036.9	341.1	1635.1
	2017	27478	78.0	1075.4	337.9	1735.5
	2018	31001	89.3	1075.0	332.6	1950.0
北 京	Beijing	5624	16.1	216.8	62.3	455.1
天 津	Tianjin	595	2.6	22.0	6.9	45.4
河 北	Hebei	18	0.1	3.7	0.6	2.2
山 西	Shanxi	106	0.4	5.5	1.8	7.7
内蒙古	Inner Mongolia	115	0.3	6.6	0.8	14.8
辽 宁	Liaoning	952	1.2	32.2	10.2	61.2
吉 林	Jilin	16	0.0	0.8	0.3	0.5
黑龙江	Heilongjiang	71	0.2	2.7	0.8	3.4
上 海	Shanghai	6202	14.5	147.6	43.5	333.5
江 苏	Jiangsu	1707	5.6	51.6	16.7	109.0
浙 江	Zhejiang	2074	4.9	66.6	21.6	120.8
安 徽	Anhui	855	2.0	38.1	7.9	26.3
福 建	Fujian	732	2.7	22.0	6.8	38.4
江 西	Jiangxi	167	0.8	6.2	2.0	10.2
山 东	Shandong	680	2.3	38.1	8.9	60.5
河 南	Henan	240	0.7	6.9	4.2	11.4
湖 北	Hubei	1354	4.4	59.8	13.6	80.9
湖 南	Hunan	978	4.1	53.9	23.3	57.8
广 东	Guangdong	4532	12.4	144.2	41.6	285.6
广 西	Guangxi	317	1.0	7.1	2.2	13.6
海 南	Hainan	7	0.0	0.3	0.1	1.0
重 庆	Chongqing	1628	7.1	78.2	30.0	94.5
四 川	Sichuan	1162	3.5	36.3	13.6	65.4
贵 州	Guizhou	16	0.1	1.7	0.3	0.6
云 南	Yunnan	243	0.7	5.8	2.3	13.5
西 藏	Tibet	2	0.0	0.0	0.0	0.1
陕 西	Shaanxi	413	1.3	14.7	8.5	26.3
甘 肃	Gansu	49	0.2	1.7	0.5	3.6
青 海	Qinghai					
宁 夏	Ningxia					
新 疆	Xinjiang	146	0.3	4.2	1.3	6.5

4-10-3 续表 Continued

年份 Year	地区 Region	#餐费收入及商品销售额 From Meals and Commodities	商品购进总额 (亿元) Total Purchases Value (100 million yuan)	统一配送商品购进额 (亿元) Centralized Purchase and Delivery (100 million yuan)	#自有配送中心配送商品购进额(亿元) Self Centralized Purchase and Delivery	#非自有配送中心配送商品购进额(亿元) Non-self Centralized Purchase and Delivery
	2004	345.3	124.6	89.3	64.7	24.6
	2005	447.2	171.5	109.1	77.9	31.0
	2006	563.2	201.2	127.5	93.6	33.7
	2007	639.3	274.9	168.8	110.0	30.9
	2008	796.2	271.6	192.5	118.7	35.3
	2009	878.5	362.0	239.8	138.0	50.7
	2010	952.9	455.8	298.8	159.5	51.4
	2011	1098.7	518.9	343.1	190.0	65.1
	2012	1280.3	561.4	388.5	202.3	86.0
	2013	1316.0	571.2	400.7	183.0	80.8
	2014	1387.0	583.4	413.9	193.4	68.8
	2015	1505.2	577.0	462.5	212.1	68.2
	2016	1625.1	612.4	494.1	202.6	78.8
	2017	1722.8	613.3	489.5	206.0	76.2
	2018	1901.2	674.0	504.1	200.1	86.9
北京	Beijing	438.5	151.9	128.8	64.7	28.3
天津	Tianjin	45.3	20.1	4.5	0.1	0.1
河北	Hebei	2.1	1.0	0.2		
山西	Shanxi	7.7	4.0	3.4	3.3	0.1
内蒙古	Inner Mongolia	14.8	12.2	0.1	0.1	
辽宁	Liaoning	60.6	55.2	49.6	1.8	
吉林	Jilin	0.5	0.2	0.2		
黑龙江	Heilongjiang	3.4	1.3	1.2	0.5	0.7
上海	Shanghai	315.0	85.0	52.1	6.2	4.4
江苏	Jiangsu	108.5	49.4	24.3	6.0	12.4
浙江	Zhejiang	120.4	43.7	39.6	28.3	9.0
安徽	Anhui	26.0	8.2	8.1	3.1	3.8
福建	Fujian	38.2	14.0	11.5	4.8	1.4
江西	Jiangxi	10.2	6.3	6.1	0.1	
山东	Shandong	54.1	15.4	13.8	10.4	0.0
河南	Henan	11.4	2.9	2.7		
湖北	Hubei	78.9	25.8	21.3	11.2	5.9
湖南	Hunan	55.9	18.6	15.0	11.7	2.9
广东	Guangdong	284.9	84.2	74.0	28.4	2.3
广西	Guangxi	13.5	3.1	3.1		1.2
海南	Hainan	1.0	0.3	0.3		0.3
重庆	Chongqing	94.2	37.3	16.9	6.9	8.8
四川	Sichuan	65.4	15.6	11.2	2.8	0.9
贵州	Guizhou	0.6	0.2	0.2		
云南	Yunnan	13.5	4.4	2.7		1.8
西藏	Tibet	0.1				
陕西	Shaanxi	26.3	9.7	9.3	6.5	1.6
甘肃	Gansu	3.6	1.6	1.6	1.4	
青海	Qinghai					
宁夏	Ningxia					
新疆	Xinjiang	6.5	2.5	2.3	1.5	0.9

第5篇

国际收支

BALANCE OF PAYMENTS

5-1 国际收支概况
Brief Table of BOP of China

单位：亿美元

Unit: USD 100 million

年 份 Year	经常账户差额 Current Account Balance	资本和金融账户差额 Capital and Financial Account Balance	净误差与遗漏 Net Errors and Omissions
1982	56.74	-59.53	2.79
1983	42.40	-40.67	-1.73
1984	20.30	-32.21	11.91
1985	-114.17	139.07	-24.90
1986	-70.35	82.67	-12.32
1987	3.00	10.71	-13.71
1988	-38.03	48.14	-10.11
1989	-43.18	42.26	0.92
1990	119.97	-88.63	-31.34
1991	132.71	-65.10	-67.61
1992	64.01	18.51	-82.52
1993	-119.04	217.07	-98.03
1994	76.58	21.17	-97.75
1995	16.18	162.12	-178.30
1996	72.42	83.05	-155.47
1997	369.63	-146.67	-222.96
1998	314.71	-127.35	-187.36
1999	211.14	-33.26	-177.88
2000	204.32	-86.26	-118.05
2001	174.05	-125.50	-48.56
2002	354.22	-432.16	77.94
2003	430.52	-512.75	82.24
2004	689.41	-819.08	129.67
2005	1323.78	-1553.00	229.21
2006	2318.43	-2354.71	36.28
2007	3531.83	-3664.73	132.90
2008	4205.69	-4394.13	188.44
2009	2432.57	-2018.74	-413.83
2010	2378.10	-1848.74	-529.36
2011	1360.97	-1223.31	-137.66
2012	2153.92	-1283.17	-870.74
2013	1482.04	-852.79	-629.25
2014	2360.47	-1691.74	-668.73
2015	3041.64	-912.07	-2129.58
2016	2022.03	272.50	-2294.53
2017	1951.17	179.30	-2130.46
2018	490.92	1111.11	-1602.03

注：根据《国际收支和国际投资头寸手册》(第六版)编制，资本和金融账户中包含储备资产。

Note：The table is compiled according to BPM6. Reserve asstes are included in capital and financial account.

5-2 国际收支平衡表
Balance of Payments

单位：万美元
Unit: USD 10000

项　目	Item	2017	2018
1. 经常账户	**Current account**	**19511667**	**4909159**
贷方	Credit	274501540	291357353
借方	Debit	-254989874	-286448195
1.A货物和服务	Goods and services	21700990	10292146
贷方	Credit	242927736	265100960
借方	Debit	-221226746	-254808814
1.A.a 货物	Goods	47594141	39517052
贷方	Credit	221621380	241744281
借方	Debit	-174027238	-202227229
1.A.b 服务	Services	-25893151	-29224905
贷方	Credit	21306356	23356680
借方	Debit	-47199507	-52581585
1.A.b.1 加工服务	Manufacturing services on physical inputs owned by others	1789435	1716076
贷方	Credit	1806958	1742431
借方	Debit	-17523	-26355
1.A.b.2 维护和维修服务	Maintenance and repair services n.i.e	371204	464693
贷方	Credit	596790	718471
借方	Debit	-225586	-253778
1.A.b.3 运输	Transport	-5597817	-6690270
贷方	Credit	3729126	4230379
借方	Debit	-9326943	-10920650
1.A.b.4 旅行	Travel	-21931595	-23695970
贷方	Credit	3855914	4038550
借方	Debit	-25787509	-27734520
1.A.b.5 建设	Construction	360908	493366
贷方	Credit	1225052	1355114
借方	Debit	-864145	-861748
1.A.b.6 保险和养老金服务	Insurance and pension services	-740236	-662465
贷方	Credit	406083	492701
借方	Debit	-1146319	-1155166
1.A.b.7 金融服务	Financial services	181462	124403
贷方	Credit	343172	333502
借方	Debit	-161710	-209099
1.A.b.8 知识产权使用费	Charges for the use of intellectual property	-2394345	-3022167
贷方	Credit	480303	556129

注：1.根据《国际收支和国际投资头寸手册》(第六版)编制。
　　2."贷方"按正值列示，"借方"按负值列示，差额等于"贷方"加上"借方"，本表除标注"贷方"和"借方"的项目外，其他项目均指差额。

Note: 1. The table is compiled according to BPM6.
　　2. "Credit" is presented as positive value while "debit" as negative value; the difference is the sum of the "Credit" and the "Debit"; all items here in refer to difference, unless marked with "Credit" or "Debit".

5-2 续表 1 continued 1

单位：万美元
Unit: USD 10000

项　目	Item	2017	2018
借方	Debit	-2874648	-3578295
1.A.b.9 电信、计算机和信息服务	Telecommunications, computer, and information services	749326	649016
贷方	Credit	2686040	3002321
借方	Debit	-1936714	-2353305
1.A.b.10 其他商业服务	Other business services	1692719	1912545
贷方	Credit	5930645	6615805
借方	Debit	-4237926	-4703260
1.A.b.11 个人、文化和娱乐服务	Personal, cultural, and recreational services	-198645	-242650
贷方	Credit	76332	95546
借方	Debit	-274977	-338196
1.A.b.12 别处未提及的政府服务	Government goods and services n.i.e	-175566	-271482
贷方	Credit	169940	175729
借方	Debit	-345506	-447211
1.B 初次收入	Primary income	-1003697	-5142019
贷方	Credit	28757028	23480711
借方	Debit	-29760725	-28622730
1.B.1 雇员报酬	Compensation of employees	1493687	816277
贷方	Credit	2169850	1810919
借方	Debit	-676163	-994642
1.B.2 投资收益	Investment income	-2541224	-6137576
贷方	Credit	26517490	21460626
借方	Debit	-29058714	-27598202
1.B.3 其他初次收入	Other primary income	43840	179280
贷方	Credit	69688	209166
借方	Debit	-25848	-29886
1.C 二次收入	Secondary income	-1185626	-240969
贷方	Credit	2816777	2775682
借方	Debit	-4002403	-3016651
2. 资本和金融账户	**Capital and financial account**	**1792961**	**11111118**
2.1 资本账户	Capital account	-9150	-56861
贷方	Credit	22747	29680
借方	Debit	-31897	-86541
2.2 金融账户	Financial account	1802111	11167979
资产	Assets	-42392037	-37210612
负债	Liabilities	44194147	48378592
2.2.1 非储备性质的金融账户	Financial account excluding reserve assets	10953685	13056690
资产	Financial assets excluding reserve assets	-33240463	-35321901
负债	Liabilities	44194147	48378592
2.2.1.1 直接投资	Direct investment	2779099	10701976
2.2.1.1.1 资产	Assets	-13829277	-9647226

5-2 续表 2 continued 2

单位：万美元
Unit: USD 10000

项 目	Item	2017	2018
2.2.1.1.1.1 股权	Equity and investment fund shares	-13629173	-7900463
2.2.1.1.1.2 关联企业债务	Debt instruments	-200103	-1746762
2.2.1.1.2负债	Liabilities	16608376	20349201
2.2.1.1.2.1 股权	Equity and investment fund shares	14056949	15439630
2.2.1.1.2.2 关联企业债务	Debt instruments	2551426	4909572
2.2.1.2 证券投资	Portfolio investment	2949779	10669772
2.2.1.2.1 资产	Assets	-9480319	-5350747
2.2.1.2.1.1 股权	Equity and investment fund shares	-3284748	-1771226
2.2.1.2.1.2 债券	Debt securities	-6195571	-3579521
2.2.1.2.2 负债	Liabilities	12430098	16020519
2.2.1.2.2.1 股权	Equity and investment fund shares	3620888	6066793
2.2.1.2.2.2 债券	Debt securities	8809210	9953726
2.2.1.3 金融衍生工具	Financial derivatives (other than reserves) and employee stock options	35365	-615344
2.2.1.3.1 资产	Assets	153844	-481552
2.2.1.3.2 负债	Liabilities	-118479	-133792
2.2.1.4 其他投资	Other investment	5189442	-7699713
2.2.1.4.1 资产	Assets	-10084711	-19842376
2.2.1.4.1.1 其他股权	Other equity	4044	-244
2.2.1.4.1.2 货币和存款	Currency and deposits	-5711113	-7311097
2.2.1.4.1.3 贷款	Loans	-4346600	-8183005
2.2.1.4.1.4 保险和养老金	Insurance, pension, and standardized guarantee schemes	-4728	-57270
2.2.1.4.1.5 贸易信贷	Trade credit and advances	-1940000	-6530000
2.2.1.4.1.6 其他	Other accounts receivable	1913686	2239240
2.2.1.4.2 负债	Liabilities	15274153	12142663
2.2.1.4.2.1 其他股权	Other equity		
2.2.1.4.2.2 货币和存款	Currency and deposits	10794366	5143649
2.2.1.4.2.3 贷款	Loans	5005957	3211516
2.2.1.4.2.4 保险和养老金	Insurance, pension, and standardized guarantee schemes	65686	20972
2.2.1.4.2.5 贸易信贷	Trade credit and advances	-120000	4080000
2.2.1.4.2.6 其他	Other accounts payable	-471856	-313474
2.2.1.4.2.7 特别提款权	Special drawing rights		
2.2.2 储备资产	Reserve assets	-9151574	-1888711
2.2.2.1 货币黄金	Monetary gold		
2.2.2.2 特别提款权	Special drawing rights	-73936	3276
2.2.2.3 在国际货币基金组织的储备头寸	Reserve position in the IMF	219040	-73282
2.2.2.4 外汇储备	Foreign exchange reserves	-9296678	-1818705
2.2.2.5 其他储备资产	Other reserve assets		
3.净误差与遗漏	**Net errors and omissions**	**-21304628**	**-16020277**

5-3 外债概况
Notes of China's External Debt at the Year-end

单位：亿美元

Unit: USD 100 million

年 份 Year	合 计 Outstanding Debt	中长期外债 Long-term Debt	短期外债 Short-term Debt
1985	158.3	94.1	64.2
1986	214.8	167.1	47.7
1987	302.0	244.8	57.2
1988	400.0	326.9	73.1
1989	413.0	370.3	42.7
1990	525.5	457.8	67.7
1991	605.6	502.6	103.0
1992	693.2	584.7	108.5
1993	835.7	700.2	135.5
1994	928.1	823.9	104.2
1995	1065.9	946.8	119.1
1996	1162.8	1021.7	141.1
1997	1309.6	1128.2	181.4
1998	1460.4	1287.0	173.4
1999	1518.3	1366.5	151.8
2000	1457.3	1326.5	130.8
2001	2033.0	1195.3	837.7
2002	2026.3	1155.5	870.8
2003	2193.6	1165.9	1027.7
2004	2629.9	1242.9	1387.1
2005	2965.4	1249.0	1716.4
2006	3385.9	1393.6	1992.3
2007	3892.2	1535.3	2356.8
2008	3901.6	1638.8	2262.8
2009	4286.5	1693.9	2592.6
2010	5489.4	1732.4	3757.0
2011	6950.0	1941.0	5009.0
2012	7369.9	1960.6	5409.3
2013	8631.7	1865.4	6766.3
2014	17799.0	4817.0	12982.0
2015	13829.8	4955.7	8874.1
2016	14158.0	5497.6	8660.4
2017	17579.6	6127.2	11452.4
2018	19652.1	6936.0	12716.1
构成 Proportion (%)			
1985	100.0	59.4	40.6
1986	100.0	77.8	22.2
1987	100.0	81.1	18.9
1988	100.0	81.7	18.3
1989	100.0	89.7	10.3
1990	100.0	87.1	12.9
1991	100.0	83.0	17.0
1992	100.0	84.3	15.7
1993	100.0	83.8	16.2
1994	100.0	88.8	11.2
1995	100.0	88.8	11.2
1996	100.0	87.9	12.1
1997	100.0	86.1	13.9
1998	100.0	88.1	11.9
1999	100.0	90.0	10.0
2000	100.0	91.0	9.0
2001	100.0	58.8	41.2
2002	100.0	57.0	43.0
2003	100.0	53.2	46.8
2004	100.0	47.3	52.7
2005	100.0	42.1	57.9
2006	100.0	41.2	58.8
2007	100.0	39.4	60.6
2008	100.0	42.0	58.0
2009	100.0	39.5	60.5
2010	100.0	31.6	68.4
2011	100.0	27.9	72.1
2012	100.0	26.6	73.4
2013	100.0	21.6	78.4
2014	100.0	27.1	72.9
2015	100.0	35.8	64.2
2016	100.0	38.8	61.2
2017	100.0	34.9	65.1
2018	100.0	35.3	64.7

注：2015年，中国按照国际货币基金组织的数据公布特殊标准(SDDS)调整了外债统计口径并对外公布全口径外债统计口径并对外公布全口径外债数据，将人民币外债纳入统计，并按签约期限划分中长期和短期外债。为保证数据的可比性，将2014年末外债数据相应调整为全口径外债数据(下同)。

Note: In accordance with the Special Data Dissemination Standard(SDDS) of the IMF, China adjusted the statistical coverage of external debt and disseminatied the full-scale data on China's external debt in 2015, including RMB-denominated external debt, which was classified into medium-and long-term external debt and short-term external debt by contract term. To ensure data's comparability, the external debt data at the end of 2014 have been adjusted to the full-scale data.

5-4 外债风险指标
Risk Indicators on Foreign Debts

单位：%
Unit: %

年　份 Year	偿债率 Debt Servicing Ratio	负债率 External Debt/GDP Ratio	债务率 External Debt/Foreign Exchange Income Ratio
1985	2.7	5.1	56.0
1986	15.4	7.1	72.1
1987	9.0	9.2	77.1
1988	6.5	9.8	87.1
1989	8.3	9.1	86.4
1990	8.7	13.3	91.6
1991	8.5	14.6	91.9
1992	7.1	14.1	87.9
1993	10.2	13.5	96.5
1994	9.1	16.4	78.0
1995	7.6	14.5	72.4
1996	6.0	13.5	67.7
1997	7.3	13.6	63.2
1998	10.9	14.2	70.4
1999	11.2	13.9	68.7
2000	9.2	12.0	52.1
2001	7.5	15.2	67.9
2002	7.9	13.8	55.5
2003	6.9	13.2	45.2
2004	3.2	13.4	40.2
2005	3.1	13.0	35.4
2006	2.1	12.3	31.9
2007	2.0	11.0	29.0
2008	1.8	8.5	24.7
2009	2.9	8.4	32.2
2010	1.6	9.0	29.2
2011	1.7	9.2	33.3
2012	1.6	8.6	32.8
2013	1.6	9.0	35.6
2014	2.6	17.0	69.9
2015	5.0	12.6	58.6
2016	6.1	12.7	64.4
2017	5.5	14.5	72.6
2018	5.5	14.4	74.1

注：1. 偿债率指当年外债还本付息额与当年国际收支口径的货物与服务贸易出口收入的比率。
2. 负债率指年末外债余额与当年国内生产总值的比率。
3. 债务率指年末外债余额与当年国际收支口径的货物与服务贸易出口收入的比率。

Note: a) Debt Servicing Ratio refers to the ratio of the repayment amount of the external debt principal and interest to the export revenue from trade in goods and services for the year in the balance of payments.
b) External Debt/GDP Ratio refers to the ratio of outstanding external debt as of the end of the year to the GDP for the year.
c) External Debt/Foreign Exchange Income Ratio refers to the ratio of outstanding external debt as of the end of the year to the export revenue from trade in goods and services for the year in the balance of payments.

5-5 人民币市场汇率(年平均汇价)

Reference Exchange Rate of Renminbi(Period Average)

单位：人民币元

Unit: RMB yuan

年 份 Year	美 元 US Dollar (100)	欧 元 EURO (100)	日 元 Japanese Yen (100)	港 币 Hong Kong Dollar (100)	英 镑 Pound (100)
1981	170.50		0.77	30.41	
1982	189.25		0.76	31.15	
1983	197.57		0.83	27.36	
1984	232.70		0.98	29.71	
1985	293.66		1.25	37.57	
1986	345.28		2.07	44.22	
1987	372.21		2.58	47.74	
1988	372.21		2.91	47.70	
1989	376.51		2.74	48.28	
1990	478.32		3.32	61.39	
1991	532.33		3.96	68.45	
1992	551.46		4.36	71.24	
1993	576.20		5.20	74.41	
1994	861.87		8.44	111.53	
1995	835.10		8.92	107.96	
1996	831.42		7.64	107.51	
1997	828.98		6.86	107.09	
1998	827.91		6.35	106.88	
1999	827.83		7.29	106.66	
2000	827.84		7.69	106.18	
2001	827.70		6.81	106.08	
2002	827.70	800.58	6.62	106.07	
2003	827.70	936.13	7.15	106.24	
2004	827.68	1029.00	7.66	106.23	
2005	819.17	1019.53	7.45	105.30	
2006	797.18	1001.90	6.86	102.62	
2007	760.40	1041.75	6.46	97.46	1522.13
2008	694.51	1022.27	6.74	89.19	1286.64
2009	683.10	952.70	7.30	88.12	1071.97
2010	676.95	897.25	7.73	87.13	1045.72
2011	645.88	900.11	8.11	82.97	1036.39
2012	631.25	810.67	7.90	81.38	1000.12
2013	619.32	822.19	6.33	79.85	967.93
2014	614.28	816.51	5.82	79.22	1012.91
2015	622.84	691.41	5.15	80.34	953.44
2016	664.23	734.26	6.12	85.58	898.55
2017	675.18	763.03	6.02	86.64	869.88
2018	661.74	780.16	5.99	84.43	881.87

5-6 人民币市场汇率(年末价)
Reference Exchange Rate of Renminbi(End of Period)

单位：人民币元

Unit: RMB yuan

年 份 Year	美 元 US Dollar (100)	欧 元 EURO (100)	日 元 Japanese Yen (100)	港 币 Hong Kong Dollar (100)	英镑 Pound (100)
1981	174.55		0.79	30.80	
1982	192.27		0.82	29.80	
1983	198.09		0.85	25.30	
1984	257.55		1.13	35.90	
1985	320.15		1.59	40.79	
1986	372.21		2.33	47.68	
1987	372.21		3.01	47.90	
1988	372.21		2.98	47.61	
1989	472.21		3.29	60.48	
1990	522.21		3.87	67.00	
1991	543.42		4.32	69.42	
1992	575.18		4.61	74.31	
1993	580.00		5.21	75.09	
1994	844.62		8.48	109.14	
1995	831.74		8.05	107.96	
1996	829.84		7.20	107.24	
1997	827.96		6.35	106.99	
1998	827.87		7.17	106.78	
1999	827.93		8.09	106.51	
2000	827.81		7.24	106.06	
2001	827.66		6.30	106.06	
2002	827.73	863.60	6.90	106.11	
2003	827.67	1033.83	7.73	106.57	
2004	827.65	1126.27	7.97	106.37	
2005	807.02	957.97	6.87	104.03	
2006	780.87	1026.65	6.56	100.47	
2007	730.46	1066.69	6.11	93.64	1458.07
2008	683.46	965.90	7.57	88.19	987.98
2009	682.82	979.71	7.38	88.05	1097.80
2010	662.27	880.65	8.13	85.09	1021.82
2011	630.09	816.25	8.11	81.07	971.16
2012	628.55	831.76	7.30	81.09	1016.11
2013	609.69	841.89	5.78	78.62	1005.56
2014	611.90	745.56	5.14	78.89	954.37
2015	649.36	709.52	5.39	83.78	961.59
2016	693.70	730.68	5.96	89.45	850.94
2017	653.42	780.23	5.79	83.59	877.92
2018	686.32	784.73	6.19	87.62	867.62

5-7 国家外汇储备和外债余额

Foreign Exchange Reserves and Outstanding External Debt

年 份 Year	黄金储备 (万盎司) Gold Reserves (10000 Ounces)	外汇储备 (亿美元) Foreign Exchange Reserves (USD 100 million)	外债余额 (亿美元) Outstanding External Debt (USD 100 million)
1979	1280	8.4	
1980	1280	-13.0	
1981	1267	27.1	
1982	1267	69.9	
1983	1267	89.0	
1984	1267	82.2	
1985	1267	26.4	158.3
1986	1267	20.7	214.8
1987	1267	29.2	302.0
1988	1267	33.7	400.0
1989	1267	55.5	413.0
1990	1267	110.9	525.5
1991	1267	217.1	605.6
1992	1267	194.4	693.2
1993	1267	212.0	835.7
1994	1267	516.2	928.1
1995	1267	736.0	1065.9
1996	1267	1050.3	1162.8
1997	1267	1398.9	1309.6
1998	1267	1449.6	1460.4
1999	1267	1546.8	1518.3
2000	1267	1655.7	1457.3
2001	1608	2121.7	2033.0
2002	1929	2864.1	2026.3
2003	1929	4032.5	2193.6
2004	1929	6099.3	2629.9
2005	1929	8188.7	2965.4
2006	1929	10663.4	3385.9
2007	1929	15282.5	3892.2
2008	1929	19460.3	3901.6
2009	3389	23991.5	4286.5
2010	3389	28473.4	5489.4
2011	3389	31811.5	6950.0
2012	3389	33115.9	7369.9
2013	3389	38213.2	8631.7
2014	3389	38430.2	17799.0
2015	5666	33303.6	13829.8
2016	5924	30105.2	14158.0
2017	5924	31399.5	17579.6
2018	5956	30727.1	19652.1

对外贸易

FOREIGN TRADE

第6篇

6-1 进出口额(按人民币计算)
Total Value of Imports and Exports by RMB

单位：亿元人民币

Unit: RMB 100 million

年 份 Year	进出口总额 Total	出口额 Exports	进口额 Imports	差额(+顺差，-逆差) Balance
1950	41.5	20.2	21.4	-1.2
1951	59.5	24.2	35.3	-11.1
1952	64.6	27.1	37.5	-10.3
1953	80.9	34.8	46.1	-11.3
1954	84.7	40.0	44.7	-4.7
1955	109.8	48.7	61.1	-12.4
1956	108.7	55.7	53.0	2.7
1957	104.5	54.5	50.0	4.6
1958	128.7	67.1	61.7	5.4
1959	149.3	78.1	71.2	6.8
1960	128.5	63.3	65.2	-1.8
1961	90.7	47.8	43.0	4.8
1962	80.9	47.1	33.8	13.3
1963	85.8	50.0	35.7	14.3
1964	97.5	55.4	42.1	13.4
1965	118.4	63.1	55.3	7.8
1966	127.1	66.0	61.1	5.0
1967	112.2	58.8	53.4	5.4
1968	108.5	57.6	50.9	6.7
1969	107.0	59.8	47.2	12.6
1970	112.9	56.8	56.1	0.7
1971	121.0	68.5	52.4	16.1
1972	147.0	82.9	64.0	18.9
1973	220.5	116.9	103.6	13.3
1974	292.2	139.4	152.8	-13.4
1975	290.4	143.0	147.4	-4.4
1976	264.1	134.8	129.3	5.4
1977	272.5	139.7	132.8	6.9
1978	355.0	167.7	187.4	-19.7
1979	454.6	211.7	242.9	-31.3
1980	570.0	271.2	298.8	-27.6
1981	735.3	367.6	367.7	-0.1
1982	771.4	413.8	357.5	56.3
1983	860.2	438.3	421.8	16.5
1984	1201.0	580.6	620.5	-39.9
1985	2066.7	808.9	1257.9	-449.0
1986	2580.4	1082.1	1498.3	-416.2
1987	3084.2	1470.0	1614.2	-144.3
1988	3821.8	1766.7	2055.1	-288.4
1989	4155.9	1956.1	2199.9	-243.8
1990	5560.1	2985.8	2574.3	411.6
1991	7225.8	3827.1	3398.7	428.5
1992	9119.6	4676.3	4443.3	233.0
1993	11271.0	5284.8	5986.2	-701.4
1994	20381.9	10421.8	9960.1	461.8
1995	23499.9	12451.8	11048.1	1403.7
1996	24133.9	12576.4	11557.4	1019.0
1997	26967.2	15160.7	11806.6	3354.1
1998	26849.7	15223.5	11626.1	3597.4
1999	29896.2	16159.8	13736.5	2423.3
2000	39273.3	20634.4	18638.8	1995.6
2001	42183.6	22024.4	20159.2	1865.3
2002	51378.2	26947.9	24430.3	2517.6
2003	70483.5	36287.9	34195.6	2092.3
2004	95539.1	49103.3	46435.8	2667.6
2005	116921.8	62648.1	54273.7	8374.4
2006	140974.7	77597.9	63376.9	14221.0
2007	166924.1	93627.1	73296.9	20330.2
2008	179921.5	100394.9	79526.5	20868.4
2009	150648.1	82029.7	68618.4	13411.3
2010	201722.3	107022.8	94699.5	12323.3
2011	236402.0	123240.6	113161.4	10079.2
2012	244160.2	129359.3	114801.0	14558.3
2013	258168.9	137131.4	121037.5	16094.0
2014	264241.8	143883.8	120358.0	23525.7
2015	245502.9	141166.8	104336.1	36830.7
2016	243386.5	138419.3	104967.2	33452.1
2017	278099.2	153309.4	124789.8	28519.6
2018	305008.1	164127.8	140880.3	23247.5

注：1.本表1979年以前为外贸业务统计数，1980年以后为海关进出口统计数。以下诸表同。
2.进出口差额负数为入超。

Note: a) Figures before 1980 are recorded by the Ministry of Foreign Trade and figures since 1980 are recorded by General Administration of Customs. The same to the following tables.
b) Negative figures in balance refer to unfavourable positions.

6-2 进出口额(按美元计算)
Total Value of Imports and Exports By USD

单位：亿美元

Unit: USD 100 million

年 份 Year	进出口总额 Total	出口额 Exports	进口额 Imports	差额(+顺差,-逆差) Balance
1950	11.4	5.5	5.8	-0.3
1951	19.6	7.6	12.0	-4.4
1952	19.4	8.2	11.2	-3.0
1953	23.7	10.2	13.5	-3.2
1954	24.3	11.5	12.9	-1.4
1955	31.5	14.1	17.3	-3.2
1956	32.1	16.5	15.6	0.8
1957	31.0	16.0	15.1	0.9
1958	38.7	19.8	18.9	0.9
1959	43.8	22.6	21.2	1.4
1960	38.1	18.6	19.5	-1.0
1961	29.4	14.9	14.5	0.5
1962	26.6	14.9	11.7	3.2
1963	29.2	16.5	12.7	3.8
1964	34.6	19.2	15.5	3.7
1965	42.5	22.3	20.2	2.1
1966	46.1	23.7	22.5	1.2
1967	41.6	21.4	20.2	1.2
1968	40.5	21.0	19.5	1.6
1969	40.3	22.0	18.3	3.8
1970	45.9	22.6	23.3	-0.7
1971	48.4	26.4	22.1	4.3
1972	63.0	34.4	28.6	5.9
1973	109.8	58.2	51.6	6.6
1974	145.7	69.5	76.2	-6.7
1975	147.5	72.6	74.9	-2.2
1976	134.3	68.6	65.8	2.8
1977	148.0	75.9	72.1	3.8
1978	206.4	97.5	108.9	-11.5
1979	293.3	136.6	156.8	-20.2
1980	381.4	181.2	200.2	-19.0
1981	440.2	220.1	220.2	-0.1
1982	416.1	223.2	192.9	30.4
1983	436.2	222.3	213.9	8.4
1984	535.5	261.4	274.1	-12.7
1985	696.0	273.5	422.5	-149.0
1986	738.5	309.4	429.0	-119.6
1987	826.5	394.4	432.2	-37.8
1988	1027.8	475.2	552.7	-77.5
1989	1116.8	525.4	591.4	-66.0
1990	1154.4	620.9	533.5	87.5
1991	1356.3	718.4	637.9	80.5
1992	1655.3	849.4	805.9	43.6
1993	1957.0	917.4	1039.6	-122.2
1994	2366.2	1210.1	1156.2	53.9
1995	2808.6	1487.8	1320.8	167.0
1996	2898.8	1510.5	1388.3	122.2
1997	3251.6	1827.9	1423.7	404.2
1998	3239.5	1837.1	1402.4	434.8
1999	3606.3	1949.3	1657.0	292.3
2000	4743.0	2492.0	2250.9	241.1
2001	5096.5	2661.0	2435.5	225.5
2002	6207.7	3256.0	2951.7	304.3
2003	8509.9	4382.3	4127.6	254.7
2004	11545.5	5933.3	5612.3	321.0
2005	14219.1	7619.5	6599.5	1020.0
2006	17604.4	9689.8	7914.6	1775.2
2007	21761.8	12200.6	9561.2	2639.4
2008	25632.6	14306.9	11325.6	2981.3
2009	22075.4	12016.1	10059.2	1956.9
2010	29740.0	15777.5	13962.5	1815.1
2011	36418.6	18983.8	17434.8	1549.0
2012	38671.2	20487.1	18184.1	2303.1
2013	41589.9	22090.0	19499.9	2590.2
2014	43015.3	23422.9	19592.4	3830.6
2015	39530.3	22734.7	16795.6	5939.0
2016	36855.6	20976.3	15879.3	5097.1
2017	41071.4	22633.5	18437.9	4195.5
2018	46224.2	24866.8	21357.3	3509.5

6-3 进出口额指数(按美元计算)

Indices of Total Value of Imports and Exports by USD

(1980年=100) (Year of 1980 =100)

年 份 Year	进出口总额 Total	出口额 Exports	进口额 Imports
1980	100.00	100.00	100.00
1981	115.43	121.46	109.98
1982	109.10	123.19	96.34
1983	114.37	122.67	106.86
1984	140.42	144.26	136.93
1985	182.51	150.95	211.08
1986	193.64	170.77	214.34
1987	216.73	217.66	215.90
1988	269.52	262.24	276.11
1989	292.84	289.96	295.45
1990	302.70	342.68	266.50
1991	355.66	396.51	318.68
1992	434.04	468.79	402.58
1993	513.17	506.34	519.35
1994	620.47	667.84	577.58
1995	736.48	821.13	659.86
1996	760.12	833.64	693.58
1997	852.64	1008.84	711.25
1998	849.46	1013.92	700.59
1999	945.64	1075.84	827.79
2000	1243.70	1375.37	1124.51
2001	1336.40	1468.61	1216.73
2002	1627.77	1796.99	1474.60
2003	2231.46	2418.61	2062.05
2004	3027.46	3274.61	2803.76
2005	3728.51	4205.27	3296.96
2006	4616.21	5347.86	3953.94
2007	5706.35	6733.59	4776.51
2008	6721.35	7896.09	5658.00
2009	5788.59	6631.78	5025.34
2010	7798.41	8707.73	6975.31
2011	9549.67	10477.29	8710.02
2012	10140.34	11306.99	9084.30
2013	10905.69	12191.64	9741.66
2014	11279.44	12927.28	9787.86
2015	10365.62	12547.43	8390.69
2016	9664.25	11576.97	7932.89
2017	10769.71	12491.56	9211.14
2018	12120.87	13724.17	10669.60

6–4 进出口额同比增速(按美元计算)
Growth Rates of Import and Export Value by USD

年 份 Year	进出口总额 Total (%)	出口额 Exports (%)	进口额 Imports (%)
1980	30.0	32.7	27.7
1981	15.4	21.5	10.0
1982	-5.5	1.4	-12.4
1983	4.8	-0.4	10.9
1984	22.8	17.6	28.1
1985	30.0	4.6	54.1
1986	6.1	13.1	1.5
1987	11.9	27.5	0.7
1988	24.4	20.5	27.9
1989	8.7	10.6	7.0
1990	3.4	18.2	-9.8
1991	17.5	15.7	19.6
1992	22.0	18.2	26.3
1993	18.2	8.0	29.0
1994	20.9	31.9	11.2
1995	18.7	23.0	14.2
1996	3.2	1.5	5.1
1997	12.2	21.0	2.5
1998	-0.4	0.5	-1.5
1999	11.3	6.1	18.2
2000	31.5	27.8	35.8
2001	7.5	6.8	8.2
2002	21.8	22.4	21.2
2003	37.1	34.6	39.8
2004	35.7	35.4	36.0
2005	23.2	28.4	17.6
2006	23.8	27.2	19.9
2007	23.6	25.9	20.8
2008	17.8	17.3	18.5
2009	-13.9	-16.0	-11.2
2010	34.7	31.3	38.8
2011	22.5	20.3	24.9
2012	6.2	7.9	4.3
2013	7.5	7.8	7.2
2014	3.4	6.0	0.5
2015	-8.1	-2.9	-14.3
2016	-6.8	-7.7	-5.5
2017	11.4	7.9	16.1
2018	12.5	9.9	15.8

6–5 中国出口额占国内生产总值的比重

China's Export Proportion in GDP

单位：亿元人民币
Unit: RMB 100 million

年 份 Year	国内生产总值 GDP	出 口 额 Exports	出口额占国内生产总值的比重(%) Exports Proportion(%)
1980	4587.6	271.2	5.9
1981	4935.8	367.6	7.4
1982	5373.4	413.8	7.7
1983	6020.9	438.3	7.3
1984	7278.5	580.6	8.0
1985	9098.9	808.9	8.9
1986	10376.2	1082.1	10.4
1987	12174.6	1470.0	12.1
1988	15180.4	1766.7	11.6
1989	17179.7	1956.1	11.4
1990	18872.9	2985.8	15.8
1991	22005.6	3827.1	17.4
1992	27194.5	4676.3	17.2
1993	35673.2	5284.8	14.8
1994	48637.5	10421.8	21.4
1995	61339.9	12451.8	20.3
1996	71813.6	12576.4	17.5
1997	79715.0	15160.7	19.0
1998	85195.5	15223.5	17.9
1999	90564.4	16159.8	17.8
2000	100280.1	20634.4	20.6
2001	110863.1	22024.4	19.9
2002	121717.4	26947.9	22.1
2003	137422.0	36287.9	26.4
2004	161840.2	49103.3	30.3
2005	187318.9	62648.1	33.4
2006	219438.5	77597.9	35.4
2007	270092.3	93627.1	34.7
2008	319244.6	100394.9	31.4
2009	348517.7	82029.7	23.5
2010	412119.3	107022.8	26.0
2011	487940.2	123240.6	25.3
2012	538580.0	129359.3	24.0
2013	592963.2	137131.4	23.1
2014	641280.6	143883.8	22.4
2015	685992.9	141166.8	20.6
2016	740060.8	138419.3	18.7
2017	820754.3	153309.4	18.7
2018	900309.5	164127.8	18.2

6-6 中国出口额占世界出口总额的比重和位次

China's Export Share and Ranking in the World

单位：亿美元
Unit: USD 100 million

年 份 Year	世界出口总额 World Exports	中国出口额 China Exports	中国出口额占世界出口总额的比重(%) China's Share (%)	位 次 Ranking
1980	20361	181	0.9	26
1981	20144	220	1.1	19
1982	18858	223	1.2	17
1983	18460	222	1.2	17
1984	19557	261	1.3	18
1985	19529	274	1.4	17
1986	21385	309	1.4	16
1987	25155	394	1.6	16
1988	28689	475	1.7	16
1989	30989	525	1.7	14
1990	34897	621	1.8	15
1991	35114	718	2.0	13
1992	37792	849	2.2	11
1993	37947	917	2.4	11
1994	43283	1210	2.8	11
1995	51676	1488	2.9	11
1996	54061	1510	2.8	11
1997	55923	1828	3.3	10
1998	55031	1837	3.3	9
1999	57194	1949	3.4	9
2000	64548	2492	3.9	7
2001	61929	2661	4.3	6
2002	64980	3256	5.0	5
2003	75861	4382	5.8	4
2004	92214	5933	6.4	3
2005	105076	7620	7.3	3
2006	121284	9690	8.0	3
2007	140262	12201	8.7	2
2008	161652	14307	8.9	2
2009	125605	12016	9.6	1
2010	153009	15778	10.3	1
2011	183381	18984	10.4	1
2012	185111	20487	11.1	1
2013	189506	22090	11.7	1
2014	189847	23423	12.3	1
2015	165306	22735	13.8	1
2016	160305	20976	13.1	1
2017	177319	22633	12.8	1
2018	194754	24867	12.8	1

注：根据WTO网站公布的数据对历年“世界出口总额”进行了调整。
Note: "World Exports" from 1980 to 2017 is adjusted according to the statistics from WTO website.

6–7 分贸易方式进出口总额
Imports and Exports by Customs Regime

单位：万美元
Unit: USD 10000

贸易方式	Customs Regime	2017 出口 Exports	2017 进口 Imports	2018 出口 Exports	2018 进口 Imports
合　计	**Total**	**226337133**	**184379294**	**248668151**	**213573388**
一般贸易	Ordinary Trade	123002023	108536506	140040975	127412221
国家间、国际组织无偿援助和赠送的物资	Aid or Donation between Governments or by International Organizations	53821	258	71668	481
其他捐赠物资	Other Donation	221	533	657	6932
来料加工装配贸易	Processing and Assembling with Materials Provided Abroad	7989943	8469668	8781377	9171336
进料加工贸易	Processing with Imported Materials	67886853	34658080	70922877	37837044
寄售代销贸易	Goods on Consignment		166	26	
边境小额贸易	Border Trade	3023696	889442	3111583	922683
加工贸易进口设备	Equipment Imported for Processing and Assembling		74956		106219
对外承包工程出口货物	Contracting Projects	1539426		1700005	
租赁贸易	Goods on Lease	15487	197009	15051	416805
外商投资企业作为投资进口的设备、物品	Equipment or Materials Invested by Foreign-invested Enterprises		445940		351508
出料加工贸易	Outward Processing	20633	32659	22516	30042
易货贸易	Barter Trade	1515	9697	14	33
免税外汇商品	Duty-free Commodities		2128		2524
保税监管场所进出境货物	Customs Trade through Bonded Supervision Areas	4109823	11544799	4268816	15004895
海关特殊监管区域物流货物	Logistics Goods By Customs Special Control Area	9972192	17142594	12106401	19628657
海关特殊监管区域进口设备	Equipment Imported Into Customs Special Control Area		643828		851026
其他	Others	8721502	1731033	7626185	1830983

6-8 一般贸易与加工贸易进出口额

Imports and Exports by Ordinary Trade and Processing Trade

单位：亿美元

Unit: USD 100 million

年 份 Year	一般贸易 Ordinary Trade		加工贸易 Processing Trade		其他贸易 Other Trade Forms	
	出 口 Exports	进 口 Imports	出 口 Exports	进 口 Imports	出 口 Exports	进 口 Imports
1981	208.00	203.66	11.31	15.04	0.79	1.50
1982	206.69	170.17	15.77	21.28	0.74	1.45
1983	201.60	187.68	20.01	24.01	0.69	2.21
1984	231.62	238.49	29.29	31.47	0.49	4.14
1985	237.30	372.72	33.16	42.74	3.04	7.04
1986	250.95	352.07	51.41	63.90	7.04	13.13
1987	296.43	287.72	81.38	95.02	16.59	49.36
1988	325.96	352.08	128.33	137.46	20.91	63.16
1989	315.52	356.14	188.04	156.78	21.84	78.48
1990	354.60	262.00	254.20	187.60	12.10	83.90
1991	381.20	295.40	324.30	250.30	13.60	92.20
1992	436.80	336.20	396.07	315.14	16.53	154.56
1993	432.00	380.45	442.36	363.60	43.04	295.55
1994	615.60	355.20	569.80	475.70	24.70	325.20
1995	713.61	433.81	737.18	583.59	37.01	303.40
1996	628.24	393.63	843.27	622.75	38.99	371.92
1997	779.74	390.30	996.02	702.06	52.14	331.34
1998	742.35	436.80	1044.54	685.99	50.22	279.58
1999	791.35	670.40	1108.82	735.78	49.14	250.81
2000	1051.81	1000.79	1376.52	925.58	63.70	324.57
2001	1118.81	1134.56	1474.34	939.74	67.83	361.23
2002	1361.87	1291.11	1799.27	1222.00	94.82	438.59
2003	1820.34	1877.00	2418.49	1629.35	143.45	621.22
2004	2436.06	2481.45	3279.70	2216.95	217.50	913.89
2005	3150.63	2796.33	4164.67	2740.12	304.23	1063.08
2006	4162.33	3330.74	5103.55	3214.72	423.81	1369.15
2007	5393.55	4286.64	6175.60	3684.74	623.20	1590.20
2008	6628.62	5720.93	6751.14	3783.77	927.17	1820.92
2009	5298.12	5344.70	5868.62	3222.91	849.37	1491.62
2010	7206.12	7692.76	7402.79	4174.82	1168.63	2094.86
2011	9170.34	10076.21	8352.84	4697.56	1460.64	2661.07
2012	9878.99	10223.86	8626.77	4812.75	1981.38	3147.43
2013	10873.26	11098.59	8600.40	4966.62	2616.38	3434.68
2014	12033.91	11089.40	8842.18	5240.85	2546.84	3262.09
2015	12147.92	9224.02	7975.30	4466.10	2611.47	3105.53
2016	11313.69	9006.40	7153.31	3964.38	2509.32	2908.47
2017	12300.20	10853.65	7587.68	4312.77	2745.83	3271.50
2018	14004.10	12741.22	7970.43	4700.84	2892.29	3915.28

6-9 一般贸易与加工贸易进出口同比增速

Growth Rates of Imports and Exports by Ordinary Trade and Processing Trade

年 份 Year	一般贸易 Ordinary Trade		加工贸易 Processing Trade		其他贸易 Other Trade Forms	
	出 口(%) Exports	进 口(%) Imports	出 口(%) Exports	进 口(%) Imports	出 口(%) Exports	进 口(%) Imports
1982	-0.6	-16.4	39.4	41.5	-6.3	-3.3
1983	-2.5	10.3	26.9	12.8	-6.8	52.4
1984	14.9	27.1	46.4	31.1	-29.0	87.3
1985	2.5	56.3	13.2	35.8	520.4	70.0
1986	5.8	-5.5	55.0	49.5	131.6	86.5
1987	18.1	-18.3	58.3	48.7	135.7	275.9
1988	10.0	22.4	57.7	44.7	26.0	28.0
1989	-3.2	1.2	46.5	14.1	4.4	24.3
1990	12.4	-26.4	35.2	19.7	-44.6	6.9
1991	7.5	12.7	27.6	33.4	12.4	9.9
1992	14.6	13.8	22.1	25.9	21.5	67.6
1993	-1.1	13.2	11.7	15.4	160.4	91.2
1994	42.5	-6.6	28.8	30.8	-42.6	10.0
1995	15.9	22.1	29.4	22.7	49.8	-6.7
1996	-12.0	-9.3	14.4	6.7	5.3	22.6
1997	24.1	-0.8	18.1	12.7	33.7	-10.9
1998	-4.8	11.9	4.9	-2.3	-3.7	-15.6
1999	6.6	53.5	6.2	7.3	-2.2	-10.3
2000	32.9	49.3	24.1	25.8	29.6	29.4
2001	6.4	13.4	7.1	1.5	6.5	11.3
2002	21.7	13.8	22.0	30.0	39.8	21.4
2003	33.7	45.4	34.4	33.3	51.3	41.6
2004	33.8	32.2	35.6	36.1	51.6	47.1
2005	29.3	12.7	27.0	23.6	39.9	16.3
2006	32.1	19.1	22.5	17.3	39.3	28.8
2007	29.6	28.7	21.0	14.6	47.0	16.1
2008	22.9	33.5	9.3	2.7	48.8	14.6
2009	-20.1	-6.6	-13.1	-14.8	-8.4	-18.1
2010	36.0	43.9	26.1	29.5	37.6	40.4
2011	27.3	31.0	12.8	12.5	25.0	27.0
2012	7.7	1.5	3.3	2.5	35.7	18.3
2013	10.1	8.6	-0.3	3.2	32.0	9.1
2014	10.7	-0.1	2.8	5.5	-2.7	-5.0
2015	0.9	-16.8	-9.8	-14.8	2.5	-4.8
2016	-6.9	-2.4	-10.3	-11.2	-3.9	-6.3
2017	8.7	20.5	6.1	8.8	9.4	12.5
2018	13.9	17.4	5.0	9.0	5.3	19.7

6-10 我国同各国(地区)海关进出口总额

China's Foreign Trade with Related Countries and Territories

单位：万美元

Unit: USD 10000

国别（地区）	Country/Region	2017		2018	
		出口总额 Exports	进口总额 Imports	出口总额 Exports	进口总额 Imports
总　计	**Total**	**226337133**	**184379294**	**248668151**	**213573388**
亚洲	**Asia**	**109634007**	**103018441**	**118759869**	**119298429**
阿富汗	Afghanistan	54121	343	66759	2408
巴林	Bahrain	90252	12395	113552	15013
孟加拉国	Bangladesh	1516902	87515	1775306	98442
不丹	Bhutan	624	18	1283	1
文莱	Brunei	63759	35181	159195	24751
缅甸	Myanmar	894846	452635	1054777	468434
柬埔寨	Cambodia	478320	100758	600752	137666
塞浦路斯	Cyprus	52431	5334	73812	5399
朝鲜	Korea DPR	324510	173099	221706	21315
中国香港	Hong Kong, China	27921137	731718	30202160	850237
印度	India	6804225	1634537	7667566	1883335
印度尼西亚	Indonesia	3475739	2857431	4319141	3414978
伊朗	Iran	1858482	1855369	1393973	2110228
伊拉克	Iraq	833042	1381411	790332	2249527
以色列	Israel	891847	420624	927442	464116
日本	Japan	13725893	16579401	14704868	18066054
约旦	Jordan	280361	27919	296949	21418
科威特	Kuwait	311277	893495	331265	1534387
老挝	Laos	141935	160500	145400	201815
黎巴嫩	Lebanon	201061	2304	196928	4898
中国澳门	Macao, China	316895	10400	308919	6409
马来西亚	Malaysia	4171228	5442614	4537599	6320505
马尔代夫	Maldives	29563	62	39617	103
蒙古	Mongolia	123561	516731	164489	634411
尼泊尔	Nepal	96696	1785	107737	2200
阿曼	Oman	231645	1338328	286461	1889851
巴基斯坦	Pakistan	1825079	183322	1693332	217209
巴勒斯坦	Palestine	6906	12	7336	44
菲律宾	Philippines	3206593	1923918	3503664	2061160
卡塔尔	Qatar	168233	640027	248241	914639
沙特阿拉伯	Saudi Arabia	1837501	3176187	1742804	4585438
新加坡	Singapore	4501930	3424962	4903663	3372777
韩国	Korea Rep.	10270378	17755315	10875614	20464340
斯里兰卡	Sri Lanka	408800	31003	425505	32175
叙利亚	Syria	110281	133	127277	87
泰国	Thailand	3854173	4159608	4287872	4462964
土耳其	Turkey	1812151	378343	1778860	375686
阿联酋	United Arab Emirates	2872397	1231116	2965125	1623777
也门共和国	Republic of Yemen	164304	65996	187461	71993
越南	Vietnam	7161725	5037462	8387669	6395635
中华人民共和国	P. R. China		13236937		14622157
中国台湾	Taiwan, China	4397853	15596059	4864306	17759987
东帝汶	Timor Leste	13260	157	13239	301
哈萨克斯坦	Kazakhstan	1156444	637869	1135153	852661
吉尔吉斯斯坦	Kirghizia	533681	8706	555679	5433

6-10 续表 1 Continued 1

单位：万美元
Unit: USD 10000

国 别（地 区）	Country/Region	2017 出口总额 Exports	2017 进口总额 Imports	2018 出口总额 Exports	2018 进口总额 Imports
塔吉克斯坦	Tadzhikistan	130138	4674	142908	7684
土库曼斯坦	Turkmenistan	36812	657513	31693	811937
乌兹别克斯坦	Uzbekistan	274942	147145	394473	232446
亚洲其他国家(地区)	Other Countries (Regions) in Asia	79	71	11	0.3
非洲	**Africa**	**9471762**	**7592715**	**10489386**	**9926493**
阿尔及利亚	Algeria	678475	44832	792645	117770
安哥拉	Angola	225745	2069871	225314	2582651
贝宁	Benin	192651	9159	214995	4833
博茨瓦那	Botswana	23270	3355	28160	1423
布隆迪	Burundi	4525	693	3732	1193
喀麦隆	Cameroon	138861	50850	169422	109535
加那利群岛	Canary Is.	334	27	292	1
佛得角	Cape Verde	6924	1	7827	29
中非	Central Africa	1296	2811	1894	5425
塞卜泰(休达)	Ceuta	30		30	46
乍得	Chad	11536	27991	18459	9595
科摩罗	Comoros	6776	4	7920	3
刚果(布)	Congo	49784	396207	44596	681300
吉布提	Djibouti	217541	2	186378	20
埃及	Egypt	948564	134193	1198721	184252
赤道几内亚	Eq. Guinea	16622	148384	14515	213937
埃塞俄比亚	Ethiopia	266456	35758	253087	34530
加蓬	Gabon	44619	229361	38586	297672
冈比亚	Gambia	39865	9905	42619	2006
加纳	Ghana	482480	185294	481395	244201
几内亚	Guinea	123996	146675	135350	218762
几内亚比绍	Guinea-Bissau	3372	40	2983	764
科特迪瓦共和国	Cote d'lvoire	169255	15791	189179	25231
肯尼亚	Kenya	503465	16682	519720	17376
利比里亚	Liberia	210367	2886	195448	8927
利比亚	Libya	102797	136266	142823	477918
马达加斯加	Madagascar	100749	22709	101008	20006
马拉维	Malawi	26194	2733	22160	2736
马里	Mali	33725	6788	34551	8851
毛里塔尼亚	Mauritania	85915	78651	103686	86151
毛里求斯	Mauritius	76215	2244	80418	3744
摩洛哥	Morocco	317623	65060	368091	70690
莫桑比克	Mozambique	130675	52872	186178	63353
纳米比亚	Namibia	27214	29754	32371	50292
尼日尔	Niger	9788	9908	11626	17111
尼日利亚	Nigeria	1215316	162405	1340478	185309
留尼汪	Reunion	15352	3	16366	11
卢旺达	Rwanda	12867	2888	16559	3933
圣多美和普林西比	Sao Tome & Principe	690	0.1	726	5
塞内加尔	Senegal	204071	14970	214285	12860
塞舌尔	Seychelles	4882	147	6133	3
塞拉利昂	Sierra Leone	24243	33802	25302	17714
索马里	Somalia	47350	1180	63545	1655
南非	South Africa	1480877	2438860	1624838	2728749
西撒哈拉	Western Sahara	179		4	0.4

6-10 续表 2 Continued 2

单位：万美元
Unit: USD 10000

国 别（地 区）	Country/Region	2017		2018	
		出口总额 Exports	进口总额 Imports	出口总额 Exports	进口总额 Imports
苏丹	Sudan	222176	59080	188040	66517
坦桑尼亚	Tanzania	311955	33586	358314	39126
多哥	Togo	188635	7319	198925	14576
突尼斯	Tunisia	132799	19816	141460	19508
乌干达	Uganda	77737	3341	70640	4622
布基纳法索	Burkina Faso	18305	2044	22300	9512
刚果(金)	Congo DR	96998	328999	177325	565554
赞比亚	Zambia	70947	312275	96949	408285
津巴布韦	Zimbabwe	44382	87203	44568	88963
莱索托	Lesotho	6130	2485	6414	3009
梅利利亚	Melilla	1032	0.1	560	1
斯威士兰	Swaziland	3423	434	3640	2746
厄立特里亚	Eritrea	4295	17069	4285	31086
马约特岛	Mayotte	4151	1	3656	1
南苏丹共和国	Republic of South Sudan	5194	127005	7717	160414
非洲其他国家(地区)	Other Countries (Regions) in Africa	75	48	184	2
欧洲	**Europe**	**42897540**	**32713136**	**47459772**	**37943276**
比利时	Belgium	1573812	754990	1705507	696772
丹麦	Denmark	651102	421178	729175	438967
英国	United Kingdom	5671352	2232896	5654298	2387059
德国	Germany	7113440	9694011	7748934	10632482
法国	France	2766510	2679734	3067291	3220222
爱尔兰	Ireland	291263	811793	364989	1085958
意大利	Italy	2919996	2049794	3317161	2106219
卢森堡	Luxembourg	70094	30804	80557	31204
荷兰	Netherlands	6713167	1127204	7283469	1233269
希腊	Greece	475138	43004	649832	56251
葡萄牙	Portugal	344522	213918	375020	224906
西班牙	Spain	2291494	802777	2495225	875100
阿尔巴尼亚	Albania	45403	19622	53991	10804
安道尔	Andorra	127	10	187	15
奥地利	Austria	252713	586591	282754	692328
保加利亚	Bulgaria	116905	96918	144025	114643
芬兰	Finland	284570	425933	308576	478103
直布罗陀	Gibraltar	397	4	276	0.2
匈牙利	Hungary	604935	407722	654021	434207
冰岛	Iceland	11183	11009	25558	16576
列支敦士登	Liechtenstein	4623	12659	5183	12400
马耳他	Malta	209594	41091	143200	34920
摩纳哥	Monaco	1326	754	12018	1070
挪威	Norway	248899	312926	265100	342152
波兰	Poland	1787305	335351	2087621	364537
罗马尼亚	Romania	377796	182432	450711	216785
圣马力诺	San Marino	555	314	370	456
瑞典	Sweden	702573	788382	819086	895475
瑞士	Switzerland	316050	3289242	401577	3851584
爱沙尼亚	Estonia	100635	26034	103151	24519
拉脱维亚	Latvia	114824	17724	116609	21305
立陶宛	Lithuania	160027	25515	176296	33004
格鲁吉亚	Georgia	91262	6759	109554	5389

6-10 续表 3 Continued 3

单位：万美元

Unit: USD 10000

国 别（地 区）	Country/Region	2017		2018	
		出口总额 Exports	进口总额 Imports	出口总额 Exports	进口总额 Imports
亚美尼亚	Armenia	14385	30268	21318	30214
阿塞拜疆	Azerbaijan	38697	57745	51593	38202
白俄罗斯	Byelorussia	93336	51538	114159	57105
摩尔多瓦	Moldavia	9792	3396	10870	3839
俄罗斯	Russia	4283060	4139029	4796527	5914218
乌克兰	Ukraine	504065	233964	701850	264503
斯洛文尼亚	Slovenia	288693	49535	442423	59102
克罗地亚	Croatia	115964	18308	132716	21200
捷克	Czech	879297	369571	1190958	439905
斯洛伐克	Slovak	272948	258496	253585	524563
北马其顿	North Macedonia	7804	8669	10574	4834
波黑	Bosnia & Herzegovina	7882	5725	10972	7740
梵蒂冈城国	Vatican City State	8		1	0.1
法罗群岛	Faroe Islands	207	9980	267	12594
塞尔维亚	Serbia	54564	21159	72830	22387
黑山	Montenegro	13246	6640	17810	4174
欧洲其他国家（地区）	Other Countries (Regions) in Europe	1	17	0.3	17
拉丁美洲	**Latin America**	**13081617**	**12777394**	**14877758**	**15839412**
安提瓜和巴布达	Antigua and Barbuda	4487	1	5536	5
阿根廷	Argentina	906721	475423	841807	351715
阿鲁巴岛	Aruba	2430	1	3237	3
巴哈马	Bahamas	27849	2101	48003	1288
巴巴多斯	Barbados	10780	2477	13673	2128
伯利兹	Belize	8725	41	9267	26
玻利维亚	Bolivia	72917	35458	83617	32970
博内尔	Bonaire	112	0.1	64	
巴西	Brazil	2895054	5885716	3366487	7756952
开曼群岛	Cayman Is.	25697	1	10116	12
智利	Chile	1440985	2117553	1587363	2673071
哥伦比亚	Colombia	743975	388544	871765	588795
多米尼克	Dominica	4913	71	3450	12
哥斯达黎加	Costa Rica	149508	79162	166273	77722
古巴	Cuba	135704	39799	107554	48038
库腊索岛	Curacao	2969	1	4105	2
多米尼加共和国	Dominica Rep.	170295	16759	210838	18013
厄瓜多尔	Ecuador	296321	112774	371783	198870
法属圭亚那	French Guyana	1581	21	1386	14
格林纳达	Granada	1070	1	1315	0.3
瓜德罗普岛	Guadeloupe	3760	1	4261	1
危地马拉	Guatemala	195940	10684	233289	8657
圭亚那	Guyana	18864	3839	22203	4308
海地	Haiti	53257	761	61590	750
洪都拉斯	Honduras	84482	2394	98773	4827
牙买加	Jamaica	51657	4809	58332	7632
马提尼克岛	Martinique	2716	6	2229	2
墨西哥	Mexico	3590539	1180324	4400992	1400891
蒙特塞拉特	Montserrat	22	5	34	0.3
尼加拉瓜	Nicaragua	62414	2840	47400	10572
巴拿马	Panama	662697	6203	694013	8176
巴拉圭	Paraguay	156056	3302	167105	4017
秘鲁	Peru	695887	1336737	806469	1491430
波多黎各	Puerto Rico	59777	49634	88293	89317
萨巴	Saba	1		1	

6-10 续表 4 Continued 4

单位：万美元
Unit: USD 10000

国 别（地 区）	Country/Region	2017 出口总额 Exports	2017 进口总额 Imports	2018 出口总额 Exports	2018 进口总额 Imports
圣卢西亚	Saint Lucia	1592	6	1886	6
圣马丁岛	Saint Martin Is.	955		1321	0.1
圣文森特和格林纳丁斯	Saint Vincent & Grenadines	4209	44	3696	23
萨尔瓦多	El Salvador	77255	11637	92722	16439
苏里南	Surinam	17755	2624	21486	5303
特立尼达和多巴哥	Trinidad and Tobago	42989	18233	34713	38543
特克斯和凯科斯群岛	Turks & Caicos Is.	272	0.3	301	
乌拉圭	Uruguay	215152	265022	206443	255623
委内瑞拉	Venezuela	174641	721992	114579	743140
英属维尔京群岛	Virgin Is. (E)	1184	11	3682	3
圣其茨-尼维斯	St. Kitts-Nevis	869	70	1154	102
圣皮埃尔和密克隆	St. Pierre and Miquelon	4	3	2	
荷属安地列斯群岛	Andreas Is. (N)	4433	5	2864	12
拉美其他国家(地区)	Other Countries (Regions)in Latin America	147	307	289	3
北美洲	**North America**	**46124082**	**17450192**	**51372292**	**18371458**
加拿大	Canada	3137546	2042301	3515324	2835940
美国	United States	42973038	15394552	47839581	15512319
格陵兰	Greenland	249	13338	397	23191
百慕大群岛	Bermuda	13202	1	16930	8
北美洲其他国家(地区)	Other Countries (Regions) in North America	47		59	
大洋洲及太平洋群岛	**Oceanic and Pacific Islands**	**5126407**	**10789470**	**5709073**	**12154953**
澳大利亚	Australia	4143823	9500912	4733006	10581067
库克群岛	Cook Islands	742	577	519	250
斐济	Fiji	36550	1752	45667	2531
盖比群岛	Gambier Is.	3		5	4
瑙鲁	Nauru	42	28	191	12
新喀里多尼亚	New Caledonia (Fr)	8533	79467	13409	109371
瓦努阿图	Vanuatu	6559	1424	6342	1568
新西兰	New Zealand	510010	939110	577470	1108333
诺福克岛	Norfolk Islands	223	0.1	197	1
巴布亚新几内亚	Papua New Guinea	77499	207033	78558	282585
社会群岛	Society Is.	305		222	0.1
所罗门群岛	Solomon Is.	9258	55482	11824	62932
汤加	Tonga	2794	58	2495	12
土阿莫土群岛	Tuamotu Archipelago			0.4	1
土布艾群岛	Tubuai Is.				0.2
萨摩亚	Samoa	6388	53	7061	51
基里巴斯	Kiribati	1540	41	1784	10
图瓦卢	Tuvalu	1835	1	1243	1
密克罗尼西亚联邦	Micronesia Commonwealth	2629	1166	1854	2178
马绍尔群岛共和国	Marshall. Is.	309641	1827	216545	3316
帕劳共和国	Republic of Palau	1683	0.1	1373	4
法属波利尼西亚	Polynesia (F)	5932	541	7532	698
瓦利斯和浮图纳	Wallis and Futuna	30		29	0.4
大洋洲其他国家(地区)	Other Countries (Regions)in Oceania	388		1748	27
国别（地区)不详	**Others**	**1717**	**37946**	**0.1**	**39367**
东南亚国家联盟	**ASEAN**	**27950248**	**23595068**	**31899730**	**26860684**
欧洲联盟	**EU**	**37203099**	**24497040**	**40851002**	**27348403**
亚太经济合作组织	**APEC**	**143602794**	**123638158**	**159081039**	**139615397**

6-11 按国际贸易标准分类的进出口简表
Brief Table of Imports and Exports by SITC

单位：亿美元
Unit: USD 100 million

年份 Year	初级产品 Primary Goods		工业制品 Manufactured Goods	
	出口 Exports	进口 Imports	出口 Exports	进口 Imports
1980	91.14	69.59	90.05	130.58
1981	102.48	80.44	117.59	139.71
1982	100.50	76.34	122.71	116.51
1983	96.20	58.08	126.06	155.82
1984	119.34	52.08	142.05	222.02
1985	138.28	52.89	135.22	369.63
1986	112.72	56.49	196.70	372.55
1987	132.31	69.15	262.06	363.01
1988	144.06	100.68	331.10	452.07
1989	150.78	117.54	374.60	473.86
1990	158.86	98.53	462.05	434.92
1991	161.45	108.34	556.98	529.57
1992	170.04	132.55	679.36	673.30
1993	166.66	142.10	750.78	897.49
1994	197.08	164.86	1012.98	991.28
1995	214.85	244.17	1272.95	1076.67
1996	219.25	254.41	1291.23	1133.92
1997	239.53	286.20	1588.39	1137.50
1998	204.89	229.49	1632.20	1172.88
1999	199.41	268.46	1749.90	1388.53
2000	254.60	467.39	2237.43	1783.55
2001	263.38	457.43	2397.60	1978.10
2002	285.40	492.71	2970.56	2458.99
2003	348.12	727.63	4034.16	3399.96
2004	405.49	1172.67	5527.77	4439.62
2005	490.37	1477.14	7129.16	5122.39
2006	529.19	1871.29	9160.17	6043.32
2007	615.09	2430.85	11562.67	7128.65
2008	779.57	3623.95	13527.36	7701.67
2009	631.12	2898.04	11384.83	7161.19
2010	816.86	4338.50	14960.69	9623.94
2011	1005.45	6042.69	17978.36	11392.15
2012	1005.58	6349.34	19481.56	11834.71
2013	1072.68	6580.81	21017.36	12919.09
2014	1126.92	6469.40	22296.01	13122.95
2015	1039.27	4720.57	21695.41	12075.07
2016	1051.87	4410.55	19924.44	11468.71
2017	1177.33	5796.38	21456.38	12641.55
2018	1349.93	7017.44	23516.89	14339.90

6-12 按国际贸易标准分类的进出口同比增速
Growth Rates of Imports and Exports by SITC

年 份 Year	初级产品 Primary Goods		工业制成品 Manufactured Goods	
	出 口 Exports (%)	进 口 Imports (%)	出 口 Exports (%)	进 口 Imports (%)
1981	12.4	15.6	30.6	7.0
1982	-1.9	-5.1	4.4	-16.6
1983	-4.3	-23.9	2.7	33.7
1984	24.1	-10.3	12.7	42.5
1985	15.9	1.6	-4.8	66.5
1986	-18.5	6.8	45.5	0.8
1987	17.4	22.4	33.2	-2.6
1988	8.9	45.6	26.3	24.5
1989	4.7	16.7	13.1	4.8
1990	5.4	-16.2	23.3	-8.2
1991	1.6	10.0	20.5	21.8
1992	5.3	22.3	22.0	27.1
1993	-2.0	7.2	10.5	33.3
1994	18.3	16.0	34.9	10.5
1995	9.0	48.1	25.7	8.6
1996	2.0	4.2	1.4	5.3
1997	9.2	12.5	23.0	0.3
1998	-14.5	-19.8	2.8	3.1
1999	-2.7	17.0	7.2	18.4
2000	27.7	74.1	27.9	28.4
2001	3.4	-2.1	7.2	10.9
2002	8.4	7.7	23.9	24.3
2003	22.0	47.7	35.8	38.3
2004	16.5	61.2	37.0	30.6
2005	20.9	26.0	29.0	15.4
2006	7.9	26.7	28.5	18.0
2007	16.2	29.9	26.2	18.0
2008	26.7	49.1	17.0	8.0
2009	-19.0	-20.0	-15.8	-7.0
2010	29.4	49.7	31.4	34.4
2011	23.1	39.3	20.2	18.4
2012	0.0	5.1	8.4	3.9
2013	6.7	3.6	7.9	9.2
2014	5.1	-1.7	6.1	1.6
2015	-7.8	-27.0	-2.7	-8.0
2016	1.2	-6.6	-8.2	-5.0
2017	11.9	31.4	7.7	10.2
2018	14.7	21.1	9.6	13.4

6–13 按国际贸易标准分出口商品金额
Value of Exports by SITC

单位：亿美元
Unit: USD 100 million

商品分类	Category	2016	2017	2018
总　额	**Total**	**20976.31**	**22633.71**	**24866.82**
一、初级产品	**Primary Goods**	**1051.87**	**1177.33**	**1349.93**
食品及活动物	Food and Live Animals	610.98	626.26	654.71
饮料及烟类	Beverages and Tobacco	35.39	34.68	37.13
非食用原料(燃料除外)	Crude Materials, Inedible(Except Fuels)	131.02	154.40	180.21
矿物燃料、润滑油及有关原料	Mineral Fuels，Lubricants and Related Materials	268.73	353.89	467.22
动植物油、脂及蜡	Animal and Vegetable Oils，Fats and Waxes	5.75	8.10	10.65
二、工业制成品	**Manufactured Goods**	**19924.44**	**21456.38**	**23516.89**
化学成品及有关产品	Chemicals and Related Products	1219.29	1412.93	1674.66
按原料分类的制成品	Manufactured Goods Classified Chiefly by Material	3512.45	3685.64	4046.59
机械及运输设备	Machinery and Transport Equipment	9842.12	10823.29	12077.88
杂项制品	Miscellaneous Manufactured Articles	5294.88	5476.92	5656.06
未分类的其他商品	Products Not Classified Elsewhere	55.70	57.60	61.71

6–14 按国际贸易标准分进口商品金额
Value of Imports by SITC

单位：亿美元
Unit: USD 100 million

商品分类	Category	2016	2017	2018
总　额	**Total**	**15879.26**	**18437.93**	**21357.34**
一、初级产品	**Primary Goods**	**4410.55**	**5796.38**	**7017.44**
食品及活动物	Food and Live Animals	491.56	543.14	648.01
饮料及烟类	Beverages and Tobacco	60.96	70.28	76.65
非食用原料(燃料除外)	Crude Materials, Inedible(Except Fuels)	2025.45	2610.00	2721.44
矿物燃料、润滑油及有关原料	Mineral Fuels，Lubricants and Related Materials	1765.26	2496.17	3493.56
动植物油、脂及蜡	Animal and Vegetable Oils，Fats and Waxes	67.32	76.78	77.78
二、工业制成品	**Manufactured Goods**	**11468.71**	**12641.55**	**14339.90**
化学成品及有关产品	Chemicals and Related Products	1641.17	1937.31	2236.36
按原料分类的制成品	Manufactured Goods Classified Chiefly by Material	1219.20	1351.47	1513.51
机械及运输设备	Machinery and Transport Equipment	6578.25	7348.65	8396.56
杂项制品	Miscellaneous Manufactured Articles	1261.41	1343.32	1437.40
未分类的其他商品	Products Not Classified Elsewhere	768.68	660.79	756.07

6–15 按国际贸易标准分出口商品构成
Composition of Exports by SITC

单位：%
Unit: %

商品分类	Category	2016	2017	2018
总　　额	**Total**	**100.00**	**100.00**	**100.00**
一、初级产品	**Primary Goods**	**5.01**	**5.20**	**5.43**
食品及活动物	Food and Live Animals	2.91	2.77	2.63
饮料及烟类	Beverages and Tobacco	0.17	0.15	0.15
非食用原料(燃料除外)	Crude Materials, Inedible(Except Fuels)	0.62	0.68	0.72
矿物燃料、润滑油及有关原料	Mineral Fuels，Lubricants and Related Materials	1.28	1.56	1.88
动植物油、脂及蜡	Animal and Vegetable Oils，Fats and Waxes	0.03	0.04	0.04
二、工业制成品	**Manufactured Goods**	**94.99**	**94.80**	**94.57**
化学成品及有关产品	Chemicals and Related Products	5.81	6.24	6.73
按原料分类的制成品	Manufactured Goods Classified Chiefly by Material	16.74	16.28	16.27
机械及运输设备	Machinery and Transport Equipment	46.92	47.82	48.57
杂项制品	Miscellaneous Manufactured Articles	25.24	24.20	22.75
未分类的其他商品	Products Not Classified Elsewhere	0.27	0.25	0.25

6–16 按国际贸易标准分进口商品构成
Composition of Imports by SITC

单位：%
Unit: %

商品分类	Category	2016	2017	2018
总　　额	**Total**	**100.00**	**100.00**	**100.00**
一、初级产品	**Primary Goods**	**27.78**	**31.44**	**32.86**
食品及活动物	Food and Live Animals	3.10	2.95	3.03
饮料及烟类	Beverages and Tobacco	0.38	0.38	0.36
非食用原料(燃料除外)	Crude Materials, Inedible(Except Fuels)	12.76	14.16	12.74
矿物燃料、润滑油及有关原料	Mineral Fuels，Lubricants and Related Materials	11.12	13.54	16.36
动植物油、脂及蜡	Animal and Vegetable Oils，Fats and Waxes	0.42	0.42	0.36
二、工业制成品	**Manufactured Goods**	**72.22**	**68.56**	**67.14**
化学成品及有关产品	Chemicals and Related Products	10.34	10.51	10.47
按原料分类的制成品	Manufactured Goods Classified Chiefly by Material	7.68	7.33	7.09
机械及运输设备	Machinery and Transport Equipment	41.43	39.86	39.31
杂项制品	Miscellaneous Manufactured Articles	7.94	7.29	6.73
未分类的其他商品	Products Not Classified Elsewhere	4.84	3.58	3.54

6-17 按商品类章分出口商品金额
Value of Exports of Goods by HS Section and Division

商品分类	HS Section and Division	2017 亿元人民币 RMB 100 million	2017 亿美元 USD 100 million	2018 亿元人民币 RMB 100 million	2018 亿美元 USD 100 million
总　　额	**Total**	**153311.19**	**22633.71**	**164127.81**	**24866.82**
第一类　活动物；动物产品	**LIVE ANIMALS；ANIMAL PRODUCTS**	**1194.06**	**176.28**	**1174.30**	**177.89**
01章　活动物	Live animals	38.06	5.62	35.91	5.44
02章　肉及食用杂碎	Meat and edible meat offal	62.10	9.16	57.15	8.66
03章　鱼、甲壳动物、软体动物及其他水生无脊椎动物	Fish and crustaceans molluscs and other aquatic invertebrates	897.71	132.53	876.19	132.56
04章　乳品；蛋品；天然蜂蜜；其他食用动物产品	Dairy produce；birds' eggs；natural honey；edible products of animal origin，not elsewhere specified or included	39.85	5.88	38.90	5.90
05章　其他动物产品	Products of animal origin，not elsewhere specified or included	156.34	23.09	166.16	25.33
第二类　植物产品	**VEGETABLE PRODUCTS**	**1701.14**	**251.39**	**1690.73**	**255.72**
06章　活树及其他活植物；鳞茎、根及类似品；插花及装饰用簇叶	Live tree and other plants；bulbs，roots and the like；cut flowers and ornamental foliage	22.91	3.38	25.06	3.79
07章　食用蔬菜、根及块茎	Edible vegetables and certain roots and tubers	756.45	111.64	693.98	105.17
08章　食用水果及坚果；甜瓜或柑桔属水果的果皮	Edible fruit and nuts；peel of citrus fruit or melons	359.66	53.37	351.80	52.85
09章　咖啡、茶、马黛茶及调味香料	Coffee，tea，mate and spices	198.65	29.31	216.13	32.78
10章　谷物	Cereals	45.34	6.70	62.98	9.50
11章　制粉工业产品；麦芽；淀粉；菊粉；面筋	Products of the milling industry；malt；starches；inulin；wheat gluten	38.87	5.75	52.17	7.92
12章　含油子仁及果实；杂项子仁及果实；工业用或药用植物；稻草、秸秆及饲料	Oil seeds and oleaginous fruits；miscellaneous grains，seeds and fruit；industrial or medicinal plants；straw and fodder	179.04	26.46	179.44	27.15
13章　虫胶；树胶、树脂及其他植物液、汁	Lac；gums，resins and other vegetable saps and extracts	91.35	13.48	100.75	15.29
14章　编结用植物材料；其他植物产品	Vegetable plaiting materials；vegetable products not elsewhere specified or included	8.88	1.31	8.43	1.28
第三类　动、植物油、脂及其分解产品；精制的食用油脂；动、植物蜡	**ANIMAL OR VEGETABLE FATS AND OILS AND THEIR CLEAVAGE PRODUCTS；PREPARED EDIBLE FATS；ANIMAL OR VEGETABLE WAXES**	**56.79**	**8.39**	**72.09**	**10.93**
15章　动、植物油、脂及其分解产品；精制的食用油脂；动、植物蜡	Animal or vegetable fats and oils and their cleavage products；prepared edible fats；animal or vegetable waxes	56.79	8.39	72.09	10.93
第四类　食品；饮料、酒及醋；烟草、烟草及烟草代用品的制品	**PREPARED FOODSTUFFS；BEVERAGES, SPIRITS AND VINEGAR；TOBACCO AND MANUFACTURED TOBACCO SUBSTITUTES**	**2030.08**	**299.76**	**2184.40**	**331.05**
16章　肉、鱼、甲壳动物、软体动物及其他水生无脊椎动物的制品	Preparations of meat，of fish or of crustaceans，molluscs or other aquatic invertebrates	610.87	90.24	676.97	102.52
17章　糖及糖食	Sugars and sugar confectionery	119.19	17.59	120.77	18.29
18章　可可及可可制品	Cocoa and cocoa preparations	25.39	3.76	27.09	4.07
19章　谷物、粮食粉、淀粉或乳的制品；糕饼点心	Preparations of cereals，flour，starch or milk；pastry-cooks' products	111.75	16.50	131.99	19.93

6-17 续表 1 Continued 1

商品分类	HS Section and Division	2017 亿元人民币 RMB 100 million	2017 亿美元 USD 100 million	2018 亿元人民币 RMB 100 million	2018 亿美元 USD 100 million
20章 蔬菜、水果、坚果或植物其他部分的制品	Preparations of vegetables, fruit, nuts or other parts of plants	521.12	76.94	530.48	80.50
21章 杂项食品	Miscellaneous edible preparations	220.88	32.60	242.63	36.79
22章 饮料、酒及醋	Beverages, spirits and vinegar	150.86	22.27	155.97	23.69
23章 食品工业的残渣及废料；配制的动物饲料	Residues and waste from the food industries; prepared animal fodder	180.25	26.59	204.94	31.17
24章 烟草及烟草代用品的制品	Tobacco and manufactured tobacco substitutes	89.78	13.27	93.57	14.09
第五类 矿产品	**MINERAL PRODUCTS**	**2666.53**	**393.26**	**3390.75**	**516.06**
25章 盐；硫磺；泥土及石料；石膏料、石灰及水泥	Salt; sulphur; earths and stone; plastering materials, lime and cement	218.02	32.18	244.54	37.17
26章 矿砂、矿渣及矿灰	Ores, slag and ash	48.50	7.17	76.61	11.64
27章 矿物燃料、矿物油及其蒸馏产品；沥青物质；矿物蜡	Mineral fuels, mineral oils and products of their distillation; bituminous substances; mineral waxes	2400.01	353.91	3069.60	467.24
第六类 化学工业及其相关工业的产品	**PRODUCTS OF THE CHEMICAL OR INDUSTRIES ALLIED**	**7755.52**	**1144.52**	**8995.35**	**1365.39**
28章 无机化学品；贵金属、稀土金属、放射性元素及其同位素的有机及无机化合物	Inorganic chemicals; organic or inorganic compounds of precious metals, of rare- earth metals, of radioactive elements or of isotopes	1016.37	150.04	1324.17	200.89
29章 有机化学品	Organic chemicals	3370.52	497.36	3936.04	597.62
30章 药品	Pharmaceutical products	498.76	73.64	584.68	88.70
31章 肥料	Fertilizers	410.29	60.43	463.06	70.22
32章 鞣料浸膏及染料浸膏；鞣酸及其衍生物；染料、颜料及其他着色料；油漆及清漆；油灰及其他类似胶粘剂；墨水、油墨	Tanning or dyeing extracts; tannins and their derivatives; dyes, pigments and other colouring matter; paints and varnishes; putty and other mastics; inks	473.89	69.91	511.02	77.66
33章 精油及香膏；芳香料制品及化妆盥洗品	Essential oils and retinoid; perfumery, cosmetic or toilet preparations	327.26	48.32	371.36	56.19
34章 肥皂、有机表面活性剂、洗涤剂、润滑剂、人造蜡、调制蜡、光洁剂、蜡烛及类似品、塑型用膏、"牙科用蜡"及牙科用熟石膏制剂	Soap, organic surface-active agents, washing preparations, lubricating preparations, artificial waxes, prepared waxes, polishing or scouring preparations, candles and similar articles, modelling pastes, "dental waxes" and dental preparations with a basis of plast	239.74	35.38	271.68	41.16
35章 蛋白类物质；改性淀粉；胶；酶	Albuminoidal substances; modified starches; glues; enzymes	192.57	28.41	201.41	30.52
36章 炸药；烟火制品；火柴；引火合金；易燃材料制品	Explosives; pyrotechnic products; matches; pyrophoric alloys; certain combustible preparations	55.96	8.25	65.73	9.97
37章 照相及电影用品	Photographic or cinematographic goods	73.35	10.83	74.46	11.30
38章 杂项化学产品	Miscellaneous chemical products	1096.79	161.94	1191.73	181.16
第七类 塑料及其制品，橡胶及其制品	**PLASTICS AND ARTICLES THEREOF RUBBER AND ARTICLES THEREOF**	**6143.81**	**906.55**	**6717.37**	**1018.68**
39章 塑料及其制品	Plastics and articles thereof	4744.22	700.00	5250.95	796.20
40章 橡胶及其制品	Rubber and articles thereof	1399.59	206.54	1466.42	222.48
第八类 生皮、皮革、毛皮及其制品；鞍具及挽具；旅行用品、手提包及类似品；动物肠线(蚕胶丝除外)制品	**RAW HIDES AND SKINS, LEATHER, FUR SKINS AND ARTICLES THEREOF; SADDLERY AND HARNESS; TRAVEL GOODS, HANDBAGS AND SIMILAR CONTAINERS; ARTICLES OF ANIMAL GUT(OTHER THAN SILK-WORM GUT)**	**2246.50**	**331.39**	**2266.90**	**343.31**
41章 生皮(毛皮除外)及皮革	Raw hides and skins(other than fur skins) and leather	41.73	6.15	41.85	6.35

商品分类	HS Section and Division	2017		2018	
		亿 元 人民币 RMB 100 million	亿美元 USD 100 million	亿 元 人民币 RMB 100 million	亿美元 USD 100 million
42章 皮革制品；鞍具及挽具；旅行用品、手提包及类似容器；动物肠线(蚕胶丝除外)制品	Articles of leather；saddlery and harness；travel goods，hand bags and similar containers；articles of animal gut (other than silk-worm gut)	1958.27	288.72	1938.22	293.86
43章 毛皮、人造毛皮及其制品	Fur skins and artificial fur；manufactures thereof	246.50	36.52	286.82	43.10
第九类 木及木制品；木炭；软木及软木制品；稻草，秸秆、针茅或其他编结材料制品；篮筐及柳条编结品	**WOOD AND ARTICLES OF WOOD；WOOD CHAR-COAL；CORK AND ARTICLES OF CORK；MANUFACTURES OF STRAW，OF ESPARTO OR OF OTHER PLAITING MATERIALS；BASKET WARE AND WICKERWORK**	**1027.73**	**151.57**	**1086.03**	**164.72**
44章 木及木制品；木炭	Wood and articles of wood；wood charcoal	924.79	136.40	978.70	148.44
45章 软木及软木制品	Cork and articles of cork	1.43	0.21	1.69	0.26
46章 稻草、秸秆、针茅或其他编结材料制品；篮筐及柳条编结品	Manufactures of straw，of esparto or of other plaiting Materials；basket ware and wickerwork	101.51	14.96	105.65	16.02
第十类 木浆及其他纤维状纤维素浆；纸及纸板的废碎品；纸、纸板及其制品	**PULP OF WOOD OR OF OTHER FIBROUS CELLULOSIC MATERIAL；WASTE AND SCRAP OF PAPER OR PAPERBOARD；PAPER AND PAPERBOARD AND ARTICLES THEREOF**	**1474.43**	**217.52**	**1522.76**	**230.75**
47章 木浆及其他纤维状纤维素浆；纸及纸板的废碎品	Pulp of wood or of other fibrous cellulosic material；waste and scrap of paper or paperboard	9.15	1.35	8.67	1.31
48章 纸及纸板；纸浆、纸或纸板制品	Paper and paperboard；articles of paper pulp，of paper or paperboard	1219.51	179.89	1262.32	191.30
49章 书籍、报纸、印刷图画及其他印制品；手稿、打字稿及设计图纸	Printed books，newspapers，pictures and other products of the printing industry；manuscripts，typescripts and plans	245.77	36.29	251.77	38.13
第十一类 纺织原料及纺织制品	**TEXTILES AND TEXTILE ARTICLES**	**17444.89**	**2573.21**	**17553.66**	**2660.07**
50章 蚕丝	Silk	75.38	11.12	75.10	11.40
51章 羊毛、动物细毛或粗毛；马毛纱线及其机织物	Wool，fine or coarse animal hair；horsehair yarn and woven fabric	135.60	19.99	162.78	24.76
52章 棉花	Cotton	1025.24	151.27	1016.68	154.47
53章 其他植物纺织纤维；纸纱线及其机织物	Other vegetable textile fibres；paper yarn and woven fabrics of paper yarn	71.33	10.55	93.02	13.99
54章 化学纤维长丝	Man-made filaments	1217.50	179.54	1351.14	204.92
55章 化学纤维短纤	Man-made short fibres	818.13	120.61	835.37	126.85
56章 絮胎、毡呢及无纺织物；特种纱线；线、绳、索、缆及其制品	Wadding，felt and nonwoven；special yarns；twine，cordage，ropes and cables and articles thereof	344.63	50.84	377.74	57.32
57章 地毯及纺织材料的其他铺地制品	Carpets and other textile floor coverings	183.13	27.02	196.31	29.75
58章 特种机织物；簇绒织物；花边；装饰毯；装饰带；刺绣品	Special woven fabrics；tufted textile fabrics；lace；tapestries；trimmings；embroidery	321.30	47.40	334.03	50.63
59章 浸渍、涂布、包覆或层压的纺织物；工业用纺织制品	Impregnated，coated，covered or laminated textile fabrics；textile articles of a kind suitable for industrial use	501.01	73.90	528.89	80.28
60章 针织物及钩编织物	Knitted or crocheted fabrics	1118.93	165.06	1195.57	181.54
61章 针织或钩编的服装及衣着附件	Articles of apparel and clothing accessories，knitted or crocheted	4865.76	718.24	4845.22	733.27
62章 非针织或非钩编的服装及衣着附件	Articles of apparel and clothing accessories，not knitted or crocheted	4980.24	734.09	4706.77	712.93

6-17 续表 3 Continued 3

商品分类	HS Section and Division	2017		2018	
		亿 元 人民币 RMB 100 million	亿美元 USD 100 million	亿 元 人民币 RMB 100 million	亿美元 USD 100 million
63章 其他纺织制成品；成套物品；旧衣着及旧纺织品；碎织物	Other made up textile articles；sets；worn clothing and worn textile articles；rags articles；rags	1786.70	263.58	1835.06	277.97
第十二类 鞋、帽、伞、杖、鞭及其零件；已加工的羽毛及其制品；人造花；人发制品	**FOOTWEAR，HEADGEAR，UMBRELLAS，SUN UMBRELLAS，WALKING-STICKS，SEAT-STICKS，WHIPS，RIDING-CROPS AND PARTS THEREOF；PREPARED FEATHERS AND ARTICLES MADE THEREWITH；ARTIFICIAL FLOWERS；ARTICLES OF HUMAN HAIR**	**4147.04**	**611.06**	**4034.30**	**611.18**
64章 鞋靴、护腿和类似品及其零件	Footwear，gaiters and the like；parts of such articles	3270.84	481.86	3094.36	468.94
65章 帽类及其零件	Headgear and parts thereof	297.82	43.90	308.31	46.69
66章 雨伞、阳伞、手杖、鞭子、马鞭及其零件	Umbrellas，sun umbrellas，walking-sticks，seat-sticks，whips，riding-crops and parts thereof	178.09	26.21	178.45	27.08
67章 已加工羽毛、羽绒及其制品；人造花；人发制品	Prepared feathers and down and articles made of feathers or of down；artificial flowers；articles of human hair	400.28	59.08	453.18	68.48
第十三类 石料、石膏、水泥、石棉、云母及类似材料的制品；陶瓷产品；玻璃及其制品	**ARTICLES OF STONE，PLASTER，CEMENT，ASBESTOS，MICA OR SIMILAR MATERIALS；CERAMIC PRODUCTS；GLASS AND GLASSWARE**	**3110.30**	**459.03**	**3313.41**	**502.02**
68章 石料、石膏、水泥、石棉、云母及类似材料的制品	Articles of stone，plaster，cement，asbestos，mica or similar materials；ceramic products；glass and glassware	736.64	108.71	784.78	119.07
69章 陶瓷产品	Ceramic products	1308.09	193.14	1425.26	215.65
70章 玻璃及其制品	Glass and glassware	1065.58	157.18	1103.36	167.30
第十四类 天然或养殖珍珠、宝石或半宝石、贵金属、包贵金属及其制品；仿首饰；硬币	**NATURAL OR CULTURED PEARLS，PRECIOUS OR SEMI-PRECIOUS STONES，PRECIOUS METALS，METALS CLAD WITH PRECIOUS METAL AND STONES，PRECIOUS METALS，METALS CLAD WITH PRECIOUS METAL AND ARTICLES THEREOF；IMITATION JEWELLERY；COIN**	**1216.54**	**179.81**	**1305.88**	**197.10**
71章 天然或养殖珍珠、宝石或半宝石、贵金属、包贵金属及其制品；仿首饰；硬币	Natural or cultured pearls，precious or semi-precious stones，precious metals，metals clad with precious metal and articles thereof；imitation jewellery；coin	1216.54	179.81	1305.88	197.10
第十五类 贱金属及其制品	**BASE METALS AND ARTICLES OF BASE METAL**	**11194.45**	**1650.97**	**12219.31**	**1854.35**
72章 钢铁	Iron and steel	2918.42	429.84	3077.01	468.60
73章 钢铁制品	Articles of iron or steel	3844.56	567.28	4296.46	651.28
74章 铜及其制品	Copper and articles thereof	437.46	64.57	456.98	69.42
75章 镍及其制品	Nickel and articles thereof	28.33	4.18	29.84	4.51
76章 铝及其制品	Aluminium and articles thereof	1530.96	225.85	1782.39	270.23
78章 铅及其制品	Lead and articles thereof	5.73	0.85	8.56	1.32
79章 锌及其制品	Zinc and articles thereof	16.51	2.43	16.36	2.49
80章 锡及其制品	Tin and articles thereof	4.04	0.60	4.94	0.75
81章 其他贱金属、金属陶瓷及其制品	Other base metals；cermets；articles thereof	218.86	32.29	254.97	38.65
82章 贱金属工具、器具、利口器、餐匙、餐叉及其零件	Tools，implements，cutlery，spoons and forks，of base metal；parts thereof of base metal	1017.27	150.13	1075.11	162.96
83章 贱金属杂项制品	Miscellaneous articles of base metal	1172.30	172.95	1216.67	184.15

商品分类	HS Section and Division	2017		2018	
		亿 元 人民币 RMB 100 million	亿美元 USD 100 million	亿 元 人民币 RMB 100 million	亿美元 USD 100 million
第十六类 机器、机械器具、电气设备及其零件；录音机及放声机、电视图像、声音的录制和重放设备及其零件、附件	**MACHINERY AND MECHANICAL APPLIANCES；ELECTRICAL EQUIPMENT；PARTS THEREOF；SOUND RECORDERS AND REPRODUCERS，TELEVISION IMAGE AND SOUND RECORDERS AND REPRODUCERS；AND PARTS AND ACCESSORIES OF RECORDERS AND REPRODUCERS；AND PARTS AND ACCESSORIES OF SUCH ARTICLES**	**66431.72**	**9815.69**	**72225.27**	**10933.36**
84章 核反应堆、锅炉、机器、机械器具及其零件	Nuclear reactors，boilers，machinery and mechanical appliances；parts thereof	25958.67	3832.44	28307.59	4293.06
85章 电机、电气设备及其零件；录音机及放声机、电视图像、声音的录制和重放设备及其零件、附件	Electrical machinery and equipment and parts thereof；sound recorders and reproducers，television image and sound recorders and reproducers，and parts and accessories of such articles	40473.06	5983.25	43917.68	6640.30
第十七类 车辆、航空器、船舶及有关运输设备	**VEHICLES，AIRCRAFT，VESSELS AND ASSOCIATED TRANSPORT EQUIPMENT**	**7108.05**	**1048.09**	**7767.18**	**1180.06**
86章 铁道及电车道机车、车辆及其零件；铁道及电车轨道固定装置及其零件、附件；各种机械(包括电动机械)交通信号设备	Railway or tramway locomotives，rolling-stock and parts thereof；railway or tramway track fixtures and fittings and parts thereof；mechanical(including electro-mechanical) traffic signalling equipment of all kinds	740.92	109.46	872.24	132.73
87章 车辆及其零件、附件，但铁道及电车道车辆除外	Vehicles other than railway or tramway rolling-stock，and parts and accessories thereof	4557.15	672.63	4948.34	750.71
88章 航空器、航天器及其零件	Aircraft，spacecraft，and parts thereof	249.09	36.67	299.98	45.26
89章 船舶及浮动结构体	Ships，boats and floating structures	1560.89	229.33	1646.62	251.36
第十八类 光学、照相、电影、计量、检验、医疗或外科用仪器及设备、精密仪器及设备；钟表；乐器；上述物品的零件、附件	**OPTICAL，PHOTOGRAPHIC，CINEMATOGRAPHIC，MEASURING，CHECKING，PRECISION，MEDICAL OR SURGICAL INSTRUMENTS AND APPARATUS；CLOCKS AND WATCHES；MUSICAL INSTRUMENTS；PARTS AND ACCESSORIES THEREOF**	**5204.33**	**768.20**	**5127.76**	**777.45**
90章 光学、照相、电影、计量、检验、医疗或外科用仪器及设备、精密仪器及设备；上述物品的零件、附件	Optical，photographic，cinematographic，measuring，checking，precision medical or surgical instruments and apparatus；parts and accessories thereof	4784.01	706.16	4713.09	714.66
91章 钟表及其零件	Clocks and watches and parts thereof	315.51	46.55	306.99	46.50
92章 乐器及其零件、附件	Musical instruments；parts and accessories of such articles	104.82	15.48	107.68	16.30
第十九类 武器、弹药及其零件、附件	**ARMS AND AMMUNITION；PARTS AND ACCESSORIES THEREOF**	**8.99**	**1.33**	**10.88**	**1.65**
93章 武器、弹药及其零件、附件	Arms and ammunition；parts and accessories thereof	8.99	1.33	10.88	1.65
第二十类 杂项制品	**MISCELLANEOUS MANUFACTURED ARTICLES**	**10782.00**	**1591.58**	**11100.20**	**1679.45**
94章 家具；寝具、褥垫、弹簧床垫、软坐垫及类似的填充制品；未列名灯具及照明装置；发光标志、发光名牌及类似品；活动房屋	Furniture；bedding，mattresses，mattress supports，cushions and similar stuffed furnishings；lamps and lighting fittings，not elsewhere specified or included；illuminated signs，illuminated	6031.97	889.73	6305.37	954.43
95章 玩具、游戏品、运动用品及其零件、附件	Toys，games and sports requisites；parts and accessories thereof	3692.86	545.93	3710.66	560.64
96章 杂项制品	Miscellaneous manufactured articles	1057.17	155.92	1084.17	164.38
第二十一类 艺术品、收藏品及古物	**WORKS OF ART，COLLECTORS' PIECES AND ANTIQUES**	**8.68**	**1.28**	**12.49**	**1.88**
97章 艺术品、收藏品及古物	Works of art，collectors' pieces and antiques	8.68	1.28	12.49	1.88
第二十二类 特殊交易品及未分类商品	**COMMODITIES AND TRANSACTIONS NOT CLASSIFIED ACCORDING TO KIND**	**357.62**	**52.85**	**356.80**	**53.75**
98章 特殊交易品及未分类商品	Commodities and transactions not classified according to kind	357.62	52.85	356.80	53.75

6-18 按商品类章分进口商品金额
Value of Imports of Goods by HS Section and Division

商品分类	HS Section and Division	2017		2018	
		亿元人民币 RMB 100 million	亿美元 USD 100 million	亿元人民币 RMB 100 million	亿美元 USD 100 million
总　　额	**Total**	**124789.81**	**18437.93**	**140880.32**	**21357.34**
第一类　活动物；动物产品	**LIVE ANIMALS；ANIMAL PRODUCTS**	**1598.33**	**236.05**	**1937.86**	**293.60**
01章　活动物	Live animals	24.56	3.64	27.17	4.12
02章　肉及食用杂碎	Meat and edible meat offal	642.64	94.87	726.24	110.18
03章　鱼、甲壳动物、软体动物及其他水生无脊椎动物	Fish and crustaceans molluscs and other aquatic invertebrates	545.89	80.71	767.11	115.99
04章　乳品；蛋品；天然蜂蜜；其他食用动物产品	Dairy produce；birds' eggs；natural honey；edible products of animal origin，not elsewhere specified or included	343.73	50.70	369.36	56.01
05章　其他动物产品	Products of animal origin，not elsewhere specified or included	41.51	6.14	47.98	7.30
第二类　植物产品	**VEGETABLE PRODUCTS**	**4169.25**	**614.81**	**4104.36**	**624.55**
06章　活树及其他活植物；鳞茎、根及类似品；插花及装饰用簇叶	Live tree and other plants；bulbs，roots and the like; cut flowers and ornamental foliage	18.91	2.81	19.37	2.93
07章　食用蔬菜、根及块茎	Edible vegetables and certain roots and tubers	136.46	20.16	133.58	20.38
08章　食用水果及坚果；甜瓜或柑桔属水果的果皮	Edible fruit and nuts；peel of citrus fruit or melons	434.02	63.95	572.62	86.82
09章　咖啡、茶、马黛茶及调味香料	Coffee，tea，mate and spices	32.01	4.72	41.99	6.34
10章　谷物	Cereals	434.28	64.01	377.63	57.94
11章　制粉工业产品；麦芽；淀粉；菊粉；面筋	Products of the milling industry；malt；starches；inulin；wheat gluten	65.72	9.70	77.90	11.79
12章　含油子仁及果实；杂项子仁及果实；工业用或药用植物；稻草、秸秆及饲料	Oil seeds and oleaginous fruits；miscellaneous grains，seeds and fruit；industrial or medicinal plants；straw and fodder	3018.64	445.14	2851.15	433.80
13章　虫胶；树胶、树脂及其他植物液、汁	Lac；gums，resins and other vegetable saps and extracts	17.31	2.56	20.72	3.14
14章　编结用植物材料；其他植物产品	Vegetable plaiting materials；vegetable products not elsewhere specified or included	11.90	1.75	9.38	1.42
第三类　动、植物油、脂及其分解产品；精制的食用油脂；动、植物蜡	**ANIMAL OR VEGETABLE FATS AND OILS AND THEIR CLEAVAGE PRODUCTS；PREPARED EDIBLE FATS；ANIMAL OR VEGETABLE WAXES**	**560.71**	**82.85**	**568.78**	**86.09**
15章　动、植物油、脂及其分解产品；精制的食用油脂；动、植物蜡	Animal or vegetable fats and oils and their cleavage products；prepared edible fats；animal or vegetable waxes	560.71	82.85	568.78	86.09
第四类　食品；饮料、酒及醋；烟草、烟草及烟草代用品的制品	**PREPARED FOODSTUFFS；BEVERAGES, SPIRITS AND VINEGAR；TOBACCO AND MANUFACTURED TOBACCO SUBSTITUTES**	**1482.72**	**219.22**	**1712.23**	**259.25**
16章　肉、鱼、甲壳动物、软体动物及其他水生无脊椎动物的制品	Preparations of meat，of fish or of crustaceans，molluscs or other aquatic invertebrates	16.19	2.39	26.17	3.94
17章　糖及糖食	Sugars and sugar confectionery	95.70	14.08	93.51	14.21
18章　可可及可可制品	Cocoa and cocoa preparations	44.45	6.60	52.55	7.88
19章　谷物、粮食粉、淀粉或乳的制品；糕饼点心	Preparations of cereals，flour，starch or milk；pastry-cooks' products	383.57	56.86	441.76	66.66

商品分类	HS Section and Division	2017 亿元人民币 RMB 100 million	2017 亿美元 USD 100 million	2018 亿元人民币 RMB 100 million	2018 亿美元 USD 100 million
20章 蔬菜、水果、坚果或植物其他部分的制品	Preparations of vegetables, fruit，nuts or other parts of plants	73.84	10.93	92.80	14.02
21章 杂项食品	Miscellaneous edible preparations	161.25	23.88	215.86	32.56
22章 饮料、酒及醋	Beverages，spirits and vinegar	356.83	52.88	424.53	64.34
23章 食品工业的残渣及废料；配制的动物饲料	Residues and waste from the food industries；prepared animal fodder	230.58	33.98	250.71	38.04
24章 烟草及烟草代用品的制品	Tobacco and manufactured tobacco substitutes	120.28	17.63	114.34	17.59
第五类 矿产品	**MINERAL PRODUCTS**	**25917.15**	**3824.70**	**32573.49**	**4932.60**
25章 盐；硫磺；泥土及石料；石膏料、石灰及水泥	Salt；sulphur；earths and stone；plastering materials，lime and cement	430.61	63.67	529.90	80.25
26章 矿砂、矿渣及矿灰	Ores，slag and ash	8573.22	1264.78	8960.63	1358.68
27章 矿物燃料、矿物油及其蒸馏产品；沥青物质；矿物蜡	Mineral fuels，mineral oils and products of their distillation; bituminous substances; mineral waxes	16913.32	2496.25	23082.95	3493.67
第六类 化学工业及其相关工业的产品	**PRODUCTS OF THE CHEMICAL OR INDUSTRIES ALLIED**	**8973.18**	**1325.51**	**10267.29**	**1555.52**
28章 无机化学品；贵金属、稀土金属、放射性元素及其同位素的有机及无机化合物	Inorganic chemicals；organic or inorganic compounds of precious metals，of rare- earth metals, of radioactive elements or of isotopes	705.53	104.34	713.87	108.36
29章 有机化学品	Organic chemicals	3782.29	558.38	4440.65	673.05
30章 药品	Pharmaceutical products	1717.97	253.65	1846.64	279.31
31章 肥料	Fertilizers	156.85	23.14	180.05	27.32
32章 鞣料浸膏及染料浸膏；鞣酸及其衍生物；染料、颜料及其他着色料；油漆及清漆；油灰及其他类似胶粘剂；墨水、油墨	Tanning or dyeing extracts；tannins and their derivatives；dyes，pigments and other colouring matter；paints and varnishes；putty and other mastics；inks	314.77	46.52	332.13	50.36
33章 精油及香膏；芳香料制品及化妆盥洗品	Essential oils and retinoid；perfumery，cosmetic or toilet preparations	516.78	76.58	820.46	123.83
34章 肥皂、有机表面活性剂、洗涤剂、润滑剂、人造蜡、调制蜡、光洁剂、蜡烛及类似品、塑型用膏、“牙科用蜡”及牙科用熟石膏制剂	Soap，organic surface-active agents，washing preparations，lubricating preparations，artificial waxes，prepared waxes，polishing or scouring preparations，candles and similar articles，modelling pastes，“dental waxes” and dental preparations with a basis of plast	301.65	44.61	323.86	49.14
35章 蛋白类物质；改性淀粉；胶；酶	Albuminoidal substances；modified starches；glues；enzymes	226.87	33.55	238.00	36.00
36章 炸药；烟火制品；火柴；引火合金；易燃材料制品	Explosives；pyrotechnic products；matches；pyrophoric alloys；certain combustible preparations	11.13	1.64	9.23	1.40
37章 照相及电影用品	Photographic or cinematographic goods	160.64	23.73	171.61	26.03
38章 杂项化学产品	Miscellaneous chemical products	1078.71	159.38	1190.79	180.71
第七类 塑料及其制品，橡胶及其制品	**PLASTICS AND ARTICLES THEREOF RUBBER AND ARTICLES THEREOF**	**5937.43**	**876.83**	**6052.31**	**917.96**
39章 塑料及其制品	Plastics and articles thereof	4667.10	689.29	4937.22	748.85
40章 橡胶及其制品	Rubber and articles thereof	1270.33	187.54	1115.10	169.10
第八类 生皮、皮革、毛皮及其制品；鞍具及挽具；旅行用品、手提包及类似品；动物肠线（蚕胶丝除外）制品	**RAW HIDES AND SKINS，LEATHER，FUR SKINS AND ARTICLES THEREOF；SADDLERY AND HARNESS；TRAVEL GOODS，HANDBAGS AND SIMILAR CONTAINERS；ARTICLES OF ANIMAL GUT(OTHER THAN SILK-WORM GUT)**	**645.09**	**95.21**	**601.19**	**91.31**
41章 生皮(毛皮除外)及皮革	Raw hides and skins(other than fur skins) and leather	383.07	56.49	314.00	47.79

6-18 续表 2 Continued 2

商品分类	HS Section and Division	2017 亿元人民币 RMB 100 million	2017 亿美元 USD 100 million	2018 亿元人民币 RMB 100 million	2018 亿美元 USD 100 million
42章 皮革制品；鞍具及挽具；旅行用品、手提包及类似容器；动物肠线(蚕胶丝除外)制品	Articles of leather；saddlery and harness；travel goods，hand bags and similar containers；articles of animal gut (other than silk-worm gut)	178.02	26.31	219.22	33.14
43章 毛皮、人造毛皮及其制品	Fur skins and artificial fur；manufactures thereof	84.00	12.42	67.96	10.38
第九类 木及木制品；木炭；软木及软木制品；稻草，秸秆、针茅或其他编结材料制品；篮筐及柳条编结品	**WOOD AND ARTICLES OF WOOD；WOOD CHAR-COAL；CORK AND ARTICLES OF CORK；MANUFACTURES OF STRAW，OF ESPARTO OR OF OTHER PLAITING MATERIALS；BASKET WARE AND WICKERWORK**	**1589.68**	**234.84**	**1644.17**	**249.91**
44章 木及木制品；木炭	Wood and articles of wood；wood charcoal	1585.49	234.22	1639.44	249.19
45章 软木及软木制品	Cork and articles of cork	3.21	0.48	3.70	0.56
46章 稻草、秸秆、针茅或其他编结材料制品；篮筐及柳条编结品	Manufactures of straw，of esparto or of other plaiting Materials；basket ware and wickerwork	0.98	0.15	1.04	0.16
第十类 木浆及其他纤维状纤维素浆；纸及纸板的废碎品；纸、纸板及其制品	**PULP OF WOOD OR OF OTHER FIBROUS CELLULOSIC MATERIAL；WASTE AND SCRAP OF PAPER OR PAPERBOARD；PAPER AND PAPERBOARD AND ARTICLES THEREOF**	**1890.25**	**279.10**	**2130.32**	**322.87**
47章 木浆及其他纤维状纤维素浆；纸及纸板的废碎品	Pulp of wood or of other fibrous cellulosic material；waste and scrap of paper or paperboard	1437.88	212.14	1584.95	240.10
48章 纸及纸板；纸浆、纸或纸板制品	Paper and paperboard；articles of paper pulp，of paper or paperboard	336.64	49.82	408.73	62.03
49章 书籍、报纸、印刷图画及其他印制品；手稿、打字稿及设计图纸	Printed books，newspapers，pictures and other products of the printing industry；manuscripts，typescripts and plans	115.73	17.14	136.64	20.74
第十一类 纺织原料及纺织制品	**TEXTILES AND TEXTILE ARTICLES**	**2105.55**	**310.99**	**2251.67**	**341.38**
50章 蚕丝	Silk	3.42	0.51	3.53	0.53
51章 羊毛、动物细毛或粗毛；马毛纱线及其机织物	Wool，fine or coarse animal hair；horsehair yarn and woven fabric	246.05	36.32	275.49	41.98
52章 棉花	Cotton	583.68	86.15	652.32	98.90
53章 其他植物纺织纤维；纸纱线及其机织物	Other vegetable textile fibres；paper yarn and woven fabrics of paper yarn	54.62	8.06	60.47	9.17
54章 化学纤维长丝	Man-made filaments	203.65	30.09	207.94	31.53
55章 化学纤维短纤	Man-made short fibres	160.87	23.76	163.18	24.77
56章 絮胎、毡呢及无纺织物；特种纱线；线、绳、索、缆及其制品	Wadding，felt and nonwoven；special yarns；twine，cordage，ropes and cables and articles thereof	87.85	12.99	87.36	13.26
57章 地毯及纺织材料的其他铺地制品	Carpets and other textile floor coverings	8.99	1.33	9.02	1.37
58章 特种机织物；簇绒织物；花边；装饰毯；装饰带；刺绣品	Special woven fabrics；tufted textile fabrics；lace；tapestries；trimmings；embroidery	35.29	5.21	33.80	5.13
59章 浸渍、涂布、包覆或层压的纺织物；工业用纺织制品	Impregnated，coated，covered or laminated textile fabrics；textile articles of a kind suitable for industrial use	120.92	17.87	119.22	18.10
60章 针织物及钩编织物	Knitted or crocheted fabrics	114.53	16.91	108.01	16.38
61章 针织或钩编的服装及衣着附件	Articles of apparel and clothing accessories，knitted or crocheted	189.28	27.99	223.80	33.81
62章 非针织或非钩编的服装及衣着附件	Articles of apparel and clothing accessories，not knitted or crocheted	262.12	38.75	275.35	41.59

6-18 续表 3 Continued 3

商品分类	HS Section and Division	2017 亿元人民币 RMB 100 million	2017 亿美元 USD 100 million	2018 亿元人民币 RMB 100 million	2018 亿美元 USD 100 million
63章 其他纺织制成品；成套物品；旧衣着及旧纺织品；碎织物	Other made up textile articles；sets；worn clothing and worn textile articles；rags articles；rags	34.27	5.06	32.18	4.87
第十二类 鞋、帽、伞、杖、鞭及其零件；已加工的羽毛及其制品；人造花；人发制品	**FOOTWEAR，HEADGEAR，UMBRELLAS，SUN UMBRELLAS，WALKING-STICKS，SEAT-STICKS，WHIPS，RIDING-CROPS AND PARTS THEREOF；PREPARED FEATHERS AND ARTICLES MADE THEREWITH；ARTIFICIAL FLOWERS；ARTICLES OF HUMAN HAIR**	**268.08**	**39.61**	**332.58**	**50.25**
64章 鞋靴、护腿和类似品及其零件	Footwear，gaiters and the like；parts of such articles	247.08	36.51	308.48	46.61
65章 帽类及其零件	Headgear and parts thereof	5.38	0.80	6.59	1.00
66章 雨伞、阳伞、手杖、鞭子、马鞭及其零件	Umbrellas，sun umbrellas，walking-sticks，seat-sticks，whips，riding-crops and parts thereof	0.81	0.12	2.24	0.33
67章 已加工羽毛、羽绒及其制品；人造花；人发制品	Prepared feathers and down and articles made of feathers or of down；artificial flowers；articles of human hair	14.81	2.19	15.27	2.31
第十三类 石料、石膏、水泥、石棉、云母及类似材料的制品；陶瓷产品；玻璃及其制品	**ARTICLES OF STONE，PLASTER，CEMENT，ASBESTOS，MICA OR SIMILAR MATERIALS；CERAMIC PRODUCTS；GLASS AND GLASSWARE**	**670.36**	**99.12**	**715.05**	**108.49**
68章 石料、石膏、水泥、石棉、云母及类似材料的制品	Articles of stone，plaster，cement，asbestos，mica or similar materials；ceramic products；glass and glassware	112.90	16.70	121.54	18.43
69章 陶瓷产品	Ceramic products	69.07	10.23	80.61	12.22
70章 玻璃及其制品	Glass and glassware	488.39	72.19	512.90	77.84
第十四类 天然或养殖珍珠、宝石或半宝石、贵金属、包贵金属及其制品；仿首饰；硬币	**NATURAL OR CULTURED PEARLS，PRECIOUS OR SEMI-PRECIOUS STONES，PRECIOUS METALS，METALS CLAD WITH PRECIOUS METAL AND STONES，PRECIOUS METALS，METALS CLAD WITH PRECIOUS METAL AND ARTICLES THEREOF；IMITATION JEWELLERY；COIN**	**4425.68**	**652.88**	**5112.25**	**780.20**
71章 天然或养殖珍珠、宝石或半宝石、贵金属、包贵金属及其制品；仿首饰；硬币	Natural or cultured pearls，precious or semi-precious stones，precious metals，metals clad with precious metal and articles thereof；imitation jewellery；coin	4425.68	652.88	5112.25	780.20
第十五类 贱金属及其制品	**BASE METALS AND ARTICLES OF BASE METAL**	**6463.60**	**955.64**	**7017.44**	**1065.24**
72章 钢铁	Iron and steel	1454.18	214.76	1474.16	223.70
73章 钢铁制品	Articles of iron or steel	677.23	100.20	708.98	107.61
74章 铜及其制品	Copper and articles thereof	2793.09	412.85	3130.16	475.37
75章 镍及其制品	Nickel and articles thereof	313.49	46.43	360.43	54.87
76章 铝及其制品	Aluminium and articles thereof	447.76	66.18	437.87	66.43
78章 铅及其制品	Lead and articles thereof	17.98	2.65	27.04	4.02
79章 锌及其制品	Zinc and articles thereof	167.86	24.97	171.00	25.73
80章 锡及其制品	Tin and articles thereof	14.17	2.09	11.77	1.79
81章 其他贱金属、金属陶瓷及其制品	Other base metals；cermets；articles thereof	209.42	30.98	314.48	47.80
82章 贱金属工具、器具、利口器、餐匙、餐叉及其零件	Tools，implements，cutlery，spoons and forks，of base metal；parts thereof of base metal	246.13	36.43	253.67	38.52
83章 贱金属杂项制品	Miscellaneous articles of base metal	122.28	18.10	127.87	19.40

6-18 续表 4 Continued 4

商品分类	HS Section and Division	2017 亿元人民币 RMB 100 million	2017 亿美元 USD 100 million	2018 亿元人民币 RMB 100 million	2018 亿美元 USD 100 million
第十六类 机器、机械器具、电气设备及其零件；录音机及放声机、电视图像、声音的录制和重放设备及其零件、附件	**MACHINERY AND MECHANICAL APPLIANCES；ELECTRICAL EQUIPMENT；PARTS THEREOF；SOUND RECORDERS AND REPRODUCERS，TELEVISION IMAGE AND SOUND RECORDERS AND REPRODUCERS；AND PARTS AND ACCESSORIES OF RECORDERS AND REPRODUCERS；AND PARTS AND ACCESSORIES OF SUCH ARTICLES**	**42425.45**	**6274.55**	**47760.99**	**7238.10**
84章 核反应堆、锅炉、机器、机械器具及其零件	Nuclear reactors，boilers，machinery and mechanical appliances；parts thereof	11461.33	1695.32	13324.84	2021.92
85章 电机、电气设备及其零件；录音机及放声机、电视图像、声音的录制和重放设备及其零件、附件	Electrical machinery and equipment and parts thereof；sound recorders and reproducers，television image and sound recorders and reproducers，and parts and accessories of such articles	30964.12	4579.22	34436.15	5216.18
第十七类 车辆、航空器、船舶及有关运输设备	**VEHICLES，AIRCRAFT，VESSELS AND ASSOCIATED TRANSPORT EQUIPMENT**	**7255.34**	**1072.68**	**7596.09**	**1149.11**
86章 铁道及电车道机车、车辆及其零件；铁道及电车轨道固定装置及其零件、附件；各种机械(包括电动机械)交通信号设备	Railway or tramway locomotives，rolling-stock and parts thereof；railway or tramway track fixtures and fittings and parts thereof；mechanical(including electro-mechanical) traffic signalling equipment of all kinds	51.41	7.63	52.26	7.93
87章 车辆及其零件、附件，但铁道及电车道车辆除外	Vehicles other than railway or tramway rolling-stock，and parts and accessories thereof	5362.19	792.46	5371.72	815.20
88章 航空器、航天器及其零件	Aircraft，spacecraft，and parts thereof	1722.48	254.93	2037.08	305.41
89章 船舶及浮动结构体	Ships，boats and floating structures	119.26	17.66	135.03	20.57
第十八类 光学、照相、电影、计量、检验、医疗或外科用仪器及设备、精密仪器及设备；钟表；乐器；上述物品的零件、附件	**OPTICAL，PHOTOGRAPHIC，CINEMATOGRAPHIC，MEASURING，CHECKING，PRECISION，MEDICAL OR SURGICAL INSTRUMENTS AND APPARATUS；CLOCKS AND WATCHES；MUSICAL INSTRUMENTS；PARTS AND ACCESSORIES THEREOF**	**6848.49**	**1011.99**	**7055.38**	**1069.05**
90章 光学、照相、电影、计量、检验、医疗或外科用仪器及设备、精密仪器及设备；上述物品的零件、附件	Optical，photographic，cinematographic，measuring，checking，precision medical or surgical instruments and apparatus；parts and accessories thereof	6596.06	974.69	6772.49	1026.26
91章 钟表及其零件	Clocks and watches and parts thereof	225.18	33.27	250.60	37.91
92章 乐器及其零件、附件	Musical instruments；parts and accessories of such articles	27.25	4.03	32.29	4.88
第十九类 武器、弹药及其零件、附件	**ARMS AND AMMUNITION；PARTS AND ACCESSORIES THEREOF**	**0.48**	**0.07**	**0.54**	**0.08**
93章 武器、弹药及其零件、附件	Arms and ammunition；parts and accessories thereof	0.48	0.07	0.54	0.08
第二十类 杂项制品	**MISCELLANEOUS MANUFACTURED ARTICLES**	**565.20**	**83.65**	**572.21**	**86.69**
94章 家具；寝具、褥垫、弹簧床垫、软坐垫及类似的填充制品；未列名灯具及照明装置；发光标志、发光名牌及类似品；活动房屋	Furniture；bedding，mattresses，mattress supports，cushions and similar stuffed furnishings；lamps and lighting fittings，not elsewhere specified or included；illuminated signs，illuminated	249.78	37.01	262.17	39.69
95章 玩具、游戏品、运动用品及其零件、附件	Toys，games and sports requisites；parts and accessories thereof	137.31	20.30	139.36	21.09
96章 杂项制品	Miscellaneous manufactured articles	178.10	26.34	170.68	25.92
第二十一类 艺术品、收藏品及古物	**WORKS OF ART，COLLECTORS' PIECES AND ANTIQUES**	**5.16**	**0.77**	**11.69**	**1.73**
97章 艺术品、收藏品及古物	Works of art，collectors' pieces and antiques	5.16	0.77	11.69	1.73
第二十二类 特殊交易品及未分类商品	**COMMODITIES AND TRANSACTIONS NOT CLASSIFIED ACCORDING TO KIND**	**992.65**	**146.85**	**862.42**	**133.36**
98章 特殊交易品及未分类商品	Commodities and transactions not classified according to kind	992.65	146.85	862.42	133.36

6-19 按商品类章分一般贸易进出口金额(2018年)
Value of Imports and Exports in Ordinary by HS(2018)

商品分类	HS Section and Division	出口 Exports 亿元人民币 RMB 100 million	出口 Exports 亿美元 USD 100 million	进口 Imports 亿元人民币 RMB 100 million	进口 Imports 亿美元 USD 100 million
总　　额	**Total**	**92364.86**	**14004.10**	**83960.18**	**12741.22**
第一类　活动物；动物产品	**LIVE ANIMALS；ANIMAL PRODUCTS**	**835.66**	**126.69**	**1541.54**	**233.53**
01章　活动物	Live animals	35.54	5.38	26.90	4.08
02章　肉及食用杂碎	Meat and edible meat offal	56.38	8.54	696.81	105.71
03章　鱼、甲壳动物、软体动物及其他水生无脊椎动物	Fish and crustaceans molluscs and other aquatic invertebrates	567.11	85.85	464.37	70.15
04章　乳品；蛋品；天然蜂蜜；其他食用动物产品	Dairy produce；birds' eggs；natural honey；edible products of animal origin，not elsewhere specified or included	37.85	5.74	326.83	49.56
05章　其他动物产品	Products of animal origin，not elsewhere specified or included	138.79	21.17	26.64	4.05
第二类　植物产品	**VEGETABLE PRODUCTS**	**1486.20**	**224.82**	**3763.00**	**572.74**
06章　活树及其他活植物；鳞茎、根及类似品；插花及装饰用簇叶	Live tree and other plants；bulbs，roots and the like; cut flowers and ornamental foliage	24.46	3.70	19.23	2.90
07章　食用蔬菜、根及块茎	Edible vegetables and certain roots and tubers	617.95	93.68	122.72	18.70
08章　食用水果及坚果；甜瓜或柑桔属水果的果皮	Edible fruit and nuts；peel of citrus fruit or melons	276.01	41.41	497.02	75.48
09章　咖啡、茶、马黛茶及调味香料	Coffee，tea，mate and spices	201.06	30.50	20.27	3.06
10章　谷物	Cereals	57.42	8.67	351.50	53.98
11章　制粉工业产品；麦芽；淀粉；菊粉；面筋	Products of the milling industry；malt；starches；inulin；wheat gluten	45.02	6.83	67.58	10.22
12章　含油子仁及果实；杂项子仁及果实；工业用或药用植物；稻草、秸秆及饲料	Oil seeds and oleaginous fruits；miscellaneous grains，seeds and fruit；industrial or medicinal plants；straw and fodder	168.15	25.44	2658.87	404.49
13章　虫胶；树胶、树脂及其他植物液、汁	Lac；gums，resins and other vegetable saps and extracts	88.05	13.36	17.10	2.59
14章　编结用植物材料；其他植物产品	Vegetable plaiting materials；vegetable products not elsewhere specified or included	8.07	1.22	8.70	1.32
第三类　动、植物油、脂及其分解产品；精制的食用油脂；动、植物蜡	**ANIMAL OR VEGETABLE FATS AND OILS AND THEIR CLEAVAGE PRODUCTS；PREPARED EDIBLE FATS；ANIMAL OR VEGETABLE WAXES**	**57.85**	**8.77**	**492.49**	**74.56**
15章　动、植物油、脂及其分解产品；精制的食用油脂；动、植物蜡	Animal or vegetable fats and oils and their cleavage products；prepared edible fats；animal or vegetable waxes	57.85	8.77	492.49	74.56
第四类　食品；饮料、酒及醋；烟草、烟草及烟草代用品的制品	**PREPARED FOODSTUFFS；BEVERAGES, SPIRITS AND VINEGAR; TOBACCO AND MANUFACTURED TOBACCO SUBSTITUTES**	**1849.70**	**280.33**	**1279.25**	**193.71**
16章　肉、鱼、甲壳动物、软体动物及其他水生无脊椎动物的制品	Preparations of meat，of fish or of crustaceans，molluscs or other aquatic invertebrates	580.51	87.93	14.67	2.21
17章　糖及糖食	Sugars and sugar confectionery	98.43	14.92	64.03	9.76
18章　可可及可可制品	Cocoa and cocoa preparations	15.44	2.33	37.42	5.61
19章　谷物、粮食粉、淀粉或乳的制品；糕饼点心	Preparations of cereals，flour，starch or milk；pastry-cooks' products	101.37	15.31	361.90	54.54

6-19 续表 1 Continued 1

商品分类	HS Section and Division	出口 Exports 亿元人民币 RMB 100 million	出口 Exports 亿美元 USD 100 million	进口 Imports 亿元人民币 RMB 100 million	进口 Imports 亿美元 USD 100 million
20章 蔬菜、水果、坚果或植物其他部分的制品	Preparations of vegetables, fruit, nuts or other parts of plants	465.40	70.65	80.88	12.22
21章 杂项食品	Miscellaneous edible preparations	203.10	30.81	183.78	27.71
22章 饮料、酒及醋	Beverages, spirits and vinegar	120.49	18.25	219.41	33.28
23章 食品工业的残渣及废料；配制的动物饲料	Residues and waste from the food industries; prepared animal fodder	180.59	27.43	241.75	36.68
24章 烟草及烟草代用品的制品	Tobacco and manufactured tobacco substitutes	84.38	12.70	75.40	11.70
第五类 矿产品	**MINERAL PRODUCTS**	**2284.98**	**348.79**	**25980.67**	**3937.22**
25章 盐；硫磺；泥土及石料；石膏料、石灰及水泥	Salt; sulphur; earths and stone; plastering materials, lime and cement	239.56	36.42	504.82	76.45
26章 矿砂、矿渣及矿灰	Ores, slag and ash	13.06	1.99	7498.01	1137.25
27章 矿物燃料、矿物油及其蒸馏产品；沥青物质；矿物蜡	Mineral fuels, mineral oils and products of their distillation; bituminous substances; mineral waxes	2032.37	310.39	17977.85	2723.52
第六类 化学工业及其相关工业的产品	**PRODUCTS OF THE CHEMICAL OR INDUSTRIES ALLIED**	**7656.05**	**1162.25**	**6859.37**	**1039.72**
28章 无机化学品；贵金属、稀土金属、放射性元素及其同位素的有机及无机化合物	Inorganic chemicals; organic or inorganic compounds of precious metals, of rare- earth metals, of radioactive elements or of isotopes	1159.23	175.82	488.41	74.21
29章 有机化学品	Organic chemicals	3460.67	525.49	3258.64	493.84
30章 药品	Pharmaceutical products	361.67	54.94	867.80	131.46
31章 肥料	Fertilizers	443.87	67.31	152.90	23.22
32章 鞣料浸膏及染料浸膏；鞣酸及其衍生物；染料、颜料及其他着色料；油漆及清漆；油灰及其他类似胶粘剂；墨水、油墨	Tanning or dyeing extracts; tannins and their derivatives; dyes, pigments and other colouring matter; paints and varnishes; putty and other mastics; inks	480.04	72.96	249.85	37.88
33章 精油及香膏；芳香料制品及化妆盥洗品	Essential oils and retinoid; perfumery, cosmetic or toilet preparations	241.72	36.58	471.25	71.10
34章 肥皂、有机表面活性剂、洗涤剂、润滑剂、人造蜡、调制蜡、光洁剂、蜡烛及类似品、塑型用膏、"牙科用蜡"及牙科用熟石膏制剂	Soap, organic surface-active agents, washing preparations, lubricating preparations, artificial waxes, prepared waxes, polishing or scouring preparations, candles and similar articles, modelling pastes, "dental waxes" and dental preparations with a basis of plast	210.09	31.82	275.71	41.84
35章 蛋白类物质；改性淀粉；胶；酶	Albuminoidal substances; modified starches; glues; enzymes	157.41	23.85	156.70	23.72
36章 炸药；烟火制品；火柴；引火合金；易燃材料制品	Explosives; pyrotechnic products; matches; pyrophoric alloys; certain combustible preparations	64.62	9.80	8.37	1.27
37章 照相及电影用品	Photographic or cinematographic goods	51.89	7.87	107.26	16.26
38章 杂项化学产品	Miscellaneous chemical products	1024.83	155.79	822.49	124.92
第七类 塑料及其制品，橡胶及其制品	**PLASTICS AND ARTICLES THEREOF RUBBER AND ARTICLES THEREOF**	**3791.02**	**574.42**	**3926.01**	**595.74**
39章 塑料及其制品	Plastics and articles thereof	3241.80	491.27	3189.67	484.02
40章 橡胶及其制品	Rubber and articles thereof	549.22	83.15	736.33	111.72
第八类 生皮、皮革、毛皮及其制品；鞍具及挽具；旅行用品、手提包及类似品；动物肠线(蚕胶丝除外)制品	**RAW HIDES AND SKINS, LEATHER, FUR SKINS AND ARTICLES THEREOF; SADDLERY AND HARNESS; TRAVEL GOODS, HANDBAGS AND SIMILAR CONTAINERS; ARTICLES OF ANIMAL GUT(OTHER THAN SILK-WORM GUT)**	**1671.88**	**253.10**	**398.13**	**60.43**
41章 生皮(毛皮除外)及皮革	Raw hides and skins(other than fur skins) and leather	8.89	1.35	167.77	25.53

6-19 续表 2 Continued 2

商品分类		HS Section and Division	出口 Exports		进口 Imports	
			亿元 人民币 RMB 100 million	亿美元 USD 100 million	亿元 人民币 RMB 100 million	亿美元 USD 100 million
42章	皮革制品；鞍具及挽具；旅行用品、手提包及类似容器；动物肠线(蚕胶丝除外)制品	Articles of leather；saddlery and harness；travel goods，hand bags and similar containers；articles of animal gut (other than silk-worm gut)	1392.47	211.12	168.93	25.52
43章	毛皮、人造毛皮及其制品	Fur skins and artificial fur；manufactures thereof	270.53	40.62	61.44	9.38
第九类	**木及木制品；木炭；软木及软木制品；稻草，秸秆、针茅或其他编结材料制品；篮筐及柳条编结品**	**WOOD AND ARTICLES OF WOOD；WOOD CHAR-COAL；CORK AND ARTICLES OF CORK；MANUFACTURES OF STRAW，OF ESPARTO OR OF OTHER PLAITING MATERIALS；BASKET WARE AND WICKERWORK**	**948.44**	**143.86**	**1376.76**	**209.26**
44章	木及木制品；木炭	Wood and articles of wood；wood charcoal	847.76	128.60	1372.68	208.64
45章	软木及软木制品	Cork and articles of cork	1.60	0.24	3.64	0.55
46章	稻草、秸秆、针茅或其他编结材料制品；篮筐及柳条编结品	Manufactures of straw，of esparto or of other plaiting Materials；basket ware and wickerwork	99.08	15.02	0.43	0.07
第十类	**木浆及其他纤维状纤维素浆；纸及纸板的废碎品；纸、纸板及其制品**	**PULP OF WOOD OR OF OTHER FIBROUS CELLULOSIC MATERIAL；WASTE AND SCRAP OF PAPER OR PAPERBOARD；PAPER AND PAPERBOARD AND ARTICLES THEREOF**	**867.69**	**131.32**	**1620.10**	**245.62**
47章	木浆及其他纤维状纤维素浆；纸及纸板的废碎品	Pulp of wood or of other fibrous cellulosic material；waste and scrap of paper or paperboard	7.44	1.13	1195.36	181.15
48章	纸及纸板；纸浆、纸或纸板制品	Paper and paperboard；articles of paper pulp，of paper or paperboard	722.25	109.30	313.67	47.61
49章	书籍、报纸、印刷图画及其他印制品；手稿、打字稿及设计图纸	Printed books，newspapers，pictures and other products of the printing industry；manuscripts，typescripts and plans	138.00	20.89	111.06	16.87
第十一类	**纺织原料及纺织制品**	**TEXTILES AND TEXTILE ARTICLES**	**13873.71**	**2103.18**	**1390.82**	**210.79**
50章	蚕丝	Silk	72.03	10.92	1.70	0.26
51章	羊毛、动物细毛或粗毛；马毛纱线及其机织物	Wool，fine or coarse animal hair；horsehair yarn and woven fabric	108.96	16.61	185.58	28.29
52章	棉花	Cotton	831.22	126.32	370.70	56.25
53章	其他植物纺织纤维；纸纱线及其机织物	Other vegetable textile fibres；paper yarn and woven fabrics of paper yarn	89.66	13.48	50.32	7.63
54章	化学纤维长丝	Man-made filaments	1187.76	180.10	103.41	15.68
55章	化学纤维短纤	Man-made short fibres	671.93	101.96	101.97	15.48
56章	絮胎、毡呢及无纺织物；特种纱线；线、绳、索、缆及其制品	Wadding，felt and nonwoven；special yarns；twine，cordage，ropes and cables and articles thereof	321.21	48.73	55.86	8.48
57章	地毯及纺织材料的其他铺地制品	Carpets and other textile floor coverings	171.42	25.98	4.53	0.69
58章	特种机织物；簇绒织物；花边；装饰毯；装饰带；刺绣品	Special woven fabrics；tufted textile fabrics；lace；tapestries；trimmings；embroidery	283.06	42.89	9.98	1.51
59章	浸渍、涂布、包覆或层压的纺织物；工业用纺织制品	Impregnated，coated，covered or laminated textile fabrics；textile articles of a kind suitable for industrial use	471.99	71.64	58.56	8.88
60章	针织物及钩编织物	Knitted or crocheted fabrics	942.76	143.10	24.64	3.74
61章	针织或钩编的服装及衣着附件	Articles of apparel and clothing accessories，Knitted or crocheted	3904.08	591.17	183.18	27.66
62章	非针织或非钩编的服装及衣着附件	Articles of apparel and clothing accessories，not knitted or crocheted	3264.44	495.03	226.29	34.13

商品分类	HS Section and Division	出口 Exports 亿元人民币 RMB 100 million	出口 Exports 亿美元 USD 100 million	进口 Imports 亿元人民币 RMB 100 million	进口 Imports 亿美元 USD 100 million
63章 其他纺织制成品；成套物品；旧衣着及旧纺织品；碎织物	Other made up textile articles；sets；worn clothing and worn textile articles；rags articles；rags	1553.19	235.25	14.10	2.13
第十二类 鞋、帽、伞、杖、鞭及其零件；已加工的羽毛及其制品；人造花；人发制品	**FOOTWEAR，HEADGEAR，UMBRELLAS，SUN UMBRELLAS，WALKING-STICKS，SEAT-STICKS，WHIPS，RIDING-CROPS AND PARTS THEREOF；PREPARED FEATHERS AND ARTICLES MADE THEREWITH；ARTIFICIAL FLOWERS；ARTICLES OF HUMAN HAIR**	**2714.59**	**411.18**	**272.14**	**41.09**
64章 鞋靴、护腿和类似品及其零件	Footwear，gaiters and the like；parts of such articles	1999.64	303.01	264.54	39.95
65章 帽类及其零件	Headgear and parts thereof	229.97	34.83	4.97	0.75
66章 雨伞、阳伞、手杖、鞭子、马鞭及其零件	Umbrellas，sun umbrellas，walking-sticks，seat-sticks，whips，riding-crops and parts thereof	136.04	20.67	1.96	0.29
67章 已加工羽毛、羽绒及其制品；人造花；人发制品	Prepared feathers and down and articles made of feathers or of down；artificial flowers；articles of human hair	348.93	52.67	0.67	0.10
第十三类 石料、石膏、水泥、石棉、云母及类似材料的制品；陶瓷产品；玻璃及其制品	**ARTICLES OF STONE，PLASTER，CEMENT，ASBESTOS，MICA OR SIMILAR MATERIALS；CERAMIC PRODUCTS；GLASS AND GLASSWARE**	**2639.84**	**399.98**	**374.15**	**56.78**
68章 石料、石膏、水泥、石棉、云母及类似材料的制品	Articles of stone，plaster，cement，asbestos，mica or similar materials；ceramic products；glass and glassware	674.28	102.32	77.75	11.79
69章 陶瓷产品	Ceramic products	1141.57	172.73	56.18	8.53
70章 玻璃及其制品	Glass and glassware	824.00	124.94	240.22	36.46
第十四类 天然或养殖珍珠、宝石或半宝石、贵金属、包贵金属及其制品；仿首饰；硬币	**NATURAL OR CULTURED PEARLS，PRECIOUS OR SEMI-PRECIOUS STONES，PRECIOUS METALS，METALS CLAD WITH PRECIOUS METAL AND STONES，PRECIOUS METALS，METALS CLAD WITH PRECIOUS METAL AND ARTICLES THEREOF；IMITATION JEWELLERY；COIN**	**115.39**	**17.49**	**2633.97**	**404.02**
71章 天然或养殖珍珠、宝石或半宝石、贵金属、包贵金属及其制品；仿首饰；硬币	Natural or cultured pearls，precious or semi-precious stones，precious metals，metals clad with precious metal and articles thereof；imitation jewellery；coin	115.39	17.49	2633.97	404.02
第十五类 贱金属及其制品	**BASE METALS AND ARTICLES OF BASE METAL**	**9837.52**	**1492.86**	**4757.52**	**722.33**
72章 钢铁	Iron and steel	2823.07	429.89	1095.38	166.27
73章 钢铁制品	Articles of iron or steel	3426.80	519.41	483.59	73.48
74章 铜及其制品	Copper and articles thereof	138.48	21.00	2184.27	331.76
75章 镍及其制品	Nickel and articles thereof	12.82	1.94	200.87	30.43
76章 铝及其制品	Aluminium and articles thereof	1550.71	235.13	237.23	36.09
78章 铅及其制品	Lead and articles thereof	3.06	0.46	23.15	3.43
79章 锌及其制品	Zinc and articles thereof	9.29	1.41	100.62	15.12
80章 锡及其制品	Tin and articles thereof	3.14	0.47	2.22	0.34
81章 其他贱金属、金属陶瓷及其制品	Other base metals；cermets；articles thereof	223.56	33.88	163.35	24.88
82章 贱金属工具、器具、利口器、餐匙、餐叉及其零件	Tools，implements，cutlery，spoons and forks，of base metal；parts thereof of base metal	795.47	120.52	174.51	26.51
83章 贱金属杂项制品	Miscellaneous articles of base metal	851.13	128.75	92.33	14.01

6-19 续表 4 Continued 4

商品分类	HS Section and Division	出口 Exports 亿元人民币 RMB 100 million	出口 Exports 亿美元 USD 100 million	进口 Imports 亿元人民币 RMB 100 million	进口 Imports 亿美元 USD 100 million
第十六类 机器、机械器具、电气设备及其零件；录音机及放声机、电视图像、声音的录制和重放设备及其零件、附件	**MACHINERY AND MECHANICAL APPLIANCES；ELECTRICAL EQUIPMENT；PARTS THEREOF；SOUND RECORDERS AND REPRODUCERS，TELEVISION IMAGE AND SOUND RECORDERS AND REPRODUCERS；AND PARTS AND ACCESSORIES OF RECORDERS AND REPRODUCERS；AND PARTS AND ACCESSORIES OF SUCH ARTICLES**	**27516.65**	**4171.71**	**18397.70**	**2794.48**
84章 核反应堆、锅炉、机器、机械器具及其零件	Nuclear reactors，boilers，machinery and mechanical appliances；parts thereof	10929.27	1658.62	8204.18	1245.81
85章 电机、电气设备及其零件；录音机及放声机、电视图像、声音的录制和重放设备及其零件、附件	Electrical machinery and equipment and parts thereof；sound recorders and reproducers，television image and sound recorders and reproducers，and parts and accessories of such articles	16587.38	2513.10	10193.52	1548.67
第十七类 车辆、航空器、船舶及有关运输设备	**VEHICLES，AIRCRAFT，VESSELS AND ASSOCIATED TRANSPORT EQUIPMENT**	**4469.80**	**677.94**	**5125.32**	**777.59**
86章 铁道及电车道机车、车辆及其零件；铁道及电车轨道固定装置及其零件、附件；各种机械(包括电动机械)交通信号设备	Railway or tramway locomotives，rolling-stock and parts thereof；railway or tramway track fixtures and fittings and parts thereof；mechanical(including electro-mechanical) traffic signalling equipment of all kinds	467.42	71.13	42.60	6.47
87章 车辆及其零件、附件，但铁道及电车道车辆除外	Vehicles other than railway or tramway rolling-stock，and parts and accessories thereof	3827.16	580.49	4712.16	714.91
88章 航空器、航天器及其零件	Aircraft，spacecraft，and parts thereof	130.12	19.47	300.52	45.47
89章 船舶及浮动结构体	Ships，boats and floating structures	45.10	6.85	70.04	10.75
第十八类 光学、照相、电影、计量、检验、医疗或外科用仪器及设备、精密仪器及设备；钟表；乐器；上述物品的零件、附件	**OPTICAL，PHOTOGRAPHIC，CINEMATOGRAPHIC，MEASURING，CHECKING，PRECISION，MEDICAL OR SURGICAL INSTRUMENTS AND APPARATUS；CLOCKS AND WATCHES；MUSICAL INSTRUMENTS；PARTS AND ACCESSORIES THEREOF**	**2075.95**	**314.43**	**3312.99**	**502.53**
90章 光学、照相、电影、计量、检验、医疗或外科用仪器及设备、精密仪器及设备；上述物品的零件、附件	Optical，photographic，cinematographic，measuring，checking，precision medical or surgical instruments and apparatus；parts and accessories thereof	1917.34	290.43	3182.20	482.80
91章 钟表及其零件	Clocks and watches and parts thereof	97.71	14.79	106.48	16.05
92章 乐器及其零件、附件	Musical instruments；parts and accessories of such articles	60.90	9.21	24.31	3.68
第十九类 武器、弹药及其零件、附件	**ARMS AND AMMUNITION；PARTS AND ACCESSORIES THEREOF**	**10.70**	**1.62**	**0.54**	**0.08**
93章 武器、弹药及其零件、附件	Arms and ammunition；parts and accessories thereof	10.70	1.62	0.54	0.08
第二十类 杂项制品	**MISCELLANEOUS MANUFACTURED ARTICLES**	**7574.20**	**1146.21**	**395.13**	**59.87**
94章 家具；寝具、褥垫、弹簧床垫、软坐垫及类似的填充制品；未列名灯具及照明装置；发光标志、发光名牌及类似品；活动房屋	Furniture；bedding，mattresses，mattress supports，cushions and similar stuffed furnishings；lamps and lighting fittings，not elsewhere specified or included；illuminated signs，illuminated	5085.59	769.78	185.29	28.06
95章 玩具、游戏品、运动用品及其零件、附件	Toys，games and sports requisites；parts and accessories thereof	1713.77	258.99	80.76	12.20
96章 杂项制品	Miscellaneous manufactured articles	774.85	117.43	129.09	19.61
第二十一类 艺术品、收藏品及古物	**WORKS OF ART，COLLECTORS' PIECES AND ANTIQUES**	**8.36**	**1.27**	**4.19**	**0.63**
97章 艺术品、收藏品及古物	Works of art，collectors' pieces and antiques	8.36	1.27	4.19	0.63
第二十二类 特殊交易品及未分类商品	**COMMODITIES AND TRANSACTIONS NOT CLASSIFIED ACCORDING TO KIND**	**67.59**	**10.22**	**58.39**	**8.48**
98章 特殊交易品及未分类商品	Commodities and transactions not classified according to kind	67.59	10.22	58.39	8.48

6-20 按商品类章分加工贸易进出口金额(2018年)
Value of Imports and Exports in Processing Trade by HS(2018)

商品分类	HS Section and Division	出口 Exports 亿元人民币 RMB 100 million	出口 Exports 亿美元 USD 100 million	进口 Imports 亿元人民币 RMB 100 million	进口 Imports 亿美元 USD 100 million
总　额	**Total**	**52668.97**	**7970.56**	**31078.41**	**4700.98**
第一类　活动物；动物产品	**LIVE ANIMALS；ANIMAL PRODUCTS**	**321.10**	**48.55**	**200.96**	**30.52**
01章　活动物	Live animals				
02章　肉及食用杂碎	Meat and edible meat offal	0.19	0.03	3.45	0.52
03章　鱼、甲壳动物、软体动物及其他水生无脊椎动物	Fish and crustaceans molluscs and other aquatic invertebrates	293.95	44.42	176.68	26.82
04章　乳品；蛋品；天然蜂蜜；其他食用动物产品	Dairy produce；birds' eggs；natural honey；edible products of animal origin，not elsewhere specified or included	0.05	0.01	0.46	0.07
05章　其他动物产品	Products of animal origin，not elsewhere specified or included	26.91	4.09	20.37	3.10
第二类　植物产品	**VEGETABLE PRODUCTS**	**42.31**	**6.41**	**141.94**	**21.50**
06章　活树及其他活植物；鳞茎、根及类似品；插花及装饰用簇叶	Live tree and other plants；bulbs，roots and the like；cut flowers and ornamental foliage	0.36	0.05	0.00	0.00
07章　食用蔬菜、根及块茎	Edible vegetables and certain roots and tubers	2.14	0.32	1.96	0.30
08章　食用水果及坚果；甜瓜或柑桔属水果的果皮	Edible fruit and nuts；peel of citrus fruit or melons	19.45	2.94	37.86	5.66
09章　咖啡、茶、马黛茶及调味香料	Coffee，tea，mate and spices	5.07	0.77	3.42	0.51
10章　谷物	Cereals			18.87	2.85
11章　制粉工业产品；麦芽；淀粉；菊粉；面筋	Products of the milling industry；malt；starches；inulin；wheat gluten	2.54	0.39	5.77	0.88
12章　含油子仁及果实；杂项子仁及果实；工业用或药用植物；稻草、秸秆及饲料	Oil seeds and oleaginous fruits；miscellaneous grains，seeds and fruit；industrial or medicinal plants；straw and fodder	1.74	0.26	72.65	11.10
13章　虫胶；树胶、树脂及其他植物液、汁	Lac；gums，resins and other vegetable saps and extracts	10.99	1.67	0.98	0.15
14章　编结用植物材料；其他植物产品	Vegetable plaiting materials；vegetable products not elsewhere specified or included	0.02	0.00	0.43	0.07
第三类　动、植物油、脂及其分解产品；精制的食用油脂；动、植物蜡	**ANIMAL OR VEGETABLE FATS AND OILS AND THEIR CLEAVAGE PRODUCTS；PREPARED EDIBLE FATS；ANIMAL OR VEGETABLE WAXES**	**9.36**	**1.43**	**17.74**	**2.69**
15章　动、植物油、脂及其分解产品；精制的食用油脂；动、植物蜡	Animal or vegetable fats and oils and their cleavage products；prepared edible fats；animal or vegetable waxes	9.36	1.43	17.74	2.69
第四类　食品；饮料、酒及醋；烟草、烟草及烟草代用品的制品	**PREPARED FOODSTUFFS；BEVERAGES, SPIRITS AND VINEGAR；TOBACCO AND MANUFACTURED TOBACCO SUBSTITUTES**	**241.57**	**36.58**	**24.06**	**3.63**
16章　肉、鱼、甲壳动物、软体动物及其他水生无脊椎动物的制品	Preparations of meat，of fish or of crustaceans，molluscs or other aquatic invertebrates	91.15	13.78	7.51	1.15
17章　糖及糖食	Sugars and sugar confectionery	14.97	2.26	6.63	0.99
18章　可可及可可制品	Cocoa and cocoa preparations	10.30	1.54	3.48	0.52
19章　谷物、粮食粉、淀粉或乳的制品；糕饼点心	Preparations of cereals，flour，starch or milk；pastry-cooks' products	16.82	2.54	0.33	0.05

6-20 续表 1 Continued 1

商品分类	HS Section and Division	出口 Exports 亿元人民币 RMB 100 million	出口 Exports 亿美元 USD 100 million	进口 Imports 亿元人民币 RMB 100 million	进口 Imports 亿美元 USD 100 million
20章 蔬菜、水果、坚果或植物其他部分的制品	Preparations of vegetables, fruit, nuts or other parts of plants	60.62	9.18	2.30	0.35
21章 杂项食品	Miscellaneous edible preparations	23.06	3.49	1.70	0.26
22章 饮料、酒及醋	Beverages, spirits and vinegar	1.79	0.27	0.64	0.10
23章 食品工业的残渣及废料；配制的动物饲料	Residues and waste from the food industries; prepared animal fodder	22.84	3.50	1.47	0.22
24章 烟草及烟草代用品的制品	Tobacco and manufactured tobacco substitutes	0.01	0.00		
第五类 矿产品	**MINERAL PRODUCTS**	**116.74**	**17.75**	**1761.84**	**267.22**
25章 盐；硫磺；泥土及石料；石膏料、石灰及水泥	Salt; sulphur; earths and stone; plastering materials, lime and cement	0.00	0.00	5.67	0.86
26章 矿砂、矿渣及矿灰	Ores, slag and ash			565.88	85.77
27章 矿物燃料、矿物油及其蒸馏产品；沥青物质；矿物蜡	Mineral fuels, mineral oils and products of their distillation; bituminous substances; mineral waxes	116.74	17.75	1190.28	180.59
第六类 化学工业及其相关工业的产品	**PRODUCTS OF THE CHEMICAL OR INDUSTRIES ALLIED**	**1023.19**	**155.25**	**1341.41**	**203.39**
28章 无机化学品；贵金属、稀土金属、放射性元素及其同位素的有机及无机化合物	Inorganic chemicals; organic or inorganic compounds of precious metals, of rare- earth metals, of radioactive elements or of isotopes	136.90	20.81	157.83	23.87
29章 有机化学品	Organic chemicals	410.39	62.31	709.27	107.66
30章 药品	Pharmaceutical products	197.23	29.82	62.70	9.47
31章 肥料	Fertilizers			0.00	0.00
32章 鞣料浸膏及染料浸膏；鞣酸及其衍生物；染料、颜料及其他着色料；油漆及清漆；油灰及其他类似胶粘剂；墨水、油墨	Tanning or dyeing extracts; tannins and their derivatives; dyes, pigments and other colouring matter; paints and varnishes; putty and other mastics; inks	3.69	0.56	54.38	8.25
33章 精油及香膏；芳香料制品及化妆盥洗品	Essential oils and retinoid; perfumery, cosmetic or toilet preparations	73.80	11.18	14.86	2.26
34章 肥皂、有机表面活性剂、洗涤剂、润滑剂、人造蜡、调制蜡、光洁剂、蜡烛及类似品、塑型用膏、"牙科用蜡"及牙科用熟石膏制剂	Soap, organic surface-active agents, washing preparations, lubricating preparations, artificial waxes, prepared waxes, polishing or scouring preparations, candles and similar articles, modelling pastes, "dental waxes" and dental preparations with a basis of plast	32.67	4.96	20.95	3.18
35章 蛋白类物质；改性淀粉；胶；酶	Albuminoidal substances; modified starches; glues; enzymes	24.45	3.70	59.67	9.01
36章 炸药；烟火制品；火柴；引火合金；易燃材料制品	Explosives; pyrotechnic products; matches; pyrophoric alloys; certain combustible preparations	1.04	0.16	0.82	0.13
37章 照相及电影用品	Photographic or cinematographic goods	16.87	2.56	58.62	8.90
38章 杂项化学产品	Miscellaneous chemical products	126.15	19.19	202.31	30.68
第七类 塑料及其制品，橡胶及其制品	**PLASTICS AND ARTICLES THEREOF RUBBER AND ARTICLES THEREOF**	**2180.90**	**331.27**	**1473.77**	**223.42**
39章 塑料及其制品	Plastics and articles thereof	1356.78	206.05	1262.17	191.30
40章 橡胶及其制品	Rubber and articles thereof	824.12	125.22	211.60	32.13
第八类 生皮、皮革、毛皮及其制品；鞍具及挽具；旅行用品、手提包及类似品；动物肠线(蚕胶丝除外)制品	**RAW HIDES AND SKINS, LEATHER, FUR SKINS AND ARTICLES THEREOF; SADDLERY AND HARNESS; TRAVEL GOODS, HANDBAGS AND SIMILAR CONTAINERS; ARTICLES OF ANIMAL GUT(OTHER THAN SILK-WORM GUT)**	**226.09**	**34.27**	**148.34**	**22.57**
41章 生皮(毛皮除外)及皮革	Raw hides and skins(other than fur skins) and leather	30.51	4.63	136.08	20.71

6-20 续表 2 Continued 2

商品分类	HS Section and Division	出口 Exports 亿元人民币 RMB 100 million	出口 Exports 亿美元 USD 100 million	进口 Imports 亿元人民币 RMB 100 million	进口 Imports 亿美元 USD 100 million
42章 皮革制品；鞍具及挽具；旅行用品、手提包及类似容器；动物肠线(蚕胶丝除外)制品	Articles of leather；saddlery and harness；travel goods, hand bags and similar containers；articles of animal gut (other than silk-worm gut)	180.10	27.30	7.75	1.17
43章 毛皮、人造毛皮及其制品	Fur skins and artificial fur；manufactures thereof	15.48	2.35	4.51	0.69
第九类 木及木制品；木炭；软木及软木制品；稻草，秸秆、针茅或其他编结材料制品；篮筐及柳条编结品	**WOOD AND ARTICLES OF WOOD；WOOD CHAR-COAL；CORK AND ARTICLES OF CORK；MANUFACTURES OF STRAW，OF ESPARTO OR OF OTHER PLAITING MATERIALS；BASKET WARE AND WICKERWORK**	**92.06**	**13.96**	**41.31**	**6.28**
44章 木及木制品；木炭	Wood and articles of wood；wood charcoal	90.35	13.70	41.18	6.26
45章 软木及软木制品	Cork and articles of cork	0.00	0.00	0.04	0.01
46章 稻草、秸秆、针茅或其他编结材料制品；篮筐及柳条编结品	Manufactures of straw，of esparto or of other plaiting Materials；basket ware and wickerwork	1.71	0.26	0.10	0.01
第十类 木浆及其他纤维状纤维素浆；纸及纸板的废碎品；纸、纸板及其制品	**PULP OF WOOD OR OF OTHER FIBROUS CELLULOSIC MATERIAL；WASTE AND SCRAP OF PAPER OR PAPERBOARD；PAPER AND PAPERBOARD AND ARTICLES THEREOF**	**490.71**	**74.52**	**296.09**	**44.95**
47章 木浆及其他纤维状纤维素浆；纸及纸板的废碎品	Pulp of wood or of other fibrous cellulosic material；waste and scrap of paper or paperboard			213.30	32.37
48章 纸及纸板；纸浆、纸或纸板制品	Paper and paperboard；articles of paper pulp，of paper or paperboard	398.20	60.51	73.54	11.17
49章 书籍、报纸、印刷图画及其他印制品；手稿、打字稿及设计图纸	Printed books，newspapers，pictures and other products of the printing industry；manuscripts，typescripts and plans	92.51	14.01	9.25	1.40
第十一类 纺织原料及纺织制品	**TEXTILES AND TEXTILE ARTICLES**	**1698.81**	**257.70**	**570.77**	**86.69**
50章 蚕丝	Silk	0.24	0.04	1.78	0.27
51章 羊毛、动物细毛或粗毛；马毛纱线及其机织物	Wool，fine or coarse animal hair；horsehair yarn and woven fabric	46.46	7.04	65.48	9.96
52章 棉花	Cotton	127.40	19.33	153.43	23.34
53章 其他植物纺织纤维；纸纱线及其机织物	Other vegetable textile fibres；paper yarn and woven fabrics of paper yarn	2.95	0.45	4.72	0.71
54章 化学纤维长丝	Man-made filaments	109.64	16.67	92.99	14.11
55章 化学纤维短纤	Man-made short fibres	92.57	14.06	55.29	8.40
56章 絮胎、毡呢及无纺织物；特种纱线；线、绳、索、缆及其制品	Wadding，felt and nonwoven；special yarns；twine，cordage，ropes and cables and articles thereof	30.50	4.63	26.58	4.03
57章 地毯及纺织材料的其他铺地制品	Carpets and other textile floor coverings	8.29	1.26	0.99	0.15
58章 特种机织物；簇绒织物；花边；装饰毯；装饰带；刺绣品	Special woven fabrics；tufted textile fabrics；lace；tapestries；trimmings；embroidery	21.20	3.22	22.53	3.42
59章 浸渍、涂布、包覆或层压的纺织物；工业用纺织制品	Impregnated，coated，covered or laminated textile fabrics；textile articles of a kind suitable for industrial use	37.32	5.66	53.49	8.12
60章 针织物及钩编织物	Knitted or crocheted fabrics	156.53	23.81	81.93	12.43
61章 针织或钩编的服装及衣着附件	Articles of apparel and clothing accessories，Knitted or crocheted	350.02	53.04	1.56	0.24
62章 非针织或非钩编的服装及衣着附件	Articles of apparel and clothing accessories，not knitted or crocheted	585.96	88.82	3.32	0.50

6-20 续表 3 Continued 3

商品分类	HS Section and Division	出口 Exports 亿元人民币 RMB 100 million	出口 Exports 亿美元 USD 100 million	进口 Imports 亿元人民币 RMB 100 million	进口 Imports 亿美元 USD 100 million
63章 其他纺织制成品；成套物品；旧衣着及旧纺织品；碎织物	Other made up textile articles；sets；worn clothing and worn textile articles；rags articles；rags	129.74	19.68	6.67	1.01
第十二类 鞋、帽、伞、杖、鞭及其零件；已加工的羽毛及其制品；人造花；人发制品	**FOOTWEAR，HEADGEAR，UMBRELLAS，SUN UMBRELLAS，WALKING-STICKS，SEAT-STICKS，WHIPS，RIDING-CROPS AND PARTS THEREOF；PREPARED FEATHERS AND ARTICLES MADE THEREWITH；ARTIFICIAL FLOWERS；ARTICLES OF HUMAN HAIR**	**610.25**	**92.60**	**43.07**	**6.53**
64章 鞋靴、护腿和类似品及其零件	Footwear，gaiters and the like；parts of such articles	510.28	77.42	29.59	4.49
65章 帽类及其零件	Headgear and parts thereof	38.03	5.75	0.68	0.10
66章 雨伞、阳伞、手杖、鞭子、马鞭及其零件	Umbrellas，sun umbrellas，walking-sticks，seat-sticks，whips，riding-crops and parts thereof	11.86	1.80	0.01	0.00
67章 已加工羽毛、羽绒及其制品；人造花；人发制品	Prepared feathers and down and articles made of feathers or of down；artificial flowers；articles of human hair	50.08	7.62	12.80	1.93
第十三类 石料、石膏、水泥、石棉、云母及类似材料的制品；陶瓷产品；玻璃及其制品	**ARTICLES OF STONE，PLASTER，CEMENT，ASBESTOS，MICA OR SIMILAR MATERIALS；CERAMIC PRODUCTS；GLASS AND GLASSWARE**	**117.99**	**17.91**	**217.18**	**32.95**
68章 石料、石膏、水泥、石棉、云母及类似材料的制品	Articles of stone，plaster，cement，asbestos，mica or similar materials；ceramic products；glass and glassware	22.35	3.40	30.60	4.63
69章 陶瓷产品	Ceramic products	13.14	1.99	12.21	1.85
70章 玻璃及其制品	Glass and glassware	82.50	12.52	174.37	26.47
第十四类 天然或养殖珍珠、宝石或半宝石、贵金属、包贵金属及其制品；仿首饰；硬币	**NATURAL OR CULTURED PEARLS，PRECIOUS OR SEMI-PRECIOUS STONES，PRECIOUS METALS，METALS CLAD WITH PRECIOUS METAL AND STONES，PRECIOUS METALS，METALS CLAD WITH PRECIOUS METAL AND ARTICLES THEREOF；IMITATION JEWELLERY；COIN**	**1102.31**	**166.24**	**1034.63**	**156.15**
71章 天然或养殖珍珠、宝石或半宝石、贵金属、包贵金属及其制品；仿首饰；硬币	Natural or cultured pearls，precious or semi-precious stones，precious metals，metals clad with precious metal and articles thereof；imitation jewellery；coin	1102.31	166.24	1034.63	156.15
第十五类 贱金属及其制品	**BASE METALS AND ARTICLES OF BASE METAL**	**1035.83**	**157.39**	**1419.08**	**215.26**
72章 钢铁	Iron and steel	151.07	23.11	303.33	46.01
73章 钢铁制品	Articles of iron or steel	239.55	36.31	148.83	22.54
74章 铜及其制品	Copper and articles thereof	298.54	45.38	556.00	84.32
75章 镍及其制品	Nickel and articles thereof	4.81	0.73	48.51	7.38
76章 铝及其制品	Aluminium and articles thereof	136.79	20.74	170.08	25.76
78章 铅及其制品	Lead and articles thereof	1.11	0.17	1.18	0.18
79章 锌及其制品	Zinc and articles thereof	1.48	0.22	18.29	2.77
80章 锡及其制品	Tin and articles thereof	0.58	0.09	6.73	1.02
81章 其他贱金属、金属陶瓷及其制品	Other base metals；cermets；articles thereof	15.58	2.37	118.39	18.04
82章 贱金属工具、器具、利口器、餐匙、餐叉及其零件	Tools，implements，cutlery，spoons and forks，of base metal；parts thereof of base metal	86.84	13.17	23.85	3.62
83章 贱金属杂项制品	Miscellaneous articles of base metal	99.49	15.09	23.90	3.63

商品分类	HS Section and Division	出口 Exports 亿元人民币 RMB 100 million	出口 Exports 亿美元 USD 100 million	进口 Imports 亿元人民币 RMB 100 million	进口 Imports 亿美元 USD 100 million
第十六类 机器、机械器具、电气设备及其零件；录音机及放声机、电视图像、声音的录制和重放设备及其零件、附件	**MACHINERY AND MECHANICAL APPLIANCES；ELECTRICAL EQUIPMENT；PARTS THEREOF；SOUND RECORDERS AND REPRODUCERS，TELEVISION IMAGE AND SOUND RECORDERS AND REPRODUCERS；AND PARTS AND ACCESSORIES OF RECORDERS AND REPRODUCERS；AND PARTS AND ACCESSORIES OF SUCH ARTICLES**	**36012.92**	**5443.39**	**19590.14**	**2960.45**
84章 核反应堆、锅炉、机器、机械器具及其零件	Nuclear reactors，boilers，machinery and mechanical appliances；parts thereof	12903.72	1955.55	2074.28	313.87
85章 电机、电气设备及其零件；录音机及放声机、电视图像、声音的录制和重放设备及其零件、附件	Electrical machinery and equipment and parts thereof；sound recorders and reproducers，television image and sound recorders and reproducers，and parts and accessories of such articles	23109.20	3487.84	17515.86	2646.58
第十七类 车辆、航空器、船舶及有关运输设备	**VEHICLES，AIRCRAFT，VESSELS AND ASSOCIATED TRANSPORT EQUIPMENT**	**2781.70**	**423.80**	**341.07**	**51.71**
86章 铁道及电车道机车、车辆及其零件；铁道及电车轨道固定装置及其零件、附件；各种机械(包括电动机械)交通信号设备	Railway or tramway locomotives，rolling-stock and parts thereof；railway or tramway track fixtures and fittings and parts thereof；mechanical(including electro-mechanical) traffic signalling equipment of all kinds	380.80	57.93	6.49	0.98
87章 车辆及其零件、附件，但铁道及电车道车辆除外	Vehicles other than railway or tramway rolling-stock，and parts and accessories thereof	825.85	125.43	128.25	19.48
88章 航空器、航天器及其零件	Aircraft，spacecraft，and parts thereof	120.20	18.30	195.70	29.58
89章 船舶及浮动结构体	Ships，boats and floating structures	1454.86	222.14	10.63	1.67
第十八类 光学、照相、电影、计量、检验、医疗或外科用仪器及设备、精密仪器及设备；钟表；乐器；上述物品的零件、附件	**OPTICAL，PHOTOGRAPHIC，CINEMATOGRAPHIC，MEASURING，CHECKING，PRECISION，MEDICAL OR SURGICAL INSTRUMENTS AND APPARATUS；CLOCKS AND WATCHES；MUSICAL INSTRUMENTS；PARTS AND ACCESSORIES THEREOF**	**2473.62**	**375.26**	**2328.18**	**351.89**
90章 光学、照相、电影、计量、检验、医疗或外科用仪器及设备、精密仪器及设备；上述物品的零件、附件	Optical，photographic，cinematographic，measuring，checking，precision medical or surgical instruments and apparatus；parts and accessories thereof	2299.10	348.82	2265.96	342.48
91章 钟表及其零件	Clocks and watches and parts thereof	142.62	21.61	59.03	8.92
92章 乐器及其零件、附件	Musical instruments；parts and accessories of such articles	31.90	4.83	3.19	0.48
第十九类 武器、弹药及其零件、附件	**ARMS AND AMMUNITION；PARTS AND ACCESSORIES THEREOF**	**0.01**	**0.00**		
93章 武器、弹药及其零件、附件	Arms and ammunition；parts and accessories thereof	0.01	0.00		
第二十类 杂项制品	**MISCELLANEOUS MANUFACTURED ARTICLES**	**2091.01**	**316.22**	**86.66**	**13.15**
94章 家具；寝具、褥垫、弹簧床垫、软坐垫及类似的填充制品；未列名灯具及照明装置；发光标志、发光名牌及类似品；活动房屋	Furniture；bedding，mattresses，mattress supports，cushions and similar stuffed furnishings；lamps and lighting fittings，not elsewhere specified or included；illuminated signs，illuminated	570.26	86.41	18.90	2.87
95章 玩具、游戏品、运动用品及其零件、附件	Toys，games and sports requisites；parts and accessories thereof	1387.92	209.64	44.99	6.82
96章 杂项制品	Miscellaneous manufactured articles	132.83	20.16	22.77	3.46
第二十一类 艺术品、收藏品及古物	**WORKS OF ART，COLLECTORS' PIECES AND ANTIQUES**	**0.50**	**0.07**		
97章 艺术品、收藏品及古物	Works of art，collectors' pieces and antiques	0.50	0.07		
第二十二类 特殊交易品及未分类商品	**COMMODITIES AND TRANSACTIONS NOT CLASSIFIED ACCORDING TO KIND**			**0.01**	**0.00**
98章 特殊交易品及未分类商品	Commodities and transactions not classified according to kind			0.01	0.00

6-21 对欧洲联盟进出口商品分类金额

Value of Exports to and Imports from EU by HS

单位：亿美元

Unit: USD 100 million

商品分类	HS Section and Division	2017		2018	
		出 口 Exports	进 口 Imports	出 口 Exports	进 口 Imports
总 额	**Total**	**3720.31**	**2449.70**	**4085.10**	**2734.84**
第一类 活动物；动物产品	**LIVE ANIMALS；ANIMAL PRODUCTS**	**29.56**	**43.26**	**30.61**	**43.31**
01章 活动物	Live animals	0.02	0.45	0.02	0.36
02章 肉及食用杂碎	Meat and edible meat offal	0.22	25.35	0.24	23.03
03章 鱼、甲壳动物、软体动物及其他水生无脊椎动物	Fish and crustaceans molluscs and other aquatic invertebrates	19.79	2.96	21.23	4.44
04章 乳品；蛋品；天然蜂蜜；其他食用动物产品	Dairy produce；birds' eggs；natural honey；edible products of animal origin，not elsewhere specified or included	1.69	12.30	1.59	13.21
05章 其他动物产品	Products of animal origin，not elsewhere specified or included	7.85	2.20	7.53	2.27
第二类 植物产品	**VEGETABLE PRODUCTS**	**23.20**	**6.70**	**21.83**	**8.64**
06章 活树及其他活植物；鳞茎、根及类似品；插花及装饰用簇叶	Live tree and other plants；bulbs，roots and the like; cut flowers and ornamental foliage	0.52	1.38	0.58	1.41
07章 食用蔬菜、根及块茎	Edible vegetables and certain roots and tubers	6.13	0.06	5.04	0.16
08章 食用水果及坚果；甜瓜或柑桔属水果的果皮	Edible fruit and nuts；peel of citrus fruit or melons	3.68	1.24	3.24	1.38
09章 咖啡、茶、马黛茶及调味香料	Coffee，tea，mate and spices	4.97	0.47	5.07	0.51
10章 谷物	Cereals	0.06	0.55	0.11	1.43
11章 制粉工业产品；麦芽；淀粉；菊粉；面筋	Products of the milling industry；malt；starches；inulin；wheat gluten	0.48	0.72	0.55	0.65
12章 含油子仁及果实；杂项子仁及果实；工业用或药用植物；稻草、秸秆及饲料	Oil seeds and oleaginous fruits；miscellaneous grains，seeds and fruit；industrial or medicinal plants；straw and fodder	4.25	1.47	3.69	2.16
13章 虫胶；树胶、树脂及其他植物液、汁	Lac；gums，resins and other vegetable saps and extracts	2.62	0.80	3.02	0.92
14章 编结用植物材料；其他植物产品	Vegetable plaiting materials；vegetable products not elsewhere specified or included	0.50	0.01	0.51	0.01
第三类 动、植物油、脂及其分解产品；精制的食用油脂；动、植物蜡	**ANIMAL OR VEGETABLE FATS AND OILS AND THEIR CLEAVAGE PRODUCTS；PREPARED EDIBLE FATS；ANIMAL OR VEGETABLE WAXES**	**2.88**	**3.10**	**3.67**	**3.15**
15章 动、植物油、脂及其分解产品；精制的食用油脂；动、植物蜡	Animal or vegetable fats and oils and their cleavage products；prepared edible fats；animal or vegetable waxes	2.88	3.10	3.67	3.15
第四类 食品；饮料、酒及醋；烟草、烟草及烟草代用品的制品	**PREPARED FOODSTUFFS；BEVERAGES, SPIRITS AND VINEGAR；TOBACCO AND MANUFACTURED TOBACCO SUBSTITUTES**	**28.17**	**77.14**	**30.70**	**87.36**
16章 肉、鱼、甲壳动物、软体动物及其他水生无脊椎动物的制品	Preparations of meat，of fish or of crustaceans，molluscs or other aquatic invertebrates	4.28	0.09	4.53	0.15
17章 糖及糖食	Sugars and sugar confectionery	0.85	0.77	0.94	0.92
18章 可可及可可制品	Cocoa and cocoa preparations	0.26	2.30	0.51	2.42
19章 谷物、粮食粉、淀粉或乳的制品；糕饼点心	Preparations of cereals，flour，starch or milk；pastry-cooks' products	1.53	32.82	1.66	40.02

6-21 续表 1 Continued 1

单位：亿美元
Unit: USD 100 million

商品分类	HS Section and Division	2017 出口 Exports	2017 进口 Imports	2018 出口 Exports	2018 进口 Imports
20章 蔬菜、水果、坚果或植物其他部分的制品	Preparations of vegetables, fruit，nuts or other parts of plants	8.85	1.51	8.64	2.22
21章 杂项食品	Miscellaneous edible preparations	2.89	5.16	3.24	5.96
22章 饮料、酒及醋	Beverages，spirits and vinegar	1.09	32.26	1.29	33.74
23章 食品工业的残渣及废料；配制的动物饲料	Residues and waste from the food industries；prepared animal fodder	6.32	1.79	7.62	1.60
24章 烟草及烟草代用品的制品	Tobacco and manufactured tobacco substitutes	2.11	0.45	2.27	0.34
第五类 矿产品	**MINERAL PRODUCTS**	**20.28**	**92.06**	**34.93**	**93.05**
25章 盐；硫磺；泥土及石料；石膏料、石灰及水泥	Salt；sulphur；earths and stone；plastering materials，lime and cement	3.91	6.69	5.65	6.98
26章 矿砂、矿渣及矿灰	Ores，slag and ash	0.21	15.26	0.37	16.74
27章 矿物燃料、矿物油及其蒸馏产品；沥青物质；矿物蜡	Mineral fuels，mineral oils and products of their distillation; bituminous substances; mineral waxes	16.17	70.11	28.91	69.33
第六类 化学工业及其相关工业的产品	**PRODUCTS OF THE CHEMICAL OR INDUSTRIES ALLIED**	**184.23**	**338.78**	**224.42**	**384.36**
28章 无机化学品；贵金属、稀土金属、放射性元素及其同位素的有机及无机化合物	Inorganic chemicals；organic or inorganic compounds of precious metals，of rare- earth metals, of radioactive elements or of isotopes	16.00	14.51	20.27	15.21
29章 有机化学品	Organic chemicals	106.07	54.93	126.91	68.00
30章 药品	Pharmaceutical products	17.25	172.52	23.98	183.41
31章 肥料	Fertilizers	0.50	2.69	0.44	3.18
32章 鞣料浸膏及染料浸膏；鞣酸及其衍生物；染料、颜料及其他着色料；油漆及清漆；油灰及其他类似胶粘剂；墨水、油墨	Tanning or dyeing extracts；tannins and their derivatives；dyes，pigments and other colouring matter；paints and varnishes；putty and other mastics；inks	11.39	12.34	12.32	13.03
33章 精油及香膏；芳香料制品及化妆盥洗品	Essential oils and retinoid；perfumery，cosmetic or toilet preparations	8.99	27.37	9.87	40.16
34章 肥皂、有机表面活性剂、洗涤剂、润滑剂、人造蜡、调制蜡、光洁剂、蜡烛及类似品、塑型用膏、“牙科用蜡”及牙科用熟石膏制剂	Soap，organic surface-active agents，washing preparations，lubricating preparations，artificial waxes，prepared waxes，polishing or scouring preparations，candles and similar articles，modelling pastes，“dental waxes” and dental preparations with a basis of plast	4.78	13.77	5.37	14.07
35章 蛋白类物质；改性淀粉；胶；酶	Albuminoidal substances；modified starches；glues；enzymes	3.00	7.64	3.38	8.69
36章 炸药；烟火制品；火柴；引火合金；易燃材料制品	Explosives；pyrotechnic products；matches；pyrophoric alloys；certain combustible preparations	2.63	0.42	3.27	0.40
37章 照相及电影用品	Photographic or cinematographic goods	0.98	1.23	1.29	1.28
38章 杂项化学产品	Miscellaneous chemical products	12.63	31.38	17.33	36.95
第七类 塑料及其制品，橡胶及其制品	**PLASTICS AND ARTICLES THEREOF RUBBER AND ARTICLES THEREOF**	**136.96**	**104.70**	**150.45**	**105.86**
39章 塑料及其制品	Plastics and articles thereof	97.69	80.64	111.55	81.10
40章 橡胶及其制品	Rubber and articles thereof	39.27	24.06	38.90	24.76
第八类 生皮、皮革、毛皮及其制品；鞍具及挽具；旅行用品、手提包及类似品；动物肠线(蚕胶丝除外)制品	**RAW HIDES AND SKINS，LEATHER，FUR SKINS AND ARTICLES THEREOF；SADDLERY AND HARNESS；TRAVEL GOODS，HANDBAGS AND SIMILAR CONTAINERS；ARTICLES OF ANIMAL GUT(OTHER THAN SILK-WORM GUT)**	**70.19**	**33.30**	**71.95**	**34.36**
41章 生皮(毛皮除外)及皮革	Raw hides and skins(other than fur skins) and leather	0.39	10.49	0.31	8.93

6-21 续表 2 Continued 2

单位：亿美元
Unit: USD 100 million

商品分类	HS Section and Division	2017 出口 Exports	2017 进口 Imports	2018 出口 Exports	2018 进口 Imports
42章 皮革制品；鞍具及挽具；旅行用品、手提包及类似容器；动物肠线(蚕胶丝除外)制品	Articles of leather；saddlery and harness；travel goods, hand bags and similar containers；articles of animal gut (other than silk-worm gut)	68.12	16.59	69.91	20.87
43章 毛皮、人造毛皮及其制品	Fur skins and artificial fur；manufactures thereof	1.68	6.22	1.73	4.56
第九类 木及木制品；木炭；软木及软木制品；稻草，秸秆、针茅或其他编结材料制品；篮筐及柳条编结品	**WOOD AND ARTICLES OF WOOD；WOOD CHAR-COAL；CORK AND ARTICLES OF CORK；MANUFACTURES OF STRAW，OF ESPARTO OR OF OTHER PLAITING MATERIALS；BASKET WARE AND WICKERWORK**	**29.39**	**19.29**	**32.81**	**20.41**
44章 木及木制品；木炭	Wood and articles of wood；wood charcoal	23.66	18.84	26.72	19.86
45章 软木及软木制品	Cork and articles of cork	0.06	0.43	0.08	0.52
46章 稻草、秸秆、针茅或其他编结材料制品；篮筐及柳条编结品	Manufactures of straw，of esparto or of other plaiting Materials；basket ware and wickerwork	5.67	0.01	6.00	0.02
第十类 木浆及其他纤维状纤维素浆；纸及纸板的废碎品；纸、纸板及其制品	**PULP OF WOOD OR OF OTHER FIBROUS CELLULOSIC MATERIAL；WASTE AND SCRAP OF PAPER OR PAPERBOARD；PAPER AND PAPERBOARD AND ARTICLES THEREOF**	**29.38**	**51.39**	**32.02**	**53.20**
47章 木浆及其他纤维状纤维素浆；纸及纸板的废碎品	Pulp of wood or of other fibrous cellulosic material；waste and scrap of paper or paperboard	0.48	33.60	0.37	32.23
48章 纸及纸板；纸浆、纸或纸板制品	Paper and paperboard；articles of paper pulp，of paper or paperboard	21.67	13.30	24.49	15.06
49章 书籍、报纸、印刷图画及其他印制品；手稿、打字稿及设计图纸	Printed books，newspapers，pictures and other products of the printing industry；manuscripts，typescripts and plans	7.23	4.50	7.15	5.91
第十一类 纺织原料及纺织制品	**TEXTILES AND TEXTILE ARTICLES**	**472.63**	**42.73**	**480.92**	**51.36**
50章 蚕丝	Silk	2.78	0.13	3.83	0.16
51章 羊毛、动物细毛或粗毛；马毛纱线及其机织物	Wool，fine or coarse animal hair；horsehair yarn and woven fabric	5.23	3.89	6.97	4.97
52章 棉花	Cotton	6.41	1.11	5.58	1.36
53章 其他植物纺织纤维；纸纱线及其机织物	Other vegetable textile fibres；paper yarn and woven fabrics of paper yarn	1.79	3.91	2.36	4.99
54章 化学纤维长丝	Man-made filaments	21.11	2.99	22.81	3.60
55章 化学纤维短纤	Man-made short fibres	9.00	5.06	9.34	6.09
56章 絮胎、毡呢及无纺织物；特种纱线；线、绳、索、缆及其制品	Wadding，felt and nonwoven；special yarns；twine，cordage，ropes and cables and articles thereof	7.03	2.54	8.24	2.61
57章 地毯及纺织材料的其他铺地制品	Carpets and other textile floor coverings	4.47	0.27	5.13	0.28
58章 特种机织物；簇绒织物；花边；装饰毯；装饰带；刺绣品	Special woven fabrics；tufted textile fabrics；lace；tapestries；trimmings；embroidery	5.17	0.53	5.16	0.59
59章 浸渍、涂布、包覆或层压的纺织物；工业用纺织制品	Impregnated，coated，covered or laminated textile fabrics；textile articles of a kind suitable for industrial use	7.56	4.32	8.23	4.85
60章 针织物及钩编织物	Knitted or crocheted fabrics	8.91	0.97	9.60	1.20
61章 针织或钩编的服装及衣着附件	Articles of apparel and clothing accessories，Knitted or crocheted	162.54	5.65	164.27	7.04
62章 非针织或非钩编的服装及衣着附件	Articles of apparel and clothing accessories，not knitted or crocheted	179.47	10.60	175.01	12.69

6-21 续表 3 Continued 3

单位：亿美元
Unit: USD 100 million

商品分类	HS Section and Division	2017 出口 Exports	2017 进口 Imports	2018 出口 Exports	2018 进口 Imports
63章 其他纺织制成品；成套物品；旧衣着及旧纺织品；碎织物	Other made up textile articles；sets；worn clothing and worn textile articles；rags articles；rags	51.16	0.75	54.38	0.93
第十二类 鞋、帽、伞、杖、鞭及其零件；已加工的羽毛及其制品；人造花；人发制品	**FOOTWEAR，HEADGEAR，UMBRELLAS，SUN UMBRELLAS，WALKING-STICKS，SEAT-STICKS，WHIPS，RIDING-CROPS AND PARTS THEREOF；PREPARED FEATHERS AND ARTICLES MADE THEREWITH；ARTIFICIAL FLOWERS；ARTICLES OF HUMAN HAIR**	**131.63**	**7.73**	**134.02**	**9.97**
64章 鞋靴、护腿和类似品及其零件	Footwear，gaiters and the like；parts of such articles	103.65	7.49	103.03	9.63
65章 帽类及其零件	Headgear and parts thereof	11.43	0.20	12.53	0.26
66章 雨伞、阳伞、手杖、鞭子、马鞭及其零件	Umbrellas，sun umbrellas，walking-sticks，seat-sticks，whips，riding-crops and parts thereof	5.98	0.02	6.72	0.02
67章 已加工羽毛、羽绒及其制品；人造花；人发制品	Prepared feathers and down and articles made of feathers or of down；artificial flowers；articles of human hair	10.57	0.03	11.74	0.06
第十三类 石料、石膏、水泥、石棉、云母及类似材料的制品；陶瓷产品；玻璃及其制品	**ARTICLES OF STONE，PLASTER，CEMENT，ASBESTOS，MICA OR SIMILAR MATERIALS；CERAMIC PRODUCTS；GLASS AND GLASSWARE**	**63.23**	**17.96**	**72.35**	**20.46**
68章 石料、石膏、水泥、石棉、云母及类似材料的制品	Articles of stone，plaster，cement，asbestos，mica or similar materials；ceramic products；glass and glassware	14.60	4.00	16.99	4.66
69章 陶瓷产品	Ceramic products	27.33	3.26	32.09	4.10
70章 玻璃及其制品	Glass and glassware	21.29	10.70	23.27	11.70
第十四类 天然或养殖珍珠、宝石或半宝石、贵金属、包贵金属及其制品；仿首饰；硬币	**NATURAL OR CULTURED PEARLS，PRECIOUS OR SEMI-PRECIOUS STONES，PRECIOUS METALS，METALS CLAD WITH PRECIOUS METAL AND STONES，PRECIOUS METALS，METALS CLAD WITH PRECIOUS METAL AND ARTICLES THEREOF；IMITATION JEWELLERY；COIN**	**8.76**	**17.33**	**8.54**	**18.52**
71章 天然或养殖珍珠、宝石或半宝石、贵金属、包贵金属及其制品；仿首饰；硬币	Natural or cultured pearls，precious or semi-precious stones，precious metals，metals clad with precious metal and articles thereof；imitation jewellery；coin	8.76	17.33	8.54	18.52
第十五类 贱金属及其制品	**BASE METALS AND ARTICLES OF BASE METAL**	**231.92**	**152.18**	**268.69**	**164.22**
72章 钢铁	Iron and steel	30.10	24.40	35.78	27.31
73章 钢铁制品	Articles of iron or steel	82.01	34.40	95.55	36.81
74章 铜及其制品	Copper and articles thereof	6.57	49.84	7.62	49.80
75章 镍及其制品	Nickel and articles thereof	0.78	5.80	0.37	9.01
76章 铝及其制品	Aluminium and articles thereof	33.71	10.12	44.05	12.18
78章 铅及其制品	Lead and articles thereof	0.00	0.26	0.00	0.19
79章 锌及其制品	Zinc and articles thereof	0.35	5.78	0.35	4.11
80章 锡及其制品	Tin and articles thereof	0.02	0.05	0.02	0.06
81章 其他贱金属、金属陶瓷及其制品	Other base metals；cermets；articles thereof	10.51	2.03	11.77	2.80
82章 贱金属工具、器具、利口器、餐匙、餐叉及其零件	Tools，implements，cutlery，spoons and forks，of base metal；parts thereof of base metal	35.66	11.39	38.59	12.91
83章 贱金属杂项制品	Miscellaneous articles of base metal	32.21	8.13	34.60	9.05

6-21 续表 4 Continued 4

单位：亿美元
Unit: USD 100 million

商品分类	HS Section and Division	2017 出口 Exports	2017 进口 Imports	2018 出口 Exports	2018 进口 Imports
第十六类 机器、机械器具、电气设备及其零件；录音机及放声机、电视图像、声音的录制和重放设备及其零件、附件	**MACHINERY AND MECHANICAL APPLIANCES；ELECTRICAL EQUIPMENT；PARTS THEREOF；SOUND RECORDERS AND REPRODUCERS，TELEVISION IMAGE AND SOUND RECORDERS AND REPRODUCERS；AND PARTS AND CCESSORIES OF RECORDERS AND EPRODUCERS；AND PARTS AND ACCESSORIES OF SUCH ARTICLES**	**1585.58**	**716.60**	**1791.49**	**827.80**
84章 核反应堆、锅炉、机器、机械器具及其零件	Nuclear reactors，boilers，machinery and mechanical appliances；parts thereof	749.72	428.08	843.63	497.66
85章 电机、电气设备及其零件；录音机及放声机、电视图像、声音的录制和重放设备及其零件、附件	Electrical machinery and equipment and parts thereof；sound recorders and reproducers，television image and sound recorders and reproducers，and parts and accessories of such articles	835.87	288.52	947.86	330.13
第十七类 车辆、航空器、船舶及有关运输设备	**VEHICLES，AIRCRAFT，VESSELS AND ASSOCIATED TRANSPORT EQUIPMENT**	**172.31**	**514.18**	**174.72**	**571.63**
86章 铁道及电车道机车、车辆及其零件；铁道及电车轨道固定装置及其零件、附件；各种机械(包括电动机械)交通信号设备	Railway or tramway locomotives，rolling-stock and parts thereof；railway or tramway track fixtures and fittings and parts thereof；mechanical(including electro- mechanical) traffic signalling equipment of all kinds	22.04	5.75	24.87	5.98
87章 车辆及其零件、附件，但铁道及电车道车辆除外	Vehicles other than railway or tramway rolling-stock，and parts and accessories thereof	98.85	403.63	114.20	434.42
88章 航空器、航天器及其零件	Aircraft，spacecraft，and parts thereof	8.12	103.06	7.38	130.47
89章 船舶及浮动结构体	Ships，boats and floating structures	43.31	1.74	28.27	0.77
第十八类 光学、照相、电影、计量、检验、医疗或外科用仪器及设备、精密仪器及设备；钟表；乐器；上述物品的零件、附件	**OPTICAL，PHOTOGRAPHIC，CINEMATOGRAPHIC，MEASURING，CHECKING，PRECISION，MEDICAL OR SURGICAL INSTRUMENTS AND APPARATUS；CLOCKS AND WATCHES；MUSICAL INSTRUMENTS；PARTS AND ACCESSORIES THEREOF**	**139.31**	**177.87**	**144.05**	**203.77**
90章 光学、照相、电影、计量、检验、医疗或外科用仪器及设备、精密仪器及设备；上述物品的零件、附件	Optical，photographic，cinematographic，measuring，checking，precision medical or surgical instruments and apparatus；parts and accessories thereof	130.48	176.67	134.76	202.14
91章 钟表及其零件	Clocks and watches and parts thereof	5.16	0.51	5.21	0.67
92章 乐器及其零件、附件	Musical instruments；parts and accessories of such articles	3.68	0.69	4.09	0.96
第十九类 武器、弹药及其零件、附件	**ARMS AND AMMUNITION；PARTS AND ACCESSORIES THEREOF**	**0.20**	**0.05**	**0.26**	**0.07**
93章 武器、弹药及其零件、附件	Arms and ammunition；parts and accessories thereof	0.20	0.05	0.26	0.07
第二十类 杂项制品	**MISCELLANEOUS MANUFACTURED ARTICLES**	**352.76**	**26.04**	**367.21**	**29.34**
94章 家具；寝具、褥垫、弹簧床垫、软坐垫及类似的填充制品；未列名灯具及照明装置；发光标志、发光名牌及类似品；活动房屋	Furniture；bedding，mattresses，mattress supports，cushions and similar stuffed furnishings；lamps and lighting fittings，not elsewhere specified or included；illuminated signs，illuminated	191.28	19.98	205.05	21.49
95章 玩具、游戏品、运动用品及其零件、附件	Toys，games and sports requisites；parts and accessories thereof	135.91	3.47	134.41	4.66
96章 杂项制品	Miscellaneous manufactured articles	25.58	2.58	27.75	3.19
第二十一类 艺术品、收藏品及古物	**WORKS OF ART，COLLECTORS' PIECES AND ANTIQUES**	**0.30**	**0.28**	**0.39**	**0.41**
97章 艺术品、收藏品及古物	Works of art，collectors' pieces and antiques	0.30	0.28	0.39	0.41
第二十二类 特殊交易品及未分类商品	**COMMODITIES AND TRANSACTIONS NOT CLASSIFIED ACCORDING TO KIND**	**7.43**	**7.04**	**9.07**	**3.60**
98章 特殊交易品及未分类商品	Commodities and transactions not classified according to kind	7.43	7.04	9.07	3.60

6-22 对美国进出口商品分类金额
Value of Exports and Imports from United States by HS

单位：亿美元

Unit: USD 100 million

商品分类	HS Section and Division	2017 出口 Exports	2017 进口 Imports	2018 出口 Exports	2018 进口 Imports
总　额	**Total**	**4297.30**	**1539.46**	**4783.96**	**1551.23**
第一类　活动物；动物产品	**LIVE ANIMALS；ANIMAL PRODUCTS**	**20.06**	**30.57**	**20.60**	**22.52**
01章　活动物	Live animals	0.27	0.16	0.35	0.16
02章　肉及食用杂碎	Meat and edible meat offal	0.04	11.87	0.03	5.37
03章　鱼、甲壳动物、软体动物及其他水生无脊椎动物	Fish and crustaceans molluscs and other aquatic invertebrates	16.96	13.15	17.31	12.51
04章　乳品；蛋品；天然蜂蜜；其他食用动物产品	Dairy produce；birds' eggs；natural honey；edible products of animal origin，not elsewhere specified or included	0.15	4.28	0.16	3.29
05章　其他动物产品	Products of animal origin，not elsewhere specified or included	2.65	1.12	2.75	1.20
第二类　植物产品	**VEGETABLE PRODUCTS**	**15.94**	**169.57**	**15.35**	**95.02**
06章　活树及其他活植物；鳞茎、根及类似品；插花及装饰用簇叶	Live tree and other plants；bulbs，roots and the like；cut flowers and ornamental foliage	0.43	0.04	0.52	0.06
07章　食用蔬菜、根及块茎	Edible vegetables and certain roots and tubers	7.69	0.45	6.01	0.32
08章　食用水果及坚果；甜瓜或柑桔属水果的果皮	Edible fruit and nuts；peel of citrus fruit or melons	1.42	7.66	1.63	8.08
09章　咖啡、茶、马黛茶及调味香料	Coffee，tea，mate and spices	2.27	0.18	2.39	0.21
10章　谷物	Cereals	0.02	15.10	0.02	9.09
11章　制粉工业产品；麦芽；淀粉；菊粉；面筋	Products of the milling industry；malt；starches；inulin；wheat gluten	0.10	0.24	0.11	0.13
12章　含油子仁及果实；杂项子仁及果实；工业用或药用植物；稻草、秸秆及饲料	Oil seeds and oleaginous fruits；miscellaneous grains，seeds and fruit；industrial or medicinal plants；straw and fodder	1.47	145.60	1.73	76.80
13章　虫胶；树胶、树脂及其他植物液、汁	Lac；gums，resins and other vegetable saps and extracts	2.43	0.21	2.84	0.28
14章　编结用植物材料；其他植物产品	Vegetable plaiting materials；vegetable products not elsewhere specified or included	0.11	0.09	0.10	0.05
第三类　动、植物油、脂及其分解产品；精制的食用油脂；动、植物蜡	**ANIMAL OR VEGETABLE FATS AND OILS AND THEIR CLEAVAGE PRODUCTS；PREPARED EDIBLE FATS；ANIMAL OR VEGETABLE WAXES**	**0.84**	**1.39**	**0.88**	**1.06**
15章　动、植物油、脂及其分解产品；精制的食用油脂；动、植物蜡	Animal or vegetable fats and oils and their cleavage products；prepared edible fats；animal or vegetable waxes	0.84	1.39	0.88	1.06
第四类　食品；饮料、酒及醋；烟草、烟草及烟草代用品的制品	**PREPARED FOODSTUFFS；BEVERAGES, SPIRITS AND VINEGAR；TOBACCO AND MANUFACTURED TOBACCO SUBSTITUTES**	**38.28**	**17.68**	**43.90**	**23.36**
16章　肉、鱼、甲壳动物、软体动物及其他水生无脊椎动物的制品	Preparations of meat，of fish or of crustaceans，molluscs or other aquatic invertebrates	14.03	0.05	15.62	0.05
17章　糖及糖食	Sugars and sugar confectionery	1.81	0.79	2.00	0.92
18章　可可及可可制品	Cocoa and cocoa preparations	0.34	0.29	0.43	0.32
19章　谷物、粮食粉、淀粉或乳的制品；糕饼点心	Preparations of cereals，flour，starch or milk；pastry-cooks' products	1.84	1.20	2.15	1.43

6-22 续表 1 Continued 1

单位：亿美元
Unit: USD 100 million

商品分类	HS Section and Division	2017		2018	
		出口 Exports	进口 Imports	出口 Exports	进口 Imports
20章 蔬菜、水果、坚果或植物其他部分的制品	Preparations of vegetables, fruit，nuts or other parts of plants	10.89	2.72	12.33	3.50
21章 杂项食品	Miscellaneous edible preparations	4.27	4.36	5.64	6.42
22章 饮料、酒及醋	Beverages，spirits and vinegar	0.63	1.34	0.86	4.04
23章 食品工业的残渣及废料；配制的动物饲料	Residues and waste from the food industries；prepared animal fodder	4.34	5.22	4.74	5.06
24章 烟草及烟草代用品的制品	Tobacco and manufactured tobacco substitutes	0.13	1.70	0.14	1.62
第五类 矿产品	**MINERAL PRODUCTS**	**16.22**	**91.13**	**17.06**	**119.82**
25章 盐；硫磺；泥土及石料；石膏料、石灰及水泥	Salt；sulphur；earths and stone；plastering materials，lime and cement	3.47	3.21	4.61	4.09
26章 矿砂、矿渣及矿灰	Ores，slag and ash	0.16	15.13	0.19	10.39
27章 矿物燃料、矿物油及其蒸馏产品；沥青物质；矿物蜡	Mineral fuels，mineral oils and products of their distillation; bituminous substances; mineral waxes	12.59	72.79	12.26	105.34
第六类 化学工业及其相关工业的产品	**PRODUCTS OF THE CHEMICAL OR INDUSTRIES ALLIED**	**139.46**	**145.82**	**167.27**	**165.06**
28章 无机化学品；贵金属、稀土金属、放射性元素及其同位素的有机及无机化合物	Inorganic chemicals；organic or inorganic compounds of precious metals，of rare- earth metals, of radioactive elements or of isotopes	12.38	9.00	15.03	9.82
29章 有机化学品	Organic chemicals	74.48	36.71	91.14	38.64
30章 药品	Pharmaceutical products	12.57	33.76	14.75	39.48
31章 肥料	Fertilizers	1.06	0.56	0.41	0.45
32章 鞣料浸膏及染料浸膏；鞣酸及其衍生物；染料、颜料及其他着色料；油漆及清漆；油灰及其他类似胶粘剂；墨水、油墨	Tanning or dyeing extracts；tannins and their derivatives；dyes，pigments and other colouring matter；paints and varnishes；putty and other mastics；inks	5.45	4.99	6.13	5.06
33章 精油及香膏；芳香料制品及化妆盥洗品	Essential oils and retinoid；perfumery，cosmetic or toilet preparations	12.78	8.96	13.88	13.30
34章 肥皂、有机表面活性剂、洗涤剂、润滑剂、人造蜡、调制蜡、光洁剂、蜡烛及类似品、塑型用膏、"牙科用蜡"及牙科用熟石膏制剂	Soap，organic surface-active agents，washing preparations，lubricating preparations，artificial waxes，prepared waxes，polishing or scouring preparations，candles and similar articles，modelling pastes，"dental waxes" and dental preparations with a basis of plast	3.47	8.78	4.47	8.90
35章 蛋白类物质；改性淀粉；胶；酶	Albuminoidal substances；modified starches；glues；enzymes	2.92	4.88	2.70	5.13
36章 炸药；烟火制品；火柴；引火合金；易燃材料制品	Explosives；pyrotechnic products；matches；pyrophoric alloys；certain combustible preparations	2.81	0.58	3.18	0.38
37章 照相及电影用品	Photographic or cinematographic goods	0.31	5.11	0.28	5.83
38章 杂项化学产品	Miscellaneous chemical products	11.22	32.49	15.30	38.05
第七类 塑料及其制品，橡胶及其制品	**PLASTICS AND ARTICLES THEREOF RUBBER AND ARTICLES THEREOF**	**185.32**	**81.47**	**219.83**	**82.44**
39章 塑料及其制品	Plastics and articles thereof	153.15	69.73	183.39	70.86
40章 橡胶及其制品	Rubber and articles thereof	32.17	11.74	36.44	11.58
第八类 生皮、皮革、毛皮及其制品；鞍具及挽具；旅行用品、手提包及类似品；动物肠线(蚕胶丝除外)制品	**RAW HIDES AND SKINS，LEATHER，FUR SKINS AND ARTICLES THEREOF；SADDLERY AND HARNESS；TRAVEL GOODS，HANDBAGS AND SIMILAR CONTAINERS；ARTICLES OF ANIMAL GUT(OTHER THAN SILK-WORM GUT)**	**68.24**	**12.58**	**71.31**	**9.77**
41章 生皮(毛皮除外)及皮革	Raw hides and skins(other than fur skins) and leather	0.25	11.99	0.25	8.86

6-22 续表 2 Continued 2

单位：亿美元
Unit: USD 100 million

商品分类	HS Section and Division	2017		2018	
		出　口 Exports	进　口 Imports	出　口 Exports	进　口 Imports
42章 皮革制品；鞍具及挽具；旅行用品、手提包及类似容器；动物肠线(蚕胶丝除外)制品	Articles of leather；saddlery and harness；travel goods, hand bags and similar containers；articles of animal gut (other than silk-worm gut)	67.50	0.18	70.55	0.84
43章 毛皮、人造毛皮及其制品	Fur skins and artificial fur；manufactures thereof	0.48	0.41	0.52	0.06
第九类 木及木制品；木炭；软木及软木制品；稻草，秸秆、针茅或其他编结材料制品；篮筐及柳条编结品	**WOOD AND ARTICLES OF WOOD；WOOD CHAR-COAL；CORK AND ARTICLES OF CORK；MANUFACTURES OF STRAW，OF ESPARTO OR OF OTHER PLAITING MATERIALS；BASKET WARE AND WICKERWORK**	**39.88**	**30.70**	**42.86**	**30.82**
44章 木及木制品；木炭	Wood and articles of wood；wood charcoal	36.50	30.69	38.90	30.81
45章 软木及软木制品	Cork and articles of cork	0.06	0.00	0.06	0.00
46章 稻草、秸秆、针茅或其他编结材料制品；篮筐及柳条编结品	Manufactures of straw，of esparto or of other plaiting Materials；basket ware and wickerwork	3.31	0.00	3.89	0.00
第十类 木浆及其他纤维状纤维素浆；纸及纸板的废碎品；纸、纸板及其制品	**PULP OF WOOD OR OF OTHER FIBROUS CELLULOSIC MATERIAL；WASTE AND SCRAP OF PAPER OR PAPERBOARD；PAPER AND PAPERBOARD AND ARTICLES THEREOF**	**41.38**	**57.43**	**47.87**	**50.08**
47章 木浆及其他纤维状纤维素浆；纸及纸板的废碎品	Pulp of wood or of other fibrous cellulosic material；waste and scrap of paper or paperboard	0.07	43.73	0.05	33.83
48章 纸及纸板；纸浆、纸或纸板制品	Paper and paperboard；articles of paper pulp，of paper or paperboard	28.73	8.68	33.55	10.18
49章 书籍、报纸、印刷图画及其他印制品；手稿、打字稿及设计图纸	Printed books，newspapers，pictures and other products of the printing industry；manuscripts，typescripts and plans	12.59	5.02	14.27	6.06
第十一类 纺织原料及纺织制品	**TEXTILES AND TEXTILE ARTICLES**	**424.43**	**18.41**	**458.05**	**18.88**
50章 蚕丝	Silk	0.27	0.00	0.34	0.00
51章 羊毛、动物细毛或粗毛；马毛纱线及其机织物	Wool，fine or coarse animal hair；horsehair yarn and woven fabric	0.41	0.17	0.35	0.19
52章 棉花	Cotton	2.77	10.73	3.21	11.06
53章 其他植物纺织纤维；纸纱线及其机织物	Other vegetable textile fibres；paper yarn and woven fabrics of paper yarn	0.29	0.00	0.31	0.00
54章 化学纤维长丝	Man-made filaments	6.59	1.32	7.88	1.24
55章 化学纤维短纤	Man-made short fibres	4.58	2.04	5.25	1.59
56章 絮胎、毡呢及无纺织物；特种纱线；线、绳、索、缆及其制品	Wadding，felt and nonwoven；special yarns；twine，cordage，ropes and cables and articles thereof	6.77	1.81	7.53	1.81
57章 地毯及纺织材料的其他铺地制品	Carpets and other textile floor coverings	5.91	0.21	7.04	0.19
58章 特种机织物；簇绒织物；花边；装饰毯；装饰带；刺绣品	Special woven fabrics；tufted textile fabrics；lace；tapestries；trimmings；embroidery	3.68	0.21	3.77	0.26
59章 浸渍、涂布、包覆或层压的纺织物；工业用纺织制品	Impregnated，coated，covered or laminated textile fabrics；textile articles of a kind suitable for industrial use	6.31	1.19	6.55	1.17
60章 针织物及钩编织物	Knitted or crocheted fabrics	6.36	0.13	6.43	0.11
61章 针织或钩编的服装及衣着附件	Articles of apparel and clothing accessories，Knitted or crocheted	160.00	0.09	176.16	0.46
62章 非针织或非钩编的服装及衣着附件	Articles of apparel and clothing accessories，not knitted or crocheted	140.56	0.18	145.35	0.47

6-22 续表 3 Continued 3

单位：亿美元
Unit: USD 100 million

商品分类	HS Section and Division	2017 出口 Exports	2017 进口 Imports	2018 出口 Exports	2018 进口 Imports
63章 其他纺织制成品；成套物品；旧衣着及旧纺织品；碎织物	Other made up textile articles；sets；worn clothing and worn textile articles；rags articles；rags	79.92	0.34	87.88	0.33
第十二类 鞋、帽、伞、杖、鞭及其零件；已加工的羽毛及其制品；人造花；人发制品	**FOOTWEAR，HEADGEAR，UMBRELLAS，SUN UMBRELLAS，WALKING-STICKS，SEAT-STICKS，WHIPS，RIDING-CROPS AND PARTS THEREOF；PREPARED FEATHERS AND ARTICLES MADE THEREWITH；ARTIFICIAL FLOWERS；ARTICLES OF HUMAN HAIR**	**159.63**	**1.16**	**166.81**	**1.76**
64章 鞋靴、护腿和类似品及其零件	Footwear，gaiters and the like；parts of such articles	119.79	1.02	121.00	1.63
65章 帽类及其零件	Headgear and parts thereof	12.07	0.05	13.53	0.07
66章 雨伞、阳伞、手杖、鞭子、马鞭及其零件	Umbrellas，sun umbrellas，walking-sticks，seat-sticks，whips，riding-crops and parts thereof	4.98	0.00	5.23	0.00
67章 已加工羽毛、羽绒及其制品；人造花；人发制品	Prepared feathers and down and articles made of feathers or of down；artificial flowers；articles of human hair	22.79	0.10	27.05	0.07
第十三类 石料、石膏、水泥、石棉、云母及类似材料的制品；陶瓷产品；玻璃及其制品	**ARTICLES OF STONE，PLASTER，CEMENT，ASBESTOS，MICA OR SIMILAR MATERIALS；CERAMIC PRODUCTS；GLASS AND GLASSWARE**	**73.38**	**12.53**	**87.05**	**14.08**
68章 石料、石膏、水泥、石棉、云母及类似材料的制品	Articles of stone，plaster，cement，asbestos，mica or similar materials；ceramic products；glass and glassware	18.58	2.55	23.61	2.58
69章 陶瓷产品	Ceramic products	27.76	1.25	32.21	1.46
70章 玻璃及其制品	Glass and glassware	27.03	8.72	31.23	10.05
第十四类 天然或养殖珍珠、宝石或半宝石、贵金属、包贵金属及其制品；仿首饰；硬币	**NATURAL OR CULTURED PEARLS，PRECIOUS OR SEMI-PRECIOUS STONES，PRECIOUS METALS，METALS CLAD WITH PRECIOUS METAL AND STONES，PRECIOUS METALS，METALS CLAD WITH PRECIOUS METAL AND ARTICLES THEREOF；IMITATION JEWELLERY；COIN**	**35.88**	**52.90**	**31.40**	**44.23**
71章 天然或养殖珍珠、宝石或半宝石、贵金属、包贵金属及其制品；仿首饰；硬币	Natural or cultured pearls，precious or semi-precious stones，precious metals，metals clad with precious metal and articles thereof；imitation jewellery；coin	35.88	52.90	31.40	44.23
第十五类 贱金属及其制品	**BASE METALS AND ARTICLES OF BASE METAL**	**225.10**	**54.67**	**247.42**	**56.97**
72章 钢铁	Iron and steel	5.98	3.69	6.73	4.22
73章 钢铁制品	Articles of iron or steel	102.03	11.73	118.09	12.49
74章 铜及其制品	Copper and articles thereof	4.41	16.56	5.23	16.31
75章 镍及其制品	Nickel and articles thereof	0.26	3.07	0.32	3.87
76章 铝及其制品	Aluminium and articles thereof	37.42	12.00	32.08	12.35
78章 铅及其制品	Lead and articles thereof	0.01	0.03	0.04	0.04
79章 锌及其制品	Zinc and articles thereof	0.37	0.23	0.42	0.37
80章 锡及其制品	Tin and articles thereof	0.01	0.03	0.01	0.03
81章 其他贱金属、金属陶瓷及其制品	Other base metals；cermets；articles thereof	4.10	2.91	5.48	2.66
82章 贱金属工具、器具、利口器、餐匙、餐叉及其零件	Tools，implements，cutlery，spoons and forks，of base metal；parts thereof of base metal	35.51	2.72	40.33	2.81
83章 贱金属杂项制品	Miscellaneous articles of base metal	35.01	1.70	38.68	1.81

6-22 续表 4 Continued 4

单位：亿美元
Unit: USD 100 million

商品分类	HS Section and Division	2017		2018	
		出口 Exports	进口 Imports	出口 Exports	进口 Imports
第十六类 机器、机械器具、电气设备及其零件；录音机及放声机、电视图像、声音的录制和重放设备及其零件、附件	**MACHINERY AND MECHANICAL APPLIANCES；ELECTRICAL EQUIPMENT；PARTS THEREOF；SOUND RECORDERS AND REPRODUCERS，TELEVISION IMAGE AND SOUND RECORDERS AND REPRODUCERS；AND PARTS AND CCESSORIES OF RECORDERS AND EPRODUCERS；AND PARTS AND ACCESSORIES OF SUCH ARTICLES**	**1985.28**	**338.59**	**2221.83**	**381.02**
84章 核反应堆、锅炉、机器、机械器具及其零件	Nuclear reactors，boilers，machinery and mechanical appliances；parts thereof	916.38	164.72	1028.32	183.78
85章 电机、电气设备及其零件；录音机及放声机、电视图像、声音的录制和重放设备及其零件、附件	Electrical machinery and equipment and parts thereof；sound recorders and reproducers，television image and sound recorders and reproducers，and parts and accessories of such articles	1068.90	173.87	1193.51	197.25
第十七类 车辆、航空器、船舶及有关运输设备	**VEHICLES，AIRCRAFT，VESSELS AND ASSOCIATED TRANSPORT EQUIPMENT**	**196.81**	**292.31**	**229.93**	**291.85**
86章 铁道及电车道机车、车辆及其零件；铁道及电车轨道固定装置及其零件、附件；各种机械(包括电动机械)交通信号设备	Railway or tramway locomotives，rolling-stock and parts thereof；railway or tramway track fixtures and fittings and parts thereof；mechanical(including electro-mechanical) traffic signalling equipment of all kinds	31.85	0.38	36.03	0.38
87章 车辆及其零件、附件，但铁道及电车道车辆除外	Vehicles other than railway or tramway rolling-stock，and parts and accessories thereof	151.17	150.94	180.56	126.24
88章 航空器、航天器及其零件	Aircraft，spacecraft，and parts thereof	12.58	140.63	11.72	164.99
89章 船舶及浮动结构体	Ships，boats and floating structures	1.20	0.36	1.62	0.24
第十八类 光学、照相、电影、计量、检验、医疗或外科用仪器及设备、精密仪器及设备；钟表；乐器；上述物品的零件、附件	**OPTICAL，PHOTOGRAPHIC，CINEMATOGRAPHIC，MEASURING，CHECKING，PRECISION，MEDICAL OR SURGICAL INSTRUMENTS AND APPARATUS；CLOCKS AND WATCHES；MUSICAL INSTRUMENTS；PARTS AND ACCESSORIES THEREOF**	**106.39**	**117.60**	**115.26**	**132.18**
90章 光学、照相、电影、计量、检验、医疗或外科用仪器及设备、精密仪器及设备；上述物品的零件、附件	Optical，photographic，cinematographic，measuring，checking，precision medical or surgical instruments and apparatus；parts and accessories thereof	96.72	117.34	105.36	131.81
91章 钟表及其零件	Clocks and watches and parts thereof	4.88	0.03	4.96	0.12
92章 乐器及其零件、附件	Musical instruments；parts and accessories of such articles	4.78	0.24	4.94	0.26
第十九类 武器、弹药及其零件、附件	**ARMS AND AMMUNITION；PARTS AND ACCESSORIES THEREOF**	**0.82**	**0.01**	**0.97**	**0.01**
93章 武器、弹药及其零件、附件	Arms and ammunition；parts and accessories thereof	0.82	0.01	0.97	0.01
第二十类 杂项制品	**MISCELLANEOUS MANUFACTURED ARTICLES**	**510.32**	**5.37**	**562.89**	**6.29**
94章 家具；寝具、褥垫、弹簧床垫、软坐垫及类似的填充制品；未列名灯具及照明装置；发光标志、发光名牌及类似品；活动房屋	Furniture；bedding，mattresses，mattress supports，cushions and similar stuffed furnishings；lamps and lighting fittings，not elsewhere specified or included；illuminated signs，illuminated	291.89	2.72	332.02	3.36
95章 玩具、游戏品、运动用品及其零件、附件	Toys，games and sports requisites；parts and accessories thereof	186.08	1.70	193.77	1.89
96章 杂项制品	Miscellaneous manufactured articles	32.34	0.95	37.10	1.04
第二十一类 艺术品、收藏品及古物	**WORKS OF ART，COLLECTORS' PIECES AND ANTIQUES**	**0.40**	**0.11**	**0.71**	**0.27**
97章 艺术品、收藏品及古物	Works of art，collectors' pieces and antiques	0.40	0.11	0.71	0.27
第二十二类 特殊交易品及未分类商品	**COMMODITIES AND TRANSACTIONS NOT CLASSIFIED ACCORDING TO KIND**	**13.24**	**7.45**	**14.64**	**3.77**
98章 特殊交易品及未分类商品	Commodities and transactions not classified according to kind	13.24	7.45	14.64	3.77

6-23 对日本进出口商品分类金额
Value of Exports and Imports from Japan by HS

单位：亿美元
Unit: USD 100 million

商品分类	HS Section and Division	2017 出口 Exports	2017 进口 Imports	2018 出口 Exports	2018 进口 Imports
总　额	**Total**	**1372.59**	**1657.94**	**1470.49**	**1806.61**
第一类　活动物；动物产品	**LIVE ANIMALS；ANIMAL PRODUCTS**	**23.88**	**2.88**	**24.14**	**3.65**
01章　活动物	Live animals	0.05	0.10	0.04	0.09
02章　肉及食用杂碎	Meat and edible meat offal	0.00		0.01	
03章　鱼、甲壳动物、软体动物及其他水生无脊椎动物	Fish and crustaceans molluscs and other aquatic invertebrates	21.12	2.70	21.18	3.47
04章　乳品；蛋品；天然蜂蜜；其他食用动物产品	Dairy produce；birds' eggs；natural honey；edible products of animal origin，not elsewhere specified or included	1.02	0.00	1.00	0.01
05章　其他动物产品	Products of animal origin，not elsewhere specified or included	1.69	0.08	1.89	0.08
第二类　植物产品	**VEGETABLE PRODUCTS**	**23.35**	**1.44**	**24.34**	**1.55**
06章　活树及其他活植物；鳞茎、根及类似品；插花及装饰用簇叶	Live tree and other plants；bulbs，roots and the like；cut flowers and ornamental foliage	0.99	0.52	1.05	0.59
07章　食用蔬菜、根及块茎	Edible vegetables and certain roots and tubers	13.15	0.00	13.48	0.00
08章　食用水果及坚果；甜瓜或柑桔属水果的果皮	Edible fruit and nuts；peel of citrus fruit or melons	1.52	0.06	1.50	0.04
09章　咖啡、茶、马黛茶及调味香料	Coffee，tea，mate and spices	1.56	0.06	1.70	0.07
10章　谷物	Cereals	0.33	0.01	0.77	0.02
11章　制粉工业产品；麦芽；淀粉；菊粉；面筋	Products of the milling industry；malt；starches；inulin；wheat gluten	0.32	0.04	0.28	0.07
12章　含油子仁及果实；杂项子仁及果实；工业用或药用植物；稻草、秸秆及饲料	Oil seeds and oleaginous fruits；miscellaneous grains，seeds and fruit；industrial or medicinal plants；straw and fodder	3.35	0.71	3.37	0.70
13章　虫胶；树胶、树脂及其他植物液、汁	Lac；gums，resins and other vegetable saps and extracts	1.90	0.03	1.96	0.05
14章　编结用植物材料；其他植物产品	Vegetable plaiting materials；vegetable products not elsewhere specified or included	0.23	0.00	0.23	0.00
第三类　动、植物油、脂及其分解产品；精制的食用油脂；动、植物蜡	**ANIMAL OR VEGETABLE FATS AND OILS AND THEIR CLEAVAGE PRODUCTS；PREPARED EDIBLE FATS；ANIMAL OR VEGETABLE WAXES**	**0.26**	**0.06**	**0.34**	**0.10**
15章　动、植物油、脂及其分解产品；精制的食用油脂；动、植物蜡	Animal or vegetable fats and oils and their cleavage products；prepared edible fats；animal or vegetable waxes	0.26	0.06	0.34	0.10
第四类　食品；饮料、酒及醋；烟草、烟草及烟草代用品的制品	**PREPARED FOODSTUFFS；BEVERAGES, SPIRITS AND VINEGAR；TOBACCO AND MANUFACTURED TOBACCO SUBSTITUTES**	**53.45**	**3.35**	**57.20**	**5.93**
16章　肉、鱼、甲壳动物、软体动物及其他水生无脊椎动物的制品	Preparations of meat，of fish or of crustaceans，molluscs or other aquatic invertebrates	26.83	0.15	29.21	0.45
17章　糖及糖食	Sugars and sugar confectionery	0.13	0.17	0.15	0.24
18章　可可及可可制品	Cocoa and cocoa preparations	0.25	0.07	0.24	0.09
19章　谷物、粮食粉、淀粉或乳的制品；糕饼点心	Preparations of cereals，flour，starch or milk；pastry-cooks' products	2.30	0.65	2.25	1.10

6–23 续表 1 Continued 1

单位：亿美元
Unit: USD 100 million

商品分类	HS Section and Division	2017 出口 Exports	2017 进口 Imports	2018 出口 Exports	2018 进口 Imports
20章 蔬菜、水果、坚果或植物其他部分的制品	Preparations of vegetables, fruit, nuts or other parts of plants	16.63	0.04	17.22	0.08
21章 杂项食品	Miscellaneous edible preparations	2.06	1.04	2.13	2.19
22章 饮料、酒及醋	Beverages, spirits and vinegar	0.35	0.67	0.46	1.04
23章 食品工业的残渣及废料；配制的动物饲料	Residues and waste from the food industries; prepared animal fodder	4.80	0.06	5.43	0.08
24章 烟草及烟草代用品的制品	Tobacco and manufactured tobacco substitutes	0.09	0.50	0.11	0.67
第五类 矿产品	**MINERAL PRODUCTS**	**27.43**	**15.03**	**34.99**	**19.92**
25章 盐；硫磺；泥土及石料；石膏料、石灰及水泥	Salt; sulphur; earths and stone; plastering materials, lime and cement	5.08	2.08	6.16	2.40
26章 矿砂、矿渣及矿灰	Ores, slag and ash	3.91	0.03	6.58	0.00
27章 矿物燃料、矿物油及其蒸馏产品；沥青物质；矿物蜡	Mineral fuels, mineral oils and products of their distillation; bituminous substances; mineral waxes	18.44	12.92	22.26	17.52
第六类 化学工业及其相关工业的产品	**PRODUCTS OF THE CHEMICAL OR INDUSTRIES ALLIED**	**74.19**	**173.83**	**90.83**	**202.49**
28章 无机化学品；贵金属、稀土金属、放射性元素及其同位素的有机及无机化合物	Inorganic chemicals; organic or inorganic compounds of precious metals, of rare- earth metals, of radioactive elements or of isotopes	20.54	7.15	28.08	10.29
29章 有机化学品	Organic chemicals	30.82	69.60	36.27	74.34
30章 药品	Pharmaceutical products	2.39	9.21	2.65	12.10
31章 肥料	Fertilizers	2.13	0.07	2.60	0.08
32章 鞣料浸膏及染料浸膏；鞣酸及其衍生物；染料、颜料及其他着色料；油漆及清漆；油灰及其他类似胶粘剂；墨水、油墨	Tanning or dyeing extracts; tannins and their derivatives; dyes, pigments and other colouring matter; paints and varnishes; putty and other mastics; inks	2.39	10.27	3.04	11.25
33章 精油及香膏；芳香料制品及化妆盥洗品	Essential oils and retinoid; perfumery, cosmetic or toilet preparations	3.10	15.12	3.66	27.58
34章 肥皂、有机表面活性剂、洗涤剂、润滑剂、人造蜡、调制蜡、光洁剂、蜡烛及类似品、塑型用膏、“牙科用蜡”及牙科用熟石膏制剂	Soap, organic surface-active agents, washing preparations, lubricating preparations, artificial waxes, prepared waxes, polishing or scouring preparations, candles and similar articles, modelling pastes, “dental waxes” and dental preparations with a basis of plast	2.51	10.27	2.83	11.40
35章 蛋白类物质；改性淀粉；胶；酶	Albuminoidal substances; modified starches; glues; enzymes	1.57	9.02	1.60	8.65
36章 炸药；烟火制品；火柴；引火合金；易燃材料制品	Explosives; pyrotechnic products; matches; pyrophoric alloys; certain combustible preparations	0.31	0.13	0.29	0.13
37章 照相及电影用品	Photographic or cinematographic goods	0.60	10.44	0.79	11.45
38章 杂项化学产品	Miscellaneous chemical products	7.83	32.55	9.02	35.24
第七类 塑料及其制品，橡胶及其制品	**PLASTICS AND ARTICLES THEREOF RUBBER AND ARTICLES THEREOF**	**49.68**	**112.64**	**51.94**	**113.66**
39章 塑料及其制品	Plastics and articles thereof	42.98	97.03	44.32	98.03
40章 橡胶及其制品	Rubber and articles thereof	6.70	15.60	7.62	15.63
第八类 生皮、皮革、毛皮及其制品；鞍具及挽具；旅行用品、手提包及类似品；动物肠线(蚕胶丝除外)制品	**RAW HIDES AND SKINS, LEATHER, FUR SKINS AND ARTICLES THEREOF; SADDLERY AND HARNESS; TRAVEL GOODS, HANDBAGS AND SIMILAR CONTAINERS; ARTICLES OF ANIMAL GUT(OTHER THAN SILK-WORM GUT)**	**19.35**	**0.47**	**20.19**	**0.47**
41章 生皮(毛皮除外)及皮革	Raw hides and skins(other than fur skins) and leather	0.12	0.34	0.11	0.33

6-23 续表 2 Continued 2

单位：亿美元
Unit: USD 100 million

商品分类	HS Section and Division	2017 出口 Exports	2017 进口 Imports	2018 出口 Exports	2018 进口 Imports
42章 皮革制品；鞍具及挽具；旅行用品、手提包及类似容器；动物肠线(蚕胶丝除外)制品	Articles of leather；saddlery and harness；travel goods，hand bags and similar containers；articles of animal gut (other than silk-worm gut)	18.85	0.13	19.74	0.14
43章 毛皮、人造毛皮及其制品	Fur skins and artificial fur；manufactures thereof	0.37	0.00	0.34	0.00
第九类 木及木制品；木炭；软木及软木制品；稻草，秸秆、针茅或其他编结材料制品；篮筐及柳条编结品	**WOOD AND ARTICLES OF WOOD；WOOD CHAR-COAL；CORK AND ARTICLES OF CORK；MANUFACTURES OF STRAW，OF ESPARTO OR OF OTHER PLAITING MATERIALS；BASKET WARE AND WICKERWORK**	**14.50**	**1.41**	**14.46**	**1.67**
44章 木及木制品；木炭	Wood and articles of wood；wood charcoal	12.37	1.40	12.37	1.66
45章 软木及软木制品	Cork and articles of cork	0.02	0.01	0.02	0.00
46章 稻草、秸秆、针茅或其他编结材料制品；篮筐及柳条编结品	Manufactures of straw，of esparto or of other plaiting Materials；basket ware and wickerwork	2.11	0.00	2.07	0.01
第十类 木浆及其他纤维状纤维素浆；纸及纸板的废碎品；纸、纸板及其制品	**PULP OF WOOD OR OF OTHER FIBROUS CELLULOSIC MATERIAL；WASTE AND SCRAP OF PAPER OR PAPERBOARD；PAPER AND PAPERBOARD AND ARTICLES THEREOF**	**12.90**	**15.15**	**13.19**	**17.65**
47章 木浆及其他纤维状纤维素浆；纸及纸板的废碎品	Pulp of wood or of other fibrous cellulosic material；waste and scrap of paper or paperboard	0.15	7.99	0.19	9.48
48章 纸及纸板；纸浆、纸或纸板制品	Paper and paperboard；articles of paper pulp，of paper or paperboard	11.71	6.09	11.82	7.10
49章 书籍、报纸、印刷图画及其他印制品；手稿、打字稿及设计图纸	Printed books，newspapers，pictures and other products of the printing industry；manuscripts，typescripts and plans	1.05	1.08	1.19	1.07
第十一类 纺织原料及纺织制品	**TEXTILES AND TEXTILE ARTICLES**	**196.99**	**26.54**	**202.13**	**26.77**
50章 蚕丝	Silk	0.92	0.04	0.78	0.03
51章 羊毛、动物细毛或粗毛；马毛纱线及其机织物	Wool，fine or coarse animal hair；horsehair yarn and woven fabric	2.14	1.33	2.45	1.41
52章 棉花	Cotton	1.13	1.68	1.18	1.55
53章 其他植物纺织纤维；纸纱线及其机织物	Other vegetable textile fibres；paper yarn and woven fabrics of paper yarn	0.40	0.09	0.70	0.10
54章 化学纤维长丝	Man-made filaments	2.03	6.79	2.32	6.79
55章 化学纤维短纤	Man-made short fibres	1.22	4.94	1.27	4.79
56章 絮胎、毡呢及无纺织物；特种纱线；线、绳、索、缆及其制品	Wadding，felt and nonwoven；special yarns；twine，cordage，ropes and cables and articles thereof	5.23	3.61	5.16	3.81
57章 地毯及纺织材料的其他铺地制品	Carpets and other textile floor coverings	3.40	0.09	3.62	0.10
58章 特种机织物；簇绒织物；花边；装饰毯；装饰带；刺绣品	Special woven fabrics；tufted textile fabrics；lace；tapestries；trimmings；embroidery	0.62	1.11	0.68	1.22
59章 浸渍、涂布、包覆或层压的纺织物；工业用纺织制品	Impregnated，coated，covered or laminated textile fabrics；textile articles of a kind suitable for industrial use	1.96	3.04	2.12	3.03
60章 针织物及钩编织物	Knitted or crocheted fabrics	0.44	2.55	0.49	2.43
61章 针织或钩编的服装及衣着附件	Articles of apparel and clothing accessories，Knitted or crocheted	79.85	0.42	80.10	0.58
62章 非针织或非钩编的服装及衣着附件	Articles of apparel and clothing accessories，not knitted or crocheted	72.85	0.47	75.28	0.58

6–23 续表 3 Continued 3

单位：亿美元
Unit: USD 100 million

商品分类	HS Section and Division	2017 出口 Exports	2017 进口 Imports	2018 出口 Exports	2018 进口 Imports
63章 其他纺织制成品；成套物品；旧衣着及旧纺织品；碎织物	Other made up textile articles; sets; worn clothing and worn textile articles; rags articles; rags	24.80	0.37	25.98	0.33
第十二类 鞋、帽、伞、杖、鞭及其零件；已加工的羽毛及其制品；人造花；人发制品	**FOOTWEAR, HEADGEAR, UMBRELLAS, SUN UMBRELLAS, WALKING-STICKS, SEAT-STICKS, WHIPS, RIDING-CROPS AND PARTS THEREOF; PREPARED FEATHERS AND ARTICLES MADE THEREWITH; ARTIFICIAL FLOWERS; ARTICLES OF HUMAN HAIR**	**28.42**	**0.56**	**29.23**	**0.54**
64章 鞋靴、护腿和类似品及其零件	Footwear, gaiters and the like; parts of such articles	22.50	0.15	22.74	0.19
65章 帽类及其零件	Headgear and parts thereof	2.61	0.05	2.84	0.04
66章 雨伞、阳伞、手杖、鞭子、马鞭及其零件	Umbrellas, sun umbrellas, walking-sticks, seat-sticks, whips, riding-crops and parts thereof	2.24	0.00	2.38	0.00
67章 已加工羽毛、羽绒及其制品；人造花；人发制品	Prepared feathers and down and articles made of feathers or of down; artificial flowers; articles of human hair	1.07	0.36	1.26	0.30
第十三类 石料、石膏、水泥、石棉、云母及类似材料的制品；陶瓷产品；玻璃及其制品	**ARTICLES OF STONE, PLASTER, CEMENT, ASBESTOS, MICA OR SIMILAR MATERIALS; CERAMIC PRODUCTS; GLASS AND GLASSWARE**	**17.80**	**21.50**	**19.46**	**22.13**
68章 石料、石膏、水泥、石棉、云母及类似材料的制品	Articles of stone, plaster, cement, asbestos, mica or similar materials; ceramic products; glass and glassware	6.46	5.14	6.77	5.75
69章 陶瓷产品	Ceramic products	5.53	2.29	6.32	2.75
70章 玻璃及其制品	Glass and glassware	5.81	14.07	6.38	13.63
第十四类 天然或养殖珍珠、宝石或半宝石、贵金属、包贵金属及其制品；仿首饰；硬币	**NATURAL OR CULTURED PEARLS, PRECIOUS OR SEMI-PRECIOUS STONES, PRECIOUS METALS, METALS CLAD WITH PRECIOUS METAL AND STONES, PRECIOUS METALS, METALS CLAD WITH PRECIOUS METAL AND ARTICLES THEREOF; IMITATION JEWELLERY; COIN**	**1.60**	**14.72**	**1.12**	**13.84**
71章 天然或养殖珍珠、宝石或半宝石、贵金属、包贵金属及其制品；仿首饰；硬币	Natural or cultured pearls, precious or semi-precious stones, precious metals, metals clad with precious metal and articles thereof; imitation jewellery; coin	1.60	14.72	1.12	13.84
第十五类 贱金属及其制品	**BASE METALS AND ARTICLES OF BASE METAL**	**77.26**	**141.78**	**89.18**	**149.29**
72章 钢铁	Iron and steel	9.83	59.79	12.35	57.06
73章 钢铁制品	Articles of iron or steel	31.19	24.07	35.22	25.54
74章 铜及其制品	Copper and articles thereof	2.83	30.50	3.64	37.50
75章 镍及其制品	Nickel and articles thereof	0.20	1.72	0.31	1.47
76章 铝及其制品	Aluminium and articles thereof	18.16	9.89	20.56	11.49
78章 铅及其制品	Lead and articles thereof	0.02	0.04	0.02	0.05
79章 锌及其制品	Zinc and articles thereof	0.16	0.83	0.13	0.80
80章 锡及其制品	Tin and articles thereof	0.04	0.41	0.05	0.37
81章 其他贱金属、金属陶瓷及其制品	Other base metals; cermets; articles thereof	3.69	1.88	4.82	2.15
82章 贱金属工具、器具、利口器、餐匙、餐叉及其零件	Tools, implements, cutlery, spoons and forks, of base metal; parts thereof of base metal	5.31	10.50	5.92	10.63
83章 贱金属杂项制品	Miscellaneous articles of base metal	5.83	2.14	6.15	2.23

6-23 续表 4 Continued 4

单位：亿美元
Unit: USD 100 million

商品分类	HS Section and Division	2017 出口 Exports	2017 进口 Imports	2018 出口 Exports	2018 进口 Imports
第十六类 机器、机械器具、电气设备及其零件；录音机及放声机、电视图像、声音的录制和重放设备及其零件、附件	**MACHINERY AND MECHANICAL APPLIANCES；ELECTRICAL EQUIPMENT；PARTS THEREOF；SOUND RECORDERS AND REPRODUCERS，TELEVISION IMAGE AND SOUND RECORDERS AND REPRODUCERS；AND PARTS AND ACCESSORIES OF RECORDERS AND REPRODUCERS；AND PARTS AND ACCESSORIES OF SUCH ARTICLES**	**563.70**	**767.51**	**604.66**	**852.50**
84章 核反应堆、锅炉、机器、机械器具及其零件	Nuclear reactors，boilers，machinery and mechanical appliances；parts thereof	222.98	345.49	251.71	408.29
85章 电机、电气设备及其零件；录音机及放声机、电视图像、声音的录制和重放设备及其零件、附件	Electrical machinery and equipment and parts thereof；sound recorders and reproducers，television image and sound recorders and reproducers，and parts and accessories of such articles	340.71	422.02	352.94	444.20
第十七类 车辆、航空器、船舶及有关运输设备	**VEHICLES，AIRCRAFT，VESSELS AND ASSOCIATED TRANSPORT EQUIPMENT**	**45.82**	**169.94**	**49.38**	**187.26**
86章 铁道及电车道机车、车辆及其零件；铁道及电车轨道固定装置及其零件、附件；各种机械(包括电动机械)交通信号设备	Railway or tramway locomotives，rolling-stock and parts thereof；railway or tramway track fixtures and fittings and parts thereof；mechanical(including electro-mechanical) traffic signalling equipment of all kinds	1.70	1.04	3.25	0.97
87章 车辆及其零件、附件，但铁道及电车道车辆除外	Vehicles other than railway or tramway rolling-stock，and parts and accessories thereof	41.85	164.95	44.38	182.15
88章 航空器、航天器及其零件	Aircraft，spacecraft，and parts thereof	0.82	0.08	0.58	0.27
89章 船舶及浮动结构体	Ships，boats and floating structures	1.46	3.87	1.17	3.87
第十八类 光学、照相、电影、计量、检验、医疗或外科用仪器及设备、精密仪器及设备；钟表；乐器；上述物品的零件、附件	**OPTICAL，PHOTOGRAPHIC，CINEMATOGRAPHIC，MEASURING，CHECKING，PRECISION，MEDICAL OR SURGICAL INSTRUMENTS AND APPARATUS；CLOCKS AND WATCHES；MUSICAL INSTRUMENTS；PARTS AND ACCESSORIES THEREOF**	**49.40**	**165.11**	**50.34**	**164.67**
90章 光学、照相、电影、计量、检验、医疗或外科用仪器及设备、精密仪器及设备；上述物品的零件、附件	Optical，photographic，cinematographic，measuring，checking，precision medical or surgical instruments and apparatus；parts and accessories thereof	45.43	159.22	46.29	158.38
91章 钟表及其零件	Clocks and watches and parts thereof	3.07	4.60	3.10	4.81
92章 乐器及其零件、附件	Musical instruments；parts and accessories of such articles	0.90	1.29	0.95	1.48
第十九类 武器、弹药及其零件、附件	**ARMS AND AMMUNITION；PARTS AND ACCESSORIES THEREOF**	**0.02**	**0.00**	**0.02**	**0.00**
93章 武器、弹药及其零件、附件	Arms and ammunition；parts and accessories thereof	0.02	0.00	0.02	0.00
第二十类 杂项制品	**MISCELLANEOUS MANUFACTURED ARTICLES**	**88.22**	**20.71**	**90.04**	**20.34**
94章 家具；寝具、褥垫、弹簧床垫、软坐垫及类似的填充制品；未列名灯具及照明装置；发光标志、发光名牌及类似品；活动房屋	Furniture；bedding，mattresses，mattress supports，cushions and similar stuffed furnishings；lamps and lighting fittings，not elsewhere specified or included；illuminated signs，illuminated	46.88	2.45	48.44	2.69
95章 玩具、游戏品、运动用品及其零件、附件	Toys，games and sports requisites；parts and accessories thereof	33.77	2.18	33.52	2.27
96章 杂项制品	Miscellaneous manufactured articles	7.57	16.09	8.08	15.37
第二十一类 艺术品、收藏品及古物	**WORKS OF ART，COLLECTORS' PIECES AND ANTIQUES**	**0.03**	**0.03**	**0.01**	**0.08**
97章 艺术品、收藏品及古物	Works of art，collectors' pieces and antiques	0.03	0.03	0.01	0.08
第二十二类 特殊交易品及未分类商品	**COMMODITIES AND TRANSACTIONS NOT CLASSIFIED ACCORDING TO KIND**	**4.33**	**3.29**	**3.32**	**2.10**
98章 特殊交易品及未分类商品	Commodities and transactions not classified according to kind	4.33	3.29	3.32	2.10

6-24 对香港地区进出口商品分类金额
Value of Exports and Imports from Hongkong by HS

单位：亿美元
Unit: USD 100 million

商品分类	HS Section and Division	2017 出口 Exports	2017 进口 Imports	2018 出口 Exports	2018 进口 Imports
总　额	**Total**	**2792.11**	**73.17**	**3020.35**	**85.02**
第一类　活动物；动物产品	**LIVE ANIMALS；ANIMAL PRODUCTS**	**26.58**	**0.03**	**25.00**	**0.07**
01章　活动物	Live animals	4.74	0.00	4.53	0.00
02章　肉及食用杂碎	Meat and edible meat offal	6.99		6.40	
03章　鱼、甲壳动物、软体动物及其他水生无脊椎动物	Fish and crustaceans molluscs and other aquatic invertebrates	12.14	0.02	10.39	0.03
04章　乳品；蛋品；天然蜂蜜；其他食用动物产品	Dairy produce；birds' eggs；natural honey；edible products of animal origin，not elsewhere specified or included	1.67	0.00	1.75	0.03
05章　其他动物产品	Products of animal origin，not elsewhere specified or included	1.04	0.00	1.93	0.00
第二类　植物产品	**VEGETABLE PRODUCTS**	**30.96**	**0.01**	**30.71**	**0.04**
06章　活树及其他活植物；鳞茎、根及类似品；插花及装饰用簇叶	Live tree and other plants；bulbs，roots and the like；cut flowers and ornamental foliage	0.11		0.09	**0.00**
07章　食用蔬菜、根及块茎	Edible vegetables and certain roots and tubers	20.00		20.06	0.00
08章　食用水果及坚果；甜瓜或柑桔属水果的果皮	Edible fruit and nuts；peel of citrus fruit or melons	3.62	0.00	3.42	0.01
09章　咖啡、茶、马黛茶及调味香料	Coffee，tea，mate and spices	3.00	0.01	3.54	0.02
10章　谷物	Cereals	0.11		0.19	
11章　制粉工业产品；麦芽；淀粉；菊粉；面筋	Products of the milling industry；malt；starches；inulin；wheat gluten	0.54		0.55	0.00
12章　含油子仁及果实；杂项子仁及果实；工业用或药用植物；稻草、秸秆及饲料	Oil seeds and oleaginous fruits；miscellaneous grains，seeds and fruit；industrial or medicinal plants；straw and fodder	2.66	0.00	1.68	0.00
13章　虫胶；树胶、树脂及其他植物液、汁	Lac；gums，resins and other vegetable saps and extracts	0.79	0.00	1.10	0.00
14章　编结用植物材料；其他植物产品	Vegetable plaiting materials；vegetable products not elsewhere specified or included	0.14		0.10	0.00
第三类　动、植物油、脂及其分解产品；精制的食用油脂；动、植物蜡	**ANIMAL OR VEGETABLE FATS AND OILS AND THEIR CLEAVAGE PRODUCTS；PREPARED EDIBLE FATS；ANIMAL OR VEGETABLE WAXES**	**0.95**	**0.03**	**1.19**	**0.03**
15章　动、植物油、脂及其分解产品；精制的食用油脂；动、植物蜡	Animal or vegetable fats and oils and their cleavage products；prepared edible fats；animal or vegetable waxes	0.95	0.03	1.19	0.03
第四类　食品；饮料、酒及醋；烟草、烟草及烟草代用品的制品	**PREPARED FOODSTUFFS；BEVERAGES, SPIRITS AND VINEGAR；TOBACCO AND MANUFACTURED TOBACCO SUBSTITUTES**	**39.26**	**3.17**	**43.91**	**3.95**
16章　肉、鱼、甲壳动物、软体动物及其他水生无脊椎动物的制品	Preparations of meat，of fish or of crustaceans，molluscs or other aquatic invertebrates	10.85	0.00	11.15	0.00
17章　糖及糖食	Sugars and sugar confectionery	0.48	0.07	0.48	0.06
18章　可可及可可制品	Cocoa and cocoa preparations	0.67	0.01	0.75	0.01
19章　谷物、粮食粉、淀粉或乳的制品；糕饼点心	Preparations of cereals，flour，starch or milk；pastry-cooks' products	3.91	1.60	6.57	2.02

6-24 续表 1 Continued 1

单位：亿美元
Unit: USD 100 million

商品分类	HS Section and Division	2017		2018	
		出 口 Exports	进 口 Imports	出 口 Exports	进 口 Imports
20章 蔬菜、水果、坚果或植物其他部分的制品	Preparations of vegetables, fruit，nuts or other parts of plants	2.57	0.05	3.62	0.06
21章 杂项食品	Miscellaneous edible preparations	4.20	0.47	4.18	0.83
22章 饮料、酒及醋	Beverages，spirits and vinegar	14.13	0.34	14.09	0.33
23章 食品工业的残渣及废料；配制的动物饲料	Residues and waste from the food industries；prepared animal fodder	0.08	0.00	0.11	0.00
24章 烟草及烟草代用品的制品	Tobacco and manufactured tobacco substitutes	2.38	0.63	2.95	0.64
第五类 矿产品	**MINERAL PRODUCTS**	**70.15**	**1.97**	**87.94**	**1.74**
25章 盐；硫磺；泥土及石料；石膏料、石灰及水泥	Salt；sulphur；earths and stone；plastering materials，lime and cement	2.98	0.00	3.23	0.00
26章 矿砂、矿渣及矿灰	Ores，slag and ash	0.08		0.04	0.00
27章 矿物燃料、矿物油及其蒸馏产品；沥青物质；矿物蜡	Mineral fuels，mineral oils and products of their distillation; bituminous substances; mineral waxes	67.08	1.96	84.67	1.73
第六类 化学工业及其相关工业的产品	**PRODUCTS OF THE CHEMICAL OR INDUSTRIES ALLIED**	**23.51**	**6.30**	**27.83**	**7.54**
28章 无机化学品；贵金属、稀土金属、放射性元素及其同位素的有机及无机化合物	Inorganic chemicals；organic or inorganic compounds of precious metals，of rare- earth metals, of radioactive elements or of isotopes	2.26	0.88	2.39	1.10
29章 有机化学品	Organic chemicals	2.46	0.03	2.54	0.06
30章 药品	Pharmaceutical products	4.20	3.76	5.90	4.21
31章 肥料	Fertilizers	0.04		0.03	
32章 鞣料浸膏及染料浸膏；鞣酸及其衍生物；染料、颜料及其他着色料；油漆及清漆；油灰及其他类似胶粘剂；墨水、油墨	Tanning or dyeing extracts；tannins and their derivatives；dyes，pigments and other colouring matter；paints and varnishes；putty and other mastics；inks	1.71	0.08	1.79	0.06
33章 精油及香膏；芳香料制品及化妆盥洗品	Essential oils and retinoid；perfumery，cosmetic or toilet preparations	4.21	0.72	6.64	1.10
34章 肥皂、有机表面活性剂、洗涤剂、润滑剂、人造蜡、调制蜡、光洁剂、蜡烛及类似品、塑型用膏、"牙科用蜡"及牙科用熟石膏制剂	Soap，organic surface-active agents，washing preparations，lubricating preparations，artificial waxes，prepared waxes，polishing or scouring preparations，candles and similar articles，modelling pastes，"dental waxes" and dental preparations with a basis of plast	1.67	0.28	1.72	0.29
35章 蛋白类物质；改性淀粉；胶；酶	Albuminoidal substances；modified starches；glues；enzymes	2.19	0.03	2.30	0.02
36章 炸药；烟火制品；火柴；引火合金；易燃材料制品	Explosives；pyrotechnic products；matches；pyrophoric alloys；certain combustible preparations	0.03	0.00	0.04	0.00
37章 照相及电影用品	Photographic or cinematographic goods	0.83	0.04	0.71	0.08
38章 杂项化学产品	Miscellaneous chemical products	3.90	0.49	3.77	0.62
第七类 塑料及其制品，橡胶及其制品	**PLASTICS AND ARTICLES THEREOF RUBBER AND ARTICLES THEREOF**	**46.59**	**9.13**	**42.40**	**6.61**
39章 塑料及其制品	Plastics and articles thereof	43.99	8.99	39.72	6.50
40章 橡胶及其制品	Rubber and articles thereof	2.61	0.15	2.68	0.11
第八类 生皮、皮革、毛皮及其制品；鞍具及挽具；旅行用品、手提包及类似品；动物肠线(蚕胶丝除外)制品	**RAW HIDES AND SKINS，LEATHER，FUR SKINS AND ARTICLES THEREOF；SADDLERY AND HARNESS；TRAVEL GOODS，HANDBAGS AND SIMILAR CONTAINERS；ARTICLES OF ANIMAL GUT(OTHER THAN SILK-WORM GUT)**	**22.08**	**0.24**	**20.27**	**0.17**
41章 生皮(毛皮除外)及皮革	Raw hides and skins(other than fur skins) and leather	2.11	0.13	1.91	0.04

6-24 续表 2 Continued 2

单位：亿美元
Unit: USD 100 million

商品分类	HS Section and Division	2017 出口 Exports	2017 进口 Imports	2018 出口 Exports	2018 进口 Imports
42章 皮革制品；鞍具及挽具；旅行用品、手提包及类似容器；动物肠线(蚕胶丝除外)制品	Articles of leather；saddlery and harness；travel goods，hand bags and similar containers；articles of animal gut (other than silk-worm gut)	18.65	0.02	16.55	0.10
43章 毛皮、人造毛皮及其制品	Fur skins and artificial fur；manufactures thereof	1.32	0.09	1.80	0.03
第九类 木及木制品；木炭；软木及软木制品；稻草，秸秆、针茅或其他编结材料制品；篮筐及柳条编结品	**WOOD AND ARTICLES OF WOOD；WOOD CHAR-COAL；CORK AND ARTICLES OF CORK；MANUFACTURES OF STRAW，OF ESPARTO OR OF OTHER PLAITING MATERIALS；BASKET WARE AND WICKERWORK**	**3.52**	**0.00**	**3.33**	**0.00**
44章 木及木制品；木炭	Wood and articles of wood；wood charcoal	3.39	0.00	3.07	0.00
45章 软木及软木制品	Cork and articles of cork	0.00		0.00	
46章 稻草、秸秆、针茅或其他编结材料制品；篮筐及柳条编结品	Manufactures of straw，of esparto or of other plaiting Materials；basket ware and wickerwork	0.13	0.00	0.26	0.00
第十类 木浆及其他纤维状纤维素浆；纸及纸板的废碎品；纸、纸板及其制品	**PULP OF WOOD OR OF OTHER FIBROUS CELLULOSIC MATERIAL；WASTE AND SCRAP OF PAPER OR PAPERBOARD；PAPER AND PAPERBOARD AND ARTICLES THEREOF**	**20.51**	**3.32**	**20.72**	**3.87**
47章 木浆及其他纤维状纤维素浆；纸及纸板的废碎品	Pulp of wood or of other fibrous cellulosic material；waste and scrap of paper or paperboard	0.00	1.80	0.01	1.99
48章 纸及纸板；纸浆、纸或纸板制品	Paper and paperboard；articles of paper pulp，of paper or paperboard	13.61	0.30	13.58	0.34
49章 书籍、报纸、印刷图画及其他印制品；手稿、打字稿及设计图纸	Printed books，newspapers，pictures and other products of the printing industry；manuscripts，typescripts and plans	6.90	1.23	7.13	1.53
第十一类 纺织原料及纺织制品	**TEXTILES AND TEXTILE ARTICLES**	**125.98**	**1.14**	**119.43**	**1.36**
50章 蚕丝	Silk	0.59	0.01	0.58	0.00
51章 羊毛、动物细毛或粗毛；马毛纱线及其机织物	Wool，fine or coarse animal hair；horsehair yarn and woven fabric	2.94	0.01	2.97	0.02
52章 棉花	Cotton	11.15	0.17	10.96	0.20
53章 其他植物纺织纤维；纸纱线及其机织物	Other vegetable textile fibres；paper yarn and woven fabrics of paper yarn	0.70	0.00	0.38	0.00
54章 化学纤维长丝	Man-made filaments	3.04	0.08	4.09	0.09
55章 化学纤维短纤	Man-made short fibres	2.73	0.03	2.94	0.02
56章 絮胎、毡呢及无纺织物；特种纱线；线、绳、索、缆及其制品	Wadding，felt and nonwoven；special yarns；twine，cordage，ropes and cables and articles thereof	1.53	0.09	1.81	0.07
57章 地毯及纺织材料的其他铺地制品	Carpets and other textile floor coverings	0.41	0.00	0.41	0.01
58章 特种机织物；簇绒织物；花边；装饰毯；装饰带；刺绣品	Special woven fabrics；tufted textile fabrics；lace；tapestries；trimmings；embroidery	6.15	0.19	6.33	0.18
59章 浸渍、涂布、包覆或层压的纺织物；工业用纺织制品	Impregnated，coated，covered or laminated textile fabrics；textile articles of a kind suitable for industrial use	2.97	0.09	3.13	0.08
60章 针织物及钩编织物	Knitted or crocheted fabrics	17.67	0.28	18.24	0.43
61章 针织或钩编的服装及衣着附件	Articles of apparel and clothing accessories，knitted or crocheted	40.10	0.09	38.78	0.13
62章 非针织或非钩编的服装及衣着附件	Articles of apparel and clothing accessories，not knitted or crocheted	32.49	0.06	25.70	0.11

6–24 续表 3 Continued 3

单位：亿美元
Unit: USD 100 million

商品分类	HS Section and Division	2017 出口 Exports	2017 进口 Imports	2018 出口 Exports	2018 进口 Imports
63章 其他纺织制成品；成套物品；旧衣着及旧纺织品；碎织物	Other made up textile articles；sets；worn clothing and worn textile articles；rags articles；rags	3.51	0.02	3.13	0.02
第十二类 鞋、帽、伞、杖、鞭及其零件；已加工的羽毛及其制品；人造花；人发制品	**FOOTWEAR，HEADGEAR，UMBRELLAS，SUN UMBRELLAS，WALKING-STICKS，SEAT-STICKS，WHIPS，RIDING-CROPS AND PARTS THEREOF；PREPARED FEATHERS AND ARTICLES MADE THEREWITH；ARTIFICIAL FLOWERS；ARTICLES OF HUMAN HAIR**	**17.51**	**0.10**	**14.31**	**0.13**
64章 鞋靴、护腿和类似品及其零件	Footwear，gaiters and the like；parts of such articles	14.44	0.09	11.63	0.11
65章 帽类及其零件	Headgear and parts thereof	1.35	0.00	1.26	0.01
66章 雨伞、阳伞、手杖、鞭子、马鞭及其零件	Umbrellas，sun umbrellas，walking-sticks，seat-sticks，whips，riding-crops and parts thereof	0.56	0.00	0.40	0.00
67章 已加工羽毛、羽绒及其制品；人造花；人发制品	Prepared feathers and down and articles made of feathers or of down；artificial flowers；articles of human hair	1.15	0.01	1.02	0.00
第十三类 石料、石膏、水泥、石棉、云母及类似材料的制品；陶瓷产品；玻璃及其制品	**ARTICLES OF STONE，PLASTER，CEMENT，ASBESTOS，MICA OR SIMILAR MATERIALS；CERAMIC PRODUCTS；GLASS AND GLASSWARE**	**22.82**	**0.36**	**20.98**	**0.41**
68章 石料、石膏、水泥、石棉、云母及类似材料的制品	Articles of stone，plaster，cement，asbestos，mica or similar materials；ceramic products；glass and glassware	5.82	0.00	4.33	0.00
69章 陶瓷产品	Ceramic products	3.55	0.00	2.61	0.00
70章 玻璃及其制品	Glass and glassware	13.46	0.36	14.04	0.41
第十四类 天然或养殖珍珠、宝石或半宝石、贵金属、包贵金属及其制品；仿首饰；硬币	**NATURAL OR CULTURED PEARLS，PRECIOUS OR SEMI-PRECIOUS STONES，PRECIOUS METALS，METALS CLAD WITH PRECIOUS METAL AND STONES，PRECIOUS METALS，METALS CLAD WITH PRECIOUS METAL AND ARTICLES THEREOF；IMITATION JEWELLERY；COIN**	**116.03**	**9.10**	**139.28**	**26.59**
71章 天然或养殖珍珠、宝石或半宝石、贵金属、包贵金属及其制品；仿首饰；硬币	Natural or cultured pearls，precious or semi-precious stones，precious metals，metals clad with precious metal and articles thereof；imitation jewellery；coin	116.03	9.10	139.28	26.59
第十五类 贱金属及其制品	**BASE METALS AND ARTICLES OF BASE METAL**	**47.67**	**20.19**	**42.51**	**17.81**
72章 钢铁	Iron and steel	7.67	0.19	5.06	0.12
73章 钢铁制品	Articles of iron or steel	17.32	0.10	15.23	0.10
74章 铜及其制品	Copper and articles thereof	3.69	14.73	3.40	13.52
75章 镍及其制品	Nickel and articles thereof	0.15	0.00	0.14	0.01
76章 铝及其制品	Aluminium and articles thereof	8.59	4.90	8.33	3.75
78章 铅及其制品	Lead and articles thereof	0.05	0.00	0.03	0.00
79章 锌及其制品	Zinc and articles thereof	0.26	0.05	0.17	0.07
80章 锡及其制品	Tin and articles thereof	0.17	0.02	0.28	0.00
81章 其他贱金属、金属陶瓷及其制品	Other base metals；cermets；articles thereof	0.38	0.13	0.44	0.15
82章 贱金属工具、器具、利口器、餐匙、餐叉及其零件	Tools，implements，cutlery，spoons and forks，of base metal；parts thereof of base metal	3.66	0.01	3.32	0.02
83章 贱金属杂项制品	Miscellaneous articles of base metal	5.74	0.05	6.10	0.05

6-24 续表 4 Continued 4

单位：亿美元
Unit: USD 100 million

商品分类	HS Section and Division	2017		2018	
		出口 Exports	进口 Imports	出口 Exports	进口 Imports
第十六类 机器、机械器具、电气设备及其零件；录音机及放声机、电视图像、声音的录制和重放设备及其零件、附件	**MACHINERY AND MECHANICAL APPLIANCES；ELECTRICAL EQUIPMENT；PARTS THEREOF；SOUND RECORDERS AND REPRODUCERS，TELEVISION IMAGE AND SOUND RECORDERS AND REPRODUCERS；AND PARTS AND ACCESSORIES OF RECORDERS AND REPRODUCERS；AND PARTS AND ACCESSORIES OF SUCH ARTICLES**	**1851.34**	**10.76**	**2050.76**	**9.07**
84章 核反应堆、锅炉、机器、机械器具及其零件	Nuclear reactors，boilers，machinery and mechanical appliances；parts thereof	438.87	1.62	500.19	1.54
85章 电机、电气设备及其零件；录音机及放声机、电视图像、声音的录制和重放设备及其零件、附件	Electrical machinery and equipment and parts thereof；sound recorders and reproducers，television image and sound recorders and reproducers，and parts and accessories of such articles	1412.47	9.13	1550.58	7.53
第十七类 车辆、航空器、船舶及有关运输设备	**VEHICLES，AIRCRAFT，VESSELS AND ASSOCIATED TRANSPORT EQUIPMENT**	**100.03**	**0.11**	**122.44**	**0.11**
86章 铁道及电车道机车、车辆及其零件；铁道及电车轨道固定装置及其零件、附件；各种机械(包括电动机械)交通信号设备	Railway or tramway locomotives，rolling-stock and parts thereof；railway or tramway track fixtures and fittings and parts thereof；mechanical(including electro-mechanical) traffic signalling equipment of all kinds	23.19	0.00	26.15	0.00
87章 车辆及其零件、附件，但铁道及电车道车辆除外	Vehicles other than railway or tramway rolling-stock，and parts and accessories thereof	7.07	0.06	6.88	0.02
88章 航空器、航天器及其零件	Aircraft，spacecraft，and parts thereof	6.83	0.03	4.84	0.03
89章 船舶及浮动结构体	Ships，boats and floating structures	62.93	0.02	84.57	0.06
第十八类 光学、照相、电影、计量、检验、医疗或外科用仪器及设备、精密仪器及设备；钟表；乐器；上述物品的零件、附件	**OPTICAL，PHOTOGRAPHIC，CINEMATOGRAPHIC，MEASURING，CHECKING，PRECISION，MEDICAL OR SURGICAL INSTRUMENTS AND APPARATUS；CLOCKS AND WATCHES；MUSICAL INSTRUMENTS；PARTS AND ACCESSORIES THEREOF**	**165.77**	**2.97**	**156.17**	**2.39**
90章 光学、照相、电影、计量、检验、医疗或外科用仪器及设备、精密仪器及设备；上述物品的零件、附件	Optical，photographic，cinematographic，measuring，checking，precision medical or surgical instruments and apparatus；parts and accessories thereof	143.73	2.04	134.52	1.26
91章 钟表及其零件	Clocks and watches and parts thereof	21.55	0.92	21.21	1.13
92章 乐器及其零件、附件	Musical instruments；parts and accessories of such articles	0.49	0.00	0.44	0.00
第十九类 武器、弹药及其零件、附件	**ARMS AND AMMUNITION；PARTS AND ACCESSORIES THEREOF**	**0.10**	**0.00**	**0.12**	
93章 武器、弹药及其零件、附件	Arms and ammunition；parts and accessories thereof	0.10	**0.00**	0.12	
第二十类 杂项制品	**MISCELLANEOUS MANUFACTURED ARTICLES**	**59.16**	**0.35**	**49.32**	**0.36**
94章 家具；寝具、褥垫、弹簧床垫、软坐垫及类似的填充制品；未列名灯具及照明装置；发光标志、发光名牌及类似品；活动房屋	Furniture；bedding，mattresses，mattress supports，cushions and similar stuffed furnishings；lamps and lighting fittings，not elsewhere specified or included；illuminated signs，illuminated	27.20	0.03	20.46	0.04
95章 玩具、游戏品、运动用品及其零件、附件	Toys，games and sports requisites；parts and accessories thereof	24.26	0.03	21.17	0.06
96章 杂项制品	Miscellaneous manufactured articles	7.70	0.28	7.69	0.26
第二十一类 艺术品、收藏品及古物	**WORKS OF ART，COLLECTORS' PIECES AND ANTIQUES**	**0.15**	**0.04**	**0.31**	**0.08**
97章 艺术品、收藏品及古物	Works of art，collectors' pieces and antiques	0.15	0.04	0.31	0.08
第二十二类 特殊交易品及未分类商品	**COMMODITIES AND TRANSACTIONS NOT CLASSIFIED ACCORDING TO KIND**	**1.45**	**3.86**	**1.40**	**2.71**
98章 特殊交易品及未分类商品	Commodities and transactions not classified according to kind	1.45	3.86	1.40	2.71

6-25 对台湾地区进出口商品分类金额

Value of Exports and Imports from Taiwan Province by HS

单位：亿美元
Unit: USD 100 million

商品分类	HS Section and Division	2017 出口 Exports	2017 进口 Imports	2018 出口 Exports	2018 进口 Imports
总　　额	**Total**	**439.79**	**1559.61**	**486.43**	**1776.14**
第一类　活动物；动物产品	**LIVE ANIMALS；ANIMAL PRODUCTS**	**8.82**	**1.90**	**9.35**	**3.04**
01章　活动物	Live animals	0.00	0.01	0.00	0.01
02章　肉及食用杂碎	Meat and edible meat offal				
03章　鱼、甲壳动物、软体动物及其他水生无脊椎动物	Fish and crustaceans molluscs and other aquatic invertebrates	8.07	1.37	8.52	2.06
04章　乳品；蛋品；天然蜂蜜；其他食用动物产品	Dairy produce；birds' eggs；natural honey；edible products of animal origin，not elsewhere specified or included	0.00	0.05	0.00	0.05
05章　其他动物产品	Products of animal origin，not elsewhere specified or included	0.74	0.47	0.82	0.93
第二类　植物产品	**VEGETABLE PRODUCTS**	**3.14**	**1.50**	**3.72**	**2.03**
06章　活树及其他活植物；鳞茎、根及类似品；插花及装饰用簇叶	Live tree and other plants；bulbs，roots and the like；cut flowers and ornamental foliage	0.02	0.04	0.03	0.04
07章　食用蔬菜、根及块茎	Edible vegetables and certain roots and tubers	0.54	0.02	0.52	0.02
08章　食用水果及坚果；甜瓜或柑桔属水果的果皮	Edible fruit and nuts；peel of citrus fruit or melons	0.26	0.93	0.26	1.19
09章　咖啡、茶、马黛茶及调味香料	Coffee，tea，mate and spices	0.38	0.44	0.34	0.59
10章　谷物	Cereals	0.18	0.00	0.21	0.12
11章　制粉工业产品；麦芽；淀粉；菊粉；面筋	Products of the milling industry；malt；starches；inulin；wheat gluten	0.18	0.01	0.41	0.01
12章　含油子仁及果实；杂项子仁及果实；工业用或药用植物；稻草、秸秆及饲料	Oil seeds and oleaginous fruits；miscellaneous grains，seeds and fruit；industrial or medicinal plants；straw and fodder	1.33	0.03	1.65	0.04
13章　虫胶；树胶、树脂及其他植物液、汁	Lac；gums，resins and other vegetable saps and extracts	0.20	0.03	0.23	0.02
14章　编结用植物材料；其他植物产品	Vegetable plaiting materials；vegetable products not elsewhere specified or included	0.05	0.01	0.07	0.00
第三类　动、植物油、脂及其分解产品；精制的食用油脂；动、植物蜡	**ANIMAL OR VEGETABLE FATS AND OILS AND THEIR CLEAVAGE PRODUCTS；PREPARED EDIBLE FATS；ANIMAL OR VEGETABLE WAXES**	**0.05**	**0.07**	**0.04**	**0.07**
15章　动、植物油、脂及其分解产品；精制的食用油脂；动、植物蜡	Animal or vegetable fats and oils and their cleavage products；prepared edible fats；animal or vegetable waxes	0.05	0.07	0.04	0.07
第四类　食品；饮料、酒及醋；烟草、烟草及烟草代用品的制品	**PREPARED FOODSTUFFS；BEVERAGES, SPIRITS AND VINEGAR；TOBACCO AND MANUFACTURED TOBACCO SUBSTITUTES**	**12.40**	**4.30**	**13.61**	**5.33**
16章　肉、鱼、甲壳动物、软体动物及其他水生无脊椎动物的制品	Preparations of meat，of fish or of crustaceans，molluscs or other aquatic invertebrates	9.19	0.09	10.19	0.09
17章　糖及糖食	Sugars and sugar confectionery	0.16	0.20	0.19	0.24
18章　可可及可可制品	Cocoa and cocoa preparations	0.07	0.01	0.06	0.02
19章　谷物、粮食粉、淀粉或乳的制品；糕饼点心	Preparations of cereals，flour，starch or milk；pastry-cooks' products	0.11	1.16	0.11	1.29

6-25 续表 1 Continued 1

单位：亿美元
Unit: USD 100 million

商品分类	HS Section and Division	2017 出口 Exports	2017 进口 Imports	2018 出口 Exports	2018 进口 Imports
20章 蔬菜、水果、坚果或植物其他部分的制品	Preparations of vegetables, fruit，nuts or other parts of plants	1.59	0.20	1.68	0.25
21章 杂项食品	Miscellaneous edible preparations	0.42	1.48	0.45	1.75
22章 饮料、酒及醋	Beverages，spirits and vinegar	0.44	0.95	0.49	1.46
23章 食品工业的残渣及废料；配制的动物饲料	Residues and waste from the food industries；prepared animal fodder	0.28	0.09	0.31	0.09
24章 烟草及烟草代用品的制品	Tobacco and manufactured tobacco substitutes	0.14	0.12	0.14	0.14
第五类 矿产品	**MINERAL PRODUCTS**	**4.96**	**8.06**	**4.87**	**8.91**
25章 盐；硫磺；泥土及石料；石膏料、石灰及水泥	Salt；sulphur；earths and stone；plastering materials，lime and cement	1.81	0.37	2.04	0.38
26章 矿砂、矿渣及矿灰	Ores，slag and ash	0.08	1.72	1.04	0.91
27章 矿物燃料、矿物油及其蒸馏产品；沥青物质；矿物蜡	Mineral fuels，mineral oils and products of their distillation; bituminous substances; mineral waxes	3.07	5.97	1.80	7.62
第六类 化学工业及其相关工业的产品	**PRODUCTS OF THE CHEMICAL OR INDUSTRIES ALLIED**	**41.69**	**89.00**	**42.49**	**101.38**
28章 无机化学品；贵金属、稀土金属、放射性元素及其同位素的有机及无机化合物	Inorganic chemicals；organic or inorganic compounds of precious metals，of rare- earth metals, of radioactive elements or of isotopes	5.85	5.75	6.34	5.05
29章 有机化学品	Organic chemicals	13.51	56.86	15.30	67.22
30章 药品	Pharmaceutical products	0.44	2.09	0.39	2.12
31章 肥料	Fertilizers	0.48	0.01	0.47	0.04
32章 鞣料浸膏及染料浸膏；鞣酸及其衍生物；染料、颜料及其他着色料；油漆及清漆；油灰及其他类似胶粘剂；墨水、油墨	Tanning or dyeing extracts；tannins and their derivatives；dyes，pigments and other colouring matter；paints and varnishes；putty and other mastics；inks	2.77	4.25	3.18	4.58
33章 精油及香膏；芳香料制品及化妆盥洗品	Essential oils and retinoid；perfumery，cosmetic or toilet preparations	1.19	1.47	1.33	2.04
34章 肥皂、有机表面活性剂、洗涤剂、润滑剂、人造蜡、调制蜡、光洁剂、蜡烛及类似品、塑型用膏、“牙科用蜡”及牙科用熟石膏制剂	Soap，organic surface-active agents，washing preparations，lubricating preparations，artificial waxes，prepared waxes，polishing or scouring preparations，candles and similar articles，modelling pastes，“dental waxes” and dental preparations with a basis of plast	1.25	1.70	1.71	1.86
35章 蛋白类物质；改性淀粉；胶；酶	Albuminoidal substances；modified starches；glues；enzymes	1.32	2.21	1.39	2.74
36章 炸药；烟火制品；火柴；引火合金；易燃材料制品	Explosives；pyrotechnic products；matches；pyrophoric alloys；certain combustible preparations	0.19		0.19	
37章 照相及电影用品	Photographic or cinematographic goods	0.89	2.11	0.82	2.50
38章 杂项化学产品	Miscellaneous chemical products	13.82	12.55	11.38	13.24
第七类 塑料及其制品．橡胶及其制品	**PLASTICS AND ARTICLES THEREOF RUBBER AND ARTICLES THEREOF**	**14.17**	**92.88**	**16.83**	**100.30**
39章 塑料及其制品	Plastics and articles thereof	11.98	89.19	14.41	96.98
40章 橡胶及其制品	Rubber and articles thereof	2.19	3.68	2.42	3.32
第八类 生皮、皮革、毛皮及其制品；鞍具及挽具；旅行用品、手提包及类似品；动物肠线(蚕胶丝除外)制品	**RAW HIDES AND SKINS，LEATHER，FUR SKINS AND ARTICLES THEREOF；SADDLERY AND HARNESS；TRAVEL GOODS，HANDBAGS AND SIMILAR CONTAINERS；ARTICLES OF ANIMAL GUT(OTHER THAN SILK-WORM GUT)**	**2.42**	**1.48**	**2.82**	**1.30**
41章 生皮(毛皮除外)及皮革	Raw hides and skins(other than fur skins) and leather	0.07	1.37	0.12	1.18

6-25 续表 2 Continued 2

单位：亿美元
Unit: USD 100 million

商品分类	HS Section and Division	2017		2018	
		出 口 Exports	进 口 Imports	出 口 Exports	进 口 Imports
42章 皮革制品；鞍具及挽具；旅行用品、手提包及类似容器；动物肠线(蚕胶丝除外)制品	Articles of leather；saddlery and harness；travel goods，hand bags and similar containers；articles of animal gut (other than silk-worm gut)	2.34	0.11	2.69	0.12
43章 毛皮、人造毛皮及其制品	Fur skins and artificial fur；manufactures thereof	0.01	0.00	0.01	0.00
第九类 木及木制品；木炭；软木及软木制品；稻草，秸秆、针茅或其他编结材料制品；篮筐及柳条编结品	**WOOD AND ARTICLES OF WOOD；WOOD CHAR-COAL；CORK AND ARTICLES OF CORK；MANUFACTURES OF STRAW，OF ESPARTO OR OF OTHER PLAITING MATERIALS；BASKET WARE AND WICKERWORK**	**2.53**	**0.46**	**3.07**	**0.52**
44章 木及木制品；木炭	Wood and articles of wood；wood charcoal	2.35	0.45	2.93	0.51
45章 软木及软木制品	Cork and articles of cork	0.01	0.00	0.01	0.00
46章 稻草、秸秆、针茅或其他编结材料制品；篮筐及柳条编结品	Manufactures of straw，of esparto or of other plaiting Materials；basket ware and wickerwork	0.17	0.01	0.14	0.01
第十类 木浆及其他纤维状纤维素浆；纸及纸板的废碎品；纸、纸板及其制品	**PULP OF WOOD OR OF OTHER FIBROUS CELLULOSIC MATERIAL；WASTE AND SCRAP OF PAPER OR PAPERBOARD；PAPER AND PAPERBOARD AND ARTICLES THEREOF**	**4.79**	**4.88**	**4.88**	**6.13**
47章 木浆及其他纤维状纤维素浆；纸及纸板的废碎品	Pulp of wood or of other fibrous cellulosic material；waste and scrap of paper or paperboard	0.00	0.31	0.01	0.67
48章 纸及纸板；纸浆、纸或纸板制品	Paper and paperboard；articles of paper pulp，of paper or paperboard	4.57	3.70	4.61	4.60
49章 书籍、报纸、印刷图画及其他印制品；手稿、打字稿及设计图纸	Printed books，newspapers，pictures and other products of the printing industry；manuscripts，typescripts and plans	0.22	0.87	0.26	0.86
第十一类 纺织原料及纺织制品	**TEXTILES AND TEXTILE ARTICLES**	**16.15**	**24.42**	**19.88**	**23.68**
50章 蚕丝	Silk	0.01	0.00	0.02	0.00
51章 羊毛、动物细毛或粗毛；马毛纱线及其机织物	Wool，fine or coarse animal hair；horsehair yarn and woven fabric	0.13	0.03	0.19	0.04
52章 棉花	Cotton	0.26	3.03	0.32	3.19
53章 其他植物纺织纤维；纸纱线及其机织物	Other vegetable textile fibres；paper yarn and woven fabrics of paper yarn	0.01	0.00	0.01	0.01
54章 化学纤维长丝	Man-made filaments	1.17	8.22	1.25	8.45
55章 化学纤维短纤	Man-made short fibres	0.84	2.15	0.75	1.98
56章 絮胎、毡呢及无纺织物；特种纱线；线、绳、索、缆及其制品	Wadding，felt and nonwoven；special yarns；twine，cordage，ropes and cables and articles thereof	0.77	1.39	0.93	1.38
57章 地毯及纺织材料的其他铺地制品	Carpets and other textile floor coverings	0.26	0.02	0.27	0.02
58章 特种机织物；簇绒织物；花边；装饰毯；装饰带；刺绣品	Special woven fabrics；tufted textile fabrics；lace；tapestries；trimmings；embroidery	0.17	0.79	0.19	0.72
59章 浸渍、涂布、包覆或层压的纺织物；工业用纺织制品	Impregnated，coated，covered or laminated textile fabrics；textile articles of a kind suitable for industrial use	0.73	3.48	0.72	3.15
60章 针织物及钩编织物	Knitted or crocheted fabrics	0.09	4.65	0.11	4.05
61章 针织或钩编的服装及衣着附件	Articles of apparel and clothing accessories，knitted or crocheted	5.04	0.15	7.00	0.14
62章 非针织或非钩编的服装及衣着附件	Articles of apparel and clothing accessories，not knitted or crocheted	4.96	0.24	6.09	0.24

6-25 续表 3 Continued 3

单位：亿美元

Unit: USD 100 million

商品分类	HS Section and Division	2017 出口 Exports	2017 进口 Imports	2018 出口 Exports	2018 进口 Imports
63章 其他纺织制成品；成套物品；旧衣着及旧纺织品；碎织物	Other made up textile articles；sets；worn clothing and worn textile articles；rags articles；rags	1.70	0.27	2.04	0.31
第十二类 鞋、帽、伞、杖、鞭及其零件；已加工的羽毛及其制品；人造花；人发制品	**FOOTWEAR，HEADGEAR，UMBRELLAS，SUN UMBRELLAS，WALKING-STICKS，SEAT-STICKS，WHIPS，RIDING-CROPS AND PARTS THEREOF；PREPARED FEATHERS AND ARTICLES MADE THEREWITH；ARTIFICIAL FLOWERS；ARTICLES OF HUMAN HAIR**	**2.91**	**0.33**	**3.07**	**0.35**
64章 鞋靴、护腿和类似品及其零件	Footwear，gaiters and the like；parts of such articles	2.27	0.25	2.46	0.24
65章 帽类及其零件	Headgear and parts thereof	0.16	0.04	0.21	0.07
66章 雨伞、阳伞、手杖、鞭子、马鞭及其零件	Umbrellas，sun umbrellas，walking-sticks，seat-sticks，whips，riding-crops and parts thereof	0.39	0.03	0.34	0.04
67章 已加工羽毛、羽绒及其制品；人造花；人发制品	Prepared feathers and down and articles made of feathers or of down；artificial flowers；articles of human hair	0.09	0.00	0.06	0.00
第十三类 石料、石膏、水泥、石棉、云母及类似材料的制品；陶瓷产品；玻璃及其制品	**ARTICLES OF STONE，PLASTER，CEMENT，ASBESTOS，MICA OR SIMILAR MATERIALS；CERAMIC PRODUCTS；GLASS AND GLASSWARE**	**6.49**	**15.42**	**6.90**	**16.92**
68章 石料、石膏、水泥、石棉、云母及类似材料的制品	Articles of stone，plaster，cement，asbestos，mica or similar materials；ceramic products；glass and glassware	1.68	1.05	1.83	1.29
69章 陶瓷产品	Ceramic products	2.10	0.40	2.35	0.39
70章 玻璃及其制品	Glass and glassware	2.71	13.97	2.72	15.24
第十四类 天然或养殖珍珠、宝石或半宝石、贵金属、包贵金属及其制品；仿首饰；硬币	**NATURAL OR CULTURED PEARLS，PRECIOUS OR SEMI-PRECIOUS STONES，PRECIOUS METALS，METALS CLAD WITH PRECIOUS METAL AND STONES，PRECIOUS METALS，METALS CLAD WITH PRECIOUS METAL AND ARTICLES THEREOF；IMITATION JEWELLERY；COIN**	**0.48**	**1.41**	**0.59**	**1.56**
71章 天然或养殖珍珠、宝石或半宝石、贵金属、包贵金属及其制品；仿首饰；硬币	Natural or cultured pearls，precious or semi-precious stones，precious metals，metals clad with precious metal and articles thereof；imitation jewellery；coin	0.48	1.41	0.59	1.56
第十五类 贱金属及其制品	**BASE METALS AND ARTICLES OF BASE METAL**	**42.62**	**54.92**	**41.30**	**55.90**
72章 钢铁	Iron and steel	18.45	14.68	15.52	14.18
73章 钢铁制品	Articles of iron or steel	5.59	6.46	6.28	6.99
74章 铜及其制品	Copper and articles thereof	9.90	24.71	9.85	25.25
75章 镍及其制品	Nickel and articles thereof	1.26	0.21	0.50	0.16
76章 铝及其制品	Aluminium and articles thereof	2.39	3.45	3.50	3.52
78章 铅及其制品	Lead and articles thereof	0.23	0.03	0.18	0.08
79章 锌及其制品	Zinc and articles thereof	0.12	0.15	0.28	0.17
80章 锡及其制品	Tin and articles thereof	0.00	0.24	0.00	0.30
81章 其他贱金属、金属陶瓷及其制品	Other base metals；cermets；articles thereof	1.19	0.35	1.33	0.38
82章 贱金属工具、器具、利口器、餐匙、餐叉及其零件	Tools，implements，cutlery，spoons and forks，of base metal；parts thereof of base metal	1.89	3.35	2.29	3.53
83章 贱金属杂项制品	Miscellaneous articles of base metal	1.59	1.28	1.58	1.35

6-25 续表 4 Continued 4

单位：亿美元
Unit: USD 100 million

商品分类	HS Section and Division	2017		2018	
		出口 Exports	进口 Imports	出口 Exports	进口 Imports
第十六类 机器、机械器具、电气设备及其零件；录音机及放声机、电视图像、声音的录制和重放设备及其零件、附件	**MACHINERY AND MECHANICAL APPLIANCES；ELECTRICAL EQUIPMENT；PARTS THEREOF；SOUND RECORDERS AND REPRODUCERS，TELEVISION IMAGE AND SOUND RECORDERS AND REPRODUCERS；AND PARTS AND ACCESSORIES OF RECORDERS AND REPRODUCERS；AND PARTS AND ACCESSORIES OF SUCH ARTICLES**	**229.17**	**1094.13**	**262.47**	**1285.69**
84章 核反应堆、锅炉、机器、机械器具及其零件	Nuclear reactors，boilers，machinery and mechanical appliances；parts thereof	64.64	119.02	70.36	149.09
85章 电机、电气设备及其零件；录音机及放声机、电视图像、声音的录制和重放设备及其零件、附件	Electrical machinery and equipment and parts thereof；sound recorders and reproducers，television image and sound recorders and reproducers，and parts and accessories of such articles	164.53	975.11	192.11	1136.60
第十七类 车辆、航空器、船舶及有关运输设备	**VEHICLES，AIRCRAFT，VESSELS AND ASSOCIATED TRANSPORT EQUIPMENT**	**10.30**	**5.50**	**12.84**	**5.39**
86章 铁道及电车道机车、车辆及其零件；铁道及电车轨道固定装置及其零件、附件；各种机械(包括电动机械)交通信号设备	Railway or tramway locomotives，rolling-stock and parts thereof；railway or tramway track fixtures and fittings and parts thereof；mechanical(including electro-mechanical) traffic signalling equipment of all kinds	1.57	0.02	3.36	0.03
87章 车辆及其零件、附件，但铁道及电车道车辆除外	Vehicles other than railway or tramway rolling-stock，and parts and accessories thereof	8.48	5.37	9.27	5.05
88章 航空器、航天器及其零件	Aircraft，spacecraft，and parts thereof	0.03	0.02	0.09	0.03
89章 船舶及浮动结构体	Ships，boats and floating structures	0.23	0.09	0.12	0.28
第十八类 光学、照相、电影、计量、检验、医疗或外科用仪器及设备、精密仪器及设备；钟表；乐器；上述物品的零件、附件	**OPTICAL，PHOTOGRAPHIC，CINEMATOGRAPHIC，MEASURING，CHECKING，PRECISION，MEDICAL OR SURGICAL INSTRUMENTS AND APPARATUS；CLOCKS AND WATCHES；MUSICAL INSTRUMENTS；PARTS AND ACCESSORIES THEREOF**	**19.48**	**151.37**	**18.72**	**150.67**
90章 光学、照相、电影、计量、检验、医疗或外科用仪器及设备、精密仪器及设备；上述物品的零件、附件	Optical，photographic，cinematographic，measuring，checking，precision medical or surgical instruments and apparatus；parts and accessories thereof	19.19	151.13	18.36	150.35
91章 钟表及其零件	Clocks and watches and parts thereof	0.16	0.07	0.22	0.10
92章 乐器及其零件、附件	Musical instruments；parts and accessories of such articles	0.14	0.17	0.13	0.21
第十九类 武器、弹药及其零件、附件	**ARMS AND AMMUNITION；PARTS AND ACCESSORIES THEREOF**	**0.00**	**0.00**	**0.01**	**0.00**
93章 武器、弹药及其零件、附件	Arms and ammunition；parts and accessories thereof	0.00	0.00	0.01	0.00
第二十类 杂项制品	**MISCELLANEOUS MANUFACTURED ARTICLES**	**13.01**	**5.93**	**14.08**	**5.55**
94章 家具；寝具、褥垫、弹簧床垫、软坐垫及类似的填充制品；未列名灯具及照明装置；发光标志、发光名牌及类似品；活动房屋	Furniture；bedding，mattresses，mattress supports，cushions and similar stuffed furnishings；lamps and lighting fittings，not elsewhere specified or included；illuminated signs，illuminated	8.16	1.66	8.15	1.51
95章 玩具、游戏品、运动用品及其零件、附件	Toys，games and sports requisites；parts and accessories thereof	3.16	3.24	4.03	3.08
96章 杂项制品	Miscellaneous manufactured articles	1.70	1.03	1.90	0.96
第二十一类 艺术品、收藏品及古物	**WORKS OF ART，COLLECTORS' PIECES AND ANTIQUES**	**0.01**	**0.01**	**0.05**	**0.04**
97章 艺术品、收藏品及古物	Works of art，collectors' pieces and antiques	0.01	0.01	0.05	0.04
第二十二类 特殊交易品及未分类商品	**COMMODITIES AND TRANSACTIONS NOT CLASSIFIED ACCORDING TO KIND**	**4.20**	**1.64**	**4.81**	**1.39**
98章 特殊交易品及未分类商品	Commodities and transactions not classified according to kind	4.20	1.64	4.81	1.39

6-26 主要出口商品数量和金额
Major Export Commodities in Quantity and Value

单位：万美元

Unit: USD 10 000

商　品	Commodities	单　位	Unit	数　量 Quantity		金　额 Value	
				2017	2018	2017	2018
活猪(种猪除外)	Live Hogs	万头	10000 heads	157	158	45015	42730
活家禽	Live Poultry	万只	10000 heads	230	240	223	97
牛肉	Beef	吨	tn	922	434	790	320
猪肉	Pork	万吨	10000 tn	5	4	25857	19531
冻鸡	Frozen Chicken	万吨	10000 tn	13	11	24135	23820
水海产品	Aquatic Products	万吨	10000 tn	421	425	2040740	2200136
鲜蛋	Fresh Eggs	百万个	million pc.	1369	1177	11384	11175
谷物及谷物粉	Cereals and Cereals Flour	万吨	10000 tn	156	249	75656	106590
#稻谷和大米	Rice	万吨	10000 tn	120	209	59685	88750
玉米	Maize	吨	tn	85921	12192	2224	599
蔬菜	Vegetables	万吨	10000 tn	925	948	1315237	1261504
#鲜或冷藏蔬菜	Fresh Vegetables	万吨	10000 tn	621	629	530850	463716
橘、橙	Mandarins and Oranges	吨	tn	561681	708817	83597	97254
苹果	Apples	吨	tn	1334636	1118478	145637	129893
松子仁	Pine nut Kernels	吨	tn	16153	12750	24325	18483
大豆	Soybean	万吨	10000 tn	11	13	9116	10002
花生及花生仁	Peanuts	万吨	10000 tn	15	20	22479	27858
食用植物油(含棕榈油)	Edible Vegetable Oil	吨	tn	200055	294727	22970	30701
食糖	Sugar	吨	tn	157933	195747	9059	10059
天然蜂蜜	Natural Honey	吨	tn	129274	123478	27071	24926
茶叶	Tea	吨	tn	355258	364742	160996	177786
辣椒干	Dried Chillies	吨	tn	61716	77243	12148	15446
猪肉罐头	Canned Pork	吨	tn	43095	50028	13210	15029
蘑菇罐头	Canned Mushroom	吨	tn	226418	241694	38471	57590
啤酒	Beer	万升	10000 liters	36095	38571	22760	25234
肠衣	Casings	吨	tn	105955	102856	134741	135646
填充用羽毛及羽绒	Feathers and Dawn for Stuffing	吨	tn	53376	49355	63085	82608
中药材及中式成药	Medical Materials and Medicaments of Chinese Type	吨	tn	155553	128400	121802	110174
烤烟	Flue-cured Tobacco	吨	tn	146865	127493	51415	44828

6-26 续表 1 Continued 1

单位：万美元
Unit: USD 10 000

商 品	Commodities	单 位	Unit	数量 Quantity 2017	数量 Quantity 2018	金额 Value 2017	金额 Value 2018
纸烟	Cigarette	万条	10000 items	12468	14332	57578	72104
锯材	Wood Sawn	万立方米	10000 cu.m	28	25	20208	17756
生丝	Raw Silk	吨	tn	5936	4581	32809	29083
山羊绒	Cashmere	吨	tn	3072	3212	18891	23794
棉花	Cotton	吨	tn	17083	47349	3358	9365
天然石墨	Natural Graphite	万吨	10000 tn	34	34	26570	34833
天然碳酸镁及氧化镁	Magnesian Ores	万吨	10000 tn	288	315	62772	104767
萤石(氟石)	Fluorite	万吨	10000 tn	34	40	8307	13847
天然硫酸钡(重晶石)	Barite	万吨	10000 tn	202	121	20421	15867
滑石	Talcum	万吨	10000 tn	70	70	16295	17110
氧化铝	Aluminium Oxide	吨	tn	55737	1461500	5633	78370
煤及褐煤	Coal and Lignite	万吨	10000 tn	817	493	110394	78750
焦炭及半焦炭	Coke and Semi-coke	万吨	10000 tn	809	976	215953	297452
原油	Crude Oil	万吨	10000 tn	486	263	182237	127042
成品油	Petroleum Products Refined	万吨	10000 tn	5216	5860	2539869	3588370
石蜡	Paraffin Wax	万吨	10000 tn	52	51	51142	52318
仲钨酸铵	Tungstate	吨	tn	5427	5641	10646	15607
氧化锌及过氧化锌	Zinc Oxide and Zinc Peroxide	吨	tn	13405	11758	3493	3348
合成有机染料	Synthetic Organic Dyestuffs	吨	tn	257382	220739	139165	161863
医药品	Medical and Pharmaceutical Products	吨	tn	1012529	1032308	1508363	1742998
#中式成药	Medicaments of Chinese Type	吨	tn	12330	11266	25004	26234
医用敷料	Pharmaceutical Goods	吨	tn	204198	207162	134650	143489
洗衣粉	Detergent	吨	tn	535383	552983	32917	35802
烟花、爆竹	Fireworks and Firecrackers	吨	tn	323410	379031	71996	86643
松香及树脂酸	Resin and Resin Acids	吨	tn	56609	47085	10088	8200
新的充气橡胶轮胎	Rubber Tyres	万条	10000 pc.	48351	48620	1416302	1510967
纸及纸板(未切成形的)	Paper and Paperboard in Rolls	万吨	10000 tn	652	565	745177	700427
棉纱线	Cotton Yarn	吨	tn	393512	402072	165496	176590
丝织物	Silk and Satins					61556	64729
棉机织物	Cotton Cloth					1392890	1433637
亚麻及苎麻机织物	Flax or Ramie Cloth	万米	10000 m	27275	34826	76429	106643
合成短纤与棉混纺机织物	Polyester Cotton Cloth	万米	10000 m	173908	168955	202047	211193
地毯	Carpets	万平方米	10000 sq.m	58498	63568	270342	297455

6-26 续表 2 Continued 2

单位：万美元
Unit: USD 10 000

商　品	Commodities	单　位	Unit	数量 Quantity		金额 Value	
				2017	2018	2017	2018
塑料编织袋	Bags of PP or PE Strip	万条	10000 pc.	656350	637709	97091	99997
水泥及水泥熟料	Cement	万吨	10000 tn	1286	904	57793	49036
平板玻璃	Plate Glass	万平方米	10000 sq.m	21032	19347	145061	155563
玻璃制品	Glass Products	万吨	10000 tn	387	378	639752	663893
家用陶瓷器皿	Porcelain and Pottery Ware for Household Use	万吨	10000 tn	344	363	1004751	1164007
生铁及镜铁	Pig Iron and Spiegel	万吨	10000 tn	9		2263	78
钢坯及粗锻件	Billet and Crude Forgings	万吨	10000 tn	1	1	701	1310
钢材	Rolled Steel	万吨	10000 tn	7541	6933	5450430	6059597
未锻轧铜及铜合金	Unwrought Copper an its Alloys	吨	tn	338034	281849	205761	188427
铜材	Rolled Copper	吨	tn	477989	509868	370463	426845
未锻轧铝及铝合金	Unwrought Aluminium and its Alloys	万吨	10000 tn	55	56	106449	121604
铝材	Rolled Aluminium	万吨	10000 tn	424	523	1202600	1525027
未锻轧的锌及锌合金	Zinc and Zinc Alloys	吨	tn	16445	24283	4783	7518
未锻轧的锡及锡合金	Tin and Tin Alloys	吨	tn	2181	6105	2054	4606
未锻轧的锑、粉末及废碎料	Antimony	吨	tn	2890	5326	1937	4361
未锻轧的锰	Manganese	吨	tn	435618	424387	78125	85830
钢铁或铜制标准紧固件	Nails, Bolts,etc	万吨	10000 tn	292	329	515784	658513
手用或机用工具	Hand Tools and Tools for Machines	万吨	10000 tn	170	185	1028643	1157011
电扇	Fans	万台	10000 sets	69345	72129	501027	545750
纺织机械及零件	Textile Machinery					344813	366578
缝纫机(包括工业用)	Sewing Machines (Including Industrial Use)	万台	10000 sets	1089	1089	125483	144372
金属加工机床	Machine Tools	万台	10000 sets	911	962	328434	399998
电子计算器	Electric calculator	万台	10000 sets	20186	18790	37724	35447
自动数据处理设备及其部件	Automatic Data Processing Machines and Components	万台	10000 sets	154208	147293	15824130	17199271
自动数据处理设备的零件	Parts for Auto Data Processing Equipment	万吨	10000 tn	51	52	3307654	4431443
轴承	Bearings	万套	10000 pc.	595727	630515	386522	426131
电动机及发电机	Electric Motors and Generators	万台	10000 sets	278218	269913	1079164	1184563
静止式变流器	Static Converters	万个	10000 pc.	543586	542350	1707272	1790251
原电池	Primary Cells and Batteries	百万个	million pc.	29461	29578	204450	213956
蓄电池	Electric Accumulators	万个	10000 pc.	245965	265379	1125137	1438130
电话机	Telephone Sets	万台	10000 sets	129498	119981	12744483	14219813
收音设备(包括收录音组合机及整套散件)	Radio Sets(Including Sound Recording Apparatus)	万台	10000 sets	22891	22506	444039	384262

6-26 续表 3 Continued 3

单位：万美元
Unit: USD 10 000

商品	Commodities	单位	Unit	数量 Quantity 2017	数量 Quantity 2018	金额 Value 2017	金额 Value 2018
彩色电视机	TV Sets	万台	10000 sets	8151	9688	1386746	1492946
电容器	Electrical Capacitors					397501	505228
通断保护电路装置及零件	Electrical apparatus for switching or protecting electrical circuits	吨	tn	25031508	25907797	2706524	2988720
二极管及类似半导体器件	Semi Conductors	百万个	million pc.	595264	581210	2415575	2654255
电线和电缆	Insulated Wire or Cable	万吨	10000 tn	241	242	2068073	2158150
集装箱	Containers	万个	10000 units	300	340	838392	1043430
汽车	Motor Vehicles	万辆	10000 units	104	115	1327352	1476245
自行车	Bicycles	万辆	10000 units	5640	5927	310989	325125
照相机	Cameras	万架	10000 sets	3760	3425	280586	354842
医疗仪器及器械	Medical Instruments and Appliances					1006220	1139857
手表	Wrist Watches	万只	10000 pc.	68134	63342	238744	220202
日用钟	Clocks	万只	10000 sets	26482	24235	81457	76699
家具及其零件	Furniture					4992232	5366452
非针织钩编织物服装	Garments (Excluding Knitwear and Crochet)					6641636	6445962
针织或钩编的服装	Garments, Knitted or Crocheted					6190262	6258012
皮面鞋	Leather Shoes	万双	10000 pairs	68232	67916	930115	931327
橡胶或塑料底纺织材料为面的鞋	Cloth Shoes With Outer of Rubber or Artificial Plastic Materials(including Gym Shoes)	万双	10000 pairs	287561	294235	1340033	1371244
塑料制品	Plastic Articles	万吨	10000 tn	1168	1312	3877201	4345204
玩具	Toys					2394188	2506497
足球、篮球、排球	Footballs、Basketballs and Volleyballs	万个	10000 pc.	22607	23895	45578	47299
伞	Umbrellas	万把	10000 pc.	46292	47301	234776	238342
竹编结品	Bamboo Products	吨	tn	28853	29505	16664	14066
藤编结品	Rattan Products	吨	tn	8500	9182	5940	8080
草编结品	Straw Products	吨	tn	16561	16590	12430	13173
柳编结品	Wickerwork	吨	tn	51072	50009	44880	46766
机电产品	**Mechanical and Electrical Products**					**132146261**	**146032561**
高新技术产品	**High and New-technology Products**					**66744367**	**74681622**

6-27 主要进口商品数量和金额
Major Import Commodities in Quantity and Value

单位：万美元
Unit: USD 10 000

商 品	Commodities	单 位	Unit	数量 Quantity		金额 Value	
				2017	2018	2017	2018
谷物及谷物粉	Cereals and Cereals Flour	万吨	10000 tn	2559	2047	648524	591193
#玉米	Maize	万吨	10000 tn	283	352	60337	78884
小麦	Wheat	万吨	10000 tn	442	310	108252	85826
稻谷和大米	Rice	万吨	10000 tn	403	308	186000	163918
大豆	Soybean	万吨	10000 tn	9553	8804	3963765	3808702
食用植物油(含棕榈油)	Edible Vegetable Oil	万吨	10000 tn	577	629	453056	472791
食糖	Sugar	万吨	10000 tn	229	280	107848	102880
天然橡胶(包括胶乳)	Natural Rubber	万吨	10000 tn	279	260	491702	360672
合成橡胶(包括胶乳)	Synthetic Rubber	万吨	10000 tn	436	441	847274	762188
原木	Logs	万立方米	10000 cu.m	5540	5969	992068	1098484
锯材	Wood Sawn	万立方米	10000 cu.m	3739	3663	1006549	1013113
纸浆	Paper Pulp	万吨	10000 tn	2372	2479	1534167	1971564
羊毛及毛条	Wool and Wool Tops	万吨	10000 tn	35	38	279948	327845
棉花	Cotton, not Carded or Combed	万吨	10000 tn	116	157	218977	317176
纺织用合成纤维	Synthetic Fiber Suitable for Spinning	万吨	10000 tn	40	45	89146	107945
#聚酯纤维	Polyester Fiber	万吨	10000 tn	16	19	23024	28414
聚丙烯腈纤维	Polyacrylonitrile Fiber	万吨	10000 tn	15	15	34378	42372
铁矿砂及其精矿	Iron Ore	万吨	10000 tn	107474	106412	7627780	7592218
锰矿砂及其精矿	Manganese Ores	万吨	10000 tn	2126	2760	400563	581117
铜矿砂及其精矿	Copper Ores	万吨	10000 tn	1735	1970	2638571	3193515
铬矿砂及其精矿	Chromium Ores	万吨	10000 tn	1385	1428	344181	285304
氧化铝	Aluminium Oxide	万吨	10000 tn	287	51	110096	32047
煤及褐煤	Coal and Lignite	万吨	10000 tn	27090	28189	2263671	2476146
原油	Crude Oil	万吨	10000 tn	41957	46189	16232843	24038026
成品油	Petroleum Products Refined	万吨	10000 tn	2964	3348	1448563	2014257
乙二醇	Ethylene Glycol	万吨	10000 tn	872	980	738983	900570
对苯二甲酸	Terephthalic Acid	万吨	10000 tn	54	78	35293	66790
己内酰胺	CPL	万吨	10000 tn	24	17	42946	34942
医药品	Pharmaceutical Products	万吨	10000 tn	14	15	2679557	2960701
肥料	Fertilizer	万吨	10000 tn	918	950	233967	272375

6-27 续表 Continued

单位：万美元
Unit: USD 10000

商品	Commodities	单位	Unit	数量 Quantity 2017	2018	金额 Value 2017	2018
#尿素	Urea	吨	tn	114655	163913	2989	4543
氮、磷、钾复合肥	Compound Fertilizers of Nitrogen, Phosphor and Kalium	万吨	10000 tn	111	146	46129	66903
磷酸氢二胺	Diammonium Phosphate	万吨	10000 tn		6	3	2455
氯化钾	Potassium Chloride	万吨	10000 tn	753	746	171426	184792
初级形状的聚乙烯	Polyethylene in primary Forms	万吨	10000 tn	877	966	1056508	1233413
初级形状的聚丙烯	Polypropylene in Primary Forms	万吨	10000 tn	318	328	384386	419378
初级形状的苯乙烯聚合物	Polystyrene in Primary Forms	万吨	10000 tn	314	385	580104	694030
#ABS树脂	ABS Copolymers	万吨	10000 tn	179	201	350914	392370
初级形状的聚氯乙烯	Polyvinyl Chloride in Primary Forms	万吨	10000 tn	100	94	105273	99793
聚酯切片	Slices or Chips of Polyethylene Terephthalate	万吨	10000 tn	20	38	30700	46395
杀虫剂、除草剂及类似品	Pesticides	吨	tn	83544	79202	68136	68957
纸及纸板(未切成形的)	Paper and Paperboard	万吨	10000 tn	475	627	432210	552675
钢材	Rolled Steel	万吨	10000 tn	1330	1317	1517011	1643485
未锻轧的铜及铜合金	Copper and Copper Alloys	万吨	10000 tn	411	475	2545870	3145064
铜材	Rolled Copper	万吨	10000 tn	58	55	579969	599690
未锻轧的铝及铝合金	Aluminium and Aluminium Alloys	万吨	10000 tn	19	20	39685	44946
铝材	Rolled Aluminium	万吨	10000 tn	40	40	247150	270169
蒸汽锅炉及过热水锅炉	Boilers	台	set	563	164	5336	2462
制冷设备用压缩机	Compressors for Refrigerating Equipment	万台	10000 sets	1031	942	103740	106924
金属加工机床	Machine Tools	台	set	88656	87895	874189	966443
阀门	Valves	万套	10000 sets	106226	104008	610881	732192
自动数据处理设备及其部件	Automatic Data Processing Machines	万台	10000 sets	50588	46918	2757804	3289427
电话机	Line Telephonic or Telegraphic Switching Apparatus	万台	10000 sets	599	420	77159	31055
收音设备(包括收录音组合机及整套散件)	Sound Recording Apparatus	万台	10000 sets	163	144	25848	28262
彩色电视机	TV Sets	万台	10000 sets	6	4	2449	1706
汽车	Motor Vehicles and Chassis	万辆	10000 units	124	113	5053147	5051430
#小轿车	Cars	辆	unit	473471	485730	1722187	1937381
货车	Trucks	辆	unit	9662	14316	48366	81279
非公路用自卸车	Dump Trucks	辆	unit	17	39	630	1669
装有引擎的汽车底盘	Chassis with Engines	台	unit	1467	1665	12675	16105
飞机及其他航空器	Aircraft	架	unit	14266	1028	2305314	2758130
医疗仪器及器械	Medical Instruments and Appliances					970473	1124617
机电产品	**Mechanical and Electrical Products**					**85449641**	**96569969**
高新技术产品	**High and New-technology Products**					**58403359**	**67166114**

6-28 各地区进出口总额(按境内目的地、货源地分)
Import and Export Value by Region in Border According to Destination or Source of Goods

单位：万美元
Unit: USD 10000

地区	Region	2017 出口 Exports	2017 进口 Imports	2018 出口 Exports	2018 进口 Imports
全国	**Total**	**226337133**	**184379294**	**248668151**	**213573388**
北京	Beijing	2648035	9513813	2830769	9911091
天津	Tianjin	4264197	7905283	4605198	9568917
河北	Hebei	4373347	3780198	4949530	3797545
山西	Shanxi	1385502	693256	1650384	814642
内蒙古	Inner Mongolia	580940	1008402	748055	1235431
辽宁	Liaoning	4942669	6310715	5798976	7608582
吉林	Jilin	525775	1453518	558685	1595482
黑龙江	Heilongjiang	527019	1143675	481622	1891986
上海	Shanghai	17412685	27322249	18102316	30484060
江苏	Jiangsu	37497007	26152168	41716158	29996796
浙江	Zhejiang	29239726	9157566	32793581	11351360
安徽	Anhui	3000619	2098062	3648534	2291591
福建	Fujian	9224366	6083380	10499385	6783641
江西	Jiangxi	2480687	1211317	2694084	1422775
山东	Shandong	15729541	15899167	17344924	19066470
河南	Henan	5012190	3124704	5785507	2963482
湖北	Hubei	2901100	1718973	3165759	1963888
湖南	Hunan	1766953	1233840	2102750	1443000
广东	Guangdong	67631430	43734461	70772264	50352548
广西	Guangxi	1439955	3819998	1771386	4302010
海南	Hainan	430166	934869	464591	1344870
重庆	Chongqing	3782905	1874070	4597240	2222056
四川	Sichuan	3516899	3144854	4777651	4545018
贵州	Guizhou	550042	262013	574422	261327
云南	Yunnan	965886	1172793	1052868	1664875
西藏	Tibet	36925	24089	40142	23410
陕西	Shaanxi	2380721	1674960	3036220	2189258
甘肃	Gansu	169461	330599	258875	390102
青海	Qinghai	28232	16793	32918	25446
宁夏	Ningxia	267106	165813	275203	129426
新疆	Xinjiang	1625048	1413699	1538155	1932304

6-29 各地区进出口总额(按收发货人所在地分)

Import and Export Value by Location of Importers and Exporters

单位：万美元

Unit: USD 10000

地区	Region	2017		2018	
		出口 Exports	进口 Imports	出口 Exports	进口 Imports
全国	**Total**	**226337133**	**184379294**	**248668151**	**213573388**
北京	Beijing	5856599	26545144	7407928	33840866
天津	Tianjin	4356105	6935811	4880916	7374813
河北	Hebei	3135740	1849814	3397604	1992483
山西	Shanxi	1019561	699126	1227085	849152
内蒙古	Inner Mongolia	487796	899556	574660	994367
辽宁	Liaoning	4486592	5472917	4879046	6581067
吉林	Jilin	441936	1412361	494437	1573480
黑龙江	Heilongjiang	520925	1374194	444949	2198787
上海	Shanghai	19364290	28255375	20714462	30853508
江苏	Jiangsu	36302623	22775191	40397481	25993892
浙江	Zhejiang	28679328	9111420	32103885	11132125
安徽	Anhui	3059612	2342551	3619661	2664371
福建	Fujian	10491667	6610337	11552641	7188088
江西	Jiangxi	3248827	1185072	3394269	1424490
山东	Shandong	14703746	11751349	16011582	13228125
河南	Henan	4703096	3059913	5377559	2903805
湖北	Hubei	3048623	1585096	3407150	1871005
湖南	Hunan	2317084	1286246	3054262	1593158
广东	Guangdong	62286837	38381001	64650079	43796378
广西	Guangxi	2809119	2978747	3278991	2951236
海南	Hainan	436591	600815	448849	824504
重庆	Chongqing	4259526	2400585	5135447	2766244
四川	Sichuan	3755343	3055263	5036769	3955345
贵州	Guizhou	579371	236860	512339	247947
云南	Yunnan	1146651	1198460	1281050	1704747
西藏	Tibet	43329	43016	42842	29476
陕西	Shaanxi	2454381	1565899	3159523	2170965
甘肃	Gansu	170979	311655	221080	380223
青海	Qinghai	42417	23158	47011	25707
宁夏	Ningxia	365107	138845	273366	104290
新疆	Xinjiang	1763334	293520	1641230	358745

6-30 外商投资企业出口额
Exports of Foreign-funded Enterprises

单位：万美元
Unit: USD 10000

年份 Year	合计 Total	中外合资经营企业 Equity Joint Venture	中外合作经营企业 Contractual Joint Venture	外商独资经营企业 Wholly Foreign-owned Enterprises
1980	824	824		
1981	3235	3022		213
1982	5287	2925		2362
1983	33036	3815		29221
1984	6894	5994		900
1985	29670	21825		7845
1986	58203	47865		10338
1987	120809	103793		17016
1988	245642	215391		30251
1989	491320	343596	79470	68254
1990	781379	526405	132135	122839
1991	1204725	769116	188447	247162
1992	1735619	1046465	261462	427692
1993	2523717	1411653	387817	724247
1994	3471297	1807458	535529	1128310
1995	4687587	2268886	679095	1739606
1996	6150636	2975031	794900	2380705
1997	7489986	3468059	898836	3123091
1998	8096189	3557015	872930	3666244
1999	8862766	3712097	814642	4336027
2000	11944121	5031107	992921	5920093
2001	13321810	5407673	1017667	6896470
2002	16998509	6207651	1169507	9621351
2003	24030598	8101382	1324353	14604863
2004	33859184	10962004	1478119	21419061
2005	44418252	13598693	1566396	29253163
2006	56377905	16372461	1771238	38234206
2007	69537077	19875818	1811744	47849515
2008	79049270	22674411	1833782	54541078
2009	67207409	18232943	1458524	47515943
2010	86222882	23758160	1647020	60817702
2011	99522704	27301423	1766749	70454532
2012	102262008	28726066	1616005	71919937
2013	104372410	30049934	1568839	72753637
2014	107461992	30549336	1364473	75548183
2015	100461441	28244922	1138024	71078495
2016	91676690	25416625	985142	65274923
2017	97755948	26349914	933683	70472351
2018	103584415	27729242	983676	74871498

注：1989年以前中外合资数据包含了合作企业数据(下表同)。
Note: Figures of equity joint venture before 1989 include contractual joint ventures.The same applies to the table following.

6-31 外商投资企业进口额

Imports of Foreign-funded Enterprises

单位：万美元

Unit: USD 10000

年 份 Year	合计 Total	中外合资经营企业 Equity Joint Venture	中外合作经营企业 Contractual Joint Venture	外商独资经营企业 Wholly Foreign-owned Enterprises
1980	3441	3412		29
1981	11087	10089		998
1982	27642	23999		3643
1983	28801	6159		22642
1984	39921	11720		28201
1985	206410	188594		17816
1986	243031	223568		19463
1987	312218	289851		22367
1988	574671	534534		40137
1989	879617	653242	142478	83897
1990	1230633	885345	177366	167922
1991	1690700	1140857	245268	304575
1992	2637070	1720559	381398	535113
1993	4183320	2590434	703739	889147
1994	5293418	2988082	920002	1385334
1995	6294271	3481818	901023	1911430
1996	7560380	4109442	929004	2521934
1997	7772135	4019173	913914	2839048
1998	7671749	3744447	795342	3131960
1999	8588361	4112889	690888	3784584
2000	11727269	5433175	851674	5442420
2001	12584296	5635689	773729	6174878
2002	16025439	6079503	840325	9105611
2003	23186398	8081936	995078	14109384
2004	32444849	10914713	1072630	20457506
2005	38745612	11834619	958539	25952453
2006	47248045	13552683	992681	32702680
2007	55979304	15495775	885985	39597544
2008	61942848	18128172	880413	42934264
2009	54540486	15886071	663684	37990732
2010	75485663	20978710	2385128	52121824
2011	86467170	25581427	856855	60028888
2012	87150012	27493460	824107	58832446
2013	87459048	28406594	828521	58223933
2014	90893776	28557893	864891	61470992
2015	82886624	24507116	623416	57756092
2016	77076962	22385785	428756	54262421
2017	86157562	24513847	450497	61193217
2018	93181955	26077854	441838	66662263

6-32 各地区外商投资企业进出口额

Exports and Imports of Foreign-funded Enterprises by Region in Border

单位：万美元

Unit: USD 10000

地 区	Region	2017		2018	
		出口 Exports	进口 Imports	出口 Exports	进口 Imports
全 国	**Total**	**97755948**	**86157562**	**103584415**	**93181955**
北 京	Beijing	1237412	5350566	1506190	5750866
天 津	Tianjin	2715856	3275077	2522301	3424123
河 北	Hebei	565248	491735	561760	430242
山 西	Shanxi	615977	401306	771363	450774
内蒙古	Inner Mongolia	50898	53696	65148	45287
辽 宁	Liaoning	1847860	2402921	2057434	2913991
吉 林	Jilin	129169	872132	143013	894370
黑龙江	Heilongjiang	144999	106696	110997	92238
上 海	Shanghai	12929457	18806348	13439929	19821438
江 苏	Jiangsu	21144246	16535881	22433651	18387393
浙 江	Zhejiang	5067406	3018082	5321123	3377676
安 徽	Anhui	919664	778099	1072883	870111
福 建	Fujian	3833620	2618537	4020480	2781655
江 西	Jiangxi	652159	638983	722239	692187
山 东	Shandong	5081870	3333257	5157576	3419150
河 南	Henan	3108816	2228579	3414291	1917277
湖 北	Hubei	657865	560356	724425	636606
湖 南	Hunan	403218	420576	467557	443499
广 东	Guangdong	28741496	18391769	29342429	19699710
广 西	Guangxi	558177	855885	737387	852839
海 南	Hainan	331625	348670	341721	538979
重 庆	Chongqing	2774228	1109735	3226430	1238318
四 川	Sichuan	2423400	2215288	3261237	2626764
贵 州	Guizhou	136016	122032	120274	99666
云 南	Yunnan	31053	12850	32854	25812
西 藏	Tibet		55		96
陕 西	Shaanxi	1608397	1171562	1964489	1705018
甘 肃	Gansu	1195	1942	1066	2278
青 海	Qinghai	1341	85	286	185
宁 夏	Ningxia	36328	27330	36214	34343
新 疆	Xinjiang	6951	7532	7669	9063

6-33 各地区中外合资企业进出口额
Exports and Imports of Equity Joint Ventures by Region in Border

单位：万美元
Unit: USD 10000

地 区	Region	2017		2018	
		出口 Exports	进口 Imports	出口 Exports	进口 Imports
全 国	**Total**	**26349914**	**24513847**	**27729242**	**26077854**
北 京	Beijing	384318	966496	284894	1022746
天 津	Tianjin	1226130	1469575	1163050	1566252
河 北	Hebei	266012	302811	263441	239769
山 西	Shanxi	604076	339932	760155	409683
内蒙古	Inner Mongolia	17466	41110	22862	34042
辽 宁	Liaoning	709203	1440019	669099	1656842
吉 林	Jilin	33133	763082	39051	792796
黑龙江	Heilongjiang	125119	75737	90897	64993
上 海	Shanghai	2037913	2304327	2148610	2168209
江 苏	Jiangsu	4187872	3535303	4553541	4045399
浙 江	Zhejiang	2374731	1368528	2473322	1619626
安 徽	Anhui	359557	493700	404986	513596
福 建	Fujian	940737	1042792	1050841	1136214
江 西	Jiangxi	143328	432150	172042	475573
山 东	Shandong	2135181	1488970	2165127	1459300
河 南	Henan	3011786	2188214	3313647	1881764
湖 北	Hubei	418117	426173	452779	470833
湖 南	Hunan	209606	293845	265962	329032
广 东	Guangdong	6259816	4009245	6534883	4682467
广 西	Guangxi	324067	602054	264332	415654
海 南	Hainan	128282	295442	138207	474558
重 庆	Chongqing	151734	265211	144003	240218
四 川	Sichuan	139106	203459	149341	178125
贵 州	Guizhou	7879	8510	8271	6076
云 南	Yunnan	12744	6713	9825	6860
西 藏	Tibet		53		96
陕 西	Shaanxi	108076	138931	152457	166175
甘 肃	Gansu	329	880	119	1194
青 海	Qinghai	1136	84	200	135
宁 夏	Ningxia	28229	9883	29038	17950
新 疆	Xinjiang	4231	615	4258	1675

6-34 各地区中外合作企业进出口额

Exports and Imports of Contractual Joint Ventures by Region in Border

单位：万美元

Unit: USD 10000

地 区	Region	2017 出口 Exports	2017 进口 Imports	2018 出口 Exports	2018 进口 Imports
全 国	**Total**	**933683**	**450497**	**983676**	**441838**
北 京	Beijing	1887	5686	4336	5146
天 津	Tianjin	2955	18451	2558	16555
河 北	Hebei	11184	8293	9472	3219
山 西	Shanxi	2198	177	1130	39
内蒙古	Inner Mongolia	14	84	29	
辽 宁	Liaoning	27549	7374	29233	8349
吉 林	Jilin	7301	3309	8621	4486
黑龙江	Heilongjiang	15		14	
上 海	Shanghai	133340	100191	126210	95460
江 苏	Jiangsu	165158	174938	173419	195303
浙 江	Zhejiang	33511	10360	35982	2872
安 徽	Anhui	5062	748	5379	704
福 建	Fujian	17576	14751	19291	13969
江 西	Jiangxi	3959	171	5016	164
山 东	Shandong	39915	21645	42244	20473
河 南	Henan	538	2970	675	50
湖 北	Hubei	130	143	105	211
湖 南	Hunan	109	171	61	11
广 东	Guangdong	457363	71425	496834	63856
广 西	Guangxi	1264	414	994	167
海 南	Hainan	12586	78	12268	172
重 庆	Chongqing	4356	46	4625	48
四 川	Sichuan	1858	3576	1923	1972
贵 州	Guizhou		5		15
云 南	Yunnan	3598	2881	2787	6264
西 藏	Tibet				
陕 西	Shaanxi	132	20	151	73
甘 肃	Gansu				
青 海	Qinghai	50	0.1	2	
宁 夏	Ningxia				
新 疆	Xinjiang	74	2594	317	2260

6-35 各地区外商独资企业进出口额

Exports and Imports of Wholly Foreign-owned Enterprises by Region in Border

单位：万美元

Unit: USD 10000

地区	Region	2017		2018	
		出口 Exports	进口 Imports	出口 Exports	进口 Imports
全国	**Total**	**70472351**	**61193217**	**74871498**	**66662263**
北京	Beijing	851206	4378383	1216960	4722974
天津	Tianjin	1486771	1787051	1356692	1841316
河北	Hebei	288051	180631	288848	187255
山西	Shanxi	9704	61197	10078	41051
内蒙古	Inner Mongolia	33418	12502	42256	11245
辽宁	Liaoning	1111109	955529	1359101	1248800
吉林	Jilin	88735	105740	95341	97088
黑龙江	Heilongjiang	19864	30959	20086	27245
上海	Shanghai	10758205	16401830	11165109	17557769
江苏	Jiangsu	16791216	12825641	17706691	14146691
浙江	Zhejiang	2659164	1639194	2811818	1755178
安徽	Anhui	555045	283651	662518	355810
福建	Fujian	2875307	1560993	2950347	1631473
江西	Jiangxi	504872	206662	545180	216450
山东	Shandong	2906774	1822643	2950205	1939377
河南	Henan	96492	37394	99969	35463
湖北	Hubei	239618	134040	271541	165562
湖南	Hunan	193503	126561	201533	114456
广东	Guangdong	22024317	14311100	22310712	14953387
广西	Guangxi	232846	253417	472061	437017
海南	Hainan	190757	53149	191246	64249
重庆	Chongqing	2618138	844478	3077802	998053
四川	Sichuan	2282436	2008254	3109974	2446667
贵州	Guizhou	128138	113517	112003	93575
云南	Yunnan	14710	3257	20242	12688
西藏	Tibet		2		
陕西	Shaanxi	1500188	1032611	1811881	1538770
甘肃	Gansu	866	1061	947	1084
青海	Qinghai	155	0.1	84	50
宁夏	Ningxia	8099	17448	7176	16392
新疆	Xinjiang	2646	4322	3094	5128

6−36 经济特区中外合资企业进出口额

Exports and Imports of Equity Joint Ventures in Special Economic Zone

单位：万美元
Unit: USD 10000

地 区	Region	2017		2018	
		出口 Exports	进口 Imports	出口 Exports	进口 Imports
合 计	**Total**	**2655962**	**1964023**	**2622048**	**2715666**
深 圳	Shenzhen	1912283	1003626	1781699	1508316
珠 海	Zhuhai	125138	228767	146430	317181
汕 头	Shantou	52601	10240	50232	8797
厦 门	Xiamen	437658	425948	505481	406815
海 南	Hainan	128282	295442	138207	474558

6−37 经济特区中外合作企业进出口额

Exports and Imports of Contractual Joint Ventures in Special Economic Zone

单位：万美元
Unit: USD 10000

地 区	Region	2017		2018	
		出口 Exports	进口 Imports	出口 Exports	进口 Imports
合 计	**Total**	**257300**	**37465**	**322995**	**31322**
深 圳	Shenzhen	215950	19686	281389	15948
珠 海	Zhuhai	2226	724	1820	435
汕 头	Shantou	12535	2653	11886	1563
厦 门	Xiamen	14002	14325	15632	13204
海 南	Hainan	12586	78	12268	172

6−38 经济特区外商独资企业进出口额

Exports and Imports of Wholly Foreign-owned Enterprises in Special Economic Zone

单位：万美元
Unit: USD 10000

地 区	Region	2017		2018	
		出口 Exports	进口 Imports	出口 Exports	进口 Imports
合 计	**Total**	**10974820**	**7786782**	**11326532**	**8515137**
深 圳	Shenzhen	8093675	6019163	8322494	6531190
珠 海	Zhuhai	1036549	638446	1110229	756709
汕 头	Shantou	60449	58503	56071	65885
厦 门	Xiamen	1593389	1017521	1646492	1097103
海 南	Hainan	190757	53149	191246	64249

6-39 服务进出口分类金额(2018年)
Total Value of Imports and Exports of Services by Sector(2018)

单位：亿美元
Unit: USD 100 million

类 别	Classification	进出口 Imports and Exports	出口 Exports	进口 Imports
总额	**Total**	**7918.8**	**2668.4**	**5250.4**
运输	Transport	1505.9	423.0	1082.9
旅行	Travel	3163.0	394.6	2768.4
建筑	Construction	351.9	265.9	86.0
保险服务	Insurance Services	168.0	49.2	118.8
金融服务	Financial Services	56.0	34.8	21.2
电信、计算机和信息服务	Telecommunications, Computer and Information Services	708.3	470.6	237.7
电信服务	Telecommunications Services	36.8	21.0	15.8
计算机和信息服务	Computer and Information Services	671.5	449.6	221.9
知识产权使用费	Charges For The Use of Intellectual Property	411.5	55.6	355.9
研发成果使用费	Charges For The Use of The Results of Research and Development	167.1	5.3	161.8
视听及相关产品许可费	Charges For Licenses of Audio-visual and Related Product	31.6	1.3	30.3
个人、文化和娱乐服务	Personal, Cultural, and Recreational Services	46.1	12.1	33.9
维护和维修服务	Maintenance and Repair Services	97.2	71.8	25.4
加工服务	Processing Services	176.9	174.2	2.6
其他商业服务	Other Business Services	1171.8	699.0	472.8
技术	Technology	301.1	174.3	126.8
专业和管理咨询服务	Professional and Management Consulting Services	519.1	338.3	180.8
研发成果转让费及委托研发	Charges For The Transfer of The Results of Research and Development and Commissioned Research and Development	163.6	93.0	70.6
政府服务	Government Services	62.2	17.5	44.7

注：本表按照国际货币基金组织《国际收支和国际头寸手册》(第六版)标准统计，下表同。
Note: Data in this table are compiled on Balance of Payments and International Investment Position Manual (6th edition) of IMF.

6-40 服务进出口分类金额(2018年)

Total Value of Imports and Exports of Services by Sector(2018)

单位：亿元人民币

Unit: RMB 100 million

类　别	Classification	进出口 Imports and Exports	出口 Exports	进口 Imports
总额	**Total**	**52401.9**	**17658.0**	**34744.0**
运输	Transport	9965.2	2799.2	7166.0
旅行	Travel	20930.8	2611.2	18319.6
建筑	Construction	2328.6	1759.4	569.2
保险服务	Insurance Services	1111.8	325.8	786.1
金融服务	Financial Services	370.8	230.4	140.4
电信、计算机和信息服务	Telecommunications, Computer and Information Services	4686.9	3114.0	1572.9
电信服务	Telecommunications Services	243.2	138.8	104.4
计算机和信息服务	Computer and Information Services	4443.7	2975.2	1468.6
知识产权使用费	Charges For The Use of Intellectual Property	2723.3	368.0	2355.2
研发成果使用费	Charges For The Use of The Results of Research and Development	1105.6	35.0	1070.6
视听及相关产品许可费	Charges For Licenses of Audio-visual and Related Product	209.4	8.8	200.6
个人、文化和娱乐服务	Personal, Cultural, and Recreational Services	304.9	80.3	224.5
维护和维修服务	Maintenance and Repair Services	642.9	475.1	167.8
加工服务	Processing Services	1170.5	1153.0	17.5
其他商业服务	Other Business Services	7754.4	4625.6	3128.9
技术	Technology	1992.7	1153.5	839.2
专业和管理咨询服务	Professional and Management Consulting Services	3435.2	2238.7	1196.5
研发成果转让费及委托研发	Charges For The Transfer of The Results of Research and Development and Commissioned Research and Development	1082.6	615.3	467.3
政府服务	Government Services	411.9	116.0	295.9

利用外资

UTILIZATION OF FOREIGN CAPITAL

第7篇

7-1 利用外资情况
Utilization of Foreign Capital

年份 Year	项目 (个) Number of Projects (unit)	#外商直接投资 Foreign Direct Investment	实际使用外资金额 (亿美元) Total Amount of Foreign Investment Utilized (USD 100 million)	#外商直接投资 Foreign Direct Investment
1979—1982	947	920	130.60	17.69
1983	690	638	22.61	9.16
1984	2204	2166	28.66	14.19
1985	3145	3073	47.60	19.56
1986	1551	1498	76.28	22.44
1987	2289	2233	84.52	23.14
1988	6063	5945	102.26	31.94
1989	5909	5779	100.60	33.92
1990	7371	7273	102.89	34.87
1991	13086	12978	115.54	43.66
1992	48858	48764	192.03	110.08
1993	83595	83437	389.60	275.15
1994	47646	47549	432.13	337.67
1995	37184	37011	481.33	375.21
1996	24673	24556	548.05	417.26
1997	21138	21001	644.08	452.57
1998	19850	19799	585.57	454.63
1999	17022	16918	526.59	403.19
2000	22347	22347	593.56	407.15
2001	26140	26140	496.72	468.78
2002	34171	34171	550.11	527.43
2003	41081	41081	561.40	535.05
2004	43664	43664	640.72	606.30
2005	44001	44001	638.05	603.25
2006	41473	41473	698.76	658.21
2007	37871	37871	783.39	747.68
2008	27514	27514	952.53	923.95
2009	23435	23435	918.04	900.33
2010	27406	27406	1088.21	1057.35
2011	27712	27712	1176.98	1160.11
2012	24925	24925	1132.94	1117.16
2013	22773	22773	1187.21	1175.86
2014	23778	23778	1197.05	1195.62
2015	26575	26575	1262.67	1262.67
2016	27900	27900	1260.01	1260.01
2017	35652	35652	1310.35	1310.35
2018	60533	60533	1349.66	1349.66

注：1.本表资料由商务部提供。
2.2000年及以前，实际使用外资包含对外借款。
3.2015年起，实际使用外资金额只包含外商直接投资金额。

a) Data in this table come from the Ministry of Commerce.
b) In 2000 and before,total amount of foreign investment actually utilized included foreign loans.
c) Since 2015,total amount of foreign investment actually utilized only includes that of foreign direct investment.

7-2 分方式外商直接投资
Foreign Direct Investment by Form

单位：亿美元
Unit: USD 100 million

方式	Form	2016 项目(个) Nunber of Contracts (unit)	2016 金额 Amount	2017 项目(个) Nunber of Contracts (unit)	2017 金额 Amount	2018 项目(个) Nunber of Contracts (unit)	2018 金额 Amount
总 计	**Total**	**27900**	**1260.01**	**35652**	**1310.35**	**60533**	**1349.66**
合资经营	Equity Joint Venture	6662	302.04	8364	297.41	10170	344.93
合作经营	Contractual Joint Venture	126	8.30	124	8.05	107	7.72
独资经营	Wholly Foreign-owned Enterprise	21024	861.26	27007	913.44	50106	893.97
外商投资股份制企业	FDI Shareholding Inc.	86	88.42	125	64.75	129	82.99
合作开发	Joint Exploration			2	11.80	1	11.93
合伙企业	Partnership			30	14.90	20	8.12
其他	Other	2					

7-3 外商直接投资行业分布(2018年)
Foreign Direct Investment by Sector (2018)

单位：万美元

Unit：USD 10 000

行　业	Sector	合同项目(个) Number of Contracts (unit)	实际使用金　额 Actually Utilized Value
总　计	**Total**	**60533**	**13496589**
农、林、牧、渔业	Agriculture,Forestry,Animal Husbandry and Fishing	741	80131
农业	Agriculture	502	32785
采矿业	Mining	46	122841
石油和天然气开采业	Petroleum and Natural Gas Mining	1	119261
制造业	Manufacturing	6152	4117421
纺织业	Textile	144	51396
化学原料及化学制品制造业	Chemistry Raw Material and Chemical Product Manufacturing	265	328660
医药制造业	Medicine Manufacturing	139	131208
通用设备制造业	General Purpose Equipment Manufacturing	672	284972
专用设备制造业	Special Purpose Equipment Manufacturing	913	444154
计算机、通信和其他电子设备制造业	Computer, Communication and other Electronic Installation Manufacturing	736	840827
电力、燃气及水的生产和供应业	Production and Distribution of Electricity ,Gas and Water	284	442390
建筑业	Construction	1449	148809
批发和零售业	Wholesale and Retail Trades	22853	976689
交通运输、仓储和邮政业	Transport, Storage and Post	754	472737
住宿和餐饮业	Hotels and Catering Services	854	90107
旅游饭店	Traveling Hotel	38	35507
信息传输、软件和信息技术服务业	Information Transmission, Software and Information Technology	7222	1166127
金融业	Financial Intermediation	2469	870366
房地产业	Real Estate	1053	2246740
房地产开发经营	Property Development Management	517	2014848
租赁和商务服务业	Leasing and Business Services	9099	1887459
科学研究和技术服务业	Scientific Research and Technical Services	5819	681298
水利、环境和公共设施管理业	Management of Water Conservancy, Environment and Public Facilities	151	47408
居民服务、修理和其他服务业	Service to Households, Repair and Other Services	485	56166
教育	Education	266	7420
卫生和社会工作	Health and Social Service	83	30178
文化、体育和娱乐业	Culture, Sports and Entertainment	749	52290
公共管理、社会保障和社会组织	Public Management and Social Organizations	4	12

7-4 分国别(地区)外商直接投资
Foreign Direct Investment by Country or Region

单位：万美元

Unit: USD 10 000

国别(地区)	Country/Region	2017		2018	
		外商直接投资合同项目(个) Number of FDI Contracts (unit)	外商直接投资 Foreign Direct Investment	外商直接投资合同项目(个) Number of FDI Contracts (unit)	外商直接投资 Foreign Direct Investment
总　计	**Total**	**35652**	**13103513**	**60533**	**13496589**
亚洲	**Asia**	**27915**	**10919387**	**52531**	**10701310**
阿富汗	Afghanistan	153	73	68	233
巴林	Bahrain	1	30	2	
孟加拉国	Bangladesh	69	10	74	7
文莱	Brunei	7	2573	2	1872
缅甸	Myanmar	27	170	11	822
柬埔寨	Cambodia	5	1505	13	199
塞浦路斯	Cyprus	9	1192	13	975
朝鲜	Korea DPR	9			
中国香港	Hong Kong, China	18066	9450901	39868	8991724
印度	India	281	15772	328	4754
印度尼西亚	Indonesia	51	4076	65	3246
伊朗	Iran	222		167	10
伊拉克	Iraq	163	182	221	36
以色列	Israel	55	773	79	1131
日本	Japan	590	326100	828	379780
约旦	Jordan	62	19	72	394
科威特	Kuwait	1	1474	2	443
老挝	LaoPDR	2	1082	2	51
黎巴嫩	Lebanon	21	19	43	167
中国澳门	Macao, China	843	63738	1286	127987
马来西亚	Malaysia	329	10836	454	21162
马尔代夫	Maldives	2			
蒙古	Mongolia	10	308	24	41
尼泊尔	Nepal	33	1	37	15
阿曼	Oman	4	599	5	
巴基斯坦	Pakistan	212	99	230	67
巴勒斯坦	Palestine	22	73	25	
菲律宾	Philippines	35	500	39	4986
卡塔尔	Qatar	1		1	5
沙特阿拉伯	Saudi Arabia	35	1493	38	8694
新加坡	Singapore	706	476318	998	521021
韩国	Korea	1627	367253	1882	466688
斯里兰卡	Sri Lanka	20	22	12	
叙利亚	Syria	127	934	114	898
泰国	Thailand	81	11023	94	4574
土耳其	Turkey	140	674	126	87
阿联酋	United Arab Emirates	26	1357	31	2568
也门共和国	Yemen Rep.	312	33	228	1536
越南	Vietnam	18	353	31	13883
中国台湾	Taiwan, China	3464	177247	4911	139136
哈萨克斯坦	Kazakhstan	30	561	51	1968
吉尔吉斯斯坦	Kirghizia	4	12	10	
塔吉克斯坦	Tadzhikistan	12	2	7	
土库曼斯坦	Turkmenistan	5		7	150
乌兹别克斯坦	Uzbekstan	23		32	
非洲	**Africa**	**899**	**65746**	**1213**	**61042**
阿尔及利亚	Algeria	13	3	25	

7-4 续表 1 Continued 1

单位：万美元

Unit: USD 10 000

国别(地区)	Country/Region	2017 外商直接投资合同项目(个) Number of FDI Contracts (unit)	2017 外商直接投资 Foreign Direct Investment	2018 外商直接投资合同项目(个) Number of FDI Contracts (unit)	2018 外商直接投资 Foreign Direct Investment
安哥拉	Angola	10	120	9	
贝宁	Benin	4		6	
博茨瓦纳	Botswana	2			
布隆迪	Burundi	3		5	
喀麦隆	Cameroon	40		80	
中非	Central Africa	1		1	
乍得	Chad	3		8	
科摩罗	Comoros	1		3	
刚果(布)	Congo	8	2	14	1
吉布提	Djibouti	5		4	
埃及	Egypt	68	75	105	88
赤道几内亚	Eq. Guinea			2	
埃塞俄比亚	Ethiopia	27		39	
加蓬	Gabon			1	
冈比亚	Gambia	7	390	10	
加纳	Ghana	66	950	122	4786
几内亚	Guinea	25	2	18	
几内亚比绍	Guinea-Bissau	2	103	1	
科特迪瓦共和国	Cote d'lvoire	12	2	9	
肯尼亚	Kenya	22	309	34	
利比里亚	Liberia	1	50	2	
利比亚	Libya	18	38	34	
马达加斯加	Madagascar	1		5	
马拉维	Malawi	1		2	
马里	Mali	68	8	37	5
毛里塔尼亚	Mauritania	13		11	
毛里求斯	Mauritius	15	34368	25	26058
摩洛哥	Morocco	15		29	
莫桑比克	Mozambique	3	1473	2	
纳米比亚	Namibia	2		2	
尼日尔	Niger	12		20	
尼日利亚	Nigeria	56	625	121	1306
留尼汪	Reunion			1	
卢旺达	Rwanda	3		9	
塞内加尔	Senegal	13		14	
塞舌尔	Seychelles	183	20409	155	22547
塞拉利昂	Sierra Leone	3		8	
索马里	Somalia	16		22	
南非	S. Africa	33	6518	38	4185
苏丹	Sudan	29		36	
坦桑尼亚	Tanzania	11	51	24	1013
多哥	Togo	5		10	
突尼斯	Tunisia	12	80	18	
乌干达	Uganda	31		26	653
布基纳法索	Burkina Faso	2		13	
刚果(金)	Congo DR	24		22	
赞比亚	Zambia	3		6	400
津巴布韦	Zimbabwe	6	150	21	
厄立特里亚	Eritrea	1		3	
南苏丹共和国	Republic of South Sudan			1	
非洲其他国家	Oth. Afr. Nes		20		
欧洲	**Europe**	**2250**	**883619**	**3027**	**1119350**
比利时	Belgium	34	14759	50	14788
丹麦	Denmark	57	81947	58	5887
英国	United Kingdom	393	100333	556	248164
德国	Germany	387	154163	491	367428
法国	France	209	79018	280	101107
爱尔兰	Ireland	38	14881	35	16485
意大利	Italy	201	19482	276	23260
卢森堡	Luxembourg	25	59587	34	75747
荷兰	Netherlands	122	217398	176	127268
希腊	Greece	14	85	14	126
葡萄牙	Portugal	12	1499	25	40

7-4 续表 2 Continued 2

单位：万美元
Unit: USD 10 000

国别(地区)	Country/Region	2017		2018	
		外商直接投资合同项目(个) Number of FDI Contracts (unit)	外商直接投资 Foreign Direct Investment	外商直接投资合同项目(个) Number of FDI Contracts (unit)	外商直接投资 Foreign Direct Investment
西班牙	Spain	100	14246	116	17064
阿尔巴尼亚	Albania			1	
奥地利	Austria	42	9488	45	14518
保加利亚	Bulgaria	7	9	14	66
芬兰	Finland	21	5385	27	8372
直布罗陀	Gibraltar	1			
匈牙利	Hungary	14	148	18	131
冰岛	Iceland	1	734	2	
列支敦士登	Liechtenstein		24		67
马耳他	Malta	4	246	4	21
摩纳哥	Monaco		27		26
挪威	Norway	26	732	38	7381
波兰	Poland	29	289	47	247
罗马尼亚	Romania	13	711	21	272
圣马力诺	San Marino			2	
瑞典	Sweden	42	50695	82	15760
瑞士	Switzerland	68	45961	113	60387
爱沙尼亚	Estonia	3		1	
拉脱维亚	Latvia	6		8	4
立陶宛	Lithuania	5	2372	11	20
格鲁吉亚	Georgia	6		16	
亚美尼亚	Armenia	4		11	3
阿塞拜疆	Azerbaijan	35		26	40
白俄罗斯	Belarus	10	824	16	1820
摩尔多瓦	Moldavia	5		1	3
俄罗斯	Russia	211	2384	269	5677
乌克兰	Ukraine	56	2707	99	80
斯洛文尼亚	Slovenia	4	37	5	421
克罗地亚	Croatia	4		2	615
捷克	Czech	13	797	14	421
斯洛伐克	Slovak	9	44	2	2877
马其顿	Macedonia	2			
波黑	Bosnia & Herzegovina	1		1	
塞尔维亚	Serbia	14	7	17	12
黑山	Montenegro	1		2	
欧洲其他国家	Oth. Eur. Nes	1	2600	1	2745
拉丁美洲	**Latin America**	**615**	**636273**	**744**	**902646**
安提瓜和巴布达	Antigua and Barbuda	1	2272		
阿根廷	Argentina	9		15	65
巴哈马	Bahamas				500
巴巴多斯	Barbados		4103	3	14750
伯利兹	Belize	5	931	10	354
玻利维亚	Bolivia	3		6	
巴西	Brazil	43	4228	43	3119
开曼群岛	Cayman Is.	105	217690	151	406825
智利	Chile	16	516	18	1279
哥伦比亚	Colombia	32	5	62	7
多米尼克	Dominica	2		2	
哥斯达黎加	Costa Rica	2		3	
古巴	Cuba	2		6	
多米尼加共和国	Dominica Rep.	2		1	
厄瓜多尔	Ecuador	5		14	
法属圭亚那	French Guyana			1	
格林纳达	Granada			4	
危地马拉	Guatemala	1		1	39
圭亚那	Guyana			2	
海地	Haiti			2	
洪都拉斯	Honduras	2		2	
牙买加	Jamaica	2		2	
墨西哥	Mexico	29	1204	35	1731

7-4 续表 3 Continued 3

单位：万美元
Unit: USD 10 000

国别(地区)	Country/Region	2017 外商直接投资合同项目(个) Number of FDI Contracts (unit)	2017 外商直接投资 Foreign Direct Investment	2018 外商直接投资合同项目(个) Number of FDI Contracts (unit)	2018 外商直接投资 Foreign Direct Investment
尼加拉瓜	Nicaragua			1	
巴拿马	Panama	8	2137	4	2115
巴拉圭	Paraguay			4	
秘鲁	Peru	11		9	
萨尔瓦多	EI Salvador	3		4	
苏里南	Surinam	2			
特立尼达和多巴哥	Trinidad and Tobago	1			
特克斯和凯科斯群岛	Turks & Caicos Is.				43
乌拉圭	Uruguay	2	4087	3	586
委内瑞拉	Venezuela	17	2	20	54
维尔京群岛	Virgin Is.	309	399076	312	471151
圣其茨--尼维斯	St. Kitts-Nevis		22	4	
拉美洲其他国家	Oth. L. Amer. Nes	1			28
北美洲	**North America**	**1817**	**428552**	**2309**	**514789**
加拿大	Canada	459	29269	546	28461
美国	United States	1346	264905	1750	268931
百慕大	Bermuda	6	134213	11	216727
北美洲其他国家	Oth. N. Amer. nes	6	165	2	670
大洋洲及太平洋岛屿	**Oceania and Pacific Is.**	**675**	**160950**	**826**	**197452**
澳大利亚	Australia	343	27618	462	28889
斐济	Fiji	2		2	
瑙鲁	Nauru				27
瓦努阿图	Vanuatu	1		1	
新西兰	New Zealand	67	2116	79	3326
萨摩亚	Samoa	250	122943	263	155421
马绍尔群岛	Marshall Is.	12	4863	18	2292
大洋洲其他国家	Oth. Ocean. Nes		3410	1	949
其他	**Others**	**3**	**8986**		**6548**
东南亚国家联盟	**Association of Southeast Asian Nations**	**1261**	**508436**	**1709**	**571816**
欧洲联盟	**European Union**	**1817**	**828811**	**2425**	**1042084**

注：1. 东南亚国家联盟包括：文莱、缅甸、柬埔寨、印度尼西亚、老挝、马来西亚、菲律宾、新加坡、泰国、越南。
2. 欧洲联盟包括：比利时、丹麦、英国、德国、法国、爱尔兰、意大利、卢森堡、荷兰、希腊、葡萄牙、西班牙、奥地利、芬兰、瑞典、塞浦路斯、匈牙利、马耳他、波兰、爱沙尼亚、拉脱维亚、立陶宛、斯洛文尼亚、捷克、斯洛伐克、保加利亚、罗马尼亚、克罗地亚。

a) Association of Southeast Asian Nations include Brunei, Myanmar, Cambodia, Indonesia, Laos, Malaysia, Philippines, Singapore, Thailand, Vietnam.

b) European Union include Belgium, Denmark, United Kingdom, Germany, France, Ireland, Italy, Luxembourg, Netherlands, Greece, Portugal, Spain, Austria, Finland, Sweden, Cyprus, Hungary, Malta, Poland, Estonia, Latvia, Lithuania, Slovenia, Czech, Slovak, Croatia.

7-5 历年外商投资企业登记概况
Status of Registered Enterprises with Foreign Capital

年 份 Year	企业数 (户) Number of Enterprises (unit)	投资总额 (万美元) Total Investment (USD 10 000)	注册资本(万美元) Registered Capital (USD 10 000)	
			小 计 Subtotal	#外 方 Foreign Partner
1980	7	470	432	179
1981	82	13248	11411	6646
1982	330	65085	60697	44201
1983	616	176747	143037	89589
1984	1999	434644	325086	207109
1985	4912	1641154	834410	508846
1986	6524	2140438	1163741	582717
1987	8546	2641308	1466820	827307
1988	13747	3780628	2154354	1169072
1989	18968	4690829	2759003	1501813
1990	25389	5457370	3304208	1866511
1991	37215	7178332	4465808	2577358
1992	84371	17845550	11598693	6866484
1993	167507	38238877	24563127	15018236
1994	206096	49072446	31227534	19631486
1995	233564	63900854	39912302	25688422
1996	240447	71532202	44148483	28979610
1997	235681	75347010	45981372	30298675
1998	227807	77422942	46728674	31371224
1999	212436	77856752	46354938	31668255
2000	203208	82467505	48394975	33719912
2001	202306	87501079	50579271	35968275
2002	208056	98189328	55211904	40199985
2003	226373	111735062	62264052	46577863
2004	242284	131118108	72848575	55799291
2005	260000	146399267	81203319	63193522
2006	274863	170756477	94647381	74062533
2007	286232	210878940	115541864	92114807
2008	434937	232413047	130055348	103885057
2009	434248	249996531	140348130	113694532
2010	445244	270593108	157384290	125896928
2011	446487	299312402	172942962	138102850
2012	440609	326104777	188141484	149034975
2013	445962	351760847	202802980	160771193
2014	460699	379772862	218351038	174138864
2015	481179	453902025	266815811	207567406
2016	505151	512400783	312433576	239184522
2017	539345	689924356	371071855	282661856
2018	593276	777379774	427385951	323419281

注：本数据来源于国家市场监督管理总局，从2008年起企业户数包含分支机构。
Note: Data in this table is from State Administration for Industry & Commerce. The number of enterprises includes branches Since 2008.

7-6 年末登记外商投资企业行业分布情况(2018年)
Registered Foreign-funded Enterprises by Sector at the Year-end(2018)

行业	Sector	企业数(户) Number of Enterprises (unit)	投资额(万美元) Total Investment (USD 10 000)	注册资本(万美元) Registered Capital (USD 10000)	
				小计 Subtotal	#外方 Foreign Partner
总计	**Total**	**593276**	**777379774**	**427385951**	**323419281**
农、林、牧、渔业	Agriculture, Forestry, Animal Husbandry and Fishery	6962	95488337	11576155	10345513
采矿业	Mining	739	2214068	1266406	886599
制造业	Manufacturing	141144	230837040	121281240	93946299
电力、热力、燃气及水生产和供应业	Production and Supply of Electricity, Heat, Gas and Water	5202	27924861	11919475	6718406
建筑业	Construction	6987	13081968	8541799	5037568
批发和零售业	Wholesale and Retail Trades	165725	48786891	29110226	24218714
交通运输、仓储和邮政业	Transport, Storage and Post	13153	20608074	11930603	7505634
住宿和餐饮业	Hotels and Catering Services	34536	5686097	3818819	3326140
信息传输、软件和信息技术服务业	Information Transmission, Software and Information Technology	47425	25703958	15032684	13254978
金融业	Financial Intermediation	19059	42034849	37899933	22162711
房地产业	Real Estate	17983	85560499	48987124	39850017
租赁和商务服务业	Leasing and Business Services	76032	101190112	82022961	61224395
科学研究和技术服务业	Scientific Research and Technical Services	42714	59236301	33396526	26362171
水利、环境和公共设施管理业	Management of Water Conservancy, Environment and	1496	5899069	3075485	2293826
居民服务、修理和其他服务业	Service to Households, Repair and Other Services	6029	3804530	1863153	1561715
教育	Education	765	834918	330323	293788
卫生和社会工作	Health and Social Service	534	2578633	1209572	928573
文化、体育和娱乐业	Culture, Sports and Entertainment	6334	5312880	3775754	3235301
其他	Others	457	596687	347713	266931

7-7 各地区年末登记的外商投资企业数及投资额

Number and Investment of Registered Enterprises with Foreign Capital by Region or Department at the Year-end

地 区	Region	企业数 (户) Number of Enterprises (unit)		投资总额 (万美元) Total Investment (USD 10 000)	
		2017	2018	2017	2018
总 计	**Total**	**539345**	**593276**	**689924356**	**777379774**
北 京	Beijing	31442	32306	48640860	54771841
天 津	Tianjin	13938	15089	25482286	29061956
河 北	Hebei	7956	8255	9581812	10866546
山 西	Shanxi	3437	3381	4972449	6301123
内蒙古	Inner Mongolia	3453	3511	4597937	4485321
辽 宁	Liaoning	16883	17028	31585001	37749421
吉 林	Jilin	4044	4018	3887356	4900887
黑龙江	Heilongjiang	4444	5028	3366862	4274738
上 海	Shanghai	84007	87300	79823905	88491138
江 苏	Jiangsu	58577	59308	96581873	105604184
浙 江	Zhejiang	37422	40191	37341457	44578820
安 徽	Anhui	6135	6611	8664121	11298422
福 建	Fujian	28264	30150	26072064	27869774
江 西	Jiangxi	6059	6137	8079723	8772028
山 东	Shandong	29512	30733	30421775	34522856
河 南	Henan	7827	8257	10453774	10540828
湖 北	Hubei	10962	11761	11510270	14227498
湖 南	Hunan	7733	8765	16339193	18318548
广 东	Guangdong	135869	170968	176222731	192346501
广 西	Guangxi	4872	5333	5620020	6272258
海 南	Hainan	2442	2707	7608902	9279332
重 庆	Chongqing	5739	6299	9455839	11068608
四 川	Sichuan	11462	12502	11279723	12555690
贵 州	Guizhou	1671	1891	3125132	4530251
云 南	Yunnan	4366	4343	3738226	5436907
西 藏	Tibet	252	266	303136	263919
陕 西	Shaanxi	5629	5856	8003950	11878551
甘 肃	Gansu	2061	2342	2019750	2361688
青 海	Qinghai	470	519	769932	787391
宁 夏	Ningxia	738	762	3042021	1847695
新 疆	Xinjiang	1679	1659	1332275	2115055

7-8 各地区外商投资企业年末注册资本
Registered Capital of Foreign-funded Enterprises by Region or Department at the Year-end

单位：万美元
Unit: USD 10 000

地　区	Region	注册资本 Registered Capital		外方注册资本 Registered Foreign Capital	
		2017	2018	2017	2018
总　计	**Total**	**371071855**	**427385951**	**282661856**	**323419281**
北　京	Beijing	31235958	34442874	21741836	23788401
天　津	Tianjin	17625855	20412586	12764162	14054961
河　北	Hebei	4674982	5208088	3537268	3968766
山　西	Shanxi	2619918	3262008	1364775	1873958
内蒙古	Inner Mongolia	2072599	1953641	1328693	1276752
辽　宁	Liaoning	17540697	21693698	13907612	17632992
吉　林	Jilin	1420156	2331062	881307	1789920
黑龙江	Heilongjiang	2003948	2590620	1482970	1770071
上　海	Shanghai	54727717	59606929	41736671	45060237
江　苏	Jiangsu	52261586	56398584	43637106	46391745
浙　江	Zhejiang	22861676	28417775	17559826	21026712
安　徽	Anhui	4890363	5948884	3522679	4343816
福　建	Fujian	15026839	16384661	11614399	12618937
江　西	Jiangxi	5660631	6134916	4239566	4634841
山　东	Shandong	18197892	20531672	13807994	15635834
河　南	Henan	5552909	5939782	4086877	4469772
湖　北	Hubei	6106191	7674495	4611494	5844064
湖　南	Hunan	6841640	7996560	5328261	6275359
广　东	Guangdong	64318635	79640646	47916016	59394173
广　西	Guangxi	2987481	3217454	2396003	2553160
海　南	Hainan	6100225	7066951	5546292	6440150
重　庆	Chongqing	6017893	6974688	4543629	5304566
四　川	Sichuan	6582232	7087538	4480074	4864821
贵　州	Guizhou	1670920	2434342	1348487	2016810
云　南	Yunnan	2144859	2914606	1595014	2298773
西　藏	Tibet	211694	173248	148401	151417
陕　西	Shaanxi	4726904	6300496	3496407	4354152
甘　肃	Gansu	1599653	1689472	1518559	1558003
青　海	Qinghai	295413	304690	147895	144926
宁　夏	Ningxia	2285449	1288683	1802195	1082789
新　疆	Xinjiang	808941	1364302	569387	798404

对外投资与经济合作

OVERSEAS DIRECT INVESTMENT AND ECONOMIC COOPERATION

第8篇

8-1 按主要国别(地区)分对外直接投资
Overseas Direct Investment by Countries or Regions

单位：万美元
Unit: USD 10 000

国家（地区）	Country / Region	对外直接投资净额 Net Overseas Direct Investment 2017	2018	截至2018年对外直接投资存量 Overseas Direct Investment Stock at the End of 2018
合计	**Total**	**15828830**	**14303731**	**198226585**
亚洲	**Asia**	**11003986**	**10550488**	**127613437**
中国香港	Hong Kong, China	9115278	8686917	110039108
印度	India	28998	20620	466280
印度尼西亚	Indonesia	168225	186482	1281128
日本	Japan	44405	46841	349052
中国澳门	Macao, China	-102447	81067	886578
新加坡	Singapore	631990	641126	5009383
韩国	Republic of Korea	66080	103366	671011
泰国	Thailand	105759	73729	594670
越南	Vietnam	76440	115083	560543
非洲	**Africa**	**410500**	**538911**	**4610353**
阿尔及利亚	Algeria	-14053	17865	206286
苏丹	Sudan	25487	5712	132507
几内亚	Guinea	623	20317	74244
马达加斯加	Madagascar	7120	5560	80335
尼日利亚	Nigeria	13795	19470	245349
南非	South Africa	31736	64206	653168
欧洲	**Europe**	**1846319**	**658839**	**11279692**
英国	United Kingdom	206630	102664	1988323
德国	Germany	271585	146799	1368861
法国	France	95215	-7502	659879
俄罗斯	Russia	154842	72524	1420822
拉丁美洲	**Latin America**	**1407659**	**1460847**	**40677193**
巴西	Brazil	42627	42772	381245
开曼群岛	Cayman Islands	-660596	547312	25922371
墨西哥	Mexico	17133	37845	110688
英属维尔京群岛	Virgin Is. (E)	1930117	714978	13049678
北美洲	**North America**	**649827**	**872383**	**9634833**
加拿大	Canada	32083	156350	1252272
美国	United States	642549	747717	7550729
大洋洲	**Oceania**	**510539**	**222263**	**4411078**
澳大利亚	Australia	424196	198597	3837868
新西兰	New Zealand	59661	25746	259120

8-2 按行业分对外直接投资
Overseas Direct Investment by Sector

单位：万美元

Unit: USD 10 000

行　业	Sector	对外直接投资净额 Net Overseas Direct Investment		截至2018年对外直接投资存量 Overseas Direct Investment Stock at the End of 2018
		2017	2018	
总　计	**Total**	**15828830**	**14303731**	**198226585**
农、林、牧、渔业	Agriculture, Forestry, Animal Husbandry and Fishery	250769	256258	1877318
采矿业	Mining	-370152	462794	17348081
制造业	Manufacturing	2950737	1910768	18230588
电力、热力、燃气及水生产和供应业	Production and Supply of Electricity, Heat, Gas and Water	234401	470246	3369471
建筑业	Construction	652772	361848	4163229
批发和零售业	Wholesale and Retail Trades	2631102	1223791	23269268
交通运输、仓储和邮政业	Transport, Storage and Post	546792	516057	6650033
住宿和餐饮业	Hotels and Catering Services	-18509	135396	440434
信息传输、软件和信息技术服务业	Information Transmission, Software and Information Technology	443024	563187	19357456
金融业	Financial Intermediation	1878544	2171720	21789544
房地产业	Real Estate	679506	306600	5734096
租赁和商务服务业	Leasing and Business Services	5427321	5077813	67546458
科学研究和技术服务业	Scientific Research and Technical Services	239065	380199	4424564
水利、环境和公共设施管理业	Management of Water Conservancy, Environment and Public Facilities	21892	17863	313108
居民服务、修理和其他服务业	Service to Households, Repair and Other Services	186526	222822	1671529
教育	Education	13372	57302	476111
卫生和社会工作	Health and Social Service	35267	52480	299697
文化、体育和娱乐业	Culture, Sports and Entertainment	26401	116586	1265599
公共管理、社会保障和社会组织	Public Management, Social Security and Social Organization			

8-3 对外经济合作概况
Foreign Economic Cooperation

年 份 Year	对外承包工程 Foreign Engineering Projects				对外劳务合作 Foreign Labour Services	
	合同数 (份) Number of Contracts (unit)	合同金额 (亿美元) Contract Value (USD 100 million)	完成营业额 (亿美元) Turnover (USD 100 million)	年末在外人数 (万人) Persons Abroad by the End of Year (10 000 persons)	派出劳务人数 (万人) Dispatched Labor (10 000 persons)	年末在外人数 (万人) Persons Abroad by the End of Year (10 000 persons)
1979	27	0.33				
1980	138	1.40	1.23			
1981	250	2.76				
1982	195	3.46	1.00			
1983	280	7.99	1.89			
1984	344	15.38	4.94	2.19		2.76
1985	465	11.16	6.63	3.06		2.49
1986	486	11.89	8.19	2.74		1.90
1987	616	16.48	11.14	3.13		3.19
1988	642	18.13	12.53	3.00		3.98
1989	776	17.81	14.84	2.40		4.31
1990	920	21.25	16.44	2.18		3.61
1991	1171	25.24	19.70	2.15		6.83
1992	1164	52.51	24.03	2.54		10.56
1993	1393	51.89	36.68	3.42		13.09
1994	1702	60.27	48.83	3.83		18.43
1995	1558	74.84	51.08	3.84		22.59
1996	1634	77.28	58.21	3.88		24.66
1997	2085	85.16	60.36	4.78		28.55
1998	2322	92.43	77.69	6.11		29.08
1999	2527	101.99	85.22	5.53		32.65
2000	2597	117.19	83.79	5.56		36.93
2001	5836	130.39	88.99	6.00		41.47
2002	4036	150.55	111.94	7.85		41.04
2003	3708	176.67	138.37	9.40		42.97
2004	6694	238.44	174.68	11.47	17.30	41.94
2005	9502	296.14	217.63	14.48	18.34	41.87
2006	12996	660.05	299.93	19.86	21.48	47.52
2007	6282	776.21	406.43	23.60	21.49	50.51
2008	5411	1045.62	566.12	27.16	22.49	46.71
2009	7280	1262.10	777.06	32.69	18.01	45.03
2010	9544	1343.67	921.70	37.65	18.68	47.01
2011	6381	1423.32	1034.24	32.40	20.91	48.84
2012	6710	1565.29	1165.97	34.46	27.84	50.56
2013	11578	1716.29	1371.43	37.01	25.57	48.26
2014	7740	1917.56	1424.11	40.89	29.26	59.69
2015	8662	2100.74	1540.74	40.86	27.68	61.83
2016	19157	2440.10	1594.17	37.29	26.40	59.60
2017	22774	2652.76	1685.87	37.68	30.02	60.23
2018	10985	2418.04	1690.44	39.07	26.50	60.61

8-4 分国别(地区)对外承包工程合同数量及金额
Contracts Signed for Foreign Engineering Projects by Country or Region

国别(地区)	Country/Region	2017		2018	
		合同(份) Nunber of Contracts (unit)	金额(万美元) Contract Value (USD 10 000)	合同(份) Nunber of Contracts (unit)	金额(万美元) Contract Value (USD 10 000)
合　计	**Total**	**22774**	**26527599**	**10985**	**24180445**
亚 洲	**Asia**	**7433**	**14366594**	**4662**	**11934916**
阿富汗	Afghanistan	12	35522	7	47
巴林	Bahrain	2	1468		
孟加拉国	Bangladesh	201	1042051	245	911153
文莱	Brunei	52	141130	26	49030
缅甸	Myanmar	142	198901	116	276629
柬埔寨	Cambodia	109	330058	114	288064
朝鲜	Korea DPR	1	2	1	13
中国香港	Hong Kong, China	222	892373	289	901503
印度	India	897	257606	266	288953
印度尼西亚	Indonesia	1521	1720404	725	1140369
伊朗	Iran	199	497130	58	675209
伊拉克	Iran	125	590619	92	297910
以色列	Israel	10	40004	26	172305
日本	Japan	43	33768	22	41816
约旦	Jordan	15	207066	19	15510
科威特	Kuwait	33	360682	42	220575
老挝	Laos	159	521086	126	241765
黎巴嫩	Lebanon	6	207	9	10324
中国澳门	Macao, China	71	214892	85	94782
马来西亚	Malaysia	773	2485305	322	934931
马尔代夫	Maldives	21	124873	43	139388
蒙古	Mongolia	55	59571	67	259340
尼泊尔	Nepal	57	89893	53	90876
阿曼	Oman	25	115240	23	91874
巴基斯坦	Pakistan	297	1075464	236	432791
巴勒斯坦	Palestine	4	2553	18	224
菲律宾	Philippines	177	368574	121	308923
卡塔尔	Qatar	13	43595	11	19890
沙特阿拉伯	Saudi Arabia	124	292833	114	672538
新加坡	Singapore	237	351710	109	279433
韩国	Korea	292	137237	108	78732
斯里兰卡	Sri Lanka	75	174738	63	362692
叙利亚	Syria	1	310		773
泰国	Thailand	435	372566	168	286270
土耳其	Turkey	70	82785	87	115582
阿联酋	United Arab Emirates	111	499300	90	764138
也门共和国	Yemen Rep.	11	965	10	1237
越南	Vietnam	246	609764	289	666610
中国台湾	Taiwan, China	196	6379	6	8058
东帝汶	Timor Leste	7	32450	5	6651
哈萨克斯坦	Kazakhstan	280	234843	285	436004
吉尔吉斯斯坦	Kirghizia	25	31700	21	9377
塔吉克斯坦	Tadzhikistan	30	35396	15	199248
土库曼斯坦	Turkmenistan	25	12431	3	32319
乌兹别克斯坦	Uzbekistan	26	41151	127	111062

8-4 续表 1 Continued 1

国别(地区)	Country/Region	2017		2018	
		合　同 (份) Nunber of Contracts (unit)	金　额 (万美元) Contract Value (USD 10 000)	合　同 (份) Nunber of Contracts (unit)	金　额 (万美元) Contract Value (USD 10 000)
非洲	**Africa**	**2964**	**7650376**	**2314**	**7843057**
阿尔及利亚	Algeria	270	538949	229	478096
安哥拉	Angola	175	858220	61	222991
贝宁	Benin	7	17083	20	89776
博茨瓦纳	Botswana	39	25902	25	64556
布隆迪	Burundi	5	18341	15	27708
喀麦隆	Cameroon	307	115218	67	177216
佛得角	Cape Verde	9	5667	4	318
中非	Central African	3	17239	6	1813
乍得	Chad	26	39807	22	63319
科摩罗	Comoros	5	21584	5	6808
刚果(布)	Congo	63	184503	24	28625
吉布提	Djibouti	46	35273	37	82177
埃及	Egypt	33	160510	46	794886
赤道几内亚	Eq. Guinea	57	123325	26	18456
埃塞俄比亚	Ethiopia	116	706366	104	221398
加蓬	Gabon	40	18778	16	27935
冈比亚	Gambia	3	20205	5	417
加纳	Ghana	81	290608	58	322201
几内亚	Guinea	48	143157	60	162044
几内亚(比绍)	Guinea Bissau	4	540	2	2394
科特迪瓦	Cote d'Ivoire	22	46309	32	203512
肯尼亚	Kenya	174	1007838	140	378939
利比里亚	Liberia	66	9033	51	12721
利比亚	Libya	2	3		
马达加斯加	Madagascar	28	32624	23	25863
马拉维	Malawi	44	13786	49	40758
马里	Mali	23	39386	26	15974
毛里塔尼亚	Mauritania	11	163249	18	22799
毛里求斯	Mauritius	24	15861	26	11315
摩洛哥	Morocco	44	82110	27	21613
莫桑比克	Mozambique	73	60172	64	332142
纳米比亚	Namibia	77	16047	13	20114
尼日尔	Niger	35	48497	22	28527
尼日利亚	Nigeria	154	1148032	175	1701344
卢旺达	Rwanda	19	33089	18	49288
圣多美和普林西比	Sao Tome and Principe	2	152	8	15744
塞内加尔	Senegal	43	74477	49	40402
塞舌尔	Seychelles	13	2579	10	851
塞拉利昂	Sierra Leone	22	12692	21	97575
索马里	Somali	4	2100		
南非	S. Africa	54	84663	84	180462
苏丹	Sudan	95	143545	61	57044
坦桑尼亚	Tanzania	83	109999	77	211793
多哥	Togo	26	13131	13	6146
突尼斯	Tunisia	28	18381	13	4245
乌干达	Uganda	83	95493	102	375763
布基纳法索	Burkina Faso	1	1202	4	3737
刚果(金)	Congo DR	135	286961	171	572474
赞比亚	Zambia	175	486454	130	466784
津巴布韦	Zimbabwe	40	148153	30	117212
莱索托	Lesotho	3	829	4	16389
厄立特里亚	Eritrea	11	3199	3	15
南苏丹共和国	Republic of South Sudan	13	109060	18	18376

8-4 续表 2 Continued 2

国别(地区)	Country/Region	2017		2018	
		合 同 (份) Nunber of Contracts (unit)	金 额 (万美元) Contract Value (USD 10 000)	合 同 (份) Nunber of Contracts (unit)	金 额 (万美元) Contract Value (USD 10 000)
欧洲	**Europe**	**8044**	**1721542**	**2017**	**1432993**
比利时	Belgium	95	3523	20	1164
丹麦	Denmark	2	2688	7	421
英国	United Kingdom	38	56548	62	94795
德国	Germany	456	74234	124	89311
法国	France	4312	166336	1419	142022
爱尔兰	Ireland	1	11	2	50
意大利	Italy	302	7004	46	3418
荷兰	Netherlands	2096	25456	18	12884
希腊	Greece	15	7961	15	17986
葡萄牙	Portugal	15	36540	11	13584
西班牙	Spain	37	31692	20	57346
阿尔巴尼亚	Albania		143	5	308
奥地利	Austria	17	12141	21	11988
保加利亚	Bulgaria	12	3425	12	3955
芬兰	Finland	11	86959	1	271
匈牙利	Hungary	12	3742	12	3635
冰岛	Iceland	1	1704		
马耳他	Malta	2	213		
挪威	Norway	2	140	6	964
波兰	Poland	52	2593	9	13526
罗马尼亚	Romania	188	8347	16	12985
瑞典	Sweden	22	15934	10	13232
瑞士	Switaerland	44	2530	11	241
爱沙尼亚	Estonia			1	9
拉脱维亚	Latvia			2	200
立陶宛	Lithuania	6	720		
格鲁吉亚	Georgia	14	39232	14	87788
亚美尼亚	Armenia	3	31345	1	17000
阿塞拜疆	Azerbaijan	18	3885	13	119455
白俄罗斯	Byelorussia	80	24960	30	103827
摩尔多瓦	Moldavia			1	10
俄罗斯	Russia	137	775229	44	306013
乌克兰	Ukraine	20	112508	19	102953
斯洛文尼亚	Slovenia	3	78415		
克罗地亚	Croatia	4	138	2	52437
捷克	Czech Rep.	11	8117	24	6941
斯洛伐克	Slovak	2	627	3	22
马其顿	Macedonia	2	80	3	21817
波黑	Bosnia and Hercegovina	2	38223	3	76230
塞尔维亚	Serbia	9	58182	7	30029
黑山	Montenegro	1	15	3	14177

8-4 续表 3 Continued 3

国别(地区)	Country/Region	2017		2018	
		合同(份) Nunber of Contracts (unit)	金额(万美元) Contract Value (USD 10 000)	合同(份) Nunber of Contracts (unit)	金额(万美元) Contract Value (USD 10 000)
拉丁美洲	**Latin America**	**1002**	**1585882**	**746**	**1822734**
安提瓜和巴布达	Antigua Barbuda		9		860
阿根廷	Argentina	245	143278	93	321859
阿鲁巴岛	Aruba	1	214		
巴哈马	Bahamas	5	3382		
巴巴多斯	Barbados	2	20021	2	1425
伯利兹	Belize			5	103
玻利维亚	Bolivia	23	165854	20	71748
巴西	Brazil	102	174270	122	258278
智利	Chile	33	12121	23	42900
哥伦比亚	Colombia	104	17075	109	37832
多米尼克	Dominica	4	9435	6	391
哥斯达黎加	CostaRica	16	4139	10	4677
古巴	Cuba	22	66606	7	20715
库腊索岛	Curacao	2	663		
多米尼加共和国	Dominican Rep.	16	3181	17	8142
厄瓜多尔	Ecuador	67	88757	51	192158
格林纳达	Grenada	3	6813	1	5054
危地马拉	Guatemala	8	5012		73
圭亚那	Guyana	5	12040	4	3135
洪都拉斯	Honduras	6	895	8	457
牙买加	Jamaica	12	15322	19	8952
墨西哥	Mexico	45	76790	35	127597
尼加拉瓜	Nicaragua	5	943		
巴拿马	Panama	42	20720	38	267644
巴拉圭	Paraguay	2	423	1	92
秘鲁	Peru	121	110876	95	151619
萨尔瓦多	El Salvador	2	228		
苏里南	Suriname	2	22822	1	20
特立尼达和多巴哥	Trinidad & Tobago	6	23388	3	2498
乌拉圭	Uruguay	4	919		
委内瑞拉	Venezuela	97	579687	76	294507
北美洲	**North America**	**2983**	**361245**	**997**	**289786**
加拿大	Canada	23	25423	12	4834
美国	United States	2959	335797	984	284946
格陵兰	Greenland	1	25	1	6
大洋洲及太平洋岛屿	**Oceania and Pacific Is.**	**348**	**841960**	**243**	**856752**
澳大利亚	Australia	120	497393	111	727857
库克群岛	Cook Islands	2	1760	1	579
斐济	Fiji	26	38728	21	16107
瑙鲁	Nauru			1	4712
瓦努阿图	Vanuatu	20	15415	17	22010
新西兰	New Zealand	76	73746	11	11867
巴布亚新几内亚	Papua New Guinea	85	199090	70	69294
所罗门群岛	Solomon Is.	2	1589	2	582
汤加	Tonga	10	707	2	569
萨摩亚	Samoa	2	10641	6	3164
基里巴斯	Kiribati	1	866		
图瓦卢	Tuvalu	1	1072		
密克罗尼西亚联邦	Micronesia Commonwealth	1	917	1	11
帕劳共和国	Republic of Palau	2	35		
其他	**Others**			**6**	**207**

8-5 分国别(地区)对外承包工程营业额

Turnover of Foreign Engineering Projects by Country or Region

单位：万美元

Unit: USD 10 000

国别(地区)	Country/Region	2015	2016	2017	2018
合　计	**Total**	**15407423**	**15941749**	**16858661**	**16904403**
亚洲	**Asia**	**6907010**	**7685147**	**8828857**	**9069440**
阿富汗	Afghanistan	1133	4058	5073	4764
巴林	Bahrain	27	814	2198	724
孟加拉国	Bangladesh	175184	191623	314660	432206
文莱	Brunei	8653	54793	71016	137187
缅甸	Myanmar	189471	191713	161406	116942
柬埔寨	Cambodia	121396	165598	176373	180102
塞浦路斯	Cyprus	113	11400	6	
朝鲜	Korea DPR	1832	292	2	
中国香港	Hong Kong, China	402744	423313	554531	592760
印度	India	267458	182435	246496	231541
印度尼西亚	Indonesia	481528	408870	556185	609652
伊朗	Iran	159048	224689	205025	231551
伊拉克	Iraq	397661	345464	273809	255713
以色列	Israel	15238	23162	113073	110789
日本	Japan	44346	31249	32778	33305
约旦	Jordan	8459	3813	66940	65199
科威特	Kuwait	128114	151314	196352	273392
老挝	Laos	321606	294729	422894	526468
黎巴嫩	Lebanon	721	13	6371	79
中国澳门	Macao, China	147710	181538	278641	250919
马来西亚	Malaysia	356227	474809	814615	796480
马尔代夫	Maldives	14380	24705	41467	63923
蒙古	Mongolia	93484	74583	106814	75721
尼泊尔	Nepal	25302	22279	29860	45701
阿曼	Oman	44939	80646	82085	87897
巴基斯坦	Pakistan	516289	726809	1133799	1127117
巴勒斯坦	Palestine	527	74	542	318
菲律宾	Philippines	204150	166180	188546	197248
卡塔尔	Qatar	136173	119875	103368	72739
沙特阿拉伯	Saudi Arabia	701812	948175	634381	521763
新加坡	Singapore	354079	375551	343707	258199
韩国	Korea	27393	33612	36759	40707
斯里兰卡	Sri Lanka	136871	147677	225245	237954
叙利亚	Syria	1634	254	62	766
泰国	Thailand	281007	293579	338380	335596
土耳其	Turkey	133887	214547	120443	66728
阿联酋	United Arab Emirates	153943	224637	249594	361485
也门共和国	Yemen Rep.	3354	1591	1457	1134
越南	Vietnam	352317	332394	287860	280167
中国台湾	Taiwan, China	3945	11935	4061	2997
东帝汶	East Timor	5315	23805	35519	35290
哈萨克斯坦	Kazakhstan	234700	275779	223838	221357
吉尔吉斯斯坦	Kirghizia	54857	55663	47998	21049
塔吉克斯坦	Tadzhikistan	64377	70787	19042	30848
土库曼斯坦	Turkmenistan	68921	31916	25264	27398
乌兹别克斯坦	Uzbekistan	61241	49111	50320	105564
亚洲其他国家	Oth.Asia.nes	3444	13297		

8-5 续表 1 Continued 1

单位：万美元
Unit: USD 10 000

国别(地区)	Country/Region	2015	2016	2017	2018
非洲	**Africa**	**5478376**	**5146029**	**5118786**	**4883888**
阿尔及利亚	Algeria	824061	843421	784898	752146
安哥拉	Angola	495275	433194	669326	454319
贝宁	Benin	9159	9291	8110	14370
博茨瓦纳	Botswana	31504	30017	25281	25956
布隆迪	Burundi	7146	6297	2704	4078
喀麦隆	Cameroon	141350	151751	189239	125210
佛得角	Cape Verde	2458	806	1694	2744
中非	Central African	486	1073	1981	2253
乍得	Chad	71585	96547	62785	49833
科摩罗	Comoros	2225	1757	1457	2924
刚果(布)	Congo	297587	216928	74754	47705
吉布提	Djibouti	107188	84088	36605	30147
埃及	Egypt	201777	228114	154179	204560
赤道几内亚	Eq.Guinea	136854	118268	102500	54294
埃塞俄比亚	Ethiopia	589402	470603	552174	400179
加蓬	Gabon	56413	69496	47548	16104
冈比亚	Gambia	734	519	1010	3717
加纳	Ghana	140598	114846	108511	113176
几内亚	Guinea	48642	38617	61500	81987
几内亚(比绍)	Guinea Bissau	3245	1631	669	287
科特迪瓦	Cote d'Ivoire	63005	63977	97663	85048
肯尼亚	Kenya	384569	454772	372919	435274
利比里亚	Liberia	19873	24981	22136	19693
利比亚	Libya	17380	3205	5118	107
马达加斯加	Madagascar	7484	5935	13270	16740
马拉维	Malawi	9232	8306	8771	8902
马里	Mali	23462	29981	38323	40072
毛里塔尼亚	Mauritania	28413	14098	22821	18324
毛里求斯	Mauritius	19824	11051	11720	12418
摩洛哥	Morocco	113109	76666	37649	68304
莫桑比克	Mozambique	118750	133231	110875	80422
纳米比亚	Namibia	76642	69828	69667	45899
尼日尔	Niger	63689	43483	17150	17158
尼日利亚	Nigeria	348142	261276	310383	404785
卢旺达	Rwanda	21251	15777	19627	28805
圣多美和普林西比	Sao Tome & Principe	127	244	122	552
塞内加尔	Senegal	50037	60022	94765	114290
塞舌尔	Seychelles	3517	2500	1044	1591
塞拉利昂	Sierra Leone	7928	12683	9193	13611
索马里	Somalia	224	3003	1527	1987
南非	S. Africa	45177	42091	56880	138142
苏丹	Sudan	154873	146050	82125	50046
坦桑尼亚	Tanzania	141471	152409	102586	107600
多哥	Togo	21176	14424	25729	22518
突尼斯	Tunisia	11067	13586	21896	11151
乌干达	Uganda	155063	188990	217429	214767
布基纳法索	Burkina Faso	320	77	27	4045
刚果(金)	Congo DR	114388	117896	149954	182015
赞比亚	Zambia	178981	179045	230749	270345
津巴布韦	Zimbabwe	45789	44363	30591	32033

8-5 续表 2 Continued 2

单位：万美元
Unit: USD 10 000

国别(地区)	Country/Region	2015	2016	2017	2018
莱索托	Lesotho	12610	7579	1441	1168
斯威士兰	Swaziland		34		
厄立特里亚	Eritrea	12487	10191	12239	4023
南苏丹	Republic of South Sudan	36614	16015	35473	46064
非洲其他国家(地区)	Other Countries (Regions) in Africa	4011	1000		
欧洲	**Europe**	**878279**	**798582**	**931617**	**1001574**
比利时	Belgium	3638	15389	14280	725
丹麦	Denmark	218	100	495	1283
英国	United Kingdom	84736	71896	108268	57018
德国	Germany	52252	59559	63631	81436
法国	France	184421	136049	144236	125834
意大利	Italy	14498	20105	20105	27342
卢森堡	Luxembourg	111	949	235	
荷兰	Netherlands	24584	17588	16163	13420
希腊	Greece	7632	29930	15973	19572
葡萄牙	Portugal	6561	5645	4939	25610
西班牙	Spain	18809	29689	27916	44436
阿尔巴尼亚	Albania		896	182	266
奥地利	Austria	3041	4469	7490	10179
保加利亚	Bulgaria	8537	7758	3997	4984
芬兰	Finland	2613	357	1676	218
匈牙利	Hungary	4650	3883	3390	3881
冰岛	Iceland			1704	
马耳他	Malta	3443	31	213	
摩纳哥	Monaco	4032	47		
挪威	Norway	6873	5797	20666	3756
波兰	Poland	5037	5814	966	6267
罗马尼亚	Romania	14794	18457	9322	8218
瑞典	Sweden	11506	10528	6057	9667
瑞士	Switzerland	96	255	1112	1881
爱沙尼亚	Estonia		497		9
拉脱维亚	Latvia	399			64
立陶宛	Lithuania		287	1063	
格鲁吉亚	Georgia	19049	10918	38840	27792
亚美尼亚	Armenia		1750	5226	5903
阿塞拜疆	Azerbaijan	7592	1392	2363	4253
白俄罗斯	Belorussia	98955	109905	66747	99603
摩尔多瓦	Moldavia			11	67
俄罗斯	Russia	171440	148599	199234	234979
乌克兰	Ukraine	31375	28915	35320	57612
斯洛文尼亚	Slovenia	194	688	826	640
克罗地亚	Croatia	213	471	138	12
捷克	Czech Rep.	7754	5698	6003	5739
斯洛伐克	Slovak			201	166
马其顿共和国	Macedonia,FYR	36906	20958	14071	10758
波黑	Bosnia & Herzegovina	19410	1724	693	5560
塞尔维亚	Serbia	19801	17889	36897	34508
黑山	Montenegro	3107	3696	50968	67914
拉丁美洲	**Latin America**	**1640035**	**1453965**	**1291514**	**1196689**
安提瓜和巴布达	Antigua & Barbuda	6320	1085	166	2630
阿根廷	Argentina	217332	112859	158003	159097
阿鲁巴岛	Aruba			214	

8-5 续表 3 Continued 3

单位：万美元
Unit: USD 10 000

国别(地区)	Country/Region	2015	2016	2017	2018
巴哈马	Bahamas	29469	33519	48724	15361
巴巴多斯	Barbados	7	456	4273	5193
伯利兹	Belize				103
玻利维亚	Bolivia	26524	54937	46715	68905
巴西	Brazil	202023	196329	185365	260900
智利	Chile	19620	17941	16595	21289
哥伦比亚	Colombia	39564	37893	20473	26645
多米尼克	Dominica	66	932	3483	4655
哥斯达黎加	Costa Rica	7070	7575	3560	14944
古巴	Cuba	9162	44691	25850	40401
库腊索岛	Curacao			382	250
多米尼加共和国	Republic of Dominica	4473	1673	3567	730
厄瓜多尔	Ecuador	328837	286223	212748	123717
格林纳达	Grenade	1443	123	128	1474
危地马拉	Guatemala	1644	1569	1398	3419
圭亚那	Guyana	9147	17595	13979	9672
海地	Haiti		242		
洪都拉斯	Honduras	3933	7068	12722	11547
牙买加	Jamaica	38860	29681	18884	24969
墨西哥	Mexico	90219	125078	74962	55387
尼加拉瓜	Nicaragua	3271	2443	409	90
巴拿马	Panama	11141	9343	29929	31781
巴拉圭	Paraguay	1596	671	423	92
秘鲁	Peru	62566	56907	59341	108553
萨尔瓦多	El Salvador		47	229	27
苏里南	Suriname	2624	17461	3331	9758
特立尼达和多巴哥	Trinidad & Tobago	22525	11244	11622	11486
乌拉圭	Uruguay	6395	4246	1428	1950
委内瑞拉	Venezuela	494205	369534	332612	181665
英属维尔京群岛	Virgin Is. (E)		4560		
圣其茨--尼维斯	St. Kitts-Nevis		41		
北美洲	**North America**	**281411**	**231590**	**237285**	**245715**
加拿大	Canada	10663	8708	13859	13262
美国	United States	270429	222280	223413	232447
格陵兰	Greenland	5		13	6
北美洲其他国家(地区)	Oth.N.Amer.nes	314	602		
大洋洲及太平洋岛屿	**Oceania and Pacific Is.**	**222313**	**407936**	**450601**	**506632**
澳大利亚	Australia	121217	292578	337472	400216
库克群岛	Cook Islands	1600	2150	1035	1052
斐济	Fiji	15380	14171	18441	22167
新喀里多尼亚	New Caledonia	90			1200
瓦努阿图	Vanuatu	4433	14005	13921	8880
新西兰	New Zealand	11749	20671	15816	19905
巴布亚新几内亚	Papua New Guinea	60010	54491	55698	49128
所罗门群岛	Solomon Is.		482	1863	1927
汤加	Tonga	2177	4492	3311	170
萨摩亚	Samoa	4165	3842	2167	1143
基里巴斯	Kiribati	377	898	444	108
图瓦卢	Tuvalu				236
密克罗尼西亚	Micronesia	902		425	501
帕劳共和国	Republic of Palau		17	9	
东萨摩亚	American Samoa	211	139		
大洋洲其他国家（地区）	Other Countries (Regions) in Oceanic	2			
其他	**Others**		**218500**		**466**

8-6 分国别(地区)年末在境外从事承包工程人员
Personnel Abroad for Engineering Projects Classified by Country or Region at the Year-end

单位：人
Unit: person

国别(地区)	Country/Region	2015	2016	2017	2018
合　计	**Total**	**408565**	**372880**	**376827**	**390719**
亚洲	**Asia**	**168038**	**173780**	**193438**	**214261**
阿富汗	Afghanistan	49	17	162	231
巴林	Bahrain	3	137	2	63
孟加拉国	Bangladesh	3335	4936	7861	12523
文莱	Brunei	202	400	3814	9573
缅甸	Myanmar	4548	3362	3651	2427
柬埔寨	Cambodia	5573	4732	3896	4719
朝鲜	Korea DPR	721	80		
中国香港	Hongkong,China	783	759	641	724
印度	India	1491	1289	1279	1483
印度尼西亚	Indonesia	12940	15433	16363	20928
伊朗	Iran	2030	1899	2149	3268
伊拉克	Iraq	10421	7822	9100	11514
以色列	Israel	105	86	511	1635
日本	Japan	521	519	510	484
约旦	Jordan	57	199	343	470
科威特	Kuwait	2728	3253	6903	11413
老挝	Laos	10247	9428	16879	21230
黎巴嫩	Lebanon				5
中国澳门	Macao,China	1581	1427	1345	1279
马来西亚	Malaysia	9351	12312	21214	17912
马尔代夫	Maldives	252	342	724	3920
蒙古	Mongolia	3875	3589	2852	1556
尼泊尔	Nepal	711	1028	1439	1409
阿曼	Oman	467	585	916	2294
巴基斯坦	Pakistan	9038	14582	20850	22819
巴勒斯坦	Balestine			2	30
菲律宾	Philippines	1474	1582	3564	3761
卡塔尔	Qatar	2807	2897	1855	1763
沙特阿拉伯	Saudi Arabia	27334	31633	22080	18516
新加坡	Singapore	5659	4075	3588	2711
韩国	Korea	87	92	86	89
斯里兰卡	Sri Lanka	3432	3775	3705	4267
泰国	Thailand	2787	2567	2542	3069
土耳其	Turkey	6709	7917	6330	2465
阿联酋	United Arab Emirates	5485	4682	4847	5535
也门共和国	Yemen Rep.	162	139	21	21
越南	Vietnam	8521	8966	7636	7486
中国台湾	Taiwan,China	16	23	25	58
东帝汶	Timor Leste	332	908	843	900
哈萨克斯坦	Kazakhstan	11129	7271	8065	3867
吉尔吉斯斯坦	Kirghizia	3505	2722	1650	2008

8-6 续表 1 Continued 1

单位：人

Unit: person

国别(地区)	Country/Region	2015	2016	2017	2018
塔吉克斯坦	Tadzhikistan	1633	1327	891	1035
土库曼斯坦	Turkmenistan	990	498	481	383
乌兹别克斯坦	Uzbekstan	2904	2010	1823	2418
亚洲其他国家	Oth.Asia.Nes	2043	2480		
非洲	**Africa**	**194848**	**165080**	**147093**	**137353**
阿尔及利亚	Algeria	59888	58630	44545	39106
安哥拉	Angola	31030	19398	16872	14897
贝宁	Benin	172	221	164	357
博茨瓦纳	Botswana	1218	567	458	462
布隆迪	Burundi	569	400	385	675
喀麦隆	Cameroon	4185	3671	2596	2718
佛得角	Cape Verde	404	307	352	393
中非	Central African	667	39	183	185
乍得	Chad	3197	2393	2106	1575
科摩罗	Comoros	235	303	121	129
刚果(布)	Congo	8021	4921	3547	3089
吉布提	Djibouti	965	1264	906	781
埃及	Egypt	2301	1545	1849	1171
赤道几内亚	Eq. Guinea	7942	4332	3615	3065
埃塞俄比亚	Ethiopia	9385	9044	8636	8310
加蓬	Gabon	2004	2421	1952	608
冈比亚	Gambia	38	68	303	297
加纳	Ghana	2228	2094	3314	1632
几内亚	Guinea	1037	2074	3211	3606
几内亚(比绍)	Guinea bissau	391	354	344	350
科特迪瓦	Cote d'Ivoire	715	583	1121	2009
肯尼亚	Kenya	7269	7937	8271	8503
利比里亚	Liberia	749	813	1054	805
利比亚	Libya	128	221	87	87
马达加斯加	Madagascar	163	108	163	161
马拉维	Malawi	285	236	237	266
马里	Mali	771	658	480	597
毛里塔尼亚	Mauritania	979	763	757	856
毛里求斯	Mauritius	903	496	474	688
摩洛哥	Morocco	1201	692	527	274
莫桑比克	Mozambique	3281	3486	3325	2329
纳米比亚	Namibia	1450	1037	807	1066
尼日尔	Niger	1629	1016	771	713
尼日利亚	Nigeria	6665	6037	6272	7180
卢旺达	Rwanda	474	466	687	748
圣多美和普林西比	Sao Tome & Principe	7	7		
塞内加尔	Senegal	1809	1392	1798	2425
塞舌尔	Seychelles	228	228	112	156

8-6 续表 2 Continued 2

单位：人
Unit: person

国别(地区)	Country/Region	2015	2016	2017	2018
塞拉利昂	Sierra Leone	778	766	605	653
索马里	Somalia		30	3	1
南非	S. Africa	2106	280	400	551
苏丹	Sudan	5993	4825	3760	3154
坦桑尼亚	Tanzania	5017	3698	2945	3199
多哥	Togo	173	399	329	376
突尼斯	Tunisia	310	203	211	243
乌干达	Uganda	3446	3247	3174	3913
布基纳法索	Burkina Faso			3	21
刚果(金)	Congo DR	4575	3935	5111	6230
赞比亚	Zambia	5430	5482	6728	5544
津巴布韦	Zimbabwe	818	879	669	589
莱索托	Lesotho	327	275	130	126
厄立特里亚	Eritrea	463	497	278	109
南苏丹共和国	Republic of South Sudan	792	342	345	375
非洲其他国家(地区)	Other Countries (Regions) in Africa	37			
欧洲	**Europe**	**13943**	**9244**	**9842**	**13605**
英国	United Kingdom	32	67	69	127
德国	Germany	55	115	384	73
法国	France	26	59	63	79
意大利	Italy	71	82	76	70
卢森堡	Luxembourg	10	20		
荷兰	Netherlands	1	58	38	8
希腊	Greece	22	22	22	24
葡萄牙	Portugal				1
西班牙	Spain	1022	29	19	39
阿尔巴尼亚	Albania		76	32	17
奥地利	Austria		36	101	114
保加利亚	Bulgaria	167	152	104	
芬兰	Finland			16	3
匈牙利	Hungary				1
冰岛	Iceland			1	1
马耳他	Malta	10	11	27	11
挪威	Norway	1			1
波兰	Poland	89	100	28	119
罗马尼亚	Romania	67	54	54	54
瑞典	Sweden	4	4	4	4
瑞士	Switzerland		14	11	47
拉脱维亚	Latvia				3
立陶宛	Lithuania			3	3
格鲁吉亚	Georgia	529	564	882	1210
亚美尼亚	Armenia		69	240	252
阿塞拜疆	Azerbaijan	220	114	80	80
白俄罗斯	Byelorussia	3510	2716	2109	1717
俄罗斯	Russia	6652	3624	3578	4123
乌克兰	Ukraine	29	34	264	695
斯洛文尼亚	Slovenia	10	35		
克罗地亚	Croatia	28			20
马其顿共和国	Macedonia, FYR	393	497	578	732
波黑	Bosnia & Hercegovina		60	39	41
塞尔维亚	Serbia	301	254	178	758
黑山	Montenegro	587	372	842	3178
欧洲其他国家(地区)	Other Countries(Regions) in Europe	107	6		

8-6 续表 3 Continued 3

单位：人
Unit: person

国别(地区)	Country/Region	2015	2016	2017	2018
拉丁美洲	**Latin America**	**26226**	**19115**	**18608**	**19528**
安提瓜和巴布达	Antigua Barbuda	151	24	27	80
阿根廷	Argentina	1753	1328	1434	1287
巴哈马	Bahama	376	253	133	118
巴巴多斯	Barbados		19	26	177
玻利维亚	Bolivia	881	820	1172	1469
巴西	Brazil	314	399	401	492
智利	Chile	54	112	79	23
哥伦比亚	Colombia	343	685	306	319
多米尼克	Dominica	76	140	26	318
哥斯达黎加	CostaRica	292	262	22	197
古巴	Cuba	256	247	175	413
库腊索岛	Curacao			5	4
多米尼加共和国	Dominica Rep.	50	12	13	13
厄瓜多尔	Ecuador	7369	3939	3341	2390
法属圭亚那	French Guyana			10	
格林纳达	Grenade	23	21	19	132
危地马拉	Guatemala	66	65	51	51
圭亚那	Guyana	270	237	84	42
海地	Haiti	3			
洪都拉斯	Honduras	77	164	178	61
牙买加	Jamaica	546	349	334	446
墨西哥	Mexico	274	269	261	300
尼加拉瓜	Nicaragua	9	73	68	
巴拿马	Panama	115	354	493	807
秘鲁	Peru	4724	4959	6819	8732
苏里南	Suriname	176	153	139	193
特立尼达和多巴哥	Trinidad & Tobago	1314	1102	883	118
乌拉圭	Uruguay	3	3	3	3
委内瑞拉	Venezuela	6711	3111	2091	1343
圣基茨和尼维斯	St. Kitts-Nevis		15	15	
北美洲	**North America**	**1579**	**1698**	**4828**	**2771**
加拿大	Canada	77	91	101	100
美国	United States	1502	1607	4727	2671
大洋洲及太平洋岛屿	**Oceania and Pacific Is.**	**3931**	**3963**	**3018**	**3201**
澳大利亚	Australia	448	157	159	144
库克群岛	Cook Islands	6	3	96	11
斐济	Fiji	551	637	720	852
新喀里多尼亚	NewCaledonia	1171	1131		
瓦努阿图	Vanuatu	214	511	507	507
新西兰	New Zealand	21	26	36	36
巴布亚新几内亚	Papua New Guinea	1045	683	829	1087
所罗门群岛	Solomon Is.	3	3	3	3
汤加	Tonga	223	431	323	323
萨摩亚	Samoa	69	309	276	152
基里巴斯	Kiribati	55	34	27	76
密克罗尼西亚	Micronesia			42	10
东萨摩亚	American Samoa	125	38		

8-7 分国别(地区)年末在境外从事劳务合作人员

Personnel Abroad for Labour Services Classified by Country or Region at the Year-end

单位：人
Unit: person

国别(地区)	Country/Region	2015	2016	2017	2018
合　计	**Total**	**618295**	**595976**	**602342**	**606102**
亚洲	**Asia**	**487077**	**469996**	**474146**	**483956**
巴林	Bahrain	9	2	2	
孟加拉国	Bangladesh	119	226	336	270
文莱	Brunei			214	3385
缅甸	Myanmar	787	1271	1031	550
柬埔寨	Cambodia	2311	2012	1981	1874
塞浦路斯	Cyprus	324	284	298	359
中国香港	Hong Kong, China	52371	47066	58001	53449
印度	India	149	139	165	249
印度尼西亚	Indonesia	835	1002	1371	1935
伊朗	Iran	227	227	284	246
伊拉克	Iraq	163	326	339	268
以色列	Israel	231	299	712	5233
日本	Japan	154353	145488	143384	141010
约旦	Jordan	1040	246	106	204
科威特	Kuwait	2285	2110	887	1465
老挝	Laos	1534	2060	2908	2659
中国澳门	Macao, China	120414	121209	127302	130919
马来西亚	Malaysia	5267	6885	6705	6399
马尔代夫	Maldives			123	1246
蒙古	Mongolia	657	593	822	2157
尼泊尔	Nepal	366	366	284	297
阿曼	Oman	20	20	36	30
巴基斯坦	Pakistan	477	506	428	856
巴勒斯坦	Palestine		1	9	
菲律宾	Philippines	183	207	208	290
卡塔尔	Qatar	1463	1514	1220	1168
沙特阿拉伯	Saudi Arabia	10643	10436	7427	8441
新加坡	Singapore	96726	96537	91900	94368
韩国	Korea	13207	11029	11002	10497
斯里兰卡	Sri Lanka	1678	586	603	695
泰国	Thailand	901	694	863	615
土耳其	Turkey	31	32	443	491
阿联酋	United Arab Emirates	6177	5393	3886	4006
也门共和国	Republic of Yemen	16	7		
越南	Vietnam	3246	3452	2108	2246
中国台湾	Taiwan, China	7238	6462	4807	4661
东帝汶	East Timor			13	7
哈萨克斯坦	Kazakhstan	1265	961	1614	967
吉尔吉斯斯坦	Kirghizia	228	205	218	155
塔吉克斯坦	Tadzhikistan	105	112	106	109
土库曼斯坦	Turkmenistan				46
乌兹别克斯坦	Uzbekistan	31	30		134
亚洲其他国家(地区)	Oth.Asia.Nes		1		

8-7 续表 1 Continued 1

单位：人
Unit: person

国别(地区)	Country/Region	2015	2016	2017	2018
非洲	**Africa**	**68848**	**67438**	**55596**	**63705**
阿尔及利亚	Algeria	31234	32966	16946	21114
安哥拉	Angola	13076	10030	8695	12325
贝宁	Benin	147	159	166	201
博茨瓦纳	Botswana	29	29	29	30
布隆迪	Burundi	265	268	264	251
喀麦隆	Cameroon	118	104	81	65
佛得角	Cape Verde	135	114	74	4
中非	Central African			36	
乍得	Chad	740	899	142	142
刚果(布)	Congo	921	1372	1352	1033
吉布提	Djibouti		206	355	374
埃及	Egypt	1	1	1	26
赤道几内亚	Eq. Guinea	1623	1376	1069	960
埃塞俄比亚	Ethiopia	588	839	1027	802
加蓬	Gabon	300	265	329	302
冈比亚	Gambia	28	48	23	439
加纳	Ghana	1309	948	1585	1450
几内亚	Guinea	463	467	554	581
几内亚(比绍)	Guinea bissau	1	1	1	1
科特迪瓦	Cote d' Ivoire	106	108	120	107
肯尼亚	Kenya	167	222	432	628
利比里亚	Liberia	3215	2350	4885	3603
利比亚	Libya	7	28	47	3
马达加斯加	Madagascar	383	394	438	452
马拉维	Malawi	26	49	44	33
马里	Mali	221	201		
毛里塔尼亚	Mauritania	457	721	829	843
毛里求斯	Mauritius	1124	687	605	605
摩洛哥	Morocco	180	172	170	155
莫桑比克	Mozambique	665	710	740	824
纳米比亚	Namibia	143	167	73	87
尼日尔	Niger	114	118	119	123
尼日利亚	Nigeria	1993	2882	3921	3908
卢旺达	Rwanda	736	897	992	1099
塞内加尔	Senegal	156	242	314	859
塞舌尔	Seychelles	214	73	27	25
塞拉利昂	Sierra Leone	548	610	772	614
南非	S. Africa			111	110
苏丹	Sudan	1917	1377	1474	1975
坦桑尼亚	Tanzania	779	736	746	749
多哥	Togo	129	255	397	301
突尼斯	Tunisia	2	2	78	17
乌干达	Uganda	1027	1181	1512	1580
刚果(金)	Congo DR	1253	1176	1182	1438

8-7 续表 2 Continued 2

单位：人
Unit: person

国别(地区)	Country/Region	2015	2016	2017	2018
赞比亚	Zambia	1142	1098	2052	2698
津巴布韦	Zimbabwe	146	62	80	99
莱索托	Lesotho	858	625	495	481
厄立特里亚	Eritrea	125	125	126	125
南苏丹共和国	Republic of South Sudan	37	78	86	64
欧洲	**Europe**	**20970**	**19962**	**20142**	**14394**
比利时	Belgium	2	2	32	31
丹麦	Denmark	56	62	76	142
英国	United Kingdom	989	785	1220	822
德国	Germany	4181	5090	4905	5633
法国	France	22	24	2	2
意大利	Italy	661	650	1256	816
卢森堡	Luxembourg			1	1
荷兰	Netherlands	286	284	316	389
希腊	Greece	179	145	290	703
葡萄牙	Portugal	2	1	13	11
西班牙	Spain		7	7	8
阿尔巴尼亚	Albania				246
芬兰	Finland	5	18	13	3
直布罗陀	Gibraltar	154	7	143	105
匈牙利	Hungary	4	4	4	
冰岛	Iceland		1	9	12
马耳他	Malta	355	580	1012	499
摩纳哥	Monaco	8	24	20	13
挪威	Norway	534	548	521	244
波兰	Poland	24	23	51	41
瑞典	Sweden	37	50	16	5
瑞士	Switzerland		49	123	389
拉脱维亚	Latvia				12
立陶宛	Lithuania	5	3	2	12
格鲁吉亚	Georgia	550	550	550	
白俄罗斯	Belorussia	20	25	12	11
俄罗斯	Russia	12781	10916	9433	4123
乌克兰	Ukraine			2	2
克罗地亚	Croatia	2	2	2	
马其顿共和国	Macedonia				11
波黑	Bosnia & Herzegovina				8
塞尔维亚	Serbia	12	12	11	
黑山	Montenegro	101	100	100	100
拉丁美洲	**Latin America**	**29867**	**26473**	**39066**	**30140**
安提瓜和巴布达	Antigua & Barbuda	43	20	10	12
阿根廷	Argentina	94	112	147	163

8-7 续表 3 Continued 3

单位：人
Unit: person

国别(地区)	Country/Region	2015	2016	2017	2018
巴哈马	Bahamas	2077	1608	5191	5118
巴巴多斯	Barbados	122	137	62	15
伯利兹	Belize	1219	1591	2004	1417
玻利维亚	Bolivia	27	27	60	114
巴西	Brazil	160	157	157	157
开曼群岛	Cayman Is.	45	27	58	64
智利	Chile	261	369	344	338
哥伦比亚	Colombia	18	18	2	2
多米尼克	Dominica		3	29	20
哥斯达黎加	Costa Rica	72	72	72	6
多米尼加共和国	Dominica Rep.	2	7	50	14
厄瓜多尔	Ecuador	679	702	632	858
法属圭亚那	French Guyana	77	69		
圭亚那	Guyana			37	26
洪都拉斯	Honduras	5	9	55	64
牙买加	Jamaica	366	320	478	445
墨西哥	Mexico	119	31	31	25
尼加拉瓜	Nicaragua	7	6	6	6
巴拿马	Panama	22194	19308	28239	19916
秘鲁	Peru	411	410	410	410
圣文森特和格林纳丁斯	Saint Vincent & Grenadines	1029	853	733	557
苏里南	Suriname			8	25
特立尼达和多巴哥	Trinidad & Tobago			46	94
委内瑞拉	Venezuela	761	502	125	136
英属维尔京群岛	Virgin Is.(E)	50	108	73	137
圣其茨–尼维斯	St. Kitts-Nevis	29	7	7	1
北美洲	**North America**	**2161**	**2743**	**3494**	**3633**
加拿大	Canada	945	965	890	902
美国	United States	1215	1763	2582	2716
百慕大群岛	Bermuda	1	15	22	15
大洋洲及太平洋岛屿	**Oceania and Pacific Is.**	**8008**	**8461**	**9898**	**9548**
澳大利亚	Australia	871	1040	1265	2644
库克群岛	Cook Is.	6	16	27	36
斐济	Fiji	1399	1395	477	92
新喀里多尼亚	New Caledonia	140	85		
瓦努阿图	Vanuatu	350	350	369	364
新西兰	New Zealand	62	73	188	716
巴布亚新几内亚	Papua New Guinea	38	386	503	971
汤加	Tonga	13	13	13	
萨摩亚	Samoa	1037	1037	1043	
基里巴斯	Kiribati	955	950	796	617
图瓦卢	Tuvalu	153	200	460	210
密克罗尼西亚	Micronesia	29	259	235	202
马绍尔群岛	Marshall Is.	2922	2551	4281	3592
帕劳共和国	Republic of Palau	28	73	241	104
纽埃	Niue	5	33		
其他	**Others**	**1364**	**903**		**726**

8-8 分地区签订对外承包工程合同数量及金额

Contracts Signed for Foreign Engineering Projects by Region

地 区	Region	2017		2018	
		合同（份）Nunber of Contracts (unit)	金额（万美元）Contract Value (USD 10 000)	合同（份）Nunber of Contracts (unit)	金额（万美元）Contract Value (USD 10 000)
总 计	**Total**	**22774**	**26527599**	**10985**	**24180445**
一、中央企业	**Enterprises Managed by the Central Government**	**1741**	**13212665**	**1652**	**11345717**
二、地方企业	**Provincial Enterprises**	**21033**	**13314935**	**9333**	**12834728**
北 京	Beijing	272	905968	230	730314
天 津	Tianjin	192	450524	242	444930
河 北	Hebei	128	584589	195	422353
山 西	Shanxi	18	104648	34	101763
内蒙古	Inner Mongolia			1	396
辽 宁	Liaoning	206	172178	131	205711
吉 林	Jilin	24	48425	12	49424
黑龙江	Heilongjiang	84	125164	54	50567
上 海	Shanghai	14063	1085190	3298	1189693
江 苏	Jiangsu	548	1082087	645	659004
浙 江	Zhejiang	1593	506843	1231	397784
安 徽	Anhui	119	525384	156	505342
福 建	Fujian	86	131113	39	64107
江 西	Jiangxi	284	411064	121	324140
山 东	Shandong	417	1295541	484	1439085
河 南	Henan	232	314829	231	363928
湖 北	Hubei	438	1486979	213	1488185
湖 南	Hunan	88	183174	59	158267
广 东	Guangdong	1151	2218294	1136	1914713
广 西	Guangxi	47	93726	43	105430
海 南	Hainan				
重 庆	Chongqing	102	116813	88	267213
四 川	Sichuan	320	791610	139	1026598
贵 州	Guizhou	35	32508	35	57077
云 南	Yunnan	99	136260	87	142527
西 藏	Tibet				
陕 西	Shaanxi	283	370652	229	346461
甘 肃	Gansu	69	19490	58	23119
青 海	Qinghai	2	320	3	59
宁 夏	Ningxia	2	1167	5	4076
新 疆	Xinjiang	121	96905	125	320626
新疆兵团	Xinjiang Bingtuan	10	23490	9	31836

8-9 分地区对外承包工程营业额

Turnover of Foreign Engineering Projects by Region

单位：万美元

Unit: USD 10 000

地　区	Region	2015	2016	2017	2018
总　计	**Total**	**15407423**	**15941749**	**16858661**	**16904403**
一、中央企业	**Enterprises Managed by the Central Government**	**5033658**	**5889992**	**5937330**	**6120040**
二、地方企业	**Provincial Enterprises**	**10373765**	**10051757**	**10921331**	**10784363**
北　京	Beijing	354900	249642	402944	399820
天　津	Tianjin	476260	629220	502007	529939
河　北	Hebei	359910	257649	294101	277253
山　西	Shanxi	73754	68641	71249	140296
内蒙古	Inner Mongolia	656	300	60	1000
辽　宁	Liaoning	243819	178127	146357	137230
吉　林	Jiling	36830	38257	38580	30444
黑龙江	Heilongjiang	253359	242900	240894	176213
上　海	Shanghai	745479	665611	993262	754096
江　苏	Jiangsu	876128	911122	952857	832664
浙　江	Zhejiang	618719	667262	713969	738517
安　徽	Anhui	269258	309408	348146	301379
福　建	Fujian	92656	95014	113202	108458
江　西	Jiangxi	351093	394256	426287	446745
山　东	Shandong	1017083	1093045	1175577	1219211
河　南	Henan	280004	257122	294883	323387
湖　北	Hubei	523369	511109	707516	643554
湖　南	Hunan	311539	256535	267451	280704
广　东	Guangdong	1987790	1816382	1809649	1756733
广　西	Guangxi	93986	84764	68824	72357
海　南	Hainan				
重　庆	Chongqing	62835	96352	98431	75946
四　川	Sichuan	559590	409403	393093	610791
贵　州	Guizhou	68056	68133	86209	100185
云　南	Yunnan	234162	257525	170278	172732
西　藏	Tibet				
陕　西	Shaanxi	220429	242935	390921	405752
甘　肃	Gansu	29210	26870	23451	35214
青　海	Qinghai	12510	30931	39214	40776
宁　夏	Ningxia	1902	2435	1261	3706
新　疆	Xingjiang	158182	123886	82607	99261
新疆兵团	Xinjiang Bingtuan	60297	66921	68051	70000

8-10 分地区年末在境外从事承包工程人数
Personnel Abroad for Foreign Engineering Projects Classified by Region at the Year-end

单位：人
Unit: person

地　区	Region	2015	2016	2017	2018
总　计	**Total**	**408565**	**372880**	**376827**	**390719**
一、中央企业	**Enterprises Managed by the Central Government**	**111972**	**102511**	**97670**	**102592**
二、地方企业	**Provincial Enterprises**	**296593**	**270369**	**279157**	**288127**
北　京	Beijing	19287	13176	11806	12383
天　津	Tianjin	12428	13307	12958	16524
河　北	Hebei	8414	6277	8715	9802
山　西	Shanxi	4998	7575	5202	8322
内蒙古	Inner Mongolia	206	163	52	118
辽　宁	Liaoning	6993	6605	6330	7865
吉　林	Jiling	3284	2708	3427	2841
黑龙江	Heilongjiang	10339	10767	11406	2803
上　海	Shanghai	10565	12546	16959	14585
江　苏	Jiangsu	37907	32403	31944	37784
浙　江	Zhejiang	26008	27323	20701	26814
安　徽	Anhui	14082	11220	12461	12992
福　建	Fujian	3714	3967	4518	3400
江　西	Jiangxi	9072	6859	8905	9486
山　东	Shandong	31452	30546	35470	30885
河　南	Henan	16032	18151	14759	14138
湖　北	Hubei	22629	15429	20735	20615
湖　南	Hunan	7505	6827	5425	6026
广　东	Guangdong	3633	4350	6293	10507
广　西	Guangxi	3656	3843	4064	3319
海　南	Hainan	10			
重　庆	Chongqing	1712	1597	1557	1531
四　川	Sichuan	10968	8888	9717	10283
贵　州	Guizhou	4857	2068	2470	3289
云　南	Yunnan	8629	9351	7709	6608
西　藏	Tibet				
陕　西	Shaanxi	8488	7890	9423	8879
甘　肃	Gansu	2068	1080	1665	2532
青　海	Qinghai	970	752	627	734
宁　夏	Ningxia	158	132	257	245
新　疆	Xingjiang	2941	1485	1645	1404
新疆兵团	Xinjiang Bingtuan	3588	3084	1957	1413

8-11 分地区年末在境外从事劳务合作人数

Personnel Abroad for Foreign Labour Services Classified by Region at the Year-end

单位：人

Unit: person

地　区	Region	2015	2016	2017	2018
总　计	**Total**	**618295**	**595976**	**602342**	**606102**
一、中央企业	**Enterprises Managed by the Central Government**	**34193**	**30247**	**38003**	**37039**
二、地方企业	**Provincial Enterprises**	**584102**	**565729**	**564339**	**569063**
北　京	Beijing	14896	7260	12782	18744
天　津	Tianjin	6865	5507	6940	6169
河　北	Hebei	2340	3159	3554	3930
山　西	Shanxi	12	12	12	60
内蒙古	Inner Mongolia	1716	1251	591	1960
辽　宁	Liaoning	40213	38335	41690	44677
吉　林	Jiling	28275	27533	25383	25512
黑龙江	Heilongjiang	8609	8769	8427	72
上　海	Shanghai	23002	21980	25524	23047
江　苏	Jiangsu	63911	55371	59506	69755
浙　江	Zhejiang	6226	6490	7172	7013
安　徽	Anhui	9609	7977	7588	6683
福　建	Fujian	55499	56392	71426	60645
江　西	Jiangxi	6188	5011	3082	3104
山　东	Shandong	84648	89109	94914	94339
河　南	Henan	85257	81404	46863	49198
湖　北	Hubei	10895	9345	10001	9746
湖　南	Hunan	29113	37262	36551	40403
广　东	Guangdong	81600	80468	79440	82329
广　西	Guangxi	1295	751	401	377
海　南	Hainan				
重　庆	Chongqing	3963	2473	2655	2193
四　川	Sichuan	7041	6797	6731	7404
贵　州	Guizhou	63	48	35	8
云　南	Yunnan	1831	3208	2956	2405
西　藏	Tibet				
陕　西	Shaanxi	5950	4930	5079	4512
甘　肃	Gansu	3702	4042	4403	4292
青　海	Qinghai	71	40	22	6
宁　夏	Ningxia	576	749	611	480
新　疆	Xingjiang				
新疆兵团	Xinjiang Bingtuan	736	56		

旅 游

TOURISM

第9篇

9-1 历年入境游客
Oversea Visitor Arrivals

单位:万人次

Unit: 10 000 person-times

年 份 Year	合 计 Total	#入境过夜游客 Oversea Visitor Arrivals	外国人 Foreigners	港澳台同胞* Compatriots*	#台湾同胞 from Taiwan Province
1978	180.92	71.60	22.96	156.15	
1979	420.39	152.90	36.24	382.06	
1980	570.25	350.00	52.91	513.90	
1981	776.71	376.70	67.52	705.31	
1982	792.43	392.40	76.45	711.70	
1983	947.70	379.10	87.25	856.41	
1984	1285.22	514.10	113.43	1167.04	
1985	1783.31	713.30	137.05	1637.78	
1986	2281.95	900.10	148.23	2126.90	
1987	2690.23	1076.00	172.78	2508.74	
1988	3169.48	1236.10	184.22	2977.33	43.77
1989	2450.14	936.10	146.10	2297.19	54.10
1990	2746.18	1048.40	174.73	2562.34	94.80
1991	3334.98	1246.40	271.01	3050.62	94.66
1992	3811.49	1651.20	400.64	3394.34	131.78
1993	4152.69	1898.20	465.59	3670.49	152.70
1994	4368.45	2107.00	518.21	3838.72	139.02
1995	4638.65	2003.40	588.67	4038.40	153.23
1996	5112.75	2276.50	674.43	4422.86	173.39
1997	5758.79	2377.00	742.80	5006.09	211.76
1998	6347.84	2507.29	710.77	5625.00	217.46
1999	7279.56	2704.66	843.23	6425.52	258.46
2000	8344.39	3122.88	1016.04	7320.80	310.86
2001	8901.29	3316.67	1122.64	7778.65	344.20
2002	9790.83	3680.26	1343.95	8446.88	366.06
2003	9166.21	3297.05	1140.29	8025.92	273.19
2004	10903.82	4176.14	1693.25	9210.57	368.53
2005	12029.23	4680.90	2025.51	10003.71	410.92
2006	12494.21	4991.34	2221.03	10273.19	441.35
2007	13187.33	5471.98	2610.97	10576.36	462.79
2008	13002.74	5304.92	2432.53	10570.21	438.56
2009	12647.59	5087.52	2193.75	10453.84	448.40
2010	13376.22	5566.45	2612.69	10763.53	514.06
2011	13542.35	5758.07	2711.20	10831.15	526.30
2012	13240.53	5772.49	2719.16	10521.37	534.02
2013	12907.78	5568.59	2629.03	10278.75	516.25
2014	12849.83	5562.20	2636.08	10213.75	536.59
2015	13382.04	5688.57	2598.54	10783.50	549.86
2016	13844.38	5926.73	2815.12	11029.26	573.00
2017	13948.24	6073.84	2916.53	11031.71	587.13
2018	14119.83	6289.57	3054.29	11065.53	613.61

注：港澳台同胞来自香港特别行政区、澳门特别行政区和台湾省(下同)。

Note: Compatriots are people from Hong Kong, Macao and Taiwan Province.(The same applies in the following tables)

9-2 历年入境游客增长速度
Growth Rates of Oversea Visitor Arrivals

单位：%
unit: %

年 份 Year	合 计 Total	#入境过夜游客 Oversea Visitor Arrivals	外国人 Foreigners	港澳台同胞 Compatriots	#台湾同胞 from Taiwan Province
1979	132.4	113.5	57.8	144.7	
1980	35.6	128.9	46.0	34.5	
1981	36.2	7.6	27.6	37.2	
1982	2.0	4.2	13.2	0.9	
1983	19.6	-3.4	14.1	20.3	
1984	35.6	35.6	30.0	36.3	
1985	38.8	38.7	20.8	40.3	
1986	28.0	26.2	8.2	29.9	
1987	17.9	19.5	16.6	18.0	
1988	17.8	14.9	6.6	18.7	
1989	-22.7	-24.3	-20.7	-22.8	23.6
1990	12.1	12.0	19.6	11.5	75.2
1991	21.4	18.9	55.1	19.1	-0.1
1992	14.3	32.5	47.8	11.3	39.2
1993	9.0	15.0	16.2	8.1	15.9
1994	5.2	11.0	11.3	4.6	-9.0
1995	6.2	-4.9	13.6	5.2	10.2
1996	10.2	13.6	14.6	9.5	13.2
1997	12.6	4.4	10.1	13.2	22.1
1998	10.2	5.5	-4.3	12.4	2.7
1999	14.7	7.9	18.6	14.2	18.9
2000	14.6	15.5	20.5	13.9	20.3
2001	6.7	6.2	10.5	6.3	10.7
2002	10.0	11.0	19.7	8.6	6.4
2003	-6.4	-10.4	-15.2	-5.0	-25.4
2004	19.0	26.7	48.5	14.8	34.9
2005	10.3	12.1	19.6	8.6	11.5
2006	3.9	6.6	9.7	2.7	7.4
2007	5.5	9.6	17.6	3.0	4.9
2008	-1.4	-3.1	-6.8	-0.1	-5.2
2009	-2.7	-4.1	-9.8	-1.1	2.2
2010	5.8	9.4	19.1	3.0	14.6
2011	1.2	3.4	3.8	0.6	2.4
2012	-2.2	0.3	0.3	-2.9	1.5
2013	-2.5	-3.5	-3.3	-2.3	-3.3
2014	-0.5	-0.1	0.3	-0.6	3.9
2015	4.1	2.3	-1.4	5.6	2.5
2016	3.5	4.2	8.3	2.3	4.2
2017	0.8	2.5	3.6		2.5
2018	1.2	3.6	4.7	0.3	4.5

9-3 历年入境过夜游客和国际旅游收入
International Tourism Receipts and Oversea Vistitor Arrivals

年份 Year	入境过夜游客 (万人次) Oversea Visitor Arrivals (10 000 person-time)	入境过夜游客 增速(%) Growth Rates (%)	入境过夜游客 居世界位次 Rank	国际旅游收入 合计(亿美元) Tourism Receipts (USD 100 Million)	国际旅游 收入增速(%) Growth Rates (%)	国际旅游收入 居世界位次 Rank
1978	71.60			2.63		
1979	152.90	113.5		4.49	70.7	
1980	350.00	128.9	18	6.17	37.4	34
1981	376.70	7.6	17	7.85	27.2	34
1982	392.40	4.2	16	8.43	7.4	29
1983	379.10	-3.4	16	9.41	11.6	26
1984	514.10	35.6	14	11.31	20.2	21
1985	713.30	38.7	13	12.50	10.5	21
1986	900.10	26.2	12	15.31	22.5	22
1987	1076.00	19.5	12	18.62	21.6	26
1988	1236.10	14.9	10	22.47	20.7	26
1989	936.10	-24.3	12	18.60	-17.2	27
1990	1048.40	12.0	11	22.18	19.2	25
1991	1246.40	18.9	12	28.45	28.3	21
1992	1651.20	32.5	9	39.47	38.7	17
1993	1898.20	15.0	7	46.83	18.6	15
1994	2107.00	11.0	6	73.23	56.4	10
1995	2003.40	-4.9	8	87.33	19.3	10
1996	2276.50	13.6	6	102.00	16.8	9
1997	2377.00	4.4	6	120.74	18.4	8
1998	2507.29	5.5	6	126.02	4.4	7
1999	2704.66	7.9	5	140.99	11.9	7
2000	3122.88	15.5	5	162.24	15.1	7
2001	3316.67	6.2	5	177.92	9.7	5
2002	3680.26	11.0	5	203.85	14.6	5
2003	3297.05	-10.4	5	174.06	-14.6	7
2004	4176.14	26.7	4	257.39	47.9	7
2005	4680.90	12.1	4	292.96	13.8	6
2006	4991.34	6.6	4	339.49	15.9	5
2007	5471.98	9.6	4	419.19	23.5	5
2008	5304.92	-3.1	4	408.43	-2.6	5
2009	5087.52	-4.1	4	396.75	-2.9	5
2010	5566.45	9.4	3	458.14	15.5	4
2011	5758.07	3.4	3	484.64	5.8	4
2012	5772.49	0.3	3	500.28	3.2	4
2013	5568.59	-3.5	4	516.64	3.3	4
2014	5562.20	-0.1	4	569.13	10.2	4
2015	5688.57	2.3	4	1136.50	7.8	2
2016	5926.73	4.2	4	1200.00	5.6	2
2017	6073.84	2.5	4	1234.17	2.8	2
2018	6289.57	3.6	4	1271.03	3.0	2

注：2015年以后“国际旅游收入”补充完善了停留时间为3-12个月的入境游客花费和游客在华短期旅居的花费，与以前年度不可比（下同）。

Note: Since 2015, Foreign Exchange Earnings from International Tourism has supplemented and improved the cost of inbound tourists and short-term tourists for the term of 3-12 months in China, so it is not comparable with the previous year(The same applies in the following tables).

9-4 入境外国游客分组构成
Foreign Visitor Arrivals by Sex, Age, Purpose and Mode of Transport

单位：万人次

Unit: 10 000 person-time

项　　目	Item	2017		2018	
		人次数 Person-times	比 重 Perecntage (%)	人次数 Person-times	比 重 Perecntage (%)
总　　计	**Total**	**4294.30**	**100.0**	**4795.11**	**100.0**
按性别分	**By Sex**				
男	Male	2607.98	60.7	2859.71	59.6
女	Female	1686.32	39.3	1935.39	40.4
按年龄分	**By Age**				
14岁及以下	14 and under 14	134.75	3.1	161.18	3.4
15～24岁	15～24	568.82	13.2	656.71	13.7
25～44岁	25～44	2143.34	49.9	2394.69	49.9
45～64岁	46～64	1256.03	29.2	1363.24	28.4
65岁以上	Over 65	191.36	4.5	219.28	4.6
按事由分	**By Purpose**				
会议/商务	Meeting/Business	569.68	13.3	614.70	12.8
观光/休闲	Sightseeing/Leisure	1593.04	37.1	1608.57	33.5
探亲/访友	Visiting Relatives and Friends	110.28	2.6	132.24	2.8
服务员工	Worker and Crew	633.91	14.8	744.86	15.5
其他	Others	1387.40	32.3	1694.74	35.3
按入境方式分	**By Mode of Transport**				
船舶	Sea	277.55	6.5	276.26	5.8
飞机	Air	1717.09	40.0	1827.17	38.1
火车	Rail	42.78	1.0	51.72	1.1
汽车	Motor	685.18	16.0	790.17	16.5
徒步	Foot	1571.70	36.6	1849.78	38.6

注：2016年开始统计边民来华旅游人数。

Note：The statistics of international arrivals from the border areas to China started from 2016.

9-5 按国别分入境外国游客
Foreign Visitor Arrivals by Nationality

单位：万人次
Unit: 10 000 person-times

地　区	Region	2015	2016	2017	2018
总计	**Total**	**2598.54**	**2815.12**	**2916.53**	**3054.29**
亚洲	**Asia**	**1659.47**	**1788.19**	**1818.47**	**1912.07**
#朝鲜	Korea, D.P.Rep.	18.83	21.04	22.98	16.52
印度	India	73.05	79.97	82.20	86.30
印度尼西亚	Indonesia	54.48	63.37	68.31	71.19
日本	Japan	249.77	258.99	268.30	269.14
马来西亚	Malaysia	107.55	116.54	123.32	129.15
蒙古	Mongolia	101.41	158.12	186.45	149.43
菲律宾	Philippines	100.40	113.51	116.85	120.50
新加坡	Singapore	90.53	92.46	94.12	97.84
韩国	Republic of Korea	444.44	477.53	386.38	419.35
泰国	Thailand	64.15	75.35	77.67	83.34
非洲	**Africa**	**58.02**	**58.88**	**62.91**	**67.41**
欧洲	**Europe**	**491.67**	**547.15**	**591.17**	**604.43**
#英国	United Kingdom	57.96	59.50	59.18	60.82
德国	Germany	62.34	62.49	63.55	64.37
法国	France	48.69	50.38	49.47	49.96
意大利	Italy	24.61	26.73	28.05	27.81
荷兰	Netherlands	18.18	19.96	19.43	19.64
葡萄牙	Portugal	5.34	5.50	5.64	5.63
瑞典	Sweden	11.84	11.53	11.19	11.01
瑞士	Switzerland	7.27	7.26	7.23	7.40
俄罗斯	Russia	158.23	197.66	235.68	241.55
拉丁美洲	**Latin America**	**34.98**	**39.04**	**42.65**	**45.37**
北美洲	**North America**	**276.56**	**299.09**	**311.90**	**333.48**
#加拿大	Canada	67.98	74.13	80.60	85.02
美国	United States	208.58	224.96	231.29	248.46
大洋洲及太平洋岛屿	**Oceanic and Pacific Islands**	**77.64**	**82.55**	**89.22**	**91.31**
#澳大利亚	Australia	63.73	67.51	73.43	75.22
新西兰	New Zealand	12.54	13.62	14.37	14.65
其他	**Others**	**0.21**	**0.22**	**0.22**	**0.22**

9-6 国际旅游收入构成
Breakdown of International Tourism Receipts

单位：亿美元

Unit: USD 100 million

指　标	Item	2015	2016	2017	2018
总　计	**Total**	**1136.50**	**1200.00**	**1234.17**	**1271.03**
一、商品收入	**Commodities**	**291.60**	**305.70**	**333.02**	**470.16**
1.商品销售	Shopping	209.00	209.50	229.95	327.61
2.餐饮	Food and Beverage	82.60	96.20	103.07	142.55
二、劳务收入	**Services**	**844.90**	**894.30**	**901.15**	**800.85**
1.长途交通	Long-Distance Transportation	448.50	446.50	449.46	366.31
民航	Air	294.80	290.60	304.87	333.53
铁路	Rail	43.20	53.20	49.52	13.52
汽车	Motor	32.50	31.60	29.43	13.72
轮船	Sea	78.00	71.00	65.65	5.54
2.游览	Sightseeing	44.80	67.10	65.04	53.71
3.住宿	Accommodation	132.90	116.30	122.08	181.09
4.娱乐	Entertainment	53.90	77.10	74.16	45.82
5.邮电通讯	Communication	23.90	28.90	27.57	11.62
6.市内交通	Local Transportation	22.40	40.40	39.20	27.76
7.其他服务	Others	118.60	118.00	123.64	114.54

9-7 各地区国际旅游收入
International Tourism Receipts by Locality

单位：亿美元

Unit: USD 100 million

地　区	Region	2015	2016	2017	2018
北　京	Beijing	46.05	50.70	51.30	55.16
天　津	Tianjin	32.98	35.57	37.51	11.10
河　北	Hebei	5.02	5.52	5.79	6.47
山　西	Shanxi	2.97	3.17	3.50	3.78
内蒙古	Inner Mongolia	9.62	11.39	12.46	12.72
辽　宁	Liaoning	16.37	18.24	17.78	17.40
吉　林	Jilin	7.24	7.91	7.66	6.86
黑龙江	Heilongjiang	3.95	4.58	4.80	5.37
上　海	Shanghai	58.60	64.19	66.99	72.61
江　苏	Jiangsu	35.27	38.04	41.95	46.48
浙　江	Zhejiang	67.88	31.28	35.86	25.96
安　徽	Anhui	22.63	25.42	28.81	31.88
福　建	Fujian	55.61	66.26	75.88	28.28
江　西	Jiangxi	5.67	5.85	6.30	7.45
山　东	Shandong	28.96	30.63	31.74	32.93
河　南	Henan	6.24	6.47	6.62	7.23
湖　北	Hubei	16.72	18.72	21.05	23.80
湖　南	Hunan	8.58	10.05	12.95	15.20
广　东	Guangdong	178.85	185.77	199.60	205.12
广　西	Guangxi	19.17	21.64	23.96	27.78
海　南	Hainan	2.49	3.50	6.81	7.71
重　庆	Chongqing	14.69	16.87	19.48	21.90
四　川	Sichuan	11.81	15.82	14.47	15.12
贵　州	Guizhou	2.31	2.53	2.83	3.18
云　南	Yunnan	28.76	30.75	35.50	44.18
西　藏	Tibet	1.77	1.94	1.96	2.47
陕　西	Shaanxi	20.00	23.39	27.04	31.27
甘　肃	Gansu	0.14	0.19	0.21	0.28
青　海	Qinghai	0.39	0.44	0.38	0.36
宁　夏	Ningxia	0.21	0.41	0.38	0.56
新　疆	Xinjiang	5.56	5.19	8.11	9.46

注：天津、黑龙江、安徽、广东、重庆、贵州、云南、陕西、新疆含少量一日游游客花费。

Note: Data of 2018 of Tianjin, Heilongjiang, Anhui, Guangdong, Chongqing, Guizhou, Yunnan, Shaanxi, Xinjiang include a small amount of one-day tourists' expenses.

9-8 各地区接待入境过夜游客情况
Oversea Visitor Arrivals by Region

地 区	Region	人数（万人次）Visitor Arrivals (10 000 person-time)		#外国人 Foreigners		人天数（万人天）Tourist Arrivals Night (10 000 person-night)		#外国人 Foreigners	
		2018	2017	2018	2017	2018	2017	2018	2017
北 京	Beijing	400.41	392.56	339.77	332.00	1721.75	1688.00	1461.00	1427.61
天 津	Tianjin	58.96	79.21	55.93	68.53	378.61	1524.93	373.16	1253.08
河 北	Hebei	98.86	91.01	74.50	70.40	366.65	330.00	288.50	275.54
山 西	Shanxi	71.35	67.00	46.60	43.47	187.15	174.76	125.78	116.39
内蒙古	Inner Mongolia	188.08	184.83	178.82	175.70	592.40	575.85	550.88	535.25
辽 宁	Liaoning	287.70	278.85	229.84	217.05	779.06	802.22	640.05	621.68
吉 林	Jilin	143.75	148.43	123.84	128.34	409.79	350.68	361.23	301.63
黑龙江	Heilongjiang	109.16	103.88	104.13	98.46	261.97	234.14	252.37	223.65
上 海	Shanghai	742.04	719.33	601.99	589.48	2741.47	2388.02	2227.36	1945.30
江 苏	Jiangsu	400.85	370.10	264.69	241.75	1523.91	1388.87	926.00	839.20
浙 江	Zhejiang	456.76	589.06	323.41	430.13	1134.77	1552.25	850.91	1181.91
安 徽	Anhui	370.75	351.09	218.79	205.28	939.24	977.45	548.30	573.40
福 建	Fujian	513.55	691.74	218.29	292.87	1324.59	3529.83	639.44	1669.91
江 西	Jiangxi	191.78	174.69	57.25	57.05	396.63	360.04	120.33	119.34
山 东	Shandong	422.00	440.52	306.20	316.14	1383.03	1344.54	1017.57	983.14
河 南	Henan	167.25	155.89	105.02	99.69	390.01	307.68	250.89	204.35
湖 北	Hubei	405.11	368.14	307.03	277.95	1020.90	926.78	793.19	719.86
湖 南	Hunan	365.08	322.28	178.74	155.48	781.01	625.78	402.90	313.19
广 东	Guangdong	3748.06	3654.52	862.37	864.83	9496.44	9206.86	2602.70	2507.35
广 西	Guangxi	562.33	512.44	270.19	255.38	1245.89	1111.29	610.40	560.87
海 南	Hainan	126.36	111.95	89.68	78.70	338.94	324.26	273.48	266.88
重 庆	Chongqing	279.98	224.85	159.00	136.21	1357.89	1045.55	771.15	633.38
四 川	Sichuan	369.82	336.17	276.47	241.29	675.77	626.74	509.37	458.79
贵 州	Guizhou	39.69	32.40	17.53	13.49	87.65	69.02	40.33	29.13
云 南	Yunnan	706.08	667.69	549.94	507.52	1451.27	1348.22	1137.34	1026.47
西 藏	Tibet	47.62	34.35	24.16	26.88	135.79	97.74	78.06	72.86
陕 西	Shaanxi	437.14	383.74	307.30	262.06	1396.31	1316.21	1068.96	999.74
甘 肃	Gansu	10.01	7.88	5.69	4.22	15.80	12.18	9.11	6.69
青 海	Qinghai	6.92	7.02	5.36	5.70	21.44	22.83	17.37	19.36
宁 夏	Ningxia	8.82	6.53	3.43	3.32	32.71	24.23	9.61	10.29
新 疆	Xinjiang	99.30	77.41	85.63	67.15	421.20	361.27	361.47	313.14

9-9 各地区入境过夜游客人均天花费额

Average Daily Per Capita Expenditure of Oversea visitor Arrivals by Region

单位：美元/人天

Unit: USD/night per capita

地 区	Region	人均天花费 Average Expenditure		外国人 Foreigners		香港同胞 form Hongkong SAR	
		2018	2017	2018	2017	2018	2017
北 京	Beijing	286.38	274.76	300.10	276.95	234.98	234.83
天 津	Tianjin	250.34	230.08	262.31	239.21	208.16	195.38
河 北	Hebei	180.51	178.47	183.90	176.14	185.70	199.03
山 西	Shanxi	197.11	195.60	203.97	198.55	215.19	193.57
内蒙古	Inner Mongolia	200.07	211.29	210.86	213.06	195.63	195.68
辽 宁	Liaoning	197.42	214.97	195.87	214.15	228.32	215.61
吉 林	Jilin	189.75	186.67	191.70	186.46	181.07	200.17
黑龙江	Heilongjiang	206.07	203.35	206.02	205.18	228.20	213.12
上 海	Shanghai	266.63	280.77	267.00	281.58	265.34	283.99
江 苏	Jiangsu	269.62	258.70	275.38	265.13	262.25	249.95
浙 江	Zhejiang	233.52	225.29	226.96	223.75	217.19	241.15
安 徽	Anhui	212.78	203.91	214.37	205.95	190.15	175.61
福 建	Fujian	223.05	213.06	242.28	235.61	181.92	190.11
江 西	Jiangxi	192.93	180.92	196.28	192.83	184.13	170.08
山 东	Shandong	235.47	229.37	242.23	235.94	228.78	220.02
河 南	Henan	185.04	176.59	186.03	175.52	193.75	174.13
湖 北	Hubei	218.10	209.34	221.46	226.67	189.28	163.96
湖 南	Hunan	197.17	210.49	198.54	217.90	184.02	191.50
广 东	Guangdong	190.50	187.93	205.15	202.65	170.06	173.58
广 西	Guangxi	215.26	202.86	219.16	207.80	199.13	189.57
海 南	Hainan	209.27	202.28	207.43	201.12	238.19	200.11
重 庆	Chongqing	215.81	209.28	224.88	218.72	214.39	188.93
四 川	Sichuan	193.82	202.08	200.44	205.88	178.12	199.48
贵 州	Guizhou	213.90	203.11	221.03	210.63	195.48	184.05
云 南	Yunnan	245.51	225.10	273.68	231.14	198.60	188.66
西 藏	Tibet	227.38	210.15	231.02	213.25	193.49	167.43
陕 西	Shaanxi	224.85	206.78	223.68	206.92	221.35	198.34
甘 肃	Gansu	181.03	173.39	190.69	184.71	166.81	159.86
青 海	Qinghai	172.20	168.50	180.42	167.98	163.44	171.00
宁 夏	Ningxia	200.15	186.69	204.36	190.17	135.06	135.89
新 疆	Xinjiang	197.49	187.74	197.49	188.74	——	173.67

9-9 续表 Continued

单位：美元/人天
Unit: USD/night per capita

地 区	Region	澳门同胞 from Macao SAR		台湾同胞 from Taiwan Province	
		2018	2017	2018	2017
北 京	Beijing	298.36	298.31	255.87	255.79
天 津	Tianjin	207.34	194.34	210.06	202.57
河 北	Hebei	164.48	196.38	165.52	166.33
山 西	Shanxi	210.65	186.72	180.36	176.24
内蒙古	Inner Mongolia	191.62	217.08	205.46	207.32
辽 宁	Liaoning	190.16	214.34	201.78	211.09
吉 林	Jilin	159.25	169.22	166.63	173.49
黑龙江	Heilongjiang	224.40	187.75	202.70	190.28
上 海	Shanghai	243.30	268.65	250.14	270.77
江 苏	Jiangsu	252.62	251.94	253.43	237.06
浙 江	Zhejiang	253.14	237.31	221.36	204.01
安 徽	Anhui	195.32	184.00	198.21	187.63
福 建	Fujian	199.56	196.83	184.79	190.67
江 西	Jiangxi	179.07	166.24	189.44	159.40
山 东	Shandong	205.76	194.80	199.64	210.99
河 南	Henan	184.04	160.84	193.13	190.90
湖 北	Hubei	200.77	200.47	212.96	208.95
湖 南	Hunan	196.22	190.35	204.57	200.65
广 东	Guangdong	163.93	162.32	191.14	190.98
广 西	Guangxi	207.23	190.83	213.23	196.08
海 南	Hainan	191.71	213.47	315.06	211.18
重 庆	Chongqing	223.36	184.41	223.99	216.29
四 川	Sichuan	189.99	205.49	187.66	185.80
贵 州	Guizhou	179.04	171.90	179.85	172.39
云 南	Yunnan	233.05	201.34	239.27	204.73
西 藏	Tibet	187.26	163.62	211.63	194.33
陕 西	Shaanxi	233.28	215.37	223.45	195.65
甘 肃	Gansu	179.88	164.20	158.70	151.14
青 海	Qinghai	145.31	137.37	167.55	180.64
宁 夏	Ningxia	170.94	153.00	158.27	148.00
新 疆	Xinjiang	——	178.54	——	165.97

9-10 历年国内旅游情况

Major Statistics of Domestic Tourism

年 份	国内游客(亿人次) Domestic Tourists (100 million person-time)	城镇居民 Urban Residents	农村居民 Rural Residents	旅游总花费(亿元) Tourism Expenditure (100 million yuan)	城镇居民 Urban Residents	农村居民 Rural Residents	人均花费(元) Per Capita Expenditure (yuan)	城镇居民 Urban Residents	农村居民 Rural Residents
1994	5.24	2.05	3.19	1023.51	848.21	175.30	195.33	414.67	54.88
1995	6.29	2.46	3.83	1375.70	1140.10	235.60	218.71	464.02	61.47
1996	6.40	2.56	3.83	1638.38	1368.36	270.02	256.20	534.10	70.45
1997	6.44	2.59	3.85	2112.70	1515.10	560.87	328.06	599.80	145.68
1998	6.95	2.50	4.45	2391.18	1515.10	876.05	345.00	607.00	197.00
1999	7.19	2.84	4.35	2831.92	1748.23	1083.69	394.00	614.80	249.50
2000	7.44	3.29	4.15	3175.54	2235.30	940.28	426.60	678.60	226.60
2001	7.84	3.75	4.09	3522.40	2651.70	870.70	449.50	708.30	212.70
2002	8.78	3.85	4.93	3878.36	2848.09	1030.27	441.80	739.70	209.10
2003	8.70	3.51	5.19	3442.27	2404.08	1038.19	395.70	684.90	200.00
2004	11.02	4.59	6.43	4710.70	3359.00	1351.70	427.50	731.80	210.20
2005	12.12	4.96	7.16	5285.90	3656.10	1629.70	436.10	737.10	227.60
2006	13.94	5.76	8.18	6229.74	4414.74	1815.00	446.90	766.40	221.90
2007	16.10	6.12	9.98	7770.60	5550.40	2220.20	482.60	906.90	222.50
2008	17.12	7.03	10.09	8749.30	5971.75	2777.55	511.03	849.36	275.28
2009	19.02	9.03	9.99	10183.69	7233.79	2949.90	535.40	801.10	295.30
2010	21.03	10.65	10.38	12579.77	9403.81	3175.96	598.20	883.00	306.00
2011	26.41	16.87	9.54	19305.39	14808.61	4496.78	731.00	877.80	471.40
2012	29.57	19.33	10.24	22706.22	17678.03	5028.19	767.90	914.50	491.00
2013	32.62	21.86	10.76	26276.12	20692.59	5583.53	805.50	946.60	518.90
2014	36.11	24.83	11.28	30311.86	24219.76	6092.11	839.70	975.40	540.20
2015	39.90	28.02	11.88	34195.05	27610.90	6584.15	857.00	985.50	554.20
2016	44.35	31.95	12.40	39389.82	32241.95	7147.87	888.20	1009.10	576.40
2017	50.01	36.77	13.24	45660.77	37673.03	7987.74	913.00	1024.60	603.30
2018	55.39	41.19	14.20	51278.29	42589.99	8688.30	925.77	1033.99	611.85

附　录

APPENDIX

附录Ⅰ　简要说明和主要统计指标解释

一、国内贸易部分

（一）主要内容

这一部分主要反映中国国内消费品市场、批发和零售业、住宿和餐饮业的发展变化情况。主要内容包括限额以上批发和零售业的基本情况、商品流转情况和财务状况，限额以上住宿和餐饮业的基本情况、经营情况和财务状况，社会消费品零售总额，商品交易市场成交情况，连锁零售业、餐饮业经营情况等。

（二）统计范围

1．批发和零售业、住宿和餐饮业：限额以上批发和零售业、住宿和餐饮业法人企业和个体户。统计限额标准为：批发业，年主营业务收入2000万元及以上；零售业，年主营业务收入500万元及以上；住宿和餐饮业，年主营业务收入200万元及以上。

2．社会消费品零售总额：从事商品零售活动或提供餐饮服务的法人企业、产业活动单位和个体户。

3．商品交易市场：年商品成交额在亿元及以上的商品交易市场。

4．连锁经营情况：零售业连锁总店（总部）、餐饮业连锁总店（总部）。

（三）资料来源

国家统计局贸易外经司根据《批发和零售业统计报表制度》、《住宿和餐饮业统计报表制度》进行搜集和加工整理而得。

（四）统计调查方法

限额以上批发和零售业、住宿和餐饮业单位（包括法人企业、产业活动单位和个体户，下同）、商品交易市场以及连锁总店（总部）采用全面调查方法，限额以下批发和零售业、住宿和餐饮业单位采用抽样调查方法。

（五）主要指标解释

1. 批发和零售业

批发业　指向其他批发或零售单位（含个体经营者）及其他企事业单位、机关团体等批量销售生活用品、生产资料的活动，以及从事进出口贸易和贸易经纪与代理的活动，包括拥有货物所有权，并以本单位(公司)的名义进行交易活动,也包括不拥有货物的所有权，收取佣金的商品代理、商品代售活动；本类还包括各类商品批发市场中固定摊位的批发活动，以及以销售为目的的收购活动。

零售业　指百货商店、超级市场、专门零售商店、品牌专卖店、售货摊等主要面向最终消费者（如居民等）的销售活动，以互联网、邮政、电话、售货机等方式的销售活动，还包括在同一地点，后面加工生产，前面销售的店铺（如面包房）；谷物、种子、饲料、牲畜、矿产品、生产用原料、化工原料、农用化工产品、机械设备（乘用车、计算机及通信设备除外）等生产资料的销售不作为零售活动；多数零售商对其销售的货物拥有所有权，但有些则是充当委托人的代理人，进行委托销售或以收取佣金的方式进行销售；零售业按销售渠道分为有店铺零售和无店铺零售，其中有店铺零售分为综合零售和专门零售。

商品购进额　指从本企业以外的单位和个人购进（包括从国外直接进口）作为转卖或加工后转卖的商品金额（含增值税）。本指标反映批发和零售业从国内外市场上购进商品的总价。

商品购进包括：（1）从工农业生产者、批发和零售业、住宿和餐饮业、出版社或报社的出版发行部门和其他服务业等企事业单位和个体经营户购进的商品；（2）从机关、社会团体购进的商品；（3）从海关、市场管理部门购进的缉私和没收的商品；（4）从居民收购的废旧商品等。

不包括：（1）企业为本单位自身经营用，不是作为转卖而购进的商品，如材料物资、包装物、低值易耗品、办公用品等；（2）未通过买卖行为而收入的商品，如接受其他部门移交的商品、借入的商品、收入代其他单位保管的商品、其他单位赠送的样品、加工回收的成品等；（3）经本单位介绍，由买卖双方直接结算，本单位只收取手续费的业务；（4）销售退回和买方拒付货款的商品；（5）商品溢余；（6）期货交易商品。

商品销售额 指对本单位以外的单位和个人出售的商品金额（包括售给本单位消费用的商品，含增值税），在批发和零售业中，本指标反映在国内市场上销售商品以及出口商品的总价。

商品销售包括：（1）售给个人和社会集团消费用的商品；（2）售给农业、工业、建筑业、服务业等国民经济各行业用于生产、经营用的商品，包括售予批发和零售业作为转卖或加工后转卖的商品；（3）对国（境）外直接出口的商品。

商品销售不包括：（1）未通过买卖行为付出的商品，如因机构变动移交给其他企业单位的商品、借出的商品、归还受其他单位委托代保管的商品、付出的加工原料和赠送给其他单位的样品等；（2）促销返券所销售的、不计入营业收入的商品；（3）经本单位介绍，由买卖双方直接结算，本单位只收取手续费的业务；（4）未发生所有权转移的商品预付卡销售，如加油卡；（5）汽车维修、电话卡销售等服务性经济活动；（6）购货退回的商品；（7）商品损耗和损失；（8）出售本单位自用的废旧物资；（9）期货交易商品；（10）自来水供应企业、电力企业、天然气供应企业提供的水、电、气。

期末商品库存额 对于批发和零售业法人单位和个体经营户，是指报告期末取得所有权的全部商品金额（含增值税）；对于批发和零售业产业活动单位，是指报告期末实际在库且归属法人具有所有权的全部商品金额（含增值税）。这个指标反映批发和零售业的商品库存情况，以及对市场商品供应的保证程度。

库存商品包括：（1）存放在本单位（如门市部、批发站、采购站、经营处）的仓库、货场、货柜和货架中的商品；（2）挑选、整理、包装中的商品；（3）已记入购进而尚未运到本单位的商品，即发货单或银行承兑凭证已到而货未到的商品；（4）寄放他处的商品，如因购货方拒绝付款而暂时存在购货方的商品；（5）委托其他单位代销（未作销售或调出）尚未售出的商品；（6）代其他单位购进尚未交付的商品。

库存商品不包括：（1）所有权不属于本单位的商品，如商品已作销售但买方尚未取走的商品，代替他人保管、运输、加工的商品，代其他单位销售（未做购进或调入）而未售出的商品；（2）委托外单位加工的商品（包括本单位所属加工厂和其他生产单位加工生产尚未收回成品的商品）；（3）外贸企业代理其他单位从国外进口，尚未付给订货单位的商品；（4）代国家储备部门保管的商品。

2. 住宿和餐饮业

住宿业 指为旅行者提供短期留宿场所的活动，有些单位只提供住宿，也有些单位提供住宿、饮食、商务、娱乐一体的服务，本类不包括主要按月或按年长期出租房屋住所的活动。

餐饮业 指通过即时制作加工、商业销售和服务性劳动等，向消费者提供食品和消费场所及设施的服务。

营业额 指住宿和餐饮业单位在经营活动中因提供服务或销售商品等取得的全部收入（含增值税），收入主要来源于提供客房、餐费服务、商品销售和其他服务，如商务服务。不包括多产业法人企业附营的其他行业产业活动单位的餐费收入、商品销售收入等各项收入。

客房收入 指住宿和餐饮业单位在经营活动中因提供住宿服务取得的收入（含增值税）。不包括多产业法人企业附营的其他行业产业活动单位的客房收入。

餐费收入 指本单位为顾客提供就餐服务取得的收入（含增值税）。包括：经烹饪、调制加工后出售的各种食品，如主食、炒菜、凉拌菜等的收入。不包括多产业法人企业附营的其他行业产业活动单位的餐费收入。

3．商品交易市场

商品交易市场 指经有关部门和组织批准设立，有固定场所、设施，有经营管理部门和监管人员，若干市场经营者入内，常年或实际开业三个月以上，集中、公开、独立地进行生活消费品、生产资料等现货商品交易以及提供相关服务的交易场所，包括各类消费品市场、生产资料市场等。

商品交易市场成交额 指市场内所有摊位、写字间或门面的全年商品交易额之合计。

4．连锁经营

连锁总店（总部） 负责连锁企业资源（商号、商誉、经营模式、服务标准、管理模式等）的开发、配置、控制或使用等功能的企业核心管理机构。连锁经营是指经营同类商品或服务，使用统一商号的若干店铺，在同一总店（总部）的管理下，采取统一采购或特许经营等方式，实现规模效益的组织形式，包括直营连锁、特许连锁和自愿连锁三种形式。

直营连锁 指连锁店铺由连锁公司全资或控股开设，在总部的直接控制下，开展统一经营的连锁经营形式。

特许连锁 指拥有注册商标、企业标志、专利、专有技术等经营资源的企业（特许人），以合同形式将其拥有的经营资源许可其他经营者（被特许人）使用，被特许人按合同约定在统一的经营模式下开展经营，并向特许人支付特许经营费用的连锁经营形式。

自愿连锁 指若干个店铺或企业自愿组合起来，在不改变各自资产所有权关系的情况下，以同一个品牌形象面对消费者，以共同进货为纽带开展的连锁经营形式。

5．社会消费品零售总额

社会消费品零售总额 指企业（单位、个体户）通过交易直接售给个人、社会集团非生产、非经营用的实物商品金额，以及提供餐饮服务所取得的收入金额。个人包括城乡居民和入境人员，社会集团包括机关、社会团体、部队、学校、企事业单位、居委会或村委会等。

网上零售额 指通过公共网络交易平台（包括自建网站和第三方平台）实现的商品和服务零售额之和。商品和服务包括实物商品（如虚拟商品、服务类商品等）。

二、对外经济贸易和旅游部分

（一）货物贸易

1．主要内容：包括进出口货物的品种、数(重)量、金额、国别（地区）、收发货人所在地、境内目的地、境内货源地、贸易方式等项目。

2．统计范围：货物贸易统计范围是按照联合国国际商品（货物）贸易统计原则制定的，即凡是引起中华人民共和国关境内物质资源存量增加或减少的进出口货物（除制度另有规定者外）均列入该项统计。

3．资料来源：货物贸易统计资料来源于海关总署，调查方法是全面调查，统计原始资料是海关确认的《中华人民共和国海关进口货物报关单》、《中华人民共和国海关出口货物报关单》以及其他申报单证。

4．商品分类：进出口商品目录是在海关合作理事会（世界海关组织 WCO）制定的《商品名称和编码协调制度》（HS）的基础上，结合我国进出口实际情况制定的。历年出口商品分类金额和历年进口商品分类金额按照联合国《国际贸易标准分类》（SITC）进行统计。

5．货物进出口国家（地区）：进口货物统计原产国（地区），出口货物统计最终目的地国（地区）。

原产国（地区）是指进口货物生产、开采或加工制造的国家（地区），对经过两个以上国家（地区）加工制造的进口货物，则以最后一个对货物进行经济上可以视为实质性加工的国家（地区）作为该货物的原产国，原产国确实不详时，按“国别不详”统计；最终目的地国（地区）是指出口货物已知的消费、使用或进一步加工制造国家（地区），包括直接使用或进行加工的国家（地区），最终目的地国（地区）不能确定时，按货物出口时尽可能预知的最后运往国（地区）统计。

6．主要指标解释

货物进出口总额 指实际进出我国关境的货物总金额。包括对外贸易实际进出口货物，来料加工装配进出口货物，国家间、联合国及国际组织无偿援助物资和赠送品，华侨、港澳台同胞和外籍华人捐赠品，租赁期满归承租人所有的租赁货物，进料加工进出口货物，边境地方贸易及边境地区小额贸易进出口货物，中外合资企业、中外合作经营企业、外商独资经营企业进出口货物和公用物品，到、离岸价格在规定限额以上的进出口货样和广告品（无商业价值、无使用价值和免费提供出口的除外），从保税仓库提取在中国境内销售的进口货物，以及其他进出口货物。该指标用以观察一个国家在对外贸易方面的总规模。我国规定出口货物按离岸价格统计，进口货物按到岸价格统计。

商品收发货人所在地进、出口额 指在所在地海关注册登记的有进出口经营权的企业实际进、出口额。

（二）服务进出口

1．**资料来源**：服务进出口按国际收支口径统计，资料来源于商务部。

2．主要指标解释

服务进出口 指常住单位与非常住单位之间相互提供的服务。包括运输，旅行，建筑，保险服务，金融服务，电信计算机和信息服务，知识产权使用费，个人、文化和娱乐服务，维护和维修服务，加工服务，其他商业服务，政府服务。

（三）利用外资

1．**主要内容**：包括外商直接投资和外商投资企业登记注册情况。

2．**统计范围**：凡经工商行政管理机关核准登记，在中华人民共和国境内所有利用外资的单位和部门，经批准设立的中外合资经营企业、合作经营企业、外资企业、外商投资股份制企业、合作开发项目等具有法人资格的独立核算企业（包括港澳台地区投资企业），在境内从事经营活动的外国及港澳台地区企业及外国公司在中国境内设立的分支机构。

3．**资料来源**：利用外资统计资料来源于商务部，其中，外商投资企业的登记注册情况资料来源于国家市场监督管理总局，调查方法是全面调查。说明的是：利用外资统计1985年及以前为政府统计部门的调查汇总数，1986年及以后全部来源于对外贸易经济合作部（现为商务部）。2000年以后利用外资统计中不含对外借款数。利用外资数据不含银行、证券、保险领域。

4．主要指标解释

外商投资 指我国政府、部门、企业和其它经济组织通过吸收外商直接投资以及其它方式筹措的境外现汇、技术、设备等。

批准企业（项目）个数 指外商直接投资管理部门批准设立的外商投资企业个数、批准的合作开发项目个数。

利用外资的国家（地区） 指外资来源或投资者的法人注册地所在的国家和地区。除政府贷款按贷款国家名称统计外，其它方式吸收的外资按外国公司、企业或其它经济组织以其法人的注册所在地国家（地区）统计。

实际使用外资金额 指批准的合同外资金额的实际执行数，外国投资者根据批准外商投资企业的合同（章程）的规定实际缴付的出资额和企业投资总额内外国投资者以自己的境外自有资金实际直接向企业提供的贷款。

（四）对外投资和经济合作

1．**主要内容**：包括对外直接投资、对外承包工程的合同数、合同金额、完成营业额，按国别、地区分的对外经济合作完成营业额和对外劳务合作派出劳务人数、期末在外人数等。

2．统计范围：境内投资者通过直接投资方式在境外拥有或控制10%或以上股权、投票权或其他等价利益的各类公司型和非公司型的境外直接投资企业。经各级商务主管部门批准的从事对外承包和劳务合作业务并具有法人地位的对外承包劳务企业。

3．资料来源：对外投资和经济合作统计资料来源于商务部，调查方法是全面调查。需要说明的是，自2009年起，对外承包工程涵盖了对外设计咨询业务，对外设计咨询不再单独列出。

4．主要指标解释

对外直接投资　指我国企业、团体等（简称境内投资主体）在国外及港澳台地区的现金、实物、无形资产等方式投资，并以控制国（境）外企业的经营管理权为核心的经济活动。

对外承包工程　根据《对外承包工程管理条例》，对外承包工程是指中国的企业或者其他单位承包境外建设工程项目的活动。

对外劳务合作　指组织劳务人员赴其他国家或地区为国外的企业或机构工作的经营性活动。

完成营业额　指企业在报告期内完成的以货币形式表现的工作量。

派出人数　指企业在报告期内派往国（境）外执行对外承包工程和劳务合作项目的人数。

（五）旅游

1．主要内容：包括旅行社、星级饭店基本情况，入境、出境旅游人数、国内居民旅游人数，以及国际、国内旅游收入等。

2．统计范围：旅行社、星级饭店和游客。

3．资料来源：旅游业有关资料主要根据公安部、文化和旅游部的资料编制而成。旅游数据中的国际、国内旅游收入和国内出游人数等指标采取抽样调查方法，其余数据均为全面调查统计取得。

4．指标解释

游客　指任何为休闲、娱乐、观光、度假、探亲访友、就医疗养、购物、参加会议或从事经济、文化、体育、宗教活动，离开常住国（或常住地）到其他国家（或地方），其连续停留时间不超过12个月，并且在其他国家（或其他地方）的主要目的不是通过所从事的活动获取报酬的人。游客不包括因工作或学习在两地有规律往返的人，按出游时间分为旅游者（过夜游客）和一日游游客（不过夜游客）。

入境游客　指报告期内来中国（大陆）观光、度假、探亲访友、就医疗养、购物、参加会议或从事经济、文化、体育、宗教活动的外国人、港澳台同胞等游客（即入境旅游人数）。统计时，入境游客按每入境一次统计1人次。入境旅游人数包括入境（过夜）游客和入境一日游游客。

国内游客　指报告期内在中国（大陆）观光游览、度假、探亲访友、就医疗养、购物、参加会议或从事经济、文化、体育、宗教活动的中国（大陆）居民，其出游的目的不是通过所从事的活动谋取报酬。统计时，国内游客按每出游一次统计1人次。

出境人数（出境游客）　指中国（大陆）公民因公或因私出境前往其他国家、中国香港特别行政区、澳门特别行政区和台湾省观光、度假、探亲访友、就医疗养、购物、参加会议或从事经济、文化、体育、宗教活动的人数（即出境游客）。统计时，出境游客按每出境一次统计1人次。

旅游收入　指游客（入境游客和国内游客）在旅游过程中（由游客或游客的代表为游客）支付的一切旅游支出就是国家（省、区、市）的旅游收入。旅游支出应包括（过夜）旅游者和一日游游客在整个游程中行、游、住、食、购、娱，以及为亲友、家人购买纪念品、礼品等方面的旅游支出，不包括为商业目的购物、购买房、地、车、船等资本性或交易性的投资、馈赠亲友的现金及给公共机构的捐赠。旅游收入包括国际旅游收入和国内旅游收入。

（1）国际旅游收入指入境旅游者在中国（大陆）境内旅行、游览过程中用于交通、参观游览、住宿、餐饮、购物、娱乐等全部花费。

（2）国内旅游收入指国内旅游者在国内旅行、游览过程中用于交通、参观游览、住宿、餐饮、购物、娱乐等全部花费。

（六）其他

1．国际收支平衡表：由国家外汇管理局依据国际货币基金组织编写的《国际收支和国际投资头寸手册》（第六版）编制。

2．历年人民币对美元、日元、港币的年平均汇价：资料来源于国家外汇管理局。

3．黄金和国家外汇储备：资料来源于国家外汇管理局。

APPENDIX Ⅰ Brief Introduction and Explanatory Notes on Main Statistical Indicators

Domestic Trade

Ⅰ Main Content

Data reflect the development and change of China's domestic consumer goods market, wholesale and retail trades, hotels and catering services. Main contents include basic condition, circulation of commodities and financial status of wholesale and retail trades above designated size; basic condition, business and financial status of hotels and catering services above designated size; total retail sales of consumer goods; turnover of huge commodity exchange markets; development of chain stores of retail trades and catering service, etc.

Ⅱ Coverage of Statistics

1. Wholesale and retail trades, hotels and catering services: corporation enterprises, establishments and getihus of wholesale and retail trades, hotels and catering services above the designated size.

The designated size of wholesale and retail trades, hotels and catering services is defined as follows: wholesale trade, with annual revenue from principal business over 20 million yuan; retail trade, with annual revenue from principle business over 5 million yuan; hotels and catering services, with annual revenue from principal business over 2 million yuan.

2. Total retail sales of consumer goods: corporation enterprises, establishments and getihus engaged in commodity retail activities or providing catering services.

3. Commodity exchange markets: the commodity markets with an annual transaction over 100 million.

4. Chain stores: Chain stores of retail trades and catering services.

Ⅲ Sources of Data

Data are collected and processed in accordance with the statistical reporting scheme on wholesale and retail trades, hotels and catering services by the Department of Trade and External Economic Relations of the National Bureau of Statistics.

Ⅳ Survey Methodology

Data of all enterprises of wholesale and retail trades, hotels and catering services above the designated size (Including corporation enterprises, establishments and getihus, the same below), commodity exchange markets and chain head stores (headquarter) are collected through comprehensive reporting systems. Data of enterprises below the designated size are according to sampling surveys.

Ⅴ Explanatory Notes on Main Statistical Indicators

1. Wholesale and Retail Trades

Wholesale Trade refers to the activities of selling wholesale commodities for daily use and capital goods to enterprises of wholesale and retail trades (including self-employed individuals) and other enterprises, institutions and government organs and organizations, and the activities of engaging in import and export and acting as a trade agent. The wholesaler may have the ownership of commodities for wholesale and trade in the name of its own (a company), and the wholesaler can act as commission agent or commodity broker without the ownership of commodities. Also included are the wholesale activities at the fixed stalls in wholesale market and the acquisition for sales purpose.

Retail Trade refers to the activities of department store, supermarket, franchised store, brand store, retail stall and on-the-spot-making-selling store selling commodities to the final consumers (residents) by any means including internet, post, telephone, sales machine. It also includes shops with sales and production located in the same places (such as bakeries). Retail trade excludes the activities of sales of capital goods such as grain, seed, feed, livestock, mineral products, raw material for production, industrial chemicals, chemical products for agricultural use, machine and equipment (excluding vehicles, computers and communication equipment). Most retailers have the ownership of commodities to sell, but some are acting as agent or brokers to make transactions for a commission. According to the sales channels, retail trade can be divided into store retail and non-store retail, among which store retail is divided into comprehensive retail and special retail.

Total Purchases of Commodities refers to the total value of purchases of commodities by enterprises (establishments) from other establishments or individuals (including direct import from abroad) for the purpose of re-selling, either with or without further processing of the commodities purchased(including VAT).This indicator reflects the total value of goods purchased by the wholesale and retail industries from domestic and foreign markets.

The commodities include: (1) commodities purchased from agricultural and industrial producer, wholesaler, retailer, publishing house and other service business; (2) commodities purchased from institutions and government departments; (3) confiscated goods purchased from the customs authorities or market management agencies; (4) second-hand goods and wastes purchased from residents.

The commodities exclude: (1) commodities purchased by enterprises (establishments) for use in their own business operation, commodities obtained without buying or selling procedures such as materials, consumable goods of low value, office appliances, etc;(2) received goods without trading, such as goods handed over from others, borrowed goods, preserved goods for others, donated goods from others, processed and retrieved goods, etc;(3)goods of direct settlement between buyer and seller with handling fees introduced by others; (4)goods returned or refused to pay by the buyer;(5)excessive goods.(6) commodities of futures trading.

Total Sales of Commodities refers to the value of commodities sold by the establishments to other establishments and individuals (including goods sold for self consumption, including the value-added tax).In the wholesale and retail trades, this indicator is reflected the total value of the commodities sold in the domestic market and exported to abroad.

The commodities include: (1) commodities sold to individuals and social groups for their consumption; (2) commodities sold to establishments in all industries for their production and operation, including agriculture, industry, construction, transportation, post and telecommunications, catering services, and public utility including commodities sold to wholesale and retail establishments for re-selling, with or without further processing; (3) commodities for direct export to abroad.

The commodities exclude: (1) extended commodities without trading, such as goods handed over to other enterprises and institutions because of the change of organizations, lent goods, returned goods preserved for others, extended processing materials and samples donated to others; (2) goods sold by the promotion coupons that are not included in the operating income; (3) goods of direct settlement between buyer and seller with handling fees introduced by others; (4) sales of prepaid cards for goods that have not undergone ownership transfer, such as fuel cards; (5) service economic activities such as vehicle maintenance and telephone card sales; (6) goods returned after purchase; (7) damaged and spoiled goods; (8) waste and used goods of self use; (9) commodities of futures trading; (10) water, electricity and gas provided by water supply enterprises, power companies and natural gas supply enterprises.

Total Stock of Commodities For the legal entities and self-employed individuals engaged in wholesale and retail trade, it refers to total value (including VAT) of commodities possessed at the end of the reference period; and for wholesale and retail establishments, it refers to the value (including VAT) of all commodities actually in stock and owned by their legal person at the end of reference period. This indicator reflects the inventory of goods in the wholesale and retail industries, as well as the degree of assurance of the supply of goods in the market.

The stock commodities include: (1)commodities located in storage, garages, counters, and shelves of operating places (such as sale stores, wholesale centres, and operating offices); (2) commodities in the process of being selected, sorted, and packed; (3) commodities not arrived but recorded as purchase in the account, i.e. commodities not arrived but payment receipts for the commodities from the sellers or the banks arrived; (4)commodities deposited in other places rather than places mentioned above, for instance: commodities in the hold of purchasers temporarily due to the refusal of payment and commodities not taken back after going through the formalities; (5) commodities entrusted to other units to sell but not sold yet; (6) commodities purchased for other units but not delivered yet.

The commodities exclude: (1) commodities not owned by the enterprises (units), such as goods that have been sold but not taken by the buyer; commodities on commission for keeping, transporting, and processing; unsold commodities that sold for other units (not purchased or adjusted); (2) commodities processed by the commissioned external unit(including finished productions, processed by owned plants and other plants, that have not been delivered).(3) commodities purchased by agent of foreign trade enterprises that have not been delivered to the ordering unit; (4) commodities that are put in stock on behalf of the state material reserves units.

2. Hotel Services and Catering Services

Hotel Services refer to the short-term accommodation services provided to visitors. Some units may provide only accommodation while others provide a combination of accommodation, meals business services and/or recreational facilities. It excludes activities related to the provision of long-term primary residences in facilities such as apartments typically leased on a monthly or annual basis.

Catering Services refer to the activities of providing foods, serving locations and facilities to customers through instant processing, commercial sales and service-type labor.

Business Revenue refers to the total revenue (including VAT) of hotels and catering services received from providing services or selling commodities through operating activities, including income from hotels, from catering services, from selling of commodities and from other services, for example, business service. Excluded are the income from meals, merchandise sales and other items of the industrial activity unit affiliated to the multi-industry legal person enterprise.

Income from hotels refers to the income (including VAT) of enterprises and establishments engaged in hotel and catering services by providing lodging services. Excluding the income of other industrial activity units affiliated with multi-industry corporations.

Income from catering services refers to income (including VAT) of enterprises and establishments engaged in hotel and catering services by providing catering services. Including selling of cooked or prepared foods, such as staple food, cooked dishes, or cold dishes. Excluding the income of other industrial activity units affiliated with multi-industry corporations.

3. Commodity Exchange Markets

The commodity Exchange markets refers to the markets approved and managed by related departments, where there are fixed sites, facilities, managers and administration offices, where there are a certain number of traders to operate for three month and above or all the year, where the commodities including the articles for daily consumption and capital goods and services are traded in a centralized, independent and open way., Such market includes markets of daily goods and market of capital goods, etc.

Volume of Transaction in Commidity Trading Market refers to total annual commodity transaction volume of all stores and shops in the market.

4. Chain stores

Chain Head Stores (headquarter) refers to the core leading stores responsible for development, allocation, administration and unitization of resources (name of stores, goodwill, operation model, service standard, management way, ect.) of chain stores. Chain stores refers to the stores engaged in providing homogeneous commodities or services, with the central leadership of head store and guided by common policies, conduct centralized purchase and distributed selling of commodities, in order to gain better efficiency through standardized operation. The chain stores include regular chain stores, franchise chain stores and voluntary chain stores.

Regular Chain store refers to chain stores that are invested or controlled by the headquarters. They operate under direct and unified management from the headquarters.

Franchise chain store refers to the chain stores (franchisees) which are franchised with operation resources such as trade marks, names, patent and operation know-how by the franchisors in form of contract and pay the operation fees to the franchisors.

Voluntary chain store refers to the stores operate jointly on the voluntary bases while maintaining their status of independent legal entities with full ownership of their assets. They sell goods of same brand from same channel of resource to the consumers.

5. Total Retail Sales of Consumer Goods

Total retail sales of consumer goods refers to the revenue of non-productive, non-operating physical goods sold to individuals and social groups directly through transaction or the income of catering services provided by corporation enterprises (establishments, getihus). Individuals include urban and rural residents and persons entering the country. Social groups include government agencies, social organizations, army, schools, enterprises and institutions, neighborhood or village committee, etc.

Online Retail Sales refer to the total retail sales of goods and services through public online trading platforms (including self-built websites and third-party platforms). Goods and services include physical goods and non-physical goods (such as virtual goods, service goods, etc.).

Foreign Trade, External Economic Transaction and Tourism

I. Trade in Goods

1.Data on foreign trade include: varieties of imports and exports, amount (weight), value, countries (regions), consignee and shipper location, destination within territory, origin of goods within territory, mode of trade and so on.

2.The scope of trade in goods statistics: are designed according to United Nations' principles on international trade statistics, that is: all imports or exports that will lead to stock changes of material resources with the territory of People's Republic of China; excluding goods by escape clause.

3.Sources of data on trade in goods: are from the General Administration of Customs of the People's Republic of China through a comprehensive reporting system. Original data comes from *Customs Declaration for Import of the People's Republic of China, Customs Declaration for Export of the People's Republic of China*, and other declaration vouchers that are confirmed by customs.

4.Import and export commodity classification: the list of import and export commodities is compiled based on the *Harmonized Commodity Description and Coding System (HS)* stipulated by the Customs Cooperation Council (World Customs Organization) and China's reality of imports and exports. Customs statstics in value terms for both imports and exports are compiled according to the classifications of *UN Standard International Trade Classification (SITC).*

5. Trading partner: the country (region) of origin is recorded for imports while the country (region) of final destination for exports.

The country (region) of origin refers to the country or region where the import goods have been grown, mined or manufactured. If two or more countries (regions) were involved in the manufacture of the products, the place where the last substantial working or processing was carried out will be recorded as the country (region) of origin. However, commodities whose nature or states have not been substantially changed will not be considered as having been processed or remanufactured.

The country (region) of final destination refers to the country or region where the export goods are to be consumed, utilized or further processed or manufactured. In instance where the country of final destination can not be ascertained, the exports will be credited to the final country (region) dispatched to as known at the time of exportation.

6.Explanatory notes on main statistical indicators

Total Import and Export of Goods refer to the real value of commodities imported and exported across the border of China. They include the actual imports and exports through foreign trade, imported and exported goods under the processing and assembling trades and materials, supplies and gifts as aid given gratis between governments and by United Nations and other international organizations, and contributions donated by overseas Chinese, compatriots in Hong Kong and Macao and Chinese with foreign citizenship, leasing commodities owned by tenant at the expiration of leasing period, the imported and exported commodities processed with imported materials, commodities trading in border areas, the imported and exported commodities and articles for public use of the Sino-foreign joint ventures, cooperative enterprises and ventures with sole foreign investment. Also included is import or export of samples and advertising goods for which CIF or FOB value are beyond the permitted ceiling (excluding goods of no trading or use value and free commodities for export), imported goods sold in china from bonded warehouses and other imported and exported goods. The indicator of the total imports and exports at customs can be used to observe the total size of external trade in a country. In accordance with the stipulation of the Chinese government, imports are calculated at CIF, while exports are calculated at FOB.

Import Export Value by Consignee and Shipper Location refers to actual value of imports and exports carried out by corporations which have been registered by the local Customs house and are vested with right to run import export business.

II. Imports and Exports in Services

1.Sources on imports and exports in services: statistics are compiles according to Balance of Payments (BOP) and from the Ministry of Commerce.

2. Explanatory notes on main statistical indicators

Imports and Exports in Services refers to services provided between resident and non-resident units, including transportation, travel, construction, insurance, finance, telecommunications, computer and informations, technology, professional and management consultancy, intellectual property fee, individual, culture and recreation, maintenance and repair, and other services, but excluding government service.

III. Foreign Capitals

1.Data on foreign capitals include: foreign direct investments and the basic condition of registration of foreign funded enterprises.

2.The scope of foreign capitals: all the units and departments which have utilized foreign capital and all the Sino-foreign joint ventures, Sino-foreign cooperative enterprises, ventures exclusively with foreign investment, foreign-funded stock companies, Sino-foreign cooperative development projects and other corporate enterprises (including the enterprises funded by the entrepreneurs from Hong Kong, Macao and Taiwan) with independent accounting system which have been approved by the Chinese government to set up in the boundary of the People's Republic of China.

3.Sources of data on foreign capitals: data on utilization of foreign capitals are from Ministry of Commerce, of which, data on basic condition of registration of foreign funded enterprises are from State Administration for Market Regulation through comprehensive reporting system. Special notice: data on utilization of foreign capitals before 1985 were survey results from governmental statistical agencies, since 1986 all data are from Ministry of Commerce (formerly MOFTEC). Data on utilization of foreign capitals since 2000 do not include foreign loans. Data on the utilization of foreign capitals do not include banking, securities and insurance.

4.Explanatory notes on main statistical indicators

Utilization of foreign capital refers to direct foreign investments, commodity credits and other funds used by domestic institutions that are supplied from abroad and from Hong Kong, Macao and Taiwan.

Number of approval enterprises (projects) refers to the number of foreign-invested enterprises and cooperative development projects approved by the foreign direct investment management division.

Agreement number of utilization of foreign capital refers to the project numbers of the loans from the foreign governments and international monetary organization, the numbers of the enterprises with foreign investment and the contract numbers of the joint exploitation on offshore oil which are all approved according to law. The agreements of utilization of foreign capital, which are signed in other ways, are only collected into total amount without project numbers.

Country (region) of foreign capital refers to the country and region where the investor registers as a juridical Person and the foreign capital and investment comes. In the statistic classification, as the other ways in absorbing foreign investment, country (region) refers to the place where the foreign companies, enterprises and other economic organization register as juridical persons, except government loans just in terms of the name of the country.

Foreign capital actually used refers to the amount which has been actually used according to the agreements and contracts, including cash, materials and invisible capital such as labour service and technology which both parties agree to take as investment.

IV. Overseas Direct Investment and Foreign Economic Cooperation

1.Data on overseas direct investment and economic cooperation include: Overseas direct investment, contracted projects, labour services cooperation, design and consultation services, contracted volume, complete business turnover, business turnover by countries (regions) and so on.

2.The scope of foreign economic cooperation:all types of overseas corporations and non-corporations that domestic investors own or control 10% or more equity,voting rights or other equivalent interests through direct investment. corporate enterprise engaged in contracted projects and labour services cooperation with foreign countries and has been approved by the department of commerce at various levels.

3.Sources of data on overseas direct investment and economic cooperation: data on foreign economic cooperation are from Ministry of Commerce through a comprehensive reporting system. Data on contracted projects include design & consultation service since 2009.

4.Explanatory notes on main statistical indicators

Overseas Direct Investment refers to the economic activities centring on operation and managemerot of those enterprises are under the control of domestic investors. The content of overseas direct investment mainly reflects one economic entity by investing in another economic entity to achieve its goal of lasting interest.

Overseas Contracted Projects refer to activities of contracting overseas construction projects by Chinese enterprises or any other units, which are stipulated in the *Regulations on Administration of Foreign Contracted Project.*

Overseas Labour Services refer to operational activities of organizing labour force to go abroad providing services to foreign enterprises or agencies.

Accomplished Turnover refers to the workload enterprises completed in the form of currency during the reporting period.

Dispatched Labor refers to the number of overseas labours in the overseas project contracting and labor cooperation businesses.

V. Tourism

1.Main Contents: the basic conditions of travel agencies and star-rated hotels; number of international tourists and Chinese residents going abroad, number of domestic tourists and income from international and domestic tourism.

2.Scope of Statistics: data in this chapter cover travel agencies, star-rated hotels and tourists.

3.Sources of Data: the data on tourism are from the Ministry of Public Security, the Ministry of Culture and Tourism. The data on tourism are from the comprehensive reporting form system except those on the earnings from international and domestic tourism and number of domestic tourists going abroad from sample surveys

4.Explanatory notes on main statistical indicators

Visitors refers to any person who travels to a country (or place) other than that of his or her residence for a period not exceeding 12 months for leisure, entertainment, sightseeing, holiday, visiting relatives or friends, medical care, shopping, meeting, or taking part in economic, cultural, sports or religious activities, where the main purpose of the travel is not for remuneration. A visitor does not refer to any person who commutes between two places regularly for career or education. According to the length of stay, visitors are classified as tourists (i.e., overnight visitors) and same day visitors (non overnight visitors).

International visitors (Inbound Visitor Arrivals) refer to foreigners or compatriots from Hong Kong,

Macao and Taiwan who come to China within the reporting time frame for sightseeing, holiday, visiting friends and relatives, medical care, shopping, meeting, or taking part in economic, cultural, sports or religious activities. Each time of entry is recorded as one time of arrival, and the total sum makes up the inbound visitor arrivals. Inbound visitor arrivals (international visitors) include inbound (overnight) tourists and inbound same day visitors.

Domestic visitors refer to Chinese nationals who travel within the country within the reporting time frame for sightseeing, holiday, visiting friends and relatives, medical care, meeting, or taking part in economic, cultural, sports or religious activities. Their purposes of travel are not for remuneration from the activities afore mentioned. Each time of their travel is recorded as one person time. Domestic visitors include domestic (overnight) tourists and domestic same day visitors.

Outbound visitors refer to a Chinese (mainland) citizen who departs from China to a foreign country (or region) for leisure, entertainment, sightseeing, holiday, visiting relatives or friends, medical care, shopping, meeting, or taking part in economic, cultural, sports or religious activities. Each time of departure is recorded as one person time. Outbound visitors include outbound (overnight) tourists and outbound same day visitors.

Tourism receipts refer to all the expenditures made by visitors (inbound visitors and domestic visitors) or by representatives of the visitors in the course of their travel constitute the tourism receipts of a country (province, region, city). Tourism expenditures of visitors should include expenses made by (overnight) tourists and same day visitors throughout their travel on transport, tours, lodging, food, shopping, entertainment, and souvenirs and gifts for friends and relatives. Tourism expenditures do not include purchases of goods, real estate, house, motor vehicle, water vessel for commercial purposes, neither include capital nor transactional investments, cash given to friends and relatives, donations to public organizations. Tourism receipts include international tourism receipts and domestic tourism receipts.

1) International Tourism Receipts refer to the total expenditure made by inbound tourists within the territory of China (the mainland) in their course of travel on transport, tours and sightseeing, lodging, food and beverage, shopping, entertainment and etc.

2) Domestic Tourism Receipts refer to the total expenditure made by domestic tourists within the territory of China (the mainland) in their course of travel on transport, tours and sightseeing, lodging, food and beverage, shopping, entertainment and etc.

VI. Others

1.The Balance of Payments Table is compiled by the State Administration of Foreign Exchange in accordance with the 6th edition of the *Balance of Payments and International Investment Position. Manual (BPM6)* prepared by the International Monetary Fund.

2.The average exchange rates of RMB yuan to US dollar, Japanese yen and Hong Kong dollar over the years come from the State Administration of Foreign Exchange.

3. The data on gold and foreign exchange reserves are also from the State Administration of Foreign Exchange.

附录Ⅱ 英文缩略语及符号

APPENDIX Ⅱ Abbreviations and Symbols in English

APEC	Asia-Pacific Economic Cooperation
ASEAN	Association of Southeast Asian Nations
Co, Ltd	Corporation Limited
Corp	Corporation
DPR	Democratic People's Republic
EU	European Union
FR	Federal Republic
IMF	International Monetary Fund
Is	Islands
No	Number of items
Prov	Province
RMB	Renminbi Yuan
SDR	Special Drawing Rights
USD	Dollar of United States of America
USSR	Union of Soviet Socialist Republics